建设工程项目管理规范实施指南

本书编委会 编

中国建筑工业出版社

图书在版编目（CIP）数据

建设工程项目管理规范实施指南/《建设工程项目管理规范实施指南》编委会编. —北京：中国建筑工业出版社，2017.9
ISBN 978-7-112-21177-7

Ⅰ.①建… Ⅱ.①建… Ⅲ.①基本建设项目-项目管理-规范-中国-指南 Ⅳ.①F284-65

中国版本图书馆 CIP 数据核字（2017）第 215967 号

本书是由《建设工程项目管理规范》的主编单位组织编写的以实施《规范》为目的的大型实用手册。共19章，内容包括总论；术语；基本规定；项目管理责任制度；项目管理策划；采购与投标管理；项目合同管理；设计与技术管理；项目进度管理；项目质量管理；项目成本管理；安全生产管理；绿色建造与环境管理；项目资源管理；信息与知识管理；项目沟通管理；项目风险管理；项目收尾管理；项目管理绩效评价。本书在深刻解释《建设工程项目管理规范》内容的基础上，重点介绍了一些企业实施项目管理的典型案例，使其不仅有重要理论研究价值，而且具有高度的权威性、规范性、科学性、针对性、实际应用性和可操作性。

本书可作为建设工程项目经理常备工具书；也可供建筑业企业、建设单位、监理单位等从事项目管理的相关人员工作参考；并适于大专院校土木工程专业和工程管理专业的师生参考使用。

* * *

责任编辑：赵晓菲 孙玉珍 张 磊
责任校对：焦 乐 李美娜

建设工程项目管理规范实施指南
本书编委会 编
*
中国建筑工业出版社出版、发行（北京海淀三里河路9号）
各地新华书店、建筑书店经销
北京红光制版公司制版
北京同文印刷有限责任公司印刷
*
开本：787×1092 毫米 1/16 印张：39¾ 字数：987 千字
2017 年 9 月第一版 2017 年 9 月第一次印刷
定价：**98.00** 元
ISBN 978-7-112-21177-7
（30811）

版权所有 翻印必究
如有印装质量问题，可寄本社退换
（邮政编码 100037）

本书编写指导委员会

主 任 委 员 王铁宏
副主任委员 吴 涛　肖绪文　梁新向
委　　　员（按姓氏笔画排序）

王庆杰	王秀兰	王国正	王金玉	王建国
尤 京	方永山	古琳娜	冯 义	冯玉禄
朱明瑞	向书兰	刘宇林	刘爱循	刘景凤
祁仁俊	纪 迅	李 又	李 娟	李 蓬
李春秋	李博平	杨 力	杨 辉	吴明燕
吴建军	张巧梅	张国鑫	罗醒民	单益新
孟宝良	孟宪杰	赵 峰	费瑞林	郭 强
黄大友	黄云玲	康春江	梁剑明	蒋兆康
韩 平	韩一宝	景 万	黑金山	雷丽英
谭立兵	潘宗高			

编 委 会

主　　　编 吴 涛
副 主 编 陈立军　尤 完　李 君
主要编写人员

吴 涛	陈立军	李 君	尤 完	刘伊生
贾宏俊	成 虎	刘 波	李世钟	赵 丽
刘 刚	刘 勇	马小良	曹国章	董佳节

参加编写人员

丛培经	梁洁波	张 键	周文连	何 瑞
关 婧	王超慧	郭中华	刘 春	张 柚
李志国	王丽丽	萧雅迪	纪中原	宋晓锐
朱保山	乔 柱	郑晓晓	万诗羽	吴倩倩
孙 颖	杨宇航	吴佳莹	于腾群	徐晓良
董立娟	韩 宇	闫金伟	武风涛	王地和

廖新杨又陈炜郭海涛卢书宝

贺斌赵双全刘耕墨张永慧赵彤

李萌沈虎明付永攀毕云飞归维张雨

李艳勋那金兰石燕军马祎斌杜宏游霞

王柏松费恺郑艳龙董全忠栾湘宁曾立民

前　言

《建设工程项目管理规范》（以下简称《规范》）是我国建筑业认真总结传统施工管理经验、推行项目法施工、借鉴国外先进的项目管理方法，进行项目管理理论研究创新和实践应用先进经验和优秀成果发布的基础上而逐步形成的。《建设工程项目管理规范》自2001年颁布实施，于2006年进行了第一次修订。10多年来，《规范》对促进我国建设工程管理的科学化、规范化、法制化，加快与国际惯例接轨，提升项目管理水平发挥了重要的指导作用。但随着全球经济一体化和项目管理国际化的发展，工程建设现代化管理方法和信息技术不断涌现，建筑业既面临着内外部市场环境，特别是新型城镇化建设目标等"五化"协同发展新理念的挑战，又面对国家一系列法规政策和相关标准的调整，原《规范》内容中不少条款已经不适应新形势要求。为此，根据建设主管部门意见对2006版《规范》进行了修订和完善。修订2006版《规范》的目的，就是为了在新的历史发展时期，认真学习、深入贯彻习近平总书记系列重要讲话精神和治国理政新理念、新思想、新战略，按照建设中国特色社会主义要坚持解放和发展社会生产力的总要求，适应建筑业加快转变发展方式的需要，落实国家节能减排、资源节约与利用、环境保护的要求，保障工程质量安全，促进工程建设领域技术进步，培养高素质的项目管理专业人才队伍，进一步完善工程建设管理标准体系，提高工程项目管理的科学化、规范化、制度化和国际化水平。

本次《规范》修订解决的重点问题包括以下几方面：一是针对工程建设全寿命周期过程中各主体方的项目管理特征，结合EPC、PMC、BOT、PPP等模式的要素构成、项目治理和运行规律，总结国内外工程建设领域所创造的各种项目管理模式的实践经验，进一步完善《规范》内容的结构体系，以提高《规范》适用范围的广泛性，实施过程的指导性和管理环节的可操作性；二是为更好地适应建设工程项目管理的国际化发展潮流，引入国际标准化组织《项目管理指南》中的最新理念和系统构架。同时坚持国际化、本土化、专业化相融合的原则，增加建设工程项目目标的集成化管理、利益相关方管理、资源优化管理、多项目管理、以BIM技术为代表的信息化管理等相关内容，打造具有中国特色的工程项目管理体系和运行规则；三是立足于我国建筑业改革与发展的实际状况和未来趋势，强化工程质量、安全生产、绿色施工、环境保护、技术创新、劳务管理、项目文化建设、维护职工权益及深化项目经理责任制等要素管理的精益层次，为确保建设工程项目最佳经济和社会效益，提升品牌效应夯实管理基础，以更好地适应建设和谐社会、建设创新型国家和实现可持续发展的需求；四是紧密结合近两年颁布的工程量清单计价规范、施工合同示范文本以及其他一系列相关的法律规章的新要求，通过对《规范》的结构设计、条款安排和内容界定，强化履约主体责任，平衡合同双方的风险和权益；五是鉴于建设工程管理实践中存在着建造师与项目经理的不同定位和相互关系，在《规范》修订过程中，特别注重处理好本《规范》与相关标准规范之间的接口路径，力求完善建造师制度的运行规则，保持维护建造师担任项目经理的执业资格、能力要求、管理行为和评价准则。

为了进一步深化和规范建设工程项目管理，尽快形成和完善一套具有中国特色并与国际惯例接轨、比较系统的、具有可操作性的项目管理的理论和方法，培育和造就一支高素质、职业化的项目管理人才队伍，帮助从事工程管理的同志掌握项目管理的基本理论和业务知识，更好地贯彻执行《建设工程项目管理规范》（GB/T 50326—2017），中国建筑业协会工程项目管理专业委员会组织有关企业、高等院校和科研单位的专家、学者共同编写了《〈建设工程项目管理规范〉实施指南》一书。我们希望通过本书的出版，为从事工程项目管理的理论研究者和实践应用者，提供一本实用有价值的工作参考指南。

由于工程项目管理在我国建设行业中的发展还不平衡，许多新情况、新问题还需要进一步研究，所以，本书的编写难免有不足之处，希望广大读者和项目经理及时对本书提出宝贵意见，以便不断修订和完善，使本《指南》真正高质量、高水平、高效益地服务于项目管理，服务于工程建设事业。

本书编写过程中得到了政府主管部门、行业协会、大专院校以及广大建筑业企业有关领导、专家与同行朋友们的大力支持，参考了许多学者在相关领域的研究成果和观点，在此一并深表谢意！

本书编委会
2017 年 8 月 8 日

目 录

第1章 总论 …………………… 1
　1.1 推行建设工程项目管理的发展历程 …………………… 1
　1.2 "十二五"以来工程项目管理改革的主要成效和基本经验 …… 2
　1.3 建设工程项目管理规范化的基本框架体系 ………………… 6
　1.4 2017版《建设工程项目管理规范》修订说明 ………………… 7
　1.5 2017版《建设工程项目管理规范》的适用范围 ……………… 11

第2章 术语 ……………………… 14
　2.1 本规范中的术语设置原则 …… 14
　2.2 本规范中的术语释义 ………… 14
　附件2-1 《质量管理体系 基础和术语》（GB/T 19000—2016 idt ISO 9000：2015）（摘录） …………… 21
　附件2-2 《质量管理—项目管理质量指南》（GB/T 19016—2005 idt ISO 10006：2003）（摘录） …………… 38

第3章 基本规定 ……………… 50
　3.1 项目管理的类型及知识体系 …… 50
　3.2 项目范围管理 ………………… 54
　3.3 项目管理流程 ………………… 56
　3.4 项目管理制度 ………………… 59
　3.5 项目系统管理 ………………… 61
　3.6 项目相关方管理 ……………… 62

　3.7 项目管理持续改进 …………… 65

第4章 项目管理责任制度 …… 69
　4.1 项目管理责任制度概述 ……… 69
　4.2 项目管理组织设计 …………… 72
　4.3 项目建设相关责任方管理 …… 81
　4.4 项目管理机构 ………………… 94
　4.5 项目团队建设 ………………… 100
　4.6 项目管理目标责任书 ………… 106
　4.7 项目管理机构负责人职责、权力和管理 …………………… 108

第5章 项目管理策划 ………… 112
　5.1 项目管理策划概述 …………… 112
　5.2 项目管理规划大纲 …………… 119
　5.3 项目管理实施规划 …………… 124
　5.4 项目管理配套策划 …………… 133
　附件5-1 某体育馆项目管理实施规划（施工组织设计） …… 138

第6章 项目采购与投标管理 … 174
　6.1 项目采购与投标管理概述 …… 174
　6.2 项目采购策划与计划 ………… 177
　6.3 项目采购实施 ………………… 179
　6.4 采购合同管理 ………………… 189
　6.5 投标管理 ……………………… 192

第7章 合同管理 ……………… 195
　7.1 项目合同管理概述 …………… 195
　7.2 合同评审 ……………………… 202
　7.3 合同订立 ……………………… 206
　7.4 合同实施计划 ………………… 207

7.5 合同实施控制 ………… 210
7.6 合同管理总结 ………… 219
7.7 合同管理案例分析 ………… 220

第8章 设计与技术管理 ………… 223

8.1 设计与技术管理概述 ………… 223
8.2 设计管理 ………… 228
8.3 技术管理 ………… 241
附件 8-1 某大型贸易中心项目钢结构部分技术规格书 ………… 248

第9章 项目进度管理 ………… 256

9.1 项目进度管理概述 ………… 256
9.2 进度计划 ………… 257
9.3 进度控制 ………… 268
9.4 进度变更管理 ………… 275

第10章 项目质量管理 ………… 279

10.1 质量管理概述 ………… 279
10.2 质量计划 ………… 282
10.3 工程设计质量控制 ………… 285
10.4 采购质量控制 ………… 287
10.5 施工质量控制 ………… 288
10.6 项目试运行和项目完工及服务的质量控制 ………… 299
10.7 测量、分析和改进 ………… 299
附件 10-1 某工业厂房建设项目质量管理的高标准实施 ………… 303

第11章 项目成本管理 ………… 306

11.1 项目成本管理概述 ………… 306
11.2 项目成本计划 ………… 312
11.3 项目成本控制 ………… 321
11.4 项目成本核算 ………… 328
11.5 项目成本分析 ………… 334
11.6 项目成本考核 ………… 339

第12章 安全生产管理 ………… 342

12.1 安全生产管理概述 ………… 342
12.2 安全生产管理计划 ………… 346
12.3 安全生产管理实施 ………… 350
12.4 安全生产管理检查 ………… 355
12.5 应急响应与事故处理 ………… 359
12.6 安全生产管理评价 ………… 365
12.7 事故案例分析 ………… 367
附件 12-1 施工现场检查评分记录表 ………… 369

第13章 绿色建造与环境管理 ………… 380

13.1 绿色建造发展概况 ………… 380
13.2 绿色建造与环境管理组织体系建设 ………… 381
13.3 绿色建造与环境管理技术 ………… 382
13.4 绿色建造与环境管理案例 ………… 399

第14章 项目资源管理 ………… 403

14.1 项目资源管理概述 ………… 403
14.2 人力资源管理 ………… 405
14.3 劳务管理 ………… 413
14.4 工程材料管理 ………… 417
14.5 施工机具与设施管理 ………… 420
14.6 项目资金管理 ………… 424

第15章 信息与知识管理 ………… 430

15.1 概述 ………… 430
15.2 信息管理体系 ………… 435
15.3 信息计划管理 ………… 440
15.4 信息过程管理 ………… 441
15.5 文件与档案管理 ………… 443
15.6 信息安全管理 ………… 444
15.7 信息技术应用 ………… 446
15.8 知识管理 ………… 453
15.9 项目信息与知识管理案例 ………… 454

第16章 项目沟通管理 ………… 461

16.1 项目沟通管理概述 ………… 461
16.2 项目利益相关方需求识别

与评估 …………………… 470
16.3 项目沟通管理计划 ……… 472
16.4 项目沟通程序与方式 …… 475
16.5 项目组织协调 …………… 478
16.6 项目冲突管理 …………… 482

第17章 项目风险管理 ………… 485
17.1 项目风险管理一般规定 … 485
17.2 风险管理计划 …………… 488
17.3 风险识别 ………………… 489
17.4 风险评估 ………………… 493
17.5 风险应对 ………………… 498
17.6 风险监控 ………………… 502

第18章 收尾管理 ……………… 505
18.1 收尾管理概述 …………… 505
18.2 项目竣工收尾 …………… 506

18.3 项目竣工验收 …………… 507
18.4 项目竣工结算 …………… 510
18.5 项目竣工决算 …………… 514
18.6 项目回访保修 …………… 515
18.7 项目管理总结 …………… 518
18.8 项目收尾管理案例 ……… 518

第19章 项目管理绩效评价 …… 520
19.1 项目管理绩效评价过程和
　　 原则 ……………………… 520
19.2 项目管理绩效评价内容和
　　 方法 ……………………… 521
19.3 项目管理绩效评价案例 … 524

附录　建设工程项目管理规范
GB/T 50326—2017 ………… 535

第1章 总 论

1.1 推行建设工程项目管理的发展历程

推行建设工程项目管理是中国工程建设体制和管理模式改革的重大里程碑。20世纪80年代以来，中国经济体制经历了巨大的变革和发展。由于传统的工程项目建设管理模式存在诸多弊端，建筑业率先开启了对工程项目管理模式的改革，大致上经历了如下四个阶段。

1.1.1 学习试点阶段（1986～1992年）

1986年国务院提出学习推广鲁布革工程管理经验，1987年之后，国家计委多次召开"推广鲁布革工程管理经验试点工作会议"，指导试点方案，研究试点工作的方向、方法和步骤，逐步形成了以"项目法施工"为特征的国有施工企业生产方式和项目管理模式，不仅极大地解放和发展了建筑业生产力，而且为21世纪中国工程项目管理的新发展奠定了坚实的基础。1992年8月22日，"中国建筑业协会工程项目管理委员会"正式成立，标志着项目法施工的推行走上一个新台阶。

1.1.2 总结规范阶段（1993～2002年）

1993年9月，中国建筑业协会工程项目管理委员会以邓小平1992年南巡讲话为指导，开始系统地总结50家试点施工企业进行工程项目管理体制改革的经验，并注重推动企业加快工程项目管理与国际惯例接轨步伐。2000年1月，中建协工程项目管理委员会组织有关企业、大专院校、行业协会等30多家单位编制中国建设工程领域第一部《建设工程项目管理规范》，并于2002年5月1日起颁布施行。

1.1.3 国际化发展阶段（2003～2010年）

在我国加入WTO之后，随着"走出去"战略的实施，建筑企业积极开拓国际承包市场，中国建设工程项目管理的国际化步伐不断加快，国际竞争力不断提高。这期间，中国建筑业协会工程项目管理委员会牵头组织国际项目管理协会、英国皇家特许建造学会、CIOB香港分会、韩国建设事业协会、新加坡项目经理协会、印度项目管理协会等国家和地区的工程管理协会签署了《国际工程项目管理工作合作联盟协议》，进一步加强了各方在国际项目管理领域的交流和合作。同时，中建协工程项目管理委员会组织会员企业积极贯彻落实科学发展观，加快转变发展方式，工程建设成就显著。

1.1.4 创新引领发展阶段（2011年至今）

进入"十二五"以来，在党的十八大和历次全会精神指引下，中国建设工程项目管理步入创新引领发展的新阶段。建设工程领域先后完成了一系列设计理念超前、结构造型复杂、科技含量高、质量要求严、施工难度大、令世界瞩目的重大工程。在这个阶段，通过工程质量治理两年行动，进一步强化了项目经理责任制。通过推行工程总承包制，项目管理的集成化、信息化水平有较大提高。通过推广 10 项新技术，提高了工程建造水平。通过实施绿色施工示范工程，"四节一环保"日益普及。通过实施注册建造师继续教育培训，进一步提高了工程项目管理人才队伍整体素质。

1.2 "十二五"以来工程项目管理改革的主要成效和基本经验

1.2.1 "十二五"期间建筑业发展的基本状况

1. 建筑业产业规模稳步增长

"十二五"时期，建筑业产业规模逐年增长，建筑业增加值年均增长 9%，占国内生产总值的比重保持在 7%左右。建筑业在国民经济中的支柱作用进一步增强，建筑业产业结构进一步升级。对外工程承包规模稳中有升，国际市场布局结构不断优化。

2. 工程建造能力大幅度提升

我国建设工程在高难度、大体量、技术复杂的超高层建筑、高速铁路、公路、水利工程、轨道交通、核电核能等领域具备了完全自有知识产权的设计建造能力，新建成了一批难度大、品质高的标志性建筑。

3. 工程质量水平持续巩固

在全行业集中开展了工程质量专项治理行动，推动落实工程建设五方主体项目负责人质量终身责任，切实保障了工程质量和安全生产。

4. 工程管理信息化快速升级

工程建造过程中的信息化技术应用更加广泛，建筑业与制造、信息等行业融合发展势头日益显现。建筑市场监管信息化和诚信体系建设加大了规范市场主体行为力度。

5. 工程建设标准体系逐步完善

工程建设相关标准体系进一步健全和完善，"十二五"期间共发布标准 2000 余项，标准国际化水平逐步提升。市场决定工程造价的机制初步建立，工程计价依据体系基本完善。

1.2.2 "十二五"期间建设工程项目管理的主要成绩

1. 以创建鲁班奖为标志进一步夯实工程质量管理基础

鲁班奖工程的评选主要是基于工程质量、绿色施工、新技术应用以及工程项目管理水平。创建鲁班奖活动向全社会昭示了建筑业企业把工程质量视为生命的决心和行动，体现了建筑企业工程项目管理者精益求精、追求卓越的现代工匠精神，形成了促进提高工程质量的激励机制，带动广大建筑企业不断提高工程项目管理能力和市场竞争实力。"十二五"期间，共有 500 多项工程荣获鲁班奖工程称号，涌现出一大批创建鲁班奖的先进建筑企业和工程项目管理人才。

2. 以 BIM 和"互联网+"为代表的信息技术提高工程项目全寿命期集成化水平

BIM 贯穿于整个项目的规划、设计、施工和运营的全生命周期，为开发商、建筑设计师、土建工程师、机电工程师、建造师、材料设备供应商、最终用户等各环节的技术和管理人员提供协作平台，项目参与者都可以通过统一模型对工程项目进行设计、建造及运营管理，共享信息、协同工作。根据《中国建筑施工行业信息化发展报告（2016）》提供的调查统计数据，建筑企业应用信息技术情况如表 1-1 所示，工程项目施工现场互联网技术应用情况如表 1-2 所示。

建筑企业信息化技术应用情况统计表 表 1-1

信息化技术类型	移动技术	远程视频技术	BIM 技术	云计算技术	大数据技术	物联网技术
企业应用比例（%）	42.74	39.54	36.16	25.94	25.21	20.82

工程项目施工现场互联网技术应用情况统计表 表 1-2

序号	互联网技术应用领域	应用比例（%）	备注
1	沟通协调	54.79	
2	方案设计与优化	48.77	
3	现场质量安全管理	43.56	
4	在线视频监控	39.00	
5	施工进度管理	37.99	
6	专业软件移动应用	35.62	
7	劳动人员管理	34.89	
8	物料管理	30.68	
9	机械设备管理	30.32	
10	环境管理	15.34	
11	其他管理	4.11	

3. 以绿色施工示范工程推动项目管理绿色发展

"十二五"期间，中国建筑业协会颁布并组织实施的《全国建筑业绿色施工示范工程管理办法》，推动了从项目层面到企业层面绿色施工管理机制的形成，使创建绿色施工示范工程活动成为引领建筑企业实践绿色发展的载体。2011~2016 年的 4 年间（2012 年和 2015 年未申报），已经先后正式公布了五批共 1301 项绿色施工示范工程，如表 1-3 所示，时间虽短，但数量增长幅度很大，这些工程对推动项目管理绿色发展起到了显著的示范作用和良好的带动作用。

全国建筑业绿色施工示范工程统计表 表 1-3

年份	2011	2013	2014	2016	合计
数量	81	278	606	336	1301

（数据来源：2011~2016 年中国建筑业协会"关于公布全国建筑业绿色施工示范工程的通知"）

4. PPP 模式的推广应用促进了建筑企业商业模式创新

PPP 模式在我国的大力推广，使建筑业企业成为 PPP 模式的参与主体，给建筑企业的商业模式带来重大改变，建筑业企业将分享项目投资、运营收益，不仅能增加利润来源，还会使企业的盈利更趋持续和稳定。国内以中国建筑、中国中铁、中国铁建、中交集团等大型央企为代表的项目运作实践表明，建筑企业采用 PPP 模式参与基础设施建设，建筑业企业有了实现投资、建设、运营一体化并打通上下游产业链的机会。施工企业将由原来单一的施工承包商向投资商、施工承包商、运维服务商等角色转变，盈利结构将由原来单一的施工业务收入，向上有投资收益、中间有施工利润、下有运行维护服务收入的多重收益结构转变。

5. 国际市场新突破彰显中国建造品牌优势

2011~2015 年，我国国际工程承包新签合同额、完成合同额均持续上升。即使是在世界经济艰难复苏，全球承包工程市场发展表现总体乏力，国内建筑业增速出现明显下降的情况下，2015 年我国国际工程承包克服困难，整体业务仍保持良好的发展势头并取得新突破，如图 1-1 所示。其中，新签合同额 2100.7 亿美元，增长 9.5%，完成营业额 1540.7 亿美元，增长 8.2%，均高于国内建筑市场的增长水平。同时，大型国际工程承包项目的数量持续增加，如表 1-4 所示。中国建筑企业在东南亚、中东、非洲、欧洲、南美洲等地区承建的精品工程得到所在国的高度赞誉。

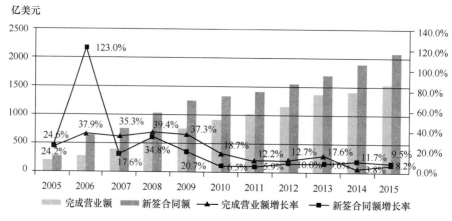

图 1-1 2005—2015 年我国国际工程承包业务情况分析图
（数据来源：2015~2016 年中国对外承包工程发展报告）

合同额超过 1 亿美元项目统计表　　　　表 1-4

年份	合同额超过 1 亿美元的项目		
	项目个数	合同金额	占全部合同额比例（%）
2011	258	932.7	64.9
2012	324	1064.1	68.0
2013	390	1134.5	66.1
2014	365	1357.8	70.8
2015	434	1558.5	74.2

（数据来源：2015~2016 年中国对外承包工程发展报告）

6. 以成果评价和发布为平台促进全国建设工程项目管理经验的交流和推广

经过 10 多年的持续实践和推广，由中国建筑业协会工程项目管理委员会牵头组织的全国建设工程优秀项目管理成果评价和发布活动越来越多地受到全行业的认可和好评。作为我国工程项目管理领域内的多元化、多边交流平台，该项成果评价活动始终发挥了传播创新理念、展示优秀成果、搭建交流桥梁、编织合作纽带、引导发展方向、促进方法应用、提升运营水平、实现成果共享的作用，其影响力、凝聚力已经成为推动建筑业工程项目管理国际化、现代化的重要力量。2011～2015年全国建设工程优秀项目成果数量如表1-5所示。

2011年至2015年全国建设工程优秀项目成果数量统计表 表1-5

年份	2011	2012	2013	2014	2015	合计
成果数量	278	299	343	414	490	2119

（数据来源：2011～2015年中国建筑业协会统计年报）

1.2.3 "十二五"以来工程项目管理改革的基本经验

"十二五"期间建设工程项目管理的主要经验体现在几个方面。

1. 必须牢固树立以客户为中心的理念

以"建一项工程，创一座精品，交一批朋友"为管理宗旨，以"只有不同的业主需求，没有不同的项目管理"为服务标准，紧紧抓住项目计划和过程控制两个关键环节，不断健全和完善"过程精品、动态管理、目标考核、严格奖罚"的管理运行机制和"目标管理、创优策划、过程监控、阶段考核、持续改进"的创优机制，追求在和谐的合作中与客户共同促进，共同发展。

2. 必须高度重视工程项目计划管理的引领作用

通过系统策划制定工程项目的计划体系并付诸实施，与此同时必须对项目计划的执行过程进行全面控制。如有偏差，及时纠正，使项目管理活动处于受控状态是保证项目成功的关键前提。要密切关注设计深化、材料和设备采购、工程变更处理与相应的施工工序之间应当在时间和进度计划安排上保持良好的衔接关系，尽量避免因此而产生停工或窝工，否则会因局部工期延误而影响项目总工期。

3. 必须高度重视工程项目管理与精益建造思想的融合

工程总承包商是否具有全面的计划统筹能力、丰富的施工管理经验和较强的总体协调能力，对项目综合管理目标的实现程度和项目各利益相关方的满意程度将产生较大影响。若在过程控制中引入精益建造的管理思想和方法，将更加有助于实现项目目标。同时，要特别重视提高专业分包商的整体管理水平及施工作业人员的素质。

4. 必须高度重视提升建筑企业项目管理体系能力

建筑企业在公司层面应当建立能够适应和推动企业实现战略目标的项目管理体系，项目经理部层面的项目管理实践活动的创新，能够推动公司层面管理组织、体制、运行机制的适应性变革，这两者之间的相互促进和持续改进，进而不断提升企业项目管理体系的成熟度，加快企业实现战略目标的进程。

5. 必须高度重视工程项目经理队伍建设

建筑企业应当重视培养职业化的项目经理人才队伍。工程项目管理的成败很大程度上取决于项目经理的领导能力、管理理念、知识结构、经验积累和个人素养。准确把握系统思维和全面受控的项目管理思想精髓，全面掌握和熟练运用项目管理方法、工具，能够有效提高项目经理自身的管理能力，这也是成为合格项目经理的坚实基础条件。

6. 必须高度重视管理科学理论的指导

建设工程项目管理是复杂的大系统，利益相关方众多，如果没有系统论、控制论、信息论等管理科学理论指导和正确的管理方法的运用，如果没有严谨的工程项目管理体系保证，要想实现工程项目管理过程的有序推进、高效运行是不可能的。

1.3 建设工程项目管理规范化的基本框架体系

工程项目管理理论的建立是基于全生命期管理。一个建设工程项目的生命期通常分为四个阶段：分析决策阶段、规划设计阶段、施工实施阶段和竣工收尾阶段。我国建设工程项目管理规范化的主要依据就是结合工程项目的特点，在认真总结推广鲁布革工程管理经验的基础上，通过不断探索，努力实践，形成一套具有中国特色并能与国际接轨的建设工程项目管理基本框架体系。

1.3.1 建设工程项目管理规范化基本框架体系的内容

（1）主要原则是："目标控制，优化配置，动态管理，节点考核"。

（2）基本内容是："四控制，三管理，一协调"，即进度、质量、成本、安全控制，合同、要素、信息管理和组织协调。

（3）运行机制是：总部宏观调控，项目委托管理，专业施工保障，社会力量协作。

（4）组织模式是："两层分离，三层关系"，即"管理层与作业层分离"，项目层次与企业层次的关系，项目经理与企业法人代表的关系，项目经理部与劳务作业层的关系。

（5）管理重点是："两制建设，三个升级"，即项目经理责任制和项目成本核算制；技术进步、科学管理升级，总承包管理能力升级，智力结构和资本运营升级。

（6）管理目标是："四个一"，即一套新方法，一支新队伍，一代新技术，一批好工程。

《规范》在编写过程中，特别注意吸收经过多年实践证明成功的经验和做法，并在相应的章节中突出了这些内容。同时特意强调了全生命期管理理念，即工程建设项目应该服从、满足项目使用期的需求。这是衡量工程建设项目是否成功的关键性指标。

1.3.2 建设工程项目管理规范化基本框架体系的特征

随着知识、经济、信息的全球化，现代项目管理正在世界范围内逐步普及。中国正处于社会、经济、文化、科技的大变革时代，项目遍布每一个领域，项目管理正在成为驱动社会经济发展的新型生产力。中国特色建设工程项目管理的规范化的特征和生命力在于国际化、本土化、专业化的"三化融合"所迸发出的智慧和能量，"三化融合"也能够为项目管理创新衍生新的途径。

1. 坚持国际化方向

以 PMI、IPMA、ISO 等为代表的国际组织先后发布了国际项目管理知识体系、国际项目管理专业资格认证标准、项目管理指南等重要文献，这些文献是建立在长期的社会生产和管理实践的基础上，研究、总结而形成的一整套科学的现代项目管理理论和方法体系，代表着国际项目管理的发展趋势，对于推动国际项目管理的实践应用和项目管理人才培养都产生了积极的影响。《规范》只有坚持国际化方向，才能更好地学习先进的项目管理技术和方法，顺应现代项目管理的发展潮流，提高项目管理水平。

2. 基于本土化国情

现代项目管理的体系构架来自于大量项目实践的理论提炼，具有基本原理的普遍适用性。在引入现代国际项目管理体系时，要充分考虑民族文化、思维模式、行为惯性等本土化的适应问题，在推广应用的范畴和程度上应当紧密结合本国发展水平和实际情况。因此，在面向国际化加快我国工程项目管理的实践应用、理论研究时，应当立足于我国国情的基础上，并且特别要注意总结多年来国内项目管理理论成果和实践经验。只有将项目管理基本原理与本土化国情相结合，《规范》才能产生推动建筑业持续健康发展的实际效果。

3. 反映专业化特色

在现代社会，从各种不同专业的角度，项目可以划分为多种类型。正是因为项目类型的多样化，项目的范围、经历的时间、难易程度、涉及的资源要素等差别很大，从而出现了专业化的项目管理。由于不同行业的专业技术要求不同，也使得项目管理的专业化特征存在差异。例如，对于建设工程项目管理，除了要做好进度、质量、成本等常规的10个领域的管理工作，还特别要重视做好安全生产管理、绿色建造管理、合同管理、劳务管理等。因此，能够反映出专业化特色的《规范》才具有现实的竞争力。

这里有必要指出的是，国际上的项目管理体系属于广义上的项目管理，对中国建筑业企业来说，还需要提高专业适用性。因此，国际项目管理理论的本土化成为我国工程建设项目管理的重要课题。我国《建设工程项目管理规范》不但吸收了国际项目管理的通用标准，具有国际通用性和先进性，而且最重要的一点是结合我国建设工程项目管理体制改革的经验，比较注重专业管理活动的系统性，与国际上有关项目管理比较，更加具体化、专业化，具有实用性和操作性。

1.4 2017版《建设工程项目管理规范》修订说明

1.4.1 《规范》修订的任务来源

2013年11月22日，住房和城乡建设部下达了《关于印发2014年工程建设标准规范制订、修订计划的通知》（建标〔2013〕169号文件），《建设工程项目管理规范》被列为修订项目，完成时间为2015年，主编单位为中国建筑业协会，2014年又增补北京城建亚泰建设集团有限公司为主编单位。

1.4.2 《规范》修订的背景

《建设工程项目管理规范》（以下简称《规范》）于2001年颁布实施，根据国家有关法律法规的要求，为适应工程总承包项目管理的需要，于2006年进行了第一次修订。6年多来，《规范》对促进我国建设工程管理的科学化、规范化、法制化，加快与国际惯例接轨发挥了重要的指导作用。但随着全球经济一体化和项目管理国际化的发展，工程建设现代化管理方法和高新技术不断涌现，建筑业面临着外部市场环境、政策法规、新型城镇化建设目标的新挑战。为此，主编单位建议对2006版《规范》中的内容进行修订和完善。

工程项目管理是目前国际上通用的一种现代化工程建设管理模式，其着力点和落脚点在于解放和发展建筑生产力，提高项目生产力水平，切实抓好工程建设过程的各项管理工作。当初，《规范》的编制正是在这一指导思想下按照国际项目管理体系与中国工程项目管理实践和建设管理体制改革相结合而编制出台的。修订2006版《规范》的目的，就是在新的历史条件下，深入贯彻党的十八大精神，按照建设中国特色社会主义要坚持解放和发展社会生产力的总要求，适应建筑业加快转变发展方式的需要，贯彻落实国家节能减排、资源节约与利用、环境保护的要求，保障工程质量安全，促进工程建设领域技术进步,培养高素质的项目管理专业人才队伍,提高工程项目管理的科学化、规范化、制度化和国际化水平,进一步完善工程建设管理标准体系。

1.4.3 《规范》修订的意义

修订《建设工程项目管理规范》的重要意义体现在以下几方面:

1. 修订《规范》是贯彻执行国家和行业新法律法规的需要

近些年来,我国先后颁布了与工程项目管理相关的一系列法律法规,如《招标投标法实施条例》、《注册建造师执业管理办法》、《建设工程工程量清单计价规范》(2013 版)、《建设工程施工合同示范文本》(GF—2013—0201)、《建筑市场管理条例》等,为此,在《规范》中必须贯彻执行上述行政法规、规章以及相关强制性标准的规定,对《规范》内容进行相应调整,做到协调一致。

2. 修订《规范》是落实国家"十二五"规划目标的要求

在国家"十二五"规划中,专门针对建筑业提出"要大力推广绿色建筑和绿色施工,用先进的建造、材料、信息技术优化结构和服务模式",建筑业"十二五"规划也强调节能减排、资源节约与利用、环境保护的要求,这些政策规定为《规范》在强化绿色施工、技术管理、信息化管理、工程总承包模式等方面的内容调整上指明了正确方向。

3. 修订《规范》是适应国际项目管理发展趋势的要求

2012 年 9 月,国际标准化组织正式颁布了《项目管理指南》(ISO 21500:2012),该标准在原来通行的项目管理九大知识领域的基础进行了修改,增加了"项目利益相关方管理"这一新要素,并扩展了"项目资源管理"要素的范畴。这些方面的调整,反映了国际项目管理最新动态和发展潮流。

4. 修订《规范》是总结推广国内工程项目管理成功经验的要求

我国建筑企业在国内外工程项目管理实践中创造了许多新鲜经验,国外的同行也有很多经验值得借鉴,这些经过实践证明行之有效的项目管理方法应当吸收为《规范》的内容,以这种方式推广工程项目管理经验,能够有效地提高全行业的项目管理水平。

5. 《规范》的修订有利于加快转变建筑业发展方式

改革开放三十多年来,我国建筑业经历着从传统建筑业向现代建筑业的转型过程,建筑业经历着一系列前所未有的变化:一是政府部门进一步规范建筑市场交易秩序,创造良好的市场竞争环境;二是建筑行业逐步形成合理的产业组织结构形式;三是建筑企业建立适应市场经济的现代企业制度;四是随着经济全球化而产生的建筑市场的进一步对外开放。建筑企业要想在这种新的背景和环境下获得持续的长足发展,就要求建筑企业的服务模式、经营管理和运行方式发生重大的变革,《规范》的修订正是适应了这种变化趋势的要求。从这个意义上说,《规范》的修订有利于建筑业在新的历史时期加快转变发展方式。

6. 《规范》修订有利于项目经理与建造师制度的顺利衔接

从 2002 年开始,我国建筑行业实施注册建造师执业资格制度。建造师与项目经理在市场定位上既相互区别,在职业关系上又相互联系。《建造师执业资格制度暂行规定》中指出:"建造师注册后,有权以建造师名义担任工程项目施工的项目经理"。《关于项目经理资质管理制度和建造师执业资格制度的过渡办法》中再次明确:"在全面实行建造师执业资格制度以后,仍要坚持推行项目经理岗位责任制。项目经理岗位是保证工程项目建设质量、安全、工期的重要岗位。"《建设工程项目管理规范》规定:"项目经理是根据企业法定代表人授权范围、时间和内容,对施工项目自开工准备至竣工验收,实施全过程、全面管理。"由此,项目经理是按照授权的约定、依照《建设工程项目管理规范》的要求从事项目管理活动。因此,修订《建设工程项目管理规范》,能够较好地厘清项目经理与建造师的管理关系,促进项目经理与建造师制度的有效衔接,满足建造师队伍人才培养和继续教育的需要。

1.4.4 《规范》修订的目的

为了学习和借鉴国际先进的项目管理理念和方法,总结推广我国工程建设领域管理体制改革的经验,早在 2001 年,中国建筑业协会工程项目管理委员会主持编制了《建设工程项目管理规范》GB/T 50326—2001(简称 2001 版《规范》)。2006 年,根据建筑业发展形势和投资管理体制改革的需要,我们对 2001 版《规范》进行了系统修订,形成了 2006 版《规范》。2014 年 4 月,住房和城乡建设部业务主管部门组织专家对 2006 版《规范》进行了复审,专家组建议,为了能更好地发挥《规范》对我国工程项目管理的导向作用,实现党的十八大提出的新型城镇化建设的目标,应尽快组织修订《规范》。

修订 2006 版《规范》的目的,就是为了在新的历史条件下,适应建筑业加快转变发展方式的需要,贯彻落实国家节能减排、资源节约与利用、环境保护的要求,保障工程质量安全,促进工程建设领域技术进步,培养高素质的项目管理专业人才队伍,推动我国工程建设事业的持续健康发展,提高工程项目管理的科学化、规范化、制度化和国际化水平,进一步完善工程建设管理标准体系。

1.4.5 《规范》修订的原则

本《规范》修订所遵循的原则主要体现在以下几方面:

(1)满足本规范适用范围的原则。本《规范》基于工程建设项目管理的全过程,主要适用于建设、勘察、设计、施工、监理等单位的工程建设项目管理活动,规定了完整的工程建设项目管理体系的系统要求。

(2)满足工程建设行业管理要求的原则。本《规范》在内容上要体现工程建设行业的政策和管理要求,规范工程建设项目管理相关方的管理行为,能够为建设行业主管部门和相关方规范项目管理行为提供依据。

(3)正确处理相关法规的原则。本《规范》的修订要处理好标准内容与相关标准、规范、管理规定的关系,避免与《建设工程监理规范》、《建设项目工程总承包管理规范》等有过多的重复,同时要能覆盖现行法规与政策的基本内容和要求。

(4)体现指导性、实践性和操作性的原则。本《规范》的修订要体现高质量、高水平,要保持政策的连续性,要与国际上先进通用做法以及我国 30 年来总结提炼的项目管理经验保持一致。

1.4.6 《规范》修改解决的重点问题

《规范》修订解决的重点问题包括以下几方面:

一是针对工程建设全寿命周期过程中各主体方的项目管理特征,结合 EPC、PMC、BOT 等模式的要素构成、项目治理和运行规律,总结国内外工程建设领域所创造的各种项目管理模式的实践经验,进一步完善《规范》内容的结构体系,以提高《规范》适用范围的广泛性,实施过程的指导性和管理环节的可操作性。

二是为更好地适应建设工程项目管理的国际化发展潮流,引入国际标准化组织《项目管理指南》中的最新理念和系统构架，同时坚持国际化、本土化、专业化相融合的原则，增加建设工程项目目标的集成化管理、利益相关方管理、资源优化管理、多项目管理、以BIM信息技术为代表的信息化管理等相关内容，以打造具有中国特色的工程项目管理体系和运行规范。

三是立足于我国建筑业改革与发展的实际状况和未来趋势，强化工程质量、安全生产、绿色施工、环境管理、技术创新管理、劳务管理、项目文化管理、项目经理责任制等要素管理的精益层次，为确保工程质量安全、节能减排、技术进步、维护农民工权益、提升品牌效应夯实管理基础，以更好地适应建设和谐社会、建设创新型国家和实现可持续发展的需求。

四是紧密结合近两年颁布的 2013 版工程量清单计价规范、施工合同示范文本以及其他一系列相关的法律规章的新要求，通过对《规范》的结构设计、条款安排和内容界定，强化履约责任，平衡合同双方的风险和权益，以合同管理为主线，全面贯彻落实立法意图和利益调整机制，提高工程项目管理的精细化水平。

五是鉴于建设工程管理实践中存在着的建造师与项目经理的不同定位和相互关系，在《规范》修订过程中，将处理好本《规范》与相关标准规范之间的接口路径，力求完善建造师制度的运行规则，平稳衔接建造师与项目经理的执业资格、能力要求、管理行为和评价准则。

六是对 2006 版《规范》中的部分专业术语、条文说明以及 4.1.5、5.2.3、6.2.4、13.1.3、15.1.3、15.2.6 等条款的表达方式、叙述用语和内容进行调整，以提高《规范》文字表述的科学性、准确性、通俗性。

本次修订内容的累计变动量约占 2006 版《规范》篇幅的 50% 以上。

1.4.7 《规范》修订的主要内容

1. 本次修订中增加的主要内容

（1）增加项目管理的基本规定，确立了"项目管理流程、管理制度、系统管理、相关方管理和持续改进"五大管理特征；

（2）增加"五位一体（建设、勘察、设计、施工、监理）相关方"的项目管理责任；

（3）增加项目设计与技术管理；

（4）增加项目绿色建造管理；

（5）增加项目管理绩效评价。

2. 本次修订中修改的主要内容

（1）修改项目管理规划，增加项目管理的配套策划要求；

（2）修改项目采购管理，增加项目投标过程的管理要求；

（3）修改项目合同管理，增加项目合同策划的管理要求；

（4）修改项目质量管理，增加质量创优与设置质量控制点的要求；

（5）修改项目职业健康安全管理，增加项目安全生产管理评价要求；

（6）修改项目环境管理，增加项目绿色施工评价要求；

（7）修改项目资源管理，增加项目劳务管理要求；

（8）修改项目信息管理，增加项目文件与档案管理、项目信息技术应用和知识管理要求；

(9) 修改项目风险管理，增加项目正面风险的利用与管理要求。

1.4.8 《规范》采用国际标准和国外先进标准的情况

本《规范》在部分内容上参考了国际标准化组织于 2012 年 9 月颁布的《项目管理指南》（ISO21500：2012）标准、国际项目管理协会（International Project Management Association，简称 IPMA）于 2006 年颁布的《国际项目管理专业资格认证标准》（IPMA Competence Baseline，简称 ICB3.0）、英国皇家特许建造师学会（Chartered Institute of Building，CIOB）颁布的《会员专业能力与行为的准则和规范》（Rules and Regulations of Professional Competence and Conduct）。

在项目管理内容方面，参考了《项目管理指南》、《项目管理知识体系指南 PMBOK－建设工程扩展分册》中对项目管理 10 个知识领域的界定，扩展了"项目利益相关方管理"、"项目资源管理"要素的范畴，并结合我国工程建设领域的实际情况，体现出坚持国际化方向、基于本土化国情、反映专业化特色的"三化融合"的特征。

在项目团队管理方面比照了《国际项目管理专业资格认证标准（ICB3.0）》中关于项目管理专业人员技术能力、行为能力、环境能力的定义和《会员专业能力与行为的准则和规范》的部分内容。

在项目管理的方法方面，吸收了国际项目管理最新的比较成熟的管理理论与实践经验，在项目策划管理、风险管理、合同管理等方面提出了具有一定引领性的要求。

1.5 2017 版《建设工程项目管理规范》的适用范围

《规范》的第 1.0.2 条规定，"本规范适用于新建、扩建、改建等建设工程有关各方的项目管理"。这是本《规范》的适用范围。

1.5.1 《规范》适用的项目类型

本《规范》适用的建设工程项目类型范围是新建、扩建、改建等建设工程项目

所谓"新建建设工程项目"，是指从无到有新开始建设的建设工程项目；所谓"扩建建设工程项目"，是指在既有基础上加以扩充建设的工程，以扩大或新增加生产能力；所谓"改建建设工程项目"，是指企业在原有基础上，为提高生产效率，改进产品质量或改变产品方向，对原有工程或设备进行改造的建设工程项目。

1.5.2 《规范》适用的项目主体

本规范适用的管理范围是有关各方的项目管理。

（1）项目：项目是由一组有起止时间的、相互协调的受控活动所组成的特定过程，该过程要达到符合规定要求的目标，包括时间、成本和资源的约束条件。

"项目"的范围非常广泛，它包括了很多内容，最常见的有：科学研究项目，如基础科学研究项目、应用科学研究项目、科技攻关项目等；开发项目，如资源开发项目、新产品开发项目、园区开发项目等；建设项目，如工业与民用建筑工程、交通工程、水利工程等。作为项目它们都具有共同的特征。

1) 项目的特定性。也可称为单件性或一次性，是项目最重要的特征。每个项目都有自己的特定过程，都有自己的目标和内容，都有起止时间，因此也只能对它进行单件处置（或生产），不能批量生产，不具重复性。只有认识到项目的特定性，才能有针对性地根据

项目的具体特点和要求，进行科学的管理，以保证项目一次成功。这里所说的"过程"，是指"一组将输入转化为输出的相互关联或相互作用的活动"。

2) 项目具有明确的目标和一定的约束条件。项目的目标有成果性目标和约束性目标。成果性目标指项目应达到的功能性要求，如兴建一所学校可容纳的学生人数、医院的床位数、宾馆的房间数等；约束性目标是指项目的约束条件，凡是项目都有自己的约束条件，项目只有满足约束条件才能成功，因而约束条件是项目目标完成的前提。一般项目的约束条件包括限定的时间、限定的资源（包括人员、资金设施、设备、技术和信息等）和限定的质量标准。目标不明确的过程不能称作"项目"。

3) 项目具有特定的生命期。项目过程的一次性决定了每个项目都具有自己的生命期，任何项目都有其生产时间、发展时间和结束时间，在不同的阶段都有特定的任务、程序和工作内容。工程项目的生命期包括项目的决策阶段、实施阶段和使用阶段，其中决策阶段又包括项目建议书、可行性研究，实施阶段包括设计工作、建设准备、建设工程及使用前竣工验收等；施工项目的生命周期包括：投标与签订合同、施工准备、施工、交工验收、用后服务。成功的项目管理是将项目作为一个整体系统，进行全过程的管理和控制，是对整个项目生命周期的系统管理。

4) 项目作为管理对象的整体性。一个项目，是一个整体管理对象，在配置生产要素时，必须以总体效益的提高为标准，做到数量、质量、结构的总体优化。由于内外环境是变化的，所以管理和生产要素的配置是动态的。项目中的一切活动都是相关的，构成一个整体。缺少某些活动必将损害项目目标的实现，但多余的活动也没有必要。

5) 项目的不可逆性。项目按照一定的程序进行，其过程不可逆转，必须一次成功，失败了便不可换回，因而项目的风险很大，与批量生产过程（重复的过程）有着本质的差别。

(2) 项目管理：项目管理是指为达到项目目标，对项目的策划（规划、计划）、组织、控制、协调、监督等活动过程进行监控的总称。

项目管理的对象是项目。项目管理者应是项目活动中各项活动的主体。项目管理的职能同所有管理的职能均是相同的。项目的特殊性带来了项目管理的复杂性和艰巨性，要求按照科学的理论、方法和手段进行管理，特别是要用系统工程的观念、理论和方法进行管理。项目管理的目标就是要保证项目目标的顺利完成。项目管理有以下特征：

1) 每个项目的管理都有自己特定的管理程序和管理步骤。每个项目都有自己的特定目标，项目管理的内容和方法要针对项目目标而定，每个项目都有自己的管理程序和步骤。

2) 项目管理是以项目经理为中心的管理。项目管理具有较大的责任和风险，其管理涉及人力、技术、设备、资金、信息、设计、验收等多方面因素和多元化关系，为更好地进行项目策划、计划、组织、指挥、协调和控制，必须实施以项目经理为核心的项目管理质量安全保证责任体制。在项目管理过程中应授予项目经理必要的权力，以使其及时处理项目实施过程中发生的各种问题。

3) 项目管理应使用现代管理方法和技术手段。现代项目大多数是先进科学的产物或是一种涉及多学科、多领域的系统工程。要圆满地完成项目就必须综合运用现代管理方法和科学技术，如决策技术、预测技术、网络与信息技术、时间管理技术、质量管理技术、成本管理技术、系统工程、价值工程、目标管理等。

　　4）项目管理应实施动态管理。为了保证项目目标的实现，在项目实施过程中要采用动态控制方法，即阶段性地检查实际值与计划目标值的差异，采取措施，纠正偏差，制定新的计划目标值，使项目能实现最终目标。

　　（3）工程项目管理：工程项目管理的对象是工程项目，它是建设项目管理的一个子系统。它有自己的管理目标、管理任务和组织。按工程项目不同参与方的工作性质和组织特征划分，项目管理可分为：

　　1）业主方的项目管理。

　　2）设计方的项目管理。

　　3）施工方的项目管理。

　　4）供货方的项目管理

　　5）工程总承包方的项目管理。

　　但不论是哪方的项目管理，项目管理所涵盖的规律性及其实施过程、方法和国际化、规范化则是共性的。

　　（4）施工项目："施工项目"是由"建筑业企业自施工承包投标开始到保修期满为止的全过程中完成的项目"。它可能以建设项目为过程产出物，也可能是其中的一个单项工程或单位工程。过程的起点是投标，终点是保修期满。施工项目除了具有一般项目的特征外，还具有自己的特征：

　　1）它是建设项目或其中的单项工程、单位工程的施工活动过程。

　　2）以建筑企业为管理主体。

　　3）项目和任务范围是由施工合同界定的。

　　4）产品具有多样性、固定性、体积庞大的特点。

　　只有单位工程、单项工程和建设项目的施工活动过程才称得上施工项目，因为它们才是建筑业企业的最终产品。由于分部工程、分项工程不是建筑业企业的最终产品，故其活动过程不能称作施工项目，而是施工项目的组成部分。

　　这里所说的"建筑业企业"是指"从事土木工程、建筑工程、线路管道安装工程、装修工程的新建、扩建、改建活动的企业"。这是一个规范用词，不再使用"建筑企业"、"建筑施工企业"、"施工企业"等非规范用词。

　　（5）建设工程项目管理的各相关方。各相关方包括业主方、设计方、施工方、供货方、监理方、咨询方、代理方、工程总承包方、分包方等（以下均统一称之为"组织"）。凡是与项目有关者都可使用《建设工程项目管理规范》，都应当用《规范》中的相关规定约束自己的项目管理行为。但是《建设工程项目管理规范》并不能规定各相关方的所有行为，特别是不同企业的管理运行机制。各相关方可根据《建设工程项目管理规范》制定相应的项目管理规程或其他文件，以便从各自的管理全过程上、从组织特点上、从独特的相关关系上进行更全面、更具体、更有针对性的规范。

第 2 章 术 语

2.1 本规范中的术语设置原则

(1) 尽量避免与相关标准的术语重复。对于国内外与项目管理相关的标准或规范中已经给予明确定义的术语,如果与本规范的含义相一致,则本规范中不再列入。例如"项目"、"项目管理"等,在《质量管理体系 项目质量管理指南》GB/T 19016—2005 中已有定义,本规范直接在原文中引用,不再重新定义。再例如,安全、质量、风险等术语,在《质量管理体系 基础和术语》GB/T 19000—2016 中已有定义,本规范中也不再重复定义。

(2) 尽量保持与国际上的通用概念相吻合。随着《质量管理体系 项目质量管理指南》、《项目管理指南》ISO 21500—2012、《项目管理知识体系指南 PMBOK》等管理体系和标准的传播,有些术语在国际上已有约定俗成的概念解释。本规范对涉及这些领域的术语定义,基本上保持了与国际上通用定义的内涵相吻合,不会产生歧义。例如:项目范围管理,项目环境管理,项目沟通管理等。

(3) 针对重要性程度设置本规范中的术语。本规范中定义的术语都是在条文中出现较多且在内容上地位重要的术语。例如,"建设工程项目"、"建设工程项目管理"、"项目管理机构"、"相关方"、"项目管理责任制"、"项目管理策划"等。各章的章名由于在规范中使用频次较多,故都进行了术语定义。

(4) 术语中增加了我国工程建设实践中创新的成功经验和新的管理范畴。例如,"项目管理目标责任书"、"项目管理绩效评价"、"绿色建造管理"等。

(5) 注重衔接、保持连续性。对于 2006 版规范中定义的仍然适用的术语,本规范继续使用。同时,根据规范修订后的变化,适当增加新术语定义。

2.2 本规范中的术语释义

2.2.1 基本术语

1. 建设工程项目

建设工程项目(construction project):为完成依法立项的新建、扩建、改建工程而进行的、有起止日期的、达到规定要求的一组相互关联的受控活动,包括策划、勘察、设计、采购、施工、试运行、竣工验收和考核评价等阶段。简称为项目。

(1) "建设工程项目"是众多的项目类型中的一类。建设工程项目与科研项目、IT 项目、投资项目、开发项目、航天项目等是同一层级的项目。其中包括了新建、扩建、改建等各类建设工程项目。新建项目指从无到有的项目,扩建项目指原有企业为扩大产品的生产能力或效益，或为增加新品种的生产能力而增建主要生产车间或其他产出物的活动过程。改建项目是更新改造项目（改建、恢复、迁建）中的一类，指对现有厂房、设备和工艺流程进行技术改造或固定资产更新的过程。

（2）建设工程项目强调项目是活动、是过程。该过程有起止时间，是由相互协调的受控活动组成的。过程是"一组将输入转化为输出的相互关联或相互作用的活动"。在实践中，许多人往往把建筑产品看成是一个"项目"，这就混淆了"项目"与"产品"概念的区别。建筑产品是项目管理活动的结果，应当注意区分建筑产品与建设工程项目的概念。

（3）"项目"有目标。目标是结果。除了交付产品之外，在既定的范围内，时间、成本和质量既是项目的约束条件，也是目标，如果没有这三项目标（或约束条件），则明确的产品就不存在了。

（4）需要重视项目的"有起止日期"的规定。它说明"项目"是一次性的过程。一次性是项目的最大特点，是与长期性组织的运行管理工作的最大区别。一次性就是不重复性，一旦任务完成，项目即告结束。项目的起点是项目的开始时间，项目的终点是项目目标的实现时间。

（5）建设工程项目的相互关联的受控活动包括策划、勘察、设计、采购、施工、试运行、竣工验收和移交。在建设工程项目的生命期内，必须进行上述各项活动。一个项目的生命期大体分为四个阶段，即概念阶段、规划阶段、实施阶段、收尾阶段。"策划"既可以属于概论阶段的活动，也是其他阶段应有的活动（策划的具体内容不同）；"勘察"和"设计"属于规划阶段的活动；"采购"和"施工"属于实施阶段的活动；"试运行"和"竣工验收"属于收尾阶段的活动。

2. 建设工程项目管理

建设工程项目管理（construction project management）：运用系统的理论和方法，对建设工程项目进行的计划、组织、指挥、协调和控制等专业化活动。简称为项目管理。

（1）本规范中的"建设工程项目管理"概念与《质量管理　项目管理质量指南》GB/T 19016—2000 中"项目管理"的定义是一致的，即"项目管理包括对项目各方面的策划、组织、监测等连续过程的活动，以达到项目目标"。在《质量管理体系　基础和术语》GB/T 19000—2000 中，"管理"的定义是"指挥和控制组织的协调的活动"。因此，"建设工程项目管理"强调的是管理的职能。项目管理就是要对项目进行策划（计划）、组织、指挥、协调（监测）和控制。而建设工程项目管理所涉及的知识领域除了《项目管理知识体系指南 PMBOK》中界定的 10 个方面之外，还结合建设工程项目及其管理的特点进行了适当扩展。

（2）建设工程项目管理必须运用系统的理论、观点和方法。建设工程项目是一个复杂的系统，项目管理必须运用系统的理论、观点和方法才能实现项目目标。项目目标也具有系统性，包括功能目标、管理目标和影响目标，见图 2-1。

3. 组织

组织（organization）：为实现其目标而具有职责、权限和关系等自身职能的个人或群体。

对于拥有一个以上单位的组织，可以把一个单位视为一个组织。组织可包括一个单位的总部职能部门、二级机构、项目管理机构等不同层次和不同部门。

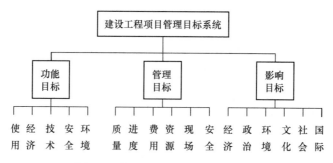

图 2-1 建设工程项目管理目标系统

工程建设组织包括建设单位、勘察单位、设计单位、施工单位、监理单位等。

4. 项目管理机构

项目管理机构（project management organization）：根据组织授权，直接实施项目管理的单位。其可以是项目管理公司、项目部、工程监理部等。

项目管理机构也可以是组织实施项目管理的相关部门，如建设单位的基建办公室等。

项目管理机构的构成应适应自身管理范围的需要，并在人数、专业、职业资格上满足相应的要求。

项目管理机构作为项目管理组织，应具有计划、组织、指挥、控制、协调等管理能力。

针对特定的项目而组建的项目管理机构且应是一次性的组织。

5. 项目负责人（项目经理）

项目负责人（项目经理）[project leader（project manager）]：组织法定代表人在建设工程项目上的授权委托代理人。

（1）对于不同组织的项目管理机构而言，可以根据项目管理工作的实际需要，任命项目负责人或者项目经理。对于建设工程施工承包企业，担任"项目经理"的人员需要持有建设行政主管部门认可的注册执业资格证书。对于建设单位、设计单位、咨询单位等进行项目管理的组织，可设立项目负责人或项目经理，在授权范围内行使法定代表人所委托的权力。

在本规范条文中，项目管理机构负责人也就是该项目的项目负责人（项目经理）。

（2）项目负责人（项目经理）的性质是工作岗位，既不是技术职称，也不是执业资格。

（3）项目负责人（项目经理）是项目管理机构的第一责任人。

6. 相关方

相关方（stakeholder）：能够影响决策或活动、受决策或活动影响，或感觉自身受到决策或活动影响的个人或组织。

项目相关方包括项目直接相关方（建设单位、勘察、设计、施工、监理和项目使用者等）和间接相关方（政府、媒体、社会公众等）。

7. 项目管理策划

项目管理策划（project management planning）：为达到项目管理目标，在调查、分析有关信息的基础上，遵循一定的程序，对未来（某项）工作进行全面的构思和安排，制订和选择合理可行的执行方案，并根据目标要求和环境变化对方案进行修改、调整的活动。

2.2.2 项目承发包术语

1. 发包人

发包人（employer）：按招标文件或合同中约定，具有项目发包主体资格和支付合同价款能力的当事人或者取得该当事人资格的合法继承人。

项目发包人是建设工程项目合同的当事人之一，是以协议或其他完备手续取得项目发包主体资格，承认全部合同条件，能够而且愿意履行合同义务（特别是工程款支付能力）的合同当事人。

项目发包人可以是具备法人资格的国家机关、事业单位、国有企业、集体企业、私营企业、经济联合体和社会团体，也可以是依法登记的合伙人或个体经营者。

与发包人合并的单位、兼并发包人的单位、购买发包人合同和接受发包人出让的单位和人员，或其他取得发包人资格的合法继承人，均可成为发包人。发包人可以是建设单位，也可以是取得建设单位通过合法手续委托的总承包单位或项目管理单位，还可以是取得承包权利后的承包人。发包人可以以不同的发包方式，分不同阶段发包给具有合法资质的承包人。

2. 承包人

承包人（contractor）：按合同约定，被发包人接受的具有项目承包主体资格的当事人，以及取得该当事人资格的合法继承人。

项目承包人是建设工程项目合同的当事人之一，是具有法人资格和相应资格等级的单位。作为承包人，首先必须具备承包主体资格，其次是被发包人通过合法手续接受。承包人根据发包人的要求，可以对工程项目的勘察、设计、采购、施工、试运行全过程的业务进行承包，也可以是对其中部分阶段的业务进行承包。

与承包人合并的单位、兼并承包人的单位、合法购买承包人合同和接受承包人出让的单位和人员，或其他取得承包人资格的合法继承人，均可成为承包人。

当项目承包人将其合同中的部分责任依法发包给具有相应资质的企业时，该企业也成为项目承包人之一，简称为分包人。

3. 分包人

分包人（subcontractor）：承担项目的部分工程或服务并具有相应资格的当事人。

按照住房和城乡建设部颁布的《建筑业企业资质标准》的规定，分包人从事的业务可以划分为专业工程分包和施工劳务分包两种类型。

2.2.3 项目管理责任术语

1. 项目管理责任制

项目管理责任制（project management responsibility system）：组织制定的、以项目负责人（项目经理）为主体，确保项目管理目标实现的责任制度。

项目管理责任制是建设工程项目的重要管理制度，其构成应包括项目管理机构在组织部中的管理定位，项目负责人（项目经理）需具备的条件，项目管理机构的管理运作机制，项目负责人（项目经理）的责任、权限和利益及项目管理目标责任书的内容构成等内容。组织需在有关项目管理制度中对以上内容予以明确。

2. 项目管理目标责任书

项目管理目标责任书（responsibility document of project management）：组织的管理层与项目管理机构签订的，明确项目管理机构应达到的成本、质量、工期、安全和环境等管理目标及其承担的责任，并作为项目完成后考核评价依据的文件。

（1）项目管理目标责任书一般指企业管理层与项目管理机构所签订的文件。但是其他组织也可采用项目管理目标责任书的方式对现场管理组织进行任务的分配、目标的确定和项目完成后的考核。对一个具体项目而言，其项目管理目标责任书是根据企业的项目管理制度、工程合同及项目管理目标要求制定的。由项目承包人法定代表人与其任命的项目负责人（项目经理）签署，并作为项目完成后考核评价及奖罚的依据。

（2）项目管理目标责任书是一种明确责任的文件，强调管理目标责任。项目管理目标责任书不是合同，合同是平等主体之间权利义务关系的协议。组织内部的管理活动，是管理与被管理之间的关系，不适用合同法。项目管理目标责任书也不是承包责任状，管理责任不宜承包，而承包则易使责任者片面追求经济目标，滋生短期行为。

2.2.4 项目目标管理术语

1. 项目范围管理

项目范围管理（project scope management）：对合同中约定的项目工作范围进行的定义、计划、控制和变更等活动。

"项目范围管理"是项目管理初始阶段应首先进行的基础工作，并贯穿管理全过程。项目范围管理的主要工作包括：对项目范围进行归类，并逐级分解至可管理的子项目（工作单元），对子项目加以定义、编码，明确责任人，同时对各级子项目之间的关系进行系统界面分析，形成用树状图或其他方式（如表格）组成的文件。项目范围是指为完成工程项目建设目标所需的全部工作，包括：最终交付工程的范围，合同条件约定的承包人的工作和活动，以及因环境和法律、法规制约而需要完成的工作和活动。

范围管理应对项目实施全过程中范围的变更所引起的成本、进度及资源计划的变化进行检查、跟踪、调整、控制。

2. 项目进度管理

进度管理（schedule management）：为实现项目的进度目标而进行的计划、组织、指挥、协调和控制等活动。

进度是工作的顺序和时间安排，进度目标就是时间目标。

不同组织的进度管理范围和要求是不同的。发包人要对建设工程项目的整体进度进行管理，承包人只负责其承包范围内工作的进度管理。

3. 项目成本管理

成本管理（cost management）：为实现项目成本目标而进行的预测、计划、控制、核算、分析和考核活动。

项目的参与方对于成本的概念和范围有很大的区别。项目的投资人考虑的成本包括项目的全部费用，可称为费用管理或投资管理。承包人考虑的主要是承包范围的成本，即建筑安装工程费和相关费用，一般称为成本管理。本规范中统一用"成本管理"概括各类组织的费用管理。

4. 项目质量管理

质量管理（quality management）：为确保项目的质量特性满足要求而进行的计划、组织、指挥、协调和控制等活动。

在《质量管理体系 基础和术语》GB/T 19000—2016 中，质量定义为"一组固有特性满足要求的程度"，故建设工程项目质量管理是使建设工程项目的固有特性达到满足顾客和其他相关方的要求的程度所进行的管理工作。由于目前各类组织已普遍按 GB/T 19000 族标准建立质量管理体系，因此，本规范对项目质量管理只作一般性的叙述。

5. 项目安全生产管理

安全生产管理（construction safety management）：为使项目实施人员和相关人员规避伤害及影响健康的风险而进行的计划、组织、指挥、协调和控制等活动。

项目安全生产管理是指对工作场所内的工作人员和其他人员进行的免除不可接受的损害风险的状态的管理工作。其中，所指人员应包括组织的员工、合同对方人员、访问者和其他人员；所指的工作场所包括施工现场和现场外的临时工作场所。本规范中所指的安全生产，沿用我国工程建设领域的习惯用法，均包括职业健康安全的概念在内。

6. 项目绿色建造管理

绿色建造管理（green construction management）：为实施绿色设计、绿色施工、节能减排、保护环境而进行的计划、组织、指挥、协调和控制等活动。

绿色建造扩大了绿色施工关于"四节一环保"（节能、节材、节水、节地、环境保护）的内涵，把绿色发展的理念延伸至设计环节。

2.2.5 项目非目标管理术语

1. 项目采购管理

采购管理（procurement management）：对项目的勘察、设计、施工、监理、供应等产品和服务的获得工作进行的计划、组织、指挥、协调和控制等活动。

采购的对象不仅仅是物资（产品），还包括采购服务组织。

采购管理要求，通过采购过程确保采购的产品和服务组织符合规定的要求。项目的各个参与方均应按供方提供产品或服务的能力进行评价和选择供方。

2. 项目投标管理

投标管理（tendering management）：为实现中标目的，按照招标文件规定的要求向招标人递交投标文件所进行的计划、组织、指挥、协调和控制等活动。

3. 项目合同管理

合同管理（contract management）：对项目合同的编制、订立、履行、变更、索赔、争议处理和终止等管理活动。

项目合同管理是对于项目参与方作为平等主体的自然人、法人或组织之间设立、变更、终止有关双方所签订的有关权利、义务关系的协议的管理工作。合同管理是项目管理中各参与方之间的活动基础和前提。

4. 项目资源管理

资源管理（resources management）：对项目所需人力、材料、机具、设备和资金等所进行的计划、组织、指挥、协调和控制等活动。

资源管理中的资源，可包括人力、材料、机械、设备和资金。它们都是投入生产过程并最终形成产品的要素。因此，资源管理在项目实施过程中有重要地位。资源管理的目的是进行优化配置、组合及动态管理，以最少的资源，取得项目产品的最佳效果。

5. 项目信息管理

信息管理（information management）：对项目信息的收集、整理、分析、处理、存储、传递和使用等活动。

在项目管理过程中存在着大量信息。组织应由信息管理人员运用现代信息技术、网络和通信技术、计算机技术等，在项目的实施过程中，对信息的收集、整理、处置、储存与应用等进行管理。信息管理是项目管理的重要内容、基础和前提。

6. 项目风险管理

风险管理（risk management）：对项目风险进行识别、分析、应对和监控的活动。

（1）项目风险管理是项目管理的一项重要过程，它包括对风险的预测、识别、估计、评价及采取相应的对策（回避、转移、减轻、自留及利用）、监控等活动，这些活动对项目的成功运作至关重要，甚至会决定项目的成败。风险管理水平是衡量组织的素质的重要标准，风险控制能力则是判定项目管理者管理能力的重要依据。因此，项目管理者必须建立风险管理制度和方法体系。

（2）风险管理的目标可综合归纳为：维持生存；安定局面；降低成本，提高利润；稳定收入；避免项目中断；不断发展壮大；树立信誉，扩大影响；应对特殊事故等。

（3）风险管理的责任一般包括：确定和评估风险，识别潜在损失因素及估算损失大小；制定风险的财务对策；采取应对措施；制定保护方案；落实安全措施；管理索赔；负责保险会计、分配保费、统计损失；完成有关风险管理的预算。

（4）项目中各个组织所承担的风险是不相同的。发包人应采用合同或其他方式，将风险分配给最有能力避免风险发生的组织承担。

（5）项目风险管理包括把正面事件的影响概率扩展到最大，把负面事件的影响概率减少到最小。

7. 项目沟通管理

沟通管理（communication management）：对项目内外部关系的协调及信息交流所进行的策划、组织和控制等活动。

（1）沟通分为外部沟通和内部沟通。各个项目参与组织之间的沟通，称为外部沟通；各个项目参与组织内部的沟通称为内部沟通。但外部沟通也包括对项目直接参与组织以外的相关组织的沟通。

（2）信息是沟通管理的手段；协调是沟通管理的主要方法，故不应将沟通管理与协调、信息管理划等号。

8. 项目设计管理

项目设计管理（project design management）：对项目设计工作进行的计划、组织、指挥、协调和控制等活动。

9. 项目技术管理

项目技术管理（project technical management）：对项目技术工作进行的计划、组织、指挥、协调和控制等活动。

2.2.6 项目收尾管理术语

1. 项目收尾管理

收尾管理（closing stage management）：对项目的收尾、试运行、竣工结算、竣工决算、回访保修、项目总结等进行的计划、组织、协调和控制等活动。

（1）项目收尾管理是一项综合性的管理。项目收尾管理不同于前述各项管理，它既不是单项的目标管理，也不是要素的管理，更不是对管理手段的管理。在项目收尾阶段的管理中，包含了多个项目过程的管理。

（2）项目收尾管理的特点。项目收尾阶段包括试运行、竣工结算、竣工决算、回访保修、项目总结等过程的活动，这些过程的突出特点是包含了较多的经营活动，体现出项目收尾管理的复杂性和较多的规定性。

（3）不同的项目有不同的收尾内容和收尾管理；同一类项目中不同的管理组织有不同收尾内容和收尾管理。例如发包人和承包人的项目收尾内容和收尾管理就很不相同。本规范中的收尾管理的适用组织主要是工程总承包人或施工承包人。其他组织可根据自己的工作内容进行补充或删减。

2. 管理绩效评价

管理绩效评价（management performance evaluation）：对项目管理的成绩和效果进行评价，反映和确定项目管理优劣水平的活动。

附件 2-1

《质量管理体系 基础和术语》
（GB/T 19000—2016 idt ISO 9000∶2015）（摘录）

3 术语和定义

3.1 有关人员的术语

3.1.1

最高管理者 top management

在最高层指挥和控制**组织**（3.2.1）的一个人或一组人

注：最高管理者在**组织**（3.2.1）内有授权和提供资源的权力。

注 2：如果**管理体系**（3.5.3）的范围仅覆盖**组织**（3.2.1）的一部分，在这种情况下，最高管理者是指组织的这部分的管理者和控制者。

3.1.2

质量管理体系咨询师 quality management system consultant

对**组织**（3.2.1）的质量管理体系**实现**（3.4.3）给予帮助、提供建议或**信息**（3.8.2）的人员

注 1：咨询师也可以在部分**质量管理体系**（3.5.4）的实现方面提供帮助。

注 2：GB/T 19029—2009 为识别质量管理体系咨询师是否具备组织所需的能力提供了指南。

3.1.3

参与 involvement

参加活动、事件或去某个场所

3.1.4

积极参与 engagement

参与（3.1.3）活动并为之做出贡献，以实现共同的**目标**（3.7.1）

3.1.5

技术状态管理 configuration status management

赋予**技术状态**（3.10.6）决策职责和权限的一个人或一组人

注：在管理机构中，应当有**组织**（3.2.1）内、外**相关方**（3.2.3）的代表。

3.1.6

争议解决者 dispute resolver

顾客满意**提供方**（3.2.7）指定的帮助相关各方解决**争议**（3.9.6）的人

示例：工作人员、志愿者、**合同**（3.4.7）人员。

3.2 有关组织的术语

3.2.1

组织 organization

为实现**目标**（3.7.1），由职责、权限和相互关系构成自身职能的一个人或一组人

注：组织的概念包括，但不限于代理商、公司、集团、商行、企事业单位、行政机构、合营公司、**社团**（3.2.8）慈善机构或研究机构，或上述组织的部分或组合，无论是否为法人组织，公有的或私有的。

3.2.2

组织环境 context of the organization 对**组织**（3.2.1）建立和实现**目标**（3.7.1）的方法有影响的内部和外部因素的组合

注1：组织的目标可能涉及其**产品**（3.7.6）和**服务**（3.7.7）、投资和对其**相关方**（3.2.3）的行为。

注2：组织的环境的概念，除了适用于赢利性组织，还同样能适用于非赢利或**公共服务组织**（3.2.1）

注3：在英语中，这一概念常被其他术语，如："business environment"、"organizational environment"或"ecosystem of an organization"所表述。

3.2.3

相关方 interested party（stakeholder）

可影响决策或活动，也被决策或活动所影响，或他自己认为被决策或活动影响的个人或**组织**（3.2.1）

示例：**顾客**（3.2.4）、所有者、**组织**（3.2.1）内的员工、**供方**（3.2.5）、银行、监管者、工会、合作伙伴以及可包括竞争对手或反压力集团的社会。

3.2.4

顾客 customer

能够或实际接受本人或本组织所需要或所要求的**产品**（3.7.6）或**服务**（3.7.7）的个人或**组织**（3.2.1）

示例：消费者、委托人、最终使用者、零售商、内部**过程**（3.4.1）的**产品**（3.7.5）或**服务**（3.7.7）的接收人、受益者和采购方。

注：顾客可以是组织内部的或外部的。

3.2.5

供方 provider（supplier）

提供**产品**（3.7.6）或**服务**（3.7.7）的**组织**（3.2.1）

示例：制造商、批发商、产品或服务的零售商或商贩。

注1：供方可以是组织内部的或外部的。

注2：在合同情况下，供方有时称为"承包方"。

3.2.6

外部供方 external provider（external supplier）

组织（3.2.1）以外的**供方**（3.2.5）

示例：制造商、批发商、产品或服务的零售商或商贩。

3.2.7

提供方 DRP-provider（dispute resolution process provider）

〈争议解决〉组织外部提供和实施**争议**（3.9.6）解决**过程**（3.4.1）的人或**组织**（3.2.1）

注1：通常，提供方是一个法律实体，独立于**组织**（3.2.1）和投诉者，因此具有独立性和公正性。在某些情况下，组织内会设立一个处理未解决**投诉**（3.9.3）的独立部门。

注2：提供方与各方约定提供争议解决，并对执行情况负责。提供方安排争议解决者。提供方也利用支持人员、行政人员和其他员工提供资金、文秘、日程安排、培训、会议室、监管和类似职能。

注3：提供方可以是多种类型，包括非赢利、赢利和公共事业实体。协会也可作为提供方。

注4：在 ISO 10003：2007 中，使用术语"provider"代替"DRP-provider"。

3.2.8

协会 association

〈顾客满意〉由成员组织或个人组成的组织

3.2.9

计量职能 metrological function

确定和实施**测量管理体系**（3.5.7）的具有管理和技术责任的职能

3.3 有关活动的术语

3.3.1

改进 improvement

提高**绩效**（3.7.8）的活动

注：活动可以是循环的或一次性的。

3.3.2

持续改进 continual improvement

提高**绩效**（3.7.8）的循环活动

注：为**改进**（3.3.1）制定**目标**（3.7.1）和寻找机会的**过程**（3.4.1）是一个通过利用**审核发现**（3.13.9）和**审核结论**（3.13.10）、数据分析（3.8.1）、**管理**（3.3.3）**评审**（3.11.2）或其他方法的持续过程，通常会导致**纠正措施**（3.12.2）或**预防措施**（3.12.1）。

3.3.3

管理 management

指挥和控制**组织**（3.2.1）的协调的活动

注1：管理可包括制定**方针**（3.5.8）和**目标**（3.7.1），以及实现这些目标的**过程**（3.4.1）。

注2：术语"management"有时指人，即有权力和责任管理和控制**组织**（3.2.1）的一个人或一组人。当"management"被用于这个含意时，总应该使用某些形式的限定，以避免与上述将"management"定义为一组活动相混淆。

3.3.4

质量管理 quality management

关于**质量**（3.6.2）的**管理**（3.3.3）

注：质量管理可包括制定**质量方针**（3.5.9）和**质量目标**（3.7.2），以及通过**质量策划**（3.3.5）、**质量保证**（3.3.6）**质量控制**（3.3.7）、和**质量改进**（3.3.8）实现这些质量目标的过程。

3.3.5

质量策划 quality planning

质量管理（3.3.4）的一部分，致力于制定**质量目标**（3.7.2）并规定必要的运行**过程**（3.4.1）和相关资源以实现质量目标

注：编制**质量计划**（3.8.9）可以是质量策划的一部分。

3.3.6

质量保证 quality assurance

质量管理（3.3.4）的一部分，致力于提供**质量要求**（3.6.5）会得到满足的信任

3.3.7

质量控制 quality control

质量管理（3.3.4）的一部分，致力于满足**质量要求**（3.6.5）

3.3.8

质量改进 quality improvement

质量管理（3.3.4）的一部分，致力于增强满足**质量要求**（3.6.5）的能力

注：**质量要求**（3.6.5）可以是有关任何方面的，如**有效性**（3.7.11）、**效率**（3.7.10）或**可追溯性**（3.6.13）。

3.3.9

技术状态管理 configuration management

指挥和控制**技术状态**（3.10.6）的协调活动

注：技术状态管理通常集中在整个产品寿命周期内建立和保持某个**产品**（3.7.6）或**服务**（3.7.7）及其**产品技术状态信息**（3.6.8）的控制的技术的和组织的活动方面。

3.3.10

〈技术状态管理〉**更改控制** change control

在**产品技术状态信息**（3.6.8）正式被批准后，对**输出**（3.7.5）的控制活动

3.3.11

〈项目管理〉**活动** activity

在**项目**（3.4.2）工作中识别出的最小的工作项

3.3.12

项目管理 project management

对**项目**（3.4.2）各方面的策划、组织、**监视**（3.11.3）、控制和报告，并激励所有参

与者实现项目目标 (3.7.1)

3.3.13

技术状态项 configuration object

满足最终使用功能的某个**技术状态**（3.10.6）内的**实体**（3.6.1）

3.4 有关过程的术语

3.4.1

过程 process

利用输入提供预期结果的相互关联或相互作用的一组活动

注1：过程的"预期结果"究竟称为**输出**（3.7.5）、**产品**（3.7.6）或**服务**（3.7.7）随相关语境而定。

注2：一个过程的输入通常是其他过程的**输出**（3.7.5），而一个过程的输出又通常是其他过程的输入。

注3：两个或两个以上相互关联和相互作用的连续过程也可属于一个过程。

注4：**组织**（3.2.1）中的过程通常在可控条件下进行策划和执行，以增加价值。

注5：不易或不能经济地验证其**输出**（3.7.5）是否**合格**（3.6.11）的过程，通常称之为"特殊过程"。

3.4.2

项目 project

由一组有起止日期的、相互协调的受控活动组成的独特**过程**（3.4.1），该过程要达到符合包括时间、成本和资源的约束条件在内的规定**要求**（3.6.4）的**目标**（3.7.1）

注1：单个项目可作为一个较大项目结构中的组成部分，且通常规定开始和结束日期。

注2：在一些项目中，随着项目的进展，**目标**（3.7.1）和范围被更新，**产品**（3.7.6）或**服务**（3.7.7）**特性**（3.10.1）被逐步确定。

注3：项目的**输出**（3.7.5）可以是一个或几个**产品**（3.7.6）或**服务**（3.7.7）单元。

注4：项目**组织**（3.2.1）通常是临时的，是根据项目的生命期而建立的。

注5：项目活动之间相互作用的复杂性与项目规模之间没有必然的联系。

3.4.3

质量管理体系实现 quality management system realization

建立、形成文件、实施、保持和持续改进**质量管理体系**（3.5.4）的**过程**（3.4.1）

3.4.4

能力获得 competence acquisition

获得**能力**（3.10.4）的**过程**（3.4.1）

3.4.5

程序 procedure

为进行某项活动或**过程**（3.4.1）所规定的途径

注：程序可以形成文件，也可以不形成文件。

3.4.6

外包 outsource

安排外部**组织**（3.2.1）执行组织的部分职能或**过程**（3.4.1）

注1：虽然外包的职能或过程是在组织的业务范围内，但是承包的外部组织是处在组织的管理体系

覆盖范围之外。

3.4.7

合同 contract

有约束力的协议

3.4.8

设计和开发 design and development

将考虑**对象**（3.6.1）的**要求**（3.6.4）转换为对该对象更详细的要求的一组**过程**（3.4.1）

注1：形成设计和开发输入**要求**（3.6.4），通常是研究的结果。与形成设计和开发**输出**（3.7.5）要求相比较，可以更概括性地表达为更一般的含意。这些要求通常由带有**特性**（3.10.1）的词句来确定。在一个**项目**（3.4.2）中，可以有多个设计和开发阶段。

注2：在英语中，单词"设计"和"开发"与术语"设计和开发"有时是同义的，有时用于确定整个设计和开发的不同阶段。在法语中，单词"设计"和"开发"与术语"设计和开发"有时是同义的，有时用于确定整个设计和开发的 不同阶段。

注3：可以使用修饰词表述设计和开发的性质〔如：**产品**（3.7.6）设计和开发、**服务**（3.7.7）设计和开发或**过程**（3.4.1）设计和开发〕。

3.5 有关体系的术语

3.5.1

体系（系统）system

相互关联或相互作用的一组要素

3.5.2

基础设施 infrastructure

〈组织〉**组织**（3.2.1）运行所必需的设施、设备和**服务**（3.7.7）的**体系**（3.5.1）

3.5.3

管理体系 management system

组织（3.2.1）建立**方针**（3.5.8）和**目标**（3.7.1）以及实现这些目标的**过程**（3.4.1）的相互关联或相互作用的一组要素

注1：一个管理体系可以针对单一的领域或几个领域，如**质量管理**（3.3.4）、财务管理或环境管理。

注2：管理体系要素规定了**组织**（3.2.1）的结构、作用和责任、策划、运行、**方针**（3.5.8）、惯例、规则、理念、**目标**（3.7.1）以及实现这些目标的**过程**（3.4.1）。

注3：管理体系的范围可能包括整个**组织**（3.2.1），组织的某项特别的职能，组织的某个特别的部门，或组织的单一 职能或跨职能团队。

3.5.4

质量管理体系 quality management system

管理体系（3.5.3）中关于**质量**（3.6.2）的部分

3.5.5

工作环境 work environment

工作时所处的一组条件

注1：条件包括物理的、社会的、心理的和环境的因素（如温度、光照、表彰计划、职业压力、人因工效和大气成分）。

注2：工作环境是影响人员参与的过程运行环境的组成部分。

3.5.6

计量确认 metrological confirmation

为确保**测量设备**（3.11.6）符合预期使用**要求**（3.6.4）所需要的一组操作

注1：计量确认通常包括：校准或**检定**（3.8.12）、各种必要的调整或**维修**（3.12.9）及随后的再校准、与设备预期使用的计量**要求**（3.6.4）相比较以及所要求的封印和标签。

注2：只有**测量设备**（3.11.6）已被证实适合于预期使用并形成文件，计量确认才算完成。

注3：预期使用**要求**（3.6.4）包括：量程、分辨率和最大允许误差。

注4：计量要求通常与**产品**（3.7.6）**要求**（3.6.4）不同，并且不在产品要求中规定。

3.5.7

测量管理体系 measurement management system

实现**计量确认**（3.5.6）和测量过程（3.11.5）控制所必需的相互关联或相互作用的一组要素

3.5.8

方针 policy

〈组织〉由**最高管理者**（3.1.1）正式发布的**组织**（3.2.1）的意图和方向

3.5.9

质量方针 quality policy

关于**质量**（3.6.2）的**方针**（3.5.8）

注1：通常，质量方针与**组织**（3.2.1）的总**方针**（3.5.8）相一致，可以与组织的**愿景**（3.5.10）和**使命**（3.5.11）相一致，并为制定**质量目标**（3.7.2）提供框架。

注2：本标准中提出的**质量管理**（3.3.4）原则可以作为制定质量方针的基础。

3.5.10

愿景 vision

〈组织〉由**最高管理者**（3.1.1）发布的**组织**（3.2.1）的未来志向

3.5.11

使命 mission

〈组织〉由**最高管理者**（3.1.1）发布的**组织**（3.2.1）存在的目的

3.5.12

战略 strategy

实现长期或总**目标**（3.7.1）的计划

3.6 有关要求的术语

3.6.1

实体 object（entity，item）

可感知或想象的任何事物

示例：**产品**（3.7.6）、服务（3.7.7）、过程（3.4.1）、人、**组织**（3.2.1）、**体系**（3.5.1）、资源。

注：实体可能是物质的（如：一台发动机、一张纸、一颗钻石），非物质的（如：转换率、一个项目计划）或想象的（如：**组织**（3.2.1）未来的状态）。

3.6.2

质量　quality

实体（3.6.1）的若干固有**特性**（3.10.1）满足**要求**（3.6.4）的程度

注1：术语"质量"可使用形容词，如：差、好或优秀来修饰。

注2："固有的"（其反义是"赋予的"）意味着存在于**实体**（3.6.1）内。

3.6.3

等级　grade

对功能用途相同的**实体**（3.6.1）所做的不同**要求**（3.6.4）的分类或分级

示例：飞机的舱级和宾馆的等级分类。

注：在确定质量要求时，等级通常是规定的。

3.6.4

要求　requirement

明示的、通常隐含的或必须履行的需求或期望

注1："通常隐含"是指**组织**（3.3.1）和**相关方**（3.3.7）的惯例或一般做法，所考虑的需求或期望是不言而喻的。

注2：规定要求是经明示的要求，如：在形成**文件**（3.7.2）中阐明。

注3：特定要求可使用限定词表示，如：产品要求、质量管理要求、顾客要求、质量要求。

注4：要求可由不同的**相关方**（3.3.7）或组织自己提出。

注5：为实现较高的顾客满意，可能有必要满足顾客既没有明示，也不是通常隐含或必需履行的期望。

3.6.5

质量要求　quality requirement

关于**质量**（3.6.2）的**要求**（3.6.4）

3.6.6

法定要求　statutory requirement

立法机构规定的强制性**要求**（3.6.4）

3.6.7

规章要求　regulatory requirement

立法机构授权的部门规定的**要求**（3.6.4）

3.6.8

产品技术状态信息　product configurationinformation

对产品设计、实现、验证、运行和支持的要求或其他信息

3.6.9

不合格（不符合）nonconformity

未满足**要求**（3.6.4）

3.6.10

缺陷　defect

关于预期或规定用途的**不合格**（3.6.9）

注1：区分缺陷与**不合格**（3.6.9）的概念是重要的，这是因为其中有法律内涵，特别是与**产品**（3.7.6）和服务（3.7.7）责任问题有关。

注2：**顾客**（3.2.4）希望的预期用途可能受**供方**（3.2.5）**信息**（3.8.2）的性质影响，如所提供的

操作或维护说明。

3.6.11
合格（符合） conformity

满足**要求**（3.1.2）

注：在英语中，"conformance"一词与本词是同义的，但不赞成使用。在法语中，"compliance"也是同义的，但不赞成使用。

3.6.12
能力 capability

实体（3.6.1）实现**输出**（3.7.5）并使其满足**要求**（3.1.2）的本领

注：GB/T 3358 中确定了统计领域中**过程**（3.4.1）能力术语。

3.6.13
可追溯性 traceability

追溯实体的历史、应用情况或所处位置的能力

注1：当考虑**产品**（3.4.2）或服务时，可追溯性可涉及：
——原材料和零部件的来源；
——加工的历史；
——产品或服务交付后的发送和所处位置。

注2：在计量学领域中，接受 ISO/IEC 指南 99 中的定义。

3.6.14
可靠性 dependability

在需要时完成规定功能的能力

3.6.15
创新 innovation

新的或变更的**实体**（3.6.1）实现或重新分配价值

注1：通常，以创新为结果的活动需要管理。
注2：创新通常具有重要影响。

3.7 有关结果的术语

3.7.1
目标 objective

要实现的结果

注1：目标可以是战略的、战术的或运行的。

注2：目标可以涉及不同的领域（如：财务的、职业健康与安全的、和环境的目标），并可应用于不同的层次〔如：战略的、**组织**（3.2.1）整体的、**项目**（3.4.2）的、**产品**（3.7.6）和**过程**（3.4.1）的〕。

注3：可以采用其他的方式表述目标，例如：采用预期的结果、活动的目的或操作规程作为**质量目标**（3.7.2），或使用其他有类似含意的词（如：目的、终点或指标）。

注4：**组织**（3.2.1）制定的**质量管理体系**（3.5.4）的**质量目标**（3.7.2），与**质量方针**（3.5.9）保持一致，以实现特定的结果。

3.7.2
质量目标 quality objective

有关**质量**（3.6.2）的**目标**（3.7.1）

注1：质量目标通常依据**组织**（3.2.1）的**质量方针**（3.2.4）制定。
注2：通常，对**组织**（3.2.1）内的相关职能、层次和**过程**（3.4.1）分别规定质量目标。

3.7.3

成功 success

〈组织〉**目标**（3.7.1）实现

注：**组织**（3.2.1）的成功强调其经济或财务利益的需求与其**相关方**（3.2.3）、如：**顾客**（3.2.4）、用户、投资者/受益者（所有者）、组织内的员工、**供方**（3.2.5）、合作伙伴、利益团体和社区的需求之间的平衡。

3.7.4

持续成功 sustained success

〈组织〉在一段时间内自始至终的**成功**（3.7.3）

注1：持续成功强调**组织**（3.2.1）的经济利益需求与社会的和生态环境的利益需求之间的平衡。
注2：持续成功涉及**组织**（3.2.1）的**相关方**（3.2.3），如：**顾客**（3.2.4）、所有者、组织内的员工、**供方**（3.2.5）、银行、协会、合作伙伴或社会。

3.7.5

输出 output

过程（3.4.1）的结果

注：**组织**（3.2.1）的输出是**产品**（3.7.6）还是**服务**（3.7.7），取决于其主要**特性**（3.10.1），如：画廊卖一幅画是产品，而委托绘画则是服务。在零售店买汉堡包是产品，而在饭店订一份汉堡包则是服务。

3.7.6

产品 product

在组织和**顾客**（3.2.4）之间未发生任何交易的情况下，**组织**（3.2.1）生产的**输出**（3.7.5）

注1：在**供方**（3.2.5）和**顾客**（3.2.4）之间未发生任何必然交易的情况下，可以实现产品的生产。但是，当产品交付给顾客时，通常包含**服务**（3.7.7）因素。
注2：通常，产品的主要特征是有形的。
注3：硬件是有形的，其量具有计数的**特性**（3.10.1）（如：轮胎）。流程性材料是有形的，其量具有连续的特性（如：燃料和软饮料）。硬件和流程性材料经常被称为货物。软件由**信息**（3.8.2）组成，无论采用何种介质传递（如：计算机程序、移动电话应用程序、操作手册、字典、音乐作品版权、驾驶执照）。

3.7.7

服务 service

至少有一项活动必须在**组织**（3.2.1）和**顾客**（3.2.4）之间进行的**输出**（3.7.5）

注1：通常，服务的主要特征是无形的。
注2：通常，服务包含与**顾客**（3.2.4）在接触面的活动，以确定顾客的**要求**（3.6.4）。除了提供服务外，可能还包括建立持续的关系，例如：银行、会计师事务所或政府主办机构，如：学校或医院。
注3：服务的提供可能涉及，例如：
——在**顾客**（3.2.4）提供的有形**产品**（3.7.6）（如需要维修的汽车）上所完成的活动。
——在顾客提供的无形产品（如为准备纳税申报单所需的损益表）上所完成的活动。
——无形产品的交付［如知识传授方面的**信息**（3.8.2）提供］。

——为顾客创造氛围（如在宾馆和饭店）。

注4：通常，**服务**（3.2.4）由顾客体验。

3.7.8

性能　performance

可测量的结果

注1：性能可能涉及定量的或定性的结果。

注2：性能可能涉及**活动**（3.3.11）、**过程**（3.4.1）、**产品**（3.7.6）、**服务**（3.7.7）、**体系**（3.5.1）或**组织**（3.2.1）的**管理**（3.3.3）。

3.7.9

风险　risk

不确定性的影响

注1：影响是指偏离预期，可以是正面的或负面的。

注2：不确定性是一种对某个事件，甚至是局部的结果或可能性缺乏理解或知识的**信息**（3.8.2）的状态。

注3：通常，风险表现为参考潜在**事件**（GB/T 23694—2013 中的定义，4.5.1.3）和**后果**（GB/T 23694—2013 中的定义，4.6.1.3）或两者组合。

注4：通常，风险以某个事件的后果组合（包括情况的变化）及其发生的有关**可能性**（GB/T 23694—2013 中的定义，4.6.1.1）的词语来表述。

注5："风险"一词有时仅在有负面结果的可能性时使用。

3.7.10

效率　efficiency

得到的结果与所使用的资源之间的关系

3.7.11

有效性　effectiveness

完成策划的活动并得到策划结果的程度

3.8　有关数据、信息和文件的术语

3.8.1

数据　data

关于**实体**（3.6.1）的事实

3.8.2

信息　information

有意义的**数据**（3.8.1）

3.8.3

客观证据　objective evidence

证明某事物存在或真实性的**数据**（3.8.1）

注1：客观证据可通过观察、**测量**（3.11.4）、**测试**（3.11.8）或其他方法获得。

注2：通常，用于**审核**（3.13.1）目的的客观证据，由与**审核准则**（3.13.7）相关的**记录**（3.8.10）、事实陈述或其他**信息**（3.8.2）所组成并可验证。

3.8.4

信息系统　information system

〈质量管理体系〉用于**组织**（3.2.1）内部沟通渠道的网络

3.8.5

文件 document

信息（3.8.2）及其载体

示例：**记录**（3.8.10）、**规范**（3.8.7）、**程序**（3.4.5）文件、图样、报告、标准。

注1：媒介可以是纸张，磁性的、电子的、光学的计算机盘片，照片或标准样品，或它们的组合。

注2：一组文件，如若干个**规范**（3.8.7）和**记录**（3.8.11），英文中通常被称为"documentation"。

注3：某些**要求**（3.6.4）（如易读的要求）与所有类型的文件有关，然而对**规范**（3.8.7）（如修订受控的要求）和**记录**（3.8.10）（如可检索的要求）可以有不同的要求。

3.8.6

形成文件的信息 documented information

组织（3.2.1）需要控制和保持的**信息**（3.8.2）及其载体

注1：形成文件的信息可以任何格式和载体存在，并可来自任何来源。

注2：形成文件的信息可包括：

——**管理体系**（3.5.3），包括相关**过程**（3.4.1）；

——为**组织**（3.2.1）运行产生的**信息**（3.8.2）（一组文件）；

——结果实现的证据［**记录**（3.8.10）］。

3.8.7

规范 specification

阐明**要求**（3.6.4）的**文件**（3.8.5）

示例：**质量手册**（3.8.8）、**质量计划**（3.8.9）、技术图纸、**程序**（3.4.5）文件（3.8.5）、作业指导书。

注1：规范可能与活动有关［如：**程序**（3.4.5）文件（3.8.5）、**过程**（3.4.1）规范和**试验**（3.11.8）规范］或与**产品**（3.7.6）有关［如：产品规范、**性能**（3.7.8）规范和图样］。

注2：规范可以通过陈述**要求**（3.6.4），再另外陈述设计和**开发**（3.4.8）实现的结果。因此，在某些情况下，规范也可以作为**记录**（3.8.10）使用。

3.8.8

质量手册 quality manual

组织（3.2.1）的质量**管理体系**（3.5.4）的**规范**（3.8.7）

注：为了适应**组织**（3.2.1）的规模和复杂程度，质量手册在其详略程度和编排格式方面可以不同。

3.8.9

质量计划 quality plan

何时，并由谁对特定的**实体**（3.6.1）应用**程序**（3.4.5）和相关资源的**规范**（3.8.7）

注1：这些**程序**（3.4.5）通常包括所涉及的那些**质量管理**（3.3.4）**过程**（3.4.1）以及产品（3.7.6）和**服务**（3.7.7）实现过程。

注2：通常，质量计划引用**质量手册**（3.8.8）的部分内容或程序**文件**（3.8.5）。

注3：质量计划通常是**质量策划**（3.3.5）的结果之一。

3.8.10

记录 record

阐明所取得的结果或提供所完成活动的证据的**文件**（3.8.5）

注1：记录可用于正式的**可追溯性**（3.6.13）活动，并为验证（3.8.12）、**预防措施**（3.12.1）和纠

正措施（3.12.2）提供证据。

注 2：通常，记录不需要控制版本。

3.8.11

项目管理计划 project management plan

规定满足**项目**（3.4.2）**目标**（3.7.1）所必需的事项的**文件**（3.8.5）

注 1：项目管理计划应当包括或引用**项目**（3.4.2）**质量计划**（3.8.9）。

注 2：适当时，项目管理计划还包括或引用其他计划，如与组织结构、资源、进度、预算、**风险**（3.7.9）**管理**（3.3.3）、环境管理、健康安全管理以及安全管理有关的计划。

3.8.12

验证 verification

通过提供**客观证据**（3.8.3）对规定**要求**（3.6.4）已得到满足的认定

注 1：验证所需的**客观证据**（3.8.3）可以是**检验**（3.11.7）结果或其他形式的**测定**（3.11.1）结果，如：变换方法进行计算或评审**文件**（3.8.5）。

注 2：为验证所进行的活动有时被称为鉴定**过程**（3.4.1）。

注 3："已验证"一词用于表明相应的状态。

3.8.13

确认 validation

通过提供**客观证据**（3.8.3）对特定的预期用途或应用**要求**（3.6.4）已得到满足的认定

注 1：确认所需的**客观证据**（3.8.3）可以是**测试**（3.11.8）结果或其他形式的**测定**（3.11.1）结果，如：变换方法进行计算或评审**文件**（3.8.5）。

注 2："已确认"一词用于表明相应的状态。

注 3：确认所使用的条件可以是实际的或是模拟的。

3.8.14

技术状态记实 configuration status accounting

对产品**技术状态信息**（3.6.8）、建议的更改状况和已批准更改的实施状况所做的正式记录和报告

3.8.15

特定情况 specific case

〈质量计划〉**质量计划**（3.8.9）的对象

注：使用该术语是为了避免在 GB/T 19015—2008 中"**过程**（3.4.1）、**产品**（3.7.6）、**项目**（3.4.2）或**合同**（3.4.7）"重复出现。

3.9 有关顾客的术语

3.9.1

反馈 feedback

〈顾客满意〉对产品、服务或投诉处理过程的意见、评价和关注的表示

3.9.2

顾客满意 customer satisfaction

顾客（3.2.4）对其要求已被满足程度的感受

注 1：直到**产品**（3.7.6）或**服务**（3.7.7）交付之前，**组织**（3.2.1）有可能不知道**顾客**（3.2.4）

的要求,甚至顾客自己对其要求也不很明确。为了实现较高的顾客满意度,可能有必要满足那些顾客既没有明示,而且,通常还是隐含的或必须履行的要求。

注2:**投诉 (3.9.3)** 是一种满意程度低的最常见的表达方式,但没有投诉并不一定表明顾客很满意。

注3:即使规定的**顾客 (3.2.4) 要求 (3.6.4)** 符合顾客的愿望并得到满足,也不一定确保顾客很满意。

3.9.3

投诉 complaint

〈顾客满意〉就其**产品 (3.7.6)**、**服务 (3.7.7)** 或投诉处理**过程 (3.4.1)**,向**组织 (3.2.1)** 表达的不满,而希望给予答复或解决问题的愿望是明确的或不明确的

3.9.4

顾客服务 customer service

在**产品 (3.7.6)** 或**服务 (3.7.7)** 的整个寿命周期内,**组织 (3.2.1)** 与**顾客 (3.2.4)** 之间的互动

3.9.5

顾客满意行为规范 customer satisfaction code of conduct

组织 (3.2.1) 为提高**顾客满意 (3.9.2)** 度,就其行为对**顾客 (3.2.4)** 做出的承诺及相关规定

注1:相关规定可包括:**目标 (3.7.1)**、条件、限制、联系**信息 (3.8.2)** 和**投诉 (3.9.3)** 处理程序 **(3.4.5)**。

注2:在 GB/T 19010—2009 中,术语"规范"用于代替"顾客满意行为规范"。

3.9.6

争议 dispute

〈顾客满意〉提交给**提供方 (3.2.7)** 的对某一**投诉 (3.9.3)** 的不同意见

注:一些**组织 (3.2.1)** 允许**顾客 (3.2.4)** 首先向**提供方 (3.2.7)** 表示其不满,这种不满意的表示如果反馈给组织就变为**投诉 (3.9.3)**;如果在提供方未进行干预的情况下组织未能解决,这种不满意的表示就变为争议。许多组织都希望顾客在采取 外部争议解决之前首先向组织表达其不满意。

3.10 有关特性的术语

3.10.1

特性 characteristic

可区分的特征

注1:特性可以是固有的或赋予的。

注2:特性可以是定性的或定量的。

注3:有各种类别的特性,如:
a) 物理的(如:机械的、电的、化学的或生物学的特性);
b) 感官的(如:嗅觉、触觉、味觉、视觉、听觉);
c) 行为的(如:礼貌、诚实、正直);
d) 时间的(如:准时性、可靠性、可用性、连续性);
e) 人因工效的(如:生理的特性或有关人身安全的特性);
f) 功能的(如:飞机的最高速度)。

3.10.2

质量特性 quality characteristic

与**要求**（3.6.4）有关的，**实体**（3.6.1）的固有**特性**（3.10.1）

注1："固有的"是指本来就有的，尤其是那种永久的**特性**（3.10.1）。

注2：赋予**实体**（3.6.1）的**特性**（3.10.1）（如：实体的价格）不是它们的质量特性。

3.10.3

人为因素 human factor

对考虑中的**实体**（3.6.1）的人为影响**特性**（3.10.1）

注1：**特性**（3.10.1）可以是物理的、认识的或社会的。

注2：人为因素可对**管理体系**（3.5.3）产生重大影响。

3.10.4

能力 competence

应用知识和技能实现预期结果的本领

注1：经证实的能力有时是指资格。

3.10.5

计量特性 metrological characteristic

能影响**测量**（3.11.4）结果的**特性**（3.10.1）

注1：**测量设备**（3.11.6）通常有若干个计量特性。

注2：计量特性可作为校准的对象。

3.10.6

技术状态 configuration

在**产品技术状态信息**（3.6.8）中规定的**产品**（3.7.6）或**服务**（3.7.7）的相互关联的功能特性和物理**特性**（3.10.1）

3.10.7

技术状态基线 configuration

在某一时间点确立并经批准的**产品**（3.7.6）或**服务**（3.7.7）**特性**（3.10.1）的**产品技术状态信息**（3.6.8），作为产品或服务整个寿命周期内活动的参考基准

3.11 有关确定的术语

3.11.1

测定 determination

查明一个或多个**特性**（3.10.1）及特性值的活动

3.11.2

评审 review

为了实现所规定的**目标**（3.7.1），**实体**（3.6.1）的适宜性、充分性或**有效性**（3.7.11）的**测定**（3.11.1）

示例：**管理**（3.3.3）评审、**设计和开发**（3.4.8）评审、**顾客**（3.2.4）**要求**（3.6.4）评审、**纠正措施**（3.12.2）评审和同行评审。

注：评审也可包括**效率**（3.7.10）**测定**（3.11.1）。

3.11.3

监视 monitoring

测定（3.11.1）**体系**（3.5.1）、**过程**（3.4.1）、**产品**（3.7.6）、**服务**（3.7.7）或活

动的状态

注1：测定状态可能需要检查、监督或密切观察。

注2：通常，监视是在不同的阶段或不同的时间，对实体状态的测定。

3.11.4

测量　measurement

确定数值的过程（3.4.1）

注：根据 GB/T 3358.2，确定的数值通常是定量的。

3.11.5

测量过程　measurement process

确定量值的一组操作

3.11.6

测评设备　measurement equipment

为实现测量过程（3.11.5）所必需的测量仪器、软件、测量标准、标准物质或辅助设备或它们的组合

3.11.7

检验　inspection

对符合（3.6.11）规定要求（3.6.4）的测定（3.11.1）

注1：显示合格（3.6.11）的检验结果可用于验证（3.8.12）的目的。

注2：检验的结果可表明合格（3.6.11）、不合格（3.6.9）或合格的程度。

3.11.8

试验　test

按照要求（3.6.4）对规定的预期用途或应用的测定（3.11.1）

注：显示合格（3.6.11）的试验结果可用于确认（3.8.13）的目的。

3.11.9

〈项目管理〉**进展评价　progress evaluation**

针对实现项目（3.4.2）目标（3.7.1）所做的进展情况的评定

注1：评定应当在整个项目过程（3.4.1）中，在项目（3.4.2）寿命周期的适当点，依据项目过程和产品（3.7.6）或服务（3.7.7）的准则进行。

注2：进展评价的结果可能导致对项目管理计划（3.8.11）的修订。

3.12　有关措施的术语

3.12.1

预防措施　preventive action

为消除潜在不合格（3.6.9）或其他潜在不期望情况的原因所采取的措施

注1：一个潜在不合格（3.6.9）可以有若干个原因。

注2：采取预防措施是为了防止发生，而采取纠正措施（3.12.2）是为了防止再发生。

3.12.2

纠正措施　corrective action

为消除不合格（3.6.9）的原因并防止再发生所采取的措施

注1：一个不合格（3.6.9）可以有若干个原因。

注2：采取纠正措施是为了防止再发生，而采取预防措施（3.12.1）是为了防止发生。

3.12.3
纠正 correction

为消除已发现的**不合格**（3.6.9）所采取的措施

注1：纠正可连同**纠正措施**（3.12.2）一起实施，在其之前或之后。

注2：**返工**（3.12.8）或**降级**（3.12.4）可作为纠正的示例。

3.12.4
降级 regrade

为使**不合格**（3.6.9）**产品**（3.7.6）或**服务**（3.7.7）符合不同于原有的**要求**（3.6.4）而对其**等级**（3.6.3）的变更

3.12.5
让步 concession

对使用或**放行**（3.12.7）不符合规定**要求**（3.6.4）的**产品**（3.7.6）或**服务**（3.7.7）的许可

注：通常，让步仅限于在商定的时间或数量内及特定的用途，对含有不合格**特性**（3.5.1）的**产品**和**服务**的交付。

3.12.6
偏离许可 deviation permit

产品（3.7.6）或**服务**（3.7.7）实现前，对偏离原规定**要求**（3.6.4）的许可

注：偏离许可通常是在限定的**产品**（3.7.6）和**服务**（3.7.7）数量或期限内并针对特定的用途。

3.12.7
放行 release

对进入一个**过程**（3.4.1）的下一阶段或下一过程的许可

注：在英语中，就软件和**文件**（3.8.5）而论，术语"release"通常是指软件或文件本身的版本。

3.12.8
返工 rework

为使**不合格**（3.6.9）**产品**（3.7.6）或**服务**（3.7.7）符合**要求**（3.6.4）而对其采取的措施

注：返工可影响或改变不合格**产品**（3.7.6）或**服务**（3.7.7）的某些部分。

3.12.9
返修 repair

为使**不合格**（3.6.9）**产品**（3.7.6）或**服务**（3.7.7）满足预期用途而对其采取的措施

注1：不合格产品或服务的成功返修未必能使产品符合要求。维修可能需要连同让步。

注2：返修包括对以前是合格的产品或服务，为重新使用所采取的修复措施，如作为维修的一部分。

注3：返工可影响或改变不合格**产品**（3.7.6）或**服务**（3.7.7）的某些部分。

3.12.10
报废 scrap

为避免**不合格**（3.6.9）**产品**（3.7.6）或**服务**（3.7.7）原有的预期用途而对其所采

取的措施

示例：回收、销毁。

注：对不合格服务的情况，通过终止服务来避免其使用。

附件 2-2

《质量管理—项目管理质量指南》
（GB/T 19016—2005 idt ISO 10006：2003）（摘录）

6 资源管理

6.1 与资源有关的过程

6.1.1 总则

与资源有关的过程旨在计划和控制资源，帮助识别资源方面可能出现的问题。资源的示例包括设备、设施、资金、信息、材料、计算机软件、人员、服务和空间。

与资源有关的过程是：

——资源策划；

——资源控制。

注：本条款适用于人员定量管理方面，其他方面如培训见 6.2。

6.1.2 资源策划

应当识别项目所需的资源。资源计划中应当规定项目需要什么资源，在项目进展中何时需要。计划应当指明资源是如何获得和分配的，以及在什么地方获得和分配到什么地方。适用时，计划还应当包括额外资源的处置方式。计划应当适于资源控制。

应当验证资源策划的输入的正确性，评价提供资源的组织的稳定性、能力和业绩。

应当考虑资源的限制。限制的示例包括可用性、安全性、文化考虑、国际协议、劳资协议、政府法规、基金及项目对环境的影响。

资源计划，包括所做的估计、分配、限制以及假设，都应当形成文件并包含在项目管理计划中。

6.1.3 资源控制

应当进行评审以确保获得充足资源，满足项目目标。

评审的时机以及相关数据的收集和资源要求预报的频次应当在项目管理计划中形成文件。应当识别、分析与资源计划的偏离，并采取措施和予以记录。

只有当考虑了对其他项目过程和目标的影响，才能作出采取措施的决定。对影响项目目标的变更，在实施前应当征得顾客及有关相关方的同意。资源计划的变更应当有适当的授权。在制定后续工作计划时，对资源要求预测的修改应当与其他项目过程协调。应当识别、记录资源短缺或过剩的根本原因，并用作持续改进的输入。

6.2 与人员有关的过程

6.2.1 总则

项目的质量及成功取决于参与的人员因此，应当特别注意与人员有关的过程的活动。

这些过程旨在创造一种环境，在这种环境中人员能够有效和高效地为项目作出贡献。

与人员有关的过程是：

——项目组织结构的建立；

——人员分配；

——团队建设。

注：人员定量管理方面见 6.1，人员沟通方面见 7.6。

6.2.2 项目组织结构的建立

应当按启动组织的要求和方针及具体项目的条件建立项目组织结构。以前项目的经验如果能得到，则应当将其应用于选择最适当的组织结构。

项目组织结构应当设计成能鼓励项目的所有参与者之间的有效和高效的沟通与合作。

项目经理应当确保项目的组织结构适于项目的范围、项目团队的规模、当地的条件和所拥有的过程。这可能导致诸如功能型的或矩阵型的项目组织结构。项目组织结构内的权限与职责的分解可能需要考虑启动组织及其组织结构中的权限与职责的分解。

有必要识别和建立项目组织与以下各方面的相互关系：

——顾客及其他相关方；

——支持项目的启动组织的职能（特别是那些负责监视诸如进度、质量和费用等的项目职能）；

——同一启动组织内的其他有关项目。

应当明确工作或角色描述，包括职责和权限的分配，并形成文件。

应当识别负责确保项目质量管理体系的建立、实施和保持的项目职能。该项目职能与其他项目职能、顾客及其他相关方的接口应当形成文件。

应当策划项目组织结构的评审并定期进行，以确定其是否持续适宜和充分。

6.2.3 人员分配

应当规定项目工作人员在教育、培训、技能和经验方面的必要能力。

选择项目人员时应当考虑人员的素质，应当特别关注关键人员的能力要求。

应当允许有足够的时间招聘有能力的人员，特别是当预料到困难时。人员的选择应当根据工作或角色描述，并考虑他们的能力和参考以前的经历。应当制定选择准则并用于与项目有关的各级人员。当选择项目经理时，应当优先考虑领导才能。

项目经理应当参与项目各岗位人员的选择，这对项目的成功至关重要。

项目经理应当确保指定管理者代表，负责建立、实施和保持项目的质量管理体系。

当为项目团队分配成员时，应当考虑其个人兴趣、人际关系、强项和弱项。了解人员特点和经历可以有助于确定项目组织成员之间职责的最佳分配。

工作职务或作用描述应当得到承担工作人员的理解和接受。当项目组织的成员向启动组织的职能部门报告工作时，应当将该成员的职责、权限及报告的途径形成文件。

应当确认特定工作或角色的人员分配，并向所有有关方通报。应当监视人员总的业绩，包括人员在其分配的工作中的有效性和效率，以验证这种分配的适宜性。根据结果应当采取适当措施如再培训或对成绩的肯定。

项目组织中人员的变更如果影响到顾客和有关的相关方，则当可能时，在实施前应当与他们沟通。

6.2.4 团队建设

有效的团队业绩要求团队每位成员都是有能力、有激情并愿意与他人合作的。

为提高团队业绩，项目组全体及项目组每一个成员都应当参与团队建设活动。项目组成员应当接受培训，并认识到所从事的工作对于完成项目和质量目标的相关性和重要性。

应当承认有效的团队工作，适当时给予奖励。

项目组织的经理应当确保建立一种工作环境，使在团队内以及介入项目的所有人中，鼓励卓越、有效的工作关系、信任与尊重。应当鼓励和建立以协商为基础的决策，有条理的解决冲突，明确、开放和有效的沟通，以及对顾客满意的共同的承诺。

只要可能时，受项目或项目组织变更影响的人员，应当参与到变更的策划与实施中。

7 产品实现

7.1 总则

本条覆盖了生产项目产品所必需的 7 个项目管理过程。

7.2 相互依赖的过程

7.2.1 总则

项目包含一系列经策划的相互依赖的过程，其中某一过程的行为往往影响其他过程。项目经理的职责是对经策划的项目过程之间的相互依赖性进行全面的管理。同时，项目组织还要对不同项目组人员之间有效的和高效的沟通进行管理，明确职责分工。

相互依赖的过程是：

——项目启动和项目管理计划编制；

——相互作用管理；

——变更管理；

——过程和项目关闭。

7.2.2 项目启动和项目管理计划编制

编制项目管理计划并保持其最新有效状态是最重要的，项目管理计划应当包括或引用项目的质量计划。其详略程度取决于项目的规模和复杂性等因素。

在项目启动阶段，应当识别启动组织已经承担过的相关项目的细节，并与项目组织沟通，以便最大程度地利用以往项目所获得的经验（如吸取的教训）。

如果项目的目的是完成合同要求，则在项目管理计划的制定期间应当进行合同评审，以确保满足合同要求。当项目没有合同要求时，则应当进行初始评审以确定要求，并确认这些要求是适当的、可实现的。

项目管理计划应当：

a) 引用顾客及其他有关相关方的形成文件的要求和项目目标；每一要求的输入来源应当形成文件以便能够追溯；

b) 识别项目过程及其目的，并形成文件；

c) 识别组织的接口，尤其注意：

——项目组织与启动组织不同职能之间的联系与报告线路；

——项目组织各职能之间的接口。

d) 整合其他项目过程中策划所形成的计划，这些计划包括：

——质量计划；

——工作分解结构（见 7.3.4）；
——项目进度（见 7.4.5）；
——项目预算（见 7.5.3）；
——沟通计划（见 7.6.2）；
——风险管理计划（见 7.7.2）；
——采购计划。

应当评审这些计划的一致性，解决任何不一致的地方。

e) 识别、包括或引用产品特性及如何对其测量与评定；

f) 为进展测量与控制提供基线，以便策划后续工作；应当编制评审计划和进展评价计划，将其列入进度表；

g) 规定业绩指标及如何测量，明确定期评定要求，以便监视进展情况，这些评定应当：
——促进预防和纠正措施；
——确认项目目标在变化的项目环境中仍然是有效的。

h) 提供合同所要求的项目评审，以确保履行合同要求；

i) 定期评审，并且在出现重大变更时还要进行评审。

项目质量管理体系应当形成文件，或在项目质量计划中引用。应当在项目质量计划与启动组织质量管理体系的适用部分之间建立联系。只要可行，项目组织应当采纳，若有必要，应当适应启动组织的质量管理体系和程序。当其他相关方对质量管理体系有特定要求时，应当确保项目质量管理体系与这些要求是兼容的。

应当在整个项目中建立质量管理的方法，如文件化、验证、可追溯性、评审和审核。

7.2.3 相互作用管理

为了促进过程之间的相互依赖（经策划的），需要对项目中的相互作用（非策划的）进行管理，这应当包括：
——建立接口管理的程序；
——召开项目内部职能间的会议；
——解决诸如职责冲突或风险暴露的变更问题；
——使用诸如挣值分析（根据预算基线监视项目整体业绩的一种技术）这样的技术测量项目的业绩；
——进行进展评价，以评定项目状态和策划后续工作。

进展评价也被用于识别潜在的接口问题，应当注意接口处风险通常是高的。

7.2.4 变更管理

变更管理涉及变更的识别、评价、授权、文件化、实施和控制。在授权变更之前，应当分析变更的内容、程度和影响。对影响项目目标的变更，应当与顾客和其他有关相关方协商一致。

变更管理应当考虑：
——对项目范围、项目目标和项目管理计划的变更管理；
——协调内部关联的项目过程之间的变更并解决任何冲突；
——将变更形成文件的程序。

——持续改进；

——影响人员变更的方面（见 6.2.4）。

变更可能会对项目产生负面影响（如索赔），应当尽快予以识别，并分析负面影响产生的根本原因，利用分析的结果形成预防性的解决方案并在项目过程中进行改进。

变更管理中一个方面是技术状态管理。项目管理涉及项目产品的技术状态，这包括不可交付的产品（如试验工具和其他安装设备）和可交付产品。

7.2.5 过程和项目关闭

项目本身是一个过程，应当特别重视其关闭。

应当在项目开始时规定过程和项目关闭，并包含在项目管理计划中。在策划过程和项目关闭时，应当考虑以前的过程和项目关闭时获得的经验。

在项目生命周期的任何时间，应当按计划关闭已完成的过程。过程关闭时，应当确保汇总所有记录，在项目内分发，适当时传递给启动组织，并按规定时间保存。

项目应当按计划关闭，但有时因不可预见的事件，可能必须比计划提前或滞后关闭项目。

不管项目关闭的原因如何，都应当对项目业绩进行完整的评审，考虑所有相关记录，包括来自进展评价的和相关方的记录。应当特别考虑顾客和其他有关相关方的反馈，可能时，这些反馈应当是可测量的。

应当根据评审编写适当的报告，突出可用于其他项目和持续改进的经验。

在项目关闭时，应当向顾客正式移交项目产品。只有当顾客正式接受了项目产品，才算是完成了项目关闭。

应当向有关相关方正式传达项目关闭的信息。

7.3 与范围有关的过程

7.3.1 总则

项目的范围包括描述项目的产品及其特性，以及如何对其进行测量和评定。

a) 与范围有关的过程旨在：

——将顾客和其他相关方的需求和期望转化为实现项目目标需要实施的活动，并安排这些活动；

——确保人员在实现这些活动的过程中，在规定的范围内工作；

——确保项目中进行的活动满足范围中描述的要求。

b) 与范围有关的过程是：

——方案设计；

——范围的确定与控制；

——活动的确定；

——活动的控制。

7.3.2 方案设计

顾客对产品和过程的明示的和隐含的需求和期望，应当转化成形成文件的要求，包括法律法规方面，当顾客有要求时，应当将形成文件的要求与顾客达成一致意见。

应当识别其他相关方，确定它们的需求，并将其转化成书面要求，对其中与顾客相关的方面，应当征得顾客同意。

7.3.3 范围确定与控制

确定项目范围时,应当识别项目产品的特性,并用可测量的术语尽可能完整地形成文件,这些特性应作为设计与开发的基础。应当明确规定如何测量这些特性及如何评定其符合顾客和其他相关方要求。产品和过程的特性应当能够追溯到顾客和其他相关方的形成文件的要求。

在确定范围中,当考虑替代和解决方法时,应当将支持性证据(包括所作的分析和其他考虑)形成文件并在范围中引用此文件。

注:对范围变更的管理已包括在变更管理过程中(见7.2.4)。

7.3.4 活动的确定

应当将项目系统化地组成可管理的活动,以满足顾客对产品和过程的要求。

注:通常,术语"分解结构"被用于描述项目被按级别分解成用于大纲制定、费用策划和控制目的独立小组的方式。同样,术语"活动"、"任务"、"工作包"被作为这一结构的要素,其结果通常称为"工作分解结构"(WBS)。本标准中术语"活动",被作为工作项目的通用术语。

分配到项目中的人员应当参与这些活动的确定,这样可使项目组织得益于这些人员的经验,并且可获得这些人员对组织的了解、接受和主人翁感。

每一项活动应当以其结果是可测量的方式确定应当检查活动清单的完整性。所确定的活动应当包括质量管理实践、进展评价和项目管理计划的编制和维护。

应当识别可能引起项目组织与相关方之间问题的项目活动之间的相互作用,并形成文件。

7.3.5 活动的控制

应当按项目管理计划执行并控制项目中的活动。过程控制包括活动之间的相互作用的控制,以最大限度地减小冲突和误解,应当特别注意对包含新技术的过程的控制。

应当评审和评价活动,以识别潜在缺陷和改进机会,评审的时间间隔应当与项目的复杂程度相适应。

应当将评审的结果用于进展评价,以评定过程输出和为后续工作安排计划。修订的后续工作计划应当形成文件。

7.4 与时间有关的过程

7.4.1 总则

与时间有关的过程旨在确定活动的依赖性和持续的时间,以确保及时地完成项目。

与时间有关的过程是:
——活动依赖性的策划;
——持续时间的估计;
——进度计划的制定;
——进度计划的控制。

7.4.2 活动依赖性策划

应当识别项目活动之间的相互依赖性.并评审其一致性。对来自活动识别过程的数据的任何变更需求,应当加以验证并形成文件。

在项目计划的制定过程中,应当尽可能使用标准或已证实的项目网络图,以便从以前的经验中获益。应当验证它们对项目的适用性。

7.4.3 持续时间估计

活动的负责者应当估计活动的持续时间，对于根据过去的经验作出的活动持续时间的估计，应当验证其准确性和在目前项目条件下的适用性。输入应当形成文件并能追溯到其起源。当收集持续时间的估计时，同时获得相关的资源估计并作为资源策划的输入是很有用的。

当持续时间的估计包含重大不确定性时，应当对风险进行评价并形成文件，降低风险。应将残余风险的预留量综合考虑到估计之中。

当有要求或适当时，顾客或其他相关方应当参与持续时间的估计。

7.4.4 进度计划的制定

应当识别用于确定进度计划的输入资料并检查其是否符合特定项目条件。当确定关键的路径时，应当考虑交货期和持续时间较长的活动。关键路径（网络中最长的持续时间路径）活动要求有明确的标识。

应当实施标准化的进度计划格式，以适于不同的用户需求。

应当检查持续时间的估计与活动依赖性关系的一致性。在进度计划被最终确定下来并予以公布之前，应当解决发现的所有不一致。进度计划中应当识别关键的和比较关键的活动。

进度计划中应当识别要求特定输入或决策的事件，或其主要输出已策划的事件。这些事件有时被称为"关键事件"或"里程碑"。进展评价应包含在此进度计划中。

在进度计划的制定过程中，应当使顾客和其他相关方知晓此事，当有要求时，顾客和其他相关方应当参与进度计划的制定。应当分析外部输入（如项目中所期望的依赖于顾客的输入）并在进度计划中加以考虑。

应当向顾客和其他相关方提供适宜的进度计划，作为信息交流，或当有要求时，得到顾客的批准。

7.4.5 进度计划的控制

项目组织应当按项目管理计划的规定对项目进度计划进行定期评审。为确保对项目活动、过程和有关信息进行适当的控制，应当明确对进度计划评审的时间间隔和资料收集的频次。

应当分析项目进展，以便识别项目后续工作趋势和可能的不确定性（见 7.7 关于"不确定性"的描述）。在进展评价和会议中应当使用最新的进度计划。应当识别、分析对进度计划的偏离，如果是重大的，则应采取措施。

应当识别与进度计划产生偏差的根本原因，包括有利的和不利的偏差，采取措施以确保不利的偏差不影响项目目标。应当提供有利的和不利的偏差的原因资料，作为持续改进的基础。

应当确定进度计划的变更对项目的预算和资源以及产品的质量可能带来的影响，在考虑了它们对其他过程和目标的潜在影响以后，才能依据事实作出采取措施的决定。对影响项目目标的变更，在实施前应当取得顾客和有关相关方的同意。当要求措施中考虑偏差时，应当明确参与的人员及其角色。当为后续工作制定计划时，对进度计划的修订应当与其他项目过程相协调。

应当监视外部输入（如项目中期望的依赖于顾客的输入），使顾客和其他相关方始终了解有关进度计划变更的事宜并参与对他们有影响的变更的决策。

7.5 与费用有关的过程

7.5.1 总则

与费用有关的过程旨在预测和管理项目费用，确保项目在预算范围之内完成，确保费用信息提供给启动组织。

与费用有关的过程是：
——费用估算；
——费用预算；
——费用控制。

7.5.2 费用估算

应当清楚地识别所有项目费用（如各种活动、管理、货物和服务费用）。费用估算应当考虑有关的信息源，并与项目的分解结构（见7.3.4）建立联系。对于来自过去经验的费用估算，应当验证其准确性和对目前的项目条件的适用性。费用应当形成文件并可追溯到其起源。

应当特别注意为项目质量管理体系的建立、实施和保持提供足够的资金预算。

费用估算应当考虑在经济环境（如通货膨胀、税收、汇率）中目前的和预测的趋势。

当费用估算包含重大的不确定性时，应当识别、评价这些不确定性，形成文件，并采取措施（见7.2.2）。残余不确定性的预留量，有时称为不可预见，应当综合考虑在费用估算中。

费用估算应当使预算能够按照批准的财务程序及项目组织的需求的方式编制。

7.5.3 预算

为使项目预算被接收，应当根据费用估算和进度计划并按确定好的程序进行预算编制。

预算应当与项目目标协调一致，应当识别任何假设、不确定性和不可预见并形成文件。预算应当包括所有批准的费用并且其形式要适于项目费用控制。

7.5.4 费用控制

在支出产生以前，应当建立费用控制系统及相关程序，形成文件并通知到所有负责批准工作或支出的人员。

应当确定评审的时间间隔和数据收集与预测的频次，这可确保对项目活动和有关信息实施适当控制。项目组织应当验证待完成的后续工作能够在剩下的预算范围内完成，识别任何与预算的偏离，并且当偏离超出规定界限时，分析偏差并采取措施。

应当使用诸如"挣值分析"技术对项目费用趋势进行分析。应当评审后续工作计划以识别不确定性因素。

应当识别与预算产生偏差的根本原因，包括有利的和不利的偏差，采取措施以确保不利的偏差不影响项目活动应当提供有利的和不利的偏差的原因资料，作为持续改进的基础。

仅在考虑了对其他项目过程和目标的潜在影响以后，才能依据事实作出采取措施的决定。项目费用的变更在支出前应当得到适当批准和授权。当为后续工作制定计划时，费用预测的修订应当与其他项目过程协调。

为确保及时发放资金所需要的信息应当是可得到的,并提供给资源控制过程作为其输入。

项目组织应当按项目管理计划中的规定,对项目费用进行定期评审,并考虑其他财务评审(如由有关相关方进行的外部评审)。

7.6 与沟通有关的过程

7.6.1 总则

与沟通有关的过程旨在促进项目必需的信息的交换。

它们确保及时并适当地生成、收集、传播、贮存和最终处置项目信息。

与沟通有关的过程是:

——沟通策划;

——信息管理;

——沟通控制。

7.6.2 沟通策划

启动组织和项目组织应当确保为项目已建立了适当的沟通过程,且在涉及质量管理体系的有效性和效率方面已进行了沟通。

沟通策划应当考虑启动组织、项目组织、顾客和其他相关方的需求策划的结果是形成文件化的沟通计划。

沟通计划应当规定需正式沟通的信息,传递这些信息所使用的媒介及沟通的频次。应当在沟通计划中规定有关会议的目的、频次、时间和记录要求。

应当规定项目文件和记录的格式、语言和结构以确保兼容性。沟通计划中应当规定信息管理系统(见7.6.3),确定谁来发送和接收信息,引用有关的文件控制、记录控制和安全性程序。进展评价报告的格式应当设计成能突出与项目管理计划的偏离。

7.6.3 信息管理

项目组织应当识别其信息需求,建立文件化的信息管理系统。

项目组织也应当识别内外部信息源。信息管理的方式应当考虑项目组织和启动组织二者的需求。

为了管理项目的信息,应当制定关于信息的准备、收集、识别、分类、更新、分发、填报、贮存、保护、检索、保存时间和处置的控制程序。

记录的信息应当表明记录活动时所处的条件,以便在将信息用于其他项目之前,可验证该信息的有效性和相关性。

项目组织应当在考虑到信息的保密性、可用性和完整性的同时,确保信息的安全。

信息应当与接收者的需求相关,并严格按时间进度清楚地提供和分发。

所有影响项目业绩的协议,包括非正式的在内,应当正式形成文件。

应当制定会议的规则和指南并与会议类型相适应。

会议日程应当事先分发并确定每一事项所要求的参加人员。

会议纪要中应当写明作出的决定、重大的问题、商定的措施(包括完成日期和指定完成者)。这些会议纪要应当在商定的时间内分发给有关的相关方。

项目组织应当使用数据、信息和知识来建立并满足其目标。项目组织和启动组织的经理应当评价从使用信息中获得的好处以便改进信息管理。

7.6.4 沟通控制

应当策划、实施沟通系统，并对其进行控制、监视和评审，以确保它持续满足项目需求。应当特别注意职能与组织之间的接口，这些地方容易出现误解和冲突。

7.7 与风险有关的过程

7.7.1 总则

"风险"通常被当作负面因素考虑。"不确定性"是一个更现代的概念，它包含了负面和正面两个方面，正面通常被称为"机会"。

在本标准中，"风险"，这一术语与"不确定性"有相同的含义，即包含负面和正面两个方面。

项目风险的管理涉及整个项目的不确定性，这就要求在风险管理计划中要有一个文件化的有序的方法。与风险有关的过程旨在将潜在的负面事件的影响降到最小，并最大程度地利用机会进行改进。

不确定性不是与项目过程有关，就是与项目的产品有关。

与风险有关的过程是：

——风险识别；

——风险评定；

——风险处理；

——风险控制。

7.7.2 风险识别

应当在项目开始、进展评价和其他作出重大决定时进行风险识别，启动组织持有的以前的项目的经验和历史数据应当用于此目的。应当将这一过程的输出记录在风险管理计划中，项目管理计划中应当纳入或引用该风险管理计划。

应当识别并记录来自项目组织、启动组织和相关方之间的活动、过程和与产品有关的相互作用的潜在风险。

风险识别应当不仅考虑费用、时间和产品方面的风险，而且要考虑诸如产品质量、安全性、可信性、职业责任、信息技术、安全、健康与环境等领域中的风险，适用的现行的或期望的法律法规要求，以及不同风险之间的相互作用。新技术和开发中的风险也应当识别。

对已识别出的具有重大影响的风险，应当形成文件并指定专人管理，同时授予其相应职责、权限和资源。

7.7.3 风险评定

风险评定是对已识别的项目过程和项目产品的风险进行分析与评价的过程。

应当评估所有已识别的风险。在评估中，应当考虑以前项目中的经验和历史数据。

应当评价评估中使用的准则和技术，对其进行定性分析，且每当可行时还要进一步作定量分析。

应当识别项目可接受风险的等级并规定风险水平超出商定界限时的判断方法。

应当记录所有的分析与评价结果并将其与有关人员沟通。

7.7.4 风险处理

应当优先根据来自过去经验中已知的技术或数据来寻求消除、降低、转移、共担或接受风险的解决方法，并制定利用机会的计划。应当识别有意接受的风险，并记录接受的理由。

当针对已识别的风险提出解决方法时，应当验证该方法实施后不会带来不期望的结果或新的风险，并对所产生的残余风险已有预案。

当在时间进度或预算中列出了管理风险的意外费用时，应当分别对它们进行识别和保持。

应当特别注意为来自项目组织、启动组织与相关方之间的活动、过程和产品有关的相互作用中的潜在风险确定解决方法。

7.7.5 风险控制

在整个项目中，应当通过反复的风险识别、风险评定和风险处理过程对风险进行监视和控制。项目管理应当始终牢记风险总是存在的，应当鼓励员工预测和识别风险，并向项目组织报告。应当保存风险管理计划，随时提供使用项目风险监视的报告应当是进展评价的一部分。

7.8 与采购有关的过程

7.8.1 总则

与采购有关的过程涉及获得项目需要的产品。

与采购有关的过程是：

——采购策划与控制；

——将采购要求形成文件；

——供方评价；

——分包；

——合同控制。

注：术语"购买"、"采办"或"采购"也同样用于此文。

7.8.2 采购策划与控制

应当根据包括规范、时间和费用在内的产品要求，编制采购计划，采购计划中确定要采购的产品及时间要求。

项目中使用的所有产品都应当经受相同水平的采购控制，不论它们是从外部供方采购的还是从启动组织采购的（即内供）。外部产品通常以合同的形式得到，"内供"产品通过内部采购程序与控制的方式得到。对于"内供"产品，可简化下列采购控制。

采购应当有计划以便项目组织能对与供方的接口和相互作用进行管理。

应当分配适当的时间来完成与采购有关的过程中的活动。供方从前的业绩方面的经验应当用于针对潜在问题的计划，如提交具有较长的交付期的项目。

为了实施适当的采购控制，项目组织应当对采购进展进行定期评审，将采购进展情况与采购计划进行比较，需要时采取措施。评审结果应当纳入进展评价中。

7.8.3 采购要求文件

采购文件应当识别产品及其特性，适当的质量管理体系要求及相关文件，且包括产品的采购职责、费用、提交日期、审核要求（必要时）和进入供方场所的权力。应当确保采购文件中考虑了顾客的要求。

招标文件，如"询价单"，在结构编排上应做到便于潜在供方作出可比较的和完整的应对回答。

采购文件在分发前应当得到评审以验证所有的产品有关的要求和其他方面（如采购职责）都得到完整的规定。

7.8.4 供方评价

应当评价项目的所有供方。评价应当考虑供方的影响项目的所有方面，如技术经验、生产能力、交付时间、质量管理体系和财务的稳定性。

项目组织应当保持批准的供方注册名录。注册名录也可以保存在启动组织，适用时向项目组织沟通。

7.8.5 签订合同

对项目组织而言，应当有一个与供方签订项目合同的过程，它包括向供方沟通项目的质量管理体系要求，适用时，包括质量方针和质量目标。

在投标评价中．应当识别出供方提议中所有与规范的偏离，并在评价时予以考虑。与规范的偏离、改进建议，应当由对此规范进行最初的评审和批准的同一职能组织批准。

对投标者的费用评价．不仅要根据来自供方的价格，而且还要考虑其他有关的费用，如运作、维护、技术许可费、运输、保险、关税、汇率变化、检验、审核及偏离的解决方法等方面的费用。

应当评审合同文件以确保合同中包括了合同前与供方谈判的结果。

在签订产品的供应合同以前应当评价供方的质量管理体系。

7.8.6 合同控制

合同控制始于合同签订时，或签订原则上授予合同的协议时，如意向书。应当实施一个体系以确保合同条件，包括产品到期日和记录得到满足。

合同控制应当包括建立适当的合同关系并将这些关系的输出综合到项目的全面管理之中。

应当监视供方的业绩以确保其满足合同条件，监视的结果应当反馈给供方，对采取的措施应当达成一致意见。

合同关闭以前，应当验证所有的合同条件都得到满足，且已经将供方业绩的反馈用于更新批准的供方注册名录。

第3章 基本规定

3.1 项目管理的类型及知识体系

3.1.1 项目管理的类型

随着项目管理的发展，项目管理类型逐渐多样化。根据不同的分类方法，项目管理有不同类型。

1. 按工程项目参与主体不同进行分类

工程项目管理可分为业主方、工程总承包方、设计方、施工方及物资供应方的项目管理。

（1）业主方项目管理。业主方项目管理是全过程的，包括项目策划决策与建设实施（设计、施工）阶段各个环节。事实上，业主方项目管理，既包括业主或建设单位自身的项目管理，也包括受其委托的工程监理单位、工程咨询或项目管理单位的项目管理。

（2）工程总承包方项目管理。在工程总承包（如设计－建造 D&B、设计－采购－施工 EPC）模式下，工程总承包单位将全面负责建设工程项目的实施过程，直至最终交付使用功能和质量标准符合合同文件规定的工程项目。因此，工程总承包方项目管理是贯穿于项目实施全过程的全面管理，既包括设计阶段，也包括施工安装阶段。

（3）设计方项目管理。在传统的设计与施工分离承包模式下，工程设计单位承揽到建设工程项目设计任务后，需要根据建设工程设计合同所界定的工作目标及义务，对建设工程设计工作进行自我管理。设计单位通过项目管理，对建设工程项目的实施在技术和经济上进行全面而详尽的安排，引进先进技术和科研成果，形成设计图纸和说明书，并在工程施工过程中配合施工和参与验收。由此可见，设计项目管理不仅仅局限于工程设计阶段，而是延伸到工程施工和竣工验收阶段。

（4）施工方项目管理。工程施工单位通过竞争承揽到建设工程项目施工任务后，需要根据建设工程施工合同所界定的工程范围，依靠企业技术和管理的综合实力，对工程施工全过程进行系统管理。从一般意义上讲，施工项目应是指施工总承包的完整工程项目，既包括土建工程施工，又包括机电设备安装，最终成功地形成具有独立使用功能的建筑产品。然而，由于分部工程、子单位工程、单位工程、单项工程等是构成建设工程项目的子系统，按子系统定义项目，既有其特定的约束条件和目标要求，而且也是一次性任务。因此，建设工程项目按专业、按部位分解发包时，施工单位仍然可将承包合同界定的局部施工任务作为项目管理对象，这就是广义的施工项目管理。

（5）物资供应方项目管理。从建设工程项目管理系统角度看，建筑材料、设备供应工作也是建设工程项目实施的一个子系统，有其明确的任务和目标、明确的制约条件以及与项目实施子系统的内在联系。因此，制造商、供应商同样可将加工生产制造和供应合同所界定的任务，作为项目进行管理，以适应建设工程项目总目标控制的要求。

2. 按工程项目范围不同进行分类

工程项目管理可分为单一项目管理和多项目管理，其中，多项目管理又可分为项目群管理和项目组合管理。

（1）单一项目管理（Project Management）。传统的项目管理均是指单一项目管理，是指将知识、技能、工具与技术应用于项目活动，以满足项目需求。项目管理通过合理运用与整合项目管理过程，最终实现项目目标。

（2）项目群管理（Program Management）。根据美国项目管理协会（PMI）制定的项目管理知识体系（PMBOK）：项目群是指经过协调统一管理以便获取单独管理时无法取得的效益和进行控制的一组相互联系的项目。由多个项目组成的通信卫星系统就是一个典型的项目群实例，该项目群包括卫星和地面站的设计、卫星和地面站的施工、系统集成、卫星发射等多个项目。项目群中的项目需要共享组织的资源，需要在项目之间进行资源调配。项目群管理是指为实现组织的战略目标和利益，对项目群进行的统一协调管理。项目群管理需要运用知识和资源，来界定、计划、执行和汇总客户复杂项目的各个方面。

（3）项目组合管理（Portfolio Management）。根据美国项目管理协会（PMI）制定的项目管理知识体系（PMBOK）：项目组合是指为实现战略目标而组合在一起进行集中管理的项目、项目群、子项目组合和运营工作。项目组合中的项目或项目群不一定彼此依赖或直接相关。例如，以投资回报最大化为战略目标的某基础设施公司，可将石油天然气、供电、供水、道路、铁路和机场等项目形成一个项目组合。在这些项目中，公司又可将相互关联的项目作为项目群来管理。所有供电项目合成供电项目群，所有供水项目合成供水项目群。如此，供电项目群和供水项目群就是该基础设施公司企业级项目组合中的基本组成部分。项目组合管理重点关注资源分配的优先顺序，并确保对项目组合的管理与组织战略协调一致。

3.1.2 项目管理知识体系

项目管理知识体系（Project Management Body Of Knowledge，PMBOK）是由美国项目管理协会（Project Management Institution，PMI）制定的、适用于许多行业、可在大多数情况下用来实施项目管理的标准。PMBOK 是一个大纲级别的体系，基本以纲要、框架为准，目的是为了更好地兼容各种具体管理技术，促进各种应用型专项管理工具的开发，并与这些管理工具实现灵活对接。使用者可在 PMBOK 的基础上，以合适的方式与自己选择、设计、组织的各种技术或工具进行对接。

PMBOK 将项目管理划分为 10 个知识领域，具体包括：项目整合管理、项目范围管理、项目时间管理、项目成本管理、项目质量管理、项目人力资源管理、项目沟通管理、项目风险管理、项目采购管理和项目利益相关者管理。

1. 项目整合管理

项目整合管理是协调统一各项目管理过程组的各种过程和活动而开展的过程与活动。主要包括以下内容：

（1）制定项目章程：编写一份正式批准项目并授权项目经理在项目活动中使用组织资源的文件的过程。

（2）制定项目管理计划：定义、准备和协调所有子计划，并把它们整合为一份综合项目管理计划的过程。项目管理计划包括经过整合的项目基准和子计划。

（3）指导与管理项目工作：为实现项目目标而领导和执行项目管理计划中所确定的工作，并实施已批准变更的过程。

（4）监控项目工作：跟踪、审查和报告项目进展，以实现项目管理计划中确定的绩效目标的过程。

（5）实施整体变更控制：审查所有变更请求，批准变更，管理对可交付成果、组织过程资产、项目文件和项目管理计划的变更，并对变更处理结果进行沟通的过程。

（6）结束项目或阶段：完结所有项目管理过程组的所有活动，以正式结束项目或阶段的过程。

2．项目范围管理

项目范围管理要保证项目成功地完成所要求的全部工作，而且只完成所要求的工作。《项目管理知识体系指南》（PMBOK 指南）（第 5 版）指出，项目范围管理主要包括以下过程：

（1）规划范围管理：创建范围管理计划，书面描述将如何定义、确认和控制项目范围的过程。

（2）收集需求：为实现项目目标而确定、记录并管理干系人的需要和需求的过程。

（3）定义范围：制定项目和产品详细描述的过程。

（4）创建 WBS：将项目可交付成果和项目工作分解为较小的、更易于管理的组件的过程。

（5）确认范围：正式验收已完成的项目可交付成果的过程。

（6）控制范围：监督项目和产品的范围状态，管理范围基准变更的过程。

3．项目时间管理

项目时间管理要保证项目按时完成。主要包括以下内容：

（1）规划进度管理：为规划、编制、管理、执行和控制项目进度而制定政策、程序和文档的过程。

（2）定义活动：识别和记录为完成项目可交付成果而需采取的具体行动的过程。

（3）排列活动顺序：识别和记录项目活动之间的关系的过程。

（4）估算活动资源：估算执行各项活动所需材料、人员、设备或用品的种类和数量的过程。

（5）估算活动持续时间：根据资源估算的结果，估算完成单项活动所需工作时段数的过程。

（6）制定进度计划：分析活动顺序、持续时间、资源需求和进度制约因素，创建项目进度模型的过程。

（7）控制进度：监督项目活动状态，更新项目进展，管理进度基准变更，以实现计划的过程。

4．项目成本管理

项目成本管理要保证项目在批准的预算内完成。主要包括以下内容：

（1）规划成本管理：为规划、管理、花费和控制项目成本而制定政策、程序和文档的过程。

(2) 估算成本：对完成项目活动所需资金进行近似估算的过程。

(3) 制定预算：汇总所有单个活动或工作包的估算成本，建立一个经批准的成本基准的过程。

(4) 控制成本：监督项目状态，以更新项目成本，管理成本基准变更的过程。

5. 项目质量管理

项目质量管理要保证项目的完成能够使需求得到满足。主要包括以下内容：

(1) 规划质量管理：识别项目及其可交付成果的质量要求和/或标准，并书面描述项目将如何证明符合质量要求的过程。

(2) 实施质量保证：审计质量要求和质量控制测量结果，确保采用合理的质量标准和操作性定义的过程。

(3) 控制质量：监督并记录质量活动执行结果，以便评估绩效，并推荐必要的变更的过程。

6. 项目人力资源管理

项目人力资源管理是要尽可能有效地使用项目中涉及的人力资源。主要包括以下内容：

(1) 规划人力资源管理：识别和记录项目角色、职责、所需技能、报告关系，并编制人员配备管理计划的过程。

(2) 组建项目团队：确认人力资源的可用情况，并为开展项目活动而组建团队的过程。

(3) 建设项目团队：提高工作能力，促进团队成员互动，改善团队整体氛围，以提高项目绩效的过程。

(4) 管理项目团队：跟踪团队成员工作表现，提供反馈，解决问题并管理团队变更，以优化项目绩效的过程。

7. 项目沟通管理

项目沟通管理是要保证适当、及时地产生、收集、发布、储存和最终处理项目信息。主要包括以下内容：

(1) 规划沟通管理：根据干系人的信息需要和要求及组织的可用资产情况，制定合适的项目沟通方式和计划的过程。

(2) 管理沟通：根据沟通管理计划，生成、收集、分发、储存、检索及最终处置项目信息的过程。

(3) 控制沟通：在整个项目生命周期中对沟通进行监督和控制的过程，以确保满足项目干系人对信息的需求。

8. 项目风险管理

项目风险管理是对项目的风险进行识别、分析和响应的系统化的方法，包括使有利的事件机会和结果最大化和使不利的事件的可能和结果最小化。主要包括以下内容：

(1) 规划风险管理：定义如何实施项目风险管理活动的过程。

(2) 识别风险：判断哪些风险可能影响项目并记录其特征的过程。

(3) 实施定性风险分析：评估并综合分析风险的发生概率和影响，对风险进行优先排序，从而为后续分析或行动提供基础的过程。

（4）实施定量风险分析：就已识别风险对项目整体目标的影响进行定量分析的过程。

（5）规划风险应对：针对项目目标，制定提高机会、降低威胁的方案和措施的过程。

（6）控制风险：在整个项目中实施风险应对计划、跟踪已识别风险、监督残余风险、识别新风险，以及评估风险过程有效性的过程。

9. 项目采购管理

项目采购管理是为达到项目范围的要求，从外部企业获得货物和服务的过程。主要包括以下内容：

（1）规划采购管理：记录项目采购决策、明确采购方法、识别潜在卖方的过程。

（2）实施采购：获取卖方应答、选择卖方并授予合同的过程。

（3）控制采购：管理采购关系、监督合同执行情况，并根据需要实施变更和采取纠正措施的过程。

（4）结束采购：完结单次项目采购的过程。

10. 项目利益相关者管理

项目利益相关者管理是指对项目利益相关者需要、希望和期望的识别，并通过沟通管理来满足其需要、解决其问题的过程。主要包括以下内容：

（1）识别利益相关者：识别能影响项目决策、活动或结果的个人、群体或组织，以及被项目决策、活动或结果所影响的个人、群体或组织，并分析和记录他们的相关信息的过程。这些信息包括他们的利益、参与度、相互依赖、影响力及对项目成功的潜在影响等。

（2）规划利益相关者管理：基于对利益相关者需要、利益及对项目成功的潜在影响的分析，制定合适的管理策略，以有效调动利益相关者参与整个项目生命周期的过程。

（3）管理利益相关者参与：在整个项目生命周期中，与利益相关者进行沟通和协作，以满足其需要与期望，解决实际出现的问题，并促进利益相关者合理参与项目活动的过程。

（4）控制利益相关者参与：全面监督项目利益相关者之间的关系，调整策略和计划，以调动利益相关者参与的过程。

3.2 项目范围管理

项目范围管理实质上是一种功能管理，它是对项目要完成的工作范围进行管理和控制的过程和活动，包括确保项目能够按要求的范围完成所涉及的所有过程。组织应把项目范围管理贯穿于项目全过程。

项目范围管理的基本任务是项目结构分析，包括：项目分解，工作单元定义，工作界面分析。项目分解的结果是工作分解结构（简称 WBS），它是项目管理的重要工具。分解的终端应是工作单元。其中工作单元的定义通常包括工作范围、质量要求、费用预算、时间安排、资源要求和组织职责等。工作界面是指工作单元之间的结合部或叫接口部位，工作单元之间存在着相互作用、相互联系、相互影响的复杂关系。

结合《项目管理知识体系指南》（PMBOK 指南）（第 5 版）中有关内容，将项目范围管理应用至工程建设领域，项目范围管理过程主要包括：范围计划、范围界定、范围确认、范围变更控制。

3.2.1 范围计划

范围计划是项目或项目群管理计划的组成部分，描述将如何定义、制定、监督、控制和确认项目范围。制定范围计划和细化项目范围始于对下列信息的分析：项目章程中的信息、项目管理计划中已批准的子计划、组织过程资产中的历史信息和相关事业环境因素。范围计划有助于降低项目范围蔓延的风险。

根据项目需要，范围计划可以是正式或非正式的，非常详细或高度概括的。范围计划是制定项目管理计划过程和其他范围管理过程的主要输入，范围计划要对将用于下列工作的管理过程做出规定：制定详细的项目范围说明书；根据详细项目范围说明书创建WBS；维护和批准WBS；正式验收已完成的项目交付成果；处理对详细项目范围说明书的变更（该工作与实施整体变更控制过程直接相联）。

3.2.2 范围界定

范围界定是以范围计划的成果为依据，把项目的主要可交付产品和服务划分为更小的、更容易管理的单元，即形成工作分解结构（Work Breakdown Structure，WBS）。

WBS的建立对项目来说意义非常重大，它使得原来看起来非常笼统、非常模糊的项目目标一下子清晰下来，使得项目管理有依据，项目团队的工作目标清楚明了。如果没有一个完善的WBS或者范围定义不明确时，变更就难以有效控制，很可能造成返工、延长工期、增加成本、降低团队士气等一系列不利的后果。制定好一个WBS的指导思想是逐层深入，先将项目成果框架确定下来，然后按交付物、流程或系统逐次进行工作分解，直到满足工作需求为止。这种方式的优点是结合进度划分直观，时间感强，评审中容易发现遗漏或多出的部分，也更容易被大多数人理解。

3.2.3 范围确认

范围确认是正式验收已完成的项目可交付成果的过程。本过程的主要作用是，使验收过程具有客观性；同时通过验收每个可交付成果，提高最终产品、服务或成果获得验收的可能性。

由客户或发起人审查从质量控制过程输出的核实的可交付成果，确认这些可交付成果已经圆满完成并通过正式验收。本过程对可交付成果的确认和最终验收，需要依据：从项目范围管理知识领域的各规划过程获得的输出（如需求文件或范围基准），以及从其他知识领域的各执行过程获得的工作绩效数据。

范围确认过程与质量控制过程的不同之处在于，前者关注可交付成果的验收，而后者关注可交付成果的正确性及是否满足质量要求。质量控制过程通常先于范围确认过程，但两者也可同时进行。

3.2.4 范围变更控制

范围变更控制是指对有关项目范围的变更实施控制。再好的计划也不可能做到一成不变，因此变更是不要避免的，关键问题是如何对变更进行有效的控制。控制好变更必须有一套规范的变更管理过程，在发生变更时遵循规范的变更程序来管理变更。通常对发生的变更，需要识别是否在既定的项目范围之内。如果是在项目范围之内，那么就需要评估变更所造成的影响，以及采用何种应对措施，受影响的各方也都应该清楚明了自己所受的影响；如果变更是在项目范围之外，那么就需要看是否值得增加费用实施变更，还是直接放弃变更。

因此,项目所在的组织(企业)必须在其项目管理体系中制定一套严格、高效、实用的变更程序。

3.3 项目管理流程

在项目管理中,主要包括项目的启动、策划、实施、监控和收尾五个过程,这五大过程有清晰的相互依赖关系,通常在每个项目中都需要执行,而且彼此之间有很强的相互作用。在项目完成之前,往往需要反复实施各个过程。各个过程之间的相互作用因项目而异,并可能按或不按某种特定的顺序进行。一般而言,项目管理流程图如图 3-1 所示。

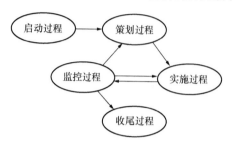

图 3-1 项目管理流程图

项目的五个过程虽然有一定的顺序关系,但并不是绝对的串行顺序,而是在相当大的程度上有重叠,如图 3-2 所示。最先开始的是启动过程,然后开始的是策划过程,策划过程一直延续到接近收尾过程,这是由于在项目实施中需要根据项目的实际情况不断对项目策划作出修正,甚至是策划变更。监控过程在策划过程开始后很快就开始,一直延续到项目完全结束,以保证项目目标的最终实现。实施过程是完成项目任务的主要部分,通常工作量最大。在项目实施过程后期、主要工作量完成之后,就应开始为项目收尾做准备,因此,收尾过程并非等到全部项目任务都结束后才开始。

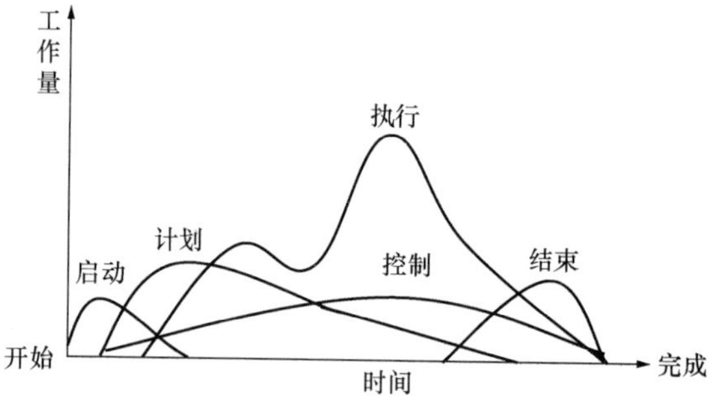

从图 3-2 可以看出,项目中工作量最大的是实施过程,成本也是最高的,因此,更要加强启动过程和策划过程的工作,以相对较低的代价及早发现和解决问题,降低项目风险。

3.3.1 启动过程

启动过程应明确项目概念,初步确定项目范围,识别影响项目最终结果的内外部相关方。

图 3-2 项目过程重叠图

启动过程包含定义一个新项目或现有项目的一个新阶段,授权开始该项目或阶段的一组过程。在启动过程中,定义初步范围和落实初步财务资源,识别那些将相互作用并影响项目总体结果的内外部相关方,选定项目经理(如果尚未安排)。这些信息应反映在项目章程中。一旦项目章程获得批准,项目也就得到了正式授权。

大型复杂项目应被划分为若干阶段。在此类项目中,随后各阶段也要进行启动过程,以便确认在最初的制定项目章程中所做出的决定是否依然有效。在每个阶段开始时进行启动过程,有助于保证项目符合其预定的业务需要,核实成功标准,审查项目利益相关者的影响、动力和目标。然后，决定该项目是继续、推迟还是中止。

启动过程可以在组织、项目集或项目组合的层面上进行，因此，可超出项目控制级别。例如，在项目开始之前，可以在更大的组织计划中记录项目的高层需求；可以通过评价备选方案，来确定新项目的可行性；可以提出明确的项目目标，并说明为什么某具体项目是满足相关需求的最佳选择。关于项目启动决策的文件还可以说明初步项目范围、可交付成果、项目工期，以及为进行投资分析所做的资源预测。启动过程也要授权项目经理为开展后续项目活动而动用组织资源。

3.3.2 策划过程

策划过程包含明确项目范围、定义和优化目标，为实现目标制定行动方案的一组过程。策划过程制定用于指导项目实施的项目管理计划和项目文件。由于项目管理的复杂性，可能需要通过多次反馈来做进一步分析。随着收集和掌握的项目信息或特性不断增多，项目很可能需要进一步规划。项目生命周期中发生的重大变更，可能会引发重新进行一个或多个策划过程，甚至某些启动过程。这种项目管理计划的逐渐细化叫作"渐进明细"，表明项目策划和文档编制是反复进行的持续性活动。策划过程的主要作用是，为成功完成项目或阶段确定战略、战术及行动方案或路线。对策划过程进行有效管理，可以更容易地获取项目相关方的认可和参与。策划过程明确将如何做到这一点，确定实现期望目标的路径。

作为策划过程的输出，项目管理计划和项目文件将对项目范围、时间、成本、质量、沟通、人力资源、风险、采购和项目相关方等所有方面做出规定。

由经批准的变更导致的各种更新（一般发生在各监控过程中，也可发生在指导与管理项目工作过程中），可能从多方面对项目管理计划和项目文件产生显著影响。对这些文件的更新，意味着对进度、成本和资源的要求更加精确，以实现既定的项目范围。

在策划项目、制定项目管理计划和项目文件时，项目团队应当征求所有相关方的意见，鼓励所有相关方的参与。由于不能无休止地收集反馈和优化文件，组织应该制定程序来规定初始策划何时结束。在制定这些程序时，要考虑项目的性质、既定的项目边界、所需的监控活动及项目所处的环境等。

策划过程内各过程之间的其他关系取决于项目的性质。例如，对某些项目，只有在进行了相当程度的策划之后才能识别出风险。这时，项目团队可能意识到成本和进度目标过于乐观，因而风险就比原先估计得多。反复策划的结果，应作为对项目管理计划或各种项目文件的更新而记录下来。

3.3.3 实施过程

实施过程包含完成项目管理计划中确定的工作，以满足项目规范要求的一组过程。本过程需要按照项目管理计划来协调人员和资源，管理相关方期望，以及整合并实施项目活动。

项目实施的结果可能引发计划更新和基准重建，包括变更预期的活动持续时间、变更资源生产率与可用性，以及考虑未曾预料到的风险。实施中的偏差可能影响项目管理计划或项目文件，需要加以仔细分析，并制定适当的项目管理应对措施。分析的结果可能引发变更请求。变更请求一旦得到批准，就可能需要对项目管理计划或其他项目文件进行修改，甚至还要建立新的基准。项目的一大部分预算将花费在实施过程组中。

3.3.4 监控过程

监控贯穿于整个项目管理活动之中，监控过程包含跟踪、审查和调整项目进展与绩效，识别必要的计划变更并启动相应变更的一组过程。本过程的主要作用是，定期（或在特定事件发生时、在异常情况出现时）对项目绩效进行测量和分析，从而识别与项目管理计划的偏差。

持续的监督使项目团队得以洞察项目的健康状况，并识别需要格外注意的方面。监控过程不仅监控某个过程内正在进行的工作，而且监控整个项目工作。在多阶段项目中，监控过程要对各项目阶段进行协调，以便采取纠正或预防措施，使项目实施符合项目管理计划。监控过程也可能提出并批准对项目管理计划的更新。监控项目工作过程关注：

（1）把项目的实际绩效与项目管理计划进行比较；
（2）评估项目绩效，决定是否需要采取纠正或预防措施，并推荐必要的措施；
（3）识别新风险，分析、跟踪和监测已有风险，确保全面识别风险，报告风险状态，并执行适当的风险应对计划；
（4）在整个项目期间，维护一个准确且及时更新的信息库，以反映项目产品及相关文件的情况；
（5）为状态报告、进展测量和预测提供信息；
（6）做出预测，以更新当前的成本与进度信息；
（7）监督已批准变更的实施情况；
（8）如果项目是项目集的一部分，还应向项目集管理层报告项目进展和状态。

3.3.5 收尾过程

收尾过程包含完结所有项目管理过程的所有活动，正式结束项目或阶段或合同责任的过程。当本过程完成时，就表明为完成某一项目或项目阶段所需的所有过程均已完成，标志着项目或项目阶段正式结束。

在结束项目时，项目经理需要审查以前各阶段的收尾信息，确保所有项目工作都已完成，确保项目目标已经实现。由于项目范围是依据项目管理计划来考核的，项目经理需要审查范围基准，确保在项目工作全部完成后才宣布项目结束。如果项目在完工前就提前终止，结束项目或阶段过程还需要制定程序，来调查和记录提前终止的原因。

项目或阶段收尾时，需要进行以下工作：
（1）获得客户或发起人的验收，以正式结束项目或阶段；
（2）进行项目后评价或阶段结束评价；
（3）记录裁剪任何过程的影响；
（4）记录经验教训；
（5）对组织过程资产进行适当更新；
（6）将所有相关项目文件在项目管理信息系统中归档，以便作为历史数据使用；
（7）结束所有采购活动，确保所有相关协议的完结；
（8）对团队成员进行评估，释放项目资源。

3.4 项目管理制度

3.4.1 项目管理制度的基本内容和特点

组织应建立项目管理制度。项目管理制度是项目管理的基本保证，由组织机构、职责、资源、过程和方法的规定要求集成。项目管理制度还要切实保障员工的合法利益。科学、有效的项目管理制度可以保证项目的正常运转和职工的合法利益不受侵害。

1. 项目管理制度的基本内容

项目管理制度包括规章制度和责任制度。规章制度包括：工作内容、范围、程序、方式，如管理细则、行政管理制度、生产经营管理制度等；责任制度包括：工作职责、职权和利益的界限及其关系，如组织机构与管理职责制度、人力资源与劳务管理制度、劳动工资与劳动待遇管理制度等。其中，项目管理责任制度应作为项目管理的基本制度。

(1) 规章制度。规章制度是项目管理中各种管理章程、制度、标准、办法、守则等的总称，它用文字、图形、表格等形式，按照一定格式标准和表述要求，采用定量、定性等方式，详细规定项目管理活动的内容、程序和方法，是组织中员工的行为规范和准则。

1) 管理细则。管理细则是实施项目管理的详细说明，能够加强项目人员对于项目管理制度的理解，理顺项目管理基本职能，优化项目管理过程，健全项目管理体系。

2) 行政管理制度。行政管理制度包括考勤管理、印章管理、安全管理、档案管理等方面，如劳动纪律制度、考勤管理制度、请销假管理制度、值班管理制度、会客管理制度、门卫管理制度、计算机管理制度、办公电话管理制度、临时性辅助用工管理制度、加班管理制度等。

3) 生产经营管理制度。生产经营管理制度包括设备操作规程、产品标准、工艺流程、控制参数、安全规程、设备管理、现场管理、质量管理、产品检验等方面的制度，如技术管理制度、质量管理制度、进度管理制度、文件资料管理制度、施工现场管理制度、安全生产管理制度、机械设备管理制度、材料管理制度、成本管理制度及财务管理制度等。

4) 后勤保障管理制度。后勤保障管理制度包括着装管理、后勤管理、卫生管理、办公设备管理、办公用品管理等方面的制度，如办公室标准化管理制度、办公室卫生管理制度、办公用品管理制度、员工着装管理制度、员工胸牌管理制度、钥匙管理制度、车辆管理制度、职工宿舍管理制度、职工宿舍文明守则、职工食堂管理制度、员工就餐管理制度、职工饮水卫生管理规定、厕所卫生管理规定等。

(2) 责任制度。责任制度规定工作职责、职权和利益的界定及其关系，如组织机构与管理职责制度、人力资源与劳务管理制度、劳动工资与劳动待遇管理制度等。建设工程项目各实施主体和参与方应建立项目管理责任制度，明确项目管理组织和人员分工，建立各方相互协调的管理机制。

1) 项目负责人责任制。《建设工程项目管理规范》2.0.11 条规定：项目管理责任制是指组织制定的、以项目负责人（经理）为主体，确保项目管理目标实现的责任制度。

项目负责人责任制是项目管理责任制度的核心内容。建设工程项目各实施主体和参与方法定代表人应书面授权委托项目负责人,并实行项目负责人责任制。项目负责人应根据法定代表人的授权范围、期限和内容,履行管理职责。项目负责人应取得相应资格,并按规定取得安全生产考核合格证书。项目负责人应按相关约定在岗履职,对项目实施全过程及全面管理。

2) 人力资源与劳务管理制度。人力资源管理制度包括:招聘管理、报到试工及转正管理、培训管理、考勤加班及请休假管理、调动管理、奖惩管理、离职管理和人事档案管理等方面的制度。劳务管理制度包括:劳务管理目的、组织机构分工与岗位职责、管理流程、过程要求和控制及考核制度和评判等方面的制度。

3) 劳动工资与劳动待遇管理制度。劳动工资与劳动待遇管理制度包括劳动工资管理制度、职工保险制度、各种假别制度及考勤管理制度等。

2. 项目管理制度的特点

(1) 项目管理制度与一般规章制度的共同点。都需要明确目的、编制依据、适用范围、单位及人员职责、实施程序、重点要求,以及解释权、生效时间等。对于更低层次的管理办法、实施细则、操作规程,因具有更强的针对性可以适度简化,但单位及人员职责、实施程序、重点要求是不能简化的。

(2) 项目管理制度与一般规章制度的不同点:

1) 项目管理制度具有多样性和复杂性。每个工程项目特点不同,有不同的场地地质情况;有的项目涉及边坡及地下水,有的项目无边坡及地下水;有的项目需要高大模板体系和钢结构,有的项目不需要高大模板体系和钢结构;只有高层建筑才使用施工升降机和整体提升外架等。这就决定了项目管理制度的多样性和复杂性,特别是对于安全管理制度。

2) 项目管理制度具有临时性。每个工程项目都是临时组织的,缺乏产品生产单位那样的连续性和稳定性,与一般企业管理制度相比,项目管理制度往往需要根据新项目的情况进行重新编制或修订,而不能照抄照搬,这与施工组织设计、施工方案有相似之处。

3.4.2 项目管理制度的制定程序

1. 项目管理制度策划

组织应根据项目管理流程的特点,在满足合同和组织发展需求条件下,对项目管理制度进行总体策划。项目管理制度既可按项目目标(如质量管理、成本管理、进度管理、安全生产管理、信息管理、环境保护、文明施工等)划分,也可按管理层级及管理业务划分。

2. 项目管理制度初步形成与讨论

在明确项目管理责任与权限的基础上,组织相关部门结合项目合同内容和组织内部管理制度,编制项目管理制度初稿。然后,召集相关部门人员广泛征求意见,进一步完善项目管理制度。

3. 正式确定项目管理制度

在充分征求相关部门及关键人员意见的基础上,按照组织内部规章制度建立流程,最终确定项目管理制度后发布实施。

组织确定并制定规章制度和责任制度,将其付诸行动,实施项目管理制度,同时建立相应的评估与改进机制。必要时,应变更项目管理制度并修改相关文件。

3.5 项目系统管理

3.5.1 系统管理过程

项目系统管理是围绕项目整体目标而实施管理措施的集成,包括:质量、进度、成本、安全、环境等管理相互兼容、相互支持的动态过程。系统管理不仅要满足每个目标的实施需求,而且需确保整个系统整体目标的有效实现。系统管理过程包括系统分析、系统设计、系统实施、系统综合评价4个阶段。

1. 系统分析

系统分析是指把要解决的问题作为一个系统,对系统要素进行综合分析,通过系统目标分析、系统要素分析、系统环境分析、系统资源分析和系统管理分析,准确诊断问题,深刻揭示问题起因,有效地提出解决方案和满足客户的需求。系统分析是一种研究方略,它能在不确定的情况下,确定问题的本质和起因,明确咨询目标,找出各种可行方案,并通过一定标准对这些方案进行比较,帮助决策者在复杂的问题和环境中作出科学抉择。

2. 系统设计

根据系统分析阶段所确定的新系统的逻辑模型、功能要求,在用户提供的环境条件下,设计出一个能在具体项目环境上实施的方案。

3. 系统实施

系统实施阶段是将系统付诸实现的过程。它的主要活动是根据系统设计所提供的控制结构图、系统配置方案及详细设计资料等,创建完整的管理系统,并进行系统的调试等工作,将逻辑设计转化为物理实际系统。

4. 系统综合评价

系统综合评价就是根据系统目标的要求,从系统整体最优化出发,来分析评价方案实施效果,包括经济效益、社会效益和环境效益等。

3.5.2 系统管理方法

系统管理方法的主要特点是:根据总体协调需要,把自然科学和社会科学(包括经济学)中的基础思想、理论、策略、方法等联系起来,应用现代数学和信息技术等工具,对项目的构成要素、组织结构、信息交换等功能进行分析研究,借以达到最优化设计、最优控制和最优管理的目标。系统管理需与项目全生命期的质量、成本、进度、安全和环境等综合评价相结合。

组织在项目管理过程中应用系统管理方法,应符合下列规定:

(1) 在综合分析项目质量、安全、环保、工期和成本之间内在联系的基础上,结合各个目标的优先级,分析和论证项目目标,在项目目标策划过程中兼顾各个目标的内在需求。

(2) 对项目投资决策、招投标、勘察、设计、采购、施工、试运行进行系统整合,在综合平衡项目各过程和专业之间关系的基础上,实施项目系统管理。

(3) 对项目实施的变更风险进行管理,兼顾相关过程需求,平衡各种管理关系,确保项目偏差的系统性控制。

(4) 对项目系统管理过程和结果进行监督和控制,评价项目系统管理绩效。

3.6 项目相关方管理

3.6.1 项目相关方

1. 项目相关方主体

为了确保项目管理要求与相关方的期望相一致,组织应识别项目的所有相关方,了解其需求和期望。工程项目相关方包括业主、勘察单位、设计单位、施工单位、供货单位、监理单位、咨询单位以及其他利益相关方等。

(1) 业主。业主是建设工程项目的投资人或投资人专门为建设工程项目设立的独立法人,可以是项目最初的发起人,也可以是发起人与其他投资人合资成立的项目法人公司。业主是建设工程项目的出资人和项目权益的所有者,承担项目投资责任和风险,有权决定项目的功能策划和定位、建设与投资规模、项目各项总体管理目标、项目运作模式,并确定项目的其他参与方等。在我国,业主也被称为"建设单位"。

(2) 勘察单位。勘察单位是指已通过建设主管部门的资质审查,从事工程测量、水文地质和岩土工程等工作的单位。根据建设工程要求,在工程施工前,勘察单位要实地查明、分析、评价建设场地的地质、地理环境特征和岩土工程条件并提出合理建议,编制建设工程勘察文件。在勘察作业开始前,勘察单位要根据工程技术标准编制勘察大纲,并针对特殊地质现象提出专项勘察建议。在勘察作业时,应遵守勘察大纲和操作规程要求,并确保原始勘察资料真实可靠。当发现勘查现场不具备勘察条件时,应及时书面通知业主,并提出调整勘察大纲的建议。

(3) 设计单位。设计单位是工程设计工作的承担者。按照有关法律法规及规章规定,工程设计工作一般被分为方案设计、初步设计、技术设计及施工图设计几个阶段。方案设计属于工程项目决策阶段的工作,因而未被纳入工程设计范围。通常所说的工程设计包括初步设计和施工图设计,有的技术复杂工程需要增加技术设计阶段。

(4) 施工单位。施工单位是指建设工程项目施工任务的承担者,承担项目产品建造责任。施工单位是工程项目建设的重要参与方。业主可仅就工程项目施工任务与施工单位签订施工承包合同;也可将工程设计与施工任务合一,交由一个单位承担,与其签订设计施工一体化承包合同。

(5) 供货单位。供货单位主要为工程项目提供工程材料和机械设备,供货单位的工作主要在施工阶段进行。

(6) 监理单位。监理单位受业主委托,对工程施工单位的行为进行监督管理。根据有关法律法规规定,对必须实施监理的建设工程项目,业主需委托具有相应资质的监理单位承担监理工作。

(7) 咨询单位。咨询单位是以专业知识和技能为建设工程项目其他参与方提供高智能的技术与管理服务的一方。咨询单位本身并非一般建设工程项目管理都必需,对于一些小型简单项目,业主完全可以自行承担项目管理工作。对现代大型建设工程项目而言,咨询单位已成为业主不可或缺的助手,承担着本该由业主实施的大量管理工作。

(8) 其他利益相关方。除上述建设工程项目参与主体外,还存在着工程项目外部的其他利益相关方,包括与工程项目有关的政府部门、金融机构、受工程项目影响的社区及公众等,这些利益相关方并不直接参与工程项目建设,甚至也不从工程项目获取直接利益,但均会受工程项目影响,与工程项目之间存在利害关系。

2. 项目相关方的需求和期望

组织的项目管理应使业主满意,并应考虑其他相关方的期望和要求。工程项目建设中,各相关方的需求和期望主要表现如下:

(1) 业主:希望项目投资少、风险小、周期短、收益高、无遗留的质量与法律问题。

(2) 勘察单位:需要规范的规划批文,详细的委托任务书和已经协调好的勘察场地周边关系,希望委托费及时支付,变更指令少。

(3) 设计、施工、供货等单位:希望有明确及时的指令、准确详尽的设计任务书、清晰准确的施工图、标准的货物规格、充分的生产与施工周期、最小限度的变更指令、及时的付款、丰厚的利润等。

(4) 咨询单位:报酬合理、业主信任、信息及时准确、决策迅速等。

(5) 其他利益相关方:项目实施与法律及国家政策目标一致,安全收回贷款或撤回担保,良好的社会效益与使用功能,工程质量优良,无污染及环境破坏等。

3.6.2 项目相关方管理技术

根据项目管理知识体系(PMBOK),项目相关方管理应包括识别相关方、规划相关方管理、管理相关方参与、控制相关方参与4个过程,各过程都会采用相应的管理技术。

1. 识别相关方的技术

识别相关方的技术有相关方分析、专家判断、会议等。

(1) 相关方分析。相关方分析是系统地收集和分析各种定量与定性信息,以便确定在整个项目中应该考虑哪些人的利益。通过相关方分析,识别出相关方的利益、期望和影响,并把他们与项目的目的联系起来。相关方分析通常应遵循以下步骤:

1) 识别全部潜在项目相关方及其相关信息,如相关方的角色、部门、利益、知识、期望和影响力。关键相关方通常很容易识别,包括所有受项目结果影响的决策者或管理者。通常可对已识别的相关方进行访谈,来识别其他相关方,扩充相关方名单,直至列出全部潜在相关方。

2) 分析每个相关方可能的影响或支持,并进行分类,以便制定管理策略。在相关方很多的情况下,就必须对相关方进行排序,以便有效分配精力,来了解和管理相关方的期望。

3) 评估关键相关方对不同情况可能做出的反应或应对,以便策划如何对他们施加影响,提高他们的支持,减轻他们的潜在负面影响。

(2) 专家判断。为确保识别和列出全部相关方,应向受过专门培训或具有专业知识的小组或个人寻求专家判断和专业意见,例如:高级管理人员、组织内部的其他部门、已识别的关键相关方、在相同领域的项目上工作过的项目经理(直接或间接的经验教训)、相关业务或项目领域的专题专家(SME)、行业团体和顾问、专业和技术协会、立法机构和非政府组织(NGO)等。可通过单独咨询(一对一会谈、访谈等)或小组对话(焦点小组、调查等),获取专家判断。

(3) 会议。召开情况分析会议,来交流和分析关于各相关方的角色、利益、知识和整体立场的信息,加强对主要项目相关方的了解。

2. 规划相关方管理的技术

规划相关方管理的技术有专家判断、会议、分析技术等。

(1) 专家判断。基于项目目标，项目经理应使用专家判断方法，来确定各相关方在项目每个阶段的参与程度。为了创建相关方管理计划，应该向受过专门培训或具有专业知识的小组或个人寻求专家判断和专业意见，例如：高级管理人员、项目团队成员、组织中的其他部门或个人、已识别的关键相关方、在相同领域的项目上工作过的项目经理（直接或间接的经验教训）、相关业务或项目领域的专题专家（SME）、行业团体和顾问、专业和技术协会、立法机构和非政府组织（NGO）等。可通过单独咨询（一对一会谈、访谈等）或小组对话（焦点小组、调查等），获取专家判断。

(2) 会议。应该与相关专家及项目团队举行会议，以确定所有相关方应有的参与程度。这些信息可用来准备相关方管理计划。

(3) 分析技术。应该比较所有相关方的当前参与程度与计划参与程度（为项目成功所需的）。在整个项目生命周期中，相关方的参与对项目的成功至关重要。相关方的参与程度可分为如下类别：

1) 不知晓：对项目和潜在影响不知晓。
2) 抵制：知晓项目和潜在影响，抵制变更。
3) 中立：知晓项目，既不支持，也不反对。
4) 支持：知晓项目和潜在影响，支持变更。
5) 领导：知晓项目和潜在影响，积极致力于保证项目成功。

可在相关方参与评估矩阵中记录相关方的当前参与程度，如表 3-1 所示。其中，C 表示当前参与程度，D 表示所需参与程度。项目团队应该基于可获取的信息，确定项目当前阶段所需要的相关方参与程度。

项目相关方参与评估矩阵表 表 3-1

相关方	不知晓	抵制	中立	支持	领导
相关方 1	C			D	
相关方 2			C	D	
相关方 3				D C	

在表 3-1 的例子中，相关方 3 已处于所需的参与程度，而对于相关方 1 和 2，则需要做进一步沟通，采取进一步行动，使他们达到所需的参与程度。

通过分析，识别出当前参与程度与所需参与程度之间的差距。项目团队可以使用专家判断来制定行动和沟通方案，以消除上述差距。

3. 管理相关方参与的技术

管理相关方参与的技术有沟通方法、人际关系技能、管理技能等。

(1) 沟通方法。在管理相关方参与时，应该使用在沟通管理计划中确定的针对各相关方的沟通方法。基于相关方的沟通需求，项目经理决定在项目中如何使用、何时使用及使用哪种沟通方法。沟通方法可以大致分为：

1) 交互式沟通。在两方或多方之间进行多向信息交换。这是确保全体参与者对特定话题达成共识的最有效的方法，包括会议、电话、即时通信、视频会议等。

2) 推式沟通。把信息发送给需要接收这些信息的特定接收方。这种方法可以确保信息的发送，但不能确保信息送达受众或被目标受众理解。推式沟通包括信件、备忘录、报告、电子邮件、传真、语音邮件、日志、新闻稿等。

3) 拉式沟通。用于信息量很大或受众很多的情况。要求接收者自主自行地访问信息内容。这种方法包括企业内网、电子在线课程、经验教训数据库、知识库等。

(2) 人际关系技能。项目经理应用人际关系技能来管理各相关方的期望。例如：建立信任；解决冲突；积极倾听；克服变更阻力。

(3) 管理技能。项目经理应用管理技能来协调各方以实现项目目标。例如：引导人们对项目目标达成共识；对人们施加影响，使他们支持项目；通过谈判达成共识，以满足项目要求；调整组织行为，以接受项目成果。

4. 控制相关方参与的技术

控制相关方参与的技术有信息管理系统、专家判断、会议等。

(1) 信息管理系统。信息管理系统为项目经理获取、储存和向相关方发布有关项目成本、进展和绩效等方面的信息提供了标准工具。它也可以帮助项目经理整合来自多个系统的报告，便于项目经理向项目相关方分发报告。例如，可以用报表、电子表格和演示资料的形式分发报告。可以借助图表把项目绩效信息可视化。

(2) 专家判断。为确保全面识别和列出新的相关方，应对当前相关方进行重新评估。应该向受过专门培训或具有专业知识的小组或个人寻求输入，例如：高级管理人员、组织中的其他部门或个人、已识别的关键相关方、在相同领域的项目上工作过的项目经理（直接或间接的经验教训）；相关业务领域或项目领域的主题专家、行业团体和顾问、专业和技术协会、立法机构和非政府组织。可通过单独咨询（如一对一会谈、访谈等）或小组对话（如焦点小组、调查等），获取专家判断。

(3) 会议。可在状态评审会议上交流和分析有关相关方参与的信息。

3.7 项目管理持续改进

3.7.1 持续改进的基本原理

持续改进是指循序渐进的质量改进，通过内部审核和外部审核，针对当前不满意（合格水平）的现状，或针对已发生的不合格（包括不合格产品和不合格过程），或针对潜在的不合格制定改进目标，分析原因并采取措施予以改进的循环过程。持续改进的核心内容是 PDCA 循环，即策划、实施、检查和处置，如图 3-3 所示。

1. 策划（Plan）

项目管理人员应针对项目进行全面的规划与设计，在项目开始实行之前，设定出有效的项目管理方案。具体来说包括以下方面的内容：

(1) 明确项目管理现状。对项目整体进行了解，包括项目的目标、内容和规模等，

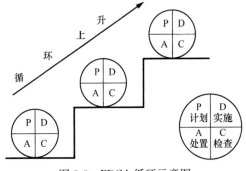

图 3-3 PDCA 循环示意图

这样可以帮助项目管理人员认清项目的管理现状,找出项目进行过程中的缺点与不足。

(2) 探究项目管理中问题的原因。管理人员应对项目管理中存在的问题进行深入的探究,明确问题的本质是什么,找准产生问题的源头。

(3) 制定解决问题的具体方案。项目管理中存在的问题多半都是复杂多样的,因此在项目管理的过程中项目管理人员应针对问题进行解决方案的制定,从问题的实际出发,综合考虑各方面的因素,想出合理的解决措施,促进项目管理计划的完善。

2. 实施(Do)

按照既定的方案进行有效地落实,这一环节对项目落实有至关重要的作用,包括以下方面的内容:

(1) 严格执行制定计划内容。在计划阶段已经对项目中可能出现的问题也做出了相应的规避方法和预防措施。因此,在项目的执行阶段,项目管理人员应严格按照计划方案内容进行项目的管理,保证项目按照计划的安排合理向前推进。

(2) 全程对项目进行监督、控制。为了保证项目可以顺利地实施,项目管理部门还应建立起有效的监督机制,针对项目中突发问题给予及时解决,保障计划的顺利实施。

(3) 对项目管理人员业务进行有效的考核。项目管理人员是具体计划的实施者,管理部门应重视项目管理人员的执行能力问题,通过定期考核成绩了解工作能力,方便项目管理人员对工作中的不足进行有效的调整。

3. 检查(Check)

对计划方案的执行情况进行检查,保证项目质量。包括以下方面的内容:

(1) 对比计划内容,检查执行情况。计划是持续改进的基础,对项目管理有着重要作用。因此,在执行结束后,项目管理人员应将项目执行过程中的情况,与计划方案进行详细的对比,找出执行过程中的不足与失误。

(2) 对项目实行的实际情况进行检查。项目执行结束后,项目管理人员应当对项目执行的实际结果进行检查,确保项目的执行效果符合预定要求。

4. 处置(Action)

根据检查的结果,总结管理过程中的经验、教训,并采取相应措施纠正问题。包括以下方面的内容:

(1) 总结管理过程中的经验教训。在项目的管理过程中问题是时刻存在的,想要让项目管理工作持续改进,就要对项目管理工作中层出不穷的问题进行有效的解决。而对项目管理工作中的经验教训进行总结,就为解决项目管理中存在的问题,提供了有利的依据。

(2) 修正项目管理计划中的缺点与不足。针对从项目管理中总结出的经验教训,项目管理人员可以明确的找出计划方案中的不足。对这些不足,项目管理人员应积极解决,并对项目管理计划方案进行有效的修正,促进下一循环的开始。

3.7.2 持续改进方法

组织应在内部采用下列项目管理持续改进的方法:

1. 对已经发现的不合格现象予以纠正

项目管理体系运行过程中,一旦出现了不合格,就应当立即纠正。纠正是为了消除不符合所采取的补救措施,它并没有消除产生问题的根本原因。一旦出现了不合格工作,应当立即纠正,但不一定马上采取纠正措施,应通过分析不合格的类型、原因找出改进的重点并比较投入与产出的风险后,再采取纠正措施。

常见的纠正示例有:

(1) 返修:对工程不符合标准规定的部位采取整修等措施。

(2) 返工:对不合格的工程部位采取的重新制作、重新施工等措施。

(3) 销毁:对于通过感官检验或出厂检验为不合格品,为避免影响工程,予以销毁,同时追究该生产班组的工作责任及经济责任。

2. 针对不合格的原因采取纠正措施予以消除

当项目运行过程中,不合格现象可能再度发生时,就要执行纠正措施程序。纠正措施是找到不合格、质量缺陷的原因后,为防止不合格再度发生所采取的措施程序,一般从确定问题根本原因的调查开始。在解决复杂问题时,不合格的原因可能不止一个,往往需要成立项目小组,集中多方优势来研究、调查和分析问题。

在采取纠正措施时,因为纠正方案有多种选择,对应花费的成本和时间都不同,因此需要识别出既能消除问题根本原因,又能与问题的严重程度和风险大小相适应的有效措施,必要时加以验证。通常纠正措施会导致对原程序的修改,必须遵循文件控制程序,按规定修订文件并经批准后实施。

纠正和纠正措施是不同的。纠正是为消除已发现的不合格所采取的措施,而纠正措施是为消除已发现的不合格或其他不期望情况的原因所采取的措施。两者的区别表现在:

(1) 针对性不同。纠正针对的是不合格,只是"就事论事"。而纠正措施针对的是产生不合格或其他不期望情况的原因,是"追本溯源"。

(2) 时效性不同。纠正是返修、返工、降级或调整,是对现有的不合格所进行的当机立断的补救措施,当即发生作用。而纠正措施是针对不合格原因采取措施如通过修订程序和改进体系等,从根本上消除问题根源,通过跟踪验证才能看到效果。

(3) 目的不同。纠正是对不合格的处置。例如,在审核报告时发现填写有误,当即将错误之处改正过来,避免错误报告流入顾客手中。而实施纠正措施的目的是防止已出现的不合格、缺陷或其他不希望的情况再次发生。例如,通过建立模板来规范报告的内容,防止今后不再出现项目遗漏的错误。

(4) 效果不同。纠正是对不合格的处置,不涉及不合格工作的产生原因,不合格可能再发生,属于治标。纠正措施可能导致文件、体系等方面的更改,切实有效地纠正措施由于从根本上消除了问题产生的根源,可以防止同类事件的再次发生,属于标本兼治。

3. 对潜在的不合格采取措施进行预防

项目一旦确定了潜在不合格的原因,就应当及时制定预防措施。预防措施是问题还没有发生,为防止发生所采取的措施程序,是事先积极主动去识别并分别潜在不合格,并加以改进的措施和过程,属于主动式的工作。目的是对项目质量不断改进,保障项目管理体系运行的有效性。预防措施也是纠正措施之后开展的一项重要的质量控制活动。

预防措施实施应包括两个阶段:第一个阶段是启动阶段或准备工作,第二个是实施控制阶段。启动阶段做好策划,调查研究和分析,对人员进行必要的动员和培训,并在此基础上制定计划。实施阶段做好人员职责分工,对发现潜在不合格、缺陷的责任部门必须分析原因,及时采取有针对性的经济有效的预防措施,并明确期限及责任者。具体实施预防措施后,还要对实施结果跟踪记录,评价预防措施的有效性。

预防措施提出的方式可以分为口头方式和书面方式：

（1）口头方式：有关人员可以以口头方式向有关领导提出预防措施建议；管理人员在其职权范围内可以以口头方式向下属提出预防措施命令。口头提出的，一般限于轻微的、容易消除的或急需解决的不合格缺陷。

（2）书面形式：当潜在的不合格、缺陷较严重，或在内审和专题调研中发现的问题，一般采用书面方式，由技术部出具《纠正与预防措施报告单》，相关责任单位填写原因分析、纠正措施及完成日期、预防措施及完成日期。技术部负责对纠正与预防措施的技术验证。

4. 针对项目管理的增值需求采取措施予以持续满足

工程项目的增值需求表现在工程建设和运行两方面。工程建设增值需求包括确保工程建设安全、提高工程质量、投资控制、进度控制；工程运行增值需求包括确保工程使用安全、节能、环保、满足最终用户的使用工程，降低运营维护成本和运维难度。持续对项目实施过程中的方式、行为、机制及沟通效果的有效性进行改进，对产品和服务进行持续检查，不断完善流程和组织结构，对改善结果进行检查评估，形成系统的、全过程的改进机制。不仅可以保证项目建设的基本需求，也可以不断实现建设和运维过程中对投资、进度、节能、环保等内容的增值需求，进一步提高客户满意度，加大项目竞争力。

第4章 项目管理责任制度

4.1 项目管理责任制度概述

4.1.1 项目管理责任制度的含义

项目管理责任制是"组织制定的、以项目负责人（经理）为责任主体，确保项目管理目标实现的责任制度"。

项目管理工作的核心是实施项目管理责任制，项目管理责任制是项目管理工作的保证，是项目管理目标实现的具体保障和基本条件，是项目负责人（经理）的工作原则，也是评价项目负责人管理绩效的依据和基础，同时是项目管理区别于其他管理模式的显著特点。

项目负责人（经理）与项目管理机构（部门）在项目管理工作中应严格实行项目管理责任制，确保项目目标顺利实现。

项目管理责任制是通过项目负责人（经理）和项目管理机构（部门）履行项目管理目标责任书，层层落实目标的责任权限、利益，从而实现项目管理责任目标。

4.1.2 项目管理责任制度的作用

项目管理责任制度的主要作用如下：
(1) 有利于明确项目负责人、企业、职工三者之间的责、权、利、效关系。
(2) 有利于运用经济手段强化项目的法制管理。
(3) 有利于项目的规范化、科学化管理和提高工程质量。
(4) 有利于促进和提高项目管理的经济效益和社会效益，不断提高社会生产力。

4.1.3 项目管理责任制度的建立

(1) 建立以项目负责人（经理）为核心的项目管理责任制度，首先应突出质量安全工作的重点。

质量是组织的生命，安全是企业永恒的主题。工程项目的质量、安全是项目管理的重中之重，是保障人民群众生命和财产安全，促进经济发展、建立和谐社会的基础。

1) 作为项目负责人首先要牢固树立"安全质量大于'天'，岗位责任重于'山'"的思想。特别是要依据《建筑法》、《安全生产法》、《建设工程质量管理条例》、《建设工程安全生产管理条例》和《安全生产许可证条例》等有关法律法规，把工程质量安全责任作为项目管理责任制度的核心内容，明确并突出项目负责人的责任主体地位，制定安全质量指标体系，通过指标控制使安全质量工作目标明晰化、指标具体化，发挥安全质量指标的约束、激励和评价作用。

2) 要结合工程特点和容易发生安全质量事故的重点部位、关键工序，在抓好危险源的辨识和评价基础上，制定和编写通俗易懂，容易记忆的规章制度和防范措施，加强项目管理全过程控制。

3)加大安全质量科技投入与管理力度,特别是要把分包队伍的管理纳入总包项目整体安全质量管理的责任保证体系。对工程项目出现重大质量安全事故问题的,要严格按"质量终身责任制"和"四不放过"的原则,不仅要追究事故直接责任人的责任,还要严厉追究项目负责人的责任,触犯刑律的要依法追究刑事责任。

(2) 建立以项目负责人(经理)为核心的项目管理责任制度,要充分体现责权利相统一的原则。

项目负责人的责任,就是对工程全过程的进度、质量、安全、成本控制等负全责。一方面,项目负责人是由企业法定代表人任命授权的,因此首先要对组织负责,项目负责人又是组织法定代表人在项目上的全权委托代理人,因此项目负责人又要对业主负责。在某种意义上讲,项目负责人具有双重身份。在明确项目负责人责任的同时,要按照责权利相统一的原则,赋予项目负责人相应的权利,使其真正做到有责、有权、有利,便于项目负责人在自己的岗位上充分履行职责。要通过建立以项目负责人为核心的项目管理责任制度,切实解决好过去有的项目负责人有责无权、责权利相脱节的现象。

(3) 建立以项目负责人(经理)为核心的项目管理责任制度,必须增强和加大项目负责人的风险责任。

项目负责人既是项目责任制的主体,又是项目管理风险的第一责任人。为充分调动项目负责人的积极性,必须建立有效的激励和约束机制,增强他们的风险意识。要通过组织与项目负责人签订目标责任书的方式,明确工期、质量、安全、成本、上缴款、文明施工等方面的指标以及奖罚规定,并由项目负责人交纳风险抵押金。项目完工后,要通过组织严格考核和项目审计,切实做好兑现奖罚。但在项目实施过程中,组织要采取定期和不定期地检查、考核等措施,加强项目的过程控制和有效监督,确保项目运作始终处于受控之中,保持工程项目的良性运作。

(4) 建立以项目负责人(经理)为核心的项目管理责任制度,必须注重加强项目文化建设。

文化能够改变人的思维,而人的思维将影响决策。所以,如何建立和加强项目文化,项目文化又如何融合项目管理全过程,是组织和项目负责人不可回避的问题。在项目文化中,项目价值如何?推崇什么?反对什么?鼓励什么?追求什么?组织对推行项目管理的理念和观点如何,无不反映在丰富的项目文化中。项目文化的目标就"诚信形象,创新进取",它的形成必将营造出组织应用项目管理的大环境,在推进项目管理责任制度,改善项目管理,优化项目资源等方面都将起到事半功倍的效果。这是因为:

1)项目文化是显形文化。在每一个工程项目上,有业主、有监理,有管理层次、有作业层次,多方行为主体各自履行项目建设的职责,但其行为都必须通过统一的管理制度、项目文化来约束、沟通和协调。而项目文化的CI形象是一种统一现场标识和制度的显形文化,具有统帅项目多方行为主体的作用。

2)项目文化是露天文化。与工业生产比起来,建筑业工程项目绝大多数是户外露天作业,产品固定,队伍分散,建设周期长,这就决定了工程项目施工现场管理必然成为向社会公众展示企业形象的重要窗口,体现着企业和项目负责人的综合管理实力,能够放大项目管理的社会影响面,因而具有十分明显的广告作用。所以现场文明施工的好坏是体现项目管理责任体系成功与否及项目文化的重要标志。

3）项目文化是劳动文化。建设工程项目是劳动密集的场所，成百上千的劳动者聚集在一起，作业环境艰苦，各种作业队伍人员素质、文化取向千差万别，而项目是操作出来的，激发工人干劲，调动工人情绪，确保质量安全，做好文明施工管理，就是依靠这种融合了作业层次的劳动文化的力量来运筹的。从这个角度讲，项目管理责任制度保证体系的成功建立，又充分体现了项目文化建设"以人为本"的管理思想。

4）项目文化是管理文化。建设工程项目是组织各项管理的集成载体，其水平反映了组织的管理能力和层次。一方面项目管理的实质是一个组织的文化演变、提升和形成的过程，组织的各种制度、程序、要求最终是依靠项目的文化成为惯例的。另一方面惯例是项目文化的突出表现，项目管理只有将各种要求成为员工的惯例才能使项目管理的成效达到高端形式。因此项目文化集中展现了组织管理文化的精髓。

4.1.4 项目管理责任制度的运行

1. 素质

项目负责人必须具备果断、冷静、乐观的性格和健康的体魄，良好的项目管理知识结构，丰富的项目管理经验，较强的组织管理、协调、交际、应变、决策能力，才能胜任如此重要的工作，甚至项目负责人的工作方式、领导艺术、个性魅力也是项目成败的关键因素。

2. 授权

权责对等是项目管理一条基本的原则，没有适当范围大小的权力就不能承担好相应的责任。凡是项目负责人需要负责管理的方面，首先就应授予其相应的权限。授权过多，会导致项目负责人自主权过大，有时会导致项目负责人太自以为是，增加项目的风险；授权过小，又会限制项目负责人行动和决策的自由度，使项目负责人趋于保守甚至会影响其工作的积极性和高度的热情，尤其在重大的突发事件前，有时会因权限所制，无法决策，最终导致错失良机。因此授权要根据项目管理的需要、项目的地域与环境、项目负责人的综合素质与能力等，实行优先授权。授权应遵循以下原则：

（1）根据项目负责人授权

不同的项目负责人，授权大小应有所区别。如果项目负责人管理水平较高、协调交际能力较强、管理经验颇为丰富，则应授予其足够的权限，以便其能充分发挥他的才干。如果项目负责人管理水平不太高，管理经验还不够丰富，各方面的能力还有较大的提升空间，则授予项目负责人的权力可以适当减少。

（2）根据项目部成员授权

如果项目部负责人成员较多、知识储备丰富，综合素质较高，则应授予项目负责人较大的权限，有效采取激励等措施充分发挥他们的积极性发挥聚变的效应，提高整个队伍的工作效率。如果项目部成员较少，综合素质较低，则授予项目负责人的权力可以适当减少。

（3）根据项目特点授权

如果项目合同周期长，程序复杂，牵扯的项目相关方多，项目结构复杂，项目地点较远，环境较差，则应授予项目负责人较大的权力，游刃有余地与各个项目相关方协商，确保项目按计划执行。如果项目合同周期较短，项目结构简单、比较常见，则授予项目负责人的权力可以适当地减少。

（4）根据项目目标的要求授权

如果项目目标要求较高，则应授予项目负责人的较大的权力，给项目负责人足够的空间和权力去消除项目开展过程中出现的各种各样的纠纷和冲突。如果项目的目标要求不高，目标比较容易实现，则授予项目负责人的权利可以适当减少。

（5）根据项目风险程度授权

项目风险较大，意味着项目负责人承担的责任较大，则应授予项目负责人较大的权力，保证项目负责人拥有充分的权限，能在风云变幻的项目环境中及时地做出决策，有效规避风险或把风险降到最低。如果项目的风险程度较低，则授予项目负责人的权力可以适当减小。

3. 机制

组织内部要用完善的市场机制、用人机制、分配机制、服务机制和监督机制等有效机制来保证项目负责人责任制的落实。

4. 组织

即建立项目管理的组织体系。有效灵活的项目管理组织体系是实现项目目标的必要条件。

4.2 项目管理组织设计

4.2.1 组织设计一般原则

1. 目标统一性原则

组织结构的设计和组织形式的选择必须有利于组织目标的实现。任何一个组织都是由特定目标实现的，组织中的每一部分应该与既定的组织目标有关系，否则，它就没有存在的意义。每一机构又有自己的分目标来支持总目标的实现，而这些分目标又成为组织机构进一步细分的依据，为此，目标层层分解，机构层层建立下去，直至每一个人都了解自己在总目标实现中应完成的任务，这样建立起来的组织机构才是一个有机的整体，才能够成为保证组织目标实现的组织基础。这一原则还要求在组织设计中要以工作为中心，因工作设机构、设职务，做到人与工作高度匹配，避免出现因人设事、因人设职的现象。

2. 分工协作原则

分工就是按照管理专业化程度和工作效率的要求，把组织的目标分成各级、各部门以用各个人的目标和任务，使组织的各个层次、各个部门、各个岗位都了解自己在实现组织目标中应承担的工作职责和权限。有分工就必须有协调，协调包括部门之间的协调和部门内部的协调，组织结构的设计和组织机构的选择越能反映目标所必需的各项任务和工作的分工以及彼此间的协调、委派的职务越能适合担任这一职务的人的能力与动机，其组织结构和形式就越有效。组织结构中的管理层次的分工、部门的分工及职权的分工，各种分工之间的协调就是分工协作原则的具体体现。

3. 责权对等原则

组织中每个部门和岗位都必须完成规定的工作，而为了从事一定的活动，都需要利用一定的人、财、物资源，因此，为了保证事事有人做，事事都能正确的做好，则不仅要明确各个部门的任务和职责，而且在组织设计中，还要规定相应的取得和利用人力、物力、财力以及信息等工作条件的权力。没有明确的权力，或权力的应用范围小于工作的要求，则可能使责任无法履行，任务无法完成。对等的权责意味着赋予某个部门或岗位的权力应能满足其责任的兑现而不能超过其应负的责任。

4. 指令统一原则

指令统一的原则，就是要求各级管理组织机构，必须服从上级管理机构的命令和指挥，而且强调只能服从一个上级管理机构的命令和指挥。只有这样，才能保证命令和指挥的统一，避免多头指挥，组织中的任何成员只能接受一个上司的领导。实行命令统一的原则，并不意味着把一切权力都集中在组织最高一级领导层，而应是既有集权，又有分权，该集中的权力必须集中起来，该下放的权力就应该下放给下级。

5. 管理层次与管理跨度适当原则

管理跨度是指一个领导者直接指挥下级的数目，管理层次是指组织中职位等级的数目。在同等的组织资源条件下，管理跨度与管理层次成反比关系，管理跨度大，管理层次相对就少。管理跨度的大小主要取决于管理者的能力、下属人员的能力、沟通程度、工作标准化程度等因素。法国管理学者 V. A. Graicunas 在 1993 年提出来上下级关系的数学模型，管理的复杂程度随下属人员数的增加而成指数增加，其关系式为 $C=n[2^{n-1}+(n-1)]$。式中 C 表示可能的关系数；n 表示下属人员。从上述关系中可以看出，一个领导者管理跨度不宜过大，如果直接领导的下级达到 10 个，其协调关系数则为 5210。一般来说，直接管理的下级以 4~7 人为宜。

项目管理组织应遵守下列原则：组织与结构科学合理；有明确的管理目标和责任制度；组织成员具备相应的职业资格；保持相对稳定并根据实际需要进行调整。

4.2.2 项目管理组织机构设置依据

项目组织机构设置的依据是指在特定环境下建立项目组织的要求和条件。

（1）项目内在联系：是指项目的组成要素之间的相互依赖关系及由此引起的项目组织和人员之间的内在联系，它包括技术联系、组织联系和个人间的联系。

（2）人员配备要求：以各部门任务为前提，对完成任务的人员的专业技能、合作精神等综合素质及需要的时间安排等方面的要求。

（3）制约和限制：指项目组织内外存在的、影响项目组织采用某些机构模式及获得某些资源的因素。

4.2.3 项目管理组织机构设置程序

项目管理组织应尽早成立，或尽早委托、尽早投入。在工程项目建设过程中它应有一定的连续性和稳定性。小的项目可由一个人负责，大的项目应由一个小组甚至一个集团负责。项目管理组织的设置一般有如下过程：

1. 确定工程项目的管理目标

由于工程项目管理的对象是工程项目，为了工程项目顺利实施和工程项目的整体效益，项目管理目标由项目目标确定，主要体现在工期、质量、成本三大目标之中。

2. 划分项目管理的责任、义务、权力

工程项目管理责任、义务、权力的确定，通常由项目管理公司或管理目标责任书定义。组织必须对项目负责人（经理）授权，这些权力是他完成责任所必需的。但企业也可以限定他的权力,把部分权力收归己有,或双方共同执行,或项目负责人(经理)在执行某些权力时必须经企业同意。这在工程项目建设监理中较为常见,例如投资控制的权力、合同管理的权力,经常由开发商承担,或双方共同承担。

由于各种权力之间是互相影响、互相依赖的,所以,很容易造成多头领导,职责不明。因此,组织对项目负责人(经理)应明确授权,划清各方面的权力界限,并列表加以说明。

3. 制作工作任务分配表

项目负责人(经理)需要对工程项目建设过程中项目管理小组所完成的工作详细分析,确定详细的各种职能管理工作任务,并按工作任务设立人员或部门,建立管理组织结构,将各种管理工作任务作为目标落实,项目负责人(经理)向各职能人员、部门授权,并制作管理工作和任务分配表(见表4-1)。

管理工作任务分配表 表4-1

工作任务名称	任务分工					备注
	部门1	部门2	部门3	……	部门N	
决策						
执行						
咨询						
监督						
协调						

4. 确定工程项目管理流程

确定工程项目管理流程就是确定工程项目建设过程中各种管理的工作流程。任务分配表都是静态地说明各自的职责、任务和工作。而通过流程分析,可以构成一个动态的管理过程。管理流程的设计是一个重要环节,它对管理系统的有序运行以及管理信息系统的设计有很大影响。

它确定了项目管理组织成员之间或组织成员与项目组织之间,以及与外界(项目的上层系统)的工作联系及界面。

5. 建立规章制度

建立各职能部门的管理行为规范和沟通准则,形成管理工作准则,也就是项目管理组织内部的规章制度。

6. 设计管理信息系统

在上述基础上进行管理信息系统的设计,即按照管理工作流程和管理职责,确定工作过程中各个部门之间的信息流通、处理过程,包括信息流程设计、信息(报表、文件、文档)设计以及信息处理过程设计等。

由于工程项目具有一次性,因此项目管理系统都是为一个项目设计的,但对多项目组织或采用矩阵形式管理的大项目,其项目管理系统则应成为一个标准化的形式。

4.2.4 项目管理组织部门划分的基本方法

工程项目管理组织部门划分的实质是根据不同的标准,对项目管理活动或任务进行专业化分工,从而将整个项目组织分解成若干个相互依存的基本管理单位,不同的管理人员安排在不同的管理岗位和部门中,通过他们在特定环境、特定相互关系中的管理作业使整个项目管理系统有机地运转起来。

1. 按管理职能划分部门

按职能划分部门是一种传统的、为许多组织广泛采用的划分方法,这种方法是根据专业化的原则,以工作或任务的相似性来划分部门的,这些部门可以被划分为基本的职能部门和其他的职能部门两类。(见图4-1)

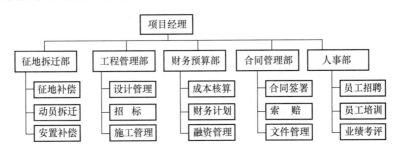

图4-1 按职能划分部门

2. 按项目结构划分部门

对于某些大型工程枢纽或项目群而言,各个单项工程(单位工程)由于地理位置分散、施工工艺差异较大、工程量太大,以及工程进度以比较紧张等因素,通常要分成若干个标段分别进行招标,为便于项目管理,组织部门可能会按照项目结构进行部门划分。(见图4-2)

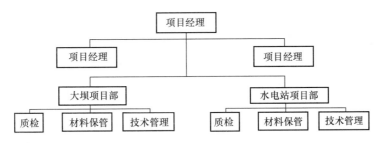

图4-2 按项目结构划分部门

4.2.5 常见的组织实施模式

工程建设项目投资大,建设周期长,参与项目的单位众多,社会性强,因此,工程项目实施模式具有复杂性。工程项目的实施组织方式是通过研究工程项目的承发包模式,确定工程的合同结构,合同结构的确立也就决定了工程项目的管理组织,决定了参与工程项目各方的项目管理的工作内容和任务。

建筑市场的市场体系主要由三方面构成:即以发包人为主体的发包体系;以设计、施工、供货方为主体的承建体系;以工程咨询、评估、监理方为主体的咨询体系。市场主体三方的不同关系就会形成不同的工程项目组织系统,构成不同的项目实施组织形式,对工程管理的方式和内容产生不同的影响。

1. 平行发包模式

是发包人将工程项目分解后,分别委托多个承建单位分别进行建造的方式。采用平行承发包形式,对发包人而言,将直接面对多个施工单位,多个材料设备供应单位和多个设计单位,而这些单位之间的关系是平行的,各自对发包人负责。

(1) 平行承发包形式的合同结构

平行承发包形式是发包人将工程项目分解后,分别进行发包,分别与各承建单位签订工程合同。因为工程是采取切块平行发包,如将工程设计切为几项,则发包人将要签订几个设计合同;若将施工切成几块,同样,发包人将要签订几个施工合同,工程任务切块越多,发包人的合同数量也就越多。

(2) 平行承发包形式对发包人方项目管理的影响

1) 采用平行承发包形式,合同乙方的数量多,发包人对合同各方的协调和组织工作量大,管理比较困难。发包人需管理协调设计与设计、施工与施工、设计与施工等各方相互之间出现的矛盾和问题,因此,发包人需建立一个强有力的项目管理班子,对工程实施管理,协调各方关系。

2) 对投资控制有利的一面:因发包人是直接与各专业承建方签约,层层分包的情况少,发包人一般可以得到较有利的竞争报价,合同价相对较低。不利的一面是:整个工程的总的合同价款必须在所有合同签订以后才能得知,总合同价不宜在短期内确定,在某种程度上会影响投资控制的实施,总投资事先控制不住。

3) 有利于工程的质量控制。由于工程分别发包给各承建单位,合同间的相互制约使各发包的工程内容的质量要求可得到保证,各承包单位能够形成相互检查与监督的他人控制的约束力。

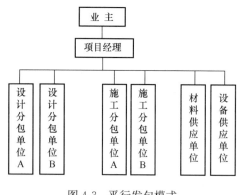

图 4-3 平行发包模式

4) 合同管理的工作量大。工程招标的组织管理工作量大,且平行切块的发包数越多,发包人的合同数也越多,管理工作量越大。

采用平行承发包形式的关键是要合理确定每一发包合同标的物的界面,合同交接面不清,发包人方合同管理的工作量、对各承建单位的协调组织工作量将大大增加,管理难度也会增加。图 4-3 为承发包管理模式的组织形式,其中,发包人法人任命项目负责人(经理)或委托工程咨询单位担任项目负责人(经理),组建项目管理班子。项目负责人(经理)接受发包人的工作指令,对工程项目实施的规划和控制负责,并代表发包人的利益对项目各承建单位进行管理。

2. 施工总承包模式

施工总承包的承发包模式是发包人将工程的施工任务委托一家施工单位进行承建的方式。采用施工总承包模式,发包人直接面对施工总承包单位。

(1) 施工总承包形式的合同结构

采用施工总承包形式,发包人仅与施工单位签订施工总承包合同。总承包单位与发包人签订总承包合同后，可以将其总承包任务的一部分再分包给其他承包单位，形成工程总承包与分包的关系。总承包单位与分包单位分别签订工程分包合同，分包单位对总承包单位负责，发包人与分包单位没有直接的承发包关系。

(2) 施工总承包形式对发包人方项目管理的影响

1) 发包人方对承建单位的协调管理工作量较小

从合同关系上，发包人只需处理设计总承包和施工总承包之间出现的矛盾和问题，总承包单位是向发包人负责，分包单位的责任将被发包人看作是总承包单位的责任。由此，施工总承包的形式有利于项目的组织管理，可以充分发挥总承包单位的专业协调能力，减少发包人的协调工作量，使其能专注于项目的总体控制与管理。

2) 施工总承包的合同价格可以较早的确定，宜于对投资进行控制。但由于总承包单位需对分承包单位实施管理，并需承担包括分包单位在内的工程总承包风险，因此，总承包合同价款相对平行承发包要高，发包人工程款的支出要大一些。

3) 采用施工总承包的形式，一般需在工程设计全部完成后进行工程的施工招标，设计与施工不能搭接进行，但另一方面，总承包单位需对工程总进度负责，需协调各分包工程的进度，因而有利于总体进度的协调控制。

3. 设计、施工总承包模式

是发包人将工程的设计和施工任务一起委托一个承建单位实施的方式。这一承建单位就称项目总承包单位。由其进行从工程设计、材料设备订购、工程施工、设备安装调试，至试车生产、交付使用等一系列实质性工作。

(1) 项目设计、施工总承包形式的合同结构

采用项目总承包形式，发包人与项目总承包单位签订总承包合同，只与其发生合同关系。项目总承包单位拥有设计和施工力量，具备较强的综合管理能力，项目总承包单位也可以是由设计单位和施工单位组成的项目总承包联合体，两家单位就某一项目与发包人签订总承包合同，在这个项目上共同对发包人负责。对于总承包的工程，项目总承包单位可以将部分的工程任务分包给分包单位完成，总承包单位负责对分包单位的协调和管理，发包人与分包单位不存在直接的承发包关系。

(2) 项目设计、施工总承包形式对发包人方项目管理的影响

1) 项目总承包形式对发包人而言，只需签订一份总承包合同，合同结构简单。由于发包人只有一个主合同，相应的协调组织工作量较小，项目总承包单位内部以及设计、施工、供货单位等方面的关系由总承包单位协调和管理，相当于发包人将对项目总体的协调工作转移给了项目总承包单位。

2) 对形成总投资的控制有利。总承包合同一经签订，项目总造价也就确定。但项目总承包的合同总价会因总承包单位的总承包管理费以及项目总承包的风险费而较高。

3) 项目总工期明确，项目总承包单位对总进度负责，并需协调控制各分包单位的分进度。实行项目总承包，一般能做到设计阶段与施工阶段的相互搭接，对进度目标控制有利。

4) 项目总承包的时间范围一般是从初步设计开始直到形成交付使用，项目总承包合同的签订在设计之前。因此项目总承包需按功能招标，招标发包工作及合同谈判与合同管理的难度就比较大。

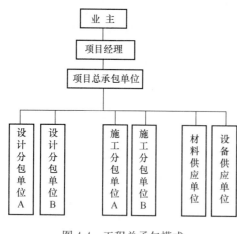

图 4-4 工程总承包模式

5）对工程实体质量的控制，由项目总承包单位实施，并可以对各分包单位进行质量的专业化管理。但发包人对项目的质量标准、功能和使用要求的控制比较困难，主要是在招标时对项目的功能与标准等质量要求难以明确、全面、具体地进行描述，因而质量控制的难度大。所以，采用项目总承包形式，质量控制的关键是做好设计准备阶段的项目管理工作。图 4-4 为项目总承包模式的管理组织结构，其中，项目负责人（经理）及其项目管理班子代表发包人的利益实施工程项目管理，项目总承包单位接受项目负责人（经理）发出的工作指令，并对各分包单位的工作进行管理和协调。

4. 代建制模式

代建制是指政府通过招标的方式，选择专业化的项目管理单位，负责项目的投资管理和建设组织实施工作，项目建成后交付使用单位的制度。代建期间，代建单位按照合同约定代行项目建设的投资主体职责。

5. 项目管理模式

是项目管理公司（一般为具备相当实力的工程公司或咨询公司）受项目发包人委托，根据合同约定，代表发包人对工程项目的组织实施进行全过程或若干阶段的管理和服务，项目管理公司作为发包人的代表，帮助发包人作项目前期的策划、可行性研究、项目定义、项目计划以及工程实施的设计、采购、施工等工作。

根据项目管理公司的服务内容、合同中规定的权限和承担的责任不同，项目管理模式一般分为两种类型：

（1）项目管理承包型（PMC）。在该类型中，项目管理公司与项目发包人签订项目管理承包合同，代表发包人管理项目，而将项目所有的设计、施工任务发包出去，承包商与项目管理公司签订承包合同。但在一些项目上，项目管理公司也可能承担一些外界及公用设施的设计、采购、施工工作。这种管理模式中，项目管理公司要承担费用超支的风险，若管理得好，利润回报也高。

（2）项目管理咨询型（PM）。在该类型中，项目管理公司按照合同约定，在工程项目决策阶段，为发包人编制可行性研究报告，进行可行性分析和项目策划；在工程项目实施阶段，为发包人提供招标代理、设计管理、采购管理、施工管理和试运行（竣工验收）等服务，代表发包人对工程质量、安全、进度、费用等管理。这种项目管理模式风险较低，项目管理公司根据合同承担相应的管理责任，并得到相对固定的服务费。

6. 施工联合体与施工合作体模式

（1）施工联合体

施工联合体是由多个承建单位为承包某项工程而成立的一种联合机构。它是以施工联合体的名义与发包人签订一份工程承包合同，共同对发包人负责。因此，施工联合体的承包方式是由多个承建单位联合共同承包一个工程的方式。多个承建单位只是针对某一个工程而联合,各单位仍是各自独立的企业,这一工程完成以后,联合体就不复存在。

施工联合体统一与发包人签约,联合体成员单位以投入联合体的资金、机械设备以及人员等对承包工程共同承担义务,并按各自投入的比例风险分享收益。

采用施工联合体的工程承包方式,联合体单位在资金、技术、管理等方面可以集中各自的优势,各取所长,使联合体有能力承包大型工程,同时也可以增强抗风险的能力。在合同关系上是以发包人为一方、施工联合体为另一方的施工总承包关系。对发包人而言,组织管理、协调都比较简单。在工程进展过程中,若联合体中某一成员单位破产,则其他成员仍需负责工程的实施,发包人不会因此而造成损失。

(2) 施工合作体

施工合作体也是由多个承建单位为承建某项工程而采取的合作施工的形式。一般情况下,参加合作体的各方都没有足够的力量,不具备与所承包工程相当的总承包能力,各方都希望通过组织成合作伙伴,增强总体实力。但是,合作体各方又出于各自的目的和要求,成员之间互不信任,不愿采用施工联合体的模式。由此建立的施工合作体形式上同施工联合体,但实质上却完全不同。施工合作体与发包人签订基本合同,由合作体统一组织、管理与协调整个工程的实施。合作体成员单位各自均有包括人员、施工机械和资金的完整施工力量,它们在合作体的统一规划和协调下,各自独立完成整个项目中的某一部分的工程任务,各自独立核算、自负盈亏、自担风险。施工合作体中如果某一成员单位破产,其他成员则不予承担相应的经济责任,这一风险由发包人承担。对发包人而言,采用施工合作体的形式,组织协调工作量可以减小,但项目实施的风险要大于施工联合体。

4.2.6 常见的组织结构

1. 职能组织结构

它是按照职能组织形式设立的一个系统的组织,当采用职能组织形式进行项目管理时,项目的管理班子并不做明确的组织界定,因此有关项目的事务则在职能负责人这一层次上进行协调。在职能制组织机构中,各级领导不直接指挥下级,而是指挥职能部门。职能组或职能工作人员接受相应职能部门经理的领导,职能组织形式中的职能部门在自己职能范围内独立于其他职能部门进行工作。在这种组织系统中仍然有项目,而项目的实施一般总需要各个职能部门共同配合,共同完成。(见图4-5)

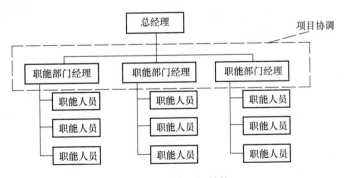

图4-5 职能组织结构

职能组织结构的优缺点:

职能组织结构的优点是能够适应组织技术比较复杂和管理分工较细的情况,能够发挥

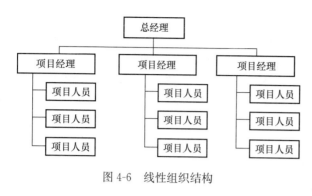

图 4-6 线性组织结构

职能机构专业管理作用，减轻上层主管人员的负担。它的缺点也较明显：这种结构形式妨碍了组织必要的集中领导和统一指挥，形成多头领导，不利于明确划分直线人员和职能科室的职责权限，造成管理的混乱。

2. 线性组织结构

是一种最简单的组织机构形式。在这种组织机构中，各种职位均按直线垂直排列，项目负责人（经理）直接进行单线垂直领导，项目负责人（经理）具有较大的独立性和对项目的绝对权力，项目负责人（经理）对项目的总体负全责。（见图4-6）

线性组织形式的优缺点：

（1）线性组织形式具有以下优点

1）单头领导。每个组织单元仅向一人负责，只有一个上级，执行一个上级的指示。项目参加者或各部门任务、责任、权力明确，指令唯一，一般不能越级下达指令，这样可以避免多头领导，协调方便。

2）决策快，纠纷少，项目容易控制，信息流通快。

3）组织结构形式与项目分解图式一致，这使得目标分解和落实比较容易，不会遗漏项目工作，组织障碍小，协调费用低。

4）任务分配明确，责、权、利关系清楚，各管理人员、专业人员得到充分利用。

（2）线性组织形式具有以下缺点

1）当单项、单位工程或分部、分项工程较多时，每项工程对应一个组织，使组织资源不能达到合理的利用，各工程之间协调比较困难，由于对每项工程建立一个独立的组织，而该工程结束，这个组织解散，则组织可变性和适应性不强。

2）项目负责人（经理）责任较大，一切决策信息都集中于他处，这要求项目负责人（经理）能力强、知识全面、经验丰富，否则决策较难、较慢，容易出错。

3）不能保证部门之间信息流通的速度和质量，权力争执会使部门间合作困难。

4）项目的中间控制比较困难。

3. 矩阵组织结构

是把按职能划分的部分和按工程项目（或产品）设立的管理机构，依照矩阵方式有机地结合起来的一种组织机构形式。矩阵制组织结构是为适应在一个组织内同时有几个项目需要完成，而每个项目又需要不同专长的人在一起工作才能完成这一特殊的要求下而产生的。（见图4-7）

（1）工程项目的矩阵组织形式适用的条件

1）专门进行项目实施和管理的企业，它同时承担许多项目的实施和管理。

2）进行一个特大型工程项目的实施。这个工程项目可分为许多自成体系、能独立实施的子项目，将各子项目看作独立的项目就相当于进行多项目的实施。

（2）工程项目矩阵组织形式的优缺点

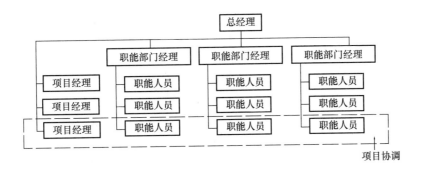

图 4-7 矩阵组织结构

这种组织形式的优点主要有:

1) 矩阵组织结构富有弹性,有自我调节的功能,能更好地适应动态管理和优化组合,适合于时间和费用压力大的多项目和大型工程项目的管理。

2) 能在保证项目负责人(经理)对项目最有力的控制前提下,充分发挥各专业职能部门的作用,保证有较短的协调、信息和指令的途径,各专业人员仍保持他们在各专业部门中的工作。

3) 由于各种资源统一管理,能达到资源的最合理利用,在组织中能保证项目和部门工作的稳定性和效率。

4) 这种组织的领导不是集权的,而是民主的、合作的。各参加者独立的追求不同部门和不同项目利益的平衡,这样对培养管理人才很有好处。组织的运行过程是领导力量对比的再教育过程,各部门独立于它的上级领导,有较大的决策空间,工作有挑战性,通常人们的工作热情和效率较高,能有好的项目效益。

这种组织形式的缺点主要有:

1) 存在组织上的双重领导、双重职能以及双层的信息流、工作流和指令截面。这要求有熟练的严密的组织规范和措施,否则极易产生混乱和职能争执。在项目和职能范围内存在项目领导各部门领导的关系间隙,所以必须严格区分两大类工作(项目的和部门的)的任务、责任和权力、划定界限。

2) 由于存在双重领导,所以信息量较大。

3) 由于许多项目同时进行,导致项目之间竞争专业部门的资源。由于项目间的优先次序不宜解决,所以带来协调上的困难,使项目负责人(经理)要花许多精力和时间,周旋于各专业部门间,以求搞好人事关系。由于存在部门和项目权力上的差别,也可能够造成项目负责人(经理)或部门领导的越权。

4.3 项目建设相关责任方管理

4.3.1 项目建设单位管理

1. 控制进度的职责定位

建设单位需要对各个建设时期的工作程序、内容、联系以及时间进行梳理,结合整体目标对资源进行最优化配置,进而使工程的进度及计划更加科学。此外建设单位需要结合上述内容对监理单位的工作进行监督，确保一级网络、二级网络中的设计计划及进度计划的合理性，进而实现对工程项目整体进度的控制，并且能够在质量、投资目标不受影响的情况下使工程按时竣工甚至提前竣工。下面对具体实现方法进行分析：

第一，对合同管理工作产生更多重视，结合其中工期方面的要求对计划工期进行分解和细化；对合同变更等内容进行控制管理，对其中可能影响进度的内容及风险因素进行细致分析，结合实际情况制定处理方案对其进行合理规避，后文将对合同管理方面的内容进行详细分析。

第二，对进度控制的目标体系进行完善，为岗位、责任单位等方面的清晰界定奠定基础。建设单位需要对项目进度相关信息进行共享，通过定期沟通报告的方式对信息进行交换，并对相应的制度进行完善；总进度计划的制定同样对后期作业、编制等方面的进度控制具有一定积极影响，能够为其提供依据支持。

第三，对协调会议及审核制度进行完善，进而对项目中的重大节点的进度进行有效控制，建设单位需要对自身职责进行准确定位，对进度计划落实方面的问题进行负责和有效处理，将进度的偏差控制在允许范围内。除此之外建设单位可以通过经济手段进行进度控制，对奖惩机制进行健全完善，在按时或提前完工的情况下进行奖励，逾期未能交工时对其进行责任的追究；建设单位需要避免对工程进度款、预付款的拖欠，进而对各方工作人员及施工人员的工作积极性进行提升，同时可以施加一定的经济压力及动力，对应急赶工的费用制度进行完善，进而更好地履行自身进度控制的职责。

2. 合同管理的职责定位

工程项目的建设时间较长，且参与建设工作的企业众多，为了更好地对进度、质量等方面进行控制，建设单位需要对自身在合同管理工作中的职责进行正确定位，为建设工作提供更多保障。建设单位需要吸纳业务水平较高的合同管理人才，同时对相应的合同管理制度进行完善，下面对几方面方法进行具体分析：

第一，切实落实项目实施环节的合同管理工作。将工程批准文件、施工许可、建设位置埋藏物的图纸资料提供给对方当事人，同时需要对文件资料的正确性负责；建设单位需要对土地征用一类的外部协调工作进行负责，切实落实施工用水用电、现场管理等工作，同时需要对建设位置周边建筑物、古树等方面情况进行掌握，对图纸设计工作的合理性及可行性进行提升，最后完成送审工作；建设单位需要对手续及施工文件的审批工作及落实情况进行跟踪，并对施工许可文件的办理工作进行负责；建设单位需要对合同款的支付、设计交底及竣工验收等工作的组织工作进行负责，在认真履行上述职责的基础上可以对不必要索赔、纠纷等问题进行规避。

第二，对《合同法》的执行及落实工作负责。建设单位管理工作者需要对《合同法》中的内容进行熟悉，遵照其中的内容开展工作。在采买合同、施工合同等方面，建设单位具有一定的优势地位，若在对合同进行落实时对权利的关注超过义务，便违背了合同订立的公平、平等原则，基于此需要对合同订立工作进行规范约束，将建设单位及其他参建方放在平等的位置上，建设单位需要对《合同法》进行贯彻落实，对自己的义务及权利内容进行明确，保护合同签订双方的合法权益，将诚信守诺等原则贯彻到底。

第三，招标投标程序履行过程中的职责定位。建设单位通过该种方式选择合作单位，对项目法人责任制进行有效落实的同时，通过竞争方式对服务单位进行挑选，进而使人们对项目价值产生更多认识，并借助先进工程管理模式进行管理，下面对其具体方法进行分析：其一，准备。对招标内容、次数、发包范围等方面进行明确；切实落实招标备案工作；对投标邀请、招标公告进行制定，对资格预审、合同协议等方面的文件资料进行编制。其二，招标。将编制的邀请及公告公布，通过对反馈信息的分析对投标方实际情况进行简单了解；对资格预审工作进行落实，对满足要求的投标方进行招标文件的发售；通过现场考察工作及书面答疑的形式和投标方进行沟通。其三，定标成交。该阶段需要组织开展开标会，并将无效的投标文件舍弃；评标委员会需要对有效文件进行审核评定，同时结合评标报告给出建议，在中标人明确之后进行通知书的发放，并对合同进行签订。在合同签订过程中建设单位不能以合同签订为条件提出无理要求，严格按照招投标文件对合同内容进行编制。

3. 控制进度的职责定位

投资控制对建设进度、质量、收益等方面具有较大影响，基于此建设单位需要对投资计划的目标值进行科学制定，对投资方面的数据进行收集，并且在第一时间对工程进展情况进行了解，避免投资实际完成情况和预计出现过多偏差进而对项目进度产生影响。为了对投资效益进行提高，需要对设计、决策的制定等方面工作产生更多重视，建设单位需要对投资风险进行掌握，对项目建造标准、设计原则等内容进行科学制定，进而实现对投资设计及决策工作的控制，确保投资预算不会超出预算。除此之外，建设单位需要对负责投资控制的工作人员职责及管理义务进行明确，对技术方案等进行严格审核，并通过经济措施及实施控制手段对投资计划值及实际值间的差异进行掌握，通过合同措施等对投资进行约束。

4. 质量控制的职责定位

首先，建设单位需要对经济、社会以及生态效益等多方问题进行考虑，通过科学的预测及分析方法对项目可行性进行分析，并对不同的方案进行横向对比，对各方效益进行协调，确定最佳建设方案。其次，建设单位需要对设计及勘察时期的质量控制工作进行监督，对勘察资料、设计资料内容的正确与否进行判断，为建设工作的开展以及各方面目标的实现提供保障。建设单位不仅需要对原始资料的准确性负责，同时需要对安全性、耐久性等内容进行分析，为后期建设施工工作的开展奠定坚实基础。最后，建设单位需要对施工时期实体质量形成进行控制，选择资质较好、质量管理落实较好的施工企业进行合作，同时对自身质量检查及验收职责进行明确，对实体质量检查工作及资料审核产生更多重视，并对是否与决策时期制定的质量目标相符进行判断，为项目质量提供保证。

4.3.2 项目勘察单位管理

1. 勘察设计工程项目管理的特点

勘察设计是工程建设项目建设过程中的重要的前期阶段——项目策划决策及项目准备阶段。工程项目策划决策阶段的主要工作包括工程项目预可行性研究、可行性研究、项目评估及决策。本阶段的主要目标是通过可行性研究、项目评估和业主决策，对工程项目投资的必要性、可行性，以及何时投资、如何实施等重大问题，进行科学论证和多方案比较。在工程项目准备阶段，主要工作包括工程项目的初步设计和施工图设计，工程项目计划的制定和工程项目征地及建设条件的准备，设备、工程招标及承包商的选定、签订承包合同。本阶段是战略决策的具体化。

勘察设计项目的目的是为总体的工程建设项目打好基础，保障后续几个阶段的顺利进行。勘察设计项目主要具有以下几个方面的特点：

第一，勘察设计项目在工程建设项目的前期阶段进行，是工程建设项目的重要组成部分；

第二，每一项勘察设计任务都是一次性的和单独进行的，无法像工业产品那样批量进行。因为工程建设项目本身就具有唯一性的特点，两个工程建设项目不可能在时间、地点、功能等方面完全相同；

第三，勘察设计工作对时间有很高的要求，时效性对于勘察设计工作十分重要；

第四，勘察设计工作的质量取决于项目管理组织的结构设计、人员质量、资源供给等多方面的要素；

第五，由于工程建设项目会受到多方面的因素和外部环境的影响，因此，勘察设计工作必须全方位地考虑影响项目的各项不确定因素。勘察设计项目的成果会在很大程度上受到勘察设计人员对各方面要素分析深度和广度的影响；

第六，勘察设计工作科学公正。勘察设计需要多种专业知识和大量的信息进行综合，这是勘察设计工作科学化的有力保障。勘察设计工作必须维护工程项目整体利益，而不是仅仅关注于项目的某一部分。

2. 勘察设计工程项目管理的主要内容

（1）范围管理

所谓项目的范围管理，一般指在具备工程项目使用功能的前提条件下，定义和控制项目应该包含哪些具体的工作。其具体内容包含范围定义、范围确认以及范围的变更控制。

范围定义是指根据业主需求文件、项目约束条件、项目其他阶段的成果、历史资料和其他各种假设把项目的可交付成果（一个主要的子项目）划分为较小的、更易管理的多个单元。一般情况下采用工作分解结构来定义工程项目的范围。

范围确认是指项目业主正式接收项目可交付成果的过程。一般使用试验方法、专家评定方法和第三方评定方法进行范围确认，具体包括对已完成的可交付成果、项目相关合同文件、项目评价报告和项目工作分解结构进行范围确认。

工程项目的范围变更主要是指在实施项目合同期间，项目工作范围所发生的变化，如增加某些工作或者删除某些工作。项目范围变更控制能够对造成项目范围变更的影响因素施加影响，从而保障这些变化给整体项目带来好处，并且对变更进行更好的管理。

（2）沟通管理

在勘察设计项目目标确定的同时，也就明确了整个项目以及该项目团队成员共同努力的方向，项目目标确立的过程也是项目团队成员之间、项目团队和组织之间、项目与业主之间的一个沟通过程。

勘察设计单位中，所有的项目团队成员、职能部门经理、上级领导都应该了解项目的目标。项目目标务必服从勘察设计单位的战略目标，需明确和具体，应该尽量细化语言描述，进而保证该目标容易被理解，并且促使每个项目团队成员都能坚信目标的可达性，需结合整个项目目标来确定每个成员的具体目标，责任到人，为实现整个项目目标奠定基础。

（3）时间管理

时间管理也称为进度管理，其规定要依据项目合同中针对设计时限的要求，要明确项目过程的设计环节，通过对项目的设计时间进行估计，制定相应的时间进度表，同时进行进度控制。项目进度管理过程中的最大难点在于估计不同设计项目对整体资源需要的优先级别，特别是人力资源，做好资源在不同项目之间的平衡，调节资源的投入，进而确保资源在需要的时候能够获得。

进度控制所运用的主要方法有：规划、控制和协调；进度控制所采取的主要措施有：组织措施、技术措施、合同措施、经济措施和管理措施等。

(4) 质量管理

项目的质量管理是指针对项目勘察设计中所有的工作质量进行指挥、协调和控制的一系列活动。这里的质量主要包含产品质量和工作质量两个方面。

产品质量指的是设计质量，标准包含两个：第一，是否符合国家的质量标准以及有关规范；第二，让用户感到满意，这也是质量管理的最为关键所在。在现实工作中第二个标准一般很抽象，需要将其落实为具体的、可以衡量的具体指标。此外，高质量并不等同于用户的满意，用户满意设计一般需要包含两个标准：第一，能够指导实际的工程施工；第二，能够满足用户时间上和服务上的要求。

项目的工作质量是指在项目过程中，所有相关的工作是否能够按照计划实现。项目各参加者都务必保证相应的工作质量，尽量做到工作流程的程序化、标准化和规范化，他们都以"实现项目质量最佳"为共同的奋斗目标，去开展质量管理工作。

项目过程中的质量管理应该紧紧按照 ISO9001 质量体系，用项目管理思想来指导和完善项目的质量管理工作。在实际工作中应该通过重点落实配置管理工具来加强项目变更控制。

(5) 成本管理

项目的成本管理是指在批准的项目预算范围之内，确保项目的各个过程都能完成。勘察设计单位的成本管理应该包含项目各阶段的成本管理。首先，要完成项目活动中所需物资资源种类的编制以及各种资源的需求量和资源计划编制；其次，使项目活动中所需资源成本编制近似估算；第三，将项目整体成本预算合理配置到各项工作上去，进而建立一个测度绩效的基准计划；最后，对整个项目的总体成本进行控制。

(6) 风险管理

风险事件的影响因素包含技术性风险和非技术性风险。其中，技术性风险包含设计、施工和工艺流程的风险，非技术性风险包含自然环境、政治法律、经济、组织协调、合同、人员、材料和设备等方面的风险。所谓风险管理是指对项目风险的识别过程、分析过程和应对过程，以实现活动主题总目标的科学管理。具体讲就是运用各种管理方法和技术工具对项目过程中的风险进行有效的控制和管理，在无法规避时能找到切实可行的补救措施。风险管理体系的建立需要依据企业的环境因素、上级组织管理方法以及经验教训、项目合同和范围说明书、项目管理计划来进行。风险管理计划属于项目管理计划，应该与整体项目管理计划相互协调。

(7) 项目后评价及建议

项目后评价是确定勘察设计项目预期目标是否达到，主要效益指标是否实现；查找项目成败的原因，总结经验教训，及时有效反馈信息，提高未来新项目的管理水平；对项目投入运营中出现的问题提出改进意见和建议，达到提高投资效益的目的；项目后评价具有透明性和公开性，能客观、公正地评价项目活动成绩和失误的主客观原因，比较公正地、客观地确定项目决策者、管理者和建设者的工作业绩和存在的问题，从而进一步提高勘察设计人员的责任心和工作水平。

4.3.3 项目设计单位管理

1. 设计单位项目管理的内涵与意义

（1）设计单位项目管理的内涵

设计方工程项目管理是指从设计方角度出发，由设计方具体规划实施的工程项目管理。其主要任务是在时间和资源一定的条件下，通过科学的计划、控制和组织完成合同规定的设计任务，按时拿出合格的设计产品。基本职能包括计划、控制、组织、指挥、协调和激励六大方面，这六大职能完成的好坏直接决定了设计方能否按时、保量、高质地完成规定的设计任务，是设计方工程项目管理的核心内容。与施工方工程项目管理和供货方工程项目管理等相比，设计方工程项目管理更能体现设计在工程建设中的主导作用，在满足工艺、技术要求和设计原则的前提下，不断优化设计方案，保证设计质量，力求节省投资，降低工程造价。另外设计方在完成本职工作的前提下，还可以充分利用自身的技术优势，介入到工程材料采购和施工等工作中去。

（2）设计方工程项目管理的意义

由于设计工作在工程建设中起着主导作用，对于节约投资、保证质量和建成投产或交付使用后的效益都起着关键作用，因此设计方工程项目管理就显得非常重要和必要。设计方工程项目管理的实施效果直接影响到建设项目的投资目标、进度目标和质量目标，乃至项目建成后的设施运行增值和社会效益。我国还是一个发展中国家，通过提高建筑设计水平进而提高投资效益的潜力还大可挖掘。而设计方工程项目管理正可以通过管理水平的提升进而使固定资产投资的效益得到提高，因此意义非常重大。

2. 设计单位项目管理的基本职能和主要任务

与项目管理相同，设计方工程项目管理的基本职能同样由计划、控制、组织、指挥、协调和激励六大方面组成。该六大基本职能贯穿在设计项目的各个阶段，核心目的在于提高设计的质量，最好地完成设计任务。

（1）设计准备阶段

在该阶段，首先明确设计方有关人员，如审批和审核、设计、出图、晒图、图档管理员以及后勤保障人员的角色和权限。设计院领导享有对合同立项的审批权，总工享有对项目的审核权，业务室的主任享有对各个专业设计师的任务下达分配权，计划部门享有对项目的立项、合同的申报权。当计划部门对外承接工程时，首先要将签订的设计合同、原始设计资料、总工审批意见提交院领导审批，院领导同意并签署意见后项目正式成立。立项之后由计划部门将任务下达给业务室，室主任有权分配计划任务，定制设计计划。院领导、总工和室主任应时时关注项目的进展情况。

（2）方案设计阶段

首先组建方案小组，然后进行方案评选。方案初稿发送至上级主管部门或甲方征求意见。反馈信息由计划部门统一整理、方案小组再进行优化设计，设计结果上传至总工办申请批复。

(3) 初步设计阶段

总工对方案进行批示并填写审批意见，同意后编制设计计划表、创优措施表、各专业互提条件表、限额设计表。设计计划表发送至设计室主任，主任安排各专业设计人员。与此同时创优措施和各专业互提条件表、限额设计表及其他相关表格传送到设计人员手中。各个专业设计人员提交设计周期表、条件表、创优措施表、概预算人员提交限额设计表，设计室主任同意并修改设计计划表，再进一步指定初步校审人员。初步设计阶段完成后，由设计室主任将相关资料提交总工办和计划部门，批复后进入施工图设计阶段。

(4) 施工图设计阶段

室主任定制设计计划下达各专业设计周期、各专业条件表。各专业设计人员应及时提交设计进度，总工、室主任、校审人员可随时发表意见，及时纠正设计中的错误并标注审核意见，设计人员及时看到校审记录和意见，并修改设计中的错误。通过实时控制，可以有效降低设计成本，缩短设计周期，提高设计质量。设计完成后，及时提示院领导、总工办、计划部门该项目设计已经完成，是否传送、出图、晒图，并申请何时进行技术交底。

(5) 设计总结阶段

首先与甲方进行技术交底，交底记录归档。如需要变更或补充设计，应由设计人员填写变更通知单或补充设计单，每一次验收反馈的信息和回访记录存档。当整个项目结束时，建立一个设计项目资料库，包括从项目合同、立项、各种报告、设计文件、变更通知、甲乙方交换的文件，并存档以便进行经验总结。

4.3.4 项目监理单位管理

1. 项目监理单位项目管理的作用

对建设工程项目实行社会化、专业化管理，在国外已有100多年的历史，显现出强劲的生命力，在提高投资的经济和社会效益方面发挥了重要作用。我国实施建设工程监理是一个与国际接轨的做法，至今实施的时间虽然不长，但发挥的作用和成效还是很显著的，已普遍地得到政府和社会的承认。总的来说，对建设工程监理的主要作用归纳为以下几方面：

(1) 有利于提高建设项目投资决策科学化水平

这个作用主要体现在项目前期工作方面。具体讲就是，当建设单位有了项目初步投资意向后，如果建设单位（业主）实施完全的委托监理模式，甚至可以委托一家监理单位协助其选择适当的工程咨询机构做项目的前期工作，如制作项目建议书、可行性研究、水保、环评报告等。受委托的监理单位对这些咨询机构进行管理和评估，并向建设单位提出有价值的建议或前期总控计划。当然，受委托的监理单位本身也是一个咨询机构，也可直接从事工程咨询工作，为建设单位做好各项前期工作，提供可行的建设方案。

对于建设单位来说，虽然大多数单位都会有自身的投融资或项目策划团队，但相对固定的团队往往不可能总是做出全面正确的决策，而对外委托监理单位进行管理可以弥补本身队伍的不足之处，通过协同工作来提高前期策划工作的成效。这样，不仅可使项目投资尽量符合国家经济发展方向、产业政策，以及合市场需求等。监理单位参与或承担项目决策阶段的前期工作，有利于提高项目投资决策的科学化水平，避免技术性的决策失误，是实现建设项目投资综合效益最大化的一种保证。

(2) 有利于规范项目建设参与各方的建设管理行为

项目建设参与各方的建设管理行为都应当符合相关的法律法规、规章和市场准则。对于一个具体的工程项目来说，项目参与各方都能依靠自律机制来约束并规范自身行为往往是不容易做到的，毕竟各个参与单位都有各自的利益目标，而这些参与单位的利益目标会出现不一致甚至反方向的情况，所以需要建立有效的约束机制。首先，政府相关行政管理部门对项目建设参与各方的建设行为的监督管理是最基本的约束。但政府的监督管理是相对宏观的，不可能深入每个参与单位的每一项建设管理行为中。因次，必须建立一种相对微观的约束机制，在建设项目实施过程中对工程建设参与各方的建设行为进行具体约束。建设工程监理制就是这样一种约束机制。

具体地说，比如在建设项目实施过程中，监理单位可依据委托监理合同和相关施工合同对施工单位的施工行为进行监督管理。由于项目工程监理是贯穿于项目建设的全过程，并且在施工建造过程中能实行各项具体的控制措施，因此能最大限度地规范各总分包施工单位的行为，避免违法违规等不当行为的发生。即使出现不当行为，也可以及时加以制止和要求整改。监理单位作为建设单位的项目管理咨询单位，可以提醒建设单位避免不当建设行为，注意与项目建设有关的法律、法规、规章、管理程序和市场行为准则等。或者直接履行公正第三方的原则，制止建设单位的不当行为。这对规范建设单位的行为也是一种约束作用，当然，对于工程监理单位来说，要规范自身的行为并接受政府的监督管理是前提。

（3）有利于承建单位保证建设工程质量和使用安全

建筑业和其他工业不同在于其产品——如房屋建筑物，具有如下特点：产品有个性、空间位置固定、价值大、使用寿命（时间）长，关系到使用者的生命财产安全以及和环境密切相关等。因此，保证工程质量和使用安全具有原则性。

监理单位对施工单位行为的监督管理，实际上是从产品需求者（建设单位/业主）的角度对建设工程生产过程的管理。本质上监理单位的管理角度和施工单位的管理有很大的不同，他们是监督与被监督的关系。同时监理人员与非专业或专业水平不高的业主方人员也不同，专业的监理工程师都是要求既懂工程技术又懂管理的专业人士，而且监理工程师执业资格在法律上是具有责任约束的。监理工程师必须有能力及时发现建设项目实施过程中出现的各种制安质量问题，同时要对工程材料、设备以及阶段性产品进行检验或验收。因此，建设工程监理制的实施，其根本目的之一是为监督承建单位自身对工程质量的管理，保证建设项目产品质量和使用安全。

（4）有利于实现建设项目投资效益的最大化

所谓的建设项目投资效益的最大化，本质上无非是从企业效益和社会效益的角度考虑。

首先是从企业角度考虑。建设开发的建筑成品（如房产）本身的质量和功能达到预期的质量和使用目标是基本的前提条件，而在达到此前提的基础上，投资额相对最少，项目寿命周期内的费用最少，项目的建造周期相对最短，项目的销售价格相对最高等。

其次，从社会效益的角度看。在企业效益基本实现的情况下，项目对环境保护、地域经济发展、便民、人文、税收等各方面都能产生良好的社会效应，就是其社会效益的体现。

实行建设工程监理制，工程监理企业服务建设单位（业主）的任务本质上就是协助其以科学的管理方法和原则，使建设项目的发展不偏离实现企业效益和社会效益的目标，或者是综合权衡企业和社会效益后的综合效益最大化的目标。当然，监理单位能否发挥作用，很大程度上取决于建设单位（业主）如何授权和管理所聘用的监理单位，实施操作过程中就是建设单位如何与监理单位进行协同管理，以使监理单位能充分发挥积极作用。

2. 工程项目管理与工程监理的主要内容比较

工程项目管理主要管理内容包括：工程项目前期工作、项目管理目标的确定、项目管理组织结构、项目招投标及合同管理、工程项目计划管理和综合协调、设计管理、进度控制、质量控制、成本控制、安全管理、项目风险管理、项目组织、人力资源及沟通管理、项目信息管理和工程竣工验收和评价等。

建设工程监理分为建设前期阶段、勘察设计阶段、施工招标投标阶段、施工阶段和保修阶段的监理。各阶段监理的主要内容包括控制工程建设的投资、建设工期和工程质量，进行工程建设的合同管理，协调有关单位的工作关系等。

工程监理的管理范围没有项目管理范围广，工程监理在整个项目周期中存在一定的局限性。以下对两者管理要素主要组成部分进行比较分析。

（1）工程项目计划管理和综合协调

一个大型工程项目管理工作千头万绪，工作过程千变万化，没有一个完整的工作计划和综合协调是无法满足业主的需求和期望的。其主要过程是：收集各方面信息制定汇总成一份连贯、一致的计划书，通过规定的工作实施计划，根据客观变化了的情况，及时、有效地调整计划，加强控制以确保计划目标的实现。

（2）工程项目各阶段任务划分及目标确定

为保证总体目标实现，必须将工程项目所涉及的全部工作细化，分解到各相关单位、部门或人。确定工作范围、工作目标、工作标准。对各项任务的完成情况由综合管理部门及时收集信息，分析、调整、控制，以各子项目的目标实现保证总体目标实现。监理单位在这一过程中起到监督和审批作用。

（3）工程项目进度管理及过程控制

工程项目从项目建议书批准之日起就应抓进度管理，确定各种项目可完成时间，分析各活动之间依赖关系，确认过程所需时间、制定进度计划，调整和控制进度的变化，控制工程项目进度计划特别是复杂大型的工业建设项目，绝不能仅仅控制承包商的施工进度，而应控制影响工程项目的全部条件的进度。如设计，对外谈判签约，设备、材料采购，能源介质供应，生产人员、技术、物资准备等等。监理单位在工程项目进度管理及过程控制中，与项目管理单位在目标和过程控制上基本一致，只是在管理和控制手段上有差异，监理单位依据进度控制计划对施工方发布指令，要求其采取进度纠偏措施，或者采取抢工期的手段来达到进度控制的目的。

（4）投资控制及费用管理

投资控制的目的，是确保在批准的预算内完成工程项目的诸过程。根据资源需用计划及价格测算所需资金，编制资金使用计划，并分配到各单项工程和各项工作之中。从工程项目设计开始就应严格控制，限额设计，通过控制设计变更和减少承包商的索赔，达到投资控制的目标。监理在投资控制中应公平地、科学地处理施工过程中产生的索赔，积极主动采取纠偏措施，以达到投资和费用管理目标。

(5) 质量管理

工程监理单位和项目管理单位把质量管理当成头等大事来抓,从 ISO9001 质量保证体系的高度来控制和规范项目团队中的各方行为。认真贯彻国家和地方有关质量管理工作的方针、政策,贯彻和执行国家或地方颁发的规范、标准和规程,运用全面质量管理的思想和方法,实行方针目标管理,确定工程项目的质量目标。协助施工单位制定工程质量控制设计,明确各项质量保证措施。认真进行工程质量的检查和验收工作和工程质量的回访工作。因此,项目管理与工程监理在质量管理方面的指导思想是完全一致的。

(6) 人力资源管理

有效地使用各种人力资源,发挥相关各方面人员的积极性。通过组织确定分析角色、责任和相互关系。及时补充急需人员,裁减冗员,开发个人或组织的向上进取心和技能。监理对于项目人力资源管理起到协调监督作用,保证进场人员素质,防止出现专业技术人员无证上岗现象发生。

(7) 沟通信息

确保及时准确地产生、收集、发布、储存和最终处理项目信息,是工程项目所必需的联络方式,任何一个信息疏漏或沟通不及时都会影响整个工程项目进展。要建立信息编码体系,信息沟通的计划及执行情况检查制度。工程监理通过工地例会、专题会议、监理月报等手段,将情况通知各方,协调解决各方问题,为下一步施工进程铺平道路。

(8) 采购管理

工程项目所需物资、设备采购品种多,数量大,处理不当都会影响整个工程项目的实现,必须对采购工作加强管理和控制。首先决定何时购何物,确定潜在来源,然后询价、招标签订合同,督促按时、按质、按量及时供应到位。监理在采购管理中一般只起到监督作用,而不是采购管理的主体。

(9) 项目风险管理

工程项目管理机构要懂得如何识别风险,分析和应对风险。调整对策使正面事件影响扩大,把负面事件影响减到最小。监理在风险管理中依据监理报告制度,对项目中存在的质量、安全风险及时反映、报告给业主,并责成施工方立即整改。

经过对项目管理与工程监理的主要职责做了对比分析,其结论十分明显:项目管理的基本内涵与工程监理的工作职责是基本一致的。工程监理制则是一种符合我们国情的项目管理方式。项目管理还有着更丰富的内容,如风险管理、沟通管理、人力资源管理、采购管理、综合管理等方面,这些常常体现了项目的外部环境,它们与监理工作的合同管理、信息管理、协调项目团队等职责有一定的交叉,项目管理有着更全面、丰富的知识体系,而实际上,这也是在接受业主委托的条件下,为工程监理工作提供更丰富的工作内容。

4.3.5 项目施工单位管理

1. 进度管理

(1) 制定进度计划。要根据现场施工条件和合同中的工期,编制详细的施工进度计划。其内容包括:确定开工前的各项准备工作;选择施工方法和组织流水作业;协调各个工种在施工中的搭接与配合;安排劳动力和各种施工物资的供应;确定各分部分项工程的目标工期以及全部工程的完工时间等。

(2) 组织进度计划的实施。即:施工进度计划经监理和业主审批后必须要严格执行;

承包商要与监理和业主保持密切联系,定期向监理和业主报告工程进展情况;对监理和业主提出的变更指令和赶工要求,要及时做出反应和处理。

(3) 检查计划执行情况,找出影响计划进度的因素,并及时采取纠正措施。一般来讲,影响施工进度的因素主要来自四个方面:一是施工组织不当,如施工的任务、目标不明确,劳力和施工机械调配不当等。二是技术原因,承包商有时会低估施工技术困难,对于新技术、新材料、新工艺,在没有把握确保进度和质量的情况下贸然采用;有时对设计意图和技术要求没有全面理解,盲目施工,造成返工。三是不利的施工条件,主要指自然条件变化和施工中遇到合同中规定的不可抗拒因素,导致无法正常施工。四是其他外部因素的影响。采取的控制施工进度的措施主要有:

1) 组织措施

落实项目部负责人各级管理人员的分工、职能和任务;进行项目分解,确定各个部分、各个阶段的进度控制目标;制定进度协调工作制度,定期开好调度会议;健全进度记录和报告制度;做好员工的思想工作。

2) 技术措施

认真研究工程设计图纸和技术规范,做好施工组织设计,根据施工过程的变化及时调整进度计划。

3) 经济措施

及时向监理和业主报告阶段进度,申请进度付款,争取按时取得支付签证;做好自身的财务管理,控制成本,预测流动资金的需求,合理调度资金。

4) 信息沟通管理措施

要及时收集实际施工进度数据,并与计划进度进行比较,找出偏差,分析原因,制订相应的措施。

2. 质量管理

(1) 科学组织设计,切实达到指导施工的目的。即在工程开工前,要根据工程实际情况,编制详细的施工组织设计,并报送监理工程师审核。

(2) 优化设计方案,做好施工准备工作。根据有关规范和企业编制作业指导书,组织技术人员编制各工序、工种的质量保证措施;做好图纸会审和技术交底及技术培训工作。

(3) 严格按照施工程序进行施工。所有隐蔽工程记录,必须经监理工程师等有关验收单位签字认可后,方可组织下道施工工序。对影响工程质量的关键部位,设立质量管理点,委派专人负责。

(4) 坚持"三检"制度。即每道工序完工后,先由作业班组自检,再由施工项目负责人组织有关施工人员、质检员、技术员进行专检和互检。

(5) 建立灵敏高效的质量信息反馈系统。专职质检员、技术人员为决策机构(项目部负责人)搜集、整理和传递质量动态信息。决策机构对异常信息迅速做出反应,将新的指令信息传递给执行机构,及时调整施工部署,纠正偏差。

3. 安全管理

(1) 实行主要领导安全负责制。成立安全工作领导小组,主要负责指导公司开展安全教育工作,宣传贯彻各类法规,通知上级部门的文件精神,制订各类管理条例等。项目部还要成立安全管理小组,由专职安全员对工人进行安全技术交底、贯彻上级精神、检查工程施工安全工作、召开工程安全会议等。

(2) 按照有关法规及有关文件精神，制订科学合理的施工方案，严格执行施工安全规范。要对进场的工人进行摸底测试，统一进行安全教育，以增强其质量、安全意识。

(3) 坚持安全奖罚制度和特种人员持证上岗制度。对于违规人员，要进行严肃处理；对于安全工作模范个人和班组，要予以表扬和适当的奖励。特殊工种，如机械操作工、电工等，一定要持证上岗，按章操作。人机配合作业区，要有专人指挥管理。施工现场，应设立安全标语和安全标示牌，进入施工现场区内的人员一定要戴好安全防护用品。在施工过程中，对于施工现场的各种防护工作，要严格按照国家颁发的有关标准规范和市政有关规定予以落实。

4. 成本管理

施工成本管理就是要在保证工期和质量满足要求的前提下，采取一定的措施，把成本控制在计划范围内，并进一步寻求最大程度的成本节约。施工成本管理的任务主要包括：成本预测、成本计划、成本控制、成本核算、成本分析和成本考核。

项目施工的成功与否。利润率是一个重要指标。利润＝收入－成本。可知利润的增长，就要增加收入、减少成本。收入在施工单位竞标以后是相对固定的，而成本在施工中则可以通过组织管理进行控制，因此成本控制是建设项目施工管理的关键工作。在进行成本控制时，应注意以下几点原则：

(1) 成本最低化原则。施工单位应根据市场价格编制施工定额。施工定额要求成本最低化，同时还应注意成本降低的合理性。施工定额还应根据市场价格的变动，经常地进行调整。

(2) 全面成本控制原则。成本控制是"三全"控制，即全企业、全员和全过程的控制。项目成本的全员控制有一个系统的实质性内容，包括各部门、各单位的责任网络和班组经济核算等等，应防止成本控制人人有责，但又人人不管的现象。

(3) 动态控制原则。施工项目是一次性的。成本控制应从项目施工的开始一直到结束。在施工前，应确定成本控制目标；在施工中，应对成本进行实时控制，及时校正偏差；在施工结束后，对成本控制的情况进行总结。

(4) 目标管理原则。项目施工开始前，应对项目施工成本控制确立目标。目标的确定应注意其合理性，目标太高则易造成浪费，太低又难以保证质量。

(5) 责、权、利相结合的原则。在项目施工过程中，项目负责人、各部门在肩负成本控制责任的同时，享有成本控制的权力，同时项目负责人要对各部门在成本控制中的业绩进行定期的检查和考评，实行有奖有罚。只有真正做好责、权、利相结合的成本控制，才能收到预期的效果。

5. 合同管理

建设工程施工合同，即发包人与承包人为完成商定的建设工程项目施工任务而明确双方权利义务的协议。施工合同管理的中心任务，就是根据合同规定防范风险，维护自身的正当利益，并获取尽可能多的利润。合同管理自始至终贯穿整个工程项目施工工期，涵盖内容多、涉及面广。熟练掌握合同内容，正确利用合同条款，是做好合同管理的重要环节，是施工方首先应该做到的。

6. 信息管理

信息指的是用口头的方式、书面的方式或电子的方式传输（传达、传递）的知识、新闻或情报。工程项目的施工需要人力资源和物质资源，应认识到信息也是重要资源之一。信息的管理是通过对各个系统、各项工作和各种数据的管理，使项目的信息能方便和有效的获取、存储、存档、处理和交流。通过有效的信息传输的组织和控制，为项目施工提供增值服务。

4.3.6 项目分包单位管理

（1）分包单位应按有关规定，采取严格的安全防护措施，否则由于自身安全措施不利而造成事故的责任和因此发生的费用由分包单位承担。非分包方责任的伤亡事故，由责任方承担责任和有关费用。

（2）分包单位应熟悉并能自觉遵守、执行住房和城乡建设部《建筑施工安全检查标准》以及相关的各项规范；自觉遵守当地政府有关安全施工的各项规定和行业主管部门颁布的有关安全生产的法律、法规、规范、标准及各项规定，并且积极参加各种有关促进安全生产的各项活动，切实保障施工工作人员的安全与健康。

（3）分包单位必须尊重并且服从总包方现行的有关安全生产各项规章制度和管理方式，并按经济合同有关条款加强自身管理，履行乙方责任。

（4）分包单位必须执行下列安全管理制度：

1）安全技术方案报批制度：分包单位必须执行总包方总体工程施工组织设计和安全技术方案。分包单位自行编制的单项作业安全防护措施，须报总包方审批后方可执行，若改变原方案必须重新报批。

2）分包单位必须执行安全技术交底制度、周一安全例会制度与班前安全活动制度，并做好跟踪检查管理工作。

3）分包单位必须执行各级安全教育培训以及持证上岗制度：

① 分包单位项目经理、主管安全生产经理、技术负责人须接受安全培训、考试合格后办理分包单位安全资格审查认可证后方可组织施工；

② 分包单位的工长、技术员、机械、物资等部门负责人以及各专业安全管理人员等部门负责人须接受安全技术培训，持证上岗；

③ 分包单位工人入场一律接受三级安全教育，考试合格后方准进入现场施工，如果分包单位的人员需要变动，必须按规定进行教育、考核合格后方可上岗；

④ 分包单位的特种作业人员的配置必须满足施工需要，并持有有效证件（原籍地、市级劳动部门颁发）和当地劳动部门核发的特种作业临时操作证，持证上岗；

⑤ 分包单位工人变换施工现场或工种时，要进行转场工种教育；

⑥ 分包单位必须执行周一安全活动一小时制度。

4）分包单位必须执行总包方的安全检查制度：

① 分包单位必须虚心接受总包方以及其上级主管部门和各级政府、各行业主管部门的安全生产检查，否则造成的罚款等损失均由分包方承担；

② 分包单位必须按照总包方的要求建立自身的定期和不定期的安全生产检查制度，并且严格贯彻实施；

③ 分包单位必须设立专职安全人员实施日常安全生产检查制度及工长、班长跟班检查制度和班组自检制度。

5）分包单位必须严格执行检查整改消项制度。

6）分包单位必须严格执行安全防护措施、设备验收制度和施工作业转换后的交接检验主动：

① 分包单位自带的各类施工机械设备，必须是国家正规厂家的产品，且机械性能良好、各种安全防护装置齐全、灵敏、可靠，按规定办理安装、验收、备案等各种手续后，方可使用。

② 分包单位的中小型机械设备和一般防护设施执行自检后报上级方有关部门验收，合格后方可使用。

③ 分包单位的大型防护设施和大型机械设备，在自检的基础上申报总包方，接受专职部门的专业验收；分包单位必须按规定提供设备技术数据，防护设施技术性能，设备履历档案以及防护设施支设（安装）方案，其方案必须满足总包方所在地方政府有关规定。

4.4 项目管理机构

4.4.1 项目管理机构的概念及性质

1. 项目管理机构的概念

项目管理机构是项目管理组织必备的项目管理载体，由项目管理部门负责人（经理）领导，接受组织职能部门的指导、监督、检查、服务和考核，并加强对现场资源的合理使用和动态管理。项目管理机构自项目启动前建立，在项目竣工验收、审计完成后解体。

项目管理机构居于整个项目组织的中心位置，以项目管理机构负责人（经理）为核心，在项目实施过程中起决定作用。建设项目能否顺利进行，取决于项目管理部门及项目管理部门负责人（经理）的管理水平。项目管理机构应按项目管理职能设置部门，按项目管理流程进行工作，一般由项目管理机构负责人（经理）、项目副经理以及其他技术和管理人员组成。项目管理部门各类人员的选聘，先由项目管理部门负责人（经理）或组织人事部门推荐，或由本人自荐，经项目管理部门负责人（经理）与组织法定代表人或组织管理组织协商同意后按组织程序聘任。中型以上项目应配备专职技术、财务、合同、预算、材料等业务人员。

2. 项目管理机构的性质

项目管理机构是由项目管理机构负责人（经理）在组织职能部门的支持下组建的，直属于项目管理机构负责人（经理）领导，在项目实施过程中其管理行为应接受组织职能部门的管理，要承担现场项目管理的日常工作。其性质可归纳如下：

（1）项目管理机构的相对独立性。项目管理机构的相对独立性是指项目管理部门与企业有着双层关系。一方面，项目管理机构要接受组织职能部门的领导、监督和检查，要服从组织管理层对项目进行的宏观管理和综合管理；另一方面，它又是一个建设项目机构独立利益的代表，同企业形成一种经济责任关系。

（2）项目管理机构的综合性。项目管理机构是一个经济组织，主要职责是管理项目实施过程中的各种经济活动，其综合性主要表现在：一方面，其管理业务是综合性的，从纵向看包括了项目实施全过程的管理；另一方面，其管理职能是综合的，包括计划、组织、控制、协调、指挥等多方面。

(3) 项目管理机构的临时性。项目管理部门是一次性组织机构，在项目启动前组建，在项目竣工验收、审计完成后解体。

4.4.2 项目管理机构的地位和作用

1. 地位

项目管理机构是项目管理的中枢，是项目责权利的落脚点。确立项目管理机构的地位，关键在于正确处理项目管理机构负责人（经理）和项目管理部门之间的关系。项目管理部门负责人（经理）是项目管理部门的一个成员，更是项目管理部门的核心。从总体上说，项目管理部门负责人（经理）与项目管理部门的关系：项目管理机构是在项目管理机构负责人（经理）领导下的机构，要服从项目管理机构负责人（经理）的统一指挥；项目管理机构负责人（经理）是项目利益的代表和全权负责人，其行为必须符合项目管理部门的整体利益。

2. 作用

为了充分发挥项目管理部门在项目管理中的主体作用，必须对项目管理部门的机构设置特别重视，设计好、组建好、运转好，从而发挥好其应有的作用。具体来说，有以下几方面作用：

(1) 负责自项目开工到竣工的全过程项目管理。

(2) 为项目管理机构负责人（经理）决策提供信息依据，当好参谋，同时又要执行项目管理部门负责人（经理）的决策意图，向项目管理机构负责人（经理）全面负责。

(3) 完成组织管理层赋予的基本任务。项目管理部门作为项目组织的必备部分，应完成组织所赋予的项目管理任务。项目管理部门作为一个项目团队，要凝聚管理人员的理论，调动其积极性，促进管理人员的合作，协调部门之间、管理人之间的关系，发挥每个人的岗位作用，为共同目标进行工作。

4.4.3 项目管理机构的建立

1. 项目管理机构建立的原则

(1) 要根据所设计的项目组织设置项目管理机构。常见的项目组织有直线型项目组织形式、职能式项目组织形式和矩阵式项目组织形式，不同的组织形式对项目管理机构的设置要求不同。同时，项目管理机构的建设还受建设项目管理模式的影响。

(2) 要根据建设项目的规模、复杂程度和专业特点设置项目管理部门。例如大型建设项目管理部门可设置技术部、计划部、财务部、供应部、合同部、办公室等部门。

(3) 项目管理机构是一个具有弹性的一次性管理组织，在项目启动前建立，在项目竣工验收、审计完成后解体，不能搞成一级固定性组织。

(4) 项目管理机构的组织结构可繁可简，规模可大可小，其复杂程度和职能范围完全取决于企业管理体制、项目本身和人员素质。

2. 项目管理机构建立的步骤

建立项目管理机构应遵循的下列步骤：

(1) 根据项目管理规划大纲确定项目管理机构的管理任务和组织结构；

(2) 细化项目过程识别，根据项目管理目标责任书进行目标分解和责任划分；

(3) 确定项目管理部门负责人（经理）的组织设置；

(4) 确定人员的责任、分工和权限（特别是针对分包的管理指责）；

(5) 制定工作制度、考核制度与奖励措施。

3. 项目管理机构的结构

对于小型项目来说，项目管理机构一般要设置：项目管理部门负责人（经理）、专业工程师（土建、安装、各专业设置等方面的技术人员）、合同管理人员、成本管理人员、信息管理人员、库存管理人、计划人员等。

对于大型的或特大型的项目，常常在项目管理机构负责人（经理）下设置计划部、技术部、合同部、财务部、供应部、办公室等。例如，某大型项目项目管理部门结构见图 4-8。

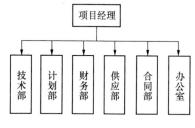

图 4-8 项目管理部门结构

4. 项目管理机构管理制度的建立

项目管理机构管理制度是建筑业组织或项目管理部门制定的针对项目实施所必需的工作规定和条例的总称，是项目管理机构进行项目管理工作的标准和依据，是在组织管理制度的前提下，针对项目的具体要求而制定的，是规范项目管理行为、约束项目实施活动、保证项目目标实现的前提和基础。

（1）项目管理机构管理制度的作用

管理制度是组织为保证其任务的完成和目标的实现，对例行性活动应遵循的方法、程序、要求及标准所作的规定，是根据国家和地方法规及上级部门（单位）的规定，制定的内部法规。项目管理制度是由建筑业组织或项目管理部门制定的，对项目管理部门及项目成员有约束力。项目管理制度的作用主要体现在以下两点：一是贯彻国家和组织与项目有关的法律、法规、方针、政策、标准、规程等，指导项目的管理；二是规范项目组织及项目成员的行为，使之按规定的方法、程序、要求、标准进行项目管理活动，从而保证项目组织按正常秩序运转，避免发生混乱，保证各项工程的质量和效率，防止出现事故和纰漏，从而确保施工项目目标的顺利实现。

（2）项目管理机构管理制度的制定原则

项目管理机构组建以后，作为组织建设内容之一的管理制度应立即着手制定。制定管理制度必须遵循以下原则：

1）制定项目管理制度必须贯彻国家法律、法规、方针、政策以及部门规章，且不得有抵触和矛盾，不得危害公众利益。

2）制定项目管理制度必须实事求是，即符合本项目的需要。项目最需要的管理制度是有关工程技术、计划、统计、经营、核算、分配以及各项业务管理等的制度，它们应是制定管理制度的重点。

3）管理制度要配套，不留漏洞，形成完整的管理制度和业务体系。

4）各种管理制度之间不能产生矛盾，以免职工无所适从。

5）管理制度的制定要有针对性，任何一项条款都必须具体明确，有针对性，词语表达要简洁、准确。

6）管理制度的颁布、修改和废除要有严格程序。项目管理机构负责人（经理）是总决策者。凡不涉及组织的管理制度，由项目管理机构负责人（经理）签字决定，报公司备案；凡涉及组织的管理制度，应由组织法定代表人批准方可生效。

（3）项目管理机构管理制度的内容

项目管理机构的管理制度应包括以下各项：

1) 项目管理人员的岗位责任制度

项目管理人员的岗位责任制度是规定项目管理机构各层次管理人员的职责、权限以及工作内容和要求的文件。具体包括项目管理部门负责人（经理）岗位责任制度、经济、财务、经营、安全和材料、设备等管理人员的岗位责任制度。通过各项制度做到分工明确、责任具体、标准一致，便于管理。

2) 项目技术管理制度

项目技术管理制度是规定项目技术管理的系列文件。

3) 项目质量管理制度

项目质量管理制度是保证项目质量的管理文件，其具体内容包括质量管理规定、质量检查制度、质量事故处理制度以及质量管理体系等。

4) 项目安全管理制度

项目安全管理制度是规定和保证项目安全生产的管理文件，其主要内容有安全教育制度、安全保证措施、安全生产制度以及安全事故处理制度等。

5) 项目计划、统计与进度管理制度

项目计划、统计与进度管理制度是规定项目资源计划、统计与进度控制工作的管理文件。其内容包括生产计划和劳务、资金等的使用计划和统计工作制度，进度计划和进度控制制度等。

6) 项目成本核算制度

项目成本核算制度是规定项目成本核算的原则、范围、程序、方法、内容责任及要求的管理文件。

7) 项目材料、机械设备管理制度

项目材料、机械设备管理制度是规定项目材料和机械设备的采购、运输、仓储保管、保修保养以及使用和回收等工作的管理文件。

8) 项目分配与奖励制度

项目分配与奖励制度是规定项目分配与奖励的标准、依据以及实施兑现等工作的管理文件。

9) 项目分包及劳务管理制度

项目分包管理制度是规定项目分包类型、模式、范围以及合同签订和履行等工作的管理文件。劳务管理制度是规定项目劳务的组织方式、渠道、待遇、要求等工作的管理文件。对分包的各种管理要求应该在常规要求的基础上，包括社会责任方面（如：劳务人员的工作、生活条件保障，劳动报酬的及时发放）的系统要求。

10) 项目组织协调制度

项目组织协调制度是规定项目内部组织关系、近外层关系和远外层关系等的沟通原则、方法以及关系处理标准等的管理文件。

11) 项目信息管理制度

项目信息管理制度是规定项目信息的采集、分析、归纳、总结和应用等工作的程序、方法、原则和标准的管理文件。

（4）项目管理机构管理制度的执行

项目管理机构管理制度的建立应围绕计划、责任、监理、核算、奖惩等内容。计划是为了使各方面都能协调一致地为施工项目总目标服务，它必须覆盖项目施工的全过程和所有方面；计划的制定必须有科学的依据，计划的执行和检查必须落实到人。责任制度建立的基本要求是：一个独立的职责，必须由一个人全权负责，应做到人人有责可负、事事有人负责。监理制度和奖惩制度的目的是保证计划制度和责任制度贯彻落实，对项目任务完成进行控制和激励；它应具备的条件是有一套公平的绩效评价标准和评价方法，有健全的信息管理制度，有完整的监督和奖惩体系。核算制度的目的是为给上述四项制度提供基础，了解各种制度执行的情况和效果，并进行相应的控制。要求核算必须落实到最小的可控制单位，即班组中；要把按人员职责落实的核算与按生产要素落实的核算、经济效益和经济消耗结合起来，建立完整的核算工作体系。项目管理部门执行组织的管理制度，同时根据本项目管理的特殊需要建立自己的制度，主要是目标管理、核算、现场管理、对作业层管理、信息管理、资料管理等方面的制度。

项目管理制度一经制定，就应严格实施，项目管理机构负责人（经理）和项目管理部门成员应带头执行，在项目实施过程中应严格对照各项制度，检查执行情况，并对制度进行及时的修改、补充和完善，以便于更好地规范项目实施行为。

4.4.4 项目管理机构的运行

1. 项目管理机构的运行机制

项目管理机构的工作应按制度运行，项目管理机构负责人（经理）应加强与下属的沟通。项目管理机构的运行应实行岗位责任制，明确各成员的责、权、利，设立岗位考核指标。项目管理机构负责人（经理）应根据项目管理人员岗位责任制对管理人员的责任目标进行检查、考核和奖惩。项目管理机构应对作业队伍和分包人实行合同管理，并应加强目标控制与工作协调。项目管理机构负责人（经理）是管理机制有效运行的核心，应做好协调工作，并能够严格检查和考核责任目标的实施状况，有效调动全员积极性。

项目管理机构负责人（经理）应组织项目管理部门成员认真学习项目的规章制度，及时检查执行情况和执行效果，同时应根据各方面的信息反馈而对规章制度、管理方式等及时地进行改进和提高。

2. 项目管理机构的工作内容

项目管理机构的工作内容主要有如下几个方面：

（1）在项目管理机构负责人（经理）领导下制定"项目管理实施规划"及项目管理的各项规章制度。

（2）对进入项目的资源和生产要素进行优化配置和动态管理。

（3）有效控制项目工期、质量、成本和安全等目标。

（4）协调企业内部、项目内部以及项目与外部各系统之间的关系，增进项目有关各部门之间的沟通，提高工作效率。

（5）对项目目标和管理行为进行分析、考核和评价，并对各类责任制度执行结果实施奖罚。

3. 项目管理机构的动态管理

项目管理机构是一次性组织，是项目特色和管理模式的具体反映。项目管理机构的组织和人员构成不应是一成不变的，而应随项目的进展、变化以及管理需求的改变而及时进行优化调整，从而使其更能适应项目管理新的需求，使得部门的设置始终与目标的实现相统一，这就是所谓的动态管理。项目管理部门动态管理的决策者是项目管理部门负责人（经理），项目管理部门负责人（经理）可根据项目的实施情况及时调整经理部构成，更换或任免项目管理部门成员，甚至改变其工作职能，总的原则应确保项目管理部门运行的高效化。例如在项目施工初期可加大经理部职能配置，而在后期应逐渐减少人员，合并职能，同时在实施过程中也可及时地更换不称职的管理人员或补充新需要的人才。

4.4.5 项目管理机构的解体

1. 项目管理机构解体的必要性

项目管理部门作为一次性组织在工程项目目标实现后应及时解体，其解体的必要性主要体现在以下几个方面：

（1）有利于组织公平公正地评价项目管理的实施效果。项目管理部门如果不及时解体，组织就不能对项目管理水平进行单独评价，如果一个项目管理部门连续承担工程项目的管理工作，那么就很难评价出哪一个项目管理得好，哪一个项目管理得差，而且组织也不便于进行经济核算和审计，不能正确反映项目管理部门的管理水平，也不便于项目管理人员正确地总结经验、吸取教训。

（2）有利于适应不同类型项目对管理层的需求，便于项目管理层的重组和匹配。

（3）有利于打破传统的管理模式，改变传统的思想观念。传统的固定建制式管理模式在很大程度上体现了因人设岗，甚至因人设事，从而使得管理工作效率低、人浮于事。如果项目管理部门不及时解体就会形成固定式组织，使得项目管理工作失去活力，使经理部成员缺乏竞争意识，更谈不上进取，久而久之，其管理行为就逐渐背离了项目管理初衷。

（4）有利于促进项目管理的发展和项目管理人才的职业化。项目管理部门的解体，规范了项目管理活动，提高了项目管理效率，使得管理工作从无形到有形，管理绩效的表现由模糊变得更加清晰，从总体上促进了项目管理的发展。同时，由于项目管理部门的一次性，使得管理人才改变了一贯制的工作性质和工作方法，提高了其项目管理的全面性和适应性，有利于我国项目管理人才逐渐向职业化方向发展。

2. 项目管理机构解体的基本条件

项目管理机构的解体必须具备以下基本条件后才能具体运行。

（1）工程项目已经竣工验收，已经验收单位确认并形成书面材料。

（2）与各分包单位已经结算完毕。在工程实施过程中，涉及许许多多的分包和外层关系单位，如分包商及材料供应、劳务、设备租赁、技术转让、科技服务等单位。在项目管理部门解体之前，必须做好与这些单位的债权债务清结工作，使得项目及时终结，避免出现遗留问题。

（3）已协助组织管理层与发包人签订了"工程质量保修书"。工程质量的保修工作既是一项比较单一的工作，同时又是一项带有不确定性和职责范围模糊性的工作。因此，为了确保施工组织的信誉和发包人的项目利益，双方应以公正、客观、实事求是的原则签订"工程质量保修书"。该文件既是常规性文件，同时也是特征单一性文件，它与工程竣工验收期间的有关现象认定有着密切的联系，因此，必须由项目组织负责代表企业与发包人做好保修书的签订工作。

(4)"项目管理目标责任书"已经履行完成,经过计合格。"项目管理目标责任书"是项目管理部门的项目管理责任状,项目管理部门必须按照"项目管理目标责任书"所确定的各项目标标准完成各项目标要求,并由企业管理层对其实施效果进行综合评定,尤其是对其经济效果进行严密的审计认定后才能进行解体工作。

(5)项目管理机构在解体之前应与组织职能部门和相关管理机构办妥各种交接手续,例如在各种终结性文件上签字,工程档案资料的封存移交,财会账目的清结,资金、原材料、设备等的回收,人事手续的办理以及其他善后工作的处理。

(6)项目管理机构在解体之前应作好现场清理工作。现场清理工作主要包括临时设施的撤回,材料的清点分类和回收,设备的清洗、润滑保养及收回,人员的遣散,现场管理手续的移交以及现场环境卫生工作。

项目管理部门在做好以上工作后,即可进一步办理解体手续。

4.5 项目团队建设

4.5.1 项目团队概念

项目团队主要指项目管理机构负责人及其领导下的项目管理部门和各职能管理部门。由于项目的特殊性,特别需要强调项目团队的团队精神,团队精神对项目管理部门的成功运作起关键性作用。

项目团队的精神具体体现在:

(1)有明确共同的目标,这里的目标一定是所有项目成员的共同愿景。

(2)有合理的分工和合作。通过责任矩阵明确每一个成员的职责,各成员间是相互合作的关系。

(3)有不同层次的权利和责任。

(4)组织有高度的凝聚力,能使大家积极地参与。

(5)团队成员全身心投入项目团队工作中。

(6)成员相互信任。

(7)有效的沟通,成员交流经常化,团队中有民主气氛,大家能够感到团队的存在。

(8)学习和创新是项目管理部门经常的活动。

4.5.2 项目团队对组织的意义

项目组织应树立项目团队意识,要满足:

(1)围绕项目目标而形成和谐一致、高效运行的项目团队;

(2)建立协同工作的管理机制和工作模式;

(3)建立畅通的信息沟通渠道和各方共享的信息工作平台,保证信息准确、及时和有效地传递。

4.5.3 项目管理机构负责人在项目团队建设中的主导作用

项目管理机构负责人对项目团队建设负责,尽早地培育团队,识别关键成员,适当进行工作授权,定期评估团队运作绩效,最大限度地调度个成员的工程积极性和责任感。项目管理机构负责人应通过奖励、表彰、集中办公、召开会议、学习培训等方式和谐团队氛围,统一团队思想,加强集体观念,处理管理冲突,提高项目运作效率。

4.5.4 项目团队建设

1. 团队形成的阶段

(1) 形成阶段

在这一过程中,主要依靠项目管理机构负责人来指导和构建团队。团队形成需要两个基础,它们是:

1) 以整个运行的组织为基础,即一个组织构成一个团队的基础框架,团队的目标为组织的目标,团队的成员为组织的全体成员;

2) 在组织内的一个有限范围内完成某一特定任务或为一共同目标等形成的团队。

(2) 磨合阶段

磨合阶段是团队从组建到规范阶段的过渡过程。主要指团队成员之间,成员与内外环境之间,团队与所在组织、上级、客户之间进行的磨合。

1) 成员与成员间的磨合。

由于项目团队成员之间的文化、教育、性格、专业等各方面的差别,在项目团队建设初期必然会产生成员之间的冲突。这种冲突随着项目成员间的相互了解逐渐达到磨合。

其中应该特别注意将员工的心理沟通与辅导有机地结合起来,应用心理学的方法将员工之间的情感不断地融和,将员工之间的关系逐步协调,这样才能尽快地减少人为的问题,缩短磨合期。

2) 成员与内外环境的磨合。

项目团队作为一个系统不是孤立的,要受到团队外界环境和团队内部环境的影响。作为一名项目成员,要熟悉所承担的具体任务和专业技术知识;熟悉团队内部的管理规则制度;明确各相关单位之间的关系。

3) 项目团队与其所在组织、上级和客户间的磨合。

对于一个新的团队其所在组织会产生一个观察、评价与调整的过程。二者之间的关系有一个衔接、建立、调整、接受、确认的过程,同样对于与其上级和其客户来说也有一个类似的过程。

在这个阶段,由于项目任务比预计的更加繁重、更困难,成本或进度的计划限制可能比预计的更加紧张,项目管理部门成员会产生激动、希望、怀疑、焦急和犹豫的情绪,会有许多矛盾。而且,在以上的磨合阶段中,可能有的团队成员因不适应而退出团队,为此,团队要进行重新调整与补充。在实际工作中应尽可能地缩短磨合时间,以便使团队早日形成合力。

(3) 规范阶段

经过磨合阶段,团队的工作开始进入有序化状态,团队的各项规则经过建立、补充与完善,成员之间经过认识、了解与相互定位,形成了自己的团队文化、新的工作规范,培养了初步的团队精神。

这一阶段的团队建设要注意以下几点:

1) 团队工作规则的调整与完善。工作规则要在使工作高效率完成,工作规范合情合理,成员乐于接受之间寻找最佳的平衡点。

2) 团队价值趋向的倡导。也就是说在团队成员之间创建共同的价值观。

3) 团队文化的培养。注意鼓励团队成员个性的发挥,为个人成长创造条件。

4）团队精神的奠定。团队成员需要相互信任、互相帮助，尽职尽责，才能形成具有合力的团队精神。

（4）表现阶段

经过上述三个阶段，团队进入了表现阶段，这是团队的最佳状态的时期。团队成员彼此高度信任，相互默契，工作效率有大的提高，工作效果明显，这时团队已经比较成熟。

但是也需要注意以下两个问题：

1）牢记团队的目标与工作任务。不能单纯地讲团队的建设而抛弃团队的组建目的。团队的组建是为项目服务的，抛弃项目团队的组建目的，团队的存在就没有任何意义。

2）警惕一种情况，即有的团队在经过前三个阶段后，在第四个阶段很可能并没有形成高效的团队状态，团队成员之间迫于工作规范的要求与管理者权威而出现一些成熟的假象，使团队没有达到最佳状态，无法完成预期的目标。

（5）休整阶段

休整阶段包括休止与整顿两个方面的内容。

团队休止是指团队经过一段时期的工作，工作任务即将结束，这时团队面临着总结、表彰等工作，所有这些暗示着团队前一时期的工作已经基本结束，团队可能面临马上解散的状况，团队成员要为自己的下一步工作进行考虑。

团队整顿是指在团队的原工作任务结束后，团队也可能准备接受新的任务。为此团队要进行调整和整顿，包括工作作风、工作规范、人员结构等各方面。如果这种调整比较大，那么实际上是构建成一个新的团队。

2. 项目团队能力的持续改进方法

（1）改善工作环境

工作环境是指团队成员工作地点的周围情况和工作条件。工作环境的状况可以影响人的工作情绪、工作效率、工作的主动性和创造性，进而影响工作质量与工作进度。也就是说，工作环境可以影响团队成员的能力的发挥与调动。一个良好的工作环境可以使团队成员有良好、健康的工作热情，可以使人产生工作的愿望，是使团队保持和发展工作动力的一个很重要方面。因此，项目的负责人应注意通过改善团队的工作环境来提高团队的整体工作质量与效率，特别是对于工作周期较长的项目。

（2）人员培训与文化管理

培训包括为提高项目团队技能、知识和能力而设计的所有活动。通过培训将有效地推进项目文化的建设和管理。项目培训可以是正式的，也可以是非正式的。工程项目管理中对团队成员的培训，相对于单位人力资源部门的培训而言要简单，但是更为实用。主要分为工作初期培训以及工作中培训。

在项目工作正式开展之前，项目团队成员进行短期培训。这种培训可能是几天，也可能是几小时。培训的目的主要是解决对项目的认识，项目的工作方法、工作要求、工作计划、相互分工、如何相互合作等等。具体的培训时间与工作量、培训内容等要根据项目的具体情况来确定。这种工作前培训的负责人一般是项目管理部门负责人（经理），有时也请项目委托方进行必要的说明与讲解。对于新手的培训还要安排一些基础知识及工作要求的内容。

项目工作中的培训是指在项目进行当中针对工作中遇到的问题而进行的短期而富有针

对性的培训。这种培训的主讲人往往是请来的专家,也可能是团队内部成员。对于工作中的项目培训要注意一点,即在这种培训中要注重实际成效,切忌只讲形式,不求效果,否则不但增加项目费用支出,还可能对项目团队文化与团队精神的形成产生不利影响,进而影响项目工作效率和项目的工作质量。

在培训中应该重点引导各种人员的文化及价值导向,要逐步形成项目文化管理的基础架构,包括:各种制度和程序的制定应该定期地根据惯例、文化的发展进行修订,惯例、文化的发展也必须将各种制度、程序的要求囊括其中,这样使培训与文化管理有机地结合起来,大大提高项目管理的效果。

(3) 团队的评价、表彰与奖励

团队的评价是对员工的工作业绩、工作能力、工作态度等方面进行调查与评定。评价是激励的方式之一。正确的开展评价可以使团队内形成良好的团队精神和团队文化,可以树立正确的是非标准,可以让人产生成就与荣誉感,从而使团队成员能够在一种竞争的激励中产生工作动力,提高团队的整体能力。团队评价的具体方式可以采取指标考核、团队评议、自我评价等多种方式。

表彰与奖励体系是正式管理活动的重要组成部分之一,可以提高或强化管理者所希望的行为。在取得的成绩与奖励之间建立起清晰、明确、有效的联系,有助于表彰与奖励成为行之有效的工具。否则,一旦表彰与奖励让人产生模糊的甚至是错误的理解,就可能产生反响的引导,使表彰与奖励活动对整个项目团队士气与团队精神产生消极的影响。在建立和运用表彰与奖励体系时还要注意,项目团队有必要建立自己的表彰与奖励标准体系,以便使这一工具更容易执行。

(4) 反馈与调整

项目人员配备、项目计划、项目执行报告等都只是反映了项目内部对团队发展的要求,除此之外,项目团队还应该对照项目之外的期望进行定期的检查,是项目团队建设尽可能符合团队外部对其发展的期望。外部反馈的信息中主要包括委托方的要求,项目团队领导层的意见,以及其他相关客户的评价与建议等。

当项目团队成员的表现不能满足项目的要求或者不适应团队的环境时,项目管理部门负责人(经理)不得不对项目团队成员进行调整。对这样的调整,项目管理部门负责人(经理)要及早准备,及早发现问题,早做备选方案,以免影响项目工作的顺利开展。

除上面的内容外,项目团队调整的另一项内容是对团队内的分工进行调整,这种调整有时是为了更好的发挥团队成员的专长,或为了解决项目中的某一问题,也可能是为了化解团队成员之间出现的矛盾。调整的目的都是为了使团队更适合项目工作的要求。

4.5.5 项目团队管理

1. 项目团队管理的意义

在项目管理活动中,项目团队的管理是需要引起重视的内容,拥有好的团队建设对整个管理活动和管理目标都是非常有利的。

(1) 能够保障工作的效率与安全。项目团队负责整个项目的各个活动,比如项目资金、技术、设计等多个方面,团队工作的态度和能力则关系到管理活动的优劣,因此,在项目管理中首先做好项目团队工作能够达到分工明确、有效安全的目的,在工作中充分调动团队人员工作的积极性,端正工作态度,保证工作中的每个细节都能落实到位。

(2) 能够切实提高项目管理的水平。当前,我国工程类项目管理面临的竞争压力较大,这种压力不仅仅来源于国内企业的增加和同行业的竞争,更多的是来自于国外的竞争。随着我国加入WTO,国际化知识经济时代已经来临,如果不能在人才方面取得先机,那么项目管理的整体链条都会受到影响,因此有效的项目团队管理能够切实提高团队的管理水平和知识水平,更好地适应经济时代面临的考验,为我国相关项目管理提供保障。

(3) 能够有效地推动我国项目队伍管理的改革。在项目管理中,一个非常重要的因素就是人才的管理和建设问题,也是一个企业未来发展的依托和借鉴。现阶段我国经济发展面临着重要改革,人才的储备和建设需要更多的决心加大培养力度,这也是继续保持我国经济发展势头的,进一步提高人们生活水平的关键因素。因此,加强项目团队建设正是我国经济发展改革的一个推动力,通过团队管理能够实现团队建设的有序和高水平,加快我国项目管理向技术、智力密集型转变。

2. 项目团队管理的影响因素

项目团队的管理直接影响项目的成败,在项目团队管理过程中,项目团队的成功主要取决于以下影响因素:

(1) 项目团队负责人是项目团队的领导者,是核心人物,对于项目管理的效果起着至关重要的作用。一个合格的项目团队负责人,除了要具有系统的项目管理方面知识,还应该具有优秀的领导、管理和沟通协调能力,能够发现每位项目团队成员的特长,并能够通过有效的方法使各成员在项目执行过程中发挥自己最大的作用。另外,项目团队负责人在项目出现问题时要勇于承担责任,积极主动地与项目团队成员进行沟通,尊重项目团队成员的个性,能够将相关项目资源和权力适当地授权给团队成员,发挥团队成员的积极性,组织团队活动,起到榜样模范作用。

(2) 项目必须具有非常明确具体的目标。明确具体的目标可以为项目团队成员的工作指明方向,项目团队负责人根据项目的目标可以进行项目任务的分配。每位项目团队成员的任务和目标是不同的,团队成员应该清晰地了解自己的项目任务和目标,使得个人的目标与项目团队的总目标一致。同时团队成员应该清楚了解个人目标与项目总目标之间关系的重要性以及与其他团队成员目标之间的相关性。只有这样,项目团队成员才可以清楚地了解个人目标的实现对总体目标的实现以及对其他团队成员目标实现的影响,从而有效地防止项目团队成员的任务与项目目标之间的冲突和重复。如果存在相互重复的任务,当任务没有按时完成或出现问题时,团队成员之间往往会相互指责,推脱责任,项目的执行效率和协调性就会受到严重影响。

(3) 良好的团队文化对于项目团队的成功是非常重要的。团队文化是项目团队成员在相互合作完成项目团队总体目标的过程中形成的一种潜意识文化,它对于实现每一位团队成员的人生价值具有非常重要的作用。团队文化对于项目团队的成员都有着非常重要的影响,积极向上的团队文化可以激发团队成员的工作积极性,而且促使他们的工作能力得到充分发挥,从而实现项目与个人利益的最大化。

(4) 项目团队成员之间的相互信任对于一个项目团队是至关重要的。对于一个复杂的项目,每位项目团队成员的任务都依赖于其他团队成员的信息和任务的完成。项目团队成员要认识到相互之间的依赖性和差异性,需要意识到信任其他团队成员对项目成功的重要性。如果在项目团队成员之间没有信任,那么交流合作与信息的分享将不会顺利进行,因此整个项目执行过程就会受到阻碍,项目的执行效率就会下降。另外,信任也包含了信任项目团队成员的能力,每位团队成员都应该相信其他成员能够很好地完成他们的任务。

(5) 有效的沟通与合作是项目团队成功的决定因素。在一个项目团队中,每位团队成员都有自己的技术与特长,沟通与合作能够取长补短,充分发挥团队成员的特长,使得团队的效率得到极大的提高。因此,每一位团队成员都要看到其他成员的优势,相互合作,认识到团队利益高于个人利益,团队的合作是项目质量的保证。除此之外,沟通和交流能够还能避免信息的不准确性。在交流和沟通的过程中,不同的团队成员用不同的方式表达和理解项目的任务,难免会存在一些误解与偏差。如果一个团队成员表达了错误的项目计划与任务,将会影响其他成员,使他们不能获得正确的信息,从而导致错误的项目结果。为了避免这种情况发生,进行充分及时的交流是非常必要的。

(6) 必要的奖励是项目团队管理的重要措施。通过奖励可以更好地激励项目团队成员的积极性和工作热情,从而提高项目完成的质量和效率。对于项目工作的成果和效果,每位项目团队成员都希望得到别人的肯定和奖励,最好的奖励方式是物质奖励和精神奖励相结合。物质奖励可以是礼品和奖金,这对于激励团队成员的工作热情具有重要的作用,但是物质奖励的作用是有限的,特别是项目经费不足时,需要从精神上给予奖励,如名誉称号,在例会或项目聚会、活动等场合公开表扬和夸奖都是很好的方式。每一位项目团队成员都希望自己的工作对别人有帮助,自己的工作是有价值的,能够获得肯定。精神奖励是物质奖励的有益补充,只有物质和精神奖励结合在一起,才能对各种类型的项目团队成员都起到最大的激励作用。

3. 项目团队管理的对策

塑造高效团队应遵循以下原则:

第一,团队成员多样化。高效团队应由各种不同技能、知识、经验、专长的成员组成。

第二,保持最佳规模。成员过多会造成协调困难,太少则会导致负担过重。一般而言,理想的人数是 10~12 人。

第三,正确选拔成员。有些个体不喜欢团队工作,应避免把他们选入团队。同样重要的是,应根据技能来确定人选,同时注意互补。这里的技能不仅是作业技能,还包括人际交往技能。

第四,重视培训。为了团队运作,成员必须具备所有相关工作技能和人际技能。为此,应该重视培训工作。

第五,澄清目标。只有当团队成员明了团队使命与目标,他们才能为之奋斗。所以要强调团队目标。

第六,个人报酬与团队绩效相连。应当根据每位成员对团队的贡献来确定个体的报酬,否则他们不会关心团队的成败得失。

第七,运用适当的绩效考核。需要开发一套具体办法与指标来测量团队绩效。这些测量工具不仅应该考虑团队的工作结果,还应该注重团队完成任务的过程。

第八,鼓励参加。团队成员参与决策的程度影响着他们对决策的理解与承诺。为使决策得到顺利执行,必须允许成员参与各项决策。

第九，提供支持。应让成员相信自己能够成功，为此，上级领导得提供各种物质、精神支持。如果成员得不到支持与鼓励，他们就不可能全力以赴地工作。

第十，重视沟通。为完成共同的目标与任务，团队成员必须及时沟通、相互合作，应当千方百计地促进沟通。

第十一，激发士气。当团队面临挑战时，成员会焕发斗志，取得优异成就。所以，当团队完成某项任务时，可为团队设置更具有挑战性的目标。

第十二，制定行为规则。有效地团队都有明确的准则，告诉成员允许做什么，禁止做什么，因此必须事先制定详细、具体的行为规则。

第十三，定期告知新信息。新的信息可能代表一种挑战，使团队保持创新状态。同时，常与外界交往，团队不会失去进取精神。

第十四，承认并回报重大贡献的成员。对于那些为团队成功做出重大贡献的成员，必须给予重奖。当然，奖励既可以是物质的，也可以是精神的。

4.6 项目管理目标责任书

4.6.1 项目管理目标责任书定位

项目管理目标责任书是组织管理层与项目管理部门签订的明确项目管理部门应达到的成本、质量、进度、安全和环境等管理目标及其承担的责任并作为项目完成后审核评价依据的文件。

项目管理目标责任书是项目目标的具体体现，是约束组织和项目管理部门各自行为的规范，是组织考核项目管理机构负责人和项目管理部门成员业绩的标准和依据，是项目管理机构负责人工作的目标。

项目管理机构负责人责任制是通过项目负责人（经理）和项目管理部门履行项目管理目标责任书，层层落实目标的责任权限、利益，从而实现项目管理责任目标。

项目管理目标责任书是明确项目管理机构负责人管理责任的内部文件，而并非法律意义上的合同，因此，双方之间的关系是组织内部的上、下级关系，而不是平等的合同法律主体双方之间的关系。其核心是为了完成项目管理目标。

4.6.2 项目管理目标责任书的编制

1. 确定项目管理目标的原则

（1）满足管理目标的要求和合同的要求

组织会与业主就工程项目签订合同，明确规定此工程将达到的各项目标和具体要求，项目管理机构负责人是组织法定代表人在项目上的授权管理者、组织实施者，因此项目管理机构负责人与组织法定代表人所签订的项目管理目标责任书应首先满足合同要求。

（2）考虑相关风险

项目在实施过程中存在各种不确定性的因素，导致了冲突、矛盾和纠纷，并产生一定的风险性，因此项目管理目标责任书定的目标不能太高、太苛刻，必须考虑一定的风险。

（3）具体且操作性强

项目管理目标责任书规定了项目部管理机构负责人应达到的各项指标，又是考核的重要依据，因此需具备较强的可操作性，充分发挥项目管理目标责任书的作用。

(4) 便于考核

项目管理目标责任书是项目管理机构负责人工作的目标，是考核项目管理机构负责人与项目部管理机构负责人成员业绩的标准和依据，因此项目管理目标责任书的各项考核指标应尽量量化，并且明确具体，便于工作的考核。

2. 编制项目管理目标责任书的依据

编制项目管理目标责任书应依据下列资料：

(1) 项目合同文件；
(2) 组织的管理制度；
(3) 项目管理规划大纲；
(4) 组织的经营方针和目标。

4.6.3 项目管理目标责任书的内容

(1) 项目的进度、质量、成本、职业健康安全与环境目标。
(2) 组织与项目管理机构之间的责任、权限和利益的分配。
(3) 项目需用资源的供应方式。
(4) 项目管理机构应承担的风险。
(5) 项目管理目标评价的原则、内容和方法。
(6) 对项目管理机构进行奖惩的依据、标准和办法。
(7) 项目管理机构负责人解职和项目管理机构解体的条件和办法。
(8) 法定代表人向项目管理机构负责人委托的特殊事项。

4.6.4 项目管理目标责任书的管理

1. 项目管理目标责任书的作用

"项目管理目标责任书"在项目管理中起着决定性和指导性的作用。

(1) 明确组织主管部门和各业务职能部门与项目管理机构负责人部之间的工作关系，包括指令、信息、责任以及指导和协助等方面的关系。通过目标责任书的明确，使得各方在处理工作关系有据可依，同时也是制定各自工作责任的标准。

(2) 明确项目管理机构负责人部的组织形式。在"项目管理目标责任书"中，应根据项目的性质、规模以及管理特点等要求确定项目管理机构负责人部的机构设置、人员构成以及管理模式。

(3) 明确项目的各项目标，为项目管理机构负责人部提供工作标准。

(4) 满足组织细部管理的需求，全面、具体的规定项目管理行为。

(5) 为项目管理的效果评定以及奖罚兑现提供标准，进一步明确项目管理机构负责人及项目管理机构负责人部成员的责任、权力和利益，并对其离任和解体所要达到的目标要求做出明确的规定。

2. 项目管理目标责任书的签订

"项目管理目标责任书"首先由组织管理部门根据项目特点和企业在项目上的目标要求，按照"项目管理目标责任书"的内容体系起草制定，然后会同项目管理机构负责人，甚至可以扩大到项目管理机构负责人部成员，进行协商，达成一致意见，最后双方签字认可，作为项目管理工作的约束标准。

"项目管理目标责任书"的签订应注意以下几点：

(1)"项目管理目标责任书"内容要具体,责任明确,各项目标的制定要详细、全面,尽量用量化的概念表达,做到所指明确、可操作性强。

(2)"项目管理目标责任书"中的各项目标水平应适中,制定目标时应考虑组织经营的实际,考虑组织的项目管理水平实际,避免目标定得过高、可望而不可即、失去目标的意义,同时也要避免目标定得太低,违背了项目管理的初衷。具体项目水平的高低应综合考虑历史上完成的项目的各项指标和其他相关组织的目标水平。

(3)"项目管理目标责任书"是项目实施水平的标尺,是对项目管理机构负责人和项目管理机构负责人部成员工作绩效评定的直接依据。因此,目标的制定应坚持方法科学、体系完整、标准得当、措辞严密、逻辑性强等原则。

(4)"项目管理目标责任书"的签订,应体现民主和过程方法的原则。责任目标虽然由企业制定,但应与项目管理机构负责人和项目管理机构负责人部成员磋商达成共识,避免一味地强加、不符合现实的现象。此外,目标制定应体现过程方法,即目标体系应由粗到细,尽量细分,指标越细、越具体越好,项目总体目标越可靠、越科学越好。

3. "项目管理目标责任书"的实施

"项目管理目标责任书"一经制定,就在项目管理工作中起强制性作用,因此在实施"项目管理目标责任书"工作中应做到如下几点:

(1) 树立正确观点,正确对待"项目管理目标责任书",加强目标观念,强化责任意识。在目标责任书制定后,项目管理机构负责人应组织项目管理机构负责人部成员及各层次人员认真学习、明确分工、制定措施、及时监督实施,确保目标的顺利实现。

(2) 在日常的项目管理工作中,各管理层应经常检查目标责任的兑现情况,及时发现问题,并及时地找出解决办法。

(3)"项目管理目标责任书"在实施过程中,应进一步完善和提高,对于某些目标可根据需求进一步细化,对于某些明显不符合实际的目标也可进行适当调整,这些工作都应由组织管理层组织完成。

(4) 项目完成之后,组织管理层应对项目管理目标责任书的完成情况进行考核,"项目管理目标责任书"实施效果的评定工作应客观、实事求是,根据考核结果和项目管理目标责任书的奖惩规定,提出考核意见,应充分体现公平、公正的原则确保目标责任书行为的约束性和管理的有效性。

4.7 项目管理机构负责人职责、权力和管理

4.7.1 项目管理机构负责人的职责

项目管理机构负责人(经理)应履行下列职责:

(1) 项目管理目标责任书规定的职责。

(2) 主持编制项目管理实施规划,并对项目目标进行系统管理。

(3) 对资源进行动态管理。

(4) 建立各种专业管理体系并组织实施。

(5) 进行授权范围内的利益分配。

(6) 收集工程资料,准备结算资料,参与工程竣工验收。

(7) 接受审计，处理项目管理部门解体后的善后工作。
(8) 协助组织进行项目的检查、鉴定和评奖申报工作。

4.7.2 项目管理机构负责人的权力

1. 参与项目招标投标和合同签订

为了工程项目的顺利实施，项目管理机构负责人有权参与项目的投标和合同的签订过程。

2. 参与组建项目管理部门

项目管理机构负责人在企业的领导和支持下组建项目管理部门，并把项目部成员组织起来共同实现项目目标，项目管理机构负责人应创造条件使项目部成员经常沟通交流，营造和谐融洽的工作氛围。

3. 主持项目管理部门工作

项目管理机构负责人有权对项目组的组成人员进行选择、分配任务、考核、聘任和解聘，有权根据项目需要对项目组成员进行调配、指挥，并且有权根据项目组成员在项目过程中的表现进行奖励和惩罚。

4. 决定授权范围内资金的投入和使用

在财务制度允许的范围内，项目管理机构负责人根据工作需要和计划安排，有权对项目预算内的款项进行安排和支配，决定项目资金的投入和使用。

5. 制定内部计酬办法

项目管理机构负责人是项目管理的直接组织实施者，有权制定内部的计酬方式、分配方法、分配原则，进行合理的经济分配。

6. 参与选择并使用具有相应资质的分包人

项目管理机构负责人参与选择分包人是配合企业进行工作的。使用分包人则是自主进行的。

7. 参与选择物资供应单位
8. 在授权范围内协调与项目有关的内外部关系
9. 其他权利

组织的法定代表人授予项目管理机构负责人的其他权利。

4.7.3 项目管理机构负责人的管理

1. 项目管理机构负责人的地位

项目管理机构负责人是根据组织法定代表人授权的范围、时间和内容，对项目实施全过程、全面的管理，是组织法定代表人在该项目上的全权委托代理人。项目管理机构负责人是项目管理的直接组织实施者，是工程项目管理的核心和灵魂，在项目管理中起到决定性的作用。实践证明，项目管理的成败，与项目管理机构负责人关系极大。一个好的工程项目背后，必定有一个好的项目管理机构负责人，只有好的项目管理机构负责人才能完成好的项目。

(1) 合同履约的负责人：项目合同是规定承、发包双方责、权、利具有法律约束力的契约文件，是处理双方关系的主要依据，也是市场经济条件下规范双方行为的准则。项目管理机构负责人是公司在合同项目上的全权委托代理人，代表公司处理执行合同中的一切重大事宜，包括执行合同条款，变更合同内容，处理合同纠纷且对合同负主要责任。

(2) 项目计划的制定和执行监督人：为了做好项目工作、达到预定的目标，项目管理机构负责人需要事前制定周全而且符合实际情况的计划，包括工作的目标、原则、程序和方法。使项目组全体成员围绕共同的目标、执行统一的原则、遵循规范的程序、按照科学的方法协调一致的工作，取得最好的效果。

(3) 项目组织的指挥员：项目管理涉及众多的项目相关方，是一项庞大的系统工程。为了提高项目管理的工作效率并节省项目的管理费用，要进行良好的组织和分工。项目管理机构负责人要确定项目的组织原则和形式，为项目组人员提出明确的目标和要求，充分发挥每个成员的作用。

(4) 项目协调工作的纽带：项目建设的成功不仅依靠项目相关方的协作配合甚至政府及社会各方面的指导与支持。项目管理机构负责人处在上下各方的核心地位，是负责沟通、协商、解决各种矛盾、冲突、纠纷的关键人物，应该充分考虑各方面的合理的潜在的利益，建立良好的关系。因此项目管理机构负责人是协调各方面关系使之相互紧密协作配合的桥梁与纽带。

(5) 项目信息的集散中心

自上、自下、自外而来的信息，通过各种渠道汇集到项目管理机构负责人，项目管理机构负责人又通过报告、指令、计划和协议等形式，对上反馈信息，对下、对外发布信息。通过信息的集散达到控制的目的，使项目管理取得成功。

2. 项目管理机构负责人的培养

项目管理机构负责人的培养主要靠工作实践，这是由项目管理机构负责人的成长规律决定的。成熟的项目管理机构负责人都是从项目管理的实际工作中选拔、培养而成长起来的。

(1) 项目管理机构负责人的选拔

项目管理机构负责人首先应从参加过项目的工程师中选拔，通过考察其个人的详细信息包括个人简历、学术成就、工作成绩评估、心理素质、领导能力的测试等，注意发现那些不但专业技术水平较高，而且组织管理能力、社会交际能力较强等综合素质较高、能力全面的人，他们可作为项目管理机构负责人的候选人来进行有目的地培养。在他们取得一定的工作经验之后，分配具有一定难度和挑战的任务，在实践中进一步锻炼其独立工作的能力。

一般来说，作为项目管理机构负责人候选人，应具备基层实际工作的阅历，以打下坚实的实践经验基础。没有足够深度和广度的项目管理实际阅历，将给项目管理工作的开展埋下隐患。

(2) 项目管理机构负责人的培养

1) 增强实际管理能力，积累经验

取得了基本技能训练之后，对符合项目管理机构负责人条件的候选人，应在经验丰富的项目管理机构负责人的带领下，委任其以助理的身份以协助项目管理机构负责人工作，或者令其独立主持单项专业项目或小项目的项目管理，并给予适时的指导。这是锻炼项目管理机构负责人才干和考察其项目管理能力的重要阶段，要想成为项目管理机构负责人，必须过好这一关。对在小项目管理机构负责人或助理岗位上表现出较强组织管理能力者，可让其挑起大型项目管理机构负责人的重担。

2) 参加组织或有关协会举办的培训

给项目管理机构负责人提供足够的机会去参加组织内部和行业有关协会举办的正规培训。项目管理机构负责人也要争取每一个难得的机会，吸收最新专业讯息，不断丰富项目管理知识，提高项目管理理论修为，进而理论联系实际，以更好地指导工作实践。组织内部和行业有关协会还有大量的非正规训练的机会，包括观摩他人作业、聆听别人的经验介绍等，项目管理机构负责人也应尽量参与交流，博人之所长，不断充实和提高自己。

3) 自我学习和改进

有人说，一个人的成就关键看他的业余时间用来做什么。自我学习是项目管理机构负责人提高自身能力的重要途径。自我学习的目的应是自我的改进。自我学习的方式有：阅读相关书籍、专业杂志、报刊，并认真学习有关领导的重要讲话；主动向其他经验丰富的项目管理机构负责人或前辈请教，虚心学习，聆听教诲，寻找工作技巧和捷径，少走弯路；有效利用网络资源，因为它突破了人们交流方面的时间和空间束缚，使大量信息在很小的空间中聚集，可以在更大范围内直接互动、讨论和交流，有利于拓展想象力、从他人的发言中获得启发、及时克服谬误和思维惯性、并相互提供心理支持。如经常登陆行业相关网站，了解行业发展动态，寻找新知识、新技术，利用电子邮件向其他专业人士请教、沟通、交换意见，或在相关 BBS 上交流，寻求帮助。

通过以上途径将有助于项目管理机构负责人的自我改进和提升，通过多种方式的合理搭配和交叉，使其逐渐成长为优秀的项目管理机构负责人。

第5章 项目管理策划

5.1 项目管理策划概述

5.1.1 项目管理策划的含义、组成和作用

1. 项目管理策划的含义

按照管理学的含义,策划是一个综合性的、完整的、全面的总体的计划,它包括目标、政策、程序、任务的分配、要采取的步骤、要使用的资源,以及为完成既定的行动方针所需要的其他因素。

《建设工程项目管理规范》定义:项目管理策划是为达到项目管理目标,在调查、分析有关信息的基础上,遵循一定的程序,对未来(某项)工作进行全面的构思和安排,制订和选择合理可行的执行方案,并根据目标要求和环境变化对方案进行修改、调整的活动。也就是说,项目管理策划是对项目全过程中的各种管理职能工作、各种管理过程以及各种管理要素,进行完整的、全面的、整体的安排;同时包括为保证项目总目标实现,可能在某一方面的项目管理安排。应该指出的是:项目管理策划包括对项目管理目标的调整、完善与修改。

因此,项目管理策划的目的是确定项目管理的目标、依据、内容、组织、资源、方法、程序和控制措施,以保证项目管理的正常进行和项目成功。

2. 项目管理策划的组成

项目管理策划由项目管理规划策划和项目管理配套策划组成。项目管理规划应包括项目管理规划大纲和项目管理实施规划,项目管理配套策划应包括项目管理规划以外的所有项目管理策划内容。

项目管理策划的成果包括:项目管理规划(含项目管理规划大纲与项目管理实施规划)和项目管理配套策划结果。一方面,项目管理规划相关内容也可采用各种项目管理计划(如:项目质量计划、进度计划、成本计划、安全生产管理计划、沟通管理计划、风险管理计划和工程总承包项目管理计划等)的方式体现(见标准正文相关条款);项目管理计划一般围绕专项管理(质量、进度、成本、安全、沟通、风险等管理)进行策划,是项目管理实施规划的重要组成部分。另一方面,项目管理配套策划相关内容的表现形式则十分灵活,可以是书面的,也可以是非书面的形式等等。

3. 项目管理策划的作用

自古以来,历代"谋定而后动"的理念说明了策划工作的重要性。项目管理策划的主要作用如下:

(1)项目管理策划研究和制定项目管理目标。项目管理规划的首要目的是确定项目管理的目标,项目管理采用目标管理方法,因此,目标对项目管理的各个方面具有规定性。

有了目标，就有了行动的方向、追求结果、管理的灵魂。

（2）项目管理策划规定项目目标管理的组织、程序和方法，落实组织责任。

1）组织是项目管理机能的源泉，项目管理的载体。用项目管理规划做好组织规划，便为项目管理的成功提供了最基本的保证。

2）程序是工作的步骤，是规律，是使项目管理有秩序进行的保证。项目管理规划必须把项目管理的程序规划得科学、合理、有效。

3）项目管理方法的重要性如同工具对于生产、武器对于战争，关系着管理的实施和成败。项目管理规划要从大量可用方法中进行优选，以便选用最适用的、最有效的方法。不同的项目管理专业任务，需要使用不同的适用专业管理方法，例如，质量管理、进度管理、安全管理、成本管理、风险管理等，都有各自的适用方法，都需要用项目管理规划进行选择和决策。

4）项目管理责任的落实是为了使项目管理者明确任务、程序和方法。项目管理规划要落实主要管理人员的责任，包括项目经理、项目副经理、技术负责人，以及各种专业管理任务（包括进度、质量、成本、安全、沟通、风险、人力资源、采购与合同、信息等）的管理组织的管理责任。

（3）项目管理策划结果应在项目管理过程中落实执行。项目管理策划确定或制定后，在整个的项目管理过程中就要严格遵照执行，项目经理依靠它进行组织指挥，管理人员按照它进行管理，就相当于这个工程的项目管理规范一样的重要，必须落实执行，不得束之高阁，更不能违背。

（4）作为对项目经理部考核的依据之一。由于项目管理规划的重要性、上述项目管理不可缺少的作用、对项目管理成败命运的决定性，因而，它必须作为项目经理部的考核依据，从而给项目管理规划的执行者以强有力的促进和激励作用。

根据以上对项目管理策划作用的认识，可以得出这样的结论：项目管理策划是进行项目管理所必需的。它不是可有可无的，不论是哪个组织、哪个项目、哪样的项目管理难度，都必须进行项目管理策划以指导项目管理工作，不能变相取消或削弱这项工作。

5.1.2 项目管理策划的种类

项目管理策划是一个综合性的、完整的、系统的总体计划与详细安排，包括目标、政策、程序、任务的分配、要采取的步骤、要使用的资源以及为完成既定的行动方针所需要的其他因素，其种类包括：

1. 按项目管理组织分类

按项目管理组织分类，项目管理策划分为建设单位的项目管理策划，设计单位的项目管理策划，监理单位的项目管理策划，施工单位的项目管理策划，咨询单位的项目管理策划，项目管理单位的项目管理策划等。

2. 按编制目的不同分类

按编制目的不同分类，项目管理策划可分为项目管理规划大纲、项目管理实施规划及项目管理的配套策划。

（1）项目管理规划大纲。一般应形成文件。它是项目管理工作中具有战略性、全面性和客观性的指导文件，它由组织的管理层或组织委托的项目管理单位编制，目的是满足战略上、总体控制上和经营上的需要。例如，建设单位为了实现全过程的项目管理，需要编制建设工程项目管理规划；咨询单位为了投标揽取项目管理咨询任务、设计单位为了投标揽取设计任务、施工单位为了揽取施工任务、项目管理公司为了取得项目管理任务，都要编制项目管理规划大纲。

（2）项目管理实施规划。一般应形成文件。项目管理实施规划具有作业性或可操作性。它由项目经理组织编制的。编制中除了对项目管理规划大纲进行细化外，还根据实施项目管理的需要补充更具体的内容。除了建设单位之外，其他各单位在中标并签订合同之后都要编制项目管理实施规划。建设单位之所以不编制项目管理实施规划，原因是在实施过程中，建设单位主要任务是进行审查和监督，从而实现自身的项目管理规划大纲（建设工程项目管理规划）。

（3）项目管理的配套策划。不一定形成文件。项目管理配套策划是除了项目管理规划大纲与项目管理实施规划以外的所有项目管理策划，其内容复杂，形式多样。

3. 按编制项目管理策划的范围分类

按编制项目管理策划的范围分类，项目管理策划可分为局部项目管理策划和全面项目管理策划。

（1）局部项目管理策划。它是针对项目管理中的某个部分或某个专业的问题进行策划的，例如设计单位进行建筑设计或设备设计的项目管理策划；项目管理公司进行组织管理策划或目标管理策划等。由于项目管理策划的范围很大，花费的时间很长，消耗的资源较多，故局部项目管理策划有着针对性强和立竿见影的作用。

（2）全面项目管理策划。它是针对一个项目的全部策划范围和全部的策划内容进行的完整的、系统的项目管理策划。每个项目都必须有一个全面的项目管理规划大纲、全面的项目管理实施规划和配套的项目管理策划。

5.1.3 项目管理策划的基本管理要求

（1）项目管理策划是一项复杂的系统工程，没有系统科学的管理规则就无法正确实现项目管理目标。因此无论是建设单位，还是其他参与方，组织都应建立项目管理策划的基本管理制度，确定项目管理策划的管理职责、实施程序和控制要求。

（2）项目管理策划的基本管理要求十分重要，具有项目管理策划的通用性意义，其成效直接关系策划的偏差控制水平。就建设项目参与各方来讲，均应按照下列基本要求进行策划管理：

1）分析、确定项目管理的内容与范围。旨在为项目管理策划提供基本条件，重点关注与之相对应的策划依据；

2）协调、研究、形成项目管理策划结果。旨在为项目管理策划提供成果，重点关注策划结果的适宜性、充分性和有效性；

3）检查、监督、评价项目管理策划过程。旨在确保项目管理成果的准确性，重点关注检查、监督、评价的时机与内容；

4）履行其他确保项目管理策划的规定责任。旨在为项目管理成果提供保障，重点关注规避策划风险的责任设置与落实情况。

（3）项目管理策划的工作程序直接影响策划结果，规范化的工作程序是保障策划正确性的基础。组织应遵循下列程序进行策划：

1）识别项目管理范围；

2) 进行项目工作分解;
3) 确定项目的实施方法;
4) 规定项目需要的各种资源;
5) 测算项目成本;
6) 对各个项目管理过程进行策划。

上述程序中"测算项目成本"体现了项目管理的效益与效率需求，表明项目成本对于管理策划的影响，折射出项目管理的内在本质。

(4) 项目管理策划过程的风险众多，把握和控制策划的关键过程是项目管理策划的重要环节。具体应从以下方面实施：

1) 项目管理范围是保证项目实现管理的前提，包括组织应完成项目的全部内容，并与各相关方的工作协调一致;

2) 项目工作分解结构是保证项目管理深度到位的前提，组织应根据项目管理范围，以可交付成果为对象实施；同时组织应根据项目实际情况与管理需要确定详细程度，形成工作分解结构;

3) 提供项目所需的充分资源是项目管理目标实现的前提，组织应进行方案比较，保证工程质量和降低项目成本;

4) 项目进度安排是项目管理的重要内容，组织应形成项目总进度计划，采用可视化图表表达是最好的方法;

5) 项目成本是项目管理的关键指标，组织宜采用量价分离的方法，按照工程实体性消耗和非实体性消耗测算项目成本;

6) 项目过程检查是确保项目管理策划成功的重要手段，组织应进行跟踪检查和必要的策划调整；项目结束后，宜编写项目管理策划的总结文件。

上述规定内容不仅反映了项目管理策划的核心管理控制点，明确了项目管理策划的管理内容，而且突出了项目管理集成化的策划理念，可以抓点带面，纲举目张。

5.1.4 对项目参与各方项目管理策划的具体要求

在项目管理策划基本要求基础上，项目参与各方应该明确各自项目管理策划的具体要求。

1. 对建设单位实施项目管理策划的要求

(1) 建设单位编制的建设工程项目管理规划大纲，应当以实现建设工程项目策划、指导全过程项目管理的成功为目的。

(2) 建设工程项目管理规划大纲主要是规划建设单位自身的项目管理行为。

(3) 由于建设单位是建设工程项目管理的核心组织，故建设工程项目管理规划大纲应能对各相关单位的项目管理策划起指导作用。

(4) 无论是否委托咨询单位或委托监理，建设单位都必须编制建设工程项目管理规划。不过，该规划除出了由建设单位自己编织以外，也可委托咨询单位进行编制。

(5) 建设单位应确保自身项目管理团队实施项目管理配套策划的正确性。

2. 对施工单位、设计单位、监理单位和咨询单位进行项目管理策划的基本要求

作为项目其他参与方的项目管理策划，对他们进行项目管理策划的要求具有共性。

(1) 符合建设单位（顾客）的要求（包括符合建设工程项目管理规划的要求）。

(2) 编制的过程中必须全面研究项目的招标文件和合同文件。

(3) 项目管理实施规划必须满足自身项目管理规划大纲的要求,同时进行项目管理配套策划。

(4) 符合国家(和地方)的法律、法规、政策、规范、规程和标准。

(5) 符合现代管理理论,采用新的管理方法、手段和工具。

(6) 进行项目管理策划的过程就是一个策划、创新、预测和决策的过程,因此策划人员必须树立科学发展观,以相应的科学理论和科学方法作指导,并通过论证再作决策。

(7) 项目是个系统,项目管理也是个系统,系统的规模很大,必须用系统观点进行项目管理策划,采用系统的方法,取得系统的全面理想效果。

5.1.5 项目管理策划文件的范围和编制主体

按照有关法律法规和行政文件的要求,有相当一部分项目管理策划的成果是应该形成文件的。其中项目管理规划的范围和编制主体见表5-1;项目管理配套策划(含可能形成的文件)范围和内容的确定由组织规定的授权人负责实施,具体见本书5.4节。

工程项目管理规划的范围和编制主体　　　　表 5-1

项目定义	项目范围与特征	项目管理规划名称	编制主体
建设项目	在一个总体规划范围内、统一立项审批、单一或多元投资、经济独立核算的建设工程	《建设项目管理规划》	建设单位
工程项目	建设项目内的单位、单项工程或独立使用功能的交工系统(一般含多个)	《工程项目管理规划》《规划大纲》和《实施规划》,如:日常的施工组织设计,项目管理计划等	承包单位等
专业工程项目	上下水、强弱电、风暖气、桩基础、内外装等	《工程项目管理实施规划》(规划大纲可略)	专业分包单位

项目管理策划需参照本规范管理要求构建基本框架,并结合项目范围、特点和实际管理需要,经过逐步梳理、调整和完善。工程总承包及代建制模式的项目管理策划(包括项目管理规划与项目管理配套策划)需包含项目投融资、勘察设计、招标采购、过程控制及动用准备等相关的管理内容。

5.1.6 施工项目管理实施规划与施工组织设计、质量计划的关系

作为施工单位的项目管理策划,其正确处理施工项目管理实施规划与施工组织设计、质量计划的关系是提高项目策划水平、规避项目管理风险的基本条件。

《规范》5.2.4条文说明提出,以下情形可省略项目管理规划大纲的编制,直接编制项目管理实施规划:

1 规模小、技术简单的一般工业与民用建筑工程项目;

2 可接受项目管理规划大纲投标的工程项目;

3 分部分项工程或专业分包工程项目。

上述条文说明,要求项目管理策划者应注意三者的相容性,理清相互关系,避免重复性的工作。具体可按以下5个方面理解与实施:

(1) 不论施工组织设计或质量计划,都应按项目管理规划的内容要求进行编制,而不能要求项目管理规划按照项目施工组织设计和质量计划编制。因为,施工组织设计的内容,主旨是满足施工的要求,质量计划主要是为质量管理服务的,他们的内容设定,都不能像项目管理规划那样满足项目管理的全面要求。为了使施工组织设计和质量计划满足项目管理规划的要求,必须对他们的内容进行改革、扩展,而不能盲目相互代替。

(2) 项目管理实施规划是欧美国家常见的项目实施文件,其系统性、完整性内容对于项目实施过程的指导价值十分重要。项目管理实施规划是企业内部文件,不应外传,但是如果监理机构要审查施工组织设计和质量计划,可从项目管理实施规划中摘录。

(3) 由于承包人在计划经济时代一直使用施工组织设计,因此进行项目管理以后,绝大多数企业始终使用施工组织设计进行项目管理,对项目管理规划的重要性还没有足够的认识,甚至认为是重复施工组织设计的工作,想用施工组织设计代替项目管理规划。进入20世纪80年代以后,又产生了编制质量计划的要求,承包人更感到不堪重负,难以处理三者的关系。相互兼容、简单宜行是现代项目管理思想的基本特点。因此本条规定解决了承包人的思想负担。除了承包人建立项目管理规划制度以外,还要求有关部门在相关规定上和配套标准(规范)上加以调整、补充或改变,不能有多套模式或各有一套的做法,更不能在规定和政策上产生矛盾而使业界无所适从的情况。

(4) 在实际工程中,我国的发包人常常在招标文件中要求承包人编制施工组织设计,或要求编制质量计划,对此应注意它们的一致性和相容性,避免重复性的工作。

若需按发包人的要求在投标文件中提供施工组织设计,施工项目管理大纲的内容应考虑发包人对施工组织设计的内容要求、评标的指标和评标方法。施工项目管理规划的编制应贯彻部门规章中有关施工组织设计的规定。

因为全面地完成施工合同是承包人的最重要的任务,也是施工项目管理规划的目的,所以在相应的投标文件的编制中,应按照施工项目管理大纲编制施工组织设计,施工项目管理规划大纲的许多内容可以直接或经过细化、修改、调整、补充后,在施工组织设计中使用。

按照施工合同的规定(如我国的《建设工程施工合同(示范文本)》和FIDIC条件),承包人在中标后的一段时间内(通常为28天)向发包人(或监理工程师)提供详细的工程实施计划,这个详细的工程实施计划应按照施工项目管理实施规划编制,施工项目管理实施规划的内容可以直接或经过细化、修改、调整、补充后在该工程实施计划中应用。

(5) 在有些施工项目中,要求提供质量计划,例如按照FIDIC条件的规定,监理工程师有权审查承包人的质量管理体系。施工项目管理规划是编制质量计划的依据。在现代工程中承包人的施工质量计划的内容在很大程度上与施工项目管理规划的内容是一致的,所以施工项目管理规划(规划大纲或实施规划)的许多内容可以直接或经过细化、修改、调整、补充后在质量计划编制时使用。质量管理体系的规划也是施工项目管理规划的重要的组成部分之一。

5.1.7 项目管理范围、工作结构分解与项目管理策划

项目管理策划的基础是界定适宜的项目管理范围。合理的项目管理策划首先是在科学

的项目管理范围基础上的。项目管理范围的确定和工作结构分解工作的主要的目的是确定项目管理对象的范围。项目管理策划是为了解决如何完成合同中规定的组织的责任问题，所以必须以项目范围内的工程和/或工作为依据。

项目管理策划必须对发包人的招标文件和合同文件完全响应，对合同确定的范围和承包人的合同责任必须做出应答。

所以，在项目管理策划确定之前，组织应该分析合同的工程范围和合同责任，并将它们分解到具体的工程活动。实质上这是项目管理策划的一项重要工作。项目工作结构分解是为了解决由招标文件（合同条件）所规定的工程目标和工程范围到具体的可控制、可执行、可考核的管理活动的过程。这项工作是项目管理规划的基础，对整个项目管理目标和责任体系有决定性作用。

项目工作结构分解的结果有项目结构图、项目管理工作结构图等。不同的项目（规模、性质、工作范围）的分解结果的差异很大，没有统一的分解方法，但有下面一些基本原则应抓住：

(1) 项目工程结构图主要是通过对工程进行分解而形成的。工程分解有多种方法：

一是按照工程的系统功能分解：按照工程运行中所提供的产品或服务，将工程分解为独立的单项工程（如分厂、车间）；按照平面位置分解为栋号或区段；对在整个工程中有独立作用的系统工程也可以作为功能对待。

二是按照专业要素分解为建筑、结构、水电、设备安装等；结构又可分为基础、主体框架、墙体、楼地面等；水电又可分为：水、电、卫生；设备又可分为：电梯、控制系统、通信系统、生产设备等。

三是按照项目过程分解。它受合同所定义的合同责任约束。

对项目管理实施规划，在上述分解的基础上还应该进一步分解。

项目工作结构分解后应进行工作编码设计，并在项目管理规划中描述编码规则。

(2) 项目管理工作结构图：

项目管理工作结构图可按项目管理任务逐层分解，例如，将项目管理的任务分解为编制项目管理规划、建立项目管理组织、进行目标管理、进行其他管理等，还可以进一步进行分解，见图 5-1 所示；也可以按照负责不同项目管理任务的项目管理部门进行分解，如图 5-2 所示。

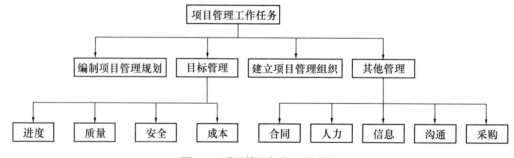

图 5-1　项目管理任务逐层分解

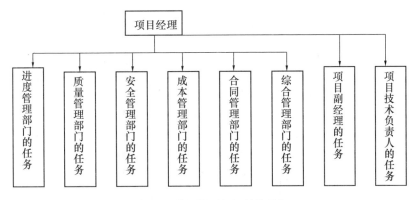

图 5-2 项目管理组织结构分解

5.2 项目管理规划大纲

5.2.1 项目管理规划大纲的性质和作用

1. 项目管理规划大纲的性质

《规范》5.2.1 条规定"项目管理规划大纲应是项目管理工作中具有战略性、全面性和宏观性的指导文件"。所谓战略性，主要指其内容高屋建瓴，具有原则、长期、长效的指导作用。所谓全面性，是指它所考虑的是项目管理的整体而不是某一部分或局部，是全过程而不是某个阶段的。所谓宏观性，是指该规划涉及客观环境、内部管理、相关组织的关系、项目实施等，都是重要的、关键的、大范围的，而不是微观的。

2. 项目管理规划大纲的作用

项目管理规划大纲的作用如下：

（1）对项目管理的全过程进行规划，为全过程的项目管理提出方向和纲领。

（2）作为承揽业务、编制投标文件的依据。

（3）作为中标后签订合同的依据。

（4）作为编制项目管理实施规划的依据。

（5）建设单位的建设工程项目管理规划还对各相关单位的项目管理和项目管理规划起指导作用。

综合上面的 5 项作用可以看出，项目管理规划大纲的作用既有对内的，也有对外的，它不但是管理性文件，也是经营性文件，所以编制者要站得高、想得宽、看得远。只有企业管理层所具有的地位才能担当此任，项目经理部地位较低，基本不对外经营，因此，不能把这项任务放到项目经理（负责人）部身上。

5.2.2 项目管理规划大纲的编制依据

1. 《规范》关于编制依据的相关规定

《规范》5.2.3 条规定项目管理规划大纲的编制依据如下：

（1）项目文件、相关法律法规和标准；

（2）类似项目经验资料；

（3）实施条件调查资料。

具体可包括：可行性研究报告；设计文件、标准、规范与有关规定；招标文件及有关合同文件；相关市场信息与环境信息等等。

2.《规范》关于编制依据的相关说明

编制依据的正确与合理对于项目管理策划的影响巨大。组织应该客观把握策划依据的确定，确保项目管理策划的风险处于可以接受的水平。

（1）不同的项目管理组织编制项目管理规划大纲的依据不完全相同。建设单位和设计单位编制项目管理规划大纲需要可行性研究报告，而施工单位编制项目管理规划大纲则不一定需要可行性研究报告；设计单位和施工单位编制项目管理规划大纲需要其他依据，但是建设单位编制项目管理规划时尚不具备设计文件招标文件和有关合同文件，也没有必要。因此，究竟是用那些依据要由编制组织在上述范围内具体选定，必要时，还应该寻求其他依据。

（2）招标文件及发包人对招标文件的解释是除建设单位外其他单位编制项目管理规划大纲的最重要依据。在招标过程中，发包人常会以补充、说明的形式修改、补充招标文件的内容；在标前会议上发包人也会对承包人提出的问题、对招标文件不理解的地方进行解释。承包人在项目管理规划大纲的编写过程中一定要注意这些修改、变更和解释。

（3）在编制规划大纲前应进行招标文件的分析：

1）通过对投标人须知的分析；了解投标条件、招标人招标程序安排，进一步分析投标风险。

2）通过对合同条件的审查，分析它的完备性、合法性、单方面约束性的条款和合同风险，确定承包人总体的合同责任。

3）对技术文件进行分析、会审，以确定招标人的工程要求、进行项目管理的工程范围、技术规范、工程量等。

4）对在招标文件分析中发现的问题、矛盾、错误和不理解的地方，应及早向发包人提出，请给予解释。这对正确地编制规划大纲和投标文件是十分重要的。

（4）相关市场信息与环境信息：

相关市场信息主要是供求信息、价格信息和竞争信息，这对于各编制项目管理规划大纲的单位来说都是相当重要的。

环境信息范围较广，包括政策环境、经济环境、管理环境、国际环境、政治环境、自然环境、现场环境，乃至发包人提供的信息等，在项目规划大纲起草前应进行有针对性地调查。调查应有计划、有系统地进行，在调查前可以列出调查提纲。由于投标过程中时间和费用的限制，应主要着眼于调查对工作方案、合同的执行、实施合同和成本有重大影响的环境因素。应充分利用企业的信息网络系统和以前曾获得的信息。

（5）本组织对承揽任务的投标总体战略、中标后的经营方针和策略，必须体现在项目管理规划大纲中。因此，这些也应该是项目管理规划大纲的编制依据，包括：企业在项目所在地以及项目所涉及的领域的发展战略；该项目在企业经营中的地位，项目的成败对将来经营的影响，如是否是创牌子工程、是否是形象工程；发包人的基本情况，如信用、管理能力和水平、发包人取得后续任务的可能性等。

5.2.3 项目管理规划大纲的编制程序

《规范》5.2.2条规定了项目管理规划大纲的7步编制程序：

(1) 明确项目需求与项目管理范围；(2) 确定项目管理目标；(3) 分析项目实施条件，进行项目工作结构分解；(4) 确定项目管理组织模式、结构和职责分工；(5) 规定项目管理措施；(6) 编制项目资源计划；(7) 汇总整理，报组织的决策层审批。

这个程序中，关键程序是第（5）、（6）个。前面的四步都是为他服务的，最后一步是例行管理手续。不论哪个组织编制项目管理规划，都应该遵照这个程序。

5.2.4 项目管理规划大纲的内容

《规范》5.2.4 条规定了项目管理规划大纲包括的 15 项规划内容：项目概况；项目范围管理；项目管理目标；项目管理组织；项目采购与投标；项目成本管理；项目进度管理；项目质量管理；项目安全生产；绿色建造和环境管理；项目资源管理；项目信息管理；项目沟通与相关方管理；项目风险管理；项目收尾管理等。

(1) 项目概况

项目概况包括项目范围描述、项目实施条件分析和项目管理基本要求等。

1) 项目基本情况描述。包括投资规模、工程规模、使用功能、工程结构与构造、建设地点、基本的建设条件（合同条件、场地条件、法规条件、资源条件）等。项目的基本情况描述可以用一些数据指标描述。

2) 项目实施条件分析包括：发包人条件，相关市场条件，自然条件，政治、法律和社会条件，现场条件，招标条件等。这些资料来自于环境调查和发包人在招标过程中可能提供的资料。

3) 项目管理基本要求包括：法规要求、政治要求、政策要求、组织要求、管理模式要求、管理条件要求、管理理念要求、管理环境要求、有关支持性要求等。

(2) 项目范围管理

项目范围管理规划要通过工作分解结构图实现，并对分解的各单元进行编码及编码说明。既要对项目的过程范围进行描述，又要对项目的最终可交付成果进行描述。项目管理规划大纲的项目工作结构分解可以粗略一些。

(3) 项目管理目标

1) 项目管理的目标通常包括两个部分：

一是合同要求的目标。合同规定的项目目标是必须实现的，否则投标就不能中标，中标后必须接受合同或法律规定的处罚。

二是对组织自身要完成的目标。项目管理目标规划应明确进度、质量、职业健康安全、环境、成本等的总目标，并进行可能的分解。这些目标是项目管理的努力方向，也是管理成果的体现，故必须进行可行性论证，提出纲领性的措施来。

2) 有时组织的总体经营战略和本项目的实施策略会产生一些项目的目标，应一并加以规划。

3) 项目管理的目标应尽可能定量描述，是可执行的、可分解的，在项目实施过程中可以用目标进行控制，在项目结束后可以用目标对项目经理部进行考核。

4) 项目的目标水平应通过努力能够实现，不切实际的过高目标会使项目经理部失去努力的信心；过低会使项目失去优化的可能，企业经营效益会降低。

5) 项目管理目标规划应满足顾客的要求，赢得顾客的信任。这里的顾客主要是发包人，也可能是分包的总包人或其他项目管理任务的提供人。

(4) 项目管理组织

项目管理组织规划应包括组织结构形式、组织构架图,项目经理、职能部门、主要成员人选,拟建立的规章制度等。

项目的组织规划应符合本组织的项目组织策略,有利于项目管理的运作。

在项目管理规划大纲中不需详细地描述项目经理部的组成状况,仅需原则性地确定项目经理、总工程师等的人选。按照发包人招标的要求,项目经理和/或技术负责人需要在发包人的澄清会议上进行答辩,所以项目经理和/或技术负责人必须尽早任命,并尽早介入项目的投标过程。这不仅是为了中标的要求,而且能够保证项目管理的连续性。

(5) 项目采购与投标管理

项目采购规划应依据采购人的需求,识别与采购有关的资源和过程,包括采购什么,何时采购,询价,评价并确定参加投标的分包人,分包合同结构策划,采购文件的内容和编写等。

项目投标管理应基于投标人的角度,策划项目投标与经营活动,包括围绕项目发包人需求,编制投标文件并按照约定进行投标。投标策划活动的关键是对于风险及其自身履约能力的评估。

(6) 项目成本管理

1) 组织应提出完成任务的预算和成本计划。成本计划应包括项目的总成本目标,按照主要成本项目进行成本分解的子目标,保证成本目标实现的技术、组织、经济和合同措施。

2) 成本计划目标应留有一定的余地,并有一定的浮动区间,以便激发生产和管理者的积极性。

3) 成本目标的确定应反映如下因素的要求:任务的范围、特点、性质;招标文件规定的责任;环境条件;完成任务的实施方案。

4) 成本目标是组织投标报价的基础,将来又会作为对项目经理部的成本目标责任和考核奖励的依据。它应反映实际开支,所以在确定成本目标时不应考虑组织的经营战略。

(7) 项目进度管理

1) 项目进度管理规划应包括进度的管理体系、管理依据、管理程序、管理计划、管理实施和控制、管理协调等内容的规划。

2) 应说明招标文件要求的总工期目标,总工期目标的分解,主要的里程碑事件及主要工程活动的进度计划安排、进度计划表。应规划出保证进度目标实现的组织、经济、技术、合同措施来。

3) 项目管理规划大纲中的工期目标与总进度计划不仅应符合招标人在招标文件中提出的总工期要求,而且应考虑到各种环境条件的制约、工程的规模和复杂程度、组织可能有的资源投入强度,要有可行性。在制定总进度计划时应参考已完成的当地同类项目的实际进度状况。

4) 进度计划宜主要采用横道图的形式,并注明主要的里程碑事件。

(8) 项目质量管理

1) 项目管理规划大纲确定的质量目标应符合招标文件规定的质量标准,应符合国家(和地方)的法律、法规、规范的要求,应体现组织的质量追求。

2) 项目管理工作方案、质量管理体系、质量保证措施、质量控制活动等都要进行规划，都要保证该质量目标的实现。

(9) 项目安全生产管理

1) 应对职业健康和安全管理体系的建立和运行进行规划。

2) 应对危险源进行预测，对控制方法进行粗略规划。

3) 应编制有战略性和针对性的安全技术措施计划和环境保护措施计划。

4) 对于施工项目管理组织，过程的职业健康安全和环境保护显得尤为重要。建设项目管理规划大纲和设计项目管理规划大纲还应特别重视项目产品的职业健康安全性。

(10) 绿色建造与环境管理

1) 要对绿色建造与环境管理体系的建立和运行进行规划。

2) 要对环境因素进行预测，对控制方法进行设计、施工一体化规划。

3) 要编制有战略性和针对性的环境技术措施计划和环境保护措施计划。

4) 对于施工项目管理组织，过程的环境保护显得十分重要。建设工程项目管理规划大纲和设计项目管理规划大纲还应特别重视项目产品环境保护性。

(11) 项目资源管理

项目资源规划要识别与工程需求有关的资源和过程，包括需要什么，何时需要，询价，评价并确定参加资源提供的分包人，分包合同结构策划，资源采购文件的内容和编写等。

项目资源管理规划包括识别、估算、分配相关资源，安排资源使用进度，进行资源控制的策划等，涉及劳务、施工机具与设施、材料等，这些资源的采购与使用成为资源管理的重点工作。

(12) 项目信息管理

项目信息管理规划的内容包括：信息管理体系的建立，信息流的设计，信息收集、处理、储存、调用等的构思、软件和硬件的获得及投资等。它服务于项目的过程管理。

(13) 项目沟通与相关方管理

项目沟通管理规划的内容包括：项目的沟通关系，项目沟通体系，项目沟通网络，项目的沟通方式和渠道，项目沟通计划，项目沟通依据，项目沟通障碍与冲突管理方式，项目协调组织、原则和方式等。

(14) 项目风险管理

1) 应根据工程的实际情况对项目的主要风险因素做出预测，并提出相应的对策措施，提出风险管理的主要原则。

2) 项目管理规划大纲阶段对风险的考虑较为宏观，着眼于市场、宏观经济、政治、竞争对手、合同、发包人资信等。

3) 在项目管理规划大纲中可选择的风险对策措施可能有如下一些：

① 回避风险大的项目，选择风险小或适中的项目。对于风险超过自己的承受能力、成功把握不大的项目，不参与投标。

② 技术措施。如选择有弹性的、抗风险能力强的技术方案，而不用新的、未经过工

程实用的、不成熟的方案；对地理、地质情况进行详细勘察或鉴定，预先进行技术试验、模拟，准备多套备选方案，采用各种保护措施和安全保障措施。

③ 组织措施。对风险很大的项目加强计划工作，选派最得力的技术和管理人员，特别是项目经理；在同期实施的项目中提高它优先级别，在实施过程中严密地控制。

④ 购买保险。例如常见的工程损坏、第三方责任、人身伤亡、机械设备的损坏等，可以通过购买保险的办法解决。

⑤ 要求对方提供担保（或反担保），出具资信证明。

⑥ 在投标报价中，根据风险的大小以及发生可能性（概率）在报价中加上一笔不可预见风险费作为风险准备金。

⑦ 采取合作方式共同承担风险，例如通过分包、联营承包，与分包人共同承担风险。

⑧ 通过合同条款的约定分配有关风险。

(15) 项目收尾管理

项目的收尾管理规划包括工作成果验收和移交，费用的决算和结算，合同终结，项目审计，售后服务，项目管理组织解体和项目经理解职，文件归档，项目管理总结等。项目管理规划大纲应做出预测和原则性安排。这个阶段涉及问题较多，不能面面俱到，但是重点问题不能忽略。

5.3 项目管理实施规划

5.3.1 项目管理实施规划的性质和作用

1. 项目管理实施规划的性质

项目管理实施规划与项目管理规划大纲不同，它编制在项目实施前，为指导项目实施而编制。因此，项目管理实施规划是项目管理规划大纲的细化，应具有操作性。它以项目管理规划大纲的总体构想和决策意图为指导，具体规定各项管理业务的目标要求、职责分工和管理方法，为履行合同和项目管理目标责任书的任务做出精细的安排。它可能以整个项目为对象，也可能以某一阶段或某一部分为对象。它是项目管理的执行规划，也是项目管理的"规范"。

2. 项目管理实施规划的作用

项目管理实施规划的主要作用如下：

(1) 执行并细化项目管理规划大纲。项目管理规划大纲毕竟是企业管理层编制的、战略性的、控制性的、粗线条的、时间较早的规划，所以要通过项目管理实施规划进行贯彻，加以细化，为项目管理提供具体的指导文件。

(2) 指导项目的过程管理。项目的过程管理需要目标、组织、职责、依据、计划、程序、过程、标准、方法、资源、措施、评价、认定、考核等要素，需要项目管理实施规划予以提供。

(3) 将项目管理目标责任书落实到项目经理部，形成规划性文件，以便实现组织管理层给予的任务。项目管理目标责任书是组织管理层根据合同和经营管理目标要求，明确规定项目经理部应达到的控制目标的文件，是项目经理部任务的来源。项目经理部如何实现目标完成任务呢？必须通过编制项目管理实施规划做出安排，然后才能按规划实施。

(4) 为项目经理指导项目管理提供依据。规划成功了的项目管理实施规划可以告诉项目经理，在项目管理中做什么，怎么做，何时做，谁来做，依据什么做，用什么方法做，如何应对风险，怎样沟通与协调，得出什么结果，等等。所以它是项目经理可靠的依据，像项目经理的"管理手册"那样可靠。

(5) 项目管理实施规划是项目管理的重要档案资料，存档后就是可贵的管理储备。

5.3.2 项目管理实施规划的编制步骤和要求

1. 项目管理实施规划的编制步骤

(1) 进行合同和实施条件分析。

(2) 确定项目管理实施规划的目录及框架。

(3) 分工编写。项目管理实施规划必须按照专业和管理职能分别由项目经理部的各部门（或各职能人员）编写。有时需要组织管理层的一些职能部门参与。

(4) 汇总协调。由项目经理协调上述各部门（人员）的编写工作，给他们以指导，最后由项目经理定人汇总编写内容，形成初稿。

(5) 统一审查。组织管理层出于对项目控制的需要，必须对项目管理实施规划进行审查，并在执行过程中进行监督和跟踪。审查、监督和跟踪的具体工作可由组织管理层的职能部门负责。

(6) 修改定稿。

(7) 报批。由项目经理部报给组织的领导批准项目管理实施规划。它将作为一份有约束力的项目管理文件，不仅对项目经理部有效，而且对组织各个相关职能部门进行服务和监督也有效。

2. 项目管理实施规划编制的要求

(1) 项目管理实施规划应在组织管理层的领导下由项目经理组织编写，并监督其执行。在编写中应体现并符合现代项目管理的要求。

(2) 它的编制应符合合同和项目管理规划大纲的要求。

从获得招标文件到签订合同、项目实施启动，组织所掌握的信息量不断扩大，经营战略、策略也可能有修改。项目管理实施规划应反映这些变化。但是如果项目管理实施规划对项目管理规划大纲有重大的或原则性的修改，应报请企业相关权力部门（人员）批准。

5.3.3 项目管理实施规划的编制依据

《规范》5.3.3规定，项目管理实施规划的编制依据有4项，包括：项目管理规划大纲；项目条件和环境分析资料；合同及相关文件；同类项目的相关资料。

(1) 依据项目管理规划大纲

从原则上讲，项目管理实施规划是规划大纲的细化和具体化，但在依据规划大纲时应注意在做标、投标、开标后的澄清，以及合同谈判过程中获得的新的信息、过去所掌握的信息的错误、不完备的地方，招标人新的要求，组织本身提出的新的优惠条件等。因此，项目管理实施规划肯定比项目管理规划大纲会有一些新的内容。

(2) 依据项目条件和环境分析资料

编制项目管理实施规划的时候，项目条件和环境应当比较清晰，因此要获得这两方面的详细信息。这些信息越清楚、可靠，据以编制的项目管理实施规划越有用。因此，一是通过广泛收集和调查以获得项目条件和环境的资料；二是进行科学的去粗取精的分析，使资料和信息可用、适用、有效。

（3）依据合同及相关文件

合同内容是项目管理任务的源头，是项目管理实施规划编制的背景和任务的来源，也是实施项目管理实施规划结果是否有用的判别标准，因此这项依据更具有规定性乃至强制性。

所谓相关文件是指法规文件、设计文件、标准文件、政策文件、指令文件、定额文件等，都是编制项目管理实施规划不可或缺的。

（4）依据同类项目的相关资料

同类项目的相关资料具有可模仿性，因为项目具有相近性。积累资料的作用此时也得到了印证。

（5）组织管理层与项目经理之间签订的项目管理目标责任书规定着项目经理的权力、责任和利益、项目的目标管理过程、在项目实施过程中组织管理层与项目经理部之间的工作关系等，编制项目管理实施规划也应作为依据。

项目管理目标责任书体现组织的总体经营战略，符合组织的根本利益，保证组织对项目的有力控制，防止项目失控，能够充分发挥项目经理和项目经理部各部门（人员）的积极性和创造性，保证在项目上能够利用组织的资源和组织的总体优势，对项目管理实施规划成功编制和发挥作用很有用。组织也应将项目管理目标责任书作为组织管理系统的一部分，进行专门设计，并标准化。

（6）其他

其他依据还有：项目经理部的自身条件及管理水平；项目经理部掌握的新的其他信息；组织的项目管理体系；项目经理部的各个职能部门（或人员）与组织的其他职能部门的关系，工作职责的划分等。

5.3.4 项目管理实施规划的编制内容

《规范》5.3.4条规定，项目管理实施规划应包括下列内容：项目概况；总体工作计划；组织方案；技术方案；进度计划；质量计划；安全生产计划；绿色建造与环境管理计划；成本计划；资源需求计划；风险管理计划；信息管理计划；沟通管理计划；收尾管理计划；项目现场平面布置图；项目目标控制措施；项目技术经济指标。现详述如后。

（1）项目概况

应在项目管理规划大纲项目概况的基础上，根据项目实施的需要进一步细化。由于此时临近项目实施，项目各方面的情况进一步明朗化，故对项目管理规划大纲中项目概况是有条件细化的，也只有细化了，实施者才能真正了解项目。项目管理实施规划的项目概况具体如下：

项目特点具体描述，项目预算费用和合同费用，项目规模及主要任务量，项目用途及具体使用要求，工程结构与构造，地上、地下层数，具体建设地点和占地面积，合同结构图，主要合同目标，现场情况，水、电、暖气、煤气、通信、道路情况，劳动力、材料、设备、构件供应情况，资金供应情况，说明主要项目范围的工作清单，任务分工，项目管理组织体系及主要目标。

（2）总体工作计划

总体工作计划包括项目管理工作总体目标，项目管理范围，项目管理工作总体部署，项目管理阶段划分和阶段目标，保证计划完成的资源投入、技术路线、组织路线、管理方针和路线等。

对于施工项目来说，总体工作安排近似于施工部署。在施工部署中，应明确下列内容：该项目的质量、进度、成本及安全总目标；拟投入的最高人数和平均人数；分包计划；劳务供应计划；物资供应计划；表示施工项目范围的项目专业工作（包）表［表中列出工作（包）编码、工作名称、工作范围、目标成本、质量标准或要求、完成时间、责任人、其他相关人］。工程施工区段（或单项工程）的划分及总的施工顺序安排等。

（3）组织方案

组织方案包括下列内容：

1）项目管理组织应编制出项目的项目结构图、组织结构图、合同结构图、编码结构图、重点工作流程图、任务分工表、职能分工表，并进行必要的说明。各种图应按规则编制，处理好相互之间的关系。例如，项目结构图可不划箭头，组织结构图必须有单项箭头，合同结构图要有双向箭头，编码结构图可无箭头，重点工作流程图要有单向箭头。各图都要进行编码，而编码要依据编码结构图的统一设计。

2）合同所规定的项目范围与项目管理责任。

3）项目经理部的人员安排（主要由项目的规模和管理任务决定）。

4）项目管理总体工作流程。

5）项目经理部各部门的责任矩阵。责任矩阵的横向栏目为项目经理部的各个职能部门

和主要人员；竖向栏目为项目管理的工作分解（WBS）成果——工作包。项目管理的工作包可以按照项目的阶段分解或按管理的职能工作分解。在责任矩阵中应标明该工作的完成人、决策（批准）人、协调人等。

6）工程分包策略和分包方案、材料供应方案、设备供应方案。

7）新设置的制度一览表；引用组织已有制度一览表。

（4）技术方案

技术方案指处理项目技术问题的安排，包括：项目构造与结构、工艺方法、工艺流程、工艺顺序、技术处理、设备选用、能源消耗、技术经济指标等。应辅以必要的图和表，以便表达清楚。

对于施工项目来说，技术方案就是施工方案。施工方案应对各单位工程、分部分项工程的施工方法做出说明，包括进行安全施工设计。

（5）进度计划

进度计划包括进度图、进度表、进度说明，与进度计划相应的人力计划、材料计划、机械设备计划、大型机具计划及相应的说明。图与表应能反映出工艺关系和组织关系，其他内容也要尽量详细具体，以便于操作。进度计划应合理分级，注意使每份计划的范围大小适中，不要使计划范围过大或过小，也不要只用一份计划包含所有的内容。现说明以下问题：

1）应按照项目管理规划大纲与合同的要求编制详细的进度计划。进度计划的详细程度应使所包括的内容符合合同的规定或发包人的要求。

2）如果是多项目，则进度计划应分级编制。

3）进度计划应主要使用网络计划技术，并使用计算机绘图、计算各项工作的时间参数、根据需要输出适用的计划图和表。

4）进度计划的编制应包括以下内容：

① 进度计划说明。用以说明进度计划的编制依据、指导思想、编制思路及使用时应注意的事项。

② 进度计划表。该计划表根据总体工作计划中的进度控制目标进行编制，用以安排进度控制的实施步骤和时间。

5）准备工作计划：

详细准备工作计划包括下列内容：准备组织及时间安排；技术准备工作；作业人员和管理人员的组织准备；物资准备；资金准备。

大型项目准备工作应采用项目管理方法，确定准备工作的范围，对准备工作进行结构分解，确定各项工作的负责人、工作要求、时间安排，并可编制准备工作网络计划。

(6) 质量计划

质量计划要按《质量管理体系　要求》GB/T 19001—2016 中质量策划的要求实施。一是要策划质量目标：最高管理者应确保组织的相关职能和层次上建立质量目标，质量目标包括满足产品要求所需的内容（产品的质量目标和要求）。质量目标应是可测量的，并与质量方针保持一致。二是要进行质量管理体系策划，最高管理者应确保质量体系满足质量目标及质量管理体系的总要求；最高管理者在对质量管理体系的变更进行策划和实施时，保证质量管理体系的完整性。质量策划还应按本规范 10.2 条款的要求实施。

《规范》10.2.2 质量计划的编制应依据下列资料：合同中有关产品（或过程）的质量要求；与产品（或过程）有关的其他要求；质量管理体系文件；组织针对项目的其他要求。

《规范》10.2.3 条规定，质量计划应确定下列内容：质量目标和要求；质量管理组织和职责；质量控制点的设置与管理；项目生产要素的质量控制；实施质量目标和质量要求所采取的措施；项目质量文件管理等。

(7) 职业健康安全与环境管理计划

职业健康安全与环境管理计划在项目管理规划大纲中职业健康安全与环境管理规划的基础上细化下列内容：

1）项目的职业健康安全管理点。

2）识别危险源，判别其风险等级：可忽略风险、可容许风险、中度风险、重大风险和不容许风险。对不同等级的风险采取不同的对策。

3）制定安全技术措施计划。

4）制定安全检查计划。

(8) 绿色建造与环境管理计划

绿色建造与环境管理计划在项目管理规划大纲中绿色建造与环境管理规划的基础上细化下列内容：

1）项目的绿色建造与环境管理点。

2）识别环境因素，判别其影响等级：可忽略影响、一般环境影响、重大环境影响。对不同等级的风险采取不同的对策。

3) 制定绿色建造与环境技术措施计划。
4) 制定环境检查计划。
5) 根据污染情况制定防治污染、保护环境措施。

(9) 成本计划

在项目管理实施规划中，成本计划是在项目目标规划的基础上，结合进度计划、成本管理措施、市场信息、组织的成本战略和策略，具体确定主要费用项目的成本数量以及降低成本的数量，确定成本控制策略与方法，确定成本核算体系，为项目经理部实施项目管理目标责任书提出实施方案和方向。

(10) 资源需求计划

1) 资源需求计划的编制首先要用预算的办法得到资源需要量，列出资源计划矩阵（表5-1），然后结合进度计划进行编制，列出资源数据表（表5-3），画出资源横道图（图5-3）、资源负荷图（图5-4）和资源累积曲线图（图5-5）。

资源计划矩阵　　　　　　　　　　　　表 5-2

WBS 结果	资源需求量				备注
	资源1	资源2	…	资源n	
工作包1					
工作包2					
工作包3					
⋮					
工作包n					
合计					

资源数据表　　　　　　　　　　　　表 5-3

需求资源种类	需求资源总量	项目阶段				
		1	2	3	…	n
资源1						
资源2						
资源3						
⋮						
资源n						

2) 资源供应计划

资源供应计划是进度计划的支持性计划，满足资源需求。项目管理实施规划应分类编制资源供应计划，包括：劳动力的招雇、调遣、培训计划；材料采购订货、运输、进场、储存计划；设备采购订货、运输、进出场、维护保养计划；周转材料供应采购、租赁、运输保管计划；预制品订货和供应计划；大型工具、器具供应计划等。

(11) 风险管理计划

项目风险管理计划应包括以下内容：

1) 列出项目过程中可能出现的风险因素清单，包括：由于环境变化导致的风险，如

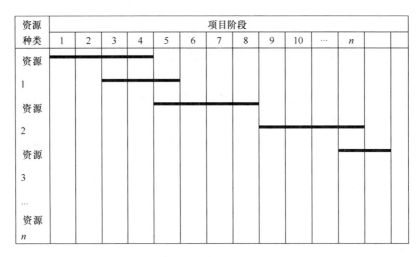

图 5-3 资源横道图

气候的变化、物价的上涨、不利的地质条件等;由项目工作结构分解获得的工程活动的风险;由施工项目的参加者各方产生的风险,如业主风险、分包商风险、监理工程师风险、设计单位风险。

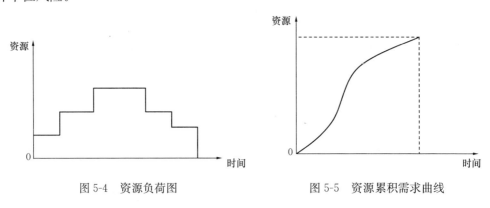

图 5-4 资源负荷图　　　　　　图 5-5 资源累积需求曲线

2) 对风险出现的可能性(概率)以及如果出现将会造成的损失做出估计。风险的影响不仅是费用的增加,而且要考虑对项目的其他目标的影响,如工期的拖延、对组织形象的影响,由于安全、环境等问题导致的法律责任等。

3) 对各种风险做出确认,根据风险量列出风险管理的重点,或按照风险对目标的影响确定风险管理的重点。

4) 对主要风险提出防范措施。

5) 落实风险管理责任人。风险责任人通常与风险的防范措施相联系。应在上述内容的基础上编制风险分析表,如表 5-4 所示。

风险分析表　　　　　　　表 5-4

风险编号	风险名称	风险影响范围	导致风险发生的条件	风险发生的损失	风险发生的可能性	损失期望	预防措施	责任人

对特别大，或特别严重的风险应进行专门的风险管理规划。

（12）信息管理计划

信息管理计划应包括下列内容：

1）项目管理的信息需求种类。

2）项目管理中的信息流程。

3）信息来源和传递途径。

4）信息管理人员的职责和工作程序。

（13）项目沟通与相关方管理计划

项目沟通管理计划应包括下列内容：

1）项目的沟通方式和途径。

2）信息的使用权限规定。

3）沟通障碍与冲突管理计划。

4）项目协调方法。

（14）项目收尾管理计划

项目收尾管理计划应主要包括下列内容：

1）项目收尾计划。

2）项目结算计划。

3）文件归档计划。

4）项目创新总结计划。

（15）项目现场平面布置图

现场平面布置图对于各方项目管理组织都是重要的。应按照国家或行业规定的制图标准绘制，不得有随意性。现场平面布置图应包括以下内容：

1）在现场范围内现存的永久性建筑；

2）拟建的永久性建筑；

3）永久性道路和临时道路；

4）垂直运输机械；

5）临时设施，包括办公室、仓库、配电房、宿舍、料场、搅拌站等；

6）水电管网；

7）平面布置图说明。

（16）项目目标控制措施

1）应针对工程的具体情况提出如下施工技术组织措施，包括：保证进度目标的措施；保证质量目标的措施；保证安全目标的措施；保证成本目标的措施；保证季节施工的措施；保护环境的措施；文明施工措施。

2）每一种目标的控制措施均应从组织、经济、技术、合同、法规等方面考虑，务求可行、有效。

3）组织措施的特点是，措施与组织机构有关，与分工有关，与责任制有关，与计划工作有关，与制度有关。

4）经济措施的特点是与资金有关，与核算有关，与价格有关，与概算、预算有关。

5）技术措施的特点是，措施与工艺有关，与技术方案有关，与工法有关。

6）合同措施与谈判、招投标、合同签订、索赔等有关。

7）法规措施的特点是，制定措施时利用法规的强制性，实施中利用法规解决问题的有效性。

（17）技术经济指标

1）项目技术经济指标是计划目标和完成目标的数量表现，用以评价组织的项目管理实施规划的水平和质量。不同的项目管理组织的项目技术经济指标是不同的，应分别进行设计。技术经济指标的内容一般都应包括表示技术的、经济的、管理的（主要是进度、质量、成本、安全、节约）、效益的。既要合理使用绝对数指标，又要善于使用相对数指标，以便于对比。必要时也可通过评分进行评价。

2）在项目管理实施规划中应列出规划所达到的技术经济指标。这些指标是规划的结果，体现规划的水平；它们又是项目管理目标的进一步分解，可以验证项目目标的完成程度和完成的可能性。规划完成后作为确定项目经理部责任的依据。组织对项目经理部，以及项目经理部对其职能部门或人员的责任指标应以这些指标为依据。项目完成后，应作为评价项目管理业绩的内容和依据。

3）指标的设立应符合以下原则：

① 技术经济指标的名称、内容、统计口径应符合国家、行业、企业的统计要求。

② 与项目目标有一致性，与合同、发包人的要求相一致。

③ 能够进行实际与计划的对比，可以进行定量考核。

4）要进行技术经济指标的计算与分析。为此应列出规划指标，对以上指标的水平做出分析和评价，提出实施难点和对策建议。

5）技术经济指标至少应包括以下方面：

① 进度方面的指标：总工期；

② 质量方面的指标：工程整体质量标准、分部分项工程的质量标准；

③ 成本方面的指标：工程总造价或总成本、单位工程成本、成本降低率；

④ 资源消耗方面的指标：总用工量、用料量、子项目用工量、高峰人数、节约量、机械设备使用数量。

6）项目管理评价指标可以按照组织对项目管理的要求、项目的特殊性、发包人和监理工程师对信息的要求增加或减少。

5.3.5 项目管理实施规划的管理方法

组织对项目管理实施规划的管理方法，对于保证项目管理实施规划的实施效果十分重要，应符合下列要求：由组织或项目经理组织编制；项目经理（负责人）签字后报组织管理层审批；与相关组织的工作协调一致；进行跟踪检查和必要的调整；项目结束后形成总结文件。现详述如下：

1. 项目管理实施规划的编制与审批责任

项目管理规划大纲的编制权和审批权都在组织管理层。而项目管理实施规划的编制权只能在项目管理层，原因是项目管理层是项目管理的具体实施者，必须先进行规划，然后按计划实施管理。项目经理应负责组织相关职能部门（或人员）编制。

由于项目管理实施规划涉及众多的专业，故职能部门或人员应按责任制进行分工编制，由综合管理部门相关部门的工作进行协调、综合平衡后汇总，再由项目经理审核后签字。

由于项目管理实施规划贯彻项目管理规划大纲，涉及组织的整体工作、合同和经营目标的实现，故必须报企业管理层审批。

项目管理实施规划在编制过程中必须听取组织管理层相关部门的意见。如果需要，应会同这些部门共同参与编写，编写完成后再报送这些部门。这样做的目的是：使他们了解项目的实施过程；获得他们对实施规划的认同；将实施规划中涉及的内容纳入部门计划中，对这些工作预先做出安排；取得承诺，在项目的实施过程中保证按照实施规划的要求给项目提供资源，完成他们所应承担的工作责任。

项目管理实施规划的内容、式样、规格等应符合整个建设工程项目管理的要求。在项目工作结构分解、编码体系、管理流程、项目管理的方法和工具等方面与建设工程项目管理系统有一致性。这样不仅能够保证整个建设工程项目管理的一体化运作，而且项目经理可与相关组织有良好的沟通。

2. 项目管理实施规划的实施

对项目管理实施规划的实施，与所有计划的实施一样，也要经过交底落实、检查、调整，也就是控制的过程。

落实就是将规划落实到相关的责任部门，明确他们的目标、指标、措施，使之承担起责任来，并在最终接受考核评价。

项目管理实施规划编制批准后应分发给项目经理部的各职能部门（或人员）、分包人、相关供应人，并向他们做交底，对其中的内容做出解释：应按专业和子项目进行交底，落实执行责任，各部门和各子项目提出保证实现的措施。在全过程中，各方面的工作都应贯彻项目管理实施规划的要求。

检查应是定期的，如按月、季进行检查，将实际情况与规划要求进行对比，判断是否有偏差，是否要纠正偏差。当无法纠正偏差或原目标无法实现时，就要对规划进行调整，改变原目标、做法或措施，使之适应新的情况，继续发挥规划的作用。制定相应的检查规定和奖罚标准，制定检查办法、协调办法、考核办法、奖惩办法。

3. 项目管理实施规划总结

项目管理实施规划实施完成以后，应按 PDCA 循环原理进行总结。总结出在项目管理实施规划编制、实施中的经验教训、新技术应用成果，技术创新成果等，形成文件，作为改进后续工作的参考和管理资源的储备，也可制定工法报有关部门审查、鉴定、批准。在以后的新施工项目管理中应有效地利用这些资料，使组织的项目管理工作能够持续改进。

5.4 项目管理配套策划

5.4.1 项目管理配套策划的定义、特点和应用意义

长期以来，许多工程项目出现了大量项目管理策划方面的问题，这种策划与传统的项目管理策划不同，是在项目管理规划之外的策划活动，其失误往往导致项目管理事故与事件的发生。据不完全调查统计，90%以上的质量、安全、进度、环境事故都与每个责任者这种策划的错误有关，成为事实上项目管理重点风险的源头。这种策划就是项目管理配套

策划。

1. 项目管理配套策划的定义

《建设工程项目管理规范》指出：项目管理配套策划是除了项目管理规划内容以外的所有项目管理策划要求（具体见标准正文 5.4.3 的 3 项策划内容）。项目管理配套策划实际上是围绕项目管理规划落实过程进行的配套策划，目的是确保项目管理规划得到有效实施并全部实现工程项目的既定目标。一方面，项目管理配套策划无处不在，上至领导，下至员工，每个岗位都有授权范围内策划的责任；另一方面项目管理配套策划形式灵活多样，又可能面临突发性、应急性需求，因此比较容易出现随意性与盲目性，与传统的、书面化的项目管理策划明显不同。

无论是建设单位还是施工单位、设计（勘察）单位、供应单位、监理（咨询）单位等都存在着大量项目管理配套策划的需求。

2. 项目管理配套策划的特点

项目管理配套策划是项目管理策划的重要组成部分，非常普遍的存在于每个项目管理过程与岗位，因为具有的随意性、盲目性融合突发性、应急性特点使其充满风险。

正是因为上述特点，项目管理配套策划结果不一定形成文件。一方面，具体需由组织依据国家、行业、地方法律法规要求和自身的有关规定执行。比如技术交底需要以书面文件的方式体现策划结果；另一方面，很多策划结果可能根本无法形成文件，如施工单位在发生施工安全事故突发情况下的策划结果通常以口头方式展现。

3. 项目管理配套策划的难点

很多项目管理配套策划结果通过口头、表情、身体语言或其他适宜的表达方式得到体现。项目管理配套策划在很多情况下（比如突发情况等）往往可能是策划者个人在瞬间思维的成果。这正是针对项目管理配套策划进行管理的难点。

（1）项目管理配套策划难点产生的原因。从策划决策过程切入研究，项目管理配套策划中的瞬间思维往往来自于人的灵感思维，这种灵感思维：是指凭借直觉而进行的快速、顿悟性的思维。它不是一种简单逻辑或非逻辑的单向思维运动，而是逻辑性与非逻辑性相统一的理性思维整体过程。即人们在项目管理过程中达到高潮阶段或面临危机以后出现的一种最富有创造性（正面）或颠覆性（负面）的思维突破。它常常以"一闪念"的形式出现，是由人们潜意识思维与显意识思维多次叠加而形成的，也是人们进行长期创造性（正面）思维或颠覆性（负面）思维活动达到的一种境界，这种境界的品质成为影响项目管理策划难点的关键因素。显然，这个项目管理配套策划的难点恰恰成为项目管理配套策划的价值所在。

（2）项目管理配套策划难点的管理考虑。由于项目管理配套策划中的瞬间思维常常以"一闪念"的形式出现，是由人们潜意识思维与显意识思维多次叠加而形成的，也是人们进行长期创造性（正面）或颠覆性（负面）思维活动达到的一种境界。因此项目管理配套策划需要形成针对这种境界的管理机制，构建一整套既完整系统又相互支撑的管理体系，包括策划依据、内容、管理方法与保障措施，关键是企业文化与项目文化融合的策划管理氛围的构建。

4. 项目管理配套策划的应用意义

在工程项目管理过程，一方面许多事故与事件，特别是质量与安全事故的发生原因，都与项目管理配套策划的失误或失控直接相关;另一方面许多成功项目管理的内在原因,包括创新与提升,都与项目管理配套策划的成功实施直接相关。无论从理论还是从实践来讲,项目管理配套策划都是项目管理策划不可或缺的关键性环节,其水平对于项目管理有效性的影响相当巨大。往往在工程项目实施的具体过程,包括对于项目管理规划的编制与实施,项目管理配套策划都起到至关重要的作用。因此组织应该高度重视,并将项目管理配套策划作为项目管理规划的支撑措施纳入项目管理策划过程,尽可能减少策划的随意性与盲目性。

5.4.2 项目管理配套策划的依据与内容

项目管理配套策划比较复杂,确保其规范实施的基础是依据与内容,只有策划依据可靠,内容充分,策划结果才能稳妥有效。由于项目管理配套策划与项目管理规划是相互关联的项目管理策划过程,其依据与内容彼此联系十分密切。

1. 项目管理配套策划的依据

项目管理配套策划只有按照依据进行,才能使策划风险降低到可以接受的水平,因此其依据是规范实施的基础。项目管理配套策划依据应包括下列内容:

(1) 项目管理制度。项目管理制度是项目配套策划的基本依据,制度从策划授权、策划职责等方面对于项目岗位人员的项目管理配套策划提供依据,是组织关于项目管理配套策划的授权规定(如岗位责任制中的相关授权)。没有授权的人员是不能进行相关项目管理配套策划的。

(2) 项目管理规划。项目管理规划是项目管理策划的核心,项目管理配套策划是完善、补充和延伸项目管理规划的基本途径,前者自然是后者的依据。

(3) 实施过程需求。项目管理实施过程需求直接决定了项目管理配套策划实施的理由、内容与时机。满足需求条件下,项目管理配套策划的实施时机应该是及时的,策划内容是充分的,策划结果是适宜的。

(4) 相关风险程度。任何一项策划都是有风险的,项目管理配套策划更是如此。这里是指在风险程度可以接受情况下的项目管理配套策划:当面对的风险比较大时,项目管理配套策划应该关注严密与慎重;当面对的风险比较小时,项目管理配套策划应该关注绩效与效率。如果策划风险超过了预期的程度,则需把该事项及时纳入项目管理规划的补充或修订范围。

以上依据应该成为项目管理团队的行动准则与行为惯例,成为项目管理策划的思维境界与文化氛围,为项目管理配套策划的实施者提供正确策划的"天然"条件。

2. 项目管理配套策划的内容

项目管理配套的内容是项目管理规划以外的内容,这本身决定了项目管理配套内容的复杂性,其应包括下列内容:

(1) 确定项目管理规划的编制人员、方法选择、时间安排;
(2) 安排项目管理规划各项规定的具体落实途径;
(3) 确保可能影响项目管理绩效的风险应对措施。

上述项目管理配套策划的3项内容,体现了项目管理规划以外的项目管理策划内容范围,是项目管理规划的两头延伸,覆盖所有相关的项目管理过程。

"(1) 确定项目管理规划的编制人员、方法选择、时间安排"是项目管理规划编制前的策划内容，不在项目管理规划范围内，比如施工组织设计的编写人员安排与编写日程策划，其结果不一定形成文件。

"（2）安排项目管理规划各项规定的具体落实途径"是项目管理规划编制或修改完成后实施落实的策划，内容可能在项目管理规划范围内，其结果不一定形成文件。这里既包括落实项目管理规划文件需要的应形成书面文件的技术交底、专项措施等，也包括不需要形成文件的口头培训、沟通交流、施工现场焊接工人的操作动作策划等。

"（3）确保可能影响项目管理绩效的风险应对措施"是指不属于上述（1）、（2）项并且不涉及项目管理规划（或相关内容没有在项目管理规划中得到规定，或是相关深度不到位）的其他项目管理的相关策划结果。如：可能需要的项目全过程的总结、评价计划，项目后勤人员的临时性安排、现场突发事件的临时性应急措施，针对作业人员临时需要的现场调整，与项目相关方（如社区居民）的临时沟通与纠纷处理等，这些往往需要有关责任人员在实施前进行项目管理策划，其策划结果不需要形成书面文件或者无法在实施前形成文件，但是其策划缺陷必须通过项目管理策划的有效控制予以风险预防。这种现象和管理需求在工程项目现场普遍存在，许多成功或失败的案例都说明了这些策划的重要性。从根本上讲，制度建设是解决此类问题的基础，需要时，组织可依据自己的惯例和文化，通过团队建设进行管理。也可以说，项目管理配套策划的质量水平是一个组织的管理文化决定的。

3. 项目管理配套策划内容的复杂性

项目管理配套策划的内容十分复杂，上述3项策划可能涉及或延伸到以下深层次的内容：

（1）分解项目管理专业深度要求。根据WBS把相关项目管理配套策划达到专业深度需要的层次与部位，包括满足与人员素质一致的深度需求。这种要求是确保策划深度满足实施需求的桥梁，对于配套策划的有效性影响十分明显。

（2）补充项目实施的保证性措施。根据施工现场的需求，及时补充有关项目管理规划没有考虑到的内容，使策划具有充分性，这些内容是确保项目实施必不可少的基本保障。

（3）规定应对临时性、突发性情况的措施。面对施工现场随时出现的临时性、突发性情况，需要进行随机应变，实施应对措施的策划并做出决定。这种策划内容的适宜性往往在事故或灾难发生时具有决定性意义。

5.4.3 项目管理配套策划的管理实施

为了保证项目管理配套策划的水平，项目管理机构应确保项目管理配套策划过程满足项目管理有效性、可靠性与前瞻性的需求，具体需进行下列工作过程：

（1）界定项目管理配套策划的范围、内容、职责和权利，确保授权岗位策划人员的策划在有效控制之内；这种授权一定是基于岗位风险与策划者的综合素质相匹配，权利与责任对等，使项目管理配套策划在岗位上得到事先管理。

（2）规定项目管理配套策划的授权、批准和监督范围，确保项目管理配套策划管理者（上一层次管理者）的工作到位。项目管理配套策划应该受到有效监督，不合格的策划者需要及时进行更换；授权、批准和监督范围应该在组织的管理制度中予以明确。

（3）确定项目管理配套策划的风险应对措施，确保项目管理配套策划的风险降至可以接受的程度。特别是需要准备项目管理配套策划失误的应急响应措施，一旦出现问题，组织可以亡羊补牢。

（4）总结评价项目管理配套策划水平，确保项目管理配套策划不断得到改进与提升。项目管理配套策划风险较大，及时总结评价可以降低风险，增强正面效益。因此组织需要建立总结评价机制并持续的实施运行。

《规范》在本条规定了4个方面项目管理配套策划的控制要求，重点是关注项目管理规划以外的相关策划及现场各类管理人员的"口头策划"（不需要书面文件和记录的策划）的控制要求，通过4项管理要求保证有关人员的策划缺陷可控，确保项目管理配套策划风险控制措施的有效性。其中项目管理策划的授权范围是十分重要的管理环节。

5.4.4 项目管理配套策划的保障性工作过程

项目管理配套策划是一项涉及众多因素、不确定性明显的工作，需要充分的、可持续的保障性措施，不仅保证项目管理配套策划的有效性，而且避免随意性与盲目性。因此组织应建立下列基础工作过程，并形成支持效应，以降低可能的策划失误风险，同时增强策划的正面效益。

（1）积累以往项目管理经验。项目管理经验是保障项目管理配套策划的基础条件。经验丰富可以帮助策划者在策划过程及时进行正确的决策；缺乏经验则可能导致策划结果出现重大偏差。积累经验应该注意经验中的应用条件、潜在风险与借鉴可能的总结提炼，不能把经验罗列起来，束之高阁。

（2）制定有关消耗定额。每一个策划都可能与成本有关，成本考虑的基础是相关策划决策需要消耗资源的程度，因此有关消耗定额的制定十分关键，需要通过科学的消耗定额为策划者提供合理策划的依据。

（3）编制项目基础设施配置参数。每一个过程都有项目基础设施的需求，配套策划应基于基础设施条件实施，其可操作性才是能够满足需求的。因此组织应该确定项目基础设施配置参数，为策划者提供正确的决策条件。

（4）建立工作说明书和实施操作标准。工作说明书和实施操作标准是项目管理的基本运行准则，往往规定并体现了具体过程的实施规律，符合其要求将会保证策划的准确性，对于项目管理配套策划者的策划结果意义重大。

（5）规定项目实施的专项条件。施工现场风险复杂，许多项目实施过程需要规定专项条件，这种条件实际上成为项目管理的底线，对于确保项目风险得到有效预防作用明显。因此规定项目设施的专项条件可以直接支撑配套策划者的策划过程。

（6）配置专用软件。项目的信息化是支撑项目配套策划的条件，需要配置合适的专用软件。这种软件应该基于方便策划者高效获得需要信息的功能上。因此专用软件的配置必须成为项目管理配套的基础性工作。

（7）建立项目信息数据库。信息库拥有十分重要的策划需要的各种数据与案例，方便快捷的项目信息数据库可以大大降低项目管理管理配套策划的盲目性与盲目性，因此具有丰富信息资源的项目信息库建设非常重要。

（8）进行项目团队建设。任何策划的质量都必须靠人的素质进行保障。提高人员素质的基本方法就是进行项目团队建设，包括形成有利于科学策划的价值观、理念及行为惯例，贯穿始终、彼此融合的全员培训等。优秀的价值观、理念及行为惯例必将带来关键时刻策划者的正确决策。也就是说，以项目文化为特征的团队建设是最终支撑与保障项目管理配套策划的核心支柱。

附件 5-1

某体育馆项目管理实施规划（施工组织设计）

1 项目基本情况

1.1 工程概况

某体育场馆工程，建筑面积约 80000m^2，总投资 10 亿人民币。整个结构外形为立方体，地上高度约 31m。内部主要为钢筋混凝土结构，拥有 1 个标准竞赛池、1 个标准热身池和 1 个标准跳水池，近 5000m^2 的嬉水乐园。基础为混凝土桩+无梁抗水板，主体地上一层，局部五层；地下二层；外围、支撑墙及屋盖为多面体空间钢框架结构，由约 1 万个球、2 万个杆件按照水滴的形状组合焊接而成，总重量约 7000t；钢结构墙体及屋盖被 ETFE 膜结构覆盖，总覆盖面积约 10 万 m^2。建成后是集比赛、娱乐、健身等功能于一体的综合性室内水上体育场馆。

1.2 技术工艺特点、难点

1.2.1 体现高性能混凝土的特性

本工程混凝土部分的耐久性设计年限为 100 年，必须从原材料的选择、施工过程的控制等方面达到高性能混凝土所要求的耐久性长及工作性好的特点。

1.2.2 建造符合奥林匹克运动会标准的游泳池

高标准的质量要求：泳池、跳台对装修面完成后所达到的精度要求高于普通建筑，要比普通建筑的国家验收标准更加严格。施工过程中，与完成面尺寸相关的每一个环节：测量、模板的选择与支设、混凝土的浇筑、装修面的完成等必须严格控制，才能达到最终的精度要求。

1.2.3 混凝土结构形式的多样性

根据不同的功能，整个工程内部空间分为比赛厅、多功能区、娱乐区三个区。从底板开始每个空间结构各异，各具特色，同层标高变化多样，各层高度均不同。可以说，每层不同，每段不同。每层设计标高多达十几种，经常出现同层最深与最浅处相差 4~5m 的情况，框架梁截面达到三十几种，给模板支设、现场管理带来了许多困难。

1.2.4 大体积混凝土预应力大梁

本工程地上二层共有 8 根预应力大梁，截面尺寸为 1500mm×3500mm，跨度 34m，总长 36.8m。每个大梁内有 12 根波纹管，每根波纹管中有 9 根 1×7 高强低松弛有粘结钢绞线，强度级别 1860MPa。预应力大梁在热身池上方，梁距热身池底板约 14m 高。

1.2.5 结构异常复杂的屋面及其支撑墙的新型延性多面体空间钢框架结构

本工程的建筑造型为"充满水的立方体"，为体现出不同形状的水滴充满整个空间的设计理念，屋面及支撑墙结构由延性空间钢框架结构构成水滴的骨架，里外两层框架分别外包 ETFE 膜结构，体现出水滴的流动状态。这种独特设计给人们带来了特殊视觉效果和空间感受的神秘美感的同时，给施工中的各个阶段带来了前所未有的困难。见附表 5-1。

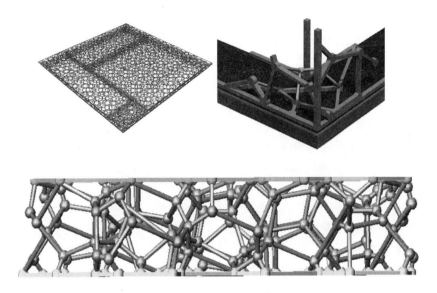

附图 5-1 钢框架结构

1.2.6 超大面积的膜结构

本工程外立面水的效果由 ETFE 膜结构来实现，与室内的水面交相辉映，见附图5-2。膜结构的展开面积达到约 30 万 m^2，是世界上规模最大的膜结构工程，亦是唯一一个完全由膜结构来进行全封闭的大型公共建筑，无论对设计还是施工、使用都是一个极大的挑战，对 ETFE 膜的材料、通风空调、防火、声、光、电的控制等技术提出了一个难度很大的课题。

附图 5-2

1.3 要求

确保泳池及其配套设施，满足正式比赛的使用功能，通过国际泳联的验收；整体工程获"长城杯"、"鲁班奖"，现场获得"北京市文明样板工地工地"。

1.4 资金情况

该工程由港澳同胞、台湾同胞和海外华侨捐资兴建。

1.5 工期要求

开工 7 个月后完成土方开挖，14 个月后完成混凝土结构，21 个月后完成钢结构，29 个月后完成全部膜结构，达到建筑物的封闭和外立面的亮相，35 个月后完成现场全部竣工及资料的移交。

1.6 周边环境

1.6.1 地理环境情况

（1）最近的居民区距离现场约 200m，附近构筑物均为在建工程，无高大建筑物，周边较为空旷；

（2）距离该项目约 300m 有一个中型综合性医院；

（3）场地南侧围墙外有一片古树林，面积约 900m^2；约 30m 处有一个古代木结构寺庙，周围有院墙，并有专人看管。

1.6.2 交通环境情况

现场共设 2 个大门，位于现场东北角及东南角，大门外连接主要道路，交通较为便利。

1.6.3 合作方和相关方情况

（1）与业主、监理组成联合安全监督小组，由各现场第一领导担任该小组的组长、副组长。

（2）在市政府的协调下，与市气象局达成协议，市气象局每天早晨 8：00 通过现场传真即时通报当天及预报明后两天的天气情况；在每周一预测本周天气；在重大天气变化来临之前提前通知现场负责人。

（4）土建阶段，现场有 2 支劳务分包队，均成立义务消防队、工程抢险队，应急情况时接受项目部统一调动和指挥，以保证各项应急准备和响应工作到位。

（5）在传统节日，如春节、中秋节、端午节等，与周边群众开展联谊活动。

（6）现场使用工人土建工人为江苏南通人，平均文化程度小学，平均身高 1.62m，平均年龄 21 岁；钢结构安装工人为四川、江苏人，平均文化程度初中，平均身高 1.71m，平均年龄 25 岁。

（7）钢结构加工制作分为江苏、青岛、北京三地。

1.7 特殊设备情况

该工程土建及钢结构工程共投入 5 台塔吊，膜结构阶段投入 4 台 FARCO 升降平台。

1.8 施工季节情况

该工程经历 3 个冬季，3 个雨季。所处的气象环境是四季分明，冬天最低温度可达到 −13℃，冬春期间多风，干燥，通常情况下最大风力可达到 6 级；夏天最高气温可达到 41℃，6～8 月份雨水较为集中。

1.9 总承包范围

由底板承台坑砖胎模砌筑、垫层开始的所有混凝土、钢结构、机电、装修项目。

2 项目管理及影响因素

2.1 工程质量因素

2.1.1 混凝土施工质量因素

（1）钢结构焊接过程中的质量偏差控制。

(2) 膜结构施工过程的质量验收。
(3) 大体积混凝土施工通病控制。

2.1.2 钢结构及膜结构施工阶段
(1) 吊装施工偏差控制。
(2) 焊接质量控制。

2.2 工程进度因素
(1) 钢结构施工图交付进度。
(2) 膜结构施工进度控制。
(3) 突发性施工进度变更控制。

2.3 工程成本因素
项目全过程的成本控制。

2.4 危险因素

2.4.1 混凝土施工阶段主要危险源因素
(1) 底板施工阶段边坡坍塌，基坑边上人马道的倒塌及高处坠落；
(2) 预应力大梁下的架体坍塌；预应力张拉时张拉设备对施工人员的机械伤害，灌浆材料溅出对施工人员的伤害。

2.4.2 钢结构施工阶段危险源因素
(1) 吊装过程中的物体打击、因指挥不协调造成群塔的起重伤害，脚手架的坍塌、人员的高空坠落；
(2) 焊接过程中的触电、火灾。

2.4.3 膜结构施工阶段危险源因素
安装过程中的升降平台的坍塌、人员高空坠落。

2.4.4 风灾
因建设初期周边场地过于空旷，易引起局地尘卷风，造成房屋倒塌、物体打击、施工资料丢失。

2.4.5 人员健康
钢结构防腐涂料施工中的重金属中毒、食堂的食物中毒、办公室的射线污染等职业病、施工人员宿舍的传染病。

2.5 环境影响因素

2.5.1 环境污染影响
(1) 临建的大量建设以及有毒有害物质对场地土壤污染；
(2) 施工现场扬尘、有害气体、烟雾排放污染大气；
(3) 混凝土振捣、木方切割等的噪声排放。

2.5.2 能源利用与管理
现有能源的大量消耗、资源的浪费及无法再利用。

3 项目管理目标

3.1 安全目标

3.1.1 混凝土施工阶段
(1) 底板施工阶段杜绝出现边坡坍塌及基坑边、承台坑边、池子高台边的高空坠落而造成的死亡事故；

（2）杜绝预应力大梁下的架体坍塌事故；杜绝预应力张拉时张拉设备对施工人员的机械伤害；

（3）控制灌浆材料溅出对施工人员的伤害事故<0.6‰。

3.1.2 钢结构施工阶段

（1）杜绝吊装过程中的物体打击；

（2）杜绝群塔的起重伤害；

（3）杜绝脚手架的坍塌；

（4）杜绝因人员的高空坠落而造成的死亡事故；

（5）杜绝焊接过程中的触电事故、杜绝重大火灾。

3.1.3 膜结构施工阶段

杜绝安装过程中升降平台的坍塌而造成人员高空坠落的死亡事故。

3.1.4 尘卷风应对

（1）杜绝人员死亡事故；

（2）控制轻伤发生率<0.6％。

3.1.5 人员健康

（1）杜绝钢结构防腐涂料施工中的重金属急性中毒事故；

（2）杜绝食堂的急性食物中毒。

3.2 环境管理目标和指标

3.2.1 施工环境管理目标指标

（1）场地土壤环境控制目标

杜绝由遗撒、废水随意排放造成的土壤污染。

（2）大气环境控制目标

一级风扬尘控制高度0.3~0.4m，二级风扬尘控制高度0.5~0.6m，三级风扬尘控制高度小于1m，四级风停止土方作业。

（3）噪声与污水排放控制目标

各类噪声与污水达标排放。

3.2.2 能源、资源控制目标

水、电节约1％，油节约1％，木材、水泥、钢材节约1.5％

3.3 进度控制目标

（1）确保总进度计划目标按照合同要求实现；

（2）重要进度按照里程碑计划要求同步达到。

3.4 质量控制目标

（1）工程钢结构及质量达到合同质量标准要求；

（2）工程土建工程质量达到合同质量标准；

（3）工程整体质量达到鲁班奖要求。

3.5 项目成本控制目标

项目成本降低率达到5％以上。

4 工作准备

4.1 人员准备

施工高峰期，包括业主及监理、总包的管理人员达到 200 人，项目部设安全监督管理部，具体负责项目实施监督、检查、巡视、处置等事务，配备持证专职技术员、质检员、安全员 53 人；施工人员达 1200 人，每个劳务及专业分包队伍均设置专职或兼职技术员、质检员、安全员，设置人数按照人员分布及施工需要进行配备，并应根据所承担的分部分项工程施工危险实际情况增配。

4.1.1 项目经理部及相关项目管理职责

由集团及公司主要领导成员构成的工程指挥部，负责总体指挥和协调；聘请业界知名的建筑、结构及机电安装等方面的专家组成顾问小组提供强大的技术指导和支持；从公司内部抽调具有丰富工程施工管理经验的项目管理人员组成高效精干的项目经理部，经理部配备情况如下：

（1）工程指挥部：公司各主管领导组成，4~5 名。

（2）专家顾问小组：由 6 名经验丰富的高级工程师组成，钢结构专业 2 名，土建 2 名、机电安装专业 2 名，均为业内知名专家。

（3）项目经理：具备近 20 年施工管理经验的国家壹级项目经理（土建专业），高级工程师。

（4）项目总工程师：具备 20 年施工经验的土建专业高级工程师。

（5）安装副经理：具备 10 年以上施工管理经验的国家壹级项目经理（安装专业），高级工程师。

其余管理人员均为具备大型公共建筑工程施工管理经验的工程技术及管理人员，项目经理部的管理人员总数初步定为 50 人（包括各个专业）。

根据混凝土结构、钢结构、装饰装修等不同施工阶段的特点，对项目经理部人员动态调整（主要人员保持不变），团队成员呈现阶梯形形态，充分发挥专业特长，优势互补，共同成长。

项目经理部人员项目管理岗位职责（略）。

4.1.2 分包或劳务队伍

按照各个施工阶段及专业的要求，分别投入混凝土、钢结构、膜结构、机电、装修等施工队，其中混凝土阶段投入 2 支土建劳务队，每支最高峰 600 人，钢结构阶段亦投入 2 支劳务队，每支最高峰 300 人；其他阶段按照各专业特点及工期要求分别配备相应数量及专业配套的施工人员。

4.2 技术准备

4.2.1
根据工程工期安排及各专业的需要，提前编制各专项技术方案，并且根据《危险性较大工程专项施工方案编制及专家论证方法》的精神，必要时提请有关专家进行审批，在分项工程正式实施之前通过监理的审批。见附表 5-1。

专项安全技术方案编制计划（与正式实施时间相比）　　附表 5-1

序号	方案名称	开始编制时间（提前）	审批时间（提前）	备注
1	底板施工方案	40 天	15 天	
2	预应力大梁施工方案	2 个月	20 天	需要经专家论证
3	脚手架施工方案	3 个月	20 天	需要经专家论证
4	钢结构施工组织设计	3 个月	20 天	需要经专家论证
5	膜结构施工组织设计	3 个月	20 天	需要经专家论证

4.2.2 根据技术方案，进行各级人员的交底及培训，做到人人心中有数。

4.2.3 根据技术方案，提前提出各类安全保障的物资采购、租赁及供应的计划。

4.2.4 在方案中提出需要进行实验室或现场进行试验的分项工程，提前与有资质的试验单位沟通，制定专项试验方案。

4.3 物质准备

见附表 5-2。

附表 5-2

序号	工序名称	材料名称	单位	数量
1	底板	$\phi 48$ 钢管	t	50
2		扣件（包括对接、直角、旋转）	万个	0.6
3		密目网	m^2	1000
4	预应力大梁	$\phi 48$ 钢管	t	1400
5		扣件（包括对接、直角、旋转）	万个	20
6		水平网	m^2	3000
7		密目网	m^2	400
8	钢结构	$\phi 48$ 钢管	t	8000
9		扣件（包括对接、直角、旋转）	万个	170
10		安德固脚手架	t	2800
11		接火盆	个	50
12		吊笼	个	5
13		吊装带	个	10
14		水平网	m^2	100000
15		密目网	m^2	52000
16		跳板（钢、木）	m^2	70000
17	膜结构	$\phi 48$ 钢管	t	500
18		扣件（包括对接、直角、旋转）	万个	6
18		水平网	m^2	10000
20		密目网	m^2	3000
		风速仪	个	2

5 管理措施
5.1 工艺管理措施
5.1.1 底板施工

（1）整个底板下由 4366 个直径为 400mm 的桩支撑，由每个桩承台坑里有 2～69 个数量不等的桩，坑深 1.5～2.3m，整个底板共有大大小小 555 个。由于竞赛池底、热身池底、嬉水乐园底分别比大底板高 1.81m、3.26m、2.86m，形成了 3 个高台；跳水池比大底板低 0.24m，形成了一个大浅坑。

（2）每个承台坑的施工工序为：

测量放线 → 承台坑开挖 → 桩头破碎 → 砖胎模砌筑 → 砌筑墙后回填 → 人工清槽 → 垫层施工 → 桩头防水节点处理 → 除桩头之外的底板防水卷材 → 防水保护层（混凝土）→ 钢筋绑扎 → 现浇混凝土

从以上的众多工序中，不难看出，直到浇筑混凝土之前，现场都是高低错落的沟沟坑坑。因此边坡稳定、安全防护是安全管理的重点。

（3）在基坑上部四周 C20 素混凝土护坡翻边处，离边坡外 1000mm 砌筑高 250mm 的高台，每隔 1.5m 植入 φ48 钢管，埋入深度不小于 1m，露出部分高 1.2m 防护栏杆，距地 600mm 有一通长横杆，并用密闭网进行维护。沿外周每隔 50m 挂警示牌，禁止无关人员靠近。

（4）因承台坑众多，不可能每一个坑边进行防护，但必须在整个承台坑上部、池子高台处；承台坑及池子边的防护栏杆在浇筑完的垫层上支设，并且每隔超过 1.5m 的坑或台，需要用脚手杆搭设临时爬梯，踏步宽 1.0m，满铺脚手板，对两边固定，并每隔 30cm 铺设防滑条，方便人员上下。

（5）防水卷材施工所用的汽油在现场随用随存，不用不存，即只存放当天的用量。在存放汽油的地方，设置醒目的禁烟禁火标识、配备两组防油的灭火器，并在周围 10m 内不得有其他易燃易爆物品。

由于是地下施工，边坡的稳定是非常重要的。每天应安排专人观测边坡的位移，周边循环道路路面是否有裂缝、护坡的混凝土面是否渗水，连续两天相邻数据相差 10mm 以上时，应及时查明原因，若路面有裂缝，要在有裂缝的边坡下方堆放沙袋，有水时要将水抽出，解除隐患，避免裂缝扩大、坍塌，造成人员伤害。

5.1.2 预应力混凝土大梁

由于预应力大梁截面大，沿长度方向每延长米重量达到 13t，因此下部的支撑体系的牢靠性尤为重要，安全管理重点就是架体的稳定，防止坍塌，搭设前必须对立杆强度及整体稳定性进行验算。尽管模板及主、次龙骨的强度对架体的稳定只起间接影响，尤其挠度主要影响大梁的质量，但由于架体均是互相拉接，例如支撑的顶托与大梁底面的主龙骨、大梁侧面斜撑与楼板支撑等均紧密连接，形成统一整体，为保证万无一失仍需对次要危险因素源进行计算。

由于此大梁所在楼板还有非预应力混凝土大梁与之垂直交叉，截面分别为 1500mm×800mm、1500mm×500mm，梁下及梁侧钢管支撑立杆、背楞间距不同，在方案中均有相应计算，实际操作中不能混淆。

(1) 支撑及模板体系

预应力大梁底模采用单层 15mm 厚多层板,次龙骨为 50×100 木方,间距 100mm,主龙骨为 100×100 木方,间距 400mm,支撑采用满堂红钢管脚手架,立杆间距 400×400×1200(步距)。

预应力大梁侧模采用单层 15mm 厚多层板,次龙骨为 50×100 木方,间距 150mm,主龙骨为 $\phi48\times3.5$ 双钢管,间距 400mm,对拉螺杆采用 $\phi14$ 钢筋加工,间距 400(水平)×400(垂直)。

1500×800 次梁底模及侧模采用单层 15mm 厚多层板,底模:次龙骨为 50×100 木方,间距 250mm,主龙骨为 $\phi48\times3.5$ 双钢管,间距 900mm,梁下支撑:$\phi48\times3.5$ 钢管满堂红脚手架,间距 900mm×500mm×1200mm;侧模:次龙骨为 50×100 木方,间距 250mm,主龙骨为 $\phi48\times3.5$ 双钢管,间距 600mm,两排对拉螺杆为 $\phi14$。

1500×500 次梁底模及侧模采用单层 15mm 厚多层板,底模:次龙骨为 50×100 木方,间距 300mm,主龙骨为 $\phi48\times3.5$ 双钢管,间距 900mm,梁下支撑:$\phi48\times3.5$ 钢管满堂红脚手架,间距 900mm×600mm×1200mm;侧模:次龙骨为 50×100 木方,间距 250mm,主龙骨为 $\phi48\times3.5$ 双钢管,间距 600mm,一排对拉螺杆为 $\phi14$,距梁底 150mm。

板底模:次龙骨为 50×100 木方,间距 300mm,主龙骨为 100×100 木方,间距 900mm,$\phi48\times3.5$ 钢管满堂红脚手架,间距 900mm×900mm×1200mm。

梁下支撑及板下支撑间距 6m 设剪刀撑。见附图 5-3。

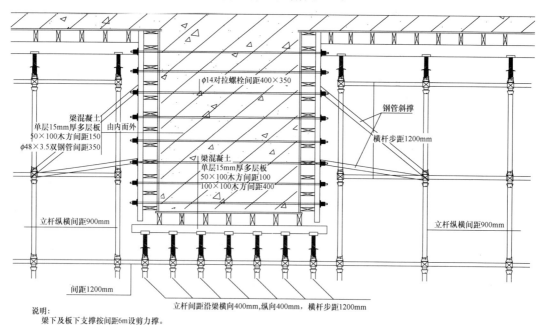

附图 5-3 大梁模板及梁下脚手架支撑断面图

(2) 计算过程

1) 计算时,应先根据以往经验及规范要求,通过假设某一种或几种立杆支撑的间距和横杆的步距,计算钢管和木方的强度或刚度是否在材料允许范围内,若计算结果与材料本身的各项物理参数相比达到 1.5 倍以上的安全系数,即可采用。(计算时须注意木方及钢管实际尺寸与理论有差距,须以实际尺寸取值。)

以 1500×3500 预应力大梁为例,由于体量大、配筋多,在混凝土、钢筋自重方面的荷载取值未按规范所设定的常规情况,而按实际重量,保证计算数据的真实性、准确性,进而增加结果的可靠度。以下的计算结果为现场实施所采用。

2) 已知条件:

面板为 15mm 厚多层板,$E=5000\text{N/mm}^3$,$[\sigma]=10.3\text{N/mm}^2$。底模:次龙骨为 50×100 木方,间距 100mm;主龙骨为 100×100 木方,间距 400mm,$E=9500\text{N/mm}^3$;支撑:$\phi 48\times 3.5$ 钢管满堂红脚手架,间距 400mm×400mm×1200mm。侧模:次龙骨为 50×100 木方,间距 150mm,主龙骨为 $\phi 48\times 3.5$ 双钢管,间距 400mm,对拉螺杆为 $\phi 14$,间距为 400mm(垂直)×400mm(水平)。

荷载计算:

标准值

① 模板自重　　　　　　　　　　　　　　0.75kN/m^2
② 混凝土自重　　　　　　　　　　　　　$24\times 3.5=84\text{kN/m}^2$
③ 钢筋自重　　　　　　　　　　　　　　$1.5\times 3.5=5.25\text{kN/m}^2$
④ 施工人员及设备　　　　　　　　　　　2.5kN/m^2
⑤ 振捣混凝土荷载　　　　　　　　　　　2kN/m^2

3) 底模验算:

① 面板验算:取 1m 宽计算

强度验算:检验面板是否会断裂而造成浇筑混凝土时的混凝土浆体坠落

线荷载计算值:$q=1.2\times(0.75+84+5.25)+1.4\times(2+2.5)=114.3\text{N/mm}$

按三跨连续梁计算,

$$M=0.1ql^2=0.1\times 114.3\times 100^2=114300\text{N}\cdot\text{mm}$$

$$W=\frac{bh^2}{6}=\frac{1000\times 15^2}{6}=37500\text{mm}^3$$

$$\sigma=\frac{M}{W}=\frac{114300}{37500}=3.05\text{N/mm}^2<10.3\text{N/mm}^2 \quad 满足要求。$$

② 挠度验算:检验是否会因面板刚度不够,变形过大,从而造成大梁的平整度及几何尺寸的偏差。

线荷载计算值:$q=1.2\times(0.75+84+5.25)=108\text{N/mm}$

截面惯性矩 $I=\dfrac{bh^3}{12}=\dfrac{1000\times 15^3}{12}=281250\text{mm}^4$

$$\omega=0.677\times ql^4/100EI=\frac{0.677\times 108\times 100^4}{100\times 5000\times 281250}=0.052\text{mm}<L/400=0.25\text{mm}$$

满足要求。

4) 次龙骨验算:按三跨连续梁计算。

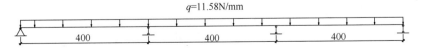

强度验算：检验次龙骨木方是否会断裂而造成面板跨度过大，从而极大降低面板的强度。

线荷载 $q=0.1\times[1.2\times(0.75+84+5.25)+1.4\times(2+2.5)]=11.43\text{N/mm}$

$$M=0.1ql^2=0.1\times11.43\times400^2=182880\text{N}\cdot\text{mm}$$

本工程的次龙骨木方规格均为 50×100，考虑木方尺寸的偏差，取木方规格为 45×88。

$$W=\frac{bh^2}{6}=\frac{45\times88^2}{6}=5.81\times10^4\text{mm}^3$$

$$\sigma=\frac{M}{W}=\frac{182880}{5.81\times10^4}=3.15\text{N/mm}^2<13\text{N/mm}^2 \quad 满足要求。$$

挠度验算：检验是否会因次龙骨木方刚度不够，变形过大，从而造成面板的刚度出现问题。

线荷载 $q=0.1\times1.2\times(0.75+84+5.25)=10.8\text{N/mm}$

$$I=\frac{bh^3}{12}=\frac{45\times88^3}{12}=2.56\times10^6\text{mm}^4$$

$$\omega=0.677\times ql^4/100EI=\frac{0.677\times10.8\times400^4}{100\times5000\times2.56\times10^6}=0.15\text{mm}<L/1000=0.4\text{mm}$$

满足要求。

5) 主龙骨验算：按单跨简支梁计算。

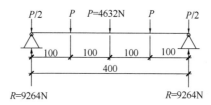

① 强度验算：检验主龙骨木方是否会断裂而造成次龙骨的跨度过大，从而极大降低次龙骨的强度。

次龙骨传来的集中荷载为：

$$P=ql=11.43\times400=4572\text{N}$$
$$R=2P=2\times4572=9144\text{N}$$
$$M=0.5Pl=0.5\times4572\times400=914400\text{N}\cdot\text{mm}$$

本工程的主龙骨木方规格均为 100×100，考虑木方尺寸的偏差，取木方规格为 88×88。

$$W=\frac{b\times h^2}{6}=\frac{88\times88^2}{6}=1.14\times10^5\text{mm}^3$$

$$\sigma=\frac{M}{W}=\frac{914400}{1.14\times10^5}=8.02\text{N/mm}^2<13\text{N/mm}^2 \quad 满足要求$$

② 挠度验算：检验是否会因次龙骨木方刚度不够，变形过大，从而造成次龙骨的刚度出现问题。

$$I=\frac{bh^3}{12}=\frac{88\times88^3}{12}=4.997\times10^6\text{mm}^4$$

$$\omega = \frac{19 \times Pl^3}{384EI} = \frac{19 \times 4572 \times 400^3}{384 \times 9500 \times 4.997 \times 10^6} = 0.30 \text{mm} < L/1000 = 0.4 \text{mm}$$

满足要求。

6) 梁支撑立杆验算：

本工程的钢管规格均为 $\phi 48 \times 3.5$，考虑钢管进场时尺寸的偏差，取钢管规格为 $\phi 47.5 \times 3.0$

钢管截面积 $A = 419.4 \text{mm}^2$

钢管的截面抵抗矩 $W = (4.39 \times 10^3) \text{mm}^3$

立杆的回转半径 $i = 15.8 \text{mm}$；钢材抗压强度设计值 $f_c = 0.205 \text{kN/mm}^2$。

钢管弹性模量 $E = 2.06 \times 10^5 \text{N/mm}^2$，$I = 104287 \text{mm}^4$

① 强度验算：检验是否会应单根立杆强度不够而造成局部架体坍塌

$N = ql_1l_2 = 114.3 \times 400 \times 400 = 18.288 \text{kN} < [N] = 30.3 \text{kN}$ 满足要求。

② 稳定计算：检验是否会应立杆的横向拉接不够而造成整体架体坍塌

$N = ql_1l_2 = 114.3 \times 400 \times 400 = 18.288 \text{kN} < [N] = 30.3 \text{kN}$ 满足要求。

③ 稳定计算：$\lambda = L_0/i = 1200 \times 1.85/15.8 = 140.5$

查表得 $\varphi = 0.347$

$$\sigma = \frac{N}{\varphi A} = \frac{18288}{0.347 \times 419.4} = 125.66 \text{N/mm}^2 < 205 \text{N/mm}^2 \quad 满足要求。$$

7) 侧模验算：

① 荷载：

新浇混凝土侧压力 $\quad F = \gamma_c h = 24 \times 3.5 = 84 \text{kN/m}^2$

$$F = 0.22 \gamma_c t_0 \beta_1 \beta_2 v^{1/2}$$

式中： γ_c——混凝土重力密度，取 24kN/m^3；

t_0——新浇混凝土初凝时间，取 6h；（浇筑时间为夏季，外界温度假定35℃）

β_1——外加剂影响修正系数，取 1.2；

β_2——混凝土坍落度影响修正系数，取 1.25；

v——混凝土浇筑速度，约为 1.5m/h。

则：$F = 0.22\gamma_c t_0 \beta_1 \beta_2 v^{1/2} = 0.22 \times 24 \times 6 \times 1.2 \times 1.25 \times 1.5^{1/2} = 58.2 \text{kN/m}^2$

振捣混凝土侧压力 $\quad F = 4 \text{kN/m}^2$

侧压力未按常规取小值，而取上述两者的大值，增加安全可靠度。

强度面荷载计算值 $\quad q = 1.2 \times 58.2 + 1.4 \times 4 = 75.44 \text{kN/m}^2$

刚度面荷载计算值 $\quad q = 1.2 \times 58.2 = 69.82 \text{kN/m}^2$

② 面板验算：（取 1m 计算）

强度验算：检验面板是否会断裂而造成浇筑混凝土时的混凝土浆体向侧面喷出。

线荷载 $\quad q = 1 \times 75.44 = 75.44 \text{N/mm}$

按三跨连续梁计算：

$$M = 0.1ql^2 = 0.1 \times 75.44 \times 150^2 = 169740 \text{N} \cdot \text{mm}$$

$$W = \frac{bh^2}{6} = \frac{1000 \times 15^2}{6} = 37500 \text{mm}^3$$

$$\sigma = \frac{M}{W} = \frac{169740}{37500} = 4.53\text{N/mm}^2 < 10.3\text{N/mm}^2 \quad 满足要求。$$

挠度验算：检验是否会因面板刚度不够，变形过大，从而造成大梁的平整度及几何尺寸的偏差。

线荷载　$q = 1 \times 69.82 = 69.82\text{N/mm}$

截面惯性矩　$I = \dfrac{bh^3}{12} = \dfrac{1000 \times 15^3}{12} = 281250\text{mm}^4$

$$\omega = 0.677 \times ql^4 / 100EI = \frac{0.677 \times 69.82 \times 150^4}{100 \times 5000 \times 281250} = 0.17\text{mm} < L/400 = 0.375\text{mm}$$

满足要求。

③ 次龙骨验算：

强度计算：检验次龙骨木方是否会断裂而造成面板跨度过大，从而极大降低面板的强度。

线荷载　$q = 0.15 \times 75.44 = 11.316\text{N/mm}$

按三跨连续梁计算，

$$M = 0.1ql^2 = 0.1 \times 11.316 \times 400^2 = 181056\text{N} \cdot \text{mm}$$

$$W = \frac{b \times h^2}{6} = \frac{45 \times 88^2}{6} = 5.81 \times 10^4 \text{mm}^3$$

$$\sigma = \frac{M}{W} = \frac{181056}{5.81 \times 10^4} = 3.12\text{N/mm}^2 < 13\text{N/mm}^2$$

满足要求。

挠度计算：检验是否会因次龙骨木方刚度不够，变形过大，从而造成面板的刚度出现问题。

线荷载　$q = 0.15 \times 69.82 = 10.473\text{N/mm}$

$$I = \frac{bh^3}{12} = \frac{45 \times 88^3}{12} = 2.56 \times 10^6 \text{mm}^4$$

$$\omega = 0.677 \times ql^4 / 100EI = \frac{0.677 \times 10.473 \times 400^4}{100 \times 5000 \times 2.56 \times 10^6} = 0.142\text{mm} < L/1000 = 0.4\text{mm}$$

满足要求。

④ 主龙骨验算：按单跨简支梁计算

强度验算：检验主龙骨木方是否会断裂而造成次龙骨的跨度过大，从而极大降低次龙骨的强度。

计算简图如下：

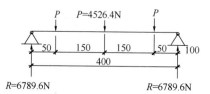

次龙骨传来的集中荷载为：

$$P = ql = 11.316 \times 400 = 4526.4\text{N}$$

$$R = 3P/2 = 4526.4 \times 3/2 = 6789.6 \text{N}$$
$$M = 3P \times 200/2 - P \times 150 = (300 - 150) \times 4526.4 = 678960 \text{N} \cdot \text{mm}$$
$$W = 2 \times 4390 = 8780 \text{mm}^3$$
$$\sigma = \frac{M}{W} = \frac{678960}{8780} = 77.33 \text{N/mm}^2 < 205 \text{N/mm}^2$$

满足要求。

挠度验算：检验是否会因次龙骨木方刚度不够，变形过大，从而造成次龙骨的刚度出现问题。

本工程的钢管规格均为 $\phi 48 \times 3.5$，考虑钢管进场时尺寸的偏差，取钢管规格为 $\phi 47.5 \times 3.0$；$E = 2.06 \times 10^5 \text{N/mm}^2$，$I = 2 \times 104287 \text{mm}^4$，$A = 419.4 \text{mm}^2$。

$$\omega = Pl^3/48EI + Pa(3l^2 - 4a^2)/24EI = \frac{4526.4 \times 400^3}{48 \times 2.06 \times 10^5 \times 2 \times 104287}$$
$$+ \frac{4526.4 \times 50 \times (3 \times 400^2 - 4 \times 50^2)}{24 \times 2.06 \times 10^5 \times 2 \times 104287}$$
$$= 0.24 \text{mm} < L/1000 = 0.4 \text{mm}$$

满足要求。

对拉螺杆：检验对拉螺栓是否会断裂而造成主龙骨的跨度过大，从而极大降低主龙骨的强度。

选用 $\phi 14$ 对拉螺栓，$A = 105 \text{mm}^2$，间距取 400mm，则

$$N = 0.4 \times 0.4 \times (1.2 \times 58.2 + 1.4 \times 4) = 12.070 \text{kN}$$
$$\sigma = \frac{N}{A} = \frac{12070}{105} = 115 \text{N/mm}^2 < f_t^b = 170 \text{N/mm}^2 \quad \text{满足要求。}$$

(3) 尽管计算中已有 1.5 倍以上的安全储备，但浇筑大梁混凝土时，架体设专人看模，随时监控可能发生的意外情况。

(4) 预应力筋张拉时，操作人员不得站在张拉设备的后面或建筑物边缘与张拉设备之间，因为在张拉过程中，有可能来不及躲避偶然发生的事故而造成伤亡。

(5) 千斤顶和油泵必须有安全措施，以免造成设备损坏和不必要的事故。

(6) 张拉一端预应力筋时另一端处不得站人。

(7) 张拉位置的下面不应有人通行，以免锚具、工具等掉落，造成不必要的损害。

(8) 孔道灌浆时应保护操作人员的眼睛和皮肤，避免接触水泥浆。

5.1.3 钢结构

1. 安装

(1) 方法

先用塔吊吊运至安装区域，再用手动葫芦拉起杆件或球进行精确定位。具体顺序如下：

墙体：先墙体内、外表面球精确定位，依靠内、外表面定位中间球。

屋面：先安装下弦杆，腹杆第一层球、上弦杆，腹杆第二层依靠腹杆第一层球和上弦平面定位。

此种安装方法可能产生的危害是高空坠落、物体打击、架体坍塌、机械伤害，其中架体坍塌有可能导致群死群伤，是最具有危害性的危险源。

(2) 吊装注意事项

1) 为方便加工厂焊接球的倒运,每个焊接球上均有一个经点焊的吊环。而现场进行吊装焊接球时,经过几次加工厂内装运上车、卸车、现场内倒运等多次使用吊钩,无法做到检测每一个焊点强度的情况下,为防止焊接球吊环断裂,应把球装入吊笼,采用吊笼吊装。

单杆+球吊装就位后,手动葫芦不能松钩,待支撑脚手架将杆件支撑稳定后,再拆除葫芦。

2) 为防滑,杆件吊装时,采用吊装带,禁止使用钢丝绳。吊装带由尼龙制成,外包帆布。吊装带出厂时在吊装带上有明确标识,标明此吊装带的吊装吨位。吊装时应严格遵守出厂标识限定的吨位进行操作。

不同工序交叉作业时,例如钢构件安装、脚手架安装、焊接作业、涂装等,应合理安排流水,错开空间位置。

吊装作业时,应严格按照塔吊规定的回转半径和限重量实施,严禁超重。距下部支撑体系约 2m 时,应缓慢下降,以减轻对架体的冲击。

3) 小件如加强板、扣件等严禁使用非封闭吊笼吊运,防止坠落发生物体打击事故。另外,吊笼的吊钩严禁使用Ⅱ级钢筋,因Ⅱ级钢筋弹性变形时间短,接近荷载限值时,容易发生脆性破坏,致使吊笼坠落发生物体打击事故。

4) 专门制定群塔作业防碰撞方案:

在高度方向上,相邻两塔之间各塔的最终高度(均为±0.00 以上):1 号塔 40m,2 号塔 60m,3 号塔(需附墙)50m,4 号塔 40m,5 号塔 45m。

在水平方向上处于低位的起重机的臂架端部与另一台起重机的塔身之间有 20m 以上的距离,大大超出《塔式起重机安全规程》GB 5144—94 中 10.5 条款之规定"两台起重机之间的最小架设距离应保证处于低位的起重机的臂架端部与另一台起重机的塔身之间至少有 2m 的距离"的规定。

5) 为防止低位塔吊的起重臂与高位塔吊起重钢丝绳之间碰撞,必须配备有合格操作证的、经验丰富的信号指挥工,确保指挥塔吊回转作业时,低塔的起重臂不碰撞高塔的起升钢丝绳。所有信号工手持的对讲机在同一频道上,在两台塔吊的交叉工作区,协调好时间差,两台塔吊交叉工作区,设置一名负责指挥塔吊作业方向的安全巡视员。当两台塔吊沿同一方向运转时,巡视员通知一台塔吊工作暂停,待另一台塔吊工作完毕后再继续运行,避免两台塔吊相撞。

6) 充分考虑龙卷风等的应对需求。当现场风速达到 6 级风,相当风速达到 $10.8\sim13.8$ m/s 时(现场 2 个风速仪分别设置在建筑物顶部西北角、东南角),塔吊必须停止作业。另外,塔吊在每次使用后或在非工作状态下,将塔吊的吊钩升至顶端,同时将起重小车行走到起重臂根部。

高位塔吊的大臂下限与低位起重机的拉杆之间的垂直距离不得小于 2m。

7) 吊装中应严格执行"十不吊"的规定:指挥信号不明或无指挥不吊;超负荷和斜吊不吊;细长物件单点或捆扎不牢不吊;吊物上站人和吊物下有人不吊;吊物边缘锋利,无防护措施不吊;埋在地下的物体不吊;安全装置失灵不吊;光线阴暗看不清吊物不吊;6 级以上强风区无防护措施不吊;散物装得太满或捆扎不牢不吊。

(3) 与脚手架的配合关系

钢结构的安装是否到位、是否安全归根到底是处理好钢结构与脚手架的关系。脚手架与钢结构之间是相互利用、相互制约的关系：钢结构安装需要脚手架搭设出可靠的操作及支撑平台或吊装、调平支撑点，而过密的脚手架会在局部对钢构件的吊装、安装造成影响。所以在钢结构墙体及屋盖安装的过程中，脚手架起到了举足轻重的作用，可以说，钢结构成败的关键很大程度取决于钢结构与脚手架的配合是否到位，脚手架体系安全了意味着钢结构的安全管理工作完成了 4/5。

本工程钢结构的单球＋单杆及散拼的安装方法决定了本工程的脚手架工程已不单纯是通常意义上的维护架、操作架，已经演变成一个庞大的、随时变化的支撑体系：在钢结构墙体安装、焊接、涂装过程中需要搭、拆脚手架 7 个回合，屋面则有 6 次之多。如此体量、如此难度的脚手架工程，在北京市乃至全国都是独一无二的，对脚手架的材料、人员搭设资源组织及架体的可靠性方面均提出了前所未有的挑战。

钢结构总重量（不算加强板、干涉板等）约 6800t，如果全部按普通钢管脚手架计算，预计使用约 15000t，大约是主钢结构重量的 2 倍，件数将达到 255 万个；由于用量过大，过多占用塔吊吊次，出现了钢结构安装与脚手架搭设时间之间尖锐的矛盾；搭设人员最高峰时估计需要 350 名方能满足钢结构安装的需要等等，以上一系列问题给现场的质量、安全管理造成了极大的困难，必须采取特殊的手段方能保证现场的安全。

1) 方案依据可靠、内容齐全

必须把钢结构构件的堆放、安装（特别是搭拆过程）、卸载、整体拆除、与其他专业的配合等各种可能发生的情况分别编制出相应的措施。

① 计算：

各种工况下，支撑架、操作平台、堆料平台的所有受力构件均需计算，包括横杆钢管抗弯、立杆轴心力抗压、扣件抗滑移；吊装用 16 号工字钢、$\phi 140mm$，$\delta 45mm$ 的圆钢管的抗弯强度、挠度；立杆落楼板后的楼板下的支顶强度计算（须经主设计单位进行复核）；节点支撑平台下木方抗弯强度、挠度及钢板的抗剪。

② 计算选用参数：

考虑计算高度较高，达到 45m，因此在取值上均按最不利情况考虑。

钢管：本工程的钢管规格均为 $\phi 48 \times 3.5$，考虑钢管进场时尺寸的偏差，取钢管规格为 $\phi 47.5 \times 3.0$，其截面积、截面抵抗矩、回转半径均依据此数进行相应推导。钢管使用前应进行检查，不合格的不予以使用。

木方：100mm×100mm 截面按 88mm×88mm 取值。

扣件按计算单元所用的实际数量取值。

荷载：按照可能发生的最大及最不利位置取值。

③ 计算取值上考虑可能发生的最不利的各种因素，例如屋盖支撑平台上的材料堆载，《建筑施工扣件式钢管脚手架安全技术规范》JGJ 130—2001 规定结构施工用脚手架计算均布活荷载为 $3kN/m^2$，包括作业层上材料、人员、设备荷载及风荷载；而本工程通过分析搭设所用形式、钢结构构件重量及可能摆放的情况，把上述荷载分为人员设备和材料两种，人员设备荷载取 $2kN/m^2$，材料荷载以实际计算单元内最重的钢结构杆件尽可能多地摆放一层后的荷载总计为 $2.75kN/m^2$，共 $4.75kN/m^2$。

2) 严格按程序审批：

鉴于脚手架的体量，属于典型的高大脚手架，根据《危险性较大工程安全专项施工方案编制及专家论证方法》有关脚手架的规定，施工安全方案需要组织专家论证审批通过，方可实施。

3) 必须合理减少搭设数量，降低管理难度：

针对目前北京正在大范围地进行基建，普通脚手架钢管、扣件、跳板等资源极其短缺的现状，后期引进根据法国技术制作、实施的安德固脚手架，不仅可以有效解决资源问题，而且加快搭设进度，最终总投入量可减为10800t。

4) 工作态度严谨：

① 规范与实际情况不一致时，采取积极面对，接受事实，并合理处理的原则。

目前钢管、扣件市场极其不规范，规范规定钢管壁厚应为 3.5 ± 0.5mm（一般计算时取3.5mm），直角扣件1.347kg/个，转角扣件1.49kg/个，对接扣件1.88kg/个；而实际钢管壁厚均处于规范规定的下限，更有甚者只有2.7～2.8mm，扣件重量通常不达标，只相当于规范规定的80%，甚至50%，同时在力学性能的某些指标上亦达不到要求。本工程普通脚手架的钢管用量达到8000t，各类扣件数量170万个，使用数量惊人。因此在实际实施时，不但在现场材料上加强管理，而且在计算上，钢管壁厚根据规范规定的下限取值即3.0mm，最终的计算结果达到设计值2倍的安全储备；同时在实验室进行典型节点搭设方式的压载试验，以验证在脚手架扣件不能达标情况下的结构安全性，从根本上保证方案的安全性、可执行性。

除了整体支撑平台按照间距为1200mm×1200mm×1200mm搭设，出于安全及经济的考虑，屋盖支撑根据模拟现场的卸载工况计算后的支撑反力计算值分为4t以下、4～9t、9t以上（最大反力值为39t）三种节点下搭设方式，详见表5-3：

搭设方式　　　　　　　　　　　　　　　　　　　　　　　　附表5-3

序号	钢结构位置	扣件式脚手架支撑形式
1	普通位置	满堂红脚手架（1200×1200×1200）
2	节点（4t以下）	1.2米见方脚手架支撑平台（600×600×1200）
3	节点（4～9t）	1.2米见方脚手架支撑平台（400×400×600）单立杆
4	节点（9t以上）	1.2m见方脚手架支撑平台（400×400×600）双立杆

每种试验压载值需要达到设计值的2倍，即分别达到8t、18t、78t。

② 国外有，国内没有相应规范的工艺需要进行验证。

安德固脚手架，作为国内第一次引进的技术，由于国内没有相应规范、验收规定，其产品、验收规定均需要在市建委科教处备案，同时要做现场堆载试验，保证其使用的安全性。

5) 合理利用规范：

由于没有以往经验可以借鉴，在实践中把握住规范与现场相结合的办法。

6) 墙体脚手架的拉接：

根据《建筑施工扣件式钢管脚手架安全技术规范》JGJ 130—2001规定，墙体脚手架拉接根据立杆横距从1.2m，应采取二步三跨间距1.5m或三步三跨间距1.75m。由于钢结构墙体附近现场没有混凝土结构进行可靠拉接的实际情况，结合各种工况条件下荷载限值以及施工过程中的要求、特点、顺序，选择在钢结构墙体外侧搭设双排架，钢结构墙体内侧搭设四排脚手架，间距为1200mm×1200mm×1200mm，相当于稳定体系，并将内外脚手架通过构造杆件进行可靠拉接；内外侧脚手架通过对拉平撑和横向剪刀撑进行拉接（水平及高度方向均为3.6m），同时为保证脚手架自身的整体性，钢结构墙体两侧架体沿高度方向每6m加设一道水平剪刀撑，沿长度方向每7.2m加纵向剪刀撑形成稳定的整体；钢结构墙体内侧脚手架的最内一排（即靠近钢结构墙体的一排）按照脚手架的外立面加设剪刀撑。

内外墙体的可靠拉接形式应根据钢结构的安装特点进行即时调整。在钢结构墙体安装过程中，杆件的吊装定位均依靠脚手架来进行，当杆件满焊固定后，脚手架与钢结构墙体进行抱接固定，即设置脚手架与钢结构之间的连墙件，设置位置为每个球节点边缘易于抱接的方梁或方柱上（抱接时应注意垫放木方以防对钢结构产生破坏），此抱接点可以看作是脚手架非规则均匀布置的连墙件。

7）根据钢结构的施工顺序墙体是分层安装，脚手架也是分层搭设，每次搭设高度高出分层焊接钢结构墙体不小于1.2m，分层安装过程中未完全焊接好的钢结构墙体通过调节丝杠依靠脚手架维持墙体的整体性（最大侧压力为1t），脚手架通过计算，应在钢结构墙体给予脚手架侧向力之前应在脚手架上加密相应的杆件；当调节丝杠与立杆进行连接时，增加相应的跨度内的大横杆件，当调节丝杠与横杆进行连接时，增加相应跨度内的小横杆件，当调节丝杠与脚手架各杆件均对应不上时，应增加相应的杆件使其与脚手架相连，以最终调节受力杆件的跨度为300mm为原则。

8）为适应钢结构的特殊性必须进行数次搭拆：

① 墙体

第一次正常搭设：为安装提供操作、微调及吊装平台；

第一次局部拆除：墙体外立面安装时，因对拉平撑或横向剪刀撑与外立面会有冲突，局部需要拆除；

第二次局部搭设：当局部外立面杆件安装到位后，及时恢复或调整；

第三次拆除：墙体内立面安装时，因对拉平撑或横向剪刀撑与内立面有冲突，局部需要拆除；

第三次局部搭设：当局部内立面杆件安装到位后，及时恢复或调整；

第四次拆除：墙体腹杆安装时，因对拉平撑或横向剪刀撑与钢结构腹杆必定会有冲突，局部需要拆除；

第四次局部搭设：当局部腹杆杆件安装到位后，及时恢复或调整；

第五次拆除：墙体腹杆安装时，因对拉平撑或横向剪刀撑与钢结构腹杆必定会有冲突，局部需要拆除；

第五次局部搭设：当局部腹杆杆件安装到位后，及时恢复或调整；

第六次拆除：涂装过程时，与钢结构抱接的杆件无法涂装，局部必须拆除；

第六次局部搭设：当局部杆件涂装后，及时垫垫片恢复或调整；

第七次拆除：膜结构次结构安装到位后，全部拆除。

② 屋盖搭拆程序

第一次正常搭设：为安装提供操作、微调及吊装平台；

第一次局部拆除：下弦杆安装时，与脚手架有冲突，局部需要拆除；

第二次局部搭设：当下弦杆安装到位后，及时调整；接着搭设第二步，为第一层腹杆吊装使用；

第三次拆除：第一层腹杆安装时，因立杆、横杆和剪刀撑与腹杆必定有冲突，局部需要拆除；

第三次局部搭设：当局部第一层腹杆安装到位后，及时恢复或调整；接着搭设至32m，为上弦杆吊装做准备，包括下弦杆节点做加密的独立脚手架支撑；

第四次拆除：第二层腹杆安装时，因立杆、横杆和剪刀撑，特别是独立脚手架支撑与腹杆必定有冲突，局部需要拆除；

第四次局部搭设：当局部第二层腹杆杆件安装到位后，及时恢复或调整；

第五次拆除：卸载时，所有与钢结构抱接的杆件必须拆除；

第五次局部搭设：卸载后，为钢结构涂装、膜结构天沟及机电管道安装提供操作面

第六次拆除：上述结构安装到位后，全部拆除。

9) 现场加强管理，特别注意脚手架在反复搭拆过程中的过程管理：

① 普通扣件式脚手架

墙体安装时，因对拉平撑或横向剪刀撑与钢结构腹杆必定会有冲突，拆除范围不超过三个安装单元，约30m；注意钢结构施工的作业扩展面水平向不得超过12m（散拼及长度较小的小拼单元）或15m（长度较大的小拼单元），垂直方向不得超过钢结构安装一个步距。钢结构一步高度范围的杆件点焊定位完成后即刻进行对拉平撑或横向剪刀撑的拉结设置。

墙体提前搭设的悬空架子搭设不能过高，不得超过3.6m。

对于钢结构屋盖施工，搭设后应设置限重标识，防止堆料平台超重坍塌伤人。

在屋盖钢结构安装时，塔吊将钢结构构件吊至安装附近堆料区域，即进行初步就位，脚手架配合人员根据钢构件的位置搭设脚手架支撑结构，钢结构施工人员采用手拉葫芦、千斤顶等工具将钢构件吊装、调整至精准位置并进行焊接。焊接完后，才能拆除手拉葫芦、千斤顶等，防止构件坠落伤人。满堂红脚手架由屋面下弦向上进行搭设，卸载点及节点位置处的脚手架由于千斤顶平台支设无法向上继续搭设，故只能在卸载点、节点以外的区域将脚手架向上继续搭设，同时钢结构空间杆件的位置是无规律的，所以会有很多竖杆、水平杆无法规定其具体搭设间距，但以不超过1200mm×1200mm×1200mm的原则搭设，操作面铺设脚手板，脚手板下挂设安全网。

为方便下弦杆及第一层腹杆吊装，屋盖范围内的普通脚手架可先搭设成2.4m×2.4m×2.4m，两个方向每隔4.8m加竖向剪刀撑；进行上弦杆定位、安装时，先在距下弦杆约800mm左右铺设上人平台，下面脚手架加密成1.2m×1.2m，上弦杆节点下单独支设独立柱架体。见附图5-4～附图5-9。

② 安德固脚手架

a. 作为脚手架工程的补充，负责完成最大跨度区域钢结构屋盖部位施工用支撑系统。普通部分满堂脚手架材料采用60系列支撑，60立杆、2m步距体系和60立杆、1.5m×1.5m、1m步距塔架两种方式搭设而成。其中2m60立杆体系立杆间距采用3m×2.5m×

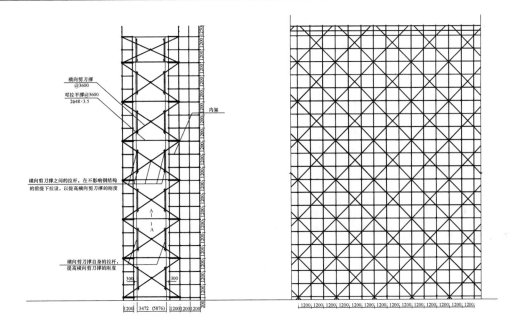

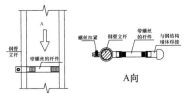

附图 5-4　外墙架体支设图

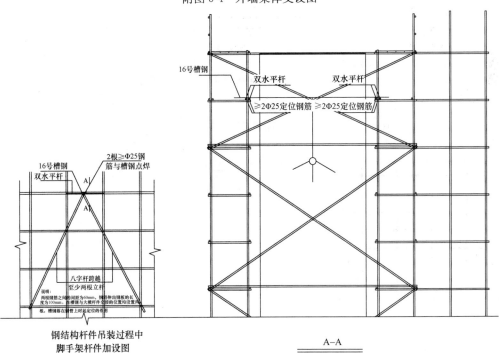

附图 5-5　杆件吊装示意图

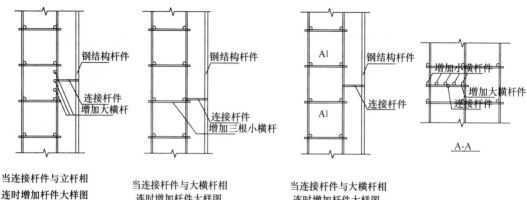

附图 5-6 连接件与立杆相关位置加杆示意图

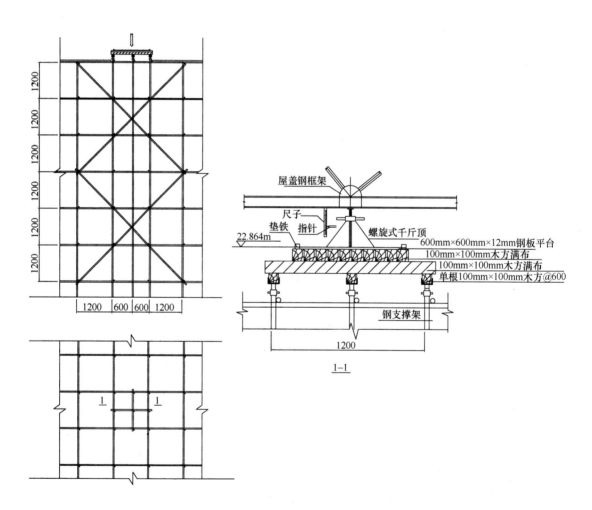

附图 5-7 荷载为 4t 以下时节点位置支撑架详图

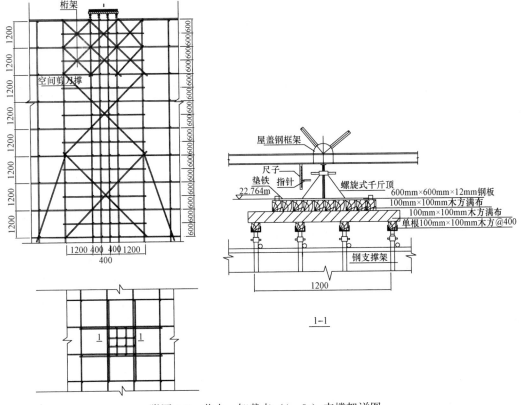

附图 5-8 节点、卸载点（4～9t）支撑架详图

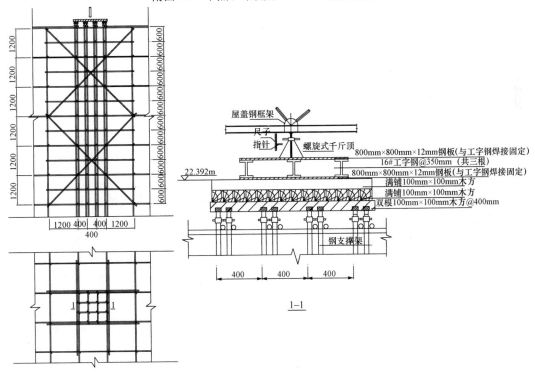

附图 5-9 节点、卸载点（9t以上）支撑架详图

2m 格构柱成对排列，成对格构柱之间纵横间距均为 1.5m。横杆连接形成承重墙矩阵，在高度方向每个步距（2m）均设置水平拉杆，每隔 8m 设置由横杆和斜杆组成的桁架横向连接支撑。1.5m 塔架每两个步距（2m）设置水平拉杆，每隔 4m 设置由横杆和斜杆组成的桁架横向连接支撑。2m60 立杆体系顶部在格构柱内部做加密悬挑，立杆顶部加顶托顶工字钢，工字钢上满铺木质脚手板。对探头板要用脚手杆或钢筋等固定，防止意外坠落。在搭设过程中，应采用专用袋将扣件吊至施工位置，禁止作业人员空中抛接扣件意外伤人。

b. 节点、卸载点分为 4t 以下、4～30t 及 30t 以上三种形式：其中 4t 以下未单独设置，4～30t 集中荷载部位加设一组 700×700、1m 步距塔架；30t 以上采用两组 700×700、1m 步距连体塔架。

c. 23m 以上架体结构及平台需吊杆件处，可采用 60 立杆、2m 步距体系的满堂结构。施工顺序：在平台上搭设第一层两米高架体（平面间距 2.5～3.0m×3.0m）→托吊焊装下弦杆（吊挂处水平杆换成加强杆）→架体高度升至 4m→吊挂第一层腹杆及第一层空间球→架体高度升至约 6.5m 高处布顶层平台→架体高度升至 10m 高；在立杆约 7m 高处，经准确定位后（包括标高及平面位置），扣双 48 横杆托放定位板（点焊）和上弦杆，吊挂葫芦等操作吊放 2、3 层腹杆，在托、吊承重点上应用加强横杆或加八字斜撑加强。

d. 脚手架横杆在安装过程中应先将 C 形卡扣与立杆上的 U 形卡贴紧（必要时用锤子轻轻敲击），然后再将销子销扣牢固。

e. 在搭设过程中，第一步搭好后应测量架体的水平度与垂直度，准确无误后再向上进行搭设，并在垂直方向上每四至五步进行水平度与垂直度的检测，以保证架体的安全。

f. 现场脚手架搭设过程中应逐个检查立杆上的第一个观察孔，观察孔中的立杆是否上下结合紧密。

g. 当脚手架立杆下方垫放木方时，可调底座应用钉子与木方进行固定（对角固定两个钉子即可），同时应注意钉子不能全部钉入木方，而应钉入一半，另一半砸弯，同时应注意立杆轴线应落在木方上，不得悬空。

可调底座与可调顶托螺丝旋出的长度不得超过 370mm。

h. 每根立杆均应有水平约束，绝不允许存在没有水平约束的立杆，对于塔架而言，除横纵两个方向的水平约束外，还应每隔一步设置一道斜向对角的水平约束（/或\均可，不必要 X 形）。

在斜拉杆进行安装的过程中，斜拉杆端头位置的小疙瘩必须穿入到立杆 U 形卡中并成 90 度角，然后再将销子销紧。

当脚手架距离混凝土结构很近时，架体应尽可能地与混凝土结构进行连接，如抱柱等。

对于悬挑位置处，应将立杆交接位置处下部对穿孔洞外的螺丝加设到位，并用螺母加垫片拧紧。

23m 以上架体，因为安装第一层腹杆碍事的斜杆、横杆、立杆而进行临时拆除，拆除后及时设置警示标牌；安装后及时恢复，并要经安全人员验收后使用，若恢复不了的杆必须在上部做成桁架连接。

无论是哪一种脚手架，与钢结构的配合体现在动态上，必须随时根据钢结构的安装需要,在方案的指导下,随时调整脚手架的搭设方式,杜绝非专业人员的任意拆改。

在高空作业,施工人员的安全带应随时挂在有可靠杆件上,即点焊或满焊好的杆件上。

2. 焊接

(1) 由于杆件多,而且在设计应力比较高的杆件节点处加设加强板,达到"强节点、弱杆件"的设计理念;另外,70%以上节点处的方钢管与圆钢管干涉,加设节点干涉板,焊接量达到约 10 万条。焊接所可能引起的危害主要是触电、火灾、爆炸,是对工地影响很大的,因此安装后的焊接作业的管理是钢结构工程的关键。

(2) 在钢结构施工阶段(包括墙体、屋盖的安装),由于焊接作业多,而绿色密目安全网自身并不阻燃,容易引起火灾,加之吊装作业多,钢结构测量定位困难,满挂的绿色密目安全网会影响塔吊司机的视线,影响钢结构吊装,产生安全隐患,经专家会上明确,取消钢结构施工阶段满挂的绿色密目安全网,仅在防护高度范围内挂设密目网,相应的首层外架外侧四周支设固定 6m 宽的双层水平安全网,网底距地面高度不小于 5m,向上每隔四层并不大于 10m 四周固定一层 3m 宽的水平安全网,直至无高处作业后方可拆除。某厂 2002 年生产的 3000m² 的安全网在使用前要抽三组进行试验,发现不合格的,该批安全网全部更换新的安全网;对落入安全网的物品等,并及时清理。

(3) 因为同时作业区域多,特别是屋盖的焊接,每个焊点下必须设接火盆,接火盆用 3mm 厚铁皮制成,根据上部球节点的尺寸,制作出几种尺寸的接火盆:1000mm×1000mm、800mm×800mm、600mm×600mm,防止火星四溅。墙体焊接按施工区域分为 20 个,屋盖焊接分为 32 个区域设置看火人,最多每 10 个焊点设一个专职看火人,经常来回巡视,全部焊点必须在看火人的视线范围内。作业区内,配置 2 组灭火器,灭火器要随作业区的转移而转移。

(4) 氧气、乙炔瓶应分别吊装,在氧气、乙炔瓶未吊运至工作面前,经常检查氧气、乙炔瓶的阀门,防止漏气。吊运时采用吊笼,且吊笼门的卡口采用双销子,防止在吊运过程中出现气瓶滑落,造成物体打击伤害的事故。

(5) 焊接时,给 Q420C 钢材采用排枪预热时,要防止火星四溅,而且氧气、乙炔瓶要距离工位至少 10m 以上,且周围无其他易燃易爆物品;因焊接工位为空间上的交叉,氧气、乙炔瓶的上口需用防火布进行覆盖,防止发生爆炸伤人事故。

(6) 墙体焊接必须遵循安装点焊 2 层,满焊 1 层的原则,原先用于球体定位安装依靠脚手架,杆件焊接后,节点处又成了脚手架刚性拉接点,减少架体坍塌的可能性。

(7) 为既保证电焊机一次线长度不大于 5m,二次线长度不大于 30m 的安全规定,又能保证现场施工速度,应增加焊机及电缆线投入,并提前做好焊机布置图,合理安排焊机位置。本工程的钢结构共布设了近 200 台电焊机,电缆线上万米。焊工转移工位时,在脚手架之间穿行时,对穿行的脚手架应设置软包装,避免穿线时电缆线的塑料保护被刮坏、磨损,电缆线转移后,应对转移的电缆线逐一进行检查,如发现有破皮应立即用绝缘胶布粘牢。

(8) 现场风力大于 5 级时,适当停止现场焊接作业,减少火灾隐患。恶劣气候时,停止办理动火证。

3. 支撑体系的卸载

(1) 卸载的过程对钢结构和架体及钢结构杆件是一个加压的过程，无论对钢结构自身和对支撑架体而言，整个卸载过程都是一个严峻的考验，有可能会出现钢结构自身及架体的坍塌事故。卸载计算工况是结合了现场进度安排、杆件内应力控制在设计允许范围内，应力比不超过 0.9，支点反力不宜过大以避免导致支撑体系的搭设难度及减少对支撑下楼板的影响等原则进行选择。本工程屋盖考虑分两次卸载，中间南北向内墙作为分界线，先西区，后东区。

(2) 首先仔细检查钢结构自身的焊接情况，卸载区域及计算工况中需要满焊区域的结构是否已经完成，没有漏焊；焊接部位是否已经 100% 通过自检及第三方检验。

(3) 按照工况计算假定条件，第一次卸载区的东侧所有卸载点及节点千斤顶均不能撤除。

根据合理工况计算的结果，经计算后铺设符合方案要求的脚手架。计算应保证有 2 倍安全系数，防止个别千斤顶失灵，造成实际卸载工况与计算不符，个别卸载点支反力突增的现象。

(4) 不同反力的点位标注清楚，实际放线准确。卸载前应严格检查千斤顶的工作性、卸载点下支撑架的情况。若发现千斤顶"带病工作"应立即更换，其中扣件式脚手架应特别注意步距的设置、上部平台钢板、工字钢的摆设；安德固脚手架应特别注意独立塔架的步距保证、与周边架体的拉接、上部工字钢的型号及摆设方法。

(5) 根据工程特点，合理选择千斤顶的下降方式：等距卸载。

由于点位较多，为保证千斤顶下降的基本同步性，须提前对操作人员进行培训，规定下降速度，下降级别，让所有人心里有数。

卸载前，通告所有现场内施工单位及个人；清理现场，除卸载操作及指挥人员外，其他不相关人员不得进入卸载区；卸载区以下架体用警戒线封闭，防止意外。

卸载时，其他工种停止施工，均停留在安全地带。

卸载时，千斤顶操作人员需挂安全带在主体结构上。

4. 整体拆除

(1) 拆除前应派专人检查架子上的材料、杂物是否清理干净，脚手架拆除时须划出安全区，并设置警戒标志，设专人警戒，架体拆除时下方不得有其他作业人员。

(2) 脚手架的拆除顺序与搭设顺序相反，须遵循先搭后拆，后搭先拆的原则，严禁上下同时作业，从脚手架顶端拆除其顺序为：安全网→护身栏→挡脚板→脚手板→小横杆→大横杆→立杆→连墙杆→纵向支撑。

(3) 连墙件必须随脚手架逐层拆除，严禁先将连墙件整层或数层拆除后再拆除脚手架，分段拆除高差不得大于两步（即 2.4m），如不能满足，应增设临时连墙件。

(4) 拆除的杆配件应以安全的方式运出和卸下，必须绑扎牢固或装入容器内才可吊下，严禁向下抛掷，拆除过程中应作好配合，协调工作，禁止单人进行拆除较重杆件等危险性作业。

(5) 当脚手架拆至下部最后一根长立杆的高度时，应先在适当位置搭设临时抛撑加固后，再拆除连墙件。

(6) 在满堂红脚手架进行拆除周转的过程中，满堂红脚手架的边缘部分应设置如下构造措施以保证整个架体的稳定、有效：外立面上设置连续剪刀撑，在边跨的位置每 7.2m

设置一道横向斜撑，横向斜撑由底层至顶层呈之字形布设，采用旋转扣件固定在与之相交的横向水平杆的伸出端上，注意旋转扣件中心线至主节点的距离不得大于150mm。

5.1.4 膜结构

在安装过程中可能出现架体或升降平台的质量与坍塌风险是施工管理的关键。

1. 安装程序

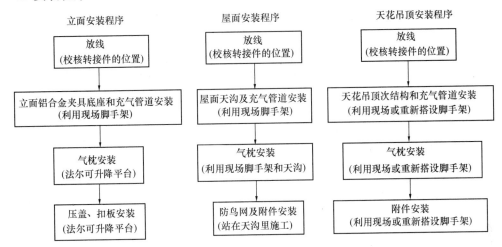

2. 主要施工工艺管理措施

TARCO平台：

(1) 墙体气枕安装时，要利用法尔可升降平台。法尔可升降平台作为从加拿大引进的一种以桅杆为支撑载体的液压爬升式工作平台，其主要作用是为施工人员提供一个操作平台，取代传统脚手架和吊篮，完成高空作业，可以根据需要随时上下，提高工作效率。

(2) 由于国内没有相应的检测方法，在正式使用前，需由一家具备合法的设备检测资格的单位，根据法尔可的使用说明及以往经验制定出验收依据，出具验收报告。使用过程中严格按照使用说明操作，并建立法尔可液压升降平台的专用管理档案。见附图5-10。

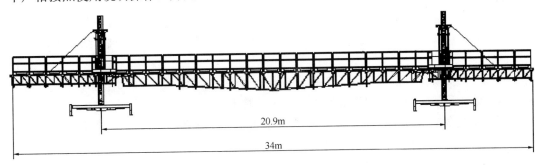

附图5-10 法尔可升降平台示意图

在正式安装之前，必须核算平台下楼板的承载能力及平台桅杆的附着力。其中前者需设计认可，后者在计算时按照50年一遇的风荷载考虑。

(3) 安装及拆除：

程序：准备地面平台基础→安装升降机→安装架桥平台→安装爬升桅杆→安装底层架桥平台→安装工作平台（拉杆及铺板）→安装墙体附着→外墙膜结构安装及附着拆除→拆

除桅杆及架桥平台。

注意后一步的安装前提是前一步的验收合格。

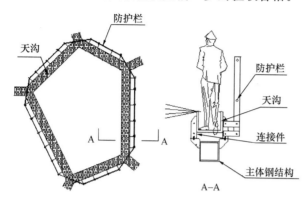

附图 5-11 屋顶 ETFE 气枕单元安装示意图

安全管理点：桅杆的垂直度、间距、安全装置、主机的液压缸、爬升抓、平台护栏、跳板、附着连接处销钉、卡具连接螺栓、底座定位装置及平台行进路线是否通畅等等。

（4）屋面安装：

在排水天沟侧面安装 1.5m 临时护栏，排水天沟表面用 2mmPVC 板进行防护。施工人员站在防水天沟内进行气枕的安装，在施工过程中，施工人员身背安全带和工具袋，安全带与护栏可靠连接，小的附件和工具放在工具袋内，不得直接放在排水天沟内，要求所有工具必须系绳并绑在安全带上，防止坠落。见附图 5-11。

（5）天花吊顶安装：

利用现有或重新搭设脚手架，气枕中部满铺安全网。见附图 5-12。

5.1.5 安全文明施工、人员安全与健康管理措施

1. 人员安全

（1）建立完善的安全管理制度

针对工程性质制定完善的安全管理制度；明确安全生产责任制；严格安全检查制度；完备安全教育制度形成一整套安全管理体系。

（2）现场措施

脚手架、基坑支护、模板工程、"三宝"、"四口"及"五临边"、物料提升架、高处作业、料具存放、施工用电、机械设备的防护措施按《北京市建设工程施工现场安全防护标准》（京建施［2003］1号）要求和企业《现场安全防护方案》通本要求，结合现场实际情况制定。

当施工人员操作焊接、喷涂、切割等有强光作业、粉尘作业、强噪音等作业时，施工人员应佩戴护目镜、面罩、口罩、耳塞等防护器具上岗。

现场挂安全提示板，定期对施工现场的各种安全设施和劳动保护器具进行检查和维修。将安全隐患遏制在事故发生之前。

2. 人员健康与基础设施

除了通常工程中配备的隔油池、化粪池、垃圾池、沉淀池外，还为现场人员配备太阳能淋浴间、理发间、读书室、电话间、医疗室等设施。在节假日期间，还在场外停车场举行专场音乐会，丰富人们的业余文化，满足人们的业余文化需求。

（1）现场施工作业区、办公区、工人临时休息区分开布置，涂膜作业时，应开启所有窗户或采取用风机强制通风的措施，避免员工中毒。工人食堂、临时休息室布置在现场的上风口——北侧；敞开式办公室布置有利于通风；复印机、打印机单独放在一起，与工作

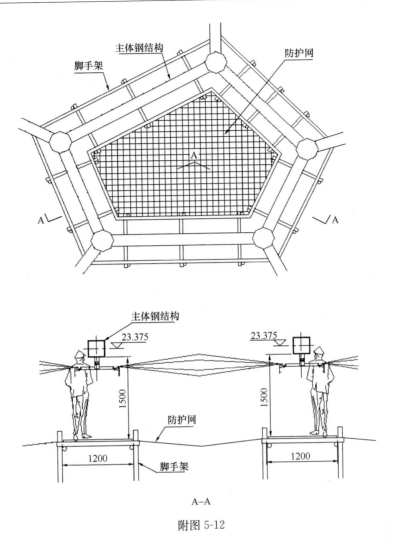

附图 5-12

人员不同室。

现场设饮水处、休息区、临时固定厕所、临时移动环保厕所、卫生所、食堂、浴室、吸烟室等必要的施工人员生活设施，每日专人清洁环境、喷洒消毒、防止污染。

(2) 新工人上岗前进行体格健康检查，特殊工种、有毒有害工种按《职业病防治法》定期做健康检查，检查后发现有不适宜继续作业的人员，应调换安排相适应的工作。

(3) 办公室、工人休息室、食堂、浴室、经警门卫室等内部设施整齐干净，照明通风均符合职业安全卫生要求，夏季对上述地点还要派专人灭蚊灭蝇，保持环境干净。

(4) 食堂有一名工地领导主管食品卫生工作，并设有兼职的卫生管理人员。食堂的设置需经当地卫生防疫部门的审查、批准，要严格执行食品卫生法和食品卫生有关管理规定。建立食品卫生管理制度，要办理食品卫生许可证。食堂操作间分清真区、普通区，用具分区分类摆放整齐；每天清洁、消毒；采购猪肉、食油应在超市或食品公司的肉店购买，不得在自由市场随意购买猪肉和食油，购买的蔬菜应新鲜，不准购买、食用变质食品。所有炊事员持健康证上岗，并每年定期复查炊事员健康状况，状况不良不得上岗。

食堂内外要整洁，饮具用具必须干净，无腐烂变质食品。操作人员上岗必须穿戴整洁的工作服并保持个人卫生，食堂要做到生熟食品分开操作的保管。食堂设专人定点采买清真食物、普通食物，目的一是保证食品卫生和质量。二是尊重用餐人民族习惯。

夏季，食堂每日 2～3 次向施工人员供应防暑降温饮料；所有饮料即饮即送，不放置在现场内暴晒；夏季应安装驱蚊器防蚊。

5.1.6 施工过程中的人体工效要求

（1）选择搭设分包时，应注意身高的限制，因为普通扣件式脚手架大部分的步距均为 1200mm，应规定身高在 1.55～1.70m 之间，便于操作。脚手架的架管和扣件运输，当操作两人配合固定杆件时，应注意相互动作的协调性，一名负责固定扣件的精确固定，扭矩必须达到 40～65N·m，采用标准螺丝时，应保证外露丝达到要求。一名负责扶好架杆，传递杆件时，应一手作为持力手，另一手为固定杆件方向手，在架体一步架内三次传递到位。

（2）施工现场的便所布置应方便工人的生理需要，从距离、卫生、蹲位数量等方便进行考虑。现场的东侧和西侧通道边各设置 5 个移动厕所。

（3）在架体拆除过程中，采用"谁搭谁拆、后装先拆"的原则，应选用身高与架体相匹配的人员进行作业，在拆除安德固脚手架时，应考虑步距、与周边架体的拉接、摆设方法对人员的要求。应 5 人一组，协调地进行拆除，等距卸载。为防止因操作人员的动作不匹配而出现架管坠落，应禁止违反人体工效要求的操作。

（4）在焊接过程中，钢结构分包人员应注意合理安排不同施工部位的焊工，在施工空间狭窄的部位作业应安排身高在 1.55～1.65m 之间的焊工施焊，没有高度限制的作业区域应安排身高在 1.68～1.75m 的焊工焊接。搬运氧气、乙炔瓶时，应考虑安排 1.60m 以上的工人进行搬运。

5.1.7 施工过程的心理活动管理

当脚手架搭设超过 24m 时，现场安全员每天必须对架子工、操作工人的心理状态和工作情绪做现场观察和评估，特别是在节假日期间注意施工队伍人员的心理变化，关注江苏籍作业人员在农忙前后时期的心态变化和当作业人员因家庭或个人原因出现的情绪异常时，管理人员应及时跟进调查，了解原因，进行风险评价，当存在不可接受风险时，应禁止有关人员上岗从事高空作业。

当施工现场出现异常情况，如火灾、坠落事故或其他紧急情况时，管理人员应及时对架子工、电工、焊工、混凝土工、塔吊司机等风险大的岗位进行心理调查和评估，需要时应进行心理辅导，调整有关人员的心理活动。若出现整体人员的情绪波动，应及时暂停作业活动，待心理恢复正常后，再安排上岗。

5.1.8 施工过程的沟通要求

脚手架、焊接、吊装、卸载等作业过程在实施前，由各管理人员负责将有关风险识别和评价结果与作业人员进行沟通，使之明确知道自己所面临的风险。项目经理部管理人员应及时与各专业分包进行沟通和协商，每周一各专业分包的安全管理人员应与土建的脚手架、焊接、吊装、卸载等作业的负责人进行会议沟通，每天现场的人员彼此应进行面对面的沟通，沟通内容包括：（1）工序交叉的接口要求；（2）安全技术措施的实施情况；（3）现场作业的风险控制结果；（4）彼此需要解决的协商问题，当需要协商和沟通的问题不能及时解决时，应及时上报，由双方的负责人进行协商和决策。项目经理部专业总监应对各专业分包在进行脚手架、焊接、吊装、卸载等施工或其他作业的过程中，进行抽查，对各专业分包不能协商解决的问题，予以仲裁。

由于本工程工期紧，基本没有节假日、休息日，而且跨越冬、雨季，包括春节期间现场也不停工，因此现场需要在平日体现出人文关怀，节假日进行实物及精神上的慰问，例如冬季发棉衣，保暖鞋等；春节期间把仍然留在现场未能与亲人团聚的施工人员组织起来，在现场的阅览室进行歌咏活动、包饺子吃团圆饭、看春节联欢晚会，发慰问信到员工家里，提供 IP 电话每人通话一分钟等措施，以安定人心。

安全教育活动应结合现场实际，做得灵活多样，例如可不定期在每周一的安全例会上进行有奖安全知识问答活动，定期进安全知识竞赛、先进安全生产人员评比和奖励，放事故录像、现场安全隐患实际讲演等活动，让施工人员自觉遵守安全管理，将安全注意事项牢记在心，把"要我安全变成我要安全"。

5.1.9 其他技术措施

（1）临边、洞口施工措施

1）在基坑四周、楼层四周，凡是没有防护的作业面均必须按规定安装两道围栏和挡脚板确保临边作业的安全。

2）各楼层的电梯门洞口、楼梯口、预留洞口和通道口以及外用电梯出入口平台处都必须有安全防护，大于 1.5m 的洞口还必须采取用间距 200mm×200mm，直径大于 25 的钢筋拍子，上盖木模板，周边围栏双层防护，确保所有洞口不坠人、不坠物，安全可靠。

（2）钢结构工程施工措施

1）为防止高处坠落伤人，操作人员在进行高处作业时，必须正确使用安全带。安全带一般应高挂低用，即将安全带绳端挂在高的地方，而人在较低处操作。

2）在雨季冬季里，构件上常因潮湿或积有冰雪而容易使操作人员滑倒，采取清扫积雪后再安装。

3）高空操作人员在脚手板上通行时，应该思想集中，防止踏上探头板而从高空坠落。

4）地面操作人员必须戴安全帽。

5）高空操作人员使用的工具及安装用的零部件应放入随身佩带的工具袋内，不可随便向下丢掷。

6）地面操作人员，尽量避免在高空作业的正下方停留或通过，也不得在起重机的吊杆和正在吊装的构件下停留或通过。

7）构件安装后，必须检查连接质量，固牢后，才能摘钩或拆除临时固定工具，以防构件掉下伤人。

8）设置吊装禁区，禁止与吊装作业无关的人员入内。

（3）模板工程安全施工措施

地下室外墙、核心筒墙体及柱子方模板主要为钢模板，由于钢模板重量大，板块高，极易出现安全问题，在使用过程中要注意如下事项：

1）大钢模板落地堆放在指定的模板堆放区的专用工具架上或周转至另一工作面时，必须一次安放稳固，倾斜角符合 75°～80°自稳角的要求。模板堆放时码放整齐，堆放在施工现场平整场地上，模板堆放场地要采用 ϕ48 钢管及密目安全网封闭，除模板吊装、清理模板人员外，其他人员不得进入模板堆放场。

2）操作工人在现场支设墙柱模板时，由于模板均为大钢模，单块模板的重量很大，塔吊吊起模板就位时，必须设专业信号工指挥，严格遵守相关安全操作规程，小心平稳的就位在墙柱位置线处，支撑好模板的斜撑后方可卸钩。避免大钢模板碰撞钢筋，以防止钢筋的偏位和模板面出现划痕。

3）要随时检查大模板上的螺栓等配件的连接情况，发现有松动的现象及时拧紧或撤换。

4）大模板的吊钩采用成品卡环，要经复核单块大模板的重量在允许负荷之内，满足安全要求。

5）拆模作业时，必须设警戒区，严禁下方有人进入。拆模人员必须站在平稳牢固可靠的地方，保持自身平衡，不得猛撬，以防失稳坠落。

6）严禁用吊车直接吊除没有撬松动的模板。

7）拆除的模板支撑等材料，必须边拆、边清、边运、边码垛。

（4）混凝土工程施工措施

1）浇筑混凝土使用的溜槽节间必须连接牢靠，操作部位应设护身栏杆，不得直接站在溜放槽帮上操作。

2）浇筑高度2m以上的框架梁、柱混凝土应搭设操作平台，不得站在模板或支撑上操作。

3）浇筑圈梁、雨棚、阳台应设置安全防护设施。

4）使用输送泵输送混凝土时，应由2人以上人员牵引布料杆。管道接头、安全阀、管道等必须安装牢固，输送前应试送，检修时必须卸压。

5）混凝土振捣器使用前必须经电工检验确认合格后方可使用。开关箱内必须装设漏电保护器，插座插头应完好无损，电源线不得破皮漏电；操作者必须穿绝缘鞋，戴绝缘手套。

5.2 项目实施管理配套措施

5.2.1 减少对环境影响的措施

（1）减少对场地土壤环境影响

利用原有临建设施，增加的临建用房采用2层盒子房，减少占地面积。

施工道路按施工方案用C20素混凝土硬化，其宽度不小于6m，在未做硬化的南侧场地上种植花草，面积约2000m^2，把施工现场建设成为花园式工地。

专用化学品库房四周全封闭，地面为混凝土全密封，防止油品污染土地；现场钢筋等中小型加工设备，设置接油盘或垫塑料布或砂防止油品遗洒污染土地，应按"十字作业法"加强设备的日常维护与保养（清扫、清洁、润滑），以保持设备的完好，避免设备漏油污染。

现场雨水应设置专门的回收池，可以用以现场洒水降尘。洗车应在指定地点洗车，洗车水流入沉淀池，禁止随意排放。洗车水经沉淀后流入市政雨水管道，避免水流带走地表土。

施工过程中在排水明沟、排水井不得堆放散装材料和有毒有害的物品，并禁止在周边5m范围内洗车，防止泥浆、含油废水、污水、废水外流或堵塞下水道和排水沟；禁止将有毒有害废弃物用作土方回填管沟，管沟回填用土禁止将有毒有害废弃物、垃圾、氡超标的土壤回填。

(2) 减少对大气环境影响

所有商品混凝土均选用搅拌站供应，砂浆优先选用干拌砂浆，或由搅拌站供应湿拌砂浆。混凝土采用罐车密封运输，卸完混凝土后及时清扫地面，防止扬尘。

1) 场内易扬尘的建筑材料运输时应采用封闭的运输工具或者用塑料布覆盖，并控制装车高度低于槽帮 10~15cm；进场汽车时速控制在 40km/h 以内，如灌浆料等需密闭存放，现场在西侧设置约 200m² 的库房。

2) 施工期间每天派专人先洒水再清理道路上的浮灰，避免刮风或汽车行驶时造成扬尘污染；施工期间每隔 2h 检查路面，发现干透时，用自制洒水车洒水降尘，使路面湿润且不流淌。降尘用水采用收集的雨水或深沉淀用。

3) 冬季混凝土拌制时，禁止使用含氨的外加剂，避免造成氨气污染，冬季混凝土浇筑、防火涂料喷涂等粉尘散布较多的工序施工时，周围立面用苫布或者密目网加阻燃草帘被彩条布的夹芯被封闭，落地料同时回收利用，防止粉尘的扩散污染。刷油漆时注意环境污染，作好通风处理，涂刷时，管道及设备下面应有覆盖以免造成二次污染。

4) 控制废气排放：所有进出现场的运输车辆必须为排放达标车辆，不达标的车辆禁止进入现场。项目经理部派专人定期检查车辆手续。

5) 减少烟雾排放：加强对现场的烟尘监测，确保烟尘排放度达到规定级别以下。全天 24h 内禁止在施工区域吸烟，现场设两间吸烟室，禁止采用燃烧的方法剥电缆皮，以免烟气污染环境。电焊机焊锡烟的排放应符合国家要求。

现场食堂使用清洁燃料，用电蒸饭和烧水，用太阳能或电热水器洗澡，禁止用煤，以免造成二氧化硫和二氧化碳污染。

(3) 减少噪声影响

施工现场合理布局、闹静分开，对人为的施工行为严格控制。

1) 所有车辆进入现场后禁止鸣笛，时速控制在 40km/h 以内，以减少噪声。

低噪声机械设备的选用：塔吊选用国内先进的多级变挡式塔吊，运行噪声较小。塔吊指挥配套使用对讲机，杜绝哨声。

2) 强声音设备作业的遮挡：在混凝土输送泵周围设置流动隔音屏、木工房采用 24 砖墙封闭以减少噪声，并不定期请环保部门到现场检测噪声强度，以达到国家标准限值的要求。

混凝土浇筑尽量赶在白天进行。底板混凝土浇筑采用小流水段作业法组织施工，缩短混凝土浇筑时间相结合，减少噪声排放。

采用低噪声混凝土振捣棒，振捣混凝土时，不得振钢筋和钢模板，并做到快插慢拔。

3) 楼板支模采用碗扣式早拆支撑体系，减少拆装产生的噪声，钢筋绑扎、模板、脚手架在支设、拆除和搬运时，必须轻拿轻放，上下、左右有人传递，架料、模板、钢筋进出现场采用塔吊吊放，施工现场严禁抛掷物料，严禁野蛮施工。

使用电锤开洞、凿眼时，应使用合格的电锤，及时在钻头上注油或水。

4) 合理安排施工进度，严格控制作业时间，当日 22 时至次日 6 时停止超噪声施工。由于现场离居民区较远，居民受施工噪声影响较小，高中考期间适当调整夜间施工强度。

现场配备一台专业噪声测量仪，噪声监测点，定期监测噪声是否超标并及时整改。

(4) 水污染防治、处理及回收利用

现场污水排放严格按北京市现场环境控制标准执行。

雨水管网与污水管网分开使用。

1) 现场设置雨水收集系统，基坑降水可用于降尘。

办公区设置水冲式厕所，在厕所下方设置化粪池，污水经化粪池沉淀后排入市政管道，清洁车每月一次对化粪池进行消毒处理。在特殊施工阶段的个别施工区域设置可移动式环保厕所；可利用泳池上空的特点在地下室区域，每天吊运更换一次，厕所由专业保洁公司进行定期抽运、消毒。

2) 现场大门口按施工高峰设置相适应的三级沉淀池（长4m×宽2m×深0.5m带坡），清洗混凝土泵车、搅拌车应在指定的洗车处，使清洗的水能够排入规定的排水沟或沉淀池，禁止随意排放污染地下水，污水经过沉淀后还可用作现场洒水降尘、混凝土养护等重复利用。

3) 施工现场试验室产生的养护用水通过现场污水管线，经沉淀排到市政管线，严禁出现在施工现场乱流现象。

工地食堂洗碗池下方设隔油池（长0.8m×宽0.8m×深1.5m）。每天清扫、清洗，每周一次清理隔油池。

4) 加强对现场存放油品和化学品的管理，对存放油品和化学品的库房做混凝土地面，并做防渗漏处理，采取有效措施，并有明显的标识，在储存和使用中，加强检查和维修，防止油料跑、冒、滴、漏污染水体。

(5) 减少电磁辐射

1) 办公室内电脑与电脑的摆放间距应保持2.5~3m的距离；电脑操作员每天连续操作时间不宜超过4h；连续操作1h应关机休息1刻钟，四处走动、松弛一下身体；

工地食堂配制的午餐应多选择吃含维生素B的蔬菜以及含多糖类和磷脂丰富的食物，以增强员工抗辐射能力；

办公室育龄女员工一旦发现有怀孕者，则应减轻其电脑工作量，调整工作内容，避免其与复印机、打印机等辐射污染源接触。

(6) 减少使用含有害物质材料的防治

所有施工用材料均采用对人体无害的绿色材料，要符合《民用建筑室内环境污染控制规范》GB 50325、《室内装饰装修材料 有害物质限量》，混凝土外加剂要符合《混凝土外加剂应用规程》DBJ 01—61—2002、《混凝土外加剂中释放氨的限量》GB 18588—2001、严格控制各种原材料可能产生的放射性，混凝土中碱及氯离子的含量等，不符合绿色环保规定的材料不允许进场。对所有厂家上报的环保方面的试验报告均需要追查真伪，保证资料的真实性和有效性。

5.2.2 资源、能源的利用与管理

(1) 节约能耗

工程开工后，我公司会对现场用电量、用水量、用油量建立消耗台账，指定责任人，按"能源计量网络图"每月一次填写台账，每季度考核一次节能效果，奖罚挂钩，并通过公司OA网络进行全公司各项目评比竞赛。

密切相关的办公室采用敞开的办公格局,以自然通风、自然光照明为主,缩短空调机使用时间。室内照明采用新型节能荧光灯。

现场安装水表、电表、节水阀、节能灯,安排专人对水电线路使用情况进行检查、维修,随时了解用水、用电情况。经常检测现场供水阀门,杜绝跑、冒、滴、漏现象,对浪费能源的责任人实行奖罚制度,并公告处理结果。

现场建立内部局域网,包括与业主、监理的沟通,增加网络联系,减少文件的复印量和提高纸张的双面利用率。

现场淋浴间安装太阳能热水淋浴器。

(2) 资源再利用

充分利用现场已有的临建用房、循环道路、临水、临电,根据现场实际进度安排,随时调整临建用房。

施工过程中产生的建筑垃圾主要有:土、渣土、散落的砂浆、混凝土、剔凿产生的砖石和混凝土碎块、金属、装饰装修产生的废料、各种包装材料和其他废弃物。因此,施工垃圾分类时就是要将其中可再生利用或可再生的材料进行有效的回收处理,重新用于生产。

(3) 就地取材

除某些特殊材料、设备,如比赛、竞赛设施,必须通过国际泳联的认可等原因,进口和国产的同一类材料,选择综合性价比较优的国产材料;外省与本地产的同一类材料,选择综合性价比较优的本地材料。

6 工程进度管理

6.1 本项目施工进度计划(具体见附件,省略)。

6.2 项目进度管理

(1) 根据项目进度实施计划,针对勘察、设计、施工、试运行进度的协调管理,项目进度工程师应确保进度工作界面的合理衔接,使协调工作符合提高效率和效益的需求。

(2) 根据进度计划的规定,项目将关键线路上的各项活动过程和主要影响因素作为项目进度控制的重点;同时对项目进度有影响的相关方的活动进行跟踪协调。

6.3 项目变更管理

(1) 项目部进度责任工程师根据进度管理报告提供的信息,纠正进度计划执行中的偏差,对进度计划进行变更调整。

(2) 项目部各岗位应识别进度计划变更风险,并在进度计划变更前制定组织措施、技术措施、经济措施、沟通协调措施。

(3) 项目部进度计划的变更控制有关确保调整相关资源供应计划,并与相关方进行沟通;同时变更计划的实施应与组织管理规定及相关合同要求一致。

7 项目成本管理

7.1 项目成本目标与计划

(1) 本项目的成本计划指标主要由各成本项目指标和降低成本指标组成(具体见附件项目成本计划)。

(2) 项目部与公司的职能部门根据其责任成本范围,分别确定自己的成本目标。

7.2 项目成本控制与成本核算

（1）项目成本控制确定项目采集成本数据，监测成本形成过程；找出偏差，分析原因；制定对策，纠正偏差；调整改进成本管理方法。

（2）项目管理机构应根据项目成本管理制度明确项目成本核算的原则、范围、程序、方法、内容、责任及要求，健全项目核算台账。项目部应按规定的会计周期进行项目成本核算。

（3）项目成本分析包括基础、主体、装饰装修的成本分析；材料、设备、人工、施工机具成本分析等。项目成本工程师发现问题及时采取更加措施。

（4）具体成本考核指标（省略）。

（5）具体成本客户计划与考核方法（省略）。

8 信息、安全与沟通管理

8.1 信息与沟通

（1）项目部项目信息编码系统本着提高信息的结构化程度，方便使用的原则，并且与组织信息编码保持一致。

（2）项目信息渠道和管理流程应明确信息产生和提供的主体，明确该信息在项目部内部和外部的具体使用单位、部门和人员之间的信息流动要求。

（3）项目信息资源需求计划应明确所需的各种信息资源名称、配置标准、数量、需用时间和费用估算。

（4）项目部应确保信息管理人员以有效的方式进行信息管理，沟通相关信息。信息控制措施，应确保信息在变更时进行有效控制。

8.2 项目信息与安全管理

（1）项目部建立系统的数据库，对信息进行储存。项目竣工后应保存和移交完整的项目信息资料。

（2）项目部通过项目信息的应用，掌握项目的实施状态和偏差情况，以便于实现通过任务安排进行偏差控制。

（3）项目部应实施全过程信息安全管理，建立完善的信息安全责任制度，实施信息安全控制程序，并确保信息安全管理的持续改进。

9 监视及测量

9.1 施工过程监视及测量

9.1.1 监视设备（附表5-4）

监视设备　　　　　　　　　　　　　　　　　　　　　　　附表5-4

序号	监视设备名称	数量	单位	检验部位
1	经纬仪		个	边坡位移
2	刻度尺		把	边坡位移
3	力矩扳手		把	扣件拧紧程度
4	卷尺		把	脚手架杆杆间距

9.1.2 监视点设置

（1）边坡位移：沿边坡四周每隔50m设置一个观测点，把有刻度的卷尺截成100mm

的小段，在做边坡素混凝土翻边时，固定在素混凝土表面。

(2) 普通扣件式脚手架的监测点见下表（省略）。

(3) 安德固脚手架的监测点见下表（省略）。

9.1.3 监视方法及频次

(1) 边坡位移

方法：卷尺固定好，土方开挖前即进行第一次观测，作为初始值，以后每一次均与上一次以及与初始值进行比较，观察边坡位移情况，累计位移超过 50mm 或与上一次数据相比相差 3mm 以上时，需及时检查边坡周边可视变化，并做出判断，分析原因。

每天观测一次，并形成记录，雨后及数据突增后增加一次，于每天下午上报技术部门。

(2) 普通扣件式脚手架的监测

主要针对脚手架的使用材料、搭设水平度、垂直度、立杆、水平杆的距离、扣件拧紧力矩、节点或卸载点的搭设方法与设计所给吨位的对比等。

参考钢结构的流水段或专项工程，脚手架的验收亦遵循验收一段，使用一段的原则。

(3) 安德固脚手架的监测

主要针对脚手架的使用材料、搭设水平度、垂直度、立杆、水平杆的距离、扣件拧紧力矩、节点或卸载点的搭设方法与设计所给吨位的对比、节点锁销入锁孔的情况等。

9.2 环境监视及测量

施工现场的监视和测量包括定期的监视和日常的巡查监视，具体按照项目管理计划实施。

9.2.1 监视点设置

污水排放监视、施工扬尘的监测、噪声监测等。

9.2.2 监视方法

目测与仪器监测相结合。

9.2.3 监视设备

声级计、pH 试纸。

第6章 项目采购与投标管理

6.1 项目采购与投标管理概述

6.1.1 项目采购与投标管理的含义

1. 项目采购与投标的定义

项目采购与投标是两个不同的概念。采购是采购方（发包方）获得项目资源的途径，投标则是投标方获得工程合同的途径。在同一项目上，项目采购与投标存在相互衔接、相互依存的关系。

采购包含以不同方式从系统外部获得货物、工程和咨询服务的整个活动过程。项目采购管理就是针对这一过程而实施的管理。

投标是指投标人为获得承包合同，根据发包人的要求，编制投标文件，参与交易活动的过程。项目投标管理就是针对这一过程而实施的管理。

2. 项目采购与投标的内容

项目采购依据采购内容的不同，可分为以下三类：

(1) 货物采购；

(2) 工程采购；

(3)（咨询）服务采购。

本规范中所提到的项目采购主要是从"买方—卖方"关系中买方（即采购人）的角度进行讨论的，主要是指在工程项目实施过程中所进行的基本资源采购。

项目投标依据投标内容的不同，可以分为以下三类：

(1) 货物投标；

(2) 工程投标；

(3)（咨询）服务投标。

3. 项目采购（投标）当事人

项目采购（投标）当事人是指在项目采购（投标）活动中享有权利和承担义务的各类主体，包括采购（投标）人、供应商（发包人）和采购（咨询）代理机构等。

(1) 项目采购（投标）人是指依法进行项目采购（投标）的法人、其他组织或者自然人。

(2) 项目采购供应商是指向采购人提供货物、工程或者服务的法人、其他组织或者自然人。

项目发包人是指按招标文件或合同中约定，具有项目发包主体资格和支付合同价款能力的当事人或者取得该当事人资格的合法继承人。

(3) 项目采购代理机构是指接受项目采购人的委托，在其委托范围内行使其代理权限的组织机构。

项目咨询机构是指接受项目招标人或项目投标人的委托，在其委托范围内行使其咨询权限的组织机构。

4. 项目采购人的职能

项目采购人应设置采购部门具体实现其职能：

（1）编制采购文件

企业采购部门应根据企业发展计划，项目实施需要编制完备的采购文件。采购文件应该明确：

1）所需采购工程、货物、服务产品的类别、规格、等级、数量等；

2）货物有部件编号的图纸、检验规程的名称、版本等；

3）工程、货物、服务需要的技术协议、进度规定、检验原则以及质量验收要求；

4）必要的代码、标准及标识；

5）采购的详细技术标准、专业标准；

6）是否有毒有害产品及环保需求；

7）有无特殊采购要求。

（2）编制采购管理制度

采购管理制度是指为了规范采购行为，由采购部门根据企业自身状况，综合考虑采购活动中可能用到的各种资源要素，为了方便处理采购活动中可能遇到的各种问题而提出的书面的规章制度。

（3）编制采购管理工作程序

采购部门应制定详细的采购管理工作程序，规范采购管理活动。采购管理应遵循下列程序：

1）明确采购工程、货物或服务的基本要求、采购分工及有关责任；

2）进行采购策划，编制采购计划；

3）进行市场调查、选择合格的工程、货物供应或服务单位，建立名录：项目采购人应加强对合格供应人（承包商）的选择与管理，按照采购的要求，组织对产品供应商（承包商）的评价、选择和管理。对供应商（承包商）的调查应包括：营业执照、资质证书、管理体系认证、产品认证、产品加工制造能力、检验能力、技术力量、履约能力、售后服务、经营业绩等。企业的安全、质量、技术和财务管理等部门应参与调查评审。应选择管理规范、质量可靠、交货及时，安全环境管理能力强，财务状况和履约信誉好，有良好售后服务的产品供货人，并根据其质量保证能力进行分级、分类管理，建立合格供应商名录，对其实行动态管理，定期或不定期对其进行再评价，并根据评定结果适时调整；

4）通过招标或协调等方式，确定承包、供应或服务单位，并通过评审；

5）签订采购合同；

6）验收、移交采购工程、货物或服务：采购的工程、货物、服务必须按规定进行验证，禁止不合格产品使用到工程项目中。采购的工程、货物、服务应按采购合同、采购文件及有关标准规范进行验收、移交，并办理完备的交验手续。应根据采购合同检查交付的工程、货物、服务和质量证明资料，填写相应交验记录；

7）处置不合格产品或不符合的服务：应严格采购不合格品的控制工作。采购不合格品是指采购产品在验收、施工、试车和保质期内发现的不合格品。采购过程中经评审确认的不合格品，必须严格按规定处置。当产品验收、施工、试车和保质期内发现产品不符合要求时，必须对不合格的产品进行记录和标识。并区别不同情况，按合同和相关技术标准采用返工、返修、让步接收、降级使用、拒收等方式进行处置；

8）采购资料归档：应加强项目采购管理资料和产品质量见证资料的管理。产品质量见证资料应包括装箱清单、说明书、合格证、质量检验证明、检验试验报告、试车记录等。产品质量证明资料必须真实、有效、完整，具有可追溯性。经验证合格后方可作为产品入库验收和使用的依据，并妥善登记保管。剩余的产品退库时，应附有原产品的合格证或质保资料。完成采购过程，应分析、总结项目采购管理工作，编制项目采购报告，并将采购结果的资料归档保存。

5. 项目投标人的职能

项目投标人应设置投标部门具体实现其职能：

（1）编制投标文件

企业投标部门应根据企业市场经营与发展计划，项目实施需要编制完备的投标文件。投标文件应该在满足招标文件的前提下，明确：

1）投标范围与承诺；
2）工程的图纸、检验规程的名称、版本等；
3）满足技术工艺、进度、检验原则以及质量要求的承诺；
4）所投标项目的工程报价；
5）工程实施的技术措施、专业方案；
6）有无特殊投标承诺。

（2）编制投标管理制度

投标管理制度是指为了规范投标行为，由投标部门根据企业自身状况，综合考虑投标活动中可能用到的各种资源要素，为了方便处理投标活动中可能遇到的各种问题而提出的书面的规章制度。

（3）编制投标管理工作程序

投标部门应制定详细的投标管理工作程序，规范投标管理活动。投标管理应遵循下列程序：

1）明确投标产品或服务的基本要求、投标分工及有关责任；
2）进行投标策划，编制投标计划；
3）进行市场调查、选择合适的投标项目；
4）通过分析研究，确定投标文件，并通过评审；
5）实施投标活动并在中标后确定合同；
6）投标资料归档：应规范项目投标管理资料管理。完成投标过程，应分析、总结项目投标管理工作，编制项目投标报告，并将投标过程的资料归档保存。

6.1.2 项目采购与投标管理的作用

目前，全过程管理被广泛地应用在建筑行业中，因此，为了与建筑业发展趋势相一致，这里提到的项目采购与投标管理也贯穿于项目实施的全过程中，是一种全过程的项目采购与投标管理，具有十分重要的实施与管理作用。

（1）获得资源的作用。项目采购与投标管理是工程项目管理获得资源的主要途径，具有关键性的重要作用。这是由于任何工程项目的实施都离不开采购与投标行为，在项目实施的全过程中都要进行采购与投标。

（2）降低成本的作用。项目采购与投标活动由于要占用大量的资源，包括人力、财力等来获取工程项目以及与项目实施的货物与服务，因此对这一过程的管理不仅关系到工程项目的质量、进度、安全等，而且也关系到工程项目投入与产出的关系，从而直接影响到项目收益，影响到各参与方的经济利益。

（3）管理约束的作用。由于采购与投标活动贯穿于整个项目实施的全过程，必须应用各种灵活适宜的采购与投标方法，且不同的方法可能产生不同的利益再分配，因此严格项目采购与投标管理不仅可以保证项目管理约束机制的顺利实施，而且可以极大地减少各种贪污、腐败现象。

6.2 项目采购策划与计划

6.2.1 采购策划与计划的定义及内涵

项目采购策划是为了实现项目采购目标，针对项目采购活动的安排过程。项目采购计划是项目采购策划的主要内容。

采购计划就是指企业采购部门通过识别确定项目所包含的需从项目实施组织外部得到的工程、货物、服务，并对其采购内容做出合乎要求的计划，以便于项目能够更好地实施。

采购计划既是项目采购策划的一部分，也是项目管理策划的一部分，是采购活动实施的基本依据和行动指南。

6.2.2 采购计划的编制依据

（1）项目合同；
（2）设计文件；
（3）采购管理制度；
（4）项目管理实施规划；
（5）备料计划。

6.2.3 采购计划的内容

工程、货物、服务产品的采购应按计划内容实施，在品种、规格、数量、交货（竣工）时间、地点等方面应与项目计划相一致，以满足项目需要。项目采购计划应包括以下内容：

（1）项目采购工作范围、内容及管理要求；
（2）项目采购信息，包括工程、货物或服务的数量、技术标准和质量要求；
（3）检验方式和验收标准；
（4）项目采购控制目标及措施。

6.2.4 制定采购计划的工具和技术

1. 自制/外购分析

自制/外购分析是一种最基本的管理技术，它主要用来判断一种产品或服务是组织自己制造所产生的效益大还是从组织外部购买所产生的效益大，它是项目实施初期确定工作范围定义的一部分。在应用这一管理技术时，要综合考虑自制和外购的直接费用和间接费用。

另外，自制/外购分析要平衡组织近期利益与长远利益的关系，努力使二者关系最优化。例如，通常情况下一项资产购买成本应该大于租赁成本，就近期利益来看，租赁方式要优于购买方式，但如果此项资产在项目以后的实施过程中仍旧广泛应用，则购买成本经过分摊就有可能低于租赁成本，此时购买方式就优于租赁方式。

2. 专家判断

项目管理机构经常依靠采购专家对采购过程进行技术评估。在应用这一技术时，采购专家的意见被大量采用，其意见来源主要有：

（1）执行组织单位内的其他单位；
（2）咨询单位；
（3）专业和技术协会；
（4）行业团体。

3. 合同类型的选择

不同类型的采购活动适用于不同类型的合同。合同一般分为以下三类：

（1）总价合同

总价合同要求供应商（承包商）按照招标文件的要求报一个总价，按中标的价格签订合同，据此提供符合要求的工程、货物、服务，采购人不管供应商（承包商）获利多少，均按合同规定的总价分批或者分阶段付款。

总价合同又包括固定总价合同和可调总价合同。

1）固定总价合同

固定总价合同的合同价格确定，不可变更，一般适用于购买明确定义的工程、货物、服务产品。

固定总价合同的优点在于可以设立激励机制，从而达到或超过预定的项目目标。

固定总价合同的缺点在于对合同双方均存有较大的风险，尤其是供货商所承担的风险更大。

2）可调总价合同

可调总价合同在合同执行期间，如果由于物价上涨引起了供货商供货成本的增加，则合同价格也应随之做出调整。

可调总价合同相对于固定总价合同而言，供货商所承担的风险有所降低，采购人承担了物价上涨的风险。

（2）成本加酬金合同

成本加酬金合同是指采购人向供货商（承包商）支付实际成本和管理费用及利润的一种合同方式。

成本加酬金合同又可分为成本加固定酬金合同、成本加百分比例酬金、成本加浮动酬金合同。

1）成本加固定酬金合同

这是由采购人向供货商（承包商）支付采购工程、货物、服务产品的全部成本和确定数额的酬金的一种合同。这种合同的优点是能够促进供货商尽可能地缩短工期，尽早提交采购产品。其缺点是不能够促使供货商（承包商）从采购人的角度考虑，努力降低产品成本。

此种合同的合同总价可按以下公式进行计算：

$$C = C_d + F$$

其中 C 表示合同总价，C_d 表示采购产品的实际成本，F 表示固定酬金。

2）成本加百分比例酬金

这是由采购人向供货商（承包商）支付采购工程、货物、服务的全部成本，并取成本的一定百分比例作为酬金的一种合同。此百分比例由采购人和供货商（承包商）事先达成一致。这种合同现在应用较少，主要是由于此种合同有很大的缺点，此合同下，产品成本越大，则供货商按一定百分比例所提取的酬金也就越多，因此这种合同不利于鼓励供货商（承包商）努力降低产品成本。

此种合同的合同总价可按以下公式进行计算：

$$C = C_d + C_d P$$

其中 P 表示确定的百分比例。

3）成本加浮动酬金合同

这种合同是由采购人和供货商（承包商）事先确定一个目标成本，当供货商（承包商）在完成合同后的实际成本低于目标成本时，则供货商（承包商）可根据双方的约定取得一定数量的奖金，反之，一旦实际成本高于目标成本，则供货商可获得的奖金数额也随之减少。此种合同虽然有助于采购人加强对采购产品成本的控制，但是由于采购人和供应商很难就采购产品的目标成本达成一致，因此也就有可能会造成一些合同的纠纷。

此种合同的合同总价可按以下公式进行计算：

$$C = C_d + F \quad (C_d = C_0)$$
$$C = C_d + F - \Delta F \quad (C_d > C_0)$$
$$C = C_d + F + \Delta F \quad (C_d < C_0)$$

其中 C_0 表示目标成本，F 表示基本酬金，ΔF 为浮动酬金。

(3) 单价合同

单价合同全称为工时和材料单价合同，即采购人和供货商（承包商）可事先确定单价费率，也可在合同实施过程中有根据的增加合同价格。

6.2.5 采购计划编制的结果

采购计划编制完成后就会形成采购管理计划和采购工作说明书。

1. 采购管理计划

采购管理计划是管理采购过程的依据，采购计划应指出采购应采用哪种合同类型、如何对多个供货商（承包商）进行良好的管理等。

2. 采购工作说明书

采购工作说明书应该详细的说明采购项目的有关内容，为潜在的供货商（承包商）提供一个自我评断的标准，以便确定是否要参与该项目。

6.3 项目采购实施

项目采购按采购方式不同可分为招标采购和非招标采购。

6.3.1 招标采购

1. 招标采购范围

《中华人民共和国招标投标法》对招标范围进行了明确规定：

"在中华人民共和国境内进行下列工程建设项目包括项目的勘察、设计、施工、监理以及与工程建设有关的重要设备、材料等的采购，必须进行招标：

① 大型基础设施、公用事业等关系社会公共利益、公众安全的项目；

② 全部或部分使用国有资金投资或者国家融资的项目；

③ 使用国际组织或者外国政府贷款、援助资金的项目。"

为了进一步明确招标范围，国家计委在颁发的《工程建设项目招标范围和规模标准规定》中规定以上招标范围的项目勘察设计、施工、监理以及与工程有关的重要设备、材料等的采购，达到下列标准之一的必须进行招标：

① 施工单项合同估算价在 200 万元人民币以上的；

② 重要设备、材料等货物的采购，单项合同估算价在 50 万元人民币以上的；

③ 勘察、设计、监理等服务的采购，单项合同估算价在 100 万元人民币以上的；

④ 单项合同估算价低于①、②、③项规定的标准，但项目总投资额在 3000 万元人民币以上的。

2. 招标采购分类

招标采购包括国际竞争性招标、有限国际招标和国内竞争招标。

(1) 国际竞争性招标

国际竞争性招标是由采购人通过国际公开途径刊登招标广告，由符合要求的供货商积极参与竞争投标，从而确定中标人的一种招标方式。目前，其主要应用于世界银行贷款项目的领域内。广泛应用国际竞争性招标，具有极其重要的意义：

1) 能够满足世界银行对采购的基本要求；

2) 能够满足招标中公开、公平、公正和诚实信用的原则；

3) 能够帮助借款人以最低、最合理价格获取采购产品；

4) 能够吸引世界范围内符合招标要求的供货商都来参与投标，增大采购人的选择范围。尤其增大了发展中国家供货商参与投标的机会；

5) 能够避免贪污受贿等各种腐败行为的发生。

(2) 有限国际招标

有限国际招标是一种特殊的国际竞争性招标，它的主要特点在于采购人不需刊登公开的招标公告，只需直接邀请有关供货商参与投标。有限国际招标适用于：

1) 采购金额较小的项目；

2) 有能力的供货商数量有限的项目；

3) 由于其他原因，不能实施国际竞争性招标的项目。

此类招标的实施必须事先征得世界银行的同意。

(3) 国内竞争性招标

国内竞争性招标是指采购人在国内刊登招标公告，并根据国内招标程序进行招标的一种招标方式。国内竞争性招标适用于：

1) 采购金额较小的项目；

2) 施工工期较长且施工地点分散的土建工程项目；

3) 所需采购产品的国内市场价格低于国际市场价格的项目；

4）招标相对于其他两种招标方式，产品采购时间更短，更经济更有效。

3. 招标采购的程序

国际竞争性招标、有限国际招标和国内竞争性招标的招标采购程序基本相同，大体可分为以下十步，其中，有限国际招标不刊登广告，国内竞争性招标可将资格预审与评标工作一起进行：

（1）刊登采购公告

对于国际竞争性招标，其投标机会必须通过国际公开广告予以通知，使所有合格国家的投标者都有同等的机会了解投标要求，广泛参与竞争，具体说来，可分为两步：

1）刊登采购总公告；

2）刊登具体招标公告。

而对于国内竞争性招标，其投标机会只需以国内广告的形式发出。

（2）资格预审

1）资格预审的目的

在项目采购活动正式组织招标之前，招标人要对投标人的资格和能力等进行预先审查，以便缩小投标人的范围，避免不合格供货商因准备投标而造成不必要花费，同时也有利于减轻招标人的评标负担。

2）资格预审的内容

根据《建设工程施工招标文件范本》中关于"建设工程施工招标资格预审文件"的规定，投标人应当提交如下资料以方便招标人进行资格预审：

① 有关确立法律地位原始文件的副本（包括营业执照、资质等级证书和非本国注册的企业经建设行政主管部门核准的资质条件）；

② 企业在过去3年完成的与本合同相似的工程的情况和现在正在履行的合同的工程情况；

③ 管理和执行本合同拟配备的人员情况；

④ 完成本合同拟配备的机械设备情况；

⑤ 企业财务状况资料，包括最近2年经过审计的财务报表，下一年度财务预测报告；

⑥ 企业目前和过去2年参与或涉及诉讼的材料；

⑦ 如为联合体投标人，还应提供联合体协议书和授权书。

对国际竞争性招标，应审查投标人是否满足《采购指南》中关于合格国家的规定。

3）资格预审的程序

① 编制资格预审文件

资格预审文件应由项目采购单位或项目采购单位委托的招标代理机构等单位组织编写，其中国际竞争性招标资格预审文件的格式和内容应符合我国按世行标准文本而制定的标准资格预审文件的要求。

② 邀请有资格参加预审的单位参加资格预审

由项目采购单位或项目采购单位委托的招标代理机构通过在国际或国内发行的报纸或重要刊物上刊登资格预审通告，邀请符合《采购指南》的供货商参加资格预审。

③ 发售资格预审文件

项目采购单位或项目采购单位委托的招标代理机构在刊登资格预审通告的同时，应开始发售资格预审文件。

④ 提交资格预审申请

投标人应按资格预审通告中规定的时间、地点提交资格预审申请。

⑤ 资格评定、确定参加投标的单位名单

项目采购单位或项目采购单位委托的招标代理机构应按事先确定的评定标准和方法对每个申请者的情况进行评审，以便确定有资格参加投标的单位。

（3）编制招标文件

招标文件的编制是招标采购工作中极为重要的一个环节，招标文件编制的快慢、质量的优劣都将直接影响到采购的进度和效果，因此项目采购单位或项目采购单位委托的招标代理机构应充分利用已出版的各种招标文件范本，从而加快招标文件编制的速度、提高招标文件编制的质量。

一般情况下，招标文件应该包括下列格式和内容：

第一卷　商务条款
　　第一章　投标邀请书
　　第二章　投标人须知
　　第三章　投标资料表
　　第四章　合同通用条件
　　第五章　合同专用条件
第二卷　技术规范
　　第六章　技术规范
第三卷　投标文件
　　第七章　投标书、投标书附录和投标保函的格式
　　第八章　工程量清单与报价表
　　第九章　协议书格式、履约保函格式、预付款保函格式
　　第十章　辅助资料表
第四卷　图样
　　第十一章　图样

为了规范招标投标工作，在世界银行贷款项目招标文件范本中规定了以下文件的格式：

1) 投标邀请书

投 标 邀 请 书

致_____（承包商名称）_____（日期）

_____（地址）

_____

_____

关于：世行贷款号、合同名称与招标编号

敬启者：

我们通知您，你们已经通过上述合同的资格预审。

1. 我们代表业主_____（填入业主名称）邀请你们与其他资格审查合格的投标人，为实施并完成此合同递交密封的投标文件。

2. 按下述地址你们可在我们的办公处获取进一步的信息、查阅并取得招标文件：_____（邮政地址、电报、电话和传真）。

3. 在交纳一笔不可退还的费用_____（填入金额和币种）后可购得一套完整的招标文件。

4. 所有的投标文件均应有按招标文件规定的格式和金额递交的投标保证金，并且应于（时间和日期）之时或之前送至下述地点：_____（地址和准确地点）。开标仪式随即开始，投标人可派代表参加。

5. 请以书面形式（电报、传真和电话）立即确认已收到此函。如果您不准备参与投标，亦请尽快通知我们，我们将不胜感激。

您真诚的，
授权代表签名：_____
姓名和职务：_____
采购代理：_____
业主：_____

2) 投标书

投 标 书

合同名称：_____
致：_____
_____（填入业主名称）

先生们：

（1）按照合同条款、技术规范、工程量表和第_____号、第_____号补遗书，我方愿以_____（以数字和文字形式填入金额）的总价承担上述工程的施工、建成和维修工作。

（2）我方确认投标书附录是我方投标的组成部分。

（3）如果贵方接受我方投标，我方保证在接到工程师开工令后尽快开工，并在投标书附录中规定的期限内完成并交付合同规定的全部工程。

（4）我方同意在从规定的递交投标文件截止之日起的_____天内遵守本投标，在期满前本投标对我方始终有约束力，并可随时被接受。

（5）在正式合同协议制定和签署之前，本投标书连同贵方的中标通知书应成为约束贵、我双方的合同。

（6）我方理解，贵方不一定接受最低标价的投标或其他任何你们可能收到的投标。

（7）与此投标书和授予合同的履行相关的应付给代理的佣金或报酬如下所列：

代理的名称和地址	金额和货币	给予佣金或报酬的目的
_____	_____	_____

_____　　　_____　　　_____
_____　　　_____　　　_____
（如没有，注明"无"）
日期：_____年_____月_____日
签名：_____
以_____资格
经授权代表：_____签署投标文件
地址：_____
证人：_____
地址：_____
职务：_____

3）投标书附录

投标书附录
（填入协议条款号）

履约保证金	合同价的_____%
银行保函金额	合同价的_____%（5%）
履约担保书金额	合同价的_____%（10%）
提交进度计划	在_____天内
发出开工令的时间	签订合同协议书后_____天内
工期	_____天
误期赔偿费金额	_____/天
误期赔偿费限额	最终合同价的_____%
提前工期奖励	_____/天（如不适用填入0）
提前工期奖励限额	合同价的_____%
缺陷责任期	_____天（年）
中期支付证书的最低金额	_____
拖期支付利率	_____%/年
保留金	_____
动员预付款金额	合同价的_____%
动员预付款开始回扣时间	_____
指定争端审议委员会或专家机构	_____
仲裁语言	_____

投标单位：（盖章）
法定代表人：（签字 盖章）
日期：_____年_____月_____日

4）投标保函

投 标 保 函
（银行保函）

鉴于_____（投标人名称）（以下称"投标人"）已于_____（日期）递交了建设_____（合同名称）的投标文件（下称投标文件）。

兹宣布，我行，_____（银行的国家）的_____（银行名称）注册于_____（下称"银行"）向业主_____（业主名称）（下称业主）立约担保支付_____的保证金，本保函对银行及其继承人和受让人均有约束力。

加盖本行印章，自_____年_____月_____日生效。

本保证责任的条件是：

（1）如果投标人在投标文件中规定的投标文件有效期内撤回投标文件；或

（2）如果投标人拒绝受对其投标文件错误的修正；或

（3）如果投标人在投标文件有效期内业主所发的中标通知书后：

（a）未能或拒绝根据投标人须知的规定，按要求签署协议书；或

（b）未能或拒绝按投标人须知的规定提供履约保证金。

我行保证在收到业主第一次书面要求后，即对业主支付上述款额，无须业主出具任何证明，只需在其书面要求中说明索款是由于出现了上述条件中的一种或两种，并具体说明情况。

本保证书在投标人须知规定的有效期后的 28 天内或在业主要求延期的时限（此延期通知无须通知银行）内保持有效，任何索款要求应在上述日期前交到银行。

日 期：_____   银行签署：_____
证 人：_____   盖 章：_____
（签名、名称、地址）

（4）刊登具体招标通告

项目采购单位或项目采购单位委托的招标代理机构在发行资格预审文件或招标文件之前，必须在借款者国内广泛发行的报纸或官方杂志上刊登资格预审或招标通告作为具体采购通告。招标通告应包括以下内容：

1）借款国名称；

2）项目名称；

3）采购内容简介（包括工程地点、规模、货物名称、数量）；

4）资源来源；

5）交货时间或竣工工期；

6）对合格货源国的要求；

7）发售招标文件的单位名称、地址以及文件售价；

8）投标截止日期和地点的规定；

9）投标保证金的金额要求；

10）开标日期、时间、地点。

（5）发售招标文件

对已经单独进行过资格预审的采购项目，招标文件可按通过资格审查的供货商名单发售。对没有单独进行过资格预审的采购项目，招标文件可发售给对招标通告作出响应，有意参加投标的合格国家的供货商。

（6）投标

1）投标准备

为了招标工作的顺利进行，项目采购单位或项目采购单位委托的招标代理机构一定要做好投标前的准备工作：

① 项目采购单位或项目采购单位委托的招标代理机构要根据以往经验和实际情况合理确定投标文件的编制时间。

② 对大型工程和复杂设备的招标采购工作，项目采购单位或项目采购单位委托的招标代理机构要组织标前会和现场考察。

③ 项目采购单位或项目采购单位委托的招标代理机构对投标人提出的书面问题要及时予以答复，并以补遗书的形式发给所有投标人，以示公平。

2）投标文件的提交

① 投标文件需在招标文件中规定的投标截止时间之前予以提交。

② 项目采购单位或项目采购单位委托的招标代理机构在收到投标书后，要进行签收，并做好相应记录。

③ 为了与招标中公开、公平、公正和诚实信用的原则相一致，投标截止时间与开标时间应保持统一。

（7）开标

1）开标应符合招标通告的要求。

2）开标时要公开宣读投标信息。

3）开标要做好开标记录。

（8）评标

1）评标依据

评标唯一的依据是招标文件。

2）评标程序

① 初评

初评主要是审查投标文件是否对招标文件作出了实质性的响应，以及投标文件是否完整、计算是否正确等。

a. 在评标过程中，评标委员会发现投标人的报价明显低于其他投标报价或者设有标底时明显低于标底，使得其投标报价可能低于其个别成本的，应当要求该投标人作出书面说明并提供相关证明材料。投标人不能合理说明或者不能提供相关证明材料的，由评标委员会认定该投标人以低于成本报价竞标，其投标应作废标处理。

b. 未能对招标文件提出实质性要求或条件作出实质性响应的，应作废标处理。未能对招标文件做出实质性响应的情况有：

● 没有按照招标文件要求提供投标担保或者所提供的投标担保有瑕疵；

● 投标文件没有投标人授权代表签字和加盖公章；

● 投标文件载明的招标项目完成期限超过招标文件规定的期限；

- 明显不符合技术规格、技术标准的要求；
- 投标文件载明的货物包装方式、检验标准和方法等不符合招标文件的要求；
- 投标文件附有招标人不能接受的条件；
- 不符合招标文件中规定的其他实质性要求。

② 对投标文件的具体评价

对投标文件的具体评价主要包括技术评审和商务评审。

a. 技术评审

技术评审主要是为了确认备选的中标人完成项目的能力以及他们的施工方案的可靠性。技术评审可从以下方面进行：
- 技术资料是否完备；
- 施工方案是否可行；
- 施工进度计划是否可靠；
- 施工质量是否保证；
- 工程材料和机器设备供应的技术性能符合设计技术要求；
- 分包商的技术能力和施工经验；
- 对投标文件中按招标文件规定提交的建议方案作出技术评审。

b. 商务评审

商务评审主要是从成本、财务等方面评审投标报价的正确性、合理性、经济效益和风险等，估量授标给不同投标人产生不同的后果。商务评审可从以下几方面进行：
- 报价的正确性和合理性；
- 投标文件中的支付和财务问题；
- 价格的调整问题；
- 审查投标保证金；
- 对建议方案的商务评审。

3) 评标结果

选出合适的中标人。中标人的投标应当符合下列条件之一：

① 能最大限度地满足招标文件中规定的各项综合评价标准；

② 能满足招标文件各项要求，并且经评审的投标价格最低，但投标价格低于成本除外。

（9）授标

在评标报告和授标建议书经世界银行批准后，项目采购单位或项目采购单位委托的招标代理机构可向具有最低投标价格的投标人发出中标通知书，并在投标有效期内完成合同的授予。

（10）签订合同

6.3.2 非招标采购

非招标采购主要包括询价采购、直接采购和自营工程等。

1. 询价采购

（1）询价采购的定义

询价采购，又称为货比三家，是指在比较几家供货商报价的基础上进行的采购，这种采购方式一般适用于采购现货货价值较小的标准规格设备或简单的土建工程。

(2) 询价采购的程序

1) 成立询价小组。由采购人代表和有关专家共三人以上单数组成，其中专家不少于三分之二，询价小组应对采购项目的价格构成和评定成交的标准等事项作出规定，制定出询价采购文件。询价采购文件应包括技术文件和商务条件。技术文件包括供货范围、技术要求和说明、工程标准、图纸、数据表、检验要求以及供货商提供文件的要求。商务文件包括报价须知、采购合同基本条款和询价书等。

2) 确定被询价的供应商名单。询价小组根据采购要求，从符合相应资格条件的供货商名单中确定不少于三家的供货商，并发出询价通知书让其报价。

3) 询价。询价小组要求被询价的供货商一次报出不得更改的价格。

4) 确定成交供货商。采购人根据采购要求、质量和服务相等且报价最低的原则确定成交供货商，并将结果通知所有被询价的未成交的供货商。在对供货商报价进行评审时，应进行技术和商务评审，并作出明确的结论。技术报价主要评审设备和材料的规格、性能是否满足规定的技术要求，报价技术文件是否齐全并满足要求。商务报价主要评审价格、交货期、交货地点和方式、保质期、货款支付方式和条件、检验、包装运输是否满足规定的要求等。

(3) 询价的工具和技术

1) 举行供货商会议

供货商会议又称为标前会议，就是指在编制建议书之前，采购人与所有可能的供货商一起举行的会议，其目的是为了保证所有可能的供货商都能对采购要求有一个明确的理解。

2) 刊登广告

如果对有能力的供货商名单不是非常清楚，也可通过在报纸等媒体上刊登广告，以吸引供货商的注意，得到供货商的名单。

(4) 询价的结果

询价的结果是建议书。建议书是由供货商准备的说明其具有能力并且愿意提供采购产品的文件。

2. 直接采购

(1) 直接采购的定义

直接采购就是指不通过竞争，直接签订合同的采购方式。

(2) 直接采购的适用情况

1) 对于已经按照世界银行同意的程序授标并签约，且正在实施的采购项目，需要增加类似的货物的情况；

2) 为了使新采购部件与现有设备配套或与现有设备的标准化方面相一致，而向原供货商增购货物；

3) 所需采购货物或设备等，只有单一货源；

4) 负责工艺设计的承包人要求从一特定供货商处购买关键部件，并以此作为其保证达到设计性能或质量的条件；

5) 在某些特殊条件下，例如不可抗力的影响，为了避免时间延误而造成更多的花费；

6) 当竞争性招标未能找到合适的供货商时也可采取直接采购方式,但需经过世界银行的同意。

3. 自营工程

(1) 自营工程的定义

自营工程是指项目采购人不通过招标或其他采购方式而直接采用自己的施工队伍来承建土建工程的一种采购方式。此采购方式是针对土建工程而实施的。

(2) 自营工程的适用情况

1) 土建工程的工程量无法事先准确得出的情况;

2) 由于土建工程的工程量小、施工地点比较偏远、分散,而使承包商不得不承担过高的动员调遣费的情况;

3) 要求将要进行的施工活动对正在施工中的作业无影响的情况;

4) 没有任何承包商感兴趣的工程;

5) 如果已经预知工程必然会产生中断,则在此情况下,由项目采购人来承担风险更为妥当的情况。

6.4 采购合同管理

6.4.1 工程合同管理

根据招标采购程序可知,招标的结果是选择合适的中标人,签订合同,规定双方的权利和义务,从而保证采购活动的顺利进行。

1. 合同签订形式

(1) 在发出中标通知书的同时,将合同文本寄给中标单位,由其签字确认后在规定的时间内寄回。

(2) 在发出中标通知书后的规定时间内,由中标单位派人前去洽谈并签订合同。

2. 合同的内容

(1) 产品采购合同应规定采购产品的具体内容和要求、质量保证和验证方法;

(2) 工程合同应明确规定合同双方的权利、义务以及合同执行过程中对合同的补充、修改、索赔、终止等事宜的操作方法;

(3) 合同谈判会议纪要及双方书面确认的事项应作为工程合同附件或直接纳入工程合同。

3. 合同的生效

合同在双方签字并提交履约保证金之后开始生效。

4. 合同的管理

合同管理是保证供货商履行合同要求的过程,是项目采购过程的实现阶段,同时也是项目采购管理乃至项目管理的核心。因此,必须加强采购合同的管理工作:

(1) 采购合同的签订应符合合同管理规范;

(2) 对产品所涉及的知识产权和保密信息,应严格执行双方签订的合同。

6.4.2 材料采购合同

1. 材料采购合同内容

材料采购合同属于买卖合同的范围。材料采购合同主要包括以下几方面的内容：

（1）标的。包括产品名称、商标、型号、生产厂家、订购数量、合同金额、供货时间、每次供货数量、质量要求的技术标准、供货方对质量负责的条件和期限等，是材料采购合同的主要条款；

（2）包装。包括包装标准、包装物的供应与回收；

（3）运输方式及到站、港和费用的负担责任；

（4）合理损耗及计算方法；

（5）验收标准。方法及提出异议的期限；

（6）随机备品、配件工具数量及供应办法；

（7）结算方式及期限；

（8）违约责任；

（9）特殊条款。

2. 材料采购合同的履行

（1）产品的交付

产品交付方式可分为采购人到合同约定地点自提货物和供货方负责将货物送达指定地点两大类。产品的交付应符合合同条款规定的交货方式、交货地点、交货期限。

（2）产品的交货检验

1）产品验收依据

① 采购合同的具体规定；

② 供货方提供的发货单、计量单、装箱单及其他有关凭证；

③ 合同内约定的质量标准以及国家标准或专业标准；

④ 产品合格证、检验单等；

⑤ 图纸、样品或其他技术文件；

⑥ 双方当事人共同封存的样品。

2）产品数量验收

产品数量验收可采取衡量法、理论换算法和查点法等。由于在合同的履行过程中，经常会出现发货数量和实际验收数量不符的情况，因此就一定要明确合同双方的责任，对产品交付中出现的数量不符的情况进行合理的处理：

① 若供货方交付的产品数量少于合同的规定，则采购人可凭有关合法证明，在产品到货后 10 天内将详细情况和处理意见通知供货方，否则可视为采购人认为数量验收合格。而供货方必须在接到通知后 10 天内作出相应答复，否则也可视为供货方接受了采购人的处理意见。

② 若供货方交付的产品数量多余合同的规定，而采购人又不愿接收，则在托收承付期内采购人可拒付超量部分的货款和运费。

③ 若发货数与实际验收数额不超过有关主管部门规定的正、负尾差，合理磅差，自然减量的范围，则双方互不退补。

3）产品质量检验

无论以何种方式进行产品交付，采购人都必须在合同规定的产品质量保证期内进行验收和试验。如果经验收发现质量不符，则要进行以下处理：

① 若交付产品的外观、品种、型号和规格等不符合合同规定，则采购人应在产品到货后 10 天内提出书面异议；

② 若交付产品的内在质量不符合合同规定，则采购人应在合同规定的期限内提出书面异议；

③ 若所交付产品只有在安装后才能发现是否有内在缺陷，则一般应在运转之日起 6 个月内提出异议；

④ 采购方在提出的书面异议中，应具体说明检验情况，出具检验证明和对不符合规定的产品提出具体处理意见。在接到采购人提出的书面异议后，供货方应在 10 天内负责处理，当然也可按合同双方规定的时间进行处理，否则就认为供货方接受了采购人的异议。

3. 材料采购合同的管理

材料采购合同的管理中最重要的是做好对合同变更和解除的管理。在材料采购合同中，合同变更的内容可能会涉及产品的数量、交货时间和交货地点等内容。

（1）对于合同内已经明确规定数量的产品，采购人不得少要或不要，否则由采购人承担中途退货的责任；

（2）如果采购人要求更换交货时间和交货地点，则应在合同规定的交货期限届满前 40 天通知供货商，否则由此造成的后果，责任都由采购人承担。

6.4.3　设备供应合同

（1）设备供应合同的主要内容大体和材料采购合同相似，但在设备供应合同中还要考虑：

1）采购设备的数量；

2）采购设备的价格；

3）采购设备的技术标准；

4）设备采购的现场服务。

（2）采购设备的到货检验：

1）采购设备的到货检验要遵循以下程序：

① 货物到达目的的后，采购人要向供货方发出到货检验通知，由双方共同检验；

② 货物清点。由双方代表依照运单和装箱单共同对货物进行清点，如发现不符之处，要明确责任归属；

③ 开箱检验。货物运到现场后，双方应共同进行开箱检验。

2）采购设备的检验应符合以下要求：

① 现场开箱验收应根据采购合同和装箱单，开箱检验采购产品的外观质量、型号、数量、随机资料和质量证明等，并填写检验记录表。符合条件的采购产品，应办理入库手续后妥善保管。

② 对特种设备、材料、制造周期长的大型设备等可采取直接到供货单位验证的方式。有特殊要求的设备和材料可委托具有检验资格的机构进行第三方检验。

③ 产品检验时使用的检验器具应满足检验精度和检验项目的要求，并在有效期内。产品检验涉及的标准规范应齐全有效，检验抽验频次、代表批量和检验项目必须符合规定要求。产品的取样必须有代表性，且按规定的部位、数量及采选的操作要求进行。

6.4.4 货物采购合同的履约管理

1. 工程采购合同的履约

应该依据本手册的相关管理要求实施。

2. 货物（材料、设备）采购合同的履约

（1）采购、运输的进口产品，其性能必须不低于国家强制执行的技术标准。应按国家规定和国际惯例办理报关、商检及保险等手续，并按照国家建设项目进口材料检验大纲相关规定编制检验细则，做好运输、保管和检验工作。

（2）应加强产品采购过程的安全环境管理。优先选择已获得质量、安全、环境管理体系认证的合格供货商。采购产品验证、运输、移交、保管的过程中，应按职业健康要求和环境管理要求，避免和消除产品对安全、环境造成影响。

（3）产品应按规定安全、及时、准确地运至仓库或项目现场。危险品按国家有关规定办理运输手续，并有可靠地安全防范措施。精密仪器运输应按产品说明做好防压防震措施。大件产品运输应对预定通过的路线和可能出现的问题进行实地调查，选定安全经济的运输方式和运输路线。

（4）应控制有毒、有害产品的一次进货数量，防止有毒、有害产品的散落。

（5）保管产品的仓库应设在安全、干燥、通风、易排水、便于车辆通行的地方，并配有足够的消防设施。产品的保管应有明确的标识，并按其特性妥善保管，贮存化学、易燃、易爆、有毒有害等特殊产品应采取必要的安全防护措施。

6.5 投 标 管 理

6.5.1 投标活动的基本要求

1. 从事投标活动的组织范围

根据本规范条文说明：本节的"组织"是指以承包方（勘察、设计、施工等）为主的投标主体。

投标活动是承包商通过竞争获得工程合同的过程。这种投标活动是建立在存在招标需求基础上的经营过程。

2. 投标项目的确定

在招标信息收集阶段，组织应分析、评审相关项目风险，确认组织满足投标工程项目需求的能力。

组织需在招标信息收集、分析过程中，围绕工程项目风险，确认是否自身有能力满足这些要求，否则应该放弃投标。

其中，项目风险包括任何与投标目标不一致的要求是否已经得到解决，各项项目要求是否已经清楚明确，相关不确定性是否可以接受等。

6.5.2 项目投标策划与投标项目评审

（1）项目投标前，组织应进行投标策划，确定投标目标，并编制投标计划。

（2）识别和评审下列与投标项目有关的要求：

为了保证投标的合理性，组织应识别和评审下列与投标项目有关的要求：

1）招标文件和发包方明示的要求；

2）发包方未明示但应满足的要求；
3）法律、法规、标准和规范要求；
4）组织的相关要求。

其中：上述"发包方的要求"包括招标文件及合同在内的各种形式的要求。"发包方明示的要求"是指发包方在招标文件及工程合同等书面文件中明确提出的要求。"发包方未明示，但应满足的要求"是指必须满足行业的技术或管理要求、与施工相关的法律、法规、标准和规范要求及投标企业自身设计、施工能力必须满足的要求。

"组织的相关要求"包括投标企业附加的要求：即投标企业对项目管理机构的要求；投标企业为使发包方满意而对其做出的特殊承诺等。

（3）组织需通过对投标项目需求的识别、评价活动的管理，确保充分了解顾客及有关各方对工程项目设计、施工和服务的要求，为编制项目投标计划提供依据。

6.5.3 确定项目投标文件

（1）组织应根据投标项目需求进行分析，在完成评价相关风险及机遇后，确定下列投标计划内容：
1）投标目标、范围、要求与准备工作安排；
2）投标工作各过程及进度安排；
3）投标所需要的文件和资料；
4）与代理方以及合作方的协作；
5）投标风险分析及信息沟通；
6）投标策略与应急措施；
7）投标监控要求。

其中：投标准备工作包括团队组建、信息收集、目标分析、计划编制、沟通交流、风险评估等。

组织应依据规定程序形成投标计划，经过授权人批准后实施。

（2）组织应根据招标和竞争需求编制包括下列内容的投标文件：
1）响应招标要求的各项商务规定，基于响应准备文件要求；
2）有竞争力的技术措施和管理方案，基于技术标的竞争需求；
3）有竞争力的报价，基于商务标的竞争需求。

（3）组织应保证投标文件符合发包方及相关要求，经过评审后投标，并保存投标文件评审的相关记录。评审应包括下列内容：
1）商务标满足招标要求的程度；
2）技术标和实施方案的竞争力；
3）投标报价的经济合理性；
4）投标风险的分析与应对。

上述评审工作应该关注评审人员的经验、素质、能力的水平，如果评审人员水平不够，评审结果可能是不符合要求的。

6.5.4 项目投标实施

（1）投标过程应该符合招标文件及投标须知等相关文件的要求，从资格预审、开标、评标、定标、合同谈判、签约等流程实施。组织应该根据发包方的要求，响应招标文件的各项需求。

（2）在投标实施过程，组织应按照投标计划，规范化的实施投标活动。投标活动投标应该防范的风险是腐败与行贿。组织应确保合法合规的进行投标活动。

特别是依法与发包方或其代表有效沟通，分析投标过程的各种信息及变更情况，形成必要记录。

投标的有关记录需能为证实项目投标过程符合要求提供必要的追溯和依据。需保存的记录一般有：对招标文件和工程合同条款的分析记录、沟通记录、投标文件及其审核批准记录、投标过程中的各类有关会议纪要、函件等。

（3）组织应识别和评价投标过程风险，包括投标资源发生变化风险，竞争对手策略调整风险、招标信息出现变化风险等，确定适宜的实施投标策略，采取相关措施以确保实现投标目标要求。

（4）中标后，组织应根据相关规定进行合同谈判，办理有关手续，签订工程合同及办理相关手续。合同谈判过程实际上是采购活动的延续与发展，通过合同谈判把采购成果予以固定下来，并且将其改进完善、纳入合同范围，这个工作环节十分重要。

第7章 合 同 管 理

7.1 项目合同管理概述

7.1.1 建设工程合同

1. 建设工程合同的概念

(1) 合同是平等主体的自然人、法人、其他组织之间设立、变更、终止民事权利义务关系的协议。

(2) 建设工程合同属于一种有名合同。按照合同法的规定，建设工程合同是承包人进行工程建设，发包人支付价款的合同。我国招标投标法实施条例对工程建设项目的内涵又做了扩展，即：工程建设项目，是指建设工程以及与工程建设有关的货物、服务。

1) 所称建设工程，包括建筑物和构筑物的新建、改建、扩建及其相关装修、拆除、修缮等；

2) 所称与工程建设有关的货物，是指构成工程不可分割的组成部分，且为实现工程基本功能所必需的设备、材料等；

3) 所称与工程建设有关的服务，是指为完成工程所需的勘察、设计、监理、咨询等服务。

因此，广义建设工程合同，应当包括完成新建、扩建、改建及其相关装修、拆除、修缮等工程项目以及与工程建设有关的货物、服务等合同。包括勘察、设计、施工、监理、咨询以及重要设备材料采购等合同。

(3) 国家正在完善工程建设组织模式。包括：

1) 加快推行工程总承包，特别是装配式建筑原则上应采用工程总承包模式，而且强调政府投资工程应当带头推行工程总承包；

2) 培育全过程工程咨询，鼓励投资咨询、勘察、设计、监理、招标代理、造价等企业采取联合经营、并购重组等方式发展全过程工程咨询。

这些改革方案，必将对建设工程合同从形式到内容都产生重大影响。

2. 建设工程合同的主体资格

(1) 建设工程合同主体的分类。建设工程合同，以合同主体的相对性区分，可分为发包人和承包人；以合同主体的身份和职责区分，可分为建设方、勘察方、设计方、施工方、监理方等。

(2) 建设工程合同的主体资格。根据我国法律规定，作为建设工程合同当事人，必须具备相应主体资格。

1) 发包人必须具备的资格条件：

① 已经办理了建设工程用地批准手续；

② 在城市、镇规划区内进行工程建设的，已经取得建设工程规划许可证；在乡、村

庄规划区内进行公共设施和公益事业建设的,已经取得乡村建设规划许可证。

发包人不具备上述条件,就不具备发包人的主体资格,其订立的合同无效。

2) 承包人必须具备的资格条件:

① 应当是从事建筑活动的勘察单位、设计单位、施工企业或者工程监理单位。目前,我国法律不允许自然人作为建设工程合同的承包主体。

② 已经取得相应等级的资质证书,并在其资质等级许可的业务范围内承揽工程。法律禁止建设工程勘察设计单位、建筑施工企业、工程监理单位超越其资质等级许可的范围承揽勘察、设计、施工、监理业务,其超越资质等级订立的合同无效。

但随着深化建筑业简政放权的改革,将来在优化资质资格管理方面会有所突破。2017年2月21日《国务院办公厅关于促进建筑业持续健康发展的意见》(国发办〔2017〕19号)规定:"(一)优化资质资格管理。进一步简化工程建设企业资质类别和等级设置,减少不必要的资质认定。选择部分地区开展试点,对信用良好、具有相关专业技术能力、能够提供足额担保的企业,在其资质类别内放宽承揽业务范围限制,同时,加快完善信用体系、工程担保及个人执业资格等相关配套制度,加强事中事后监管。强化个人执业资格管理,明晰注册执业人员的权利、义务和责任,加大执业责任追究力度。有序发展个人执业事务所,推动建立个人执业保险制度"。

3. 建设工程合同的形式

(1) 合同在形式上分为书面形式、口头形式和其他形式。

1) 所谓书面形式,是指合同书、信件和数据电文(包括电报、电传、传真、电子数据交换和电子邮件)等可以有形地表现所载内容的形式。

2) 所谓"其他形式",合同法没有明确规定。《最高人民法院关于适用〈中华人民共和国合同法〉若干问题的解释(二)》第二条原则规定:"当事人未以书面形式或者口头形式订立合同,但从双方从事的民事行为能够推定双方有订立合同意愿的,人民法院可以认定是以合同法第十条第一款中的'其他形式'订立的合同"。

(2) 我国法律明确规定建设工程合同应当采取书面形式。建设工程合同包括工程勘察、设计、施工合同,这些合同内容复杂、涉及面广、金额较高、履行期限较长。我国合同法明确规定"建设工程合同应当采用书面形式"。我国建筑法规定"建筑工程的发包单位与承包单位应当依法订立书面合同,明确双方的权利和义务"。我国招标投标法也规定招标人与中标人应当"按照招标文件和中标人的投标文件订立书面合同"。所以,在我国境内订立的建设工程合同必须采用书面形式。

4. 建设工程合同的内容

(1) 合同内容由当事人约定。一般包括:当事人的名称或者姓名和住所;标的;数量;质量;价款或者报酬;履行期限、地点和方式;违约责任;解决争议的方法等。

(2) 建设工程合同一般由合同协议书、通用合同条款、专用合同条款三部分组成:

1) 合同协议书。它集中约定了合同当事人基本的合同权利义务。主要包括:工程概况、合同工期或服务期限、质量标准、合同价格及合同价格形式(总价、单价或阶段价格、成本加酬金)、项目负责人、合同文件构成、承诺、合同生效条件,以及发包人和承包人基本信息及签字盖章栏等重要内容。

2) 通用合同条款。它是合同当事人根据我国建筑法、合同法等法律法规的规定,就工程建设（勘察、设计、施工、监理）的实施及相关事项，对合同当事人的权利义务做出的原则性约定。例如：《建设工程施工合同（示范文本）》GF-2013-0201 通用合同条款分别为：一般约定、发包人、承包人、监理人、工程质量、安全文明施工与环境保护、工期和进度、材料与设备、试验与检验、变更、价格调整、合同价格、计量与支付、验收和工程试车、竣工结算、缺陷责任与保修、违约、不可抗力、保险、索赔和争议解决。前述条款安排既考虑了现行法律法规对工程建设的有关要求，也考虑了建设工程施工管理的特殊需要。

3) 专用合同条款。它是对通用合同条款原则性约定的细化、完善、补充、修改或另行约定的条款。合同当事人可以根据不同建设工程的特点及具体情况，通过双方的谈判、协商对相应的专用合同条款进行修改补充。但是，也有的合同明确规定："专用合同条款"补充、细化的内容不得与"通用合同条款"强制性规定相抵触。

5. 建设工程合同的种类

(1) 根据资金来源及主体不同，可分为政府投资项目合同、民营投资项目合同；

(2) 根据工程承包范围不同，可分为工程总承包合同（设计、采购、施工等全过程或若干阶段的工程承包）、施工总承包合同、专业承包/分包合同、劳务分包合同；

(3) 根据合同承包价不同，可分为单价合同、总价合同、成本价酬金合同。

7.1.2 合同的适用性

项目合同按照合同适用性可以分为强制实施的合同、非强制实施的合同。

1. 强制适用的合同文本

所谓强制适用的合同文本，就是依靠国家法律法规、部门规章、行业规范或者地方性法规、规章等强制推行实施的合同文本。

2012 年 2 月 1 日起实施的《中华人民共和国招标投标法实施条例》第十五条第四款规定："编制依法必须进行招标的项目的资格预审文件和招标文件，应当使用国务院发展改革部门会同有关行政监督部门制定的标准文本"。因此，只要是依法必须进行招标的项目，都必须使用国家发改委等制定的"标准文本"。

最典型的标准文本是：国家发改委、财政部、住房和城乡建设部、铁道部、交通部、信息产业部、水利部、民航总局、广电部等九部委联合发布了标有"中华人民共和国"字头的《标准施工招标文件》（自 2008 年 5 月 1 日起施行）、《简明标准施工招标文件》和《标准设计施工总承包招标文件》（自 2012 年 5 月 1 日起施行）。这些《标准本件》的第一卷第四章就是合同条款。国家发改委等九部委在其联合发布的第 56 号令和 3018 号通知中，对于标准文本的使用都做了强制性的规定。例如：

(1) 行业标准施工招标文件和试点项目招标人编制的施工招标资格预审文件、施工招标文件，应当不加修改地引用包括"通用合同条款"在内的标准文件。

(2) 国务院有关行业主管部门可根据本行业招标特点和管理需要编制的行业标准"专用合同条款"，可对"通用合同条款"进行补充、细化。但是，除"通用合同条款"明确规定可以做出不同约定外，"专用合同条款"补充和细化的内容不得与"通用合同条款"相抵触，否则抵触内容无效。

根据上述规定可知，国家发改委等九部委制定的 2007 年版《标准施工招标文件》、2012 年版《简明标准施工招标文件》和《标准设计施工总承包招标文件》，都属于必须强制适用的标准文件（包括"通用合同条款"）。

2. 非强制适用的合同文本

所谓非强制适用的合同文本（也称推荐适用的合同文本），是由合同当事人自主选择适用的合同文本。一般情况下，非强制适用的合同文本多数都是由主导签约的一方当事人即发包人来选择的。

住建部和国家工商行政管理总局联合发布的《建设工程施工合同（示范文本）》GF-2013-0201 就属于非强制适用的合同文本。在该合同"说明"第一条第（三）款 3 项中写明："在专用合同条款中有横道线的地方，合同当事人可针对相应的通用合同条款进行细化、完善、补充、修改或另行约定"。合同"说明"第二条中更加写明："《示范文本》为非强制性使用文本"。这说明 2013 版施工合同的通用合同条款是可以进行修改或另行约定的，当事人可结合建设工程具体情况修改《示范文本》合同。

7.1.3 项目合同管理的含义、目标、重要性、原则

1. 项目合同管理

应当包括法人单位的组织从决策层、职能部门、项目负责人、项目管理机构等对项目合同的全方位、全过程的管理。

2. 项目合同管理的目标

是通过合同的签订、合同实施控制等工作，全面完成合同责任，保证建设工程项目目标和企业目标的实现。

3. 项目合同管理的重要性

在现代工程项目管理中，合同管理已成为与进度管理、质量管理、成本（投资）管理、安全管理、信息管理等并列的一大管理职能。这主要是由于以下几方面的原因：

（1）在现代工程项目中，合同已越来越复杂。这表现在：

1）在一个工程项目中的参与人众多，存在复杂的合同关系。例如有建设、勘察、设计、施工、监理、材料等合同主体，形成众多的合同关系。

2）合同的各项组成文件繁杂，并要按照优先顺序互相解释。例如：许多施工合同的组成文件就按照优先解释顺序排列了协议书、中标通知书、投标函及其附录、专用合同条款及其附件、通用合同条款、技术标准和要求、图纸、已标价工程量清单或预算书等，以便在合同条件发生歧义时确定合同条款的优先适用效力。

3）合同条款越来越多，例如：2013 版《建设工程施工合同（示范文本）》仅"通用合同条款"就有 20 条 117 款 296 项之多。

4）合同履行期限较长、实施过程复杂、受到外部影响的因素比较多。

5）合同履行过程中发生争执、违约以及索赔事件较多。

（2）合同最终目标是工期、成本、质量的有机统一。由于各方主体的权利义务都是围绕合同展开，所以合同管理在整个项目管理中居于核心地位。没有合同管理，项目管理就不能形成完整体系。

（3）严格合同管理已经成为国内外工程管理的重要任务。

正是因为以上原因，所以合同管理应当制度化，明确合同管理责任，设立专门机构和人员负责合同管理工作。

4. 项目合同管理的原则

为了保证合同管理的顺利进行，必须坚持：

（1）合规高效原则。订立的合同应保证内容合法、程序合规，同时注重合同管理效率。

（2）法人管理原则。合同订立的权利应集中在法人单位。分公司、项目机构未经授权不得对外签订合同。法人单位可根据下属单位的管理要素配备、风险管控能力、规模和效益等情况，对合同实行授权分级管理。

（3）监督约束原则。合同管理应当贯彻全过程监督约束机制，合同主办、会商、审核、审批、监督等管理职权应在不同部门和人员之间进行有效配置。

（4）管理留痕原则。在合同订立、履行等各环节应保存相关文件、图片、样品、电子资料等档案，以实现合同管理过程可追溯和可复原，保证有据可查。

7.1.4 项目合同管理组织机构

要提高合同管理水平，必须使合同管理工作专门化和专业化。因此应设立专门机构或人员负责合同管理工作。合同管理组织通常有如下几种形式：

（1）企业专门设置合同管理部门，负责企业合同总体管理工作。

（2）许多大中型工程项目，都在项目部等执行机构内专门设置了合同管理机构，负责合同实施管理工作。

（3）对于较小型的工程项目，在项目经理部内一般设置专职合同管理员，在项目经理领导下负责合同管理工作。

（4）分包单位的合同管理机构和人员，都是在总包合同管理下进行分包合同管理。

7.1.5 项目合同管理基本程序

1. 项目合同管理的要求

（1）合同管理是建设工程项目管理的核心，贯穿于建设工程项目管理的全过程，与质量管理、进度管理、成本管理、信息管理、沟通管理、风险管理紧密相连，是一种综合、全面、准确、精细的管理工作。

（2）合同管理是一个完整体系，它应包括总包合同、专业分包合同、劳务合同、材料和设备采购合同、加工合同等的合同管理。

2. 项目合同管理过程。

合同管理的目标是通过合同的策划、评审、订立、计划、实施控制等工作全面完成合同责任，保证工程项目目标和企业目标的实现。合同主要管理过程如下（见图7-1）：

在上述"合同策划/合同评审"管理程序中，发包人侧重于合同策划，而承包人侧重于合同评审。由于本规范第6章"采购与投标管理"中专门阐述了采购管理（包括招标），因此，本章对"合同策划"不再赘述，而从合同评审开始。

7.1.6 法律禁止的合同行为

根据我国建设工程相关法律规定，不得采用违法发包、转包、违法分包及挂靠等方式订立和履行合同。

1. 违法发包

是指建设单位将工程发包给不具有相应资质条件的单位或个人，或者肢解发包等违反法律法规规定的行为。下列情形之一的属于违法发包：

（1）建设单位将工程发包给个人的；

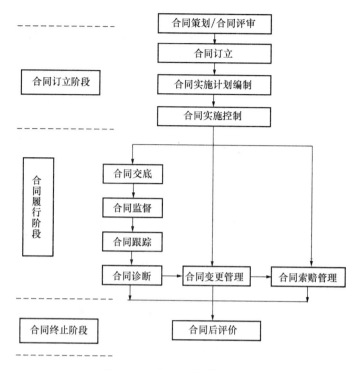

图 7-1 工程项目合同管理过程

(2) 建设单位将工程发包给不具有相应资质或安全生产许可的施工单位的;

(3) 未履行法定发包程序,包括应当依法进行招标未招标,应当申请直接发包未申请或申请未核准的;

(4) 建设单位设置不合理的招投标条件,限制、排斥潜在投标人或者投标人的;

(5) 建设单位将一个单位工程的施工分解成若干部分发包给不同的施工总承包或专业承包单位的;

(6) 建设单位将施工合同范围内的单位工程或分部分项工程又另行发包的;

(7) 建设单位违反施工合同约定,通过各种形式要求承包单位选择其指定分包单位的;

(8) 未办理建设工程规划许可证就进行工程施工发包的。

2. 转包

是指施工单位承包工程后,不履行合同约定的责任和义务,将其承包的全部工程或者将其承包的全部工程肢解后以分包的名义分别转给其他单位或个人施工的行为。下列情形之一的属于转包:

(1) 施工单位将其承包的全部工程转给其他单位或个人施工的;

(2) 施工总承包单位或专业承包单位将其承包的全部工程肢解以后,以分包的名义分别转给其他单位或个人施工的;

(3) 施工总承包单位或专业承包单位未在施工现场设立项目管理机构或未派驻项目负责人、技术负责人、质量管理负责人、安全管理负责人、经营管理负责人等主要管理人员,不履行管理义务,未对该工程的施工活动进行组织管理的;

(4)施工总承包单位或专业承包单位不履行管理义务,只向实际施工单位收取费用,主要建筑材料、构配件及工程设备的采购由其他单位或个人实施的;

(5)劳务分包单位承包的范围是施工总承包单位或专业承包单位承包的全部工程,劳务分包单位计取的是除上缴给施工总承包单位或专业承包单位"管理费"之外的全部工程价款的;

(6)施工总承包单位或专业承包单位通过采取合作、联营、个人承包等形式或名义,直接或变相的将其承包的全部工程转给其他单位或个人施工的。

3. 违法分包

是指施工单位承包工程后违反法律法规规定或者施工合同关于工程分包的约定,把单位工程或分部分项工程分包给其他单位或个人施工的行为。下列情形之一的属于违法分包:

(1)施工单位将工程分包给个人的;

(2)施工单位将工程分包给不具备相应资质或安全生产许可的单位的;

(3)施工合同中没有约定,又未经建设单位认可,施工单位将其承包的部分工程交由其他单位施工的;

(4)施工总承包单位将房屋建筑工程的主体结构的施工分包给其他单位的,钢结构工程除外;

(5)专业承包单位将其承包的专业工程中非劳务作业部分再分包的;

(6)劳务分包单位将其承包的劳务再分包的;

(7)劳务分包单位除计取劳务作业费用外,还计取主要建筑材料款、周转材料款和大中型施工机械设备费用的。

4. 挂靠

是指单位或个人以其他有资质的施工单位的名义,承揽工程的行为,包括参与投标、订立合同、办理有关施工手续、从事施工等活动。下列情形之一的属于挂靠:

(1)没有资质的单位或个人借用其他施工单位的资质承揽工程的;

(2)有资质的施工单位相互借用资质承揽工程的,包括资质等级低的借用资质等级高的,资质等级高的借用资质等级低的,相同资质等级相互借用的;

(3)专业分包的发包单位不是该工程的施工总承包或专业承包单位的,但建设单位依约作为发包单位的除外;

(4)劳务分包的发包单位不是该工程的施工总承包、专业承包单位或专业分包单位的;

(5)施工单位在施工现场派驻的项目负责人、技术负责人、质量管理负责人、安全管理负责人中一人以上与施工单位没有订立劳动合同,或没有建立劳动工资或社会养老保险关系的;

(6)实际施工总承包单位或专业承包单位与建设单位之间没有工程款收付关系,或者工程款支付凭证上载明的单位与施工合同中载明的承包单位不一致,又不能进行合理解释并提供材料证明的;

(7)合同约定由施工总承包单位或专业承包单位负责采购或租赁的主要建筑材料、构配件及工程设备或租赁的施工机械设备,由其他单位或个人采购、租赁,或者施工单位不能提供有关采购、租赁合同及发票等证明,又不能进行合理解释并提供材料证明的。

7.2 合 同 评 审

7.2.1 合同评审事项和目的

(1) 建设工程合同评审事项,一般包括合同主体的资信调查和工程项目评估两部分:

1) 资信调查,主要包括合同主体及其股东的注册登记情况、股权结构、财务状况、经营业绩、法律纠纷案件、行业声誉及以往履约记录等;

2) 工程建设项目评估,主要包括项目的性质和类型、项目建设资金的来源及落实情况、项目前期报规报建手续、项目市场前景等。

(2) 合同评审要实现以下目的:

1) 保证合同条款不违反法律、行政法规、地方性法规的强制性规定,不违反国家标准、行业标准、地方标准的强制性条文;

2) 保证合同权利和义务公平合理,不存在对合同条款的重大误解,不存在合同履行障碍;

3) 保证与合同履行紧密关联的合同条件、技术标准、施工图纸、材料设备、施工工艺、外部环境条件、自身履约能力等条件满足合同履行要求;

4) 保证合同内容没有缺项漏项,合同条款没有文字歧义、数据不全、条款冲突等情形,合同组成文件之间没有矛盾。通过招标投标方式订立合同的,合同内容还应当符合招标文件和中标人的投标文件的实质性要求和条件;

5) 保证合同履行过程中可能出现的风险处于可以接受的水平。

(3) 发包人与承包人对合同评审有不同的要求

1) 发包人在对合同文件进行评审时,除一般性评审内容外,更应重视对合同条款可执行性的评审。之所以如此,是因为发包人在合同订立过程中往往处于主导地位,合同主要条款一般是发包人编制的。我国招标投标法就明确规定"招标文件应当包括招标项目的技术要求、对投标人资格审查的标准、投标报价要求和评标标准等所有实质性要求和条件以及拟签订合同的主要条款"。因此,在现实中,发包人往往会提出对自己有利的要求,例如:压低合同价格、压缩合同工期、要求大量垫资、要求对方承担过多风险、提出超过设计标准或者承包人施工能力的质量标准等。这种权利义务显失公平的合同条款从表面上看对发包人有利,但却很容易发生合同争议,反而影响了合同预期目标的实现,最终损害的是发包人的根本利益。所以,合同条款的可执行性应当是发包人合同评审的重点。

2) 承包人在对合同文件进行评审时,要特别衡量自身是否具备相应的履约能力。在现实中,期望一切都得到发包人公平、公正、合理对待是不切实际的。特别是在招标投标活动中,不对招标文件的实质性要求和条件进行响应就会导致废标。所以,承包人要想顺利履行合同,就应当对自身履行合同的能力进行评审,尽量减少合同违约情形的发生。

7.2.2 合同评审的组织机构

(1) 按照不同的功能,合同评审组织形式可做如下划分:

1) 按照评审的机构层级和职权,可划分为企业常设机构评审、职能部门评审、项目经理部评审。有的企业将法务部门或者合约部门作为常设评审机构,其他部门及项目经理部按照职责分工负责相关合同评审。

2) 按照评审机构范围,可划分为企业内部评审、委托专业机构或外聘专家评审。有的企业与社会众多专业咨询和研究机构建立了长期的委托合作关系,要求提供专题研究报告,以保证在新领域、新专业方面获得领先知识。

3) 按照评审专业需求,可划分为多部门会商综合评审、单独评审。

(2) 不同评审组织形式的优缺点:

1) 多层级多部门的会商综合评审,有利于发挥各职能部门的专业作用,有利于整体策划和全盘把控。但程序繁杂,期限较长,不利于快速处理合同问题;

2) 单层级单部门的管理人员评审,有利于快速解决某些专业问题,但专业局限性突出,容易疏漏非本专业的问题。

所以采取什么评审组织形式,要根据投资规模、专业技术难度、合同不同阶段等具体情况来选择。例如:对于重大工程项目合同,特别是对于不熟悉领域的合同,在招标投标阶段或者合同订立阶段,就需要企业各职能部门甚至外部专业机构进行综合评审;而对于熟悉领域的合同,则某少数业务部门或项目部负责人评审即可。

7.2.3 合同评审工作内容

合同订立的方式不同(如招标发包、竞争性谈判、询价、直接发包等),其需要评审的合同文件有所不同。需要评审的合同文件一般包括:招标文件及工程量清单、招标答疑、投标文件及组价依据、拟定合同主要条款、谈判纪要、工程项目立项审批文件等。合同评审的主要内容为:

1. 合同的合法性、合规性评审

合同必须建立在合法合规的基础上,否则会导致合同无效,或者因受到行政处罚而导致合同履行受阻。因此,合法性、合规性评审是合同评审的首要问题。

(1) 合同的合法性、合规性的评审事项包括:

1) 对工程项目是否具备招标投标、合同签订和实施基本条件的评审。例如:工程建设项目立项的批准文件,规划许可及土地批准文件,招标投标文件和过程等是否符合法。

2) 对工程合同的目的、内容(条款)和所定义活动是否符合法律要求的评审。例如:合同标的物合法性、税赋和免税责任、劳动保护、环境保护等是否合法,所采用的技术、质量、安全、环境等规范是否符合国家强制性标准等。

3) 对各主体资格的合法性、有效性的评审。例如:相应的发承包资质条件、企业安全生产许可证等。

(2) 无效合同情形:

1) 一方以欺诈、胁迫的手段订立合同,损害国家利益;

2) 恶意串通,损害国家、集体或者第三人利益;

3) 以合法形式掩盖非法目的;

4) 损害社会公共利益;

5) 违反法律、行政法规的强制性规定。

合同法第五十三条还规定:合同中约定"造成对方人身伤害的"或者"因故意或者重大过失造成对方财产损失的"免责条款无效。

(3) 效力性强制规定与管理性强制规定的区别:

1) 并非所有"违反法律、行政法规的强制性规定"的合同都一概是无效合同。因为，法律、行政法规的"强制性规定"，又可分为效力性强制规定和管理性强制规定。根据最高人民法院的司法解释，合同法第五十二条第（五）项规定的"强制性规定"，是指效力性强制规定。违反效力性强制规定的，应当认定合同无效；违反管理性强制规定的，应当根据具体情形认定其效力。

2) 关于效力性强制规定和管理性强制规定，其界定并不十分清晰。实践中，如果强制性规范规制的是合同行为本身即只要该合同行为发生即绝对地损害国家利益或者社会公共利益的，应当认定合同无效；如果强制性规定规制的是某种合同的履行行为而非某类合同行为，对于此类合同效力的认定，应当慎重把握。

① 违反效力性强制规定的情形有：没有取得规划许可或土地审批手续、合同主体不合格、未取得相应资质或超越资质承包工程、企业未取得安全生产许可证、依法必须招标而没有招标、工程转包、违法分包及挂靠等，其所签订合同无效。

② 违反管理性强制规定的情形有：合同未备案、未办理施工许可证、未办理环保审批、未办理验收手续等，这些行为虽然会影响合同履行，但一般不影响合同效力。

2. 合同的合理性、可行性评审

（1）合理性、可行性评审含义

1) 合同的合理性评审，应当包括对合同结构是否合理、权利义务是否公平进行评审；

2) 合同的可行性评审，主要审查合同内容和条款是否可以正常有序履行。

（2）对合同条件的合理性、可行性进行评审方法，通常与使用的合同文本有关：

1) 如果采用标准合同文本或者示范合同文本，例如国家发改委会同有关部委制定的标准文本、住房城乡建设部和工商总局联合发布的《建设工程施工合同（示范文本）》及《建设工程设计合同示范文本》、FIDIC条件等，这些经过多年社会实践的合同文本条款齐全、内容完整，一般可以不对通用合同条款作合同完整性分析，重点分析专用条款的合理性和可行性即可。

2) 如果未使用上述标准文本或示范文本，但与前述合同相类似，则可以标准文本或示范文本为标准，将评审的合同与前者相应条款进行对照，就可以发现该评审合同条款是否合理、公平。

3) 如果采用协商制定的合同文本，而且该类合同没有标准文本或示范文本可比照，则应尽可能多地收集同类合同文本，或者参考合同标准文本和合同示范文本，将拟评审的合同按结构拆分开进行对比，分析出该合同条款是否合理、可行，以便进行调整、补充、修改。

在实践中，有的当事人希望在合同中更多增加对方的合同责任条款和工作范围，减少自己的合同责任，认为这样做对自己有利，自己更有主动权；也有的当事人认为合同条件不完备可以增加自己的索赔机会。这些做法都是很危险的。合同条件不合理、不公平，只会造成合同双方对权利和责任的理解偏差，容易引起双方对工程项目范围确定和实施计划的失误，最终造成工程不能顺利实施，导致合同争执。所以合同双方都应努力签订一个公平合理、操作可行的合同。

3. 合同的严密性、完整性审查

（1）严密性、完整性评审的含义：

1) 合同的严密性评审，主要是审查合同每个条款是否具体明确，理解唯一，不产生歧义；条款之间是否存在矛盾、相互抵消等情形。

2) 合同的完整性评审，包括对合同文件完整性和合同条款完整性的评审：

①合同文件完整性评审，包括对合同文本、立项及规划审批文件、环境和水文地质资料、设计文件、技术标准和要求、工程量清单或预算书等合同文件的评审；

②合同条款完整性评审，包括合同条款是否缺失，对可能出现的情形是否都有约定，是否漏项等的评审。

(2) 合同内容不严密、不完整的解决办法。合同的严密性、完整性是合同得以顺利履行的前提。合同文件及其条款出现缺失、歧义、矛盾等情形，会导致双方对合同理解发生偏差、工作失调及合同争执，使合同履行受阻。对于合同的主要内容没有约定或者约定不明确的，双方可以协商补充；不能达成补充协议的，可以按照合同有关条款或者交易习惯确定。

4. 与产品或过程有关要求的评审

所谓与产品或过程有关要求的评审，是指对合同发承包内容以外的但却与合同履行紧密关联的已知或者可预见的外部因素、事件出现的评审。例如：相关政策或标准的变化、重大社会事件的出现、项目资金来源变化对合同履行的影响、与合同履行有关的其他相关方的资信及履约能力变化等。这些情形虽然不是合同履行的主要内容，但这些情形一旦出现，都会对合同订立及履行产生重要影响，因此都应当列入评审和预测的范畴。

5. 合同风险的评估

关于风险管理的问题，本规范第17章有全面论述。这里仅就经营风险与法律风险的识别、风险承担进行简要阐述。

(1) 风险的话题。市场经营活动中都存在一定风险。

1) 所谓风险，是指那些由于疏忽大意没有预见或者侥幸可以避免而又未能幸免，从而造成的难以克服、难以控制的客观情形。

但风险不是不可抗力。我国合同法第117条规定的不可抗力，是指不能预见、不能避免并不能克服的客观情况。

2) 风险与不可抗力的本质区别是：风险存在疏忽大意或者侥幸等主观过错；而不可抗力没有主观过错。

(2) 风险的识别与承担。根据不同情形可以把风险分成若干类型。从生产经营以及对风险承担的角度，可以把风险分为经营风险和法律风险。

1) 所谓经营风险，是指在经营活动中为了获得最大利润和效益而自愿加重责任、并通过自己的努力能够实现预定经营目标的情形。例如，承包人为争取工程中标，努力采用新工艺、新技术、新措施等来努力降低报价、缩短工期、提高施工质量，这就属于经营风险的范畴。其特点是：经营风险与可能获得的机会效益成正比，所谓"高风险高效益"一般指的就是经营风险；但经营风险与履约能力成反比，即履约能力越强，经营风险越低，反之就高。例如承包人在施工中努力降低成本，按期保质保量安全完成施工任务，就会带来较大的经济和社会效益，反之也会造成损失。

2) 所谓法律风险，是指在经营活动中出现的不受法律保护的行为，或者权利与义务极不平等、使自己始终处在只承担或多承担义务而不享有或少享有权利的情形。例如：订立无效合同、合同条款显失公平等,就属于法律风险的范畴。其特点是:法律风险一旦形成,就会使自己始终处于不利地位并且必然遭受损失,而且这种不利状况往往不能通过单方面继续履行合同予以避免。法律风险一旦形成,必须通过法律手段来解决。

所以,评估合同风险应当充分注意:经营风险可以适当承担,法律风险必须防范。

合同评审程序文件没有硬性法律规定,可根据本企业的实践经验来确定。

在评审过程,合同双方应该针对任何不一致的问题进行持续的评价、评估,解决双方任何可能的不一致事项,直到合同双方的合同问题都已经有效解决。这样才能最终进入合同订立阶段。

7.3 合同订立

7.3.1 合同订立程序

建设工程合同,主要是通过公开招标、邀请招标、竞争性谈判、询价、单一来源采购或直接发包、其他采购方式等订立的。发包人和承包人在完成合同评审和谈判结果的基础上,应当按照以下程序订立合同:

(1) 确定中标人、供应商:

1) 国有资金占控股或者主导地位的依法必须进行招标的项目,招标人应当确定排名第一的中标候选人为中标人。排名第一的中标候选人放弃中标、因不可抗力不能履行合同、不按照招标文件提交履约保证金,或者被查实存在影响中标结果的违法行为等情形,不符合中标条件的,招标人可以按照评标委员会提出的中标候选人名单排序依次确定其他中标候选人为中标人。

2) 非国有资金占控股或者主导地位而进行招标的项目,招标人既可以确定排名第一的中标候选人为中标人,也可以另行选择其他中标候选人为中标人。

3) 通过竞争性谈判、询价等采购方式确定成交商的,若是属于政府采购项目,则采购人应当以最优条件排序原则确定成交供应商;若属于非政府采购项目,则采购人可以自主充分选择成交供应商。

4) 通过单一来源采购、直接发包等方式确定成交供应商的,则采购人直接与成交供应商订立合同。政府采购项目、国有资金占控股或者主导地位的项目,只有在特殊情况下才能采用单一来源采购、直接发包等方式订立合同。例如:①需要采用不可替代的专利或者专有技术;②需要向原中标人采购工程、货物或者服务,否则将影响施工或者功能配套要求;③涉及国家安全、国家秘密、抢险救灾或者属于利用扶贫资金实行以工代赈、需要使用农民工等特殊情况。

(2) 除单一来源采购或直接发包外,招标人(采购人)应当向中标人(成交供应商)发出中标、成交通知书,并同时将结果通知所有未中标、未成交的投标人。

(3) 应当在法定或者约定期限内签订书面合同。招标人(采购人)与中标人(成交供应商)应当在法定或者约定期限内签订书面合同。根据我国招标投标法规定,招标人和中标人应当自中标通知书发出之日起 30 日内订立书面合同。我国政府采购法也有相同的规定。

(4) 依照规定提交招标投标情况报告书、进行合同备案:

1) 招标人提交招标投标情况书面报告。依法必须进行招标的项目，招标人应当自发出中标通知书之日起 15 日内，向有关行政监督部门提交招标投标情况的书面报告。建设部令第 89 号《房屋建筑和市政基础设施工程施工招标投标管理办法》规定：招标人未向建设行政主管部门提交施工招标投标情况书面报告的，县级以上地方人民政府建设行政主管部门应当责令改正；在未提交施工招标投标情况书面报告前，建设行政主管部门不予颁发施工许可证。

2) 中标人进行合同备案。建设部令第 89 号《房屋建筑和市政基础设施工程施工招标投标管理办法》规定：招标人和中标人订立书面合同后 7 日内，中标人应当将合同送县级以上工程所在地的建设行政主管部门备案。为了防止黑白合同对中标合同的干扰，《最高人民法院关于审理建设工程施工合同纠纷案件适用法律问题的解释》第 21 条规定："当事人就同一建设工程另行订立的建设工程施工合同与经过备案的中标合同实质性内容不一致的，应当以备案的中标合同作为结算工程价款的根据"。

7.3.2 合同订立内容

（1）招标人和中标人应当按照招标文件和中标人的投标文件订立书面合同。合同的标的、价款、质量、履行期限等主要条款应当与招标文件和中标人的投标文件的内容一致。招标人和中标人不得再行订立背离合同实质性内容的其他协议。

（2）采用竞争性谈判方式采购的，采购人的谈判小组向参加谈判的供应商提供的谈判文件有实质性变动的，应当以书面形式通知所有参加谈判的供应商。采购人提供的谈判文件与参加谈判的供应商在规定时间内的最后报价，构成合同订立的实质性内容。

（3）采用询价方式采购的，采购人的询价小组向供应商提供的询价通知书与被询价的供应商一次报出不得更改的价格，构成合同订立的实质性内容。

7.3.3 合同订立形式

（1）建设工程合同应当采用书面形式。包括合同谈判成果等也应以书面方式或法律规定的其他方式固定下来。

（2）订立合同应当由法定代表人或者授权的委托代理人签字或盖章。合同主体是法人或者其他组织的，应当加盖单位印章。授权的委托代理人签署合同的，其交验的身份证明文件和授权委托文件应当作为合同附件。

7.4 合同实施计划

7.4.1 合同实施计划及其责任主体

（1）合同实施计划，是根据合同约定和法律规定，合同责任主体将合同总体目标以及权利义务等内容进行层次化、专业化、岗位化分解，落实到具体部门和人员的实施方案。

（2）合同实施计划的责任主体：

为了保证工程质量、安全、进度和造价的合同总体目标的实现，我国建筑法以及相关法律对各方当事人在建设工程合同中的主体责任做了明确规定。包括：

1) 建设单位负责办理用地、规划、拆迁、施工等各种许可、批准或者备案等手续；落实建设资金；提供与建设工程有关的原始资料；报送审查施工图设计文件；组织设计、施工、监理等有关单位进行竣工验收。

2) 勘察、设计单位必须按照工程建设强制性标准进行勘察、设计,并对其勘察、设计的质量负责。设计单位应当就审查合格的施工图设计文件向施工单位做出详细说明。

3) 施工单位对建设工程的施工质量和本单位的安全生产负责。建筑工程总承包单位按照总承包合同的约定对建设单位负责;分包单位按照分包合同的约定对总承包单位负责。总承包单位和分包单位就分包工程对建设单位承担连带责任。

4) 建筑工程监理应当依照法律、行政法规及有关的技术标准、设计文件和建筑工程承包合同,对承包单位在施工质量、建设工期和建设资金使用等方面,代表建设单位实施监督。

2017年2月21日国务院办公厅发布的《关于促进建筑业持续健康发展的意见》(国办发〔2017〕19号),强调要全面落实各方主体的工程质量责任,特别要强化建设单位的首要责任和勘察、设计、施工单位的主体责任。

以上法律规定,为合同实施计划的编制和落实提供了法律责任依据。

7.4.2 合同实施计划的内容及编制

1. 合同实施总体计划

各方主体应当根据法律规定和合同约定编制合同实施总体计划。

(1) 发包人(建设单位)是工程项目的牵头单位及合同实施计划的主导者。为保证各种许可、批准或者备案手续齐全,保证资金按时到位,保证具备施工条件,建设单位应当编制工程项目总体安排计划。

(2) 承包人(施工和勘察、设计单位)是工程项目承包合同实施计划的编制和实施单位。其中,施工单位应当编制《施工组织设计》,它是施工单位规划指导建筑工程投标、签订承包合同、施工准备和施工全过程的全局性的技术经济管理文件,具有组织、规划(计划)和指挥协调控制功能。施工单位应当根据《施工组织设计》编制合同实施总体计划;勘察、设计单位也要根据《施工组织设计》安排后续勘察、设计合同服务工作。

(3) 监理单位是受建设单位委托对工程质量、安全、工期和资金使用实施监督,他既要审查批准《施工组织设计》,同时也要围绕《施工组织设计》展开监理活动,据此编制监理合同实施计划。

2. 合同分解与分包策划

(1) 合同分解是实现合同目标的重要途径。建设工程合同因其合作面广、合同关系复杂、专业性强,因此需要进行合同分解才有利于合同履行。例如:施工合同在履行前,需要进行施工方案制定、现场布置、进度计划、劳动力安排、材料供应、施工机械选用、安全生产措施、成本控制等诸多专业工作,还要与建设、勘察、设计、监理、供应商等进行协调,因此,只有对合同进行层次化、专业化、岗位化分解,将合同实施计划落实到具体部门和人员,才能实现合同目标。

(2) 分包合同策划是总包单位对于需要进行分包的工程进行的策划。分包合同既是一个独立合同,又是总包合同的组成部分。因此,应当将分包合同的实施计划纳入合同实施总体计划,统一安排,统一协调。分包策划包括:

1) 分包范围的划定。在项目范围内策划准备分包(分供)的项目,确定各分包合同的工作范围和界限,通过具体的专业分类,形成各个独立同时又互相影响的分包合同。

2) 对分包工程的招标文件和合同文件的起草。包括分包队伍的选择方式、分包合同种类，合同风险分配等。

3. 合同实施计划的编制

应当自上而下安排任务和实施重点，然后自下而上提出各自的实施条件及预计困难，再汇总平衡协调后形成完整合同实施计划，并经过批准后实施。

当然，根据我国法律规定，总承包单位将建设工程进行分包，应当经建设单位认可，或者在合同中明确约定，否则构成违法分包。

7.4.3 合同实施计划的保障体系

1. 建立沟通协调机制

业主、勘察、设计、施工、监理、供应商之间应建立沟通协调机制，保证各方的合同计划得到。包括：

（1）定期召开协调会议，跟踪计划安排及落实情况；

（2）及时提交各种表格、报告、通知；

（3）提交质量管理体系文件；

（4）提交进度报告；

（5）对相关问题提出意见、建议和警告。

2. 落实合同责任

合同主体将分解后的合同实施计划分解落实到各层级、部门、项目部、人员或分包商，使他们对合同实施工作计划、各自责任等有详细具体了解。

3. 建立合同实施工作程序

对于经常性工作应订立工作程序，有章可循，如请示报告程序、批准程序、检查验收程序、合同变更洽商程序、款项支付申报审批程序、索赔程序等，将其落实到具体部门和人员。

4. 建立报告和行文制度

合同主体之间的沟通都应以书面形式进行，或以书面形式作为最终依据，这既是合同的要求，也是法律的要求，更是工程管理的需要。报告和行文制度包括如下几方面内容：

（1）定期的工程实施情况报告，如日报、周报、旬报、月报等。应规定报告内容、格式、报告方式、时间以及负责人。

（2）工程过程中发生的特殊情况及其处理的书面文件，如特殊的气候条件、工程环境的变化等，应有书面记录，并由工程师签署。对在工程中合同双方的任何协商、意见、请示、指示等都应采用书面形式。因紧急情况下发布指示或采取措施的，应当在规定时间内补充提交书面文件。

（3）工程中所有涉及双方的工程活动，如材料、设备、各种工程的检查验收，场地、图纸的交接，各种文件（如会议纪要、索赔和反索赔报告、账单）的交接，都应有相应的手续，应有签收证据并建立台账。

5. 建立合同文档管理系统

由合同管理人员负责各种合同资料和工程资料的收集，整理和保存工作。同时应建立合同文件编码系统和文档系统，便于查询和共享信息。

6. 制定合同奖罚制度

对于合同主体之间，应通过合同奖励和违约条款分来保证合同履行，保证合同目标的实现；对于下属各层级、部门、项目部、人员，则应通过奖励和惩罚制度来保证其按期保质保量完成计划目标。

7.4.4 分包合同应符合法律法规和总包合同的约定

1. 分包是工程建设的客观需要

（1）技术需要。通过分包的形式可以弥补总承包商技术、人力、设备、资金等方面的不足。同时总承包商又可通过这种形式扩大经营范围，承接自己不能独立承担的工程。

（2）经营需要。将专业工程进行分包，既能够维护长期合作伙伴、增强自己的经营实力，又能够让报价低同时又有履约能力的分包商分担相应经营风险。

（3）满足业主要求。满足业主对于某些特殊专业或特殊技能的专业要求。

2. 分包应当依法进行

按照相关法律规定，除工程主体部分外，勘察、设计和施工单位对其承包的建设工程，可以根据法律规定和合同约定将部分承包任务进行分包。承包单位应当与分包单位签订分包合同。分包单位按照分包合同约定，对其分包的工程向总包单位负责。对于需要进行分包的工程任务，应当事先经建设单位认可，或者在合同中明确约定允许分包范围，否则构成违法分包。

7.5 合同实施控制

7.5.1 概述

（1）合同实施控制包括自合同签订至合同终止的全部合同管理过程。合同实施控制分为日常性工作和突变性事件。

（2）所谓合同实施控制的日常工作，是指日常性的、项目管理机构按照实施计划能够自主完成的合同管理工作。一般包括：合同交底、合同跟踪与诊断、合同完善与补充、信息反馈与协调、其他应自主完成的合同管理工作。

（3）所谓突发事件，是指合同计划外发生的、与合同履行紧密相关的事件。例如重大设计变更、严重违约行为、重大索赔事项、重大质量安全事故、情势变更、不可抗力以及其他重大突发事件。前述事件往往不是项目管理机构自己单方面能够解决的，需要组织通过协商、调解、诉讼或仲裁等方式来解决。

7.5.2 合同交底工作

在合同实施前，必须对项目管理人员和各工程小组负责人进行"合同交底"，把合同责任具体地落实到各责任人和合同实施的具体工作上。

（1）"合同交底"，就是由合同主体的相关专业部门及合同谈判人员针对合同文件以及合同总体实施计划向项目管理机构进行解析和说明，让实施者熟悉合同主要内容、各种规定、管理程序，了解合同责任和工程范围，各种行为的法律后果等，使大家都树立全局观念，工作协调一致，避免在执行中的违约行为。

（2）合同交底的意义在于：

1) 现代施工管理必须从原有"按图纸施工"的技术型管理模式向"按合同施工"的经营型管理模式转变。特别对于使用非标准合同文本时，合同交底工作就显得更为重要。

2) 企业职能部门在完成合同订立工作后向具体项目实施机构（项目经理部）进行合同交底，就是要向实施机构介绍合同资料及签订过程细节等种情况，防止合同订立与合同实施相脱节。同时也是对相关人员进行培训和各职能部门沟通的过程。

3) 合同交底也是合同管理职责移交的一个重要环节。

4) 通过合同交底，使项目实施机构对本工程的项目管理规则、运行机制有清楚地了解。同时加强项目实施机构与企业的各个部门的联系，加强承包商与分包商，与建设单位、设计单位、咨询单位（项目管理公司和监理单位）、供应商的联系。

(3) 合同交底的内容包括：

1) 解析包括工程范围和承包内容、合同主要权利义务、合同价格与承包人式、计量与支付、工期与进度、质量要求及质量控制、安全文明施工与环境保护、试验与检验、变更与价格调整、竣工验收、竣工结算、缺陷责任与保修、违约与索赔条款、争执解决条款等在内的合同条款。

2) 介绍在招标投标和合同签订过程中的情况。

3) 讲解合同条款中的问题、可能出现的风险和建议等。

4) 说明合同要求与相关方期望、法律规定、社会责任等的相关注意事项。

5) 合同交底可以书面、电子数据、视听资料和口头形式实施，书面交底的应签署确认书。

7.5.3 合同跟踪

(1) 合同跟踪的作用。由于工程实施过程中的情况千变万化，导致合同实施与预定目标（设计和计划）偏离的情况时有发生。合同跟踪就是通过对合同实施情况分析，不断找出偏离，及时采取措施过程，不断调整合同实施，使之与总目标一致。这是合同控制的重要手段。在这个工程中，及早对合同进行分析、跟踪、对比，发现问题并及早采取措施，则可以把握主动权，避免或减少损失。

(2) 合同跟踪的依据：

1) 合同和合同分析结果，如合同文件、合同变更、各种计划、价款收支等文件，是合同跟踪的基本依据。

2) 各阶段的工程施工文件，如施工管理资料、技术资料、测量记录、物资资料、施工记录、试验资料、过程验收资料、竣工质量验收资料、会议纪要，情况报告、统计数据等，是合同跟踪的主要依据。

3) 工程管理人员每天对现场情况的直观了解，如施工日志、现场巡视、谈话交流、现场会议、工作检查等。这些最直观的认识，通常比报表、书面报告，更为直接、便捷发现问题，有助于迅速采取措施处理问题，是合同跟踪的直接依据。

(3) 一旦跟踪发现合同实际履行情况与预定计划出现较大偏差，应当在合同跟踪的基础上，针对合同履行过程中出现的偏差及时进行合同诊断。

7.5.4 合同实施诊断

合同诊断就是对合同执行情况所进行的评价、判断和趋向分析、预测。它包括如下内容：

(1) 合同实施差异的原因分析。通过对不同监督和跟踪对象的计划和实际的对比分析，不仅可以得到差异，而且可以探索引起这个差异的原因。原因分析可以采用鱼刺图，因果关系分析图（表）、成本量差、价差分析等方法定性或定量的进行。

（2）合同差异责任分析。分析这些原因由谁引起？由谁承担责任？一般只要原因分析详细，有根有据，就可以分清责任，并按照合同约定追究违约方的责任。

（3）合同实施趋向预测。作为工程责任主体的承包人有义务对工程可能的风险、问题和缺陷提出预警，提出不同的调控措施，寻找实现质量、工期、成本三者目标的最佳契合点，以保证合同最终目标得以实现。

综合上述诊断分析，即可采取相关措施制定合同纠偏方案。

7.5.5 合同纠偏的措施和方案

（1）一般而言，针对合同实施过程中出现偏差，可采以下四方面措施进行处理：

1）组织和管理措施。包括调整和增加劳动力投入、派遣得力的管理人员、调整或重新编制实施计划或工作流程等。

2）技术措施。包括变更技术方案，采用新的更高效率的施工方法或施工机具等。

3）经济措施。包括调整投资计划、改变支付方式、加大经济奖励和惩罚力度等。

4）合同措施。包括变更合同内容、签订补充协议、提出合同索赔、追究违约责任，甚至终止合同等。

以上四方面的措施，既可以单独采用，也可以综合考虑，具体应当根据合同偏差的大小、纠正的难易程度等情形来决定。现实中，导致合同偏差的原因往往是多方面的，因此调整合同偏差的措施也应当是综合的。

（2）合同纠偏方案的实施。合同纠偏方案确定后，应当书面报经授权人批准后方可实施。同时，合同纠偏方案的实施应当注意以下方面：

1）纠偏方案的实施需要其他相关方予以配合的，应当事先征得各相关方书面同意；

2）纠偏方案的实施可能影响其他相关方的合同履行的，或者需要其他相关方调整计划加以配合的，则各相关方应当通过签订补充协议来确定各方权利义务，以便在实施中协调一致。

7.5.6 合同变更管理

（1）合同变更是指对原合同主体和内容的补充、修改、删减或者另行约定的合同行为。合同变更的范围很广，凡涉及生效合同内容或条款变化的，例如改变工程范围、工期进度、质量要求、价款结算、权利义务等合同条款的，都属于合同变更的范畴。

（2）合同变更的处理要求：

1）变更尽可能快地作出。在实际工作中，变更决策时间过长和变更程序太慢会造成很大的损失。这不仅要求提前发现变更需求，而且要求变更程序非常简单和快捷。

2）迅速、全面、系统地落实变更指令。变更指令作出后，承包商应迅速、全面、系统地落实变更指令；全面修改相关的各种文件，使它们反映和包容最新的变更。在相关各实施机构的工作中落实变更指令，并提出相应的措施，对新出现问题作解释和对策，同时协调好各方面工作。

3）保存原始设计图纸、设计变更资料、业主书面指令、变更后发生的采购合同、发票以及实物或现场照片。

4）对合同变更的影响作进一步分析。对于合同变更涉及工期、价格、返工等内容的，还应在合同规定的索赔有效期内提交索赔意向和索赔申请。在合同变更过程中就应记录、收集、整理所涉及的各种文件,以作为进一步分析的依据和索赔的证据。在实际工作中,合同变更必须与提出索赔同步进行,甚至对重大的变更,应先进行索赔谈判,待达成一致后,再实施变更。

(3) 合同变更的评审。由于合同变更协议与合同具有同等法律约束力,而且合同变更时间在后,其法律效力优先于先期的合同文本。所以,在对合同变更的相关因素和条件进行分析后,应该及时进行变更内容的评审。评审包括:合理性、合法性、可能出现的问题及措施等。对于合同变更的管理,可参考前面 7.2~7.5 的 "合同评审"、"合同订立"、"合同实施计划" 和 "合同实施控制" 等内容进行。

(4) 合同变更的生效。合同变更一般由合同双方经过会谈,对涉及合同实质性内容的条款变更达成一致,双方签署备忘录、修正案、补充协议等变更协议后合同变更成立。但是,法律规定变更应当办理批准、登记手续的,依照其规定办理。例如:凡涉及工程规模、占地、高度、结构、用途、节能、消防等工程变更,必须按照审批程序经过规划、土地、设计、环保、消防等部门批准、审核;涉及政府投资的项目,还需要经过投资主管部门的批准。

图 7-2 所示的是工程变更程序。

7.5.7 合同中止

(1) 合同中止,是指在合同义务履行之前或履行过程中,由于某种客观情况的出现,使得当事人不能履行合同义务而只能暂时停止的情形。合同中止是在合同履行过程中经常发生的事件。例如:在施工合同中就经常出现暂停施工、暂停付款等合同中止情形。

(2) 当事人可依照合同约定中止合同。所谓依照合同约定中止履行,是指当合同约定的中止履行的情形出现后就按照约定中止履行。许多合同都约定了中止履行的情形。例如:2013 年版《建设工程施工合同(示范文本)》通用合同条款第 16.1.1 写明:发包人发生除本项第 (7) 目以

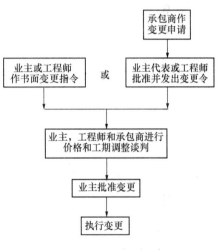

图 7-2 工程变更程序

外的违约情况时,承包人可向发包人发出通知,要求发包人采取有效措施纠正违约行为。发包人收到承包人通知后 28 天内仍不纠正违约行为的,承包人有权暂停相应部位的施工,并书面通知监理人:

1) 因发包人原因未能在计划开工日期前 7 天内下达开工通知的;

2) 因发包人原因未能按合同约定支付合同价款的;

3) 发包人违反第 10.1 款〔变更的范围〕第 (2) 项约定,自行实施被取消的工作或转由他人实施的;

4) 发包人提供的材料、工程设备的规格、数量或质量不符合合同约定,或因发包人原因导致交货日期延误或交货地点变更等情况的;

5) 因发包人违反合同约定造成暂停施工的;

6) 发包人无正当理由没有在约定期限内发出复工指示,导致承包人无法复工的;

7) 发包人明确表示或者以其行为表明不履行合同主要义务的;

8) 发包人未能按照合同约定履行其他义务的。

(3) 当事人可依照法律规定中止履行。所谓依照法律规定中止履行,就是当法律规定的中止履行的情形出现后就依法中止履行。根据我国合同法的规定,出现以下情形时可以中止合同履行:

1) 应当先履行债务的当事人,有确切证据证明对方有下列情形之一的,可以中止履行:

① 经营状况严重恶化;

② 转移财产、抽逃资金,以逃避债务;

③ 丧失商业信誉;

④ 有丧失或者可能丧失履行债务能力的其他情形。

当事人一方依法中止履行的,应当及时通知对方。对方提供适当担保时,应当恢复履行合同。中止履行后,对方在合理期限内未恢复履行能力并且未提供适当担保的,中止履行的一方可以解除合同。

2) 同时履行债务的当事人,一方在对方履行之前有权拒绝其履行要求。一方在对方履行债务不符合约定时,有权拒绝其相应的履行要求。

3) 当事人履行债务有先后顺序的,先履行一方未履行的,后履行一方有权拒绝其履行要求。先履行一方履行债务不符合约定的,后履行一方有权拒绝其相应的履行要求。

4) 合同法第十六章"建设工程合同"第二百八十三条进一步规定:"发包人未按照约定的时间和要求提供原材料、设备、场地、资金、技术资料的,承包人可以顺延工程日期,并有权要求赔偿停工、窝工等损失"。

综上,合同中止履行必须依照合同约定或者法律规定实施,否则构成违约,要承担违约责任。

7.5.8 索赔管理

(1) 索赔(包括反索赔)是合同和法律赋予的基本权力。从索赔范围上讲,可分为广义索赔、狭义索赔。

1) 广义的索赔,是指在合同履行过程中,因发生了可以归责为合同相对方的约定事由或者法定事由等原因,从而向对方提出超过合同约定的价款(费用)补偿和/或工期补偿的行为。包括但不限于因承包范围、合同内容、工程量等发生变化,或者出现了合同约定或者法规定的价格调整情形,或者合同相对人违约的情形而引起的索赔。

2) 狭义的索赔(习惯上所称的索赔),专指合同一方当事人在履行合同时,对于非自己过错出现的违约事件给自己造成损失时,向合同相对方提出补偿要求的行为。主要包括:停(窝)工损失索赔和工期索赔。

在现实中,人们往往习惯将因对方违约而提出的补偿要求称为"索赔",而将因承包范围、工程内容、工程量等变化而引起的补偿要求,或者依据合同约定或者法规定提出的价格调整要求,则习惯称为"洽商变更"或"签证"。实质上,它们都属于合同索赔的范畴,应当按照合同约定的程序和期限向对方提出价款(费用)补偿和/或工期补偿。

(2) 索赔的情形。在工程建设项目中,出现下列情形时一般会发生索赔:

1) 工期延误。因发包人的原因导致合同工期拖延的,承包人有权主张顺延或者补偿工期。工期索赔的情形比较明显，只要是因发包人的原因影响关键线路工期的，承包人都可以提出工期索赔。例如：逾期提供施工许可证或者批准开工报告、施工场地、施工图纸、工程款、主要材料、停水停电、自然灾害等，导致不能正常施工的，就可以提出工期索赔。

因施工质量问题发生返修事项的，发包人就有权要求承包人顺延工程保修期限。

2) 费用增加或预期利益损失。由于非自身的原因造成工期拖延和工程费用增加，造成守约方经济损失的，他就可以根据合同约定或法律规定提出费用索赔或者预期利益损失索赔要求。

（3）索赔情形产生的主要原因如下：

1) 违约行为。违约行为是指违反合同约定，不履行合同或者履行合同不符合约定的行为。守约方有权要求违约方承担继续履行、采取补救措施、赔偿损失或者支付违约金等法律后果。这些就属于索赔范畴。

2) 合同变更。合同内容的变更大多会涉及合同价款的调整，是提出索赔的理由。

3) 情势变更。情势变更是指合同成立以后客观情况发生了当事人在订立合同时无法预见的、非不可抗力造成的不属于商业风险的重大变化，继续履行合同对于一方当事人明显不公平或者不能实现合同目的的情形。当出现情势变更时，因继续履行合同明显对自己不公平或者不能实现合同目的的一方当事人，可以请求变更或者解除合同。由此导致合同变更涉及合同价款调整的，就属于索赔的范畴。

4) 不可抗力。不可抗力是指不能预见、不能避免并不能克服的客观情形。在履行合同中，因不可抗力不能履行合同的，根据不可抗力的影响，可部分或者全部免除责任。同时，因此发生的修复、减损、赶工等措施而支出的费用，则可以向受益方提出索赔。例如：2013版《建设工程施工合同（示范文本）》中写明：①因不可抗力影响承包人履行合同约定的义务，已经引起或将引起工期延误的，应当顺延工期，由此导致承包人停工的费用损失由发包人和承包人合理分担，停工期间必须支付的工人工资由发包人承担；②因不可抗力引起或将引起工期延误，发包人要求赶工的，由此增加的赶工费用由发包人承担；③承包人在停工期间按照发包人要求照管、清理和修复工程的费用由发包人承担。

以上因违约行为、合同变更、情势变更、不可抗力等情形，都是合同索赔的依据。

（4）索赔的提出。按照建筑行业相关规定及行业惯例，在发生索赔事件时，索赔申请人（承包人或者发包人）认为有权得到追加付款和（或）延长履约天数等索赔请求的，应当按照下列程序和期限提出索赔文件，否则可能丧失对该事件的索赔权利：

1) 索赔意向书的提出。一般而言，索赔申请人要从知道或者应当知道索赔事件发生后的一定期限（如28天）内，向索赔相对方（发包人或者承包人）递交索赔意向通知书，并说明发生索赔事项的事由。

2) 索赔报告的提出。索赔申请人在发出索赔意向通知书后的一定期限内，向索赔相对方正式递交索赔报告。索赔报告应详细说明索赔理由以及要求追加的付款金额和（或）延长的履约天数，并附必要的记录和证明材料。

3) 如果索赔事件具有持续影响的，索赔申请人应按合理时间间隔持续递交延续索赔通知（或阶段索赔报告），列出累计的追加付款金额和（或）延长履约天数。

4) 在索赔事件影响结束后的一定期限内，索赔申请人应当向索赔相对方递交最终索赔报告，说明最终要求索赔的追加付款金额和（或）延长的履约天数，并附必要的记录和证明材料。

（5）索赔的处理。对于索赔报告一般按照以下程序和期限处理：

1）索赔相对方在收到索赔报告后的一定期限（如28天）内，应完成对索赔报告及相关文件的审查。对索赔报告存在异议的，有权要求索赔申请人提交全部原始记录副本。

2）索赔相对方应当在收到索赔报告或有关索赔的进一步证明材料后的一定期限（如28天）内，将索赔处理结果书面答复索赔申请人。索赔相对方逾期答复的，则视为认可索赔申请人的索赔要求。

3）索赔申请人接受索赔处理结果的，索赔相对方应当在当期进度款中支付索赔款项，延长合同履行天数；索赔申请人不接受索赔处理结果，双方又不能通过协商达成一致的，应当按照合同约定的争议解决条款处理。

（6）承包人提出索赔的最后期限：

1）限制承包人索赔权利的情形：

① 按照约定，承包人在工程竣工验收合格后提交竣工结算申请单，并提交完整的结算资料；发包人在约定的期限内完成审批，并签发竣工付款证书；

② 承包人对竣工付款证书无异议的，在接收发包人签发的竣工付款证书后，应被视为已无权再提出在工程接收证书颁发前所发生的任何索赔。

2）终止承包人的索赔权利的情形：

① 按照约定，承包人应于缺陷责任期届满后，向发包人发出缺陷责任期届满通知；发包人应在收到缺陷责任期届满通知后，向承包人颁发缺陷责任期终止证书；

② 承包人在缺陷责任期终止证书颁发后，向发包人提交最终结清申请单，并提供相关证明材料；

③ 承包人在提交的最终结清申请单中，只限于提出工程接收证书颁发后发生的索赔。提出索赔的期限自接受最终结清证书时终止。

7.5.9 合同收尾

1. 合同终止与合同收尾的关系

（1）所谓合同终止，是指合同债务已经按照约定履行完毕，或者按照合同约定或者法律规定，合同权利义务不再继续履行的一种法律结果或状态。根据我国合同法的规定，合同终止的情形有两大类：第一，债务已经按照合同约定履行完毕；第二，出现了合同解除（违约解除、不可抗力解除、情势变更解除）、债务相互抵销、债务人依法将标的物提存、债权人免除债务、债权债务同归于一人、法律规定或者当事人约定不再继续履行合同等情形。

（2）所谓合同收尾，它不是一个法律概念，而是人们为了实现合同终止而表现出来的必要的工作状态及工作流程。例如：建设工程完工后，合同当事人为了全面完成合同义务而进行的竣工验收、编制和提交竣工资料、进行竣工结算、整理和归档工程资料等工作，都属于合同收尾工作的范畴。

由此可见，合同终止是通过合同收尾来实现的，二者是结果与过程的关系。

2. 合同收尾与项目收尾的异同

对于建设工程项目而言，合同收尾与项目收尾在工作范围、实施主体、工作内容等方面都有所不同。

（1）从工作范围上看，合同收尾是围绕本合同工作范围进行的。而一个项目却需要订立若干不同性质、不同类型的合同，可见项目收尾的工作范围要比合同收尾广泛得多。

（2）从实施主体上看，合同收尾工作是由合同双方当事人（包括代理人）来完成的。而项目收尾工作涉及包括建设、勘察、设计、施工、监理、行政监督、主管部门等各个方面，需要通过众多不同职责的实施主体来完成。

（3）从工作内容上看，合同收尾的工作内容一般都在合同中约定或者在相关规范中规定了。而项目收尾的工作内容不仅包括了合同收尾，还包括项目移交、项目保修、项目审计、项目资产登记与处置、项目公司清算、项目人员安置、项目工作总结、项目资料整理和归档、争议事项的解决等大量合同之外的工作。

由此可见，合同收尾与项目收尾属于两个不同层面的工作事项。一般而言，合同收尾包含在项目收尾之中。

3. 合同收尾的工作内容

（1）合同收尾的工作内容，一般由当事人双方在合同中约定，或者由法律、行政法规或规范明确规定。例如：对于建设工程而言，工程竣工验收、编制和提交竣工资料、进行竣工结算、整理和归档工程资料等合同收尾的工作内容，在施工合同中都有明确约定；当然，我国《建筑法》、《建设工程质量管理条例》、《建筑工程施工质量验收统一标准》GB 50300—2013、《建设工程工程量清单计价规范》GB 50500—2013等法律、行政法规和规范文件中对此也有明确规定。因此，合同约定和法律规定都是我们从事合同收尾工作的依据。

（2）如果合同就相关工作内容没有约定或者约定不明确，相关法律、规范、标准等的强制性条文也没有规定，但合同收尾又必须进行相关工作内容，则当事人应当协议补充；不能达成补充协议的，可以按照合同有关条款或者交易习惯来确定合同收尾工作内容。

4. 合同收尾的工作流程

合同收尾的工作程序，因合同内容不同而不尽相同，但一般具有以下特点：

（1）合同收尾工作的启动必须符合约定条件。例如2013版《建设工程施工合同（示范文本）》第13.2.1就写明了承包人申请竣工验收的必要条件是：

1）除发包人同意的甩项工作和缺陷修补工作外，合同范围内的全部工程以及有关工作，包括合同要求的试验、试运行以及检验均已完成，并符合合同要求；

2）已按合同约定编制了甩项工作和缺陷修补工作清单以及相应的施工计划；

3）已按合同约定的内容和份数备齐竣工资料。

由此可见，如果不具备相应合同条件，合同收尾工作就不能启动。

（2）合同收尾工作一般都按照一定程序进行的。例如2013版《建设工程施工合同（示范文本）》第14条规定了"竣工结算"工作的先后顺序，即申请人先提交"竣工结算申请"后，发包人才进行"竣工结算审核"，否则承包人无权要求付款。而且，在每个具体工作环节都规定了严格的程序和责任。例如："竣工结算审核"环节的程序为：

1）除专用合同条款另有约定外，监理人应在收到竣工结算申请单后14天内完成核查并报送发包人。

2）发包人应在收到监理人提交的经审核的竣工结算申请单后14天内完成审批，并由监理人向承包人签发经发包人签认的竣工付款证书。

3）监理人或发包人对竣工结算申请单有异议的，有权要求承包人进行修正和提供补充资料，承包人应提交修正后的竣工结算申请单。

4）发包人在收到承包人提交竣工结算申请书后 28 天内未完成审批且未提出异议的，视为发包人认可承包人提交的竣工结算申请单，并自发包人收到承包人提交的竣工结算申请单后第 29 天起视为已签发竣工付款证书。

上述程序环环相扣，约定清楚，责任明确，充分体现了合同收尾阶段的程序性特点。

（3）合同收尾工作要求必须以书面形式体现。由于收尾工作具有明确的约定性、严格的程序性等特点，因此必须以书面形式记载合同收尾工作，才能分清责任，维护自己的合法权益。

7.5.10 合同争议解决

按照我国合同法的规定，合同争议解决有四种方式：和解、调解、仲裁、法院诉讼。四种解决争议方式各有优缺点，要根据争议案件的特点选择适当的解决方式。同时，选择了仲裁方式解决争议，也有排除了诉讼管辖。

（1）和解方式解决合同争议，是指合同当事人之间通过友好协商、谈判，自行解决合同争议并达成协议的行为。和解的主要优缺点如下：

1）和解的主要优点。和解不需要第三方参与，有利于保密及双方保持友好关系；不受调解、仲裁、诉讼进程的约束；双方当事人可以采取各种灵活手段在不同阶段、不同时间节点上友好达成和解协议；和解协议签字生效后具有民事合同的性质。

2）和解的主要缺点。争议各方在谈判陷入僵局时因无人劝和而容易导致谈判失败；生效的解协议并不具备强制执行的法律效力。

（2）调解方式解决合同争议，是指经合同双方当事人共同确认，由第三方（机构或个人）居中调停，进行疏导和劝说，促使当事人自愿达成协议解决合同争议的行为。根据调解主体性质不同，可分为民间调解、行政调解、仲裁调解、诉讼调解。调解的主要优缺点如下：

1）调解的主要优点：居中调解的机构或者个人都是争议双方认可的，具有一定的权威性、专业性、亲和性，其调解意见容易被接受而促成争议各方达成调解协议；调解具有信息保密、程序简便、快捷灵活、节约费用等优点；调解协议具有民事合同性质，且内容不受争议事项的限定；生效的民间和行政调解协议经人民法院司法确认有效后具有强制执行效力，也可以通过仲裁程序将生效的民间调解协议转化为具有强制执行效力的仲裁裁决书或仲裁调解书；生效的仲裁调解书和法院调解书具有强制执行法律效力。

2）调解的主要缺点。当事人方一拒绝调解，调解不得强制进行；民间和行政调解协议未经司法确认或者仲裁裁决，不具有强制执行效力。

（3）仲裁方式解决合同争议，是指合同当事人依据达成的仲裁协议，自愿将争议提交约定的中立第三方作出裁判的行为。这里讲的仲裁是指商事仲裁，即平等主体之间发生的合同纠纷和其他财产纠纷仲裁，不包括劳动争议和农业承包合同纠纷仲裁。仲裁分为机构仲裁、临时仲裁。我国法律规定的仲裁是机构仲裁，临时仲裁仅在我国"自由贸易试验区"试点。我国仲裁的主要优缺点如下：

1）仲裁的主要优势。没有地域、级别管辖、专属管辖等限制；当事人选定仲裁机构、仲裁庭成员、仲裁规则；程序时间较短，一裁终局；具有专业性、独立性、保密性强的优点；仲裁可以在当事人约定的地点开庭审理；生效仲裁裁决书和仲裁调解书具有直接申请人民法院强制执行的效力；涉外仲裁机构做出的裁决可以得到《纽约公约》成员国、双边条约或协定国家的法院承认和执行。

2) 仲裁的主要缺点。仲裁机构仅在设区的城市设立，机构分布较少；仲裁机构不受理没有仲裁协议的争议案件；仲裁审理的争议事项不能超出当事人约定范围；第三人不得参加仲裁活动。

（4）诉讼方式解决合同争议，是指通过向人民法院起诉解决合同争议的行为。诉讼的主要优缺点如下：

1) 诉讼的主要优点。审判机关的国家权威性；法院在中国境内地域全面覆盖；解决争议范围广泛，诉讼事项不需事先约定；与案件争议有利害关系的第三人可以申请参加或者法院通知其参加诉讼。

2) 诉讼的主要缺点。两审终审制的诉讼时间较长，一审终审仅限于民事诉讼法"特别程序"规定的特殊案件；级别管辖、地域管辖、专属管辖等限制了当事人对法院的选择权；当事人只能书面协议选择与争议有实际联系的地点的五类法院管辖；诉讼代理人不得超过2人，且对代理人身份做了法律限定。

（5）注意启动仲裁和诉讼程序的前置条件。许多合同文本中都有关于申请仲裁或提起诉讼的前置条件的条款，只有满足了这些前置条款，才能进行后续的仲裁或诉讼程序。

例如：国家发改委等九部委编制的2007年版《标准施工招标文件》和2012年版《标准设计施工总承包招标文件》的第四章第一节"通用合同条款"24.1款"争议的解决方式"中都写明："发包人和承包人在履行合同中发生争议的，可以友好协商解决或者提请争议评审组评审。合同当事人友好协商解决不成、不愿提请争议评审或者不接受争议评审组意见的，可在专用合同条款中约定下列一种方式解决：（1）向约定的仲裁委员会申请仲裁；（2）向有管辖权的人民法院提起诉讼"。从中可见，发生合同争议时，只有在"合同当事人友好协商解决不成、不愿提请争议评审或者不接受争议评审组意见的"情形下，才能申请仲裁或提起诉讼。如果没有启动前置条件就直接申请仲裁或提起诉讼，则构成违约，可以向仲裁机构或法院提出异议，终止仲裁、诉讼程序。

7.6 合同管理总结

7.6.1 合同总结概念

合同总结，就是在合同终止后，对从合同订立、合同履行全过程的实践活动进行回顾、分析、评价，从中得出经验教训，探索规律，使得合同管理更加科学化、规范化、便捷实用。

7.6.2 合同总结内容

合同终止后应当进行合同总结。合同总结的内容因其总结角度不同而有所不同：

（1）从合同过程角度总结，包括合同订立情况评价、合同履行情况评价、合同管理工作评价、对合同履行有重大影响的合同条款评价等。

（2）从合同主体角度总结，包括合同主体自我评价、合同相对方评价、合同相关第三方（合作方、消费方、监督方等）评价、社会公众评价等。

（3）从合同管理体系角度总结，包括项目执行部门（项目部）及其管理人员的实施总结、业务职能部门的专业总结、总部的综合总结等。

7.6.3 合同管理改进措施

（1）合同总结的目的，在于验证制度的科学性和计划的合理性、找出自身缺陷和漏洞、总结经验教训、提出改进措施和方法、完善管理制度和改进工作计划，用以指导后续工作。

（2）表彰奖励与惩罚批评相结合。通过总结，发扬成绩，发现问题，并采用经济和行政手段，表扬和奖励先进，惩罚和批评落后，最终使得总结成果与每个人的利益相联系，让总结成果变为促进合同管理工作的推动力。

7.6.4 合同档案的管理与利用

（1）合同档案资料的构成：

1）从形式上看，合同资料包括书面资料、实物样品、电子数据和视听资料。

2）从内容上看，合同资料包含合同订立、合同履行、验收交付过程中的全部合同文件、过程记录、合同总结等。

（2）合同总结完成后，要按照各自职责进行合同资料的全面收集，统一归档：

1）合同订立阶段的相关合同资料，由业务部门负责收集和保管，并在合同总结完毕后移交档案管理部门。合同订立阶段的合同资料包括招标投标文件、合同组成文件、合同交底、合同评审文件、业务部门的合同总结等。

2）合同履行阶段的相关合同资料，由项目部等执行单位负责收集和保管，并在合同总结完毕后移交档案管理部门。合同履行阶段的合同资料包括签证文件、索赔文件、往来函件、会议纪要、合同履约资料、经授权签订的分包合同和采购合同文件、合同实施的总结等。

（3）档案管理部门应当将归档的合同资料编制统一编号，制作电子文档，编写摘要及关键词，便于人们查询、研究和交流，让合同资料变成企业管理的宝贵资源。

7.7 合同管理案例分析

工程索赔案例：

某大型国有企业在2014年对其"电子商务中心"建设项目的基坑支护及土方开挖工程，采用工程量清单方式进行了施工招标。某施工单位中标后，发承包双方按照2013版《建设工程施工合同（示范文本）》签订了总价35762179元包干的总价合同。合同约定的承包范围为：（1）用地红线范围内基坑支护、土方挖运工程；（2）砖砌围墙、临设、临时道路工程；（3）完成基坑支护及土方开挖专项验收工作；（4）协助业主完成开工典礼相关配合工作等。承包人式为固定总价包干、项目措施费包干，还约定通过某某仲裁委员会解决合同争议。合同签订后，承包人在对施工图进行核对时发现，按照施工图计算的开挖土石方工程量比清单中列明的土石方工程量多4000余立方米；当承包人进场后，发包人、承包人和监理单位三方对现场原地面高程进行实测时发现，实际需要开挖的土石方工程量又比施工图量还多$5457m^3$，为此承包人当即向发包人递交了洽商变更单。经过施工计量确认，实际开挖的土石方工程量确实比招标工程量清单中的数量多了 9457m³。在土石方工程完工后 15 天内，承包人按照投标工程量清单中的土石方单价向发包人提交了要求增加 9457m³ 土石方工程量合计 71 万余元的结算文件。但发包人认为本工程是总价包干合同，其土石方的量差风险应当由承包人自行承担，并以此为由拒绝了承包人提出的调整量差增加工程款的请求。为此双方在竣工结算时发生争议。

问：承包人要求在工程量清单之外增加 9457m³ 土方工程量的要求合理吗？

答：这个问题要从以下三个方面来回答：

第一，事实依据。发包人提供的工程量清单中的土石方工程量比实测工程量少算约 9457m³，因此，承包人要求调整合同价款具有事实依据；

第二，法律或规范依据。国家标准《建设工程工程量清单计价规范》GB 50500—2013 对此有明确规定：

（1）规范第 4.1.2 条（强制性条文）规定："招标工程量清单必须作为招标文件的组成部分，其准确性和完整性应由招标人负责"。所以，招标工程量清单中少计算 9457m³ 土石方量，该工程量偏差的责任应当由发包人承担；

（2）规范第 8.3 规定："采用工程量清单方式招标形成的总价合同，其工程量应按照本规范第 8.2 节的规定计算"。而第 8.2.1 条（强制性条文）规定："工程量必须以承包人完成合同工程应予计量的工程量确定"；并且第 8.2.2 规定："施工中进行工程计量，当发现招标工程量清单中出现缺项、工程量偏差，或因工程变更引起工程量增减时，应按承包人在履行合同义务中完成的工程量计算"。鉴于本案是采用工程量清单方式招标形成的总价合同，且实际完成的土方量确实比工程量清单中的工程量多了 9457m³，所以，本案合同中的工程量偏差的风险应当由发包人承担，总价合同不影响承包人据实结算工程量。

第三，合同依据。承包人对于招标工程量清单中出现的土方工程量偏差主张增加价款，属于合同索赔的范畴。发承包双方按照 2013 版《建设工程施工合同（示范文本）》签订的合同第 19 条专门规定了索赔程序。例如：

（1）第 19.1 款写明：根据合同约定，承包人认为有权得到追加付款和（或）延长工期的，应当按以下程序向发包人提出索赔：

1）承包人应在知道或应当知道索赔事件发生后 28 天内，向监理人递交索赔意向通知书，并说明发生索赔事件的事由；承包人未在前述 28 天内发出索赔意向通知书的，丧失要求追加付款和（或）延长工期的权利；

2）承包人应在发出索赔意向通知书后 28 天内，向监理人正式递交索赔报告；索赔报告应详细说明索赔理由以及要求追加的付款金额和（或）延长的工期，并附必要的记录和证明材料；

3）索赔事件具有持续影响的，承包人应按合理时间间隔继续递交延续索赔通知，说明持续影响的实际情况和记录，列出累计的追加付款金额和（或）工期延长天数；

4）在索赔事件影响结束后 28 天内，承包人应向监理人递交最终索赔报告，说明最终要求索赔的追加付款金额和（或）延长的工期，并附必要的记录和证明材料。

（2）第 19.2 款写明：对承包人索赔的处理如下：

1）监理人应在收到索赔报告后 14 天内完成审查并报送发包人。监理人对索赔报告存在异议的，有权要求承包人提交全部原始记录副本；

2）发包人应在监理人收到索赔报告或有关索赔的进一步证明材料后的 28 天内，由监理人向承包人出具经发包人签认的索赔处理结果。发包人逾期答复的，则视为认可承包人的索赔要求；

3）承包人接受索赔处理结果的，索赔款项在当期进度款中进行支付；承包人不接受索赔处理结果的，按照合同关于争议解决的条款约定处理。

第8章 设计与技术管理

8.1 设计与技术管理概述

设计是项目实施过程的一个重要阶段,是将建设者对项目的功能、观感、形象等要求,通过现有的场地、水文地质、建筑材料、施工装备、建筑设备、施工工艺等一系列要素,用工程语言确定并表述出来的过程。设计工作实质上是项目策划的一种专业形式。

设计的全过程根据项目与业主(用户)签订的项目承包合同或设计合同的要求,依照国家政策和法规,吸收国内外先进的科学技术成果、先进的技术装备和材料设备,以及生产实践经验,选择最优建设方案,实现技术先进或者适宜的目的进行设计工作,并为项目实施过程提供建设依据的设计文件和图纸的整个活动过程。

科学技术研究的成果需要通过工程设计应用到工程建设中去。工程设计是科学技术转化为生产力的纽带,是推动技术进步的重要条件,是整个工程建设的先行和关键。在工程建设中处于主导地位。工程设计对于工程的功能实现、工程质量、建设周期、投资效益以及设计的项目整个寿命期的经济效益和社会效益等都起着决定性的作用。

设计工作在项目实施的全过程起主导作用。工程设计图纸和文件是项目实施过程中后续几个阶段(采购、施工、试运行)的主要依据。设计管理与控制是项目管理全过程中的一个重要方面。设计管理和控制水平的高低,直接关系到项目的安全、进度、费用、质量和材料的控制水平,也直接影响到项目的使用功能、经营利润和外部形象。

8.1.1 设计与技术管理范围和资源的配置

由于项目管理的核心任务是项目的目标控制,项目实施阶段的管理主要任务是通过管理使项目的目标得以实现,因此需要在项目实施之前,确定负责项目设计与技术管理的组织机构,对设计管理与技术管理机构的职责和分工加以界定,编制管理工作流程,进行各类资源的配置,尤其是要做好人力资源的配置。

1. 设计管理与技术管理的主要职责

项目管理过程中的设计管理工作,由项目管理组织负责,任命有相关资质的人员,承担设计管理工作和技术管理工作。项目管理的任务是严格按设计任务书的要求开展设计管理工作。设计任务书一般包括以下内容:

(1)设计项目名称、建设地点。
(2)批准设计项目的文号、协议书文号及其有关内容。
(3)设计项目的用地情况,包括建设用地范围地形、场地内原有建筑物、构筑物、要求保留的树木及文物古迹的拆除和保留情况等。还应说明场地周围道路及建筑等环境情况。

(4) 工程所在地区的气象、地理条件、建设场地的工程地质条件。

(5) 水、电、气、燃料等能源供应情况，公共设施和交通运输条件。

(6) 用地、环保、卫生、消防、人防、抗震等要求和依据资料。

(7) 材料供应及施工条件情况。

(8) 工程设计的规模和项目组成。

(9) 项目的使用要求或生产工艺要求。

(10) 项目的设计标准及总投资。

(11) 建筑造型及建筑室内外装修方面要求。

2. 项目管理设计组织机构

(1) 项目设计工作，一般由专业设计单位承揽，也可由项目管理组织自行组织完成。由项目管理组织负责管理及协调。

(2) 项目管理设计工作在项目实施的全过程中起主导作用。设计组织机构的设置不仅要考虑有利设计工作和设计，而且要考虑有利于采购、施工和验收全过程的项目管理。

(3) 项目管理设计管理组织分别由一个专业或几个专业组成。专业设置和分工保持稳定，以利于设计管理、基础工作以及专业技术水平的提高。

(4) 根据项目的规模、性质或其他因素，项目设计组的成员可以集中办公，也可以不集中办公，矩阵管理的原则和项目设计组成员的职责分工不变。

(5) 项目设计工作需要有关部门或技术人员的支持，如行政部门等，这些人员不作为项目设计组的成员，由公司统一组织提供服务。

(6) 项目管理部应对各工程技术部门推荐参加设计组的人员名单进行资格核实，在核实过程中，如发现设计人员的资格与所从事的工作不符时，应由项目管理部组织工程技术部门重新调整参加设计组的人员名单。

3. 设计与技术管理部门的主要工作内容

(1) 设计项目建设地点的施工调查。

(2) 根据批准设计项目的文号及其有关内容，了解和处理相关联络工作。

(3) 调查设计项目的建设用地现状，包括建设用地范围地形、场地内原有建筑物、构筑物、要求保留的树木及文物古迹的拆除和保留情况等。

(4) 工程所在地的气象、地理条件、工程地质条件。场地周围道路及建筑等环境条件。

(5) 水、电、气、燃料等能源供应及增容情况，公共设施和交通运输条件可利用情况。

(6) 用地、环保、卫生、消防、人防、抗震等要求和依据，准备报批相关资料。

(7) 材料供应及施工条件情况的调查。

(8) 工程设计的规模和项目组成的特点、相互关系、特殊要求等情况。

(9) 项目的使用要求或生产工艺要求。

(10) 项目的设计标准及总投资。

(11) 建筑造型及建筑室内外装修方面要求。
4. 设计与技术管理工作流程

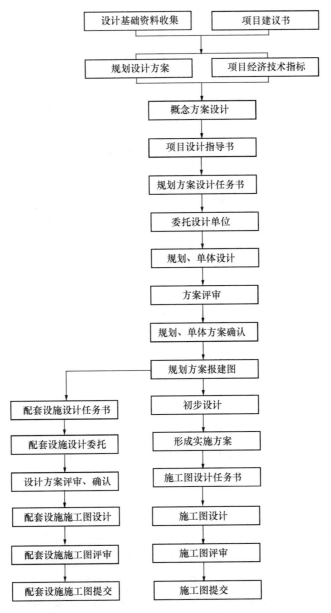

5. 设计与技术部门工作职责
(1) 组织本项目开工前的施工调查,编制施工组织设计及相关管理计划。
(2) 审核项目设计文件,计算工程数量,编制材料设备计划,办理变更设计。
(3) 向各业务部门和施工负责人进行技术交底。
(4) 负责项目范围内交接桩和施工复测、放线、放样、施工过程控制测量、竣工测量。
(5) 办理工程开工报告,认真填写工程日志,隐蔽工程先自检,再由监理工程师检查、签证。

(6) 编制特殊过程作业指导书，结合工程具体情况，完成临时设施方案的设计计算、上报鉴定工作。

(7) 制定安全质量措施，参加安全质量检查。

(8) 制定环境保护、职业健康安全具体措施。

(9) 制定工程项目的防洪、防寒具体措施。

(10) 组建工地试验室，推广新技术、新工艺、新材料、新设备，组织开展 QC 小组活动。

(11) 做好技术资料的收集、整理和归档工作，编写工程总结和开发工法。

(12) 员工技术培训。

8.1.2 设计与技术管理计划的编制

时间性目标是项目管理的主要目标之一。设计管理时间性目标，是整个项目管理时间性目标的重要组成部分。因此，设计与技术管理应在项目管理的总控计划的框架下，编制项目设计与技术管理计划。

在项目经理下达项目实施计划后，项目设计经理应根据项目设计采购合同约定的进度计划或项目管理总控网络计划总要求，与控制工程师一起编制设计计划，经项目经理批准后实施。

设计计划与进度控制工作是设计经理的主要任务之一，对设计进度和进度控制工作负有直接的领导责任。设计经理有责任按照合同和项目部所确定的各级计划进行工作，并组织各专业工程师按照公司的计划与进度控制管理规定进行工作。设计经理指导控制工程师编制主控制点计划、工程项目子项分解（WBS）、人工时估算、设计条件进度控制计划等。

对于 EPC 总承包项目，通常采用四级进度计划。

1. 第一级计划——项目总控网络计划

项目总控网络计划。将与项目相关的各种要素及在项目中的位置、过程、作用、资源需求、影响，用网络节点的形式确定，用以指导项目全过程的实施。

2. 第二级计划——设计与技术管理计划

设计与技术管理计划，首先要明确项目总的建设进度要求，协助完成项目统筹网络计划，并以统筹网络计划为依据，完成设计与技术管理计划的具体工作：

(1) 编制设计计划管理策划报告，确定设计总执行计划。

(2) 确定本项目关键线路的时长、重要节点的时间表。

(3) 确定月进展报告的格式和内容，了解业主对报告的深度要求，确定对外报告的深度和发送方式。

(4) 参加编制项目主计划。

(5) 根据项目计划估算设计的工作量和人力负荷，设计文件的审查与修改。

(6) 主要设计文件出版计划。

(7) 长周期设备、材料规格书请购文件编制计划。

(8) 对计划执行的过程中可能的风险因素进行分析评估，预留余量。

3. 第三级计划——专业设计与技术管理计划

在设计与技术管理计划框架下，整体设计与各专业设计间的相关关系，需要制订详细的执行计划。明确各相关专业、整体和专业间的互提条件或结果的节点时间。

(1) 各子项下各专业实施计划。
(2) 各类文件出版计划。
(3) 各专业设计条件控制表。
(4) 各专业人力分布计划。
(5) 设计专业季度实施计划。

4. 第四级计划——设计实施计划

设计工作不同于其他工程的特点之一,往往需要分阶段出成果。第四级计划主要是各专业月作业计划或出图计划。

5. 其他说明

(1) 上述计划系统是总承包项目的计划体系,根据不同的项目内容,可做具体的调整。

(2) 在编制项目设计计划时,应注意设计计划必须遵守设计程序,如果违背设计工作的程序,只会引起设计的修改和返工,造成人力的浪费和时间损失,而且绝不可能加快进度。

8.1.3 设计与技术管理计划的调整

1. 重要设计控制点的完成

对于已列入项目设计计划的控制线路节点,是不可变更的,必须按时完成。项目设计经理和控制工程师应定期检查控制线路节点完成情况,发现问题及时解决。对不能按期完成的控制线路节点,由控制工程师作出书面报告,查明原因,并申请调整计划,调整计划以保证总控网络计划节点为原则,在紧后工序中赶回时间。调整计划编制完成后,由控制经理(项目经理)批准。

2. 设计进度计划的调整

在项目实施过程中,由于各种因素的影响,实际的设计进度不可能完全按照计划进度执行。在发生影响进度的重大因素时,控制工程师应及时向设计经理与和控制经理书面报告。一般情况下,采用调整人力分配或其他措施来解决,只有在特殊情况下,才可由控制工程师上报控制经理(项目经理),请求调整进度。控制经理(项目经理)将根据工程总进展情况及调整设计进度对采购、施工进度的影响程度作出决定。

3. 进展报告

在一定的期间间隔内,定期写出项目设计的进展报告是项目设计控制的重要方法。控制工程师应按规定的时间和格式要求完成进展报告,并上报控制经理和有关管理部门,使领导随时掌握设计的进展情况,及时协调解决发生的问题。

控制工程师在一定的期间间隔内,应对完成或正在进行的活动,按照条件控制表中规定的状态检测点进行评价,计算出进展百分比并填于作业计划表中。

8.1.4. 勘查工作的管理

项目管理机构应根据项目设计的需求合理安排勘察工作,明确本项目对勘察工作的要求以及管理目标和流程,规定相关勘察工作职责。现场勘察工作一般主要有如下内容:

1. 现场征地拆迁及现场施工用地,主要了解以下内容:
(1) 业主对征地拆迁的要求;

(2) 征地拆迁的范围；
(3) 征地拆迁的日程安排；
(4) 业主对施工用地的要求；
(5) 业主提供的施工用地的面积、位置；
(6) 施工用地的征地拆迁问题。

2. 现场资源及可利用资源：
(1) 现场现有道路状况；
(2) 现场架空（埋地）高压线路状况；
(3) 现场给排水管道状况；
(4) 现场市政管沟（地下管廊）状况；
(5) 周边既有建（构）筑物现状。

3. 现场施工平面布置设想。主要从以下几方面考虑：
(1) 总图布置；
(2) 施工分块设想；
(3) 大型设备摆放位置及吊车行走路线；
(4) 预制场地、加工场地、沙石料堆场的考虑。

4. 大型设备进场道路。主要从以下几方面考虑：
(1) 超高、超长、超宽、超重等大型设备的订货厂家意向；
(2) 大型设备的可能行走路线；
(3) 大型设备的进场路线。

5. 周围居民情况。主要从以下几方面了解：
(1) 现场对周围居民影响情况；
(2) 周围居民的风俗习惯；
(3) 周围居民的生活水平；
(4) 周围居民的素质。

8.2 设 计 管 理

8.2.1 设计管理各阶段的划分

按照基本建设的基本程序，一般项目的实施，分前期阶段、准备阶段、项目实施、投产运营四个时期。在这一过程中，设计处于举足轻重的地位且贯穿整个建设工程。

1. 设计与技术管理阶段的划分

下面按国内的通常做法对设计管理各阶段进行划分，针对国外项目或业主有特殊要求的项目，可在项目中另行规定。根据项目的实施过程，设计管理划分下列阶段：
(1) 项目方案设计。
(2) 项目初步设计。
(3) 项目施工图设计。
(4) 项目施工。
(5) 项目竣工验收与竣工图。

(6) 项目后评价。

2. 各阶段的主要管理工作内容

(1) 方案设计阶段

1) 如由本企业提供工艺技术,此阶段的主要设计管理任务工作通常包括:

① 进行主要的工艺计算,完成物料平衡和能源平衡计算,确定工艺设备的主要技术参数,初步确定总图布置和工艺布置。

② 提出必需的辅助系统和公用系统方案,并进行初步的计算。

③ 初步的设备表、主要设备数据表和建议的设备布置图。

④ 提出公用物料及能源介质的规格、消耗定额和消耗量。

⑤ 污染物排放及治理措施。

⑥ 编制重要设备和材料清单。

⑦ 初步的安全分析。

⑧ 进行设备布置研究和危险区划分的研究。

⑨ 其他专业针对设计目标、范围进行项目研究、初步编制项目设计技术统一规定、投资分析(包括人工时估算)、进度计划等。

⑩ 完成供各专业做准备和开展工作用的工艺布置方案和物料、能源平衡方案。

⑪ 完成批准控制估算。

2) 对于第三方(专利商)提供的工艺技术,通常本阶段设计管理主要工作包括:

① 研究并消化第三方提供的工艺技术和执行的标准。

② 考虑工艺技术对公辅设施的要求,提出必需的辅助系统和公用系统方案。

③ 准备基本设计的设计条件、内容、要求和设计原则,编制设计统一规定,明确执行标准。

④ 编制工程规定和规定汇总表,并提交用户批准。

⑤ 初步的安全分析。

⑥ 编制项目设计数据和现场数据。

⑦ 编制重要设备和材料清单。

⑧ 完成供各专业做准备和开展工作用的工艺布置方案和物料、能源平衡方案。

⑨ 完成批准控制估算。

3) 本阶段还应考虑下述内容:

① 方案设计的速度、精确性和完整性是决定项目总进度的十分重要的因素,因此在进入设计、采购和施工各个阶段之前,方案设计必须完成。方案设计的工作一般在项目招投标时或中标后就要开始并与其他的项目初始工作同时进行。这一阶段中,主要工作是由工艺设计人员、其他专业的关键人员和项目管理人员参加并完成的,工艺过程的重大原则和设计方案应该被确定,此阶段是整个设计工作全面展开的基础。

② 通常第一步工作是先编制初步生产规模、产品方案和工艺流程并送业主审查、认可。接着就要编制并发表在项目实施初期即需采购的关键工艺设备的技术规格书和数据表,提出请购单及询价文件。

③ 在此阶段还要对装置的综合经济评价、技术指标、质量要求和费用控制作出规定,对项目的整个进度作出具体计划。

④ 对于非固定总价合同，需要在方案设计开始前编制初期控制估算。对于固定总价合同，需要在方案设计完成及发表时编制批准控制估算，批准控制估算也是固定总价合同的限额设计控制基准。

(2) 初步设计阶段

项目初步设计阶段也称为项目基本设计阶段，一般可划分为三个阶段，其中初步设计阶段在其在后期时又与施工图设计（详细设计）有所交叉。

在初步设计的前期，设计经理组织各专业设计负责人编制各专业设计技术统一规定，规定能体现专业设计水平和技术诀窍的设计原则，如设计能力富裕的程度、设计标准的高低、设备材料选择原则、辅助设施布置原则、劳动安全卫生要求、环保要求、消防要求等。

在此过程中，主要是通过工艺流程、占地、材料使用、自控水平、电气设备标准、装修标准、主要设备、材料的使用原则等进行规定，达到投资控制的目的。在此阶段，应明确全厂项目的设计技术统一规定和各专业设计技术统一规定。

初步设计的三个阶段为：

① 初步设计第一阶段（围绕满足长周期设备订货要求开展工作）。

② 初步设计第二阶段（要完成可供用户审查的基本设计）。

③ 施工图设计（详细设计）准备（继续设备、材料的采购）。

1）初步设计第一阶段（围绕满足长周期设备订货要求开展工作）

此阶段的主要工作包括：

① 由项目按初步控制限额制订初步的费用控制指标（包括人工时控制指标），并进行分解。

② 优化工艺设计方案，并编制完成主要/辅助工艺系统的设计方案，并依此完成物料和能源平衡计算。

③ 完成总图布置和工艺设备布置。

④ 完成长周期供货设备的设备规格书和关键设备的请购文件。

⑤ 提出对辅助系统的要求（如：水、电、汽等公用物料及能源介质参数和消耗）。

⑥ 进行机械设备、电气、仪表、安装材料的选型。

⑦ 完成控制室、变配电室的布置方案。

⑧ 进行安全分析和环保研究。完成危险区域的划分。

⑨ 完成地质钻孔平面布置图方案，提出初勘要求。

2）初步设计第二阶段（要完成可供用户审查的基本设计）

主要工作包括：

① 完成工艺平、立面布置图。

② 完成非标设备基本设计。

③ 提出设备规格性能和初步的电机表。

④ 完成公用辅助系统的基本设计。

⑤ 提出主要设备的请购文件及询价资料，部分大宗材料请购文件。

⑥ 确定电气系统及电气计算。

⑦ 完成地基处理方案，建、构筑物的建筑、结构方案，工程简要说明。

⑧ 完成区域主要管线综合布置方案，完成车间主要管线、管沟、管廊等方案图。包括电气、仪表主电缆桥架布置图，HVAC 主风管布置图等。
⑨ 完成首次核定估算。
⑩ 各专业完成基本设计成品文件。
3) 详细设计（施工图设计）准备（继续设备、材料的采购）
此阶段的主要工作包括：
① 根据审批部门和业主审查意见完成修改版基本设计。
② 完成施工用桩基平面图。
③ 部分制造厂先期返回资料的确认。
④ 开始编制操作手册。
(3) 施工图设计阶段
项目施工图设计阶段一般也称为详细设计阶段，本阶段又分为两个阶段。
1) 详细设计第一阶段
根据采购、详细设计要求，各专业提出或确认最终设计条件。在详细设计开始，要根据批准的基本设计首次核定估算（概算），及时调整各种材料等详细设计控制限额，并进行分解。严格按合同要求和批准的基本设计对材料种类的选用、材料使用等级和使用量、装修标准、结构工程量等进行控制。
此阶段主要的设计工作包括：
① 各专业要完成订货用的材料表和备品备件清单。
② 确认供货商提供的图纸、样本和手册。
③ 完成设备设计（详细设计和转化设计）。
④ 完成管线详细设计。
⑤ 完成电气、仪表、计算机、通信等详细设计。
⑥ 完成软件功能规格书。
⑦ 开始软件编程。
⑧ 完成施工用桩图、基础图、建筑图、混凝土结构图和钢结构图等。
⑨ 剩余大宗材料的采购。
2) 详细设计第二阶段
各专业要全面完成施工详图、制造图、设计说明文件等。主要工作包括：
① 完成各专业成品图纸、资料、说明文件。
② 补充订货材料表。
③ 操作手册、开车所需的资料等。
④ 完成软件编程。
⑤ 在详细设计完成的同时，要完成二次核定估算，作为施工管理和施工分包的依据。
以一工业项目为例，列出了主要专业设计各阶段的主要工作，详见表 8-1。

8.2.2 设计管理的任务

1. 组建或管理设计团队

项目设计阶段的设计管理，应由项目管理机构委派的设计与技术管理部门主持。设计阶段 主要进行质量控制、进度控制和投资控制，不同阶段设计管理的任务和要求有所不

表 8-1

某项目主要专业设计各阶段的主要工作

阶段	工艺	设备	热力、水道、通风、燃气、总图	电气	仪表	计算机	电讯	土建	投资咨询	环保
方案设计(一阶段)	工艺流程图 物料平衡表 工艺设备表 进行系统分析和计算 原燃料消耗和要求 介质消耗和要求 相关专业设备布置图 建议的设备布置图 工艺方案设计	主要设备 设计方案	汇总表主要布置图 主要工艺技术经济指标 主要技术设备参数 配管设计基础研究	主要技术方案 主要技术经济指标 主要设备参数 电气室布置方案	主要技术方案 主要技术经济指标 主要设备参数	主要技术方案 主要技术经济指标 主要设备参数	主要技术方案 主要技术经济指标 主要设备参数	地基处理方案	完成批准控制估算	污染物排放及治理措施消防、安全分析
初步设计(一阶段)	设备布置图初步确定补充部分相关专业设计条件 确定介质消耗和要求 工艺设备规格 完成长周期供货设备的设备规格书和关键设备材料的请购文件 订货设备技术谈判和评价	设计统一规定 专业设计规范规程汇总表 设计方案 分析比较技术方案 编制设备材料请购、询价文件	设计统一规定 专业设计规范规程汇总表 初步设备布置图 主要管廊管道走向 配管材料规格 土建第一次条件 第一次管道材料请购 订货设备材料技术谈判和评价	设计统一规定 专业设计规范规程汇总表 电力计算、设备选择 电缆选型、计算 初步单线系统图、干线 照明方式、接地 防雷措施、电缆敷设方式及方向研究 初步电缆系统 变电所、电气室、控制室布置方案 控制设备选择 订货设备技术谈判和评价	设计统一规定 专业设计规范规程汇总表 仪表室布置方案 主要仪表选型 随机仪表询价 初步控制室设备选择 订货设备技术谈判和评价	设计统一规定 专业设计规范规程汇总表 初步单线系统图 防雷措施、接地系统研究 系统设备选择 订货设备技术谈判和评价	设计统一规定 专业设计规范规程汇总表 初步单线系统图 规范设备选择	设计统一规定 专业设计规范规程汇总表 试桩方案、地质钻孔平面布置图 提出初砌混凝土构件标准选型 主要结构物基础计算 建筑物结构、装修初步方案	设计统一规定 专业设计规范规程汇总表	设计统一规定 专业设计规范规程汇总表
初步设计(二阶段)	修改和补充后的工艺条件 修改主要设备表 主要制造厂返回资料 完成基本设计文件	编制订货技术文件 厂商协调会 确认制造厂图纸	确定设备配管方案图 第二次管道材料汇总 第二次管道材料请购 土建第二次条件 主要采购规格 初步的布置图 完成基本设计文件	初步电缆表及 单线系统图 请购规格书 柜盘组排列 系统图 初步的设备布置图 逻辑图或电路图 初步设备材料表	选择节流装置 选择调节阀 采购规格书 现场仪表请购 安装材料选型 初步的布置图	单线系统图 规格书 请购单 设备排列 系统图 初步设备布置图	单线系统图 规格书 请购单 设备排列 系统图 初步设备布置图	管廊布置图 第一次订货用主要材料表 建筑物基础平面布置图 结构平面布置图	完成首次核定估算	污染物排放及治理措施消防、安全说明

8.2 设计管理

续表

阶段	工艺	设备	热力、水道、燃气、通风、总图	电气	仪表	计算机	电讯	土建	投资咨询	环保
施工图设计准备	工艺操作手册开始修改主要设备表补充各专业条件确认制造厂返回资料	开始非标设备设计	设备布置图管道布置图	用电负荷统计表变配电所布置图确认制造厂系统图PLC制造厂资料确认控制室平面布置图	现场仪表制造厂资料确认	确认制造厂资料单线系统图初步的布置图	确认制造厂资料单线系统图初步确认布置图	桩基施工图		
施工图设计一阶段	工艺操作手册编制设备布置图确定最终确认制造厂资料完成功能规格书	非标设备设计提土建专业设计条件	开展施工图设计设备采购规格书	开展施工图设计开展电气接地设计照明施工图最终确认制造厂资料开始软件编程	开展施工图设计开展非标设计现场仪表制造厂最终资料确认开始软件编程	开展施工图设计接地防雷最终确认制造厂资料开始软件编程	开展施工图设计最终确认制造厂资料	开展施工图设计建、构筑物材料请购单		
施工图设计二阶段	工艺操作手册编制完成对设备布置图的意见最终确认制造厂资料	完成设备设计	完成施工图设计第三次管道材料汇总第三次管子接线图采购规格书综合材料汇总管道软件汇总	完成施工图设计二次接线图盘布置图互联接线图端子接线图电缆购单完成软件编程	完成施工图设计安装材料补充请购单仪表软件编程完成软件编程	完成施工图设计安装材料请购单安装软件编程完成软件编程	完成施工图设计安装材料请购单	完成施工图设计补充材料请购单预制钢筋混凝土构件统计表预埋零件统计表	完成二次核定估算	

同,但总体来说,设计管理部门,应依据项目需求和相关规定组建或管理设计团队,应按设计的流程和规范要求,明确设计策划,确定项目设计、验证、评审和确认的程序及时机,并对设计、验证、评审和确认的结果融入设计进行工作。在规定的时间或阶段,督促、组织设计单位编写设计报审文件,并审查设计人提交的设计成果,提出设计评估报告。

2. 审查设计人提交的设计成果

(1) 质量控制的主要任务包括

编制设计方案优化任务书中有关质量控制的内容,审核优化设计方案是否满足业主的质量要求和标准以及规划及其他规范要求,组织专家对优化设计方案进行评审,督促设计单位完成设计工作,从质量控制角度对设计方案提出合理化建议,跟踪审核设计图纸,发现图纸中的问题,并及时向设计单位提出。

(2) 进度控制的主要任务包括

编制设计阶段进度计划并控制其执行,审核设计单位提出的设计进度计划,比较进度计划值与实际值的偏差程度,编制本阶段进度控制报表和报告,审核设计季度计划和出图计划,并控制执行。避免发生因设计单位推迟进度而造成施工单位要求的索赔;协调主设计单位与分包设计单位的关系,协调主设计与特殊专业设计的关系,控制施工图设计进度并使其满足招标工作、材料及设备订货和施工进度的要求,编制设计阶段进度控制总结报告。

(3) 投资控制的主要任务包括

设计阶段对工程项目的投资影响巨大,据统计,项目实施的各个阶段对项目经济性影响程度,在设计准备阶段达到95%~100%,在初步设计阶段为75%~95%,施工图设计阶段为25%~35%。因此做好设计阶段的管理工作,对提高整个工程项目的经济性有着显著作用。在此阶段,投资控制的主要任务包括:编制设计优化任务书中有关投资控制的内容,对设计单位提出投资评价建议,根据优化设计方案编制项目总投资修正估算,审核施工图预算,比较施工图预算与投资概算,比较各种特殊专业设计的概算和预算,提交投资控制报表和报告,控制设计变更,注意审核设计变更的结构安全性、经济性等。设计阶段是投资控制的关键的阶段,投资控制工作不单纯是项目财务方面的工作,也不单纯是项目经济方面的工作,而是包括组织措施、经济措施、技术措施、合同措施在内的一项综合性工作。

3. 设计评估报告

设计管理部门应对设计各阶段的质量控制、进度控制、投资控制工作的实施情况及设计成果与设计任务书相匹配的程度,进行书面报告。

组织应对设计管理部门提交的设计评估报告进行批示。

8.2.3 项目方案设计阶段的项目管理

1. 方案设计阶段的基本任务

(1) 收集场地资料,现场踏勘调查;

(2) 根据规划设计方案所提供的条件,进行场地设计,场地设计需要解决的问题有:

1) 建筑及周边的竖向设计确定;

2) 主出入口和次出入口的位置选择;

3) 考虑景观和市政需要配合的各种条件；

(3) 根据功能的需要，做出建筑各层的平面初搞设计，并选择出适合建筑性质和业主要求的意向性立面风格；

(4) 根据业主同意的概念设计方案，进行建筑的平面设计，立面设计，整理相关的图文说明，绘制协调总平面图，绘制效果图；

(5) 完成建筑方案设计文本后，报政府部门审批；

(6) 根据政府部门的意见修改，并最终取得政府部门认可的时候，就可以对建筑初步设计单位（或小组）或建筑施工图设计单位（或小组）进行交底。

2. 方案设计阶段的管理重点

项目方案设计阶段，项目管理机构应配合建设单位明确设计范围、划分设计界面、设计招标工作，确定项目设计方案，做出投资估算，完成项目方案设计任务。

(1) 确认工艺方案

工艺方案是决定项目设计水平的关键。工艺方案由工程技术部门项目主管组织对工艺方案的讨论和确定，需经设计经理评审确认，公司工程项目主管批准。必要时可提出申请由公司技术委员会进行评审。

(2) 完成相关的计算

对工艺数据和相关技术文件进行确认，以保证方案计算的准确性，之后根据确定的输入数据，结合业主的要求，对方案的主要参数进行计算。

(3) 优化总图布置方案

在工艺和辅助设施初步确定的基础上，完成总图和管线方案，优化总图布置方案。

(4) 编制方案设计文件

工艺计算完成后，相关专业编制方案设计文件，包括：工艺布置图、物料平衡图、方案说明书、相关的数据表、主要设备表、总平面布置图、初期控制估算、批准的控制估算等。

(5) 方案设计审查

方案设计完成后，组织方案设计审查会，请业主或业务委托的咨询机构对方案进行审查。

8.2.4 项目初步设计阶段的项目管理

项目初步设计阶段，项目管理机构应完成项目初步设计任务，做出设计概算，或对委托的设计承包人初步设计内容实施评审工作，并提出勘察工作需求，完成地勘报告申报管理工作。控制初步设计的工程建设规模、选址、标准、建筑物形式、建设工期和总投资。组织新技术、新材料、新工艺、新设备科研试验研究。协调落实外部接入系统、资源条件、环境影响与水土保持评价、地方政府承诺的征地和移民安置规划等。部分建设项目应根据相关规定和要求，在初步设计成果基础上，编制建设项目报告书，报送国家主管部门评估和批准。本阶段的具体的管理内容如下：

1. 编制各专业设计技术统一规定

各专业负责人按照公司《设计技术统一规定的编制规定》编写本专业设计统一规定。内容应包括本专业的设计原则及主要技术要求。

2. 编制设计规程规范汇总表

专业负责人将本专业中采用的专业标准、规范与规定的目录汇总编制专业设计规程规范汇总表，也可将该汇总表附于专业设计统一规定中。

设计经理将各专业设计规程规范汇总表汇编成项目设计规程规范汇总表，送项目经理审批通过后执行。当业主有要求时，项目经理应将项目设计规程规范汇总表送业主审查。

业主审查意见要形成文件归档，设计经理应按照审查意见修改设计规程规范汇总表，并通知有关专业负责人。

3. 初期控制估算

总承包项目应编制初期控制估算，初期控制估算由项目费用控制工程师根据已批准的技术方案、设备表、总平面布置图、初步的设备布置图及建议的项目进度表在报价估算及合同价格的基础上编制初期控制估算。经设计经理审核后交项目经理批准，由费用工程师对各专业费用控制进行修正，交设计经理核准，分发至专业负责人。

4. 设计方案评审会

（1）会议内容

设计方案评审会是对项目的工艺流程、工艺设备选择、平面布置及安全环保等总体方案进行内部评审，设计方案评审会根据公司文件规定由相关人员主持。必要时，邀请公司工程项目主管、公司总（副）工程师、公司技术委员会专家参加，评审会意见形成书面文件，作为下一步设计工作的依据。

（2）会议应准备如下资料

1）设计基础资料。

2）工艺流程图。

3）工艺平面布置图。

4）供审查的设备布置图。

5）工艺准备的各项文件及数据表。

设计周期较短或比较简单的项目总平面图和工艺设备布置图的评审可以合并进行。

5. 专业设计方案的评审

专业负责人提出本专业需进行评审的设计方案，按照各专业设计方案评审规定的要求进行评审，必要时，邀请相关专业负责人参加。评审应作出结论性意见，并由专业负责人组织修改，经审核后，作为基本设计的依据。

6. 编制设备及材料请购技术文件

按照合同技术附件的要求、专业设计方案、业主的需求以及有关的规定，编制各类工艺设备、附属设备的请购技术文件。请购技术文件内容包括：请购单、说明书和数据表。必要时，还应包括：标准、规范、图纸，设备、材料性能数据。

请购技术文件经过审核，确保设备、材料规格书、数据表的完整性，经签署后，报设计经理和项目经理批准，转交业主或项目部的采购经理。

7. 报价书的技术评价

专业负责人对由设计经理传递的报价书技术文件组织设计人员对照询价文件的各项技术要求逐项进行评价，并将评审结果形成书面文件，经审核签署后交设计经理。设计经理将批准的技术评价文件汇总送业主或项目部的采购经理。

技术评价过程中需澄清的问题应由专业负责人提交设计经理，由业主或项目部采购经理与分包方联系，取得书面答复。必要时，可由业主或采购经理组织技术评价协调会。专业负责人对接收的报价书技术文件和返回的对报价技术文件的评价意见均应建档。

8. 大宗材料统计和请购单

设计经理组织管道材料、电气及仪表等有关专业负责人按照各专业的相关规定的要求编制大宗材料统计表、规格书等询价技术文件，经审核并签署，由项目经理（设计经理）进行审查，汇总后提交业主或采购经理。

9. 项目进展协调会

（1）设计经理应根据项目控制工程师编制的项目进展报告、人力负荷情况及专业设计进展情况检测表对互提设计条件的交付、制造厂资料的提供及设计完成情况等进行研究，发现问题应及时召开项目进展协调会，在人力与进度方面进行协调，提出措施和处理意见。

（2）对于总承包项目，应由项目费用控制工程师对项目费用控制情况进行报告，项目经理/设计经理在项目进程中发现费用控制出现偏离情况时，应及时提出措施和处理意见。

（3）设计经理对项目内部质量审核提出的有关质量问题，组织有关专业负责人进行纠正，对于共性的问题应在项目进展协调会上进行通报，以避免问题再发生。

（4）项目进展协调会由项目经理/设计经理主持，控制工程师、费用控制工程师、各专业负责人参加。

10. 编制首次核定估算

在基本设计基本完成后，项目估算师根据基本设计条件与批准的控制估算对比后组织编制首次核定估算。经过审核后交设计经理、项目经理批准。由费用控制工程师对各专业费用控制进行调整，交设计经理/项目经理批准，分发至专业负责人。

11. 基本设计文件的外部确认

设计经理将已经完成的基本设计文件提交业主审查，审查意见形成文件，作为详细设计的依据。

12. 编写阶段备忘录

设计经理组织专业负责人编写本项目在基本设计阶段的备忘录，设计经理签署后存入项目档案。

8.2.5 项目施工图设计阶段的项目管理

项目施工图设计阶段，项目管理机构应根据初步设计要求，组织完成施工图设计或审查工作，确定施工图预算，并建立设计文件收发管理制度和流程。

1. 调整设计组人员

控制工程师组织专业负责人按照设计组人员的进入设计组计划，通知各工程技术部门负责人，选派合格的设计人员进入设计组。

2. 编制详细设计计划和进度表

控制工程师按照合同要求及项目实施计划安排编制详细设计进度表，设计经理批准后，上报项目部，分发有关专业负责人。

3. 各专业间提出详细设计补充条件

专业负责人组织设计工程师按照合同的内容、业主的要求、初步设计的审核意见，编制详细设计补充设计条件。

4. 确认分包方技术资料

(1) 先期确认图纸资料。设计经理组织各专业负责人对设备、材料分包方提供的非最终版图纸、文件进行先期确认,评审其是否满足设计要求,并将确认意见形成文件,交设计经理汇总后交业主或采购经理。由采购经理将确认文件返回分包方。

(2) 最终确认图纸资料。分包方对经过我方确认并提出修改意见的非最终版的图纸资料进行修改,经深化作为最终版的图纸资料,提供给我方进行确认。由设计经理组织各专业负责人对该资料进行最终确认,评审其是否按照先期确认所提出的意见进行修改。

(3) 确认图纸资料的接收与分发由设计经理组织执行,当为总承包项目时,则由采购经理负责接收,建立接收清单,将接收清单及图纸资料传递给设计经理,由设计经理在接收清单上签署,并编制记录表,将图纸资料分发给有关专业负责人,由专业负责人在记录表上签署。对于确认的分包方的图纸资料应由专业负责人建档。

关于确认的最终版分包方的图纸资料则应按照项目技术资料归档管理的有关规定由专业负责人负责归档。

5. 设计文件审核

专业设计成品应由符合审核资格的人员按照有关设计文件审核及签署的规定对设计成品进行审核。

6. 设计文件会签

(1) 设计经理组织各专业对相关专业经审核后的设计文件进行会签,确认是否符合相关工程技术部门提的要求。并由核对专业在被核对专业的设计成品的会签栏中签署。并将会签过程中的意见形成记录。

(2) 各专业会签应按照正式设计条件或按照规定要求进行修改过的设计条件为依据。

(3) 会签过程中,如出现原则性修改,则应向原审核专业的专业负责人汇报,并征得同意。如发现意见分歧,则应提请设计经理进行协商,以取得意见一致。

7. 编制最终设备及材料请购文件

设计经理根据项目设计进展情况,组织辅助专业负责人按照各专业相关规定要求编制最终材料综合表、规格书等请购技术文件,经审核并签署,由项目经理(设计经理)进行审查,汇总后提交业主或采购经理。

8. 编制二次核定估算

对于总承包项目,在详细设计基本完成后,项目估算师根据详细设计条件与首次核定估算进行对比,组织编制二次核定估算,作为预测工程施工完成时将要发生的费用的根据。对于只承担设计、采购或单一设计项目的设计单位,不编制二次核定估算。

9. 项目进展协调会

(1) 设计经理应根据项目控制工程师编制的项目进展报告、人力负荷情况及专业设计进展情况检测表对互提设计条件的交付、制造厂资料的提供及详细设计完成情况等进行研究,发现问题应及时召开项目进展协调会,在人力与进度方面进行协调,提出措施和处理意见。

(2) 对于总承包项目应由项目费用控制工程师对项目费用控制情况进行报告,项目经理(设计经理)在项目进程中发现费用控制出现偏离情况时,应及时提出措施和处理意见,并报工程项目主管。

(3) 由控制工程师与费用控制工程师分别编制项目进展月报与工程费用控制月报，报项目经理（设计经理）批准，报工程项目主管。

(4) 设计经理对项目内部质量审核提出的有关质量问题，组织有关专业负责人进行纠正，对于共性的问题应在项目进展协调会上进行通报，以避免问题再发生。

(5) 项目进展协调会由项目经理（设计经理）主持，控制工程师、费用控制工程师、各专业负责人参加。

10. 设计完工

设计经理编制设计完工报告，送交项目经理批准后报送项目部和公司。同时设计经理按照项目技术资料归档管理有关规定，负责组织专业负责人准时、完整地将全部应归档的文件资料如数归档，由质量工程师进行监督检查。

8.2.6 项目施工设计阶段的项目管理

项目施工阶段，项目管理机构应编制施工组织设计，组织设计交底、设计变更控制和深化设计，根据施工需求组织或实施设计优化工作，组织关键施工部位的设计验收管理工作。

1. 组织施工阶段的设计配合工作

项目施工阶段，组织设计交底，派遣现场服务工程师，审查并组织设计修改。

2. 组织联调试车阶段的设计配合工作

项目联调试车阶段，参加联调试车方案的讨论，组织设计人员参加联调试车前对单机设备、系统设备的施工安装检查，组织设计人员参加联调试车、达标试验、指标考核和竣工验收。

8.2.7 项目竣工验收与竣工图阶段的项目管理

项目竣工验收与竣工图阶段，项目管理机构应组织项目设计负责人参与项目竣工验收工作，并按照约定实施或组织设计承包人对设计文件进行整理归档，编制竣工决算，完成竣工图的编制、归档、移交工作。

1. 参与竣工验收

竣工验收是由项目验收主体及交工主体等组成的验收机构，以批准的项目设计文件、国家颁布的施工验收规范和质量检验标准为依据，按照一定的程序和手续，在项目建成后，对项目总体质量和使用功能进行检验、评价、鉴定和认证的活动。

工程项目竣工验收的交工主体是施工单位，验收主体是项目法人，竣工验收的客体，应是设计文件规定、施工合同约定的特定工程对象。

竣工验收项目时，与设计相关的管理内容有：

(1) 设计文件和合同约定的各项施工内容已经施工完毕；

(2) 有完整并经核定的工程竣工资料，符合验收规定；

(3) 有勘查、设计、施工、监理等单位分别签署确认的工程质量合格文件。

2. 编制竣工决算

竣工决算是建设工程经济效益的全面反映，是项目法人核定各类新增资产价值，办理其交付使用的依据。

通过竣工决算，一方面能够正确反映建设工程的实际造价和投资结果；另一方面可以通过竣工决算与概算、预算的对比分析，考核投资控制的工作成效，总结经验教训，积累技术经济方面的基础资料，提高未来建设工程的投资效益。工程竣工决算是指在工程竣工验收交付使用阶段，由建设单位编制的建设项目从筹建到竣工验收、交付使用全过程中实际支付的全部建设费用。

竣工决算是整个建设工程的最终价格，是作为建设单位财务部门汇总固定资产的主要依据。竣工决算是由建设单位编制的反映建设项目实际造价和投资效果的文件。

3. 竣工图编制

竣工图是各项建设工程在施工过程中，根据施工现场的各种真实施工记录和指令性技术文件，对施工图进行修改或重新绘制的，与工程实体相符的图。《建设工程文件归档整理规范》GB/T 50328—2014 中 2.0.8 条对竣工图的定义是："工程竣工验收后，真实反映建设工程项目施工结果的图样"。

在《关于编制基本建设工程竣工图的几项暂行规定》第二条规定："各项新建、扩建、改建、迁建的基本建设项目都要编制竣工图。特别是建设项目中的基础、地下建筑、管线、结构、井巷、峒室、桥梁、隧道、港口、水坝以及设备安装等工程，都要编制竣工图。"

（1）竣工图（不包括通用标准图）按合同规定的份数提供给业主。

（2）竣工图应盖竣工图专用章，章上应有编制单位、制图人、审核人和编制日期。

（3）竣工图编制应按下列规定进行：

1）凡按原图施工，无变更，可在施工图上盖竣工图专用章即可；

2）施工中无重大变更时，可在施工图上修改，并在蓝图上注明变更单编号，加盖竣工图专用章；

3）施工中有重大变更（尤其隐蔽工程）无法在原图上修改时，应绘制竣工图；

4）绘制竣工图时，应根据变更分类《审查和签发设计变更、技术洽商》为依据。图上并要注明变更单和原图编号，并经原责任方审核后加盖竣工图专用章；

5）凡是涉及与原工程内容有关的变更，应由业主负责在相关的竣工图案卷中增补或说明；

6）竣工图审核人应是分承包方技术负责人，绘制的竣工图还应有设计经理或专业负责人签章；

7）施工过程中施工管理组督促、帮助施工分承包方或现场设计组，做好竣工图编制工作，必要时，可在施工分承包方协助下进行实测复核；

8）有与上述要求有异议时应在合同中作出详细规定。

8.2.8 项目后评价阶段的项目管理

项目后评价阶段，项目管理机构应实施或组织设计承包人针对项目决策至项目竣工后运营阶段设计工作进行总结，对设计管理绩效开展后评价工作。

项目后评价是指建设项目在竣工投产、生产运营一段时间后，对项目的立项决策、设计施工、竣工投产、生产运营等全过程进行系统评价的一种技术经济活动，是固定资产投资管理的一项重要内容，同时也是固定资产投资管理的最后一个环节。

对设计管理工作的评价有：

（1）勘察设计单位选择方式的评价，以及勘察设计单位能力、资信情况的评价。

（2）勘查工作深度及工作质量的评价。

(3) 设计方案的评价。
(4) 设计水平的评价。

8.3 技　术　管　理

8.3.1 技术管理措施涵盖的主要内容

技术管理应涵盖工作活动中的质量、环境及职业健康安全内容，为系统管理的主要项。根据项目工作活动的特点，项目部技术管理主要内容有科技进步管理、工作环境管理、产品实现的策划控制、施工过程的控制、数据分析及统计技术应用等几项内容。

技术管理的目的是指项目部以国家颁布的有关法律、法规、行业技术标准、规程、规范、工程承包合同、设计图纸、现场文明施工要求等文件，以及质量、环境及职业健康安全控制程序为依据，施工前周密策划，编制切合实际的工作策划和管理方案，施工中严格管理，并坚持持续改进、追求精品，为顾客提供满意的工程产品之方针。同时，在产品策划和施工过程中以科技进步为先导，充分利用全局的技术资源，推广应用新技术、新工艺、新材料、新设备和科学的管理方法，使工作活动符合质量、环境及职业健康安全要求。

技术管理措施规定了水电建筑安装、路桥、工业与民用建筑、市政等工程施工在施工技术组织、施工技术责任、技术管理基本要求、施工组织设计、图纸会审、施工作业指导书编制、技术交底、技术复核、隐蔽工程验收、工程测量、技术检验、设计变更、技术档案管理、技术培训、技术信息以及施工质量、环境及职业健康安全技术控制等方面的管理工作范围、职责、内容、方法、报告、记录、检查和考核细则。

项目管理机构应实施项目技术管理策划，确定项目技术管理措施，进行项目技术应用活动。项目技术管理措施应包括下列主要内容：

1. 技术规格书

技术规格书在工程项目中的应用有着非常广泛的空间，英美等发达国家在20世纪70年代就已经在工程项目上成熟地应用技术规格书，在中国的应用较晚，一般认为在20世纪90年代初开始传入中国。技术规格书常用于控制工程质量和投资预算。工程准备阶段，可作为建筑设计文件的附件技术文本；工程招标投标阶段，可作为业主方招标文件的技术标附件；工程实施阶段，技术规格书还可以作为业主对承包方的施工要求，从而作为业主方与承包方的承包合同的一部分。

技术规格书是对应用于建筑工程项目中的材料、设备、技术要求的规范性描述。它反映了工程项目设计、施工过程中对材料或设备装置的组成、质量标准、设计参数和施工要求的详细定义和后期维护要求等，可作为设计图纸的附加技术文本或招标文件的技术标附件。技术规格书的基本内容其实在目前国内工程项目招标文件中已经得到一定程度的体现。但是在技术复杂项目或是新技术、新材料、新设备、新工艺的应用方面，技术规格书具有明显的应用优势和推广意义。

2. 技术管理规划

为提高项目部技术人员的专业水平，强化质量意识，促进技术管理工在项目上的顺利开展，较大型的项目部一般会编制技术管理规划。

3. 施工组织设计、施工措施、施工技术方案

施工组织设计是用来指导施工项目全过程各项活动的技术、经济和组织的综合性文件，是施工技术与施工项目管理有机结合的产物，它能保证工程开工后施工活动有序、高效、科学合理地进行，并安全施工。施工组织设计是指针对施工安装过程的复杂性，用系统的思想并遵循建设经济规律，对拟建工程的各阶段、各环节以及所需的各种资源进行统筹安排的计划管理行为。

施工组织设计应至少包括以下内容，但施工方案、施工技术措施主要侧重于施工工艺、施工方法和技术措施方面。

(1) 工程概况；
(2) 主要实物工程量；
(3) 工艺特点及施工特点；
(4) 质量保证体系模式；
(5) 施工部署及施工总进度；
(6) 主要施工方法与技术措施；
(7) 安全保证体系；
(8) 劳动力安排；
(9) 施工机具安排；
(10) 临时设施及施工总平面布置；
(11) 施工用水、电、汽的引入；
(12) 主要原则施工方案；
(13) 采用的施工及验收规范、质量评定标准；
(14) 单位工程的划分；
(15) 主要质量控制点。

4. 采购计划

项目采购是指项目部或业主采购部门为项目提供合同规定的设备、材料采购服务的全过程；包括制订采购计划、确定合格分承包方名单、采买、催交、检验、运输、现场物资管理等环节以及采购分包管理。

对于钢铁行业，设备、材料的费用约占项目投资的 65%～75%（其中设备费占 40%～50%，材料费用占 20%～25%）。因此搞好项目采购工作，对节约项目投资，提高工程承包效益是至关重要的。

设备、材料的交货进度直接影响项目的建设进度；设备、材料的规格、数量是否齐全，也直接影响施工的顺利进行。因此，在设备、材料的采购过程中，还必须对设备、材料的规格、质量、数量、进度进行跟踪控制。

设备、材料的质量不仅会直接影响项目的费用和进度，并且将影响装置将来的连续、稳定和安全运转。因此必须对采购的设备、材料的质量进行有效的控制，确保提供的设备、材料是符合质量要求的合格产品。

在项目的初始阶段，采购部门应编制项目采购计划。项目采购计划是项目采购工作的大纲，是一文本计划。项目采购计划是在项目经理和采购部门负责人的指导下，由项目采购经理组织编制完成的。

在项目总体网络计划发布后,应编制项目采购进度计划。项目采购进度计划是以进度控制工程师为主编制的,目的是确定计划订单的数量和进度。在项目采购实施过程中适时编制专业采购作业计划。

8.3.2 设计过程中的技术应用

1. 各设计阶段申报相应技术审批文件

(1) 方案设计阶段

1) 规划意见书审批;
2) 规划、设计方案审查;
3) 绿地规划方案审查;
4) 人防规划设计审查;
5) 交通设计审查。

(2) 初步设计阶段

1) 建筑工程初步设计审查;
2) 建设工程规划许可证。

(3) 施工图设计阶段

1) 人防设计审查;
2) 消防设计审查;
3) 施工图设计审查。

2. 各设计阶段申报技术审批文件的具体要求

项目管理机构应确保项目设计过程的技术应用符合下列要求:

(1) 组织设计单位应在各设计阶段申报相应技术审批文件,通过审查并取得政府许可;

例如在项目的决策阶段,根据国民经济发展的长远规划和行业、地区规划,经济建设的方针以及技术经济政策,结合资源情况和建设布局的条件,在调查研究、初步勘察的基础上,一般可以由项目法人单位或由项目法人单位委托有资格的工程咨询单位编制项目建议书,为项目法人单位向审批部门申报立项用。项目建议书需要说明项目的必要性,提出需要进行项目的大致设想,初步分析项目建设在技术上、财务上、经济上的可行性。

(2) 应策划设计与采购、施工、运营和各专业技术接口关系,并明确技术变更或洽商程序。

在整个设计过程中与设计有关的接口关系很复杂,内、外部接口主要通过各种信息的传递来完成,处理好各种接口关系非常重要。接口关系的控制要求及时、准确传递各种信息。应规定接收和传递什么信息,应发出和接收信息的部门或组织,传递信息方式、传递时间、深度要求和传递目的。必要的信息应形成文件、予以传递并定期评审。

外部接口关系主要靠合同或协议进行规定。内部接口按项目部内部规定及项目进度计划执行。

8.3.3 技术规格书的主要内容与作用

技术规格书不应用于界定建设工程项目适用范围,技术规格书中为了追求适用范围的全面,常采用如下格式"但不限于",但这样往往造成执行方面的理解误差,业主往往会把该部分适用范围当作强行的设计要求,给施工带来争议。对于此类情况,应在施工图纸中予以特别说明，技术规格书只是执行的标准，是否有该工序施工要求，需参照相应部位的施工图纸。简言之，技术规格书所起的作用应该是对施工执行过程中具体材料选型、细部做法的指导标准，而并非用于对工作适用范围的界定。

技术规格书作为发包方的技术要求，应是施工承包人编制施工组织设计、施工措施、施工技术方案的基本依据。在以下具体实施项目中，落实技术规格书的规定内容：

（1）分部、分项工程实施所依据标准：

由于国内传统施工单位已习惯仅以施工图作为建设工程项目施工的依据，并且设计院在图纸设计阶段已将国标、行业规范等要求考虑其中，国内并没有参考附加技术规格书施工的习惯，而且是否参考技术规格书施工也会影响到工程投标报价和施工成本。

为避免施工过程的不必要纠纷，真正实现技术规格书落地，需对技术规格书的具体作用及与施工图对应关系在招标文件和合同中给予具体说明，以便总承包商在投标阶段便能将其考虑进去，施工过程中予以真正参照使用。

（2）工程的质量保证措施：

在施工承包人编制的施工组织设计、施工措施、施工技术方案等技术文件中，除了符合现行规范标准的规定外，尚须满足本项目技术规格书的相关要求。施工承包人在施工组织设计、施工措施、施工技术方案中，应用具体的措施和方法，保证技术规格书对工程的质量要求。

（3）工程实施所需要提交的资料：

技术规格书明确规定在工程实施过程中，施工方需要进行记录的工作节点描述，并按相应的规范标准记录方法形成资料，且满足技术管理对工程资料的要求。

（4）现场小样制作、产品送样与现场抽样检查复试：

技术规格书在样板工程管理措施内，对涉及项目的材料、物资、构配件，应规定选样和送检、复试的具体要求；对规定工艺形成产品过程，规定小样制作的对象、形制、表达内容、成品效果等。

（5）工程所涉及材料、设备的具体规格、型号与性能要求，以及特种设备的供货商信息。

（6）各工序标准、施工工艺与施工方法。

（7）分部、分项工程质量检查验收标准。

8.3.4 技术管理规划的主要内容与作用

项目技术管理是项目经理部在项目开展的过程中，对各项技术活动过程和技术工作的各种要素进行科学管理的总称。所涉及的技术要素包括：技术人才、技术装备、技术规程、技术信息、技术资料、技术档案等。施工组织设计更注重现场施工的工艺工法等，应包括详细的施工过程以及风险应对方案，技术管理规划着重于根据技术标准、技术规程、建筑企业的技术管理制度，由项目部制订技术管理制度、技术管理制度、技术管理流程程序等，相关技术手段实施的保障措施等。

技术管理规划应是承包人根据招标文件要求和自身能力编制的、拟采用的各种技术和管理措施，以满足发包人的招标要求。项目技术管理规划应明确下列内容：

（1）技术管理目标与工作要求；

（2）技术管理体系与职责；

(3) 技术管理实施的保障措施;

(4) 技术交底要求,图纸自审、会审,施工组织设计与施工方案,专项施工技术,新技术的推广与应用,技术管理考核制度;

(5) 各类方案、技术措施报审流程;

(6) 根据项目内容与项目进度需求,拟编制技术文件、技术方案、技术措施计划及责任人;

(7) 新技术、新材料、新工艺、新产品的应用计划;

(8) 对设计变更及工程洽商实施技术管理制度;

(9) 各项技术文件、技术方案、技术措施的资料管理与归档。

8.3.5 技术规格书和技术管理规划的编制

1. 技术规格书

技术规格书在工程项目中的应用有着非常广泛的空间,英美等发达国家在20世纪70年代就已经在工程项目上成熟的应用技术规格书,在中国的应用较晚,一般认为在90年代初开始传入中国。技术规格书常用于控制工程质量和投资预算。工程准备阶段,可作为建筑设计文件的附件技术文本;工程招投标阶段,可作为业主方招标文件的技术标附件;工程实施阶段,技术规格书还可以作为业主对承包方的施工要求,从而作为业主方与承包方的承包合同的一部分。

2. 技术管理规划

较大型的项目部一般会编制技术管理规划,项目实施单位应根据项目管理单位的技术管理规划,编制项目实施的技术管理规划。

3. 技术规格书与技术管理规划的编制与运行程序

技术规格书在项目管理中,对不同参与者有不同的要求。本条款突出的是不同参与者的技术规格书与技术管理规划的编制、审批、运行、检查、修订的相关要求。

8.3.6 技术规格书和技术管理规划的实施

1. 技术规格书

技术规格书是对应用于建筑工程项目中的材料、设备技术要求的规范性描述。它反映了工程项目设计、施工过程中对材料或设备装置的组成、质量标准、设计参数和施工要求的详细定义和后期维护要求等,可作为设计图纸的附加技术文本或招标文件的技术标附件,主要包含以下内容:

(1) 工程概况;

(2) 设计依据;

(3) 项目基本功能要求及参数、指标;

(4) 主要(建筑、结构、水暖电通)技术方案;

(5) 施工检测及原型观测;

(6) 注意事项。

2. 技术管理规划

为提高项目部技术人员的专业水平,强化质量意识,促进技术管理工作在项目上的顺利开展,较大型的项目部一般会编制技术管理规划,一般包含以下内容:

(1) 技术管理的框架;

(2) 设计文件的管理；
(3) 技术方案的管理；
(4) 技术实施的管理；
(5) 样板工程的管理；
(6) 检查验收的管理；
(7) 工程资料的管理。

3. 本条款实施的重点

（1）要求项目实施单位对项目管理单位的技术规格书的内容进行识别，并按技术规格书要求编制实施方案，编制的实施方案，要充分考虑企业的技术保障能力及先进的技术影响。

（2）确保实施方案充分、适宜，并得到有效落实。必要时，应组织进行评审和验证。

（3）采用四新技术替代现有技术或方案时，评估工程变更对实施方案的影响，采取相应的变更控制。

（4）检查实施方案的执行情况，明确相关改进措施。

8.3.7 "四新"成果的应用管理

依靠科技创新来增强企业实力，保证施工的关键技术、材料、工艺、设备紧跟国际发展趋势，与行业先进水平同步。靠增加科技含量来提高工程质量，降低生产成本，创造最佳效益。

由于科学技术的不断进步，在工程建设领域，新技术、新工艺和新材料也不断涌现。为了确保工程质量、降低工程成本、节约劳动消耗和缩短工期、提高工程建设的综合经济效果的目的，应在设计、施工过程中积极采用新技术、新材料、新工艺、新产品。

对新技术、新材料、新工艺、新产品的应用，项目管理机构应监督施工承包人实施方案的落实工作，根据情况指导相关培训工作。

对于新技术使用，应做到事前预控，经过试验得出有关数据编制作业指导书，将施工设备、施工工艺、技术要点、验收标准等列入其中，下发相关项目和操作人员，由技术员进行现场指导，以点带面逐步展开到工程每个环节。对工序管理，采用个人自检、班组互检，技术员（或质检员）专检。下道工序检查上道工序，验收合格后进入下道工序的检验模式，与班组长、质检员、技术员、项目负责人和分公司技术科的检验模式相结合，做到及时发现问题，及时解决，管理人员必须进行全程跟踪，直至问题得以纠正。

8.3.8 技术应用成果的验收

1. 拟应用技术的评价

在项目管理实施过程中，发生拟采用应用技术成果的事项，项目管理机构应组织对拟采用应用技术成果的评价活动。

拟应用技术的评价，重点是采用拟应用技术的先进性、适用性、经济性、与替代技术的比较等内容，并应形成明确的结论。

2. 拟应用技术的验收

依据项目技术管理措施，项目管理机构应组织项目技术应用结果的验收活动，在拟应用技术评价的基础上，对拟应用技术的相关性能进行实操考核，进行全面评价。按技术规格书约定的内容和考核目标为基本依据，参考其他同类项目验收的各项任务指标完成情况,组织填报并形成技术应用成果验收报告(表),在此过程中,还应控制各种变更风险,确保施工过程技术管理满足规定要求。

3. 拟应用技术的管理

项目确定应用技术替代或推广后,应进行跟踪管理。严格记录相关数据和工作状态,进行分析评估。及时提出修正意见或建议,定期编制应用技术报告。

8.3.9 技术管理效果的后评价

项目后评价一般是指项目投资完成之后所进行的评价。它通过对项目实施过程、结果及其影响进行调查研究和全面系统回顾,与项目决策时确定的目标以及技术、经济、环境、社会指标进行对比,找出差别和变化,分析原因,总结经验,汲取教训,得到启示,提出对策建议,通过信息反馈,改善投资管理和决策,达到提高投资效益的目的。

1. 项目后评价的时机

在项目已经完成并运行一段时间后,能够利用已经产生的对项目的目的、执行过程、效益、作用和影响等要素进行采集、分析,形成初步结果时,项目后评价的时机方显成熟。

2. 项目后评价的内容

(1) 设计与技术管理中的施工技术组织及施工技术责任;

(2) 设计与技术管理的项目及基本要求;

(3) 施工组织设计的技术管理,重点包括:施工管理组织机构;施工部署;施工现场平面布置与管理;施工进度计划;资源需求计划;工程质量保证措施;安全生产保证措施;文明施工、环境保护保证措施;雨季、台风及夏季高温季节的施工保证措施等;

(4) 设计文件的技术管理:图纸会审、技术复核、技术交底、设计变更;

(5) 工程测量的技术管理;

(6) 施工过程的技术管理:施工作业指导书编制、隐蔽工程验收、技术检验;

(7) 技术档案管理;

(8) 技术培训;

(9) 技术信息以及施工质量管理;

(10) 环境及职业健康安全技术控制。

3. 项目后评价成果

项目后评价要有畅通、快捷的信息流系统和反馈机制。项目后评价的结果和信息应用于指导规划编制和拟建项目策划,调整在建项目投资计划,完善已建成项目。项目后评价还可用于对工程咨询、施工建设、项目管理等工作的质量与绩效进行检验、监督和评价。

8.3.10 技术管理的资料归档

1. 资料管理的时效性

工程资料应与工程建设同步形成,真实、齐全、完整、准确,并真实反映工程过程管理情况及实体质量。项目管理机构应按照工程进度对项目实施过程中的各类技术资料,收集、整理,按类存放,完整归档。且符合相关规范标准的要求。

2. 资料管理的责任措施

工程技术资料的收集、保护与归档作为项目负责人和相关技术人员岗位责任制的一项重要内容,应委派专人负责,明确岗位责任,规定资料管理范围,定期检查。

3. 资料管理的可追溯性

拟归档的技术资料应符合相关规范标准规定的归档范围及内容。包括在工程项目的承接、实施、成果完成整个过程中所形成的具有可追溯性、证明性的和有保存价值的文字、图形、声像等各种形式的历史记录。

附件 8-1

某大型贸易中心项目钢结构部分技术规格书

1 总则
1.1 概述
项目概况在《特殊技术要求—上部结构》中有详细说明。
1.2 工作范围
工作范围包括招标文件（包括相关图纸/结构图纸/幕墙图纸中对钢结构设计与安装的表述）中列出的所有钢结构。详细的工作范围应当参见业主的招标说明书等。
1.2.1 设计规范
图纸所示之钢结构工程依据《特殊技术要求—上部结构》所列的国家标准和规范进行设计。
1.2.2 标准版本
本技术要求所引用的规范或设计标准必须是招标时现行版本，而这些规范或标准中所引用的其他规范和标准也应视为包含在内。

当各规范、标准之间有不同之处时，应以较严格者为准。

2 基本要求
2.1 施工资料
2.1.1 制作
制作前至少六周须准备下列文件供批准：
（1）完成及复核所有细部图及装配图。
（2）详细制作方法的说明。
（3）焊接工序的说明，包括点焊和接缝，必须符合相关标准。
（4）配件检查制度和监理机构的说明。
2.1.2 安装
安装前至少八周须准备下列文件以供参考并存档：
（1）详细安装方法的说明。
（2）临时工程设计计算及细部图，所有计算及图纸必须经过一个独立审查工程师的审核。
（3）工地监理及验收制度的说明。
2.2.3 完工图
全部安装工程完成后，依照制作和安装实况绘制完工图。

3 材料—型钢、钢板、钢条

3.1 热轧型钢、钢板和钢条
钢材须依据 GB/T 700，GB/T 1591 及 YB 4104 验证，质量等级按图纸说明。

3.2 冷成型钢
依据 GB 50018—2002。

3.3 尺寸和允许误差

3.3.1 钢板、钢条
依据 GB/T 708—2006 及 GB/T 709—2006。

3.3.2 热轧型钢
依据 GB/T 706—2008。

3.3.3 角钢
依据 GB/T 706—2008。

3.3.4 钢管
依据 GB/T 8162—2008。

3.3.5 冷轧型钢
依据 GB/T 708—2006。

3.3.6 冷制钢管
依据 GB/T 6725—92。

3.4 钢材状况
结构用钢之凹陷与锈蚀程度，应不大于 GB 50205—2001 要求。

4 材料—结构连接构件（略）

5 材料—焊接材料（略）

6 材料—灌浆（略）

7 工艺—识别、储存与搬运（略）

8 工艺—概述

8.1 切割

8.1.1 程序
应采用全自动或半自动方式切割钢材。

8.1.2 手工式火焰切割法
仅在不能采用机械式火焰切割法时采用。

8.1.3 修整
应对构件切口上的夹渣、熔斑、不平整和过度硬化的表面进行修整。用 10kg 力测试时，各级钢材的火焰切割切口，经修整后，其硬度应不超过 350HV。

8.1.4 研磨
用研磨方法除去毛头，尖角及粗糙的边缘。

8.2 支承

8.2.1 承压连接
需要通过接触承压之连接，所采用的承压支承面，必须经过铣磨、锯切或其他合适方法处理，支承面须与构件标称轴线成直角或图纸所示的角度。直接浆锚于基础之承压面，无须进行此项工序。
8.2.2 加劲板
加劲板必须经过切割和研磨处理,以保证与凸缘沿边的紧密接触。
8.3 校直
8.3.1 性能
校直工序应以不会改变材料的原厂技术指标为原则。
8.3.2 程序
开工前提供校直工序。
8.4 热处理
8.4.1 性能
未经预先审核不得采用热处理工序。
8.4.2 程序
开工前应提供热处理工序的方法。
8.5 预留孔
如有必要在暴露在外的钢结构构件上预留孔,则预留孔必须有防水措施,并需经业主代表的认可。在闭合中空截面内的孔洞应如10.2条所规定,采取密封措施防止潮气进入。
8.6 安装精度
8.6.1 精确度
钢构件的制作,应符合精度要求,使得安装时对结构不会产生过大的应力、挠度及变形。
8.6.2 组合构件
组合构件的允许误差,包括齿形腹孔组合梁在内,应符合GB 50205—2001。
8.6.3 长度
应符合GB 50205—2001。
8.6.4 竖向准确度(挠曲矢高)
应符合GB 50205—2001。
8.6.5 起拱
起拱之允许误差,应不超过-5mm,+10mm或杆长的±1/5000之较小者。
8.6.6 承压连接面
需要通过接触承压之承压连接面,制作时之面间间隙允许误差应不大于0.75mm。
9 工艺—焊接
9.1 概述
9.1.1 焊接
应符合JGJ 81—2002。
9.1.2 焊接专家
应在有相应资历、经验和训练的焊接专家指一导下进行焊接。
9.2 焊接程序
9.2.1 焊接程序
由承建商依JGJ 81—2002定出。

9.2.2 V形坡口冲击试验
依 GB/T 2650—1989 或按业主代表指示。

9.2.3 变形
焊接程序与制作顺序应使变形减至最小。

9.3 焊工
依据 JGJ 81—2002，焊工在施焊前需通过考核。

9.4 焊接材料
储存、搬运及使用必须按出厂指引。

9.5 点焊
应符合 JGJ 81—2002。

9.6 临时附件
制作和安装过程所需的临时附件的焊接，应符合 JGJ 81—2002 要求。

9.7 对接焊
对接焊时，应尽可能使用垫板以确保有效焊接厚度，且符合下述要求：
(1) 该垫板的技术要求应与所焊材料相同。
(2) 该垫板的预处理方法应与所焊构件相同。
(3) 焊接完成后，该垫板用切割法拆除。而构件与垫板连接之原部位，应修磨平滑，并检查有无任何裂纹。

9.8 空腹梁和焊接钢梁
焊接时应按本技术要求。

9.9 栓钉焊接

9.9.1 出厂指引
栓钉的连接，应符合出厂时关于材料、程序和设备的说明。

9.9.2 试焊
正式开工前，先进行试焊以选取适宜的焊接方法和设备。试焊应采用与实际安装时相同的材料和程序进行，每次至少试焊十个栓钉。安装期间，每次换班，每个焊工至少试焊两个栓钉。

9.9.3 外观检查
检视试焊栓钉的外观，应呈现出 360°角的"闪光"周边焊接。

9.9.4 弯曲试验
对试焊栓钉进行 30°角弯曲试验，应没有可见的裂纹出现。

9.10 焊渍清除
用锤轻力敲打、钢刷抹刷或其他方法清除焊渍，但不可损坏焊接表面。

10 工艺—螺栓（略）

11 工艺—安装

11.1 概述
安装开始前，检查所安装构件及其相邻之其他构件是否已定位正确。

11.2 基础螺栓

11.2.1 浇筑

浇筑过程中须确保基础螺栓保持原位。

11.2.2 损坏

在施工的各个阶段，必须采取措施，保护螺栓、螺纹和螺帽，避免损坏、腐蚀及沾污。

11.2.3 护筒

埋于基础之螺栓护筒应保持清洁，没有杂物。

11.3 临时工程

11.3.1 荷载

应保证结构有足够的支撑和约束，承受施工期间可能遇到的各种荷载，而不会产生过大的应力、挠度及扭曲。

11.3.2 拆除

临时工程的拆除，要确保安全，不影响施工工期。

11.3.3 连接

临时工程的连接，不可削弱永久结构的承载力，或影响结构的使用。

11.4 对准

一旦各个结构构件安放就位，应尽快对准。在结构构件已对中、水平和垂直以及临时固定之后，才可进行永久连接，以确保在随后的结构安装和放线过程中，构件保持位置固定。

11.5 温度校正

在放样和安装以及随后的尺寸检查所进行的测量过程中，应考虑到温度对结构和测量仪器的影响。

11.6 衬垫

11.6.1 垫片和楔形物

为校正柱的垂直度及水平度所采用的钢垫片及楔形器，其数量应以不超过此目的之所需为限，且须有足够强度及刚度。

11.6.2 灌浆

若垫片处于需要随后灌浆之部位，其放置应使得能被浆液完全覆盖。

11.7 灌浆

11.7.1 灌浆

柱脚底板的灌浆，必须在结构经对中、水平及垂直度测检合格，有足够支撑，且与永久性连接构件准确地牢固连接之后，才可进行。

11.7.2 基础底板下的空间

基础底板下的空间需除去杂物和清洗完毕，才可进行灌浆。

11.7.3 商品灌浆

须按厂商指引进行准备、混合和灌浆。

11.8 滑动面

须用二硫化铝油脂涂抹未加防护的伸缩缝滑动面

11.9 热切割

除非得到特别许可，不可在工地现场采用热切割设备。

11.10 现场焊接

若需在现场焊接,应提供合适的脚手架、平台及天气防护设备。

11.11 安装精度

结构安装应符合下列要求,为此需要调整允许误差和进行校正。

11.11.1 整体浇筑的基础螺栓

与混凝土整体浇筑之基础螺栓,最大平面偏差应不超过 2mm。

11.11.2 套筒基础螺栓

埋设于混凝土的基础螺栓套筒,其最大平面偏差应不超过 5mm。

11.11.3 柱底

柱子底部之最大平面偏差应不超过 10mm。

11.11.4 柱底板标高

柱底板之下侧标高,其最大误差应不大于 10mm。

11.11.5 柱底板下空间

应不少于 25mm 及不大于 50mm。

11.11.6 多层建筑的垂直度

柱的层间偏差应不大于 10mm,或柱子所在实际位置之下一层楼层高度的 1/600。柱顶偏离于其基础的容许误差为每层 5mm,最大不超过 30mm 或高度的 1/1000。

11.11.7 平面位置

柱除外,其他构件与其所相连接的柱子之间的位置偏差应小于 5mm。

11.11.8 楼层标高

除非图纸另有说明,结构的各层标高误差应不大于 10mm,且其变化应不大于 0.1%。

11.11.9 梁标高

除非图纸另有说明,两根或多根梁在同一柱的汇合处,其标高误差应不大于 5mm。

11.11.10 承压节点

需要通过接触承压的承压节点,经对准后,接触面间之空隙应不大于 1.0mm。

12 质量控制

12.1 检验证书

12.1.1 钢材

提供检验证书,证明工程所使用的钢材符合本技术要求。

12.1.2 螺栓

提供检验证书,证明工程所使用的螺栓符合本技术要求。

12.1.3 核实

检验证书应由认可之机构核实。

12.2 钢材附加检验

12.2.1 附加检验

依图纸要求,钢材需附加下述检验:
(1) 超声波等级检验按 GB/T 8651—88 进行。
(2) 贯透截面厚度的张拉检验,按 GB/T 228—2002 进行。

12.2.2 检验机构

检验应由认可之机构进行或核实。

12.3 焊接检验方法

12.3.1 对焊

进行无破损检验按 JGJ 81—2002 进行。

12.3.2 角焊

进行无破损检验按 JGJ 81—2002 进行。

12.3.3 检验机构

除非另有说明，应由认可之机构进行焊接检验。

12.3.4 记录

保存所有焊接检验记录。

12.4 缺陷可接受准则

12.4.1 外观检验

焊接之检验需满足 JGJ 81—2002 要求。

12.4.2 超声波检验

进行超声波检验的焊接，必须满足 JGJ 81—2002 要求。

12.4.3 磁性微粒或致密性检验

进行磁性微粒或致密性检验之焊接，必须满足 JGJ 81—2002 要求。

12.5 焊接检验次数

12.5.1 外观检验

外观检验所有焊接。

12.5.2 无破损检验

无破损检验的次数如下：

（1）全熔透对焊——100%超声波检验，以及 100%磁性微粒或致密性检验。

（2）部分熔透对焊及其中一脚长大于 12mm 之角焊一至少 20%超声波检验，以及至少 20%磁性微粒或致密性检验。

（3）角焊一至少 10%磁性微粒或致密性检验。

12.5.3 焊接的选择受检

若要求少于 100%检验，焊接选择受检的方法，开工前须得业主代表同意。

当检验发现有不可接受的缺陷的焊点，需要在同一组中多取两焊点进行检验。若此两焊点经检验后认为合格，则可对最初不合格的焊点进行修补并以类似方法再检验。

若经检验该两焊点不合格，则全组各焊点均须检验。

12.6 焊接工艺评定

焊接工艺评定应依据相关标准进行。

12.7 受剪栓焊接

12.7.1 外观检验

检验所有受剪栓之外观，任何不能显示出 360°角"闪光"之栓焊，应进行 15 度角弯曲试验，使非"闪光"部分处于受拉。在该试验中，焊口应没有可见裂纹。

12.7.2 弯曲检验

在业主代表同意的部位，从外观检验合格的受剪栓中最小抽取 5%进行 15 度角弯曲试验。在该试验中，焊口应没有可见的裂纹。

12.7.3 若某个受剪栓经弯曲检验不合格，应从该有缺陷的受剪栓四周各取一个受剪栓进行检验。

12.7.4 有缺陷的受剪栓

更换所有有缺陷的受剪栓，并重新检验。

12.8 螺栓连接

当完成安装所有螺栓后，在业主代表同意的部位检测螺栓的松紧程度。

12.8.1 高强摩擦螺栓连接

在进行现场涂刷前，必须按 JGJ 82—2002 要求检查，以确保拧紧螺栓产生最小螺杆拉力，及硬化垫圈放置合适。

12.8.2 非高强摩擦螺栓连接

把螺栓放于螺栓孔中，不加荷载，拧紧使所连接的构件紧密接触。

第9章 项目进度管理

9.1 项目进度管理概述

9.1.1 项目进度管理的概念

根据《建设工程项目管理规范》2.0.19条，项目进度管理是指"为实现项目的进度目标而进行的计划、组织、指挥、协调和控制等活动"。所谓"进度"，是指活动顺序、活动之间的相互关系、活动持续时间和活动的总时间。

《建设工程项目管理规范》9.1.1条规定，"组织应建立项目进度管理制度，明确进度管理程序，规定进度管理职责及工作要求"。进度管理体系是企业管理体系的一部分，以工程管理部门为主管部门，物资管理部门、人力资源管理部门及其他相应业务部门为相关部门，通过任务分工表和职能分工表明确各自的责任。项目经理部的进度管理体系以项目经理为首，包括计划人员、调度人员等专业人员、子项目负责人、目标负责人、分目标责任人。这样的进度管理体系有两个优点：目标容易落实；便于进行考核。

9.1.2 项目进度管理目标体系

项目进度管理目标随组织的任务不同而不同。项目进度管理目标应按项目实施过程、专业、阶段或实施周期进行分解。例如：图9-1是按实施过程进行的进度目标分解，将建设项目目标分解为单项工程进度目标、单位工程进度目标、分部工程进度目标和分项工程进度目标。图9-2是按专业进行的进度目标分解，将项目目标分解为建筑、结构、设备、市政、园林绿化等专业进度目标。图9-3是建设项目按阶段分解的进度目标，包括项目建议书、可行性研究、设计、建设准备、施工、竣工验收交付使用等进度目标；设计单位可按设计阶段将项目目标分解为设计准备、初步设计、技术设计、施工图设计等进度目标，见图9-4所示。施工单位可将项目按阶段划分解为基础、结构、装修、安装、收尾、竣工验收进度目标，见图9-5所示。设计项目和施工项目可按周期分解为年度、季度、月度、旬度等进度目标，见图9-6所示。

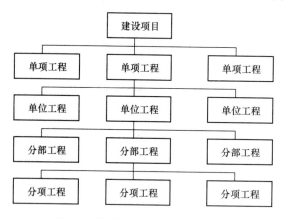

图9-1 按实施过程分解的进度目标

9.1.3 项目进度管理程序

《建设工程项目管理规范》9.1.2条规定，项目进度管理应遵循下列程序：

图 9-2　按专业分解的进度目标

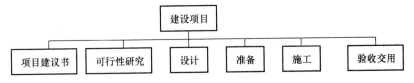

图 9-3　建设项目按阶段分解的进度目标

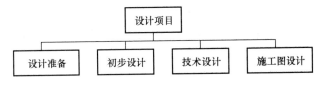

图 9-4　设计项目按阶段分解的进度目标

图 9-5　施工项目按阶段分解的进度目标

(1) 编制进度计划；
(2) 进度计划交底，落实管理责任；
(3) 实施进度计划；
(4) 进行进度控制和变更管理。

图 9-6　按周期分解的项目进度目标

这个程序实际上就是我们通常所说的 PDCA 管理循环过程。P 就是编制计划，D 就是执行计划，C 就是检查，A 就是处置。在进行管理的时候，每一步都是必不可少的。因此，项目进度管理的程序，与所有管理的程序基本上都是一样的。通过 PDCA 循环，可不断提高进度管理水平，确保最终目标实现。

9.2　进　度　计　划

9.2.1　进度计划体系

1. 项目进度计划的种类

由于划分角度不同，项目进度计划可分为不同类型。

(1) 按项目组织不同进行分类。项目进度计划可分为建设单位进度计划、设计单位进度计划、施工单位进度计划、供应单位进度计划、监理单位进度计划、工程总承包单位进度计划等。

(2) 按功能不同进行分类。项目进度计划可分为控制性进度计划和作业性进度计划。

1) 控制性进度计划：包括整个项目的总进度计划，分阶段进度计划，子项目进度计划或单体工程进度计划，年（季）度计划。上述各项计划依次细化且被上层计划所控制。其作用是对进度目标进行论证、分解，确定里程碑事件进度目标，作为编制实施性进度计划和其他各种计划以及动态控制的依据。

2) 作业性进度计划包括分部分项工程进度计划和月（周）度作业计划。作业性进度计划是项目作业的依据，确定具体的作业安排和相应对象或时段的资源需求。《建设工程项目管理规范》9.2.2 条规定，组织应提出项目控制性进度计划。项目管理机构应根据组织的控制性进度计划，编制项目的作业性进度计划。

(3) 按对象不同进行分类。项目进度计划可分为建设项目进度计划、单项工程进度计划、单位工程进度计划、分部分项工程进度计划等。

2. 项目进度计划的内容

《建设工程项目管理规范》9.2.3 条规定，各类进度计划应包括下列内容：编制说明、进度计划表、资源需求计划，以及进度保证措施。其中，进度计划表是最主要的内容，包括分解的计划子项名称（如作业计划的分项工程或工序）、进度目标或进度图等。资源需求计划是实现进度表的进度安排所需要的资源保证计划。编制说明主要包括进度计划关键目标的说明，实施中的关键点和难点，保证条件的重点，要采取的主要措施等。

3. 项目进度计划的编制步骤

《建设工程项目管理规范》9.2.4 条规定了编制进度计划的 8 个步骤：(1) 确定进度计划目标；(2) 进行工作结构分解与工作活动定义；(3) 确定工作之间的顺序关系；(4) 估算各项工作投入的资源；(5) 估算工作的持续时间；(6) 编制进度图（表）；(7) 编制资源需求计划；(8) 审批并发布。

按程序编制进度计划是为了确保进度计划质量。在该程序中，前者是后者的目标或依据，后者是前者的工作继续或深化、落实，环环相扣，不可颠倒或遗漏。其中，第二步中的"工作结构分解"是至关重要的，它的作用是界定进度计划的范围，所使用的方法是 WBS。

9.2.2 进度计划编制依据

《建设工程项目管理规范》9.2.1 条规定，项目进度计划编制依据应包括下列主要内容：合同文件和相关要求、项目管理规划文件、资源条件、内部与外部约束条件。合同文件的作用是提出计划总目标，以满足顾客的需求。项目管理规划文件是项目管理组织根据合同文件的要求，结合组织自身条件所作的安排，其目标规划便成为项目进度计划的编制依据。资源条件和内部与外部约束条件都是进度计划的约束条件，影响计划目标和指标的决策和执行效果。以上是编制进度计划的基本依据，具体到每个项目组织，编制进度计划还需要具有特殊的依据。例如，建设单位编制进度计划需要依据可行性研究报告；设计单位编制进度计划需要依据批准的设计方案、同类工程的设计资料和设计准备情况；施工单位编制进度计划必须依据工期定额和市场情况等。

9.2.3 进度计划编制方法及其特点

《建设工程项目管理规范》9.2.5条指出，编制进度计划应根据需要选用下列方法：里程碑表、工作量表、横道计划、网络计划。选择进度计划编制方法时，还需考虑：作业性进度计划应优先采用网络计划方法；宜借助项目管理软件编制进度计划，并跟踪控制。编制工程网络计划应符合《工程网络计划技术规程》JGJ/T 121—2015的规定。以下重点介绍几种常用的进度计划编制方法及其特点。

1. 里程碑表（里程碑计划）

里程碑表也可称为里程碑计划，是表示关键工作开始时刻或完成时刻的计划，见表9-1所示。里程碑计划通过建立里程碑和检验各个里程碑的到达情况，来控制项目工作的进展和保证实现总目标。

××工程里程碑计划　　　　　　　　　　　　　　　　表9-1

序号	工程名称	进度（月末）														
		1	2	3	4	5	6	7	8	9	10	11	12	13	14	15	16
1	挖土开始	◎															
2	挖土完成		◎														
3	底板完成			◎													
4	地下结构完成					◎											
5	结构施工开始					◎											
6	结构封顶										◎						
7	屋面防水完成											◎					
8	室内装修开始											◎					
9	室内装修完成														◎		
10	室外装修开始												◎				
11	室外装修完成														◎		
12	水暖电煤热信智完成															◎	
13	室外工程完成															◎	
14	验收交付使用完成																◎

里程碑计划具有如下特点：

(1) 与公司整体目标体系和经营计划一致。
(2) 计划本身含有控制的结果，有利于监督、控制和交接。
(3) 变化多发生在活动级上，计划稳定性较好。
(4) 在管理级和活动级之间起着良好的沟通作用。
(5) 明确规定了项目工作范围和项目各方的责任与义务。
(6) 计划报告简明、易懂、实用。

2. 工作量表

工作量表是对工程量分部分项工程、单位工程的分解，对分解后每一项工程的工程量进行了直接的反馈。该方法的特点是可以明了地显示项目工作量的分解以及每一项目的工程总量和已经完成的工程量，便于进一步工程进度计划的安排。工作量表的形式见表9-2。

××工程工作量表 表 9-2

项目编号	项目名称	单位	总工程量	已完成的工程量	备注
一	主泵房				
1	土方开挖	m^3	809		弃土运距5km
2	C10混凝土垫层	m^3	7		
3					
二	进水池				
1	土方开挖	m^3	1436		弃土运距5km
2	回填砂	m^3	1581		
3					
三	出水池				
1	土方开挖	m^3	955		弃土运距5km
2	回填砂	m^3	401		
3					
四	进水渠				
1	土方开挖	m^3	404		
2					
五	出水渠				
1	C10混凝土垫层	m^3	25		
2					
六	副厂房				
（一）	主体工程				
1	回填砂	m^3	295		
2					
（二）	装饰工程				包含配件
1	190mm厚多孔砖墙	m^3	31		
2					

3. 横道计划

横道计划又称甘特图（Gantt chart），它是以图示方式通过活动列表和时间刻度形象地表示出任何特定项目的活动顺序与持续时间。甘特图包含以下三个含义：以图形或表格的形式显示活动；通用的显示进度的方法；构造时应包括实际日历天和持续时间，并且不要将周末和节假日算在进度之内。甘特图具有简单、醒目和便于编制等特点，在企业管理工作中被广泛应用，见表9-3。

××施工项目甘特图　　　　表 9-3

施工项目	时间（2–38）
1　施工准备	▬ (0–2)
2　拆除工程	▬▬▬▬ (2–10)
3　泥作地台、水池砖砌体施工	▬▬ (10–14)
4　轻质隔墙基框施工	▬▬ (16–20)
5　轻钢龙骨石膏板吊顶基层施工	▬▬▬ (20–26)
6　木地板基层1:3水泥砂浆找平施工	▬▬ (14–18)
7　卫生间吊顶基层	▬ (32–34)
8　水池防水层施工	▬▬▬ (24–30)
9　强弱电及给排水管路暗埋敷设	▬▬▬ (12–18)
10　卫生间通道等饰面砖工程	▬▬▬ (18–24)
11　轻质隔墙及吊顶封板	▬▬▬▬▬ (18–28)
12　室内装饰抹灰工程施工	▬▬▬▬▬ (24–34)
13　木作细部施工	▬▬▬ (30–36)
14　木材表面清漆涂饰施工	▬ (34–36)
15　玻璃地弹门及套装门安装	▬ (34–36)
16　涂料涂饰施工	▬ (36–38)
17　灯具安装施工	▬ (36–38)
18　复合木地板安装	▬ (36–38)
19　卫生清扫	▬ (36–38)
20　其他	

甘特图具有直观明了、简单易懂、应用广泛的优点。但也有一定局限：难以表示活动间的逻辑关系，仅能部分地反映项目管理的三重约束（时间、成本和范围），而不能综合地反映项目本身的完成情况。

4. 网络计划

网络计划即网络计划技术（Network Planning Technology），是指用于工程项目的计划与控制的一项管理技术。它是 20 世纪 50 年代末发展起来的，依其起源有关键路径法

(CPM)与计划评审法（PERT）之分。CPM 主要应用于以往在类似工程中已取得一定经验的承包工程，PERT 更多地应用于研究与开发项目。随着网络计划技术的发展，关键链法（CCM）也成为网络计划技术中的关键方法。

(1) 网络计划的基础内容

1）网络图基本符号。单代号网络图和双代号网络图的基本符号有两个，即箭线和节点。箭线在双代号网络图中表示工作，在单代号网络图中表示工作之间的联系；节点在双代号网络图中表示工作之间的联系，在单代号网络图中表示工作。在双代号网络图中还有虚箭线，它可以联系两项工作，同时分开两项没有关系的工作。

2）网络图绘图规则和编号规则：

① 必须正确表达已定的逻辑关系；

② 网络图中严禁出现循环回路；

③ 节点之间严禁出现无箭头和双向箭头的连线；

④ 网络图中严禁出现没有箭头节点和没有箭尾节点的箭线；

⑤ 绘图时可以使用母线法；

⑥ 网络图绘图时，为了减少交叉，可以使用过桥法或指向法；

⑦ 单目标网络图应只有一个起点节点和一个终点节点。必要时，单代号网络图可使用虚拟的起点节点或虚拟的终点节点；

⑧ 网络图的编号规则是：一个节点编一个单独的号；自起点节点开始，自左而右；从1号编起，可连续或不连续，但是不准重复编号；箭头节点的号数应大于箭尾节点的号数。

3）网络计划时间参数计算：

① 网络计划时间参数的种类、含义及其计算顺序：

网络计划的时间参数包括：持续时间（D）、最早开始时间（ES）、最早完成时间（EF）、计算工期（T_c）、要求工期（T_r）、计划工期（T_p）、最迟完成时间（LF）、最迟开始时间（LS）、总时差（TF）、自由时差（FF）等。以上排列顺序也是它们的计算先后顺序。各个时间参数的概念如下：

工作持续时间：一项工作从开始到完成的时间。

工作最早开始时间：各紧前工作全部完成后，本工作有可能开始的最早时刻。

工作最早完成时间：各紧前工作全部完成后，本工作有可能完成的最早时刻。

计算工期：根据时间参数计算所得到的工期。

要求工期：任务委托人所提出的指令工期。

计划工期：根据要求工期和计算工期确定的作为实施目标的工期。

工作最迟完成时间：在不影响整个任务按期完成的前提下，本工作必须完成的最迟时刻。

工作最迟开始时间：在不影响整个任务按期完成的前提下，本工作必须开始的最迟时刻。

工作总时差：在不影响计划工期的前提下，本工作可以利用的机动时间。

工作自由时差：在不影响其紧后工作最早开始时间的前提下，本工作可以利用的机动时间。

② 网络计划时间参数的计算方法及举例：

网络计划时间参数的计算方法很多,有公式计算法、图上计算法、矩阵法、里程表计算法、计算机计算法、节点计算法、破圈法等。最常用的是计算机计算法和图上计算法。下面举例说明图上计算法。

设有图 9-7 的网络计划,进行图上计算的方法如下:

a. 计算工作最早时间:工作最早时间自左而右依次进行计算。首先计算工作最早开始时间,再加上持续时间得工作最早完成时间。只有紧前工作的最早完成时间计算完成以后,才能确定本工作的最早开始时间。如果本工作有两项以上的紧前工作,则本工作的最早开始时间取各紧前工作最早完成时间的最大值。计算结果如图 9-8 所示。

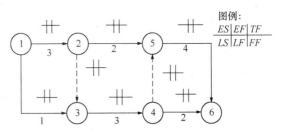

图 9-7 待计算的网络计划

b. 确定计算工期和计划工期:与终点节点相连的工作最早完成时间的最大值,就是计算工期,如图 9-8 所示。接着,应根据要求工期和计算工期确定计划工期。本例的计划工期就等于计算工期。

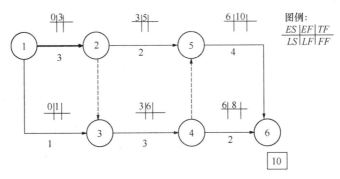

图 9-8 计算工作最早时间和计算工期

c. 计算工作最迟时间:工作最迟时间自右而左依次进行计算。先计算工作最迟完成时间,再减去工作持续时间,得出工作最迟开始时间。只有紧后工作的最迟开始时间计算完成以后,才能确定本工作的最迟完成时间。如果本工作有两项以上的紧后工作,则本工作的最迟完成时间取各紧后工作最迟开始时间的最小值。计算结果如图 9-9 所示。

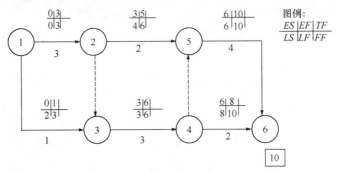

图 9-9 计算工作最迟时间

d. 计算工作总时差：工作总时差等于最迟完成时间减最早完成时间，或等于最迟开始时间减最早开始时间。计算结果如图 9-10 所示。

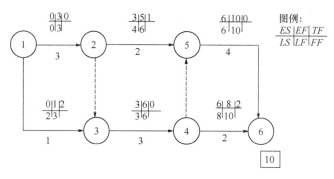

图 9-10　计算工作总时差

e. 计算工作自由时差：工作自由时差等于紧后工作的最早开始时间减本工作的最早完成时间（当有多个紧后工作时，应取差值的最小值）。计算结果如图 9-11 所示。

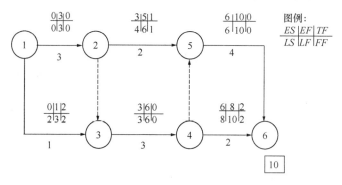

图 9-11　计算工作自由时差

4) 单代号网络计划时间参数的计算：单代号网络计划时间参数的计算的原理与双代号网络计划基本相同。所不同的是，要计算相邻两项工作之间的时间间隔（$LAG_{i,j}$）。其值是紧后工作的最早开始时间 ES_j 减本工作的最早完成时间 EF_i。计算公式是：

$$LAG_{i,j} = ES_j - EF_i$$

如果一项工作只有一项紧后工作，本工作的自由时差就是该时间间隔；如果一项工作有多项紧后工作，则本工作的自由时差应为各时间间隔的最小值。

单代号网络计划时间参数的计算顺序是：工作最早开始时间、工作最早完成时间、时间间隔、计算工期、计划工期、工作最迟完成时间、工作最迟开始时间、工作总时差、工作自由时差。

图 9-7 对应的单代号网络计划如图 9-12 所示，时间参数计算结果如图 9-13 所示。

5) 关键工作和关键线路的判别。

双代号网络计划的关键工作是总时差最小的工作。关键工作相联而形成的通路就是关键线路。图 9-11 中，由于计划工期等于计算工期，故工作的总时差最小为 0，关键线路为 1-2-3-4-5-6，如图 9-14 中粗线所示。

单代号网络计划中，也可以采用"总时差最小"的准则来判别关键工作。但在单代号

9.2 进度计划

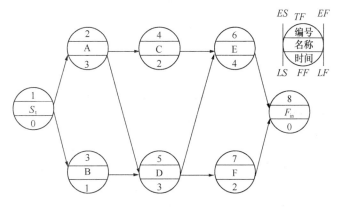

图 9-12 图 9-7 对应的单代号网络计划

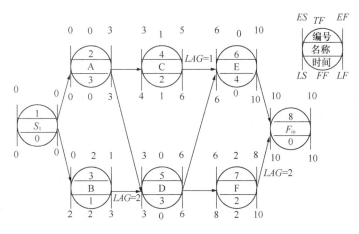

图 9-13 图 9-12 的计算结果

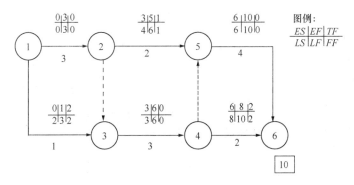

图 9-14 图 9-11 的关键线路

网络计划中,可先直接用时间间隔为零来判断关键线路(单代号网络计划中自始至终时间间隔全部为零的线路),关键线路上的工作即为关键工作。图 9-12 的关键线路是 1-2-5-6-8,如图 9-15 中粗线所示。

6) 双代号时标网络计划:是以时间坐标为尺度编制的双代号网络计划。其编制步骤如下:

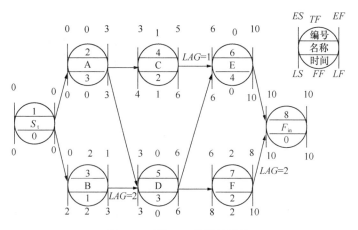

图 9-15 图 9-12 的关键线路

第一步，编制无时标的双代号网络计划。
第二步，绘制时间坐标。
第三步，将起点节点定位在 0 点。
第四步，划起点节点的外向箭线，按时间坐标及持续时间确定箭线的长度。
第五步，定节点的位置：如果节点前面只有一条内向箭线，则将节点定位在该箭线的端部；如果节点前面有多条内向箭线，则节点定位在最早完成时间最大的箭线的端部。
第六步，有的箭线未达节点位置，则在此距离内补划波线。

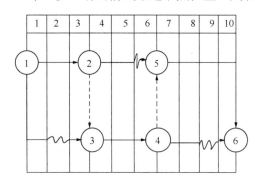

图 9-16 图 9-7 的双代号时标网络计划

第七步，重复划节点的外向箭线、定节点位置，直到终点节点定位为止。

双代号时标网络计划如图 9-16 所示。从图中可以看出工期、每项工作的两个最早时间和自由时差。波形线长度就是相邻两项工作之间的时间间隔。工作最迟时间和总时差需进行推算。

总时差的计算方法是：自与终点相连的工作算起，逆向进行。与终点相连的工作总时差是计划工期减本工作的最早完成时间。其余各工作的总时差（$TF_{i,j}$）是各紧后工作的总时差（$TF_{j,k}$）与本工作自由时差（$FF_{i,j}$）之和的最小值。

$$TF_{i,j} = \min(TF_{j,k} + FF_{i,j})$$

自终点节点至起点节点逆箭线方向观察，凡不出现波形线的通路，就是关键线路。图 9-16 的关键线路是 1-2-3-4-5-6。

(2) 计划评审技术

以上介绍的网络计划基础内容基本上属于关键线路法（Critical Path Method，CPM）的内容。关键线路法主要适用于确定型项目，即：工程项目中的各项工作是确定要进行的、工作时间也是确定的（尽管实际完成时间与计划时间可能会有出入）。而对于不确定性较高的项目，则会采用计划评审技术（Program Evaluation and Review Technique，PERT）。PERT 源于 1958 年美国军队的北极星火箭系统计划，主要目的是针对不确定性较高的工作项目，以网络图规划整个专案，以排定期望的专案时程。PERT 图把项目描绘成一个由编号结点（圆形或者方形）构成的网络图，编号节点代表着项目中的任务。每个结点都被编号，并且标注任务、工期、开始时间和完成时间。线条上的箭头方向标明任务次序，并且标识出在开始一个任务前必须完成哪些任务。

PERT 网络中每项活动可以有三个估计时间，即完成每项任务所需要的最乐观的、最可能的和最悲观的三个时间，用这三个时间的估算值来反映活动的"不确定性"。但是，为了关键路线的计算和报告，这三种时间估算应当简化为一个期望时间 t_i 和一个统计方差 σ^2，否则就要用单一时间估算法。

1) 计划评审技术的计算特点。在 PERT 中，假设各项工作的持续时间服从 β 分布，近似地用三时估计法估算出三个时间值，即最乐观、最可能和最悲观的三个持续时间，再加权平均算出一个期望值作为工作的持续时间。其计算公式为：

$$t_i = \frac{a_i + 4c_i + b_i}{6}$$

式中　t_i——i 工作的平均持续时间；

　　　a_i——i 工作最短持续时间（亦称乐观估计时间）；

　　　b_i——i 工作最长持续时间（亦称悲观估计时间）；

　　　c_i——i 工作正常持续时间，可由施工定额估算。

其中，a_i 和 b_i 两种工作的持续时间一般由统计方法进行估算。

三时估算法把非肯定型问题转化为肯定型问题来计算，用概率论的观点分析，其偏差仍不可避免，但趋向总是有明显的参考价值，当然，这并不排斥每个估计都尽可能做到可能精确的程度。为了进行时间的偏差分析（即分布的离散程度），可用方差估算：

$$\sigma_i^2 = \left(\frac{b_i - a_i}{6}\right)^2$$

式中　σ_i^2——i 工作的方差。

2) 计划评审技术的工作步骤：

① 确定完成项目必须进行的每一项有意义的活动，完成每项活动都产生事件或结果；

② 确定活动完成的先后次序；

③ 绘制活动流程从起点到终点的图形，明确表示出每项活动及其他活动的关系，用圆圈表示事件，用箭线表示活动，结果得到一幅箭线流程图，即 PERT 网络；

④ 估计和计算每项活动的完成时间；

⑤ 借助包含活动时间估计的网络图，管理者能够制定出包括每项活动开始和结束日期的全部项目的日程计划。

（3）关键链法

关键链法（Critical Chain Method）是另一种进度网络分析技术，可以根据有限的资源对项目进度表进行调整。关键链法结合了确定性与随机性办法，开始时利用进度模型中活动持续时间的估算，根据给定的依赖关系与限制条件绘制项目进度网络图，然后计算关键路径。在确定关键路径后,将资源的有无与多寡的情况考虑进去,确定资源限制进度计划。这种资源限制进度计划经常改变项目的关键路径。

1) 关键链法的基本原理。关键链法在网络图中增加作为"非工作进度活动"的持续时间缓冲,用来应对不确定性。放置在关键链末端的缓冲称为项目缓冲,用来保证项目不因关键链的延误而延误。其他的缓冲,即接驳缓冲,则放置在非关键链与关键链接合点,用来保护关键链不受非关键链延误的影响。根据相应路径上各活动持续时间的不确定性,来决定每个缓冲的时间长短。一旦确定了"缓冲进度活动",就可以按可能的最晚开始与最晚完成日期来安排计划活动。这样一来,关键链法就不再管理网络路径的总浮动时间,而是重点管理剩余的缓冲持续时间与剩余的任务链持续时间之间的匹配关系。

2) 关键链确定的重要指标。关键链法强调制约项目周期的是关键链而非关键路径,并通过项目缓冲、输入缓冲和资源缓冲机制来消除项目中不确定因素对项目计划执行的影响,保证在确定环境下编制的项目计划能在动态环境下顺利执行。

① 项目缓冲(Project Buffer,PB)。关键链法采用50%完成概率的工期估计方法,即在项目实施过程中,任务出现延误的概率为50%,减少了保证各个任务按实完工的预留缓冲时间。项目缓冲是位于关键链末端的时间缓冲,它的作用在于把从前分散在各个单独任务的保护时间累积到项目的最后,以保护整个项目的如期交付。项目缓冲的时间来源于传统方法中的各个任务所包含的预留缓冲时间。

② 汇入缓冲(Feeding Buffer,FB)。在确定关键链后,从非关键链路径向关键链汇入时,汇入任务应符合最晚开始原则。一旦汇入任务发生拖期,必然会导致关键链上任务的开工时间向后拖延,约束资源发生闲置状态。为了确保关键链上任务的如期开始,需要在汇入任务与其后的关键任务之间加入缓冲时间,保证汇入任务按期完成,这个缓冲即为汇入缓冲。

③ 资源缓冲。与前两种缓冲不同,它不是一种时间缓冲,只是一种旗帜标志,通常被安放在关键链上,用来提醒项目人员何时需要资源。

3) 关键链的计划方法:

① 削除单个作业隐含工期风险预留,按90%可靠工期的一半(50%)作为作业时间;

② 将项目的单个作业工期风险汇集在一起,在关键链上设置总的项目工期缓冲区(关键链的一半即50%),在汇入支路上设置汇入缓冲区(汇入路径的一半即50%);

③ 在跟踪时,将各个缓冲区分成三等份,当进度威胁缓冲区时,分别采取报警、分析对策措施,根据对缓冲区的威胁决定资源调整或作业调整。

9.3 进度控制

9.3.1 进度控制程序

根据《建设工程项目管理规范》9.3.1条规定,项目进度控制应遵循下列步骤:

(1) 熟悉进度计划的目标、顺序、步骤、数量、时间和技术要求,了解项目进度计划的相关背景及影响因素。

(2) 实施跟踪检查,进行数据记录与统计。在进度计划实施过程中,根据实际需要采取组织、经济、技术、管理等措施来保证计划的顺利进行,同时要对项目进度状态进行观测，通过密切的跟踪检查来掌握进度动态。随着项目的进展，不断观测记录每一项工作的实际开始时间、实际完成时间、实际进展时间、实际消耗的资源、当前状况等内容，以此作为进度控制的依据，或是每隔一定时间对项目进度计划执行情况进行一次较为全面的观测、检查，检查各工作之间逻辑关系的变化，检查各工作的进度和关键线路的变化情况，以便更好地发掘潜力，调整或优化资源。收集实际进度数据，并进行记录与统计。

（3）将实际数据与计划目标对照，分析计划执行情况。将项目的实际进度与计划进度进行对比，分析进度计划的执行情况，确定各项工作、阶段目标以及整个项目的完成程度，结合工期、生产成果的数量和质量、劳动效率、资源消耗、预算等指标，综合评价项目进度状况，并判断是否产生偏差。

（4）采取纠偏措施，确保各项计划目标实现。若确认进度无偏差，则继续按原计划实施，若确认产生偏差，分析进度偏差的影响，找出原因，并通过调整关键工作、调整非关键工作、改变某些工作的逻辑关系、调整资源等方式进行纠正，以确保进度目标的实现。若纠偏措施实施后仍不能奏效，则应对原计划进行调整。计划完成后，对进度控制进行总结，并编写施工进度控制报告。

9.3.2 进度的协调管理

进度的协调管理是指项目实施过程中，为了使工程建设的实际进度与计划进度要求相一致，以使工程项目能够按照预定的时间完成交付使用开展的协调管理活动。《建设工程项目管理规范》9.3.2条规定，对勘察、设计、施工、试运行的协调管理，项目管理机构应确保进度工作界面的合理衔接，使协调工作符合提高效率和效益的需求。需要进行协调的进度工作界面包括设计与采购、采购与施工、施工与设计、施工与试运行、设计与试运行、采购与施工等接口。

跟踪协调是进度控制的重要内容，需跟踪协调的相关方活动过程如下：

（1）与建设单位有关的活动过程，包括：项目范围的变化，工程款支付，建设单位提供的材料、设备和服务。

（2）与设计单位有关的活动过程，包括：设计文件的交付，设计文件的可施工性，设计交底与图纸会审，设计变更。

（3）与分包商有关的活动过程，包括：合格分包商的选择与确定，分包工程进度控制。

（4）与供应商有关的采购活动过程，包括：材料认样和设备选型，材料与设备验收。

（5）以上各方内部活动过程之间的接口。

值得指出的是，对勘察、设计、施工、试运行的协调管理过程，特别是进度工作界面的协调过程充满各种不确定性，项目管理机构应确保进度工作界面的合理衔接的基础上，使协调工作符合提高效率和效益的需求。

9.3.3 进度控制方法和措施

《建设工程项目管理规范》9.3.3条规定，项目管理机构的进度控制过程应符合下列规定：将关键线路上的各项活动过程和主要影响因素作为项目进度控制的重点；对项目进度有影响的相关方的活动进行跟踪协调。一是立足关键线路上的各项活动过程，围绕进度的主要影响因素，比如：与施工图设计、地基基础及主体施工相关的人员、方法、程序、资源使用等，进行重点环节的进度控制。二是对项目进度有影响的勘察、设计、施工、监理、业主等相关方的活动进行跟踪与协调，跟踪进度计划的实施情况，协调进度计划实施过程的纠纷与矛盾，确保工程项目进度控制结果符合规定要求。

1. 进度计划的实施记录与检查

进度计划的实施记录包括实际进度图表、情况说明、统计数据。《建设工程项目管理规范》9.3.4 条规定，项目管理机构应按规定的统计周期检查进度计划并保存相关记录。进度计划检查应包括下列内容：工作完成数量；工作时间的执行情况；工作顺序的执行情况；资源使用及其与进度计划的匹配情况；前次检查提出问题的整改情况。

进度计划检查记录可选用下列方法：文字记录；在计划图（表）上记录；用切割线记录；用"S"形曲线或"香蕉曲线"记录；用实际进度前锋线记录。

2. 项目进度控制方法

项目进度控制的主要环节是比较分析实际进度与计划进度，常用的进度比较分析方法有横道图、S 曲线、香蕉曲线、实际进度前锋线和列表比较法。

（1）横道图比较法。利用横道计划进行检查，就是在计划图中，把实际进度记录在原横道计划图上，如图 9-17 所示。图中，细线是计划进度，粗线是实际进度。

计划项目	进度（天）									
	1	2	3	4	5	6	7	8	9	10
A										
B										
C										
D										
E										
F										
G										
H										
K										

图 9-17　横道图比较法

（2）S 曲线比较法。S 曲线比较法是以横坐标表示进度时间、纵坐标表示累计完成任务量而绘制出的一条按计划时间累计完成任务量的 S 形曲线。用 S 形曲线可将项目的各检查时间实际完成的任务量与 S 形曲线进行实际进度与计划进度相比较。

（3）香蕉曲线比较法。"香蕉曲线"是两条 S 形的曲线组合成的闭合图形。在工程项目的网络计划中，根据各项工作的计划最早开始时间安排进度，绘制出的 S 形曲线称为 ES 曲线，根据各项工作的计划最迟开始时间安排进度，绘制出的 S 形曲线称为 LS 曲线。在项目的进度控制中，除了开始点和结束点之外，香蕉形曲线的 ES 和 LS 上的点不会重合，即同一时刻两条曲线所对应的计划完成量形成了一个允许实际进度变动的弹性区间，只要实际进度曲线落在这个弹性区间内，就表示项目进度是控制在合理的范围内。在实践中，每次进度检查后，将实际点标注于图上，并连成实际进度线，便可以对工程实际进度与计划进度进行比较分析，对后续工作进度做出预测和相应安排。

图 9-19 所示香蕉曲线是根据网络计划绘制的累计工程数量曲线。横坐标是时间，纵坐标是工作量，可以是绝对数，也可以是百分比。A 线是根据最早完成时间绘制的，B 线是根据最迟完成时间绘制的。两线将图围成了香蕉状。P 线是实际完成的工程量累计曲线。用这 3 条曲线对比可以在任何时点上观察到（或计算）工程的进度状况，包括时间的提前或延误，工作量完成的多或少。本图在 t 点检查时可以发现，进度提前量为 Δt。

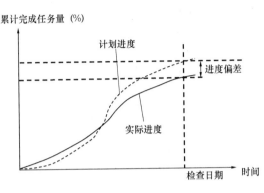

图 9-18　S 曲线比较法　　　　图 9-19　香蕉曲线比较法

（4）前锋线比较法。前锋线比较法是利用时标网络计划图检查和判定工程进度实施情况的方法。图 9-20 的网络计划中，箭线之下是持续时间（周），箭线之上是预算费用，并列入了表 9-4 中。计划工期 12 周。工程进行到第 9 周时，C 工作完成了 2 周，E 工作完成了 1 周，G 工作已经完成，H 工作尚未开始。要求用实际进度前锋线对进度进行检查分析。

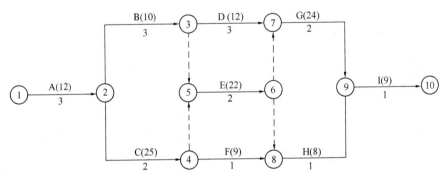

图 9-20　待检查的网络计划

网络计划的工作时间和预算造价　　　　表 9-4

工作名称	A	B	C	D	E	F	G	H	I	合计
持续时间（周）	3	3	2	3	2	1	2	1	1	
造价（万元）	12	10	25	12	22	9	24	8	9	131

首先绘制实际进度前锋线，要点如下：

第一，将网络计划搬到时标表上，形成时标网络计划；第二，在时标表上确定检查的时间点；第三，将检查出的时间结果标在时标网络计划相应工作的适当位置并打点；第四,把检查点和所打点用直线连接起来,形成从表的顶端到底端的一条完整的折线,该折线就是实际进度前锋线。根据第 9 周的进度检查情况,绘制的实际进度前锋线如图 9-21 所示,现对绘制情况进行说明如下:

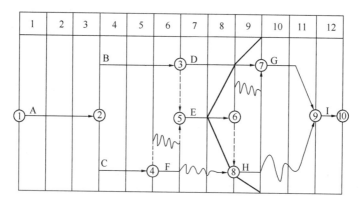

图 9-21 第 9 周检查的实际进度前锋线

根据第 9 周检查结果和表 9-4 中所列数字,计算已完工程预算造价是:
A+B+2/3D+1/2E+C+F=12+10+2/3×12+1/2×22+25+9=75(万元)。

到第 9 周应完成的预算造价可从图 9-21 中分析,应完成 A、B、D、E、C、F、H,故:

A+B+D+E+C+F+H=12+10+12+22+25+9+8=98(万元)。

进度完成比例=75/98=0.765=76.5%,即完成计划的 76.5%。

从图 9-21 中可以看出,D、E 工作均未完成计划。D 工作延误一周,这一周是在关键线路上,故将使项目工期延长 1 周。E 工作不在关键线路上,延误 2 周,但该工作只有 1 周总时差,故也会对导致工期拖延 1 周。D、E 工作是平行工作,工期总的拖延时间是 1 周。

重绘的第 9 周末之后的时标网络计划,如图 9-22 所示。与计划相比,工期延误 1 周。

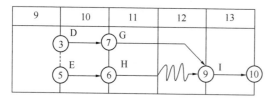

图 9-22 第 9 周以后的网络计划

(5)列表比较法。列表比较法是记录检查日期应该进行的工作名称及其已经作业的时间,然后列表计算有关时间参数,并根据工作总时差进行实际进度与计划进度比较的一种方法。这种方法适用于采用非时标网络计划的情况。比较实际进度与计划进度:

1)如果工作尚有总时差与原有总时差相等,说明该工作实际进度与计划进度一致;

2)如果工作尚有总时差大于原有总时差,说明该工作实际进度超前,超前的时间为二者之差;

3)如果工作尚有总时差小于原有总时差,且仍为正值,说明该工作实际进度拖后,拖后的时间为二者之差,但不影响总工期;

4)如果工作尚有总时差小于原有总时差,且仍为负值,说明该工作实际进度拖后,拖后的时间为二者之差,此时,工作实际进度偏差将影响总工期。

已知某工程网络计划如图 9-23 所示,在第 10 周末检查时,发现 A、B、C、E 工作已完成,D 工作已进行 4 周,G 工作已进行 1 周,L 工作已进行 2 周,试用列表比较法进行实际进度与计划进度的比较。

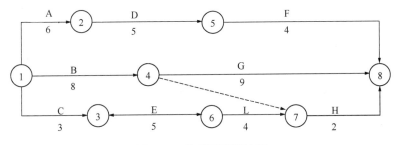

图 9-23 某项目网络计划

根据检查结果及网络时间参数计算的结果,判断项目进度情况见表 9-5。

项目进度比较分析表　　　　　　　　　表 9-5

工作编号	工作代号	检查时尚需时间	到计划最迟完成前尚有时间	原有总时差	尚余总时差	情况判断
2-5	D	1	3	2	3−1=2	拖后 1 周,但不影响工期
4-8	G	8	7	0	7−8=−1	拖期 1 周,影响工期 1 周
6-7	L	2	5	3	5−2=3	实际进度与计划进度一致

3. 项目进度控制措施

为了实施进度控制,必须根据建设工程项目的具体情况认真制定进度控制措施,以确保建设工程项目进度控制目标的实现。虽然建设工程项目参建各方的进度控制措施不尽相同,但都应从组织、技术、合同及经济四个方面采取相应的措施。

(1) 组织措施。组织是目标能否实现的决定性因素,为实现项目的进度目标,必须重视采取组织措施。建立健全项目管理的组织体系,设立专门的进度管理工作部门和符合进度控制岗位要求的专人负责进度控制工作。对于项目进度控制的工作内容应当在项目管理组织设计的任务分工表和管理职能分工表中标示并落实。同时应确定项目进度控制的工作流程,如:

1) 定义项目进度计划系统的组成;
2) 各类进度计划的编制程序、审批程序和计划调整程序等。

此外,进度控制工作包含了大量的组织与协调工作,而会议是组织与协调的重要手段。除了在项目的日常例会上包含大量项目进度控制的内容外,还应经常召集项目的进度协调会议。为了提高这些与进度控制有关的会议的效率,应当进行有关进度控制会议的组织设计,以明确:会议类型;各类会议的主持人及参加人员;各类会议的召开时间;各类会议文件的整理、分发和确认等。

不同的项目参与方可以采取不同的组织措施,但无论何种措施均应切合项目实际。

(2) 技术措施。建设工程项目进度控制的技术措施涉及对实现进度目标有利的设计技术和施工技术的选用。不同的设计理念、设计技术路线、设计方案会对工程进度产生不同的影响,在设计工作的前期,特别是在设计方案评审和选用时,应对设计技术与工程进度的关系作分析比较。在工程进度受阻时，应分析是否存在设计技术的影响因素，为实现进度目标有无设计变更的可能性。

施工方案对工程进度有直接影响，在决策其选用时，不仅应分析技术的先进性和经济合理性，还应考虑其对进度的影响。在工程进度受阻时，应分析是否存在施工技术的影响因素，为实现进度目标有无改变施工技术、施工方法和施工机械的可能性。

为了实现项目的进度控制，各参建方均应重视进度控制的技术措施，例如，施工方进度控制中可采用以下几方面的技术措施：

1) 通过合理分析与评价项目实施技术方案，选择有利于项目进度控制的方案与措施；

2) 编制项目进度控制工作细则，指导项目人员实施进度控制；

3) 采用网络计划技术及其他科学适用的计划方法，利用信息技术辅助进度控制，实施项目进度动态控制。

(3) 合同措施。建设工程项目进度控制的合同措施包括承发包模式的合理选择、加强合同及风险管理等。

1) 合理选择承发包模式。承发包模式的选择直接关系到工程实施的组织和协调。为了实现进度目标，应选择合理的合同结构，以避免过多的合同交界面而影响工程进展。工程物资的采购模式对进度也有直接影响，对此应作比较分析。

2) 加强合同及风险管理。为实现进度目标，不但应通过加强合同管理进行进度控制，还应注意分析影响工程进度的风险，并在分析的基础上采取风险管理措施，以减少进度失控的风险量。

(4) 经济措施。建设工程项目进度控制的经济措施涉及资金需求计划、资金供应的条件和经济激励措施等。为确保进度目标的实现，应编制与进度计划相适应的资源需求计划（资源进度计划），包括资金需求计划和其他资源（人力和物力资源）需求计划，以反映工程实施的各时段所需要的资源。通过资源需求的分析，可发现所编制的进度计划实现的可能性，若资源条件不具备，则应调整进度计划。资金供应条件包括可能的资金总供应量、资金来源（自有资金和外来资金）以及资金供应的时间。在工程预算中应考虑加快工程进度所需要的资金，其中包括为实现进度目标将要采取的经济激励措施所需要的费用。

经济措施是最常用的进度控制措施，项目不同的参与方均可以采用，例如，监理单位可以采用如下的经济措施：

1) 利用工程预付款及工程进度款支付控制工程进度；

2) 在业主的授权下，对应急赶工给予优厚的赶工费用；

3) 按照合同规定，对工期提前给予奖励，对工程延误收取误期损失赔偿金；

4) 加强索赔管理，公正地处理工期延误带来的工期与费用索赔。

9.3.4 进度报告

《建设工程项目管理规范》9.3.5条规定，进度计划检查后，项目管理机构应编制进度管理报告并向相关方发布。进度管理报告应包括下列内容：进度执行情况的综合描述；实际进度与计划进度对比；进度计划执行中的问题及其原因分析；进度计划执行情况对质量、安全、成本、环境的影响分析；已经采取及拟采取的措施；对未来计划进度的预测；需协调解决的问题。

进度报告可以按上述内容单独编制。进度报告还可以与质量、成本、安全和其他报告合并编写，提出综合进展报告。

1. 进度报告等级

根据进度报告的用途和送达对象可以分为3个级别：一是项目概要级，描述整个项目的进度状况，可以报告给项目经理、企业经理、业务部门或项目的利益相关者；二是项目管理级，描述项目的部分进度，如施工项目的分部工程或单位工程，可报告给项目经理和业务部门；三是业务管理级，描述重点对象或关键点的进度状况，供项目管理者或业务部门使用，以便采取应急措施。

2. 进度报告种类

以上述三个级别为基础，进度报告可进行四种分类：第一类是按目的分类，包括日历进度取向，关键点进度和例外情况报告等；第二类是按阶段分类，包括设计、采购、施工、试运转或其中的细分阶段的进度；第三类是以报告的周期分类，按日、周、旬、月、季等周期进行报告；第四类是按用途分类，分管理用的、分析用的等。

3. 进度报告内容

（1）说明报告的目的。

（2）说明报告的对象。

（3）说明进度的具体情况，包括：①项目实施概况，管理概况，进度总体状况；②设计文件提供进度；③材料、物资供应进度；④项目施工进度；⑤劳务状况；⑥变更指令状况；⑦资金供应进度状况；⑧进度趋势及风险预测等。

（4）报告编写人。一般由进度管理负责人编写，也可以是相关管理人员。

9.4 进度变更管理

《建设工程项目管理规范》9.4.1规定，项目管理机构应根据进度管理报告提供的信息，纠正进度计划执行中的偏差，对进度计划进行变更调整。项目管理机构进度计划的变更控制应符合下列规定：调整相关资源供应计划，并与相关方进行沟通；变更计划的实施应与组织管理规定及相关合同要求一致。

9.4.1 进度计划变更内容

项目管理机构应根据进度管理报告提供的信息，纠正进度计划执行中的偏差，对进度计划进行变更调整。进度计划变更的原因，是原进度计划目标已失去作用或难以实现。《建设工程项目管理规范》9.4.2规定，进度计划变更可包括下列内容：

（1）工程量或工作量的变更；

（2）工作起止时间的变更；

（3）工作关系的变更；

（4）资源供应的变更。

进度计划变更应根据项目进度实际情况具体确定上述内容的一项或数项。进度计划变更后应编制新的进度计划，并及时与相关单位和部门沟通。产生进度变更（如延误）后，受损方可按合同及有关索赔规定向责任方进行索赔。进度变更（如延误）索赔应由发起索赔方提交工期影响分析报告，以得到批准确认的进度计划为基准申请索赔。

9.4.2 进度计划变更风险预防

《建设工程项目管理规范》9.4.3 规定，项目管理机构应识别进度计划变更风险，并在进度计划变更前制定下列预防风险的措施：组织措施、技术措施、经济措施、沟通协调措施。当采取措施后仍不能实现原目标时，项目管理机构应变更进度计划，并报原计划审批部门批准。

项目管理机构预防进度计划变更风险的同时应注意下列事项：

(1) 不应强迫计划实施者在不具备条件的情况下对进度计划进行变更；

(2) 当发现关键线路进度超前时，可视为有益，并使非关键线路的进度协调加速；

(3) 当发现关键线路的进度延误时，可依次缩短有压缩潜力且追加利用资源最少的关键工作；

(4) 关键工作被缩短的时间量需是与其平行的诸非关键工作的自由时差的最小值；

(5) 当被缩短的关键工作有平行的其他关键工作时，需同时缩短平行的各关键工作；

(6) 缩短关键线路的持续时间应以满足工期目标要求为止；如果自由时差被全部利用后仍然不能达到原计划目标要求，需变更计划目标或变更工作方案。

9.4.3 进度计划调整方法及示例

1. 进度计划调整方法

进度计划调整方法包括以下几种：

(1) 调整关键线路：

1) 当关键线路的实际进度比计划进度拖后时，应在尚未完成的关键工作中，选择资源强度小或费用低的工作缩短其持续时间，并重新计算未完成部分的时间参数，将其作为一个新计划实施；

2) 当关键线路的时间进度比计划进度提前时，若不拟提前工期，应选用资源占用量大或者直接费用高的后续关键工作，适当延长其持续时间，以降低其资源强度或费用；当确定要提前完成计划时，应将计划尚未完成的部分作为一个新计划，重新确定关键工作的持续时间，按新计划实施。

(2) 调整非关键工作：非关键工作的调整应在其时差的范围内进行，以便更充分地利用资源、降低成本或满足施工的需要。每一次调整后都必须重新计算时间参数，观察该调整对计划全局的影响。可采用以下几种调整方法：

1) 将工作在其最早开始时间与最迟完成时间范围内移动；

2) 延长工作的持续时间；

3) 缩短工作的持续时间。

(3) 增减工作项目：增减工作项目时应符合下列规定：

1) 不打扰原网络计划总的逻辑关系，只对局部逻辑关系进行调整；

2) 在增减工作后应重新计算时间参数，分析对原网络计划的影响；当对工期有影响时，应采取调整措施，以保证计划工期不变。

(4) 调整逻辑关系：逻辑关系的调整只有当实际情况要求改变施工方法或组织方法时才可进行。调整时应避免影响原定计划工期和其他工作的顺利进行。

(5) 调整工作的持续时间：当发现某些工作的原持续时间估计有误或实现条件不充分时，应重新估算其持续时间，并重新计算时间参数，尽量使原计划工期不受影响。

（6）调整资源投入：当资源供应发生异常时，应采用资源优化方法对计划进行调整，或采取应急措施，使其对工期的影响最小。

网络计划的调整，可以定期进行，亦可根据计划检查的结果在必要时进行。

2. 进度计划调整示例

根据表 9-6 的数据对图 9-24 进行工期—成本调整。如果压缩工期 4 周，需增加费用为多少？

第一步，根据工期—成本调整原理，要缩短工期必须对关键工作进行压缩。由于关键工作 A 的追加费用最少，故首先压缩 A 工作 1 周，追加费用 200 元，累计增加费用 200 元，工期由 16 周缩短为 15 周。

第二步，压缩 C 工作 1 周，增加费用 250 元，累计增加费用 450 元，工期缩短为 14 周。

第三步，压缩 E 工作 1 周，追加费用 300 元，累计增加费用 750 元，工期缩短为 13 周。

图 9-24 所需数据表　　　　　　　　　　　表 9-6

工作	正常时间（周）	赶工时间（周）	正常成本（元）	赶工成本（元）	赶工一周增加的费用（元/周）
A	4	3	2000	2200	200
B	4	3	1500	1600	100
C	4	3	1000	1250	250
D	3	2	1800	1950	150
E	6	4	2200	2800	300
F	5	3	2000	2500	250
G	2	2	1400	1400	—

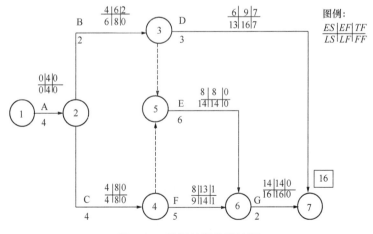

图 9-24　待调整的进度计划

第四步，由于工作 F 也成了关键工作，而且只有工作 E 和工作 F 有压缩潜力，故必须同时压缩 E、F 各 1 周，增加费用为 300＋250＝550（元），累计增加费用 1300 元，工期缩短为 12 周。

至此，压缩该网络计划工期的任务全部完成。将上述优化的结果汇总成表，可见表 9-7 所示。压缩后的网络计划见图 9-25。

网络计划 9-17 的压缩结果　　　　　　　　　表 9-7

工作	压缩周数	压缩一周增加的费用	累计增加的费用	工期
A	1	200	200	15
C	1	250	450	14
E	1	300	750	13
E、F	1	550	1300	12

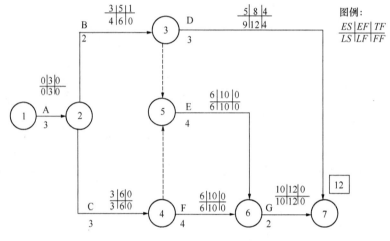

图 9-25　调整后的网络计划

第10章 项目质量管理

10.1 质量管理概述

10.1.1 质量及其相关概念

质量管理不仅内容众多，而且范围复杂，其基础是质量术语。质量术语的基本依据，是等同采用国际标准 ISO 9000:2015 的国家标准《质量管理体系 基础和术语》GB/T 19000—2016。

1. 质量

《质量管理体系 基础和术语》GB/T 19000—2016 对质量的定义是："实体若干固有特性满足要求的程度"。

术语"质量"可使用形容词差、好或优秀来修饰。

"固有的"就是指在某事或某物本来就有的，尤其是那种永久的特性。要求是指"明示的、通常隐含的或必须履行的需求或期望"。特定要求可使用修饰词表示。规定要求是经明示的要求，要求可由不同的相关方提出。

对工程产品来说，例如水泥的化学成分、强度、凝结时间就是固有特性，而价格和交货期则是赋予特性。对质量管理体系来说，固有特性就是实现质量方针和质量目标的能力。对过程来说，固有特性就是过程将输入转化为输出的能力。

从术语的基本特性来说，质量是满足要求的程度。要求包括明示的隐含的和必须履行的需求或期望。明示的含义，一是指在合同条件下，用户明确提出的需要或要求，通常是通过合同、标准、规范、图纸、技术文件所做出的明确规定；隐含需要则应加以识别和确定，具体说，是指顾客的期望。二是指那些人们公认的、不言而喻的、不必做出规定的"需要"，如房屋的居住功能是基本需要。但房屋的美观与舒适性属于必然的"隐含需要"。需要是随时间、环境的变化而变化的，因此，应定期评定质量要求，修订规范，开发新产品，以满足已变化的质量要求。

2. 质量管理

《质量管理体系 基础和术语》GB/T 19000—2016 对质量管理的定义是：关于质量的管理，即在质量方面指挥和控制组织的协调的活动。在质量方面的指挥和控制活动，通常包括制定质量方针和质量目标以及质量策划、质量控制、质量保证和质量改进。

质量方针是指管理质量的方针，即由组织的最高管理者正式发布的该组织总的质量宗旨和方向。它体现了该组织（项目）的质量意识和质量追求，是组织内部的行为准则，也体现了顾客的期望和对顾客作出的承诺。质量方针是总方针的一个组成部分，由最高管理者批准。

质量目标，是指与质量有关的要实现的结果，即在质量方面所追求的目的。它是落实质量方针的具体要求，它从属于质量方针，应与利润目标、成本目标、进度目标等相协调。质量目标必须明确、具体，尽量用定量化的语言进行描述，保证质量目标容易被沟通和理解。质量目标应分解落实到各部门及项目的全体成员，以便于实施、检查、考核。

从质量管理的定义可以说明，质量管理是项目围绕着使产品质量能满足不断更新的质量要求，而开展的策划、组织、计划、实施、检查和监督、审核等所有管理活动的总和。它是项目各级职能部门领导的职责，而由组织最高领导（或项目经理）负全责，应调动与质量有关的所有人员的积极性，共同做好本职工作，才能完成质量管理的任务。

《质量管理体系 基础和术语》GB/T 19000—2016 对质量控制的定义是："质量管理的一部分，致力于满足质量要求"。质量控制的目标就是确保产品的质量能满足顾客、法律法规等方面所提出的质量要求（如适用性、可靠性、安全性）。质量控制的范围涉及产品质量形成全过程的各个环节，如设计过程、采购过程、生产过程、安装过程等。

质量控制的工作内容包括作业技术和活动，也就是包括专业技术和管理技术两个方面。围绕产品质量形成全过程的各个环节，对影响工作质量的人、机、料、法、环五大因素进行控制，并对质量活动的成果进行分阶段验证，以便及时发现问题，采取相应措施，防止不合格重复发生，尽可能地减少损失。因此，质量控制应贯彻预防为主与检验把关相结合的原则。必须对"干什么？为何干？怎么干？谁来干？何时干？何地干？"做出规定，并对实际质量活动进行监控。因为质量要求是随时间的进展而在不断变化，为了满足新的质量要求，就要注意质量控制的动态性，要随工艺、技术、材料、设备的不断改进，研究新的控制方法。

3. 质量管理体系

《质量管理体系 基础和术语》GB/T 19000—2016 对质量管理体系的定义是：管理体系中关于质量的部分，即"在质量方面指挥和控制组织的管理体系"。

"体系"的含义是：若干有关事物互相联系、互相制约而构成的有机整体，有机整体实际是一个系统。质量管理体系是实施质量方针和目标的管理系统，其内容要以满足质量目标的需要为准，它是一个有机整体，强调系统性和协调性，它的各个组成部分是相互关联的。质量管理体系把影响质量的技术、管理、人员和资源等因素加以组合，在质量方针的指引下，为达到质量目标而发挥效能。

一个组织要进行正常的运行活动，就必须建立一个综合的管理体系，其内容可包含质量管理体系、环境管理体系、职业健康安全管理体系和财务管理体系等。2016版《质量管理体系 要求》GB/T 19001 标准在编制时已考虑了与 ISO 14000 环境管理体系标准及其他管理体系标准的协调，为组织综合管理体系的建立提供了方便。

建立和运行项目质量管理体系是工程项目质量管理的基础，《质量管理体系 要求》GB/T 19001—2016 已经成为项目质量管理体系的基本导向。

10.1.2 项目质量管理过程、原则与作用

1. 项目质量管理过程

建设工程项目质量包括建设工程产品（实体）和服务这两类特殊产品的质量。建设工程实体作为一种综合加工的产品，它的质量是指建设工程产品适合于某种规定的用途，满足人们要求所具有的质量特性的程度。结合建设工程项目的特点，即设计、采购、施工以及投资额较大，建设工期较长，因此服务质量同样是工程项目质量中的主要因素。建设工

程项目质量管理是项目管理的重要组成部分，它直接影响到整个工程项目的成败。

项目质量管理其作用是保证满足承诺的项目质量要求。包括的项目管理过程有：

(1) 质量计划。识别与项目相关的质量标准，并确定如何满足这些标准。

(2) 质量保证。其致力于提供质量要求会得到满足的信任。质量管理的实质是信任问题。定期评估项目整体绩效，以确信项目可以满足相关的质量标准，是组织提供相关质量信任的一种活动。它贯穿项目的始终。可以分为两种：内部质量保证：提供给项目管理小组和管理执行组织的保证；外部质量保证：提供给客户和其他参与人员的保证。

(3) 质量控制。监控特定的项目结果，确定它们是否遵循相关质量标准，并找出消除不满意绩效的途径，是贯穿项目始终的活动。项目结果包括产品结果（可交付使用部分）和管理成果（如成本、进度等）。

2. 项目质量管理原则与作用

《质量管理体系　要求》GB/T 19001—2016 提出了质量管理原则，包括：以顾客为关注焦点，领导作用，全员参与，过程方法，改进，循证决策，关系管理。质量管理原则应该贯穿工程项目管理始终，其基本作用如下：

(1) 以市场与顾客为基点

顾客是组织的生存基础。没有顾客组织将无法生存。工程质量是建筑产品使用价值的集中体现，用户最关心的就是工程质量的优劣，或者说用户的最大利益在于工程质量。所以组织应与市场相衔接，在项目勘察、设计、施工和试运行中以顾客为关注焦点，围绕顾客的明示与潜在需求，切实保证工程质量。因此，质量管理可以大大提升顾客的信任度。

(2) 以人为管理核心

质量管理的目的是需满足明示的、通常隐含的或必须履行的需求或期望，其基点是满足人的需求，包括达到以发包人（顾客）为核心的相关方满意以及法律法规、技术标准和产品的质量要求。这里的相关方可能是建设单位（或工程用户）、勘察、设计单位、监理单位、供应商、分包等。从管理的本质上讲，能够满足上述需求的关键还是人，是工程项目质量管理团队的一个或一组人。

人是质量的创造者。一方面质量控制应该"以人为本"，把人作为质量控制的动力，在管理中充分发挥人的积极性、创造性。只有这样，项目质量控制才能达到既定的目标。另一方面工程质量是项目各方面、各部门、各环节工作质量的集中反映。提高工程项目质量依赖于上自项目经理下至一般员工的共同努力。所以，质量控制必须坚持"以人为控制核心"，做到人人关心质量控制，人人做好质量控制工作。因此质量管理可以强化质量形成过程的控制。

(3) 缺陷预防为主

缺陷预防为主的思想，是指事先分析影响产品质量的各种因素，找出主导因素，采取措施加以重点控制，使质量问题消灭在发生之前或萌芽状态，做到防患于未然。

过去通过对成品或竣工工程进行质量检查，才能对工程的合格与否做出鉴定，这属于事后把关，不能预防质量事故的产生。提倡严格把关和积极预防相结合，并以预防为主的方针，才能使工程质量在施工全过程处于控制之中。因此质量管理可以有效防范质量缺陷。

(4) 提升工程质量层次

质量标准是评价工程质量的尺度,数据是质量控制的基础。工程质量是否持续符合质量要求,必须通过严格检查加以控制。同时只有努力提升质量标准的水平,才能保证组织的质量竞争力和增强顾客的满意度。

工程项目的质量管理需与国家有关质量管理法律法规和标准要求相一致:围绕工程质量标准,建立项目质量管理制度,包括质量终身责任和竣工后永久性标牌制度,对项目负责人履行质量责任不到位的情况进行追究;制定项目质量管理评定考核制度,包括:合理配备质量管理资源,明确各自的质量责任和义务,以监督落实项目负责人的质量终身责任,使工程质量不断提升到新的水平。因此,质量管理可以提升质量层次。

(5) 持续不断的过程控制

围绕质量目标坚持持续的过程控制是项目质量管理的基础。过程指的就是工程质量产生、形成和实现的过程。建筑安装工程质量,是勘察设计质量、原材料与成品半成品质量、施工质量、使用维护质量的综合反映。为了保证和提高工程质量,质量控制不能仅限于施工过程,必须贯穿于从勘察设计直到使用维护的全过程,把所有影响工程质量的环节和因素控制起来,有机地协调好各个过程的接口问题,坚持持续不断的改进和管理,使过程的质量风险降至最低。因此,质量管理可以确保质量控制的持续有效。

(6) 系统科学的质量导向

由于工程建设项目的独特性,质量管理的导向不仅应坚持前瞻性、预防性和系统性,而且应组织应通过对人员、机具、材料、方法、环境要素的全过程持续管理,确保工程质量满足质量标准和相关方要求。

关键在于确定引领导向的质量管理依据。2003 年以来,国家建设主管部门先后发布了有关工程建设质量管理的规范标准,不仅引领项目质量管理方向,而且为组织进行质量管理提供了系统化的科学依据,包括:国家标准《工程建设勘察企业质量管理规范》、《工程建设设计企业质量管理规范》和《工程建设施工企业质量管理规范》等。建设行业的各类组织应该基于这些质量管理依据,认真研究规范的相关要求,结合项目特点积极应用与落实。也就是说,质量管理可以通过落实这些系统科学的依据既规避可能的风险又可增加管理价值。

10.2 质量计划

10.2.1 质量计划的定义与内涵

质量计划是质量策划的组成部分。质量策划是组织在质量方面进行规划的活动。质量计划是质量策划的重要结果。

《质量管理体系 基础和术语》GB/T 19000—2016 对质量计划的定义是:"对特定的项目、产品、过程或合同,规定由谁及何时应使用哪些程序和相关资源的文件"。对工程建设项目而言,质量计划主要是针对特定的项目所编制的规定程序和相应资源的文件。

组织的质量制度或质量管理体系程序所规定的是各种产品都适用的通用要求和方法。但各种特定产品都有其特殊性,通过质量策划,可将某产品、项目或合同的特定要求与现行的通用的质量体系程序相联结。通常在质量策划形成的质量计划中引用质量制度或程序文件中的适用条款。

质量计划是项目质量策划结果的一种体现，质量策划的结果也可以是非书面的形式。质量计划应明确指出所开展的质量活动，并直接或间接通过相应程序或其他文件，指出如何实施这些活动。质量计划应在质量策划与项目管理策划过程中编制。

10.2.2 质量计划的作用

质量计划是一种工具，其可以起以下作用：

（1）在组织内部，通过建设项目的质量计划，使产品的特殊质量要求能通过有效的措施得以满足，是质量管理的依据。

（2）在合同情况下，供方可向顾客证明其如何满足特定合同的特殊质量要求，并作为用户实施质量监督的依据。

10.2.3 质量计划的内容

质量计划应包括的内容有：质量目标和要求；质量管理组织和职责；所需要的过程、文件和资源的需求；产品（或过程）所要求的验证、确认、监视、检验和试验活动，以及接收准则；必要的记录；所采取的措施。具体阐述如下：

（1）应达到的建设项目质量目标，如特性或规范、可靠性、综合指标等；

（2）组织实际运作的各过程步骤（可以用流程图等形式展示过程的各项活动），包括质量控制点的设置与管理，项目生产要素的质量控制流程等；

（3）在项目的各个不同阶段，职责、权限和资源的具体分配。如果有的建设项目因特殊需要或组织管理的特殊要求，需要建立相对独立的组织机构，应规定有关部门和人员应承担的任务、责任、权限和完成工作任务的进度要求；

（4）实施中应采用的程序、方法和指导书；

（5）有关阶段（如设计、采购、施工、试运行等）适用的试验、检查、检验和评审大纲；

（6）达到质量目标的测量（检查）方法；

（7）随项目的进展而修改和完善质量计划的程序；

（8）为达到质量目标应采取的其他措施，如更新检验测试设备，研究新的工艺方法和设备，需要补充制订的特定程序、方法、标准和其他文件等。

10.2.4 质量计划的编制

工程项目的质量计划是针对具体项目的特殊要求，以及应重点控制的环节，所编制的对设计、采购、施工安装、试运行等质量控制方案。编制质量计划，可以是单独一个文件，也可以是由一系列文件所组成。质量计划最常见的内容之一是创优计划，包括各种高等级的质量目标，特殊的实施措施等。

开始编制质量计划时，可以从总体上考虑如何保证产品质量，因此，可以是一个带有规划性的较粗的质量计划。随着设计、施工安装的进展，再相应编制各阶段较详细的质量计划，如设计控制计划、施工控制计划、安装控制计划和检验计划等。质量计划应随设计、施工、安装的进度作必要的调整和完善。

质量计划可以单独编制，也可以作为建设项目其他文件（如项目实施计划、设计实施计划等）的组成部分。在现行的施工管理体制中，对每一个特定工程项目需要编写施工组织设计，作为施工准备和施工全过程的指导性文件。质量计划与施工组织设计的相同点是：其对象均是针对某一特定项目，而且均以文件形式出现。但两者在内容和要求上不完全相同，因此，不能互相替代，但可以将两者有机地结合起来。同时，质量计划应充分考虑与施工方案、施工措施的协调与接口要求。

为编好质量计划，应注意以下问题：

（1）组织管理层应当亲自及时组织和指导，项目经理必须亲自主持和组织质量计划的编制工作。

（2）可以建立质量计划编制小组。小组成员应具备丰富的知识，有实践经验，善于听取不同的意见，有较强的沟通能力和创新精神。当质量计划编制完成后，在公布实施时，小组即可解散。

（3）编制质量计划的指导思想是：始终以用户为关注焦点，建立完善的质量控制措施。

（4）准确无误地找出关键质量问题。

（5）反复征询对质量计划草案的意见。

10.2.5　质量计划的编制大纲

如果是勘察、设计、施工、试运行中的某一过程，则可以对以下内容进行删减：

(1) 适用范围；

(2) 编制依据；

(3) 项目概况；

(4) 项目质量管理体系策划；

(5) 项目质量目标和相关要求；

(6) 项目组织机构、质量职责和权限；

(7) 项目质量管理沟通与协调；

(8) 文件和资料及记录的控制；

(9) 项目管理与质量控制点的设置；

(10) 工程设计；

(11) 采购；

(12) 施工；

(13) 试运行；

(14) 项目完工和服务；

(15) 测量、分析和改进；

(16) 附件：《程序文件和支持性文件一览表》、《项目组织机构图》、《质量管理组织机构图》。

10.2.6　质量计划的实施

质量计划一旦批准生效，必须严格按计划实施。在质量计划实施过程中应进行监控，及时了解计划执行的情况及偏离的程度，制定实施纠偏措施，以确保计划的有效性。如果用户明确提出编制质量计划要求，则在实施过程中如对质量计划有较大修改时需征得用户的同意。如果项目要开展创优活动，则应把质量计划与创优计划整合在一起为宜，这样可以提高质量管理和创优活动的效率。质量计划一般可以与施工组织设计一起进行编制。

10.3 工程设计质量控制

10.3.1 设计策划

依据《质量管理体系 基础与术语》GB/T 19000—2016 规定,设计活动(含开发)是将客体的一组要求转换为更为详细的要求的过程。因此设计(含开发)活动是一项非常重要的高级智力的质量定义过程。

工程项目的设计策划工作由设计经理负责,主要任务是编制"设计实施计划"。设计经理应组织各专业负责人实施建设项目的"设计实施计划"。在设计过程中,设计经理可根据项目实施的具体情况,对"设计实施计划"进行修订或补充。

编制"设计实施计划"的主要依据是项目合同和组织质量管理体系设计控制中的设计策划要求。如果用户对设计有特殊要求,也应列入"设计实施计划"。"设计实施计划"应对设计输入、设计实施、设计输出、设计评审、设计验证、设计更改等设计重要过程的要求及方法予以明确。

设计经理应根据项目特点、用户的要求和实际需要,策划、编制建设项目设计过程所需要的管理文件,应重点关注设计过程的接口管理策划的合理性。

按照《质量管理体系 基础与术语》GB/T 19000—2016 的规定,工程建设项目施工详图设计也是设计与开发的质量管理过程。组织应该把施工详图设计按照设计与开发管理要求进行控制。

10.3.2 设计输入

设计输入包括建设项目合同、适用法律法规及标准规范、项目有关批文和纪要、项目可研报告、项目环境影响评价报告、历史项目信息、项目基础资料以及投标书评审结果等。

设计经理(负责人)负责组织各专业确定建设项目的设计输入,并组织各专业对用户提供的设计基础资料进行评审和确认,各专业负责人还应对本专业适用的标准规范版本的有效性进行评审。

10.3.3 设计活动

设计开工后,各专业负责人应根据"设计实施计划"编制各专业的设计工作规定。各专业负责人负责组织本专业设计人员按专业工作流程和企业标准进行本专业的设计工作。

各专业负责人负责组织本专业设计人员拟定设计方案,按照组织设计质量管理要求,进行设计方案的比较和评审。在拟定设计方案时,要充分考虑环境、职业健康安全要求和可施工性要求;在方案评审时,应对有关环境、职业健康安全内容和可施工性进行评审。

各专业负责人负责组织本专业设计人员按照专业设计技术要求,进行本专业的工程设计计算工作。

各专业负责人负责相关专业设计条件的接受和确认,并由各专业负责人向相关专业发出设计条件。组织应建立建设项目文件和资料的发送规定,设计文件和资料的传递应按照此规定的要求执行。

10.3.4 设计输出

(1) 设计输出基本要求:

1) 满足设计输入的要求;
2) 满足采购、施工、试运行的要求;
3) 满足施工、试运行过程的环境、职业健康安全要求;
4) 包含或引用制造、检验、试验和验收标准规范、规定;
5) 满足建设项目正常运行以及环境、职业健康安全要求。

(2) 设计输出文件包括设计图纸和文件、采购技术文件和试运行技术文件。

(3) 设计输出文件的内容和深度应按照建设项目各有关行业的内容和深度规定的要求执行。

(4) 设计输出文件在提供用户前,应由责任人进行验证和评审。

10.3.5 设计评审

设计评审可包括设计方案评审、重要设计中间文件评审、环境和职业健康安全评审、可施工性评审和工程设计成品评审。评审的重点是:

(1) 设计过程满足要求的能力;包括设计的人员、方法、参数等满足要求的程度;

(2) 识别任何问题并确定相应的措施。包括:对设计和生产、使用过程可能出现的问题进行预测和分析,并及时制定相应的预防措施。

组织应建立设计文件评审的规定,并按照此规定的要求执行。

设计方案评审可分为组织级评审和专业级评审两种。组织级设计方案是设计中的重要技术方案,评审工作由设计经理组织,组织技术主管或项目主管主持,有关专业技术管理人员和设计人员参加。专业级设计方案评审由专业负责人提出,专业技术管理人员组织并主持,设计和校审人员参加。评审可采用会议或其他评审方式进行。

组织应根据建设项目的行业特点,确定重要设计中间文件和环境和职业健康安全文件的评审办法,建立评审管理规定,设计经理组织并主持有关专业参加评审,并按照此规定的要求执行。如石油化工行业的"管道仪表流程图 R 版评审"等。

设计经理负责组织设计阶段可施工性评审。设计阶段可施工性评审主要结合设计方案评审、重要设计中间文件评审进行。

各专业工程设计成品由专业技术管理人员进行评审。

10.3.6 设计验证和设计确认

为确保设计输出文件满足设计输入的要求应进行设计验证。

设计验证的方式是设计文件的校审(校核、审核、审定),验证方法包括校对验算、变换方法计算、与已证实的类似设计进行比较等。

设计验证由规定的、有工程设计职业资格的人员按照项目文件校审规定的要求进行。需要相关专业会签的设计成品在输出前应进行会签。

设计验证人员在对设计成品文件进行校审后,需设计人员进行修改时,修改后的设计文件应经设计验证人员重新校审,符合要求后,设计、校审人员方可在设计文件的签署栏中签署,并按国家有关部门规定,在设计成品文件上加盖注册工程师印章。

为保证设计输出文件在建筑产品的使用或预期条件下满足规定要求,相关人员应该用模拟使用条件下的方式对输出文件进行验证,或由顾客在预期及使用情况下进行认可,发现问题及时予以改进。设计确认结果的好坏直接关系到组织对设计过程的管理能力,是组织设计质量水平的体现。

10.3.7 设计变更控制

设计更改应按有关规定进行控制。

工程设计成品文件在提交用户报国家或地方等有关部门审查、审批后,如需修改,由设计经理组织相关专业按审查会纪要或审查书的要求修改更新原成品文件或编制补充文件。

在设备制造、施工和试运行过程中,因设计不当等原因需要对设计进行修改时,由设计工程师进行设计更改。

10.4 采购质量控制

10.4.1 采购质量控制基本要求

采购质量控制包括对采购产品及其供货厂商及中间商的控制,主要对采购策划、采购询价文件的编制、询价厂商及中间商的选择、报价评审、采购合同的签订、催交、验证、包装运输、现场验收和移交等过程进行质量控制。

组织应建立项目采购管理及采购质量控制文件,还应建立合格供货厂商及中间商名录,并定期对合格供货厂商及中间商名录进行评审。应根据施工现场的需求建立合格供货商的评价和再评价的准则。

10.4.2 建立合格供货厂商名录

组织应对拟供货厂商进行考察评估,评定合格的供货厂商列入合格供货厂商名录。在建设项目完成后,采购工程师应对供货厂商的产品质量、交货期、售后服务情况进行评价,并保持记录。组织根据记录定期对供货厂商进行履约评定,凡评定不合格的供货厂商,将其从合格供货厂商名录中删除。若从中间商采购产品时,还应对其进行评价,并建立合格中间商名录。只有同时满足合格中间商的条件才能进行相应的采购。

10.4.3 采购策划及采购询价文件的编制

建设项目的采购策划工作由采购经理负责,主要任务是编制"采购实施计划"。采购经理应组织采购工程师实施建设项目的"采购实施计划"。在采购实施过程中,采购经理可根据项目实施的具体情况,对"采购实施计划"进行修订或补充。用户对采购的特殊要求也应列入"采购实施计划"。

询价文件包括询价技术文件和询价商务文件两部分,询价技术文件由设计经理组织相关专业设计工程师编制。询价商务文件由采购经理组织采购工程师编制。

10.4.4 询价厂商的选择、报价评审和采购合同的签订

采购工程师应根据采购产品的特点,从企业合格供货厂商名录和用户询价厂商名单中选择两家或两家以上厂商(或中间商)作为推荐的询价厂商,编制"项目询价厂商(或中间商)名单",经审批后,向询价厂商发出询价文件。

报价的评审包括技术报价评审、商务报价评审和报价综合评审三个部分。设计工程师负责技术评审,采购工程师负责商务评审,采购经理根据技术评审和商务评审的结果,进行报价综合评审,确定报价厂商(或中间商)排序,报项目经理审批。

在采购合同中,要明确规定项目对供货厂商(或中间商)的质量管理、环境、职业健康安全管理的要求。可包括用户的要求、质量管理体系、人员、交货期、价格、质量等级

等要求。

10.4.5 催交、验证和包装运输

采购经理负责组织采购工程师对采购产品及其技术文件进行催交,以满足设计和施工的需要。

采购产品的验证方式包括供货厂商车间或中间商的货源处验证、到货现场验证和第三方检验。采购产品的验证方法包括检验、测量、察看、查验文件资料和记录等。

通常情况下,采购产品由供货厂商或中间商负责包装和运输,并在采购合同中明确规定包装和运输要求。超限和有危险性的设备材料运输时,应要求运输单位提交初步运输方案,按规定程序审批后才能实施。

10.4.6 现场验收和移交

采购经理应负责组织采购工程师在到货现场验收采购产品。采购产品由采购经理和施工经理组织有关人员在现场进行移交。

10.4.7 施工劳务人员的采购质量

施工劳务人员的选配也是质量管理的重点,有关内容在"第14章 资源管理"的劳务管理章节中介绍。

10.5 施工质量控制

10.5.1 施工准备阶段的质量控制

施工准备阶段的质量控制是指项目正式施工活动开始前,对各项准备工作及影响质量的各因素和有关方面进行的质量控制。

施工准备是为保证施工生产正常进行而必须事先做好的工作。施工准备工作不仅是在工程开工前要做好,而且贯穿于整个施工过程。施工准备的基本任务就是为施工项目建立一切必要的施工条件,确保施工生产顺利进行,确保工程质量符合要求。

1. 施工技术资料、文件准备的质量控制

(1) 施工项目所在地的自然条件及技术经济条件调查资料

对施工项目所在地的自然条件和技术经济条件的调查,是为选择施工技术与组织方案收集基础资料,并以此作为施工准备工作的依据。具体收集的资料包括:地形与环境条件、地质条件、地震级别、工程水文地质情况,气象条件以及当地水、电、能源供应条件、交通运输条件、材料供应条件等。

(2) 施工组织设计

施工组织设计是指导施工准备和组织施工的全面性技术经济文件。对施工组织设计、要进行两方面的控制:一是选定施工方案后,制定施工进度时,必须考虑施工顺序、施工流向,主要分部分项工程的施工方法,特殊项目的施工方法和技术措施能否保证工程质量;二是制定施工方案时,必须进行技术经济比较,使工程项目满足符合性、有效性和可靠性要求,取得施工工期短、成本低、安全生产、效益好的经济质量。

(3) 国家及政府有关部门颁布的有关质量管理方面的法律法规性文件及质量验收标准

质量管理方面的法律法规,规定了工程建设参与各方的质量责任和义务,质量管理体系建立的要求、标准,质量问题处理的要求、质量验收标准等,这些是进行质量控制的重

要依据。

(4) 工程测量控制资料

施工现场的原始基准点、基准线、参考标高及施工控制网络等数据资料，是施工之前进行质量控制的一项基础工作，这些数据资料是进行工程测量控制的重要内容。

2. 设计交底和图纸审核的质量控制

设计图纸是进行质量控制的重要依据。为使施工企业熟悉有关的设计图纸，充分了解拟建项目的特点、设计意图和工艺与质量要求，减少图纸的差错，消灭图纸中的质量隐患，应做好设计交底和图纸审核工作。

(1) 设计交底

工程施工前，由设计组织向施工单位有关人员进行设计交底，其主要内容包括：

1) 地形、地貌、水文气象、工程地质及水文地质等自然条件；

2) 施工图设计依据：初步设计文件、规划、环境等要求，设计规范；

3) 设计意图：设计思想、设计方案比较、基础处理方案、结构设计意图、设备安装和调试要求、施工进度安排等；

4) 施工注意事项：对基础处理的要求，对建筑材料的要求，采用新结构、新工艺的要求，施工组织和技术保证措施等。

交底后，由施工单位提出图纸中的问题和疑点，以及要解决的技术难题。经协商研究，拟定出解决的办法。

(2) 图纸审核

图纸审核是设计单位和施工单位进行质量控制的重要手段，也是使施工单位通过审查熟悉设计图纸，了解设计意图和关键部位的工程质量要求，发现和减少设计差错，保证工程质量的重要方法。图纸审核包括内审和汇审两种方式。内审指施工单位及项目经理部的图纸审核。汇审指施工单位及项目经理部与业主、设计、监理等相关方的图纸共同审核。图纸审核的主要内容包括：

1) 对设计者的资质进行认定；

2) 设计是否满足抗震、防火、环境卫生等要求；

3) 图纸与说明是否齐全；

4) 图纸中有无遗漏、差错或相互矛盾之处，图纸表示方法是否清楚并符合标准要求；

5) 地质及水文地质等资料是否充分、可靠；

6) 所需材料来源有无保证，能否替代；

7) 施工工艺、方法是否合理，是否切合实际，是否便于施工，能否保证质量要求；

8) 施工图及说明书中涉及的各种标准、图册、规范、规程等，施工单位是否具备。

3. 施工分包服务

对各种分包服务选用的控制应根据其规模、对它控制的复杂程度区别对待分包合同，对分包服务进行动态控制。评价及选择分包方应考虑的原则：

(1) 有合法的资质，外地单位经本地主管部门核准；

(2) 与本组织或其他组织合作的业绩、信誉；

(3) 分包方质量管理体系对按要求如期提供稳定质量的产品的保证能力；

(4) 对采购物资的样品、说明书或检验、试验结果进行评定。

4. 质量教育与培训

通过教育培训和其他措施提高员工的能力,增强质量和顾客意识,使员工满足所从事的质量工作对能力的要求。

项目经理部应着重以下几方面的培训:

(1) 质量意识教育;

(2) 充分理解和掌握质量方针和目标;

(3) 质量管理体系有关方面的内容;

(4) 质量保持和持续改进意识;

(5) 施工期间需要的相关操作技能。

可以通过面试、笔试、实际操作等方式检查培训的有效性。还应保留员工的教育、培训及技能认可的记录。

10.5.2 施工阶段的质量控制

1. 技术交底

按照工程重要程度,单位工程开工前,应由组织或项目技术负责人组织全面的技术交底。工程复杂、工期长的工程可按基础、结构、装修几个阶段分别组织技术交底。各分项工程施工前,应由项目技术负责人向参加该项目施工的所有班组和配合工种进行交底。如果有工程专业分包单位时,应由组织或项目技术负责人在进行技术交底的同时,监督分包单位对班组和工种的交底活动。

交底内容包括图纸交底、施工组织设计交底、分项工程技术交底和安全交底等。通过交底明确对轴线、尺寸、标高、预留孔洞、预埋件、材料规格及配合比等要求,明确工序搭接、工种配合、施工方法、进度等施工安排,明确质量、安全、节约措施。交底的内容和形式应该考虑与人的素质与能力匹配。交底的形式除书面、口头外,必要时可采用样板、示范操作、动漫演示等。

2. 测量控制

(1) 对于给定的原始基准点、基准线和参考标高等的测量控制点应做好复核工作审核批准后,才能据此进行准确的测量放线。

(2) 施工测量控制网的复测:

准确地测定与保护好场地平面控制网和主轴线的桩位,是整个场地内建筑物、构筑物定位的依据,是保证整个施工测量精度和顺利进行施工的基础。因此,在复测施工测量控制网时,应抽检建筑方格网、控制高程的水准网点以及标桩埋设位置等。

(3) 民用建筑的测量复核:

1) 建筑定位测量复核:建筑定位就是把房屋外廓的轴线交点标定在地面上,然后根据这些交点测设房屋的细部。

2) 基础施工测量复核:基础施工测量的复核包括基础开挖前,对所放灰线的复核,以及当基槽挖到一定深度后,在槽壁上所设的水平桩的复核。

3) 皮数杆检测:当基础与墙体用砖砌筑时,为控制基础及墙体标高,要设置皮数杆。因此,对皮数杆的设置要检测。

4) 楼层轴线检测:在多层建筑墙身砌筑过程中,为保证建筑物轴线位置正确,在每层楼板中心线均测设长线 1~2 条,短线 2~3 条。轴线经校核合格后,方可开始该层的施工。

5) 楼层间高层传递检测：多层建筑施工中，要由下层楼板向上层传递标高，以便使楼板、门窗、室内装修等工程的标高符合设计要求。标高经校核合格后，方可施工。

(4) 工业建筑的测量复核：

1) 工业厂房控制网测量：由于工业厂房规模较大，设备复杂，因此要求厂房内部各柱列轴线及设备基础轴线之间的相互位置应具有较高的精度。有些厂房在现场还要进行预制构件安装，为保证各构件之间的相互位置符合设计要求，必须对厂房主轴线、矩形控制网、柱列轴线进行复核。

2) 柱基施工测量：柱基施工测量包括基础定位、基坑放线与抄平、基础模板定位等。

3) 柱子安装测量：为保证柱子的平面位置和高程安装符合要求，应对杯口中心投点和杯底标高进行检查，还应进行柱长检查与杯底调整。柱子插入杯口后，要进行竖直校正。

4) 吊车梁安装测量：吊车梁安装测量，主要是保证吊车梁中心位置和梁面标高满足设计要求。因此，在吊车梁安装前应检查吊车梁中心线位置、梁面标高及牛腿面标高是否正确。

5) 设备基础与预埋螺栓检测：设备基础施工程序有两种：一种是在厂房、柱基和厂房部分建成后才进行设备基础施工；另一种是厂房柱基与设备基础同时施工。如按前一种程序施工，应在厂房墙体施工前，布设一个内控制网，作为设备基础施工和设备安装放线的依据。如按后一种程序施工，则将设备基础主要中心线的端点测设在厂房控制网上。当设备基础支模板或预埋地脚螺栓时，局部架设木线板或钢线板，以测设螺栓组中心线。

由于大型设备基础中心线较多，为防止产生错误，在定位前，应绘制中心线测设图，并将全部中心线及地脚螺栓组中心线统一编号标注于图上。

为使地脚螺栓的位置及标高符合设计要求，必须绘制地脚螺栓图，并附地脚螺栓标高表，注明螺栓号码、数量、螺栓标高和混凝土面标高。

上述各项工作，在施工前必须进行检测。

(5) 高层建筑测量复核：

高层建筑的场地控制测量、基础以上的平面与高程控制与一般民用建筑测量相同，应特别重视建筑物垂直度及施工过程中沉降变形的检测。对高层建筑垂直度的偏差必须严格控制，不得超过规定的要求。高层建筑施工中，需要定期进行沉降变形观测，以便及时发现问题，采取措施，确保建筑物安全使用。

3. 材料控制

(1) 对供货方质量保证能力进行评定

对供货方质量保证能力评定原则包括：

1) 材料供应的表现状况，如材料质量、交货期等；
2) 供货方质量管理体系对于按要求如期提供产品的保证能力；
3) 供货方的顾客满意程度；
4) 供货方交付材料之后的服务和支持能力；
5) 其他如价格、履约能力等。

(2) 建立材料管理制度，减少材料损失、变质对材料的采购、加工、运输、贮存建立管理制度,可加快材料的周转,减少材料占用量,避免材料损失、变质,按质、按量、按期满足工程项目的需要。

(3) 对原材料、半成品、构配件进行标识

进入施工现场的原材料、半成品、构配件要按型号、品种,分区堆放,予以标识;对有防湿、防潮要求的材料,要有防雨防潮措施,并有标识。对容易损坏的材料、设备,要做好防护;对有保质期要求的材料,要定期检查,以防过期,并做好标识。标识应具有可追溯性,即应标明其规格、产地、日期、批号、加工过程、安装交付后的分布和场所。

(4) 材料检查验收

用于工程的主要材料,进场时应有出厂合格证和材质化验单;凡标志不清或认为质量有问题的材料,需要进行追踪检验,以确保质量;凡未经检验和已经验证为不合格的原材料、半成品、构配件和工程设备不能投入使用。材料验收应考虑相关的有效期及对环保的影响。

(5) 发包人提供的原材料、半成品、构配件和设备

发包人所提供的原材料、半成品、构配件和设备用于工程时,项目组织应对其做出专门的标识,接受时进行验证,贮存或使用时给予保护和维护,并得到正确的使用。上述材料经验证不合格,不得用于工程。发包人有责任提供合格的原材料、半成品、构配件和设备。

(6) 材料质量抽样和检验方法

材料质量抽样应按规定的部位、数量及采选的操作要求进行。材料质量的检验项目分为一般试验项目和其他试验项目,一般项目即通常进行的试验项目,其他试验项目是根据需要而进行的试验项目。材料质量检验方法有书面检验、外观检验、理化检验和无损检验等。

4. 机械设备控制

(1) 机械设备使用形式决策

施工项目上所使用的机械设备应根据项目特点及工程量,按必要性、可能性和经济性的原则确定其使用形式。机械设备的使用形式包括:自行采购、租赁、承包和调配等。

1) 自行采购。根据项目及施工工艺特点和技术发展趋势,确有必要时才自行购置机械设备。应使所购置机械设备在项目上达到较高的机械利用率和经济效果,否则采用其他使用形式。

2) 租赁。某些大型、专用的特殊机械设备,如果项目自行采购在经济上不合理时,可从机械设备供应站(租赁站),以租赁方式承租使用。应当重点关注租赁方的业绩和诚信。

3) 机械施工承包。某些操作复杂、工程量较大或要求人与机械密切配合的机械大型网架安装、高层钢结构吊装,可由专业机械化施工公司承包。

4) 调配。一些常用机械,可由项目所在企业调配使用。

究竟采用何种使用形式,应通过技术经济分析来确定。

(2) 注意机械配套

机械配套有两层含义:其一,是一个工种的全部过程和环节配套,如混凝土工程,搅拌要做到上料、称量、搅拌与出料的所有过程配套,运输要做到水平运输、垂直运输与布

料的各过程以及浇灌、振捣各环节都机械化且配套；其二，是主导机械与辅助机械在规格、数量和生产能力上配套，如挖土机的斗容量要与运土汽车的载重量和数量相配套。

上述例子说明，现场的施工机械如能合理配备、配套使用，就能充分发挥机械的效能，获得较好的经济效益。

(3) 机械设备的合理使用

合理使用机械设备，正确地进行操作，是保证项目施工质量的重要环节。应贯彻人机固定原则，实行定机、定人、定岗位责任的"三定"制度。要合理划分施工段，组织好机械设备的流水施工。当一个项目有多个单位工程时，应使机械在单位工程之间流水，减少进出场时间和装卸费用。搞好机械设备的综合利用，尽量做到一机多用，充分发挥其效率。要使现场环境、施工平面布置适合机械作业要求，为机械设备的施工创造良好条件。同时应特别关注是否有超期服役的施工设备，如有，其风险是否可以接受等，以避免机毁人亡的事故出现。

(4) 机械设备的保养与维修

为了保持机械设备的良好技术状态，提高设备运转的可靠性和安全性，减少零件的磨损，延长使用寿命，降低消耗、提高机械施工的经济效益，应做好机械设备的保养。保养分为例行保养和强制保养。例行保养的主要内容有：保持机械的清洁；检查运转情况；防止机械腐蚀；按技术要求润滑等。强制保养是按照一定周期和内容分级进行保养。

对机械设备的维修可以保证机械的使用效率，延长使用寿命。机械设备修理是对机械设备的自然损耗进行修复，排除机械运行的故障，对损坏的零部件进行更换、修复。

5. 计量控制

施工中的计量工作，包括施工生产时的投料计量、施工生产过程中的监测计量和对项目、产品或过程的测试、检验、分析计量等。

计量工作的主要任务是统一计量单位制度，组织量值传递，保证量值的统一。这些工作有利于控制施工生产工艺过程，促进施工生产技术的发展，提高工程项目的质量。因此，计量是保证工程项目质量的重要手段和方法，亦是施工项目开展质量管理的一项重要基础工作。

为了做好计量控制工作，应抓好以下几项工作：

(1) 建立计量管理部门和配备计量人员；
(2) 建立健全和完善计量管理的规章制度；
(3) 积极开展计量意识教育；
(4) 确保强检计量器具的及时检定；
(5) 做好自检器具的管理工作。

6. 工序控制

工序是产品制造过程的基本环节，也是组织生产过程的基本单位。一道工序，是指一个（或一组）工人在一个工作地对一个（或几个）劳动对象（工程、产品、构配件）所完成的一切连续活动的总和。

工序质量是指工序过程的质量。对于现场工人来说，工作质量通常表现为工序质量，一般地说，工序质量是指工序的成果符合设计、工艺（技术标准）要求的程度。人、机器、原材料、方法、环境等五种因素对工程质量有不同程度的直接影响。

在施工过程中，测得的工序特性数据是有波动的，产生波动的原因有两种，因此，波动也分为两类。一类是操作人员在相同的技术条件下，按照工艺标准去做，可是不同的产品却存在着波动。这种波动在目前的技术条件下还不能控制，在科学上是由无数类似的原因引起的，所以称为偶然因素，如构件允许范围内的尺寸误差、季节气候的变化、机具的正常磨损等。另一类是在施工过程中发生了异常现象，如不遵守工艺标准，违反操作规程，机械、设备发生故障，仪器、仪表失灵等，这类因素称为异常因素。这类因素经有关人员共同努力，在技术上是可以避免的。工序管理就是去分析和发现影响施工中每道工序质量的这两类因素中影响质量的异常因素，并采取相应的技术和管理措施，使这些因素被控制在允许的范围内，从而保证每道工序的质量。工序管理的实质是工序质量控制，即使工序处于稳定受控状态。

工序质量控制是为把工序质量的波动限制在要求的界限内所进行的质量控制活动。工序质量控制的最终目的是要保证稳定地生产合格产品。具体地说工序质量控制是使工序质量的波动处于允许的范围之内，一旦超出允许范围，立即对影响工序质量波动的因素进行分析，针对问题，采取必要的组织、技术措施，对工序进行有效的控制，使之保证在允许范围内。工序质量控制的实质是对工序因素的控制，特别是对主导因素的控制。所以，工序质量控制的核心是管理因素，而不是管理结果。

7. 特殊和关键过程控制

特殊过程是指建设项目施工过程或工序施工质量不能通过其后的检验和试验而得到验证，或者其验证的成本不经济的过程。如防水、焊接、桩基处理、防腐施工、混凝土浇筑等。

关键过程是指严重影响施工质量的过程。如：吊装、混凝土搅拌、钢筋连接、模板安拆、砌筑等。

特殊过程和关键过程是施工质量控制的重点，设置质量控制点就是要根据工程项目的特点，抓住这些影响工序施工质量的主要因素。

(1) 质量控制点设置原则

质量控制点对于质量管理的影响非常关键，其设置原则如下：

1) 对工程质量形成过程的各个工序进行全面分析，凡对工程的适用性、安全性、可靠性、经济性有直接影响的关键部位设立控制点，如高层建筑垂直度、预应力张拉、楼面标高控制等。

2) 对下道工序有较大影响的上道工序设立控制点，如砖墙粘结率、墙体混凝土浇捣等。

3) 对质量不稳定，经常容易出现不良品的工序设立控制点，如阳台地坪、门窗装饰等。

4) 对用户反馈和过去有过返工的不良工序，如屋面、油毡铺设等。

(2) 质量控制点的种类与设置部位

质量控制点的种类基本包括：

1) 以质量特性值为对象来设置；

2) 以工序为对象来设置；

3) 以设备为对象来设置；

4) 以管理工作为对象来设置。

质量控制点的具体设置部位可包括：

1) 对施工质量有重要影响的关键质量特性、关键部位或重要影响因素；
2) 工艺上有严格要求，对下道工序的活动有重要影响的关键质量特性、部位；
3) 严重影响项目质量的材料质量和性能；
4) 影响下道工序质量的技术间歇时间；
5) 与施工质量密切相关的技术参数；
6) 容易出现质量通病的部位，如混凝土、防水工程及保暖工程等；
7) 紧缺工程材料、构配件和工程设备或可能对生产安排有严重影响的关键项目；
8) 隐蔽工程的验收；
9) 其他。

(3) 质量控制点的管理

质量控制点的管理应该与规范 10.4.2 条款规定的工程质量检验与验收活动相结合。在检验与验收过程评估质量控制点的正确与否，并及时进行调整。

在操作人员上岗前，施工员、技术员做好交底及记录，在明确工艺要求、质量要求、操作要求的基础上方能上岗。施工中发现问题，及时向技术人员反映，由有关技术人员指导后，操作人员方可继续施工。

为了保证质量控制点的目标实现，要建立三级检查制度，即操作人员每日自检一次，组员之间或班长、质量干事与组员之间进行互检；质量员进行专检；上级部门进行抽查。

针对特殊过程（工序）的过程能力，应在需要时根据事先的策划及时进行确认，确认的内容包括：施工方法、设备、人员、记录的要求，需要时要进行再确认。对于关键过程（工序）也可以参照特殊过程进行确认。

组织或项目管理机构经过施工现场检查，如果发现质量控制点有异常情况，应立即停止施工，召开分析会，找出产生异常的主要原因，并用对策表写出对策。如果是因为技术要求不当，而出现异常，必须重新修订标准，在明确操作要求和掌握新标准的基础上，再继续进行施工，同时还应加强自检、互检的频次。

8. 工程变更控制

(1) 工程变更的含义

工程项目任何形式上的、质量上的、数量上的变动，都称为工程变更，它既包括了工程具体项目的某种形式上的、质量上的、数量上的改动，也包括了合同文件内容的某种改动。

(2) 工程变更的范围

1) 设计变更：设计变更的主要原因是投资者对投资规模的压缩或扩大，而需重新设计。设计变更的另一个原因是对已交付的设计图纸提出新的设计要求，需要对原设计进行修改。
2) 工程量的变动：对于工程量清单中的数量上的增加或减少。
3) 施工时间的变更：对已批准的承包商施工计划中安排的施工时间或完成时间的变动。

4）施工合同文件变更：施工图的变更；承包方提出修改设计的合理化建议，其节约价值的分配；由于不可抗力或双方事先未能预料而无法防止的事件发生，允许进行合同变更。

(3) 工程变更交底和控制

工程变更可能导致项目工期、成本或质量的改变。因此，必须对工程变更进行严格的管理和控制。

在工程变更控制中，主要应考虑以下几个方面：

1）管理和控制那些能够引起工程变更的因素和条件；
2）分析和确认各方面提出的工程变更要求的合理性和可行性；
3）当工程变更发生时，应对其进行管理和控制；
4）分析工程变更而引起的风险；
5）针对变更要求及时进行变更交底的策划。

工程变更要求均应通过逐级交底实施，同时应及时办理相关的变更手续。

9. 成品保护

在工程项目施工中，某些部位已完成，而其他部位还正在施工，如果对已完成部位或成品，不采取妥善的措施加以保护，就会造成损伤，影响工程质量。因此，会造成人、财、物的浪费和拖延工期；更为严重的是有些损伤难以恢复原状，而成为永久性的缺陷。

加强成品保护，要从两个方面着手，首先应加强教育，提高全体员工的成品保护意识。其次要合理安排施工顺序，采取有效的保护措施。

成品保护的措施包括：

(1) 护。护就是提前保护，防止对成品的污染及损伤。如外檐水刷石大角或柱子要立板固定保护；为了防止清水墙面污染，在相应部位提前钉上塑料布或纸板。

(2) 包。包就是进行包裹，防止对成品的污染及损伤。如在喷浆前对电气开关、插座、灯具等设备进行包裹；铝合金门窗应用塑料布包扎。

(3) 盖。盖就是表面覆盖，防止堵塞、损伤。如高级水磨石地面或大理石地面完成后，应用苫布覆盖；落水口、排水管安好后加覆盖，以防堵塞。

(4) 封。封就是局部封闭。如室内塑料墙纸、本地板油漆完成后，应立即锁门封闭；屋面防水完成后，应封闭上屋面的楼梯门或出入口。

10.5.3 施工竣工验收阶段的质量控制

国家标准《建筑工程施工质量验收统一标准》GB 50300—2013 中 3.0.6 条规定，建筑工程施工质量应按下列要求进行验收：

(1) 工程质量的验收均应在施工单位自行检查评定的基础上进行。
(2) 参加工程施工质量验收的各方人员应具备规定的资格。
(3) 检验批的质量应按主控项目和一般项目验收。
(4) 对涉及结构安全和使用功能的重要分部工程，应在验收前按规定进行抽样检验。
(5) 隐蔽工程在隐蔽前应由施工单位通知有关单位进行验收，并应形成验收文件，验收合格后方可继续施工。

(6) 涉及结构安全、节能、环境保护和使用功能的试块、试件以及材料，应在进场时或施工中按规定进行见证取样检测。

(7) 工程的观感质量应由验收人员通过现场检查，并应共同确认。

《建筑工程施工质量验收统一标准》对建筑工程质量验收的划分明确了检验批、子分部和子单位。检验批可根据施工及质量控制和专业验收需要按楼层、施工段、变形缝等进行划分；当分部工程较大或较复杂时，可按材料种类、施工特点、施工程序、专业系统及类别等划分为若干子分部工程；建筑规模较大的单位工程，可将其能形成独立使用功能的部分作为一个子单位工程。

1. 施工最终质量检验和试验

单位工程质量验收也称质量竣工验收，是建筑工程投入使用前的最后一次验收最重要的一次验收。验收合格的条件有五个：构成单位工程的各分部工程应该合格，有关的资料文件应完整以外，还须进行以下三方面的检查。

涉及安全和使用功能的分部工程应进行检验资料的复查。不仅要全面检查其完整性（不得有漏检缺项），而且对分部工程验收时补充进行的见证抽样检验报告也要复核。这种强化验收的手段体现了对安全和主要使用功能的重视。

此外，对主要使用功能还须进行抽查。使用功能的检查是对建筑工程和设备安装工程最终质量的综合检验，也是用户最关心的内容。因此，在分项、分部工程验收合格的基础上，竣工验收时再作全面检查。抽查项目是在检查资料文件的基础上由参加验收的各方人员商定，并用计量、计数的抽样方法确定检查部位。检查要求按有关专业工程施工质量验收标准的要求进行。

最后，还须由参加验收的各方人员共同进行观感质量检查。观感质量验收，往往难以定量，只能以观察、触摸或简单量测的方式进行，并由个人的主观印象判断，检查结果并不给出"合格"或"不合格"的结论，而是综合给出质量评价，最终确定是否通过验收。

单位工程技术负责人应按编制竣工资料的要求收集和整理原材料、构件、零配件和设备的质量合格证明材料、验收材料，各种材料的试验检验资料，隐蔽工程、分项工程和竣工工程验收记录，其他的施工记录等。

2. 施工技术资料的整理

技术资料，特别是永久性技术资料，是施工项目进行竣工验收的主要依据，也是项目施工情况的重要记录。因此，技术资料的整理要符合有关规定及规范的要求，必须做到准确、齐全，能够满足建设工程进行维修、改造、扩建时的需要，其主要内容有：

(1) 工程项目开工报告；

(2) 工程项目竣工报告；

(3) 图纸会审和设计交底记录；

(4) 设计变更通知单；

(5) 技术变更核定单；

(6) 工程质量事故发生后调查和处理资料；

(7) 水准点位置、定位测量记录、沉降及位移观测记录；

(8) 材料、设备、构件的质量合格证明资料；

(9) 试验、检验报告；

(10) 隐蔽工程验收记录及施工日志；

(11) 竣工图；

(12) 质量验收评定资料；

(13) 工程竣工验收资料。

监理工程师应对上述技术资料进行审查，并请建设单位及有关人员，对技术资料进行检查验证。

3. 施工竣工文件的编制和移交准备

(1) 项目可行性研究报告，项目立项批准书，土地、规划批准文件，设计任务书，初步（或扩大初步）设计，工程概算等。

(2) 竣工资料整理，绘制竣工图，编制竣工决算。

(3) 竣工验收报告；建设项目总说明；技术档案建立情况；建设情况；效益情况；存在和遗留问题等。

(4) 竣工验收报告书的主要附件：竣工项目概况一览表；已完单位工程一览表；已完设备一览表；应完未完设备一览表；竣工项目财务决算综合表；概算调整与执行情况一览表；交付使用（生产）单位财产总表及交付使用（生产）财产一览表；单位工程质量汇总项目（工程）总体质量评价表。

工程项目交接是在工程质量验收之后，由承包单位向业主进行移交项目所有权的过程。工程项目移交前，施工组织要编制竣工结算书，还应将成套工程技术资料进行分类整理，编目建档。

4. 产品防护

竣工验收期要定人定岗，采取有效防护措施，保护已完工程，发生丢失、损坏时应及时补救。设备、设施未经允许不得擅自启用，防止设备失灵或设施不符合使用要求。

5. 撤场计划

施工工程交工后，项目经理部应确定撤场计划，内容应包括：施工机具、暂设工程、建筑残土、剩余构件在规定时间内全部拆除运走，达到场清地平；有绿化要求的，达到树活草青。

10.5.4 施工阶段的工程质量创优控制

工程项目质量创优是工程项目质量控制的重要过程，不仅是组织增强顾客满意的管理行为，而且是考验组织质量管理改进能力的重要活动。

1. 质量创优准备

工程开工前需根据工程合同、工程特点、体量、规模及企业自身经营发展理念等确定项目创优的目标。项目质量创优的工程还应符合优质工程申报条件与标准。质量创优标准的确定是组织、特别是承包商创优工作的重点，应该科学分析，精心策划，分解目标，合理把握。

2. 质量创优实施

项目质量创优的实施需注重事前策划、细部处理、深化设计和技术创新。创优质量实施应该从设计、施工一体化（包括施工详图设计）的高度进行考虑，确定严格的项目创优的设计与施工质量流程、措施和主要技术管理程序，同时制定施工分项分部工程的内部质量控制标准，一般这些标准应该高于相关国家规范标准水平，为施工质量创优提供控制依据。

3. 质量创优成果

质量创优成果是高品质的质量结果，验收评定工作需要科学实施。验收评定一般考虑优质工程申报条件与标准的要求，或者根据企业自身创优要求实施。质量创优不是组织必须实施的工作，是组织根据合同要求或组织的承诺实施的一种特殊质量管理行为，其工程质量结果一般应高于国家规定的合格标准，可能接近甚至超过国外同类先进的质量标准，因此质量创优往往可能是质量管理改进或创新的成果。

10.6　项目试运行和项目完工及服务的质量控制

10.6.1　建设项目试运行质量控制

根据合同的约定或业主委托，试运行管理内容一般可包括试运行准备、试运行计划、人员培训、试运行过程指导和服务等。

组织应建立项目试运行控制程序及管理制度。

用户的生产人员培训和试运行文件编制是项目试运行准备阶段的主要工作。培训服务的内容应依据合同约定或业主委托确定，一般包括：编制培训计划，推荐培训方式和场所，对生产管理和操作人员进行模拟培训和实际操作培训，并对其培训考核结果进行检查，防止不合格人员上岗给项目带来潜在风险。应编制的项目试运行文件主要有：《试运行方案》、《操作手册》、《分析手册》、《HSE手册》以及《试运行工作规定》等。

项目应进行项目试运行策划，形成项目试运行管理计划，试运行管理计划的主要内容应包括试运行总的说明、组织及人员、试运行进度计划、培训计划、试运行方案、试运行费用计划、业主及相关方的责任分工等内容。

10.6.2　项目完工及服务质量控制

项目建成，经过生产运行考核，达到项目验收条件时，项目经理与用户应在项目验收证书上签字确认。

在项目验收工作结束后，项目经理在接到用户有关设计、采购或施工问题的信息后，应及时组织相关人员进行处理。

组织应建立项目回访制度，应与用户建立售后服务联系网络，收集和接受用户意见，及时获取工程建设项目的生产运行信息，做好回访工作，填写回访记录，编写回访报告，反馈项目信息。

10.7　测量、分析和改进

10.7.1　持续改进

持续改进是旨在持续增强质量管理的改进能力，即增强持续满足质量要求的能力。

1. 持续改进的作用

(1) 持续改进的目的是不断提高质量管理体系的有效性，以不断增强顾客满意。

(2) 持续改进是增强满足要求能力的循环活动，改进的重点是改善产品的特殊性和提高质量管理体系过程的有效性。持续改进要求不断寻找进一步改进的机会,并采取适当的改进方式。改进的途径可以是日常渐进的改进活动,也可以是突破性的改进项目。

2. 持续改进的方法

(1) 通过建立和实施质量目标,营造一个激励改进氛围和环境;
(2) 确立质量目标以明确改进方向;
(3) 通过数据分析、内部审核不断寻求改进的机会,并作出适当的改进活动安排;
(4) 通过纠正和预防措施及其他适用的措施实现改进;
(5) 在管理评审中评价改进效果,确定新的改进目标和改进措施的决定。

3. 持续改进的范围及内容

持续改进的范围包括体系、过程和产品三个方面,改进的内容涉及产品质量、日常的工作和组织长远的目标,不仅不合格现象必须纠正、改进,目前合格但不符合发展需要的也要不断改进,同时对于提高质量有正面影响的机遇应该及时强化其效果。

4. 持续改进的步骤

(1) 分析和评价现状、需求,以识别改进的区域;
(2) 确定改进目标;
(3) 寻找可能的解决办法以实现这些目标;
(4) 评价这些解决办法并做出选择;
(5) 实施选定的解决办法;
(6) 测量、验证、分析和评价实施的结果以确定这些目标已经实现;
(7) 正式采纳更正(即形成正式的规定);
(8) 对结果进行评审,以确定进一步改进的机会。

项目管理机构是质量改进的主要实施者,项目管理机构按组织要求定期进行质量分析,提出持续改进的措施,将有助于管理层了解、促进项目管理机构的质量改进工作。组织可采取质量方针、目标、审核结果、数据分析、纠正预防措施、应对风险与机遇措施以及管理评审等持续改进质量措施,确保管理的有效性。

10.7.2 不合格品的控制

在国家标准《质量管理体系 基础和术语》GB/T 19000 中:不合格的定义是指"未满足要求",不合格品就是未满足要求的产品。"缺陷"的定义是:"未满足与预期或规定用途有关的要求"。要注意区别"不合格"和"缺陷"两个术语的含义。该"要求"是指"明示的、习惯上隐含的或必须履行的需求或期望",是一个包含多方面内容的"要求",当然,也应包括"与期望或规定的用途有关的要求"。而"缺陷"是指未满足其中特定的(与预期或规定用途有关的)要求,例如,安全性有关的要求。它是一种特定范围内的"不合格",因涉及产品责任称之为"缺陷"。

不合格品发生后应及时进行评审,根据不合格的性质确定适宜的措施。

对于不合格品可采用的处理措施或方案:

(1) 修补处理

当工程的某些部分的质量虽未达到规定的规范、标准或设计要求,存在一定的缺陷,但经过修补后还可达到要求的标准,又不影响使用功能或外观要求的,可以做出进行修补处理的决定。例如:某些混凝土结构表面出现蜂窝麻面,经调查、分析,该部位经修补处理后,不影响其使用及外观要求。

(2) 返工处理

当工程质量未达到规定的标准或要求,有明显的严重质量问题,对结构的使用和安全有重大影响,而又无法通过修补办法给予纠正时,可以做出返工处理的决定。例如,某工程预应力按混凝土规定张力系数为1.3,但实际仅为0.9,属于严重的质量缺陷,也无法修补,只能做出返工处理的决定。

(3) 限制使用

当不合格品按修补方式处理无法保证达到规定的使用要求和安全,而又无法返工处理的情况下,不得已时可以做出结构卸荷、减荷以及限制使用的决定。

(4) 不做处理

某些不合格品虽不符合规定的要求或标准,但其情况不严重,经过分析、论证和慎重考虑后,可以做出不做处理的决定。但此种情况应得到授权人的批准,并应符合有关法律法规的要求。可以不做处理的情况有:不影响结构安全和使用的质量缺陷;经过后续工序可以弥补的不严重的质量缺陷;经复核验算,仍能满足设计要求的质量缺陷。

10.7.3 项目实施过程的监视和测量

项目实施过程的有效性主要取决于过程能力的质量。项目经理部应通过日常检查、专项检查、考核评价、内部审核等方法对施工过程进行严格的监视和测量。监视和测量的重点是重要环节的过程能力。

组织可以通过以下方式对项目实施进程监视和测量。

(1) 项目经理部各专门管理责任人员对现场各施工质量活动的日常检查。

(2) 项目质量经理对项目质量管理进行的专项检查。

(3) 项目各类责任人员以月报等方式向企业相关部门、项目主管报告工作,包括相应的数据。

(4) 组织项目管理部门、采购、施工、质检、试运行等部门对项目实施过程进行的监督检查。

(5) 组织对项目实施过程进行项目质量管理体系进行内部审核。

(6) 组织或项目经理部聘请外部专家对项目实施过程进行的审核或评价。

上述方法可以单独运作,也可以结合运作。

所有过程监视和测量中发现的一般问题均应由项目责任人员分析原因,采取相应的纠正措施。当发现过程能力存在问题时,应由质量经理或授权人负责分析原因,报请项目经理采取纠正措施,以确保过程能力符合策划的要求。

10.7.4 纠正措施

纠正措施是针对不合格品产生的原因,或内审、外审的不合格项或其他监测活动所发现不合格的产生原因,采取消除该原因防止不合格再发生的措施。纠正措施实施前应对其需求进行评价,以确保其适宜和有效。

(1) 采取纠正措施的对象或现象有:

1) 内审、外审中发现的不合格项;

2) 部门或公司领导层检查项目质量管理后要求采取纠正措施时;

3) 在项目检查中和日常质量管理中认为有必要采取纠正措施;

4）发生重大质量事故、重大不符合之后；
5）管理评审后认为应采取的纠正措施。
(2) 纠正措施的实施步骤：
1）识别不合格并评价其原因；
2）评价不合格不再发生的措施的需求；
3）确定和实施相应的措施并保存相关的记录；
4）评价措施实施的有效性。

10.7.5 应对风险和机遇的措施

应对风险与机遇的措施是为了消除潜在不合格品或不合格项出现的原因，以及利用机遇所采取的措施。目的是防止发生不合格品或不合格项、增强机遇的效果。应对风险和机遇的措施的实施需求应在事先经过风险评价。

(1) 项目管理机构应针对下列各种情况采取应对风险与机遇的措施：
1）容易出现质量通病的分部分项工程；
2）过去的或在其他项目中已多次出现不合格的其他分部分项工程；
3）项目中的质量控制点；
4）项目中出现重大事故、不符合后在有关的工程部位或在其他项目中应采取的应对风险的措施；
5）各部门的质量活动中出现应采取应对风险的措施的问题；
6）各项可能产生正面效益的机遇。

(2) 项目管理机构应该按照以下程序实施应对风险和机遇的措施：
1）识别潜在的风险、机遇及其原因；
2）评价应对风险或机遇措施的需求；
3）确定和实施所需的措施，保存相关的记录；
4）验证实施应对措施的有效性。

应对风险和机遇措施的内容和要求可在项目实施计划、设计实施计划、采购实施计划、施工组织设计、施工方案、试运行实施计划中提出。也可以单独制定应对风险和机遇的措施。

10.7.6 项目质量改进措施的跟进

(1) 项目管理机构应定期对项目质量改进状况进行检查、分析，向组织提出质量报告，明确质量状况、发包人及其他相关方满意程度、产品要求的符合性以及项目管理机构的质量改进措施。

(2) 组织应对项目管理机构的关键意识及改进措施进行培训、检查、考核，定期进行内部审核与评价，确保项目管理机构的质量改进。

(3) 组织应了解发包人及其他相关方对质量的意见，确定质量管理的持续改进目标，提出相应措施，包括应对风险和机遇的措施并予以落实。

(4) 组织应考虑质量管理的风险应对与机遇利用的成效，规避风险，增强绩效，形成自身持续完善质量管理改进内在机制的体系。

某工业厂房建设项目质量管理的高标准实施

1 项目背景

某汽车有限公司建设项目涂装车间项目位于东北某市,地处城市核心地段,二环以外,距环城高速路口很近。

项目总建筑面积 43390m^2,建设项目涂装车间主体部分为一层,局部为二层,总建筑面积 43390.39m^2。建筑高度 22.9m。主体结构形式为钢柱钢桁架结构形式,主体结构设计使用年限为 50 年,抗震设防烈度为七度,地上防火等级为二级。

总承包施工的工程范围为基础工程、主体结构工程、屋面工程、维护工程、装修工程、机电安装工程等。项目自 2014 年 5 月 1 日开工建设,计划 2016 年 5 月 20 日完工。

2 质量管理重点及难点

2.1 本工程为中德合资项目,高标准是项目的显著特性,主要材料、设备均采用高端品牌。见附表 10-1。

主要设备、材料　　　　　　　　　　　附表 10-1

序号	主材名称	品牌名	产地	备注
1	动态压差平衡阀	TA	瑞典	
2	静态压差平衡阀	TA	瑞典	
3	防雷接地元器件	德和盛	德国	
4	STST 终端卡接件	德和盛	德国	
5	静电地板	美露	德国	
6	热塑性聚烯烃防水卷材	法拉格索普瑞玛	法国	
7	TPO 检修走道	法拉格索普瑞玛	法国	
8	电缆	缆普	德国	

2.2 工程现场涉及 6 个管理单位,30 余项专业工程,工程交叉作业多,工期紧,工序穿插紧凑,总承包管理及协调难度大。

2.3 地面碎石回填进行二次变形模量 EV1 及 EV2 试验控制,压实系数为 0.97,平整度要求为 2mm/3m,质量控制难度大。

2.4 21000m^2 外墙面,每块墙板均测量复核,保证墙板拼缝小于 1mm。

2.5 机电安装工程专业多、体量大,深化设计难度大;管线安装高度高,施工操作空间受限,施工难度大。

3 管理策划和创新

3.1 明确目标　鼎力前行

施工质量：验收合格率100%，实测实量合格率100%，省"世纪杯"工程，"鲁班奖"（国家优质工程）。

经营目标：合同100%履约，确保预算成本目标实现，实现社会效益。

团队培养：培养一支专业鲁班奖管理团队。

3.2 策划先行　目标明确

项目根据合同文件、项目管理规划大纲、公司标准化管理手册，进行项目策划，从编制项目管理实施计划入手，以各部门管理制度为落脚点，通过制定各项管理规定，进一步明确各个岗位人员的职责和定位，明确各项工作的管理流程，并对目标进行分解落实，各项工作责任到人，为实现目标指明方法步骤和措施。

3.3 夯实基础　勇于创新

对现场施工而言，基础管理是落实各项管理思路的根本，项目的各项制度也是本着落实基础管理的思路制定的，同时技术创新和管理创新是推动发展的第一动力，项目根据工程设计特点及重难点分析，充分采用各项当前建筑业的四新技术，并设定科技创新课题，以期利用现有技术创新解决现场实际问题。如一次性成型混凝土地面跳仓法施工提高的施工效率、避免了后浇带带来的质量隐患，实现了质量工期双保障。

3.4 分区而治　比中求强

根据项目结构特点，将项目划分成A、B、C三区，三个区各配置相应管理小团队负责落实本区的相关工作，通过制定相应评比规则，对三个团队进行综合评比，并定期举行交流，让三个团队在不断的评比中提高，提升自我，更是提升项目管理水平。

3.5 信息技术　如虎添翼

信息技术的集成发展，为项目管理提供的新的思路和解决问题新的办法，项目积极开展应用BIM技术，成立BIM工作小组负责整个项目的BIM建模综合管线排布等工作，为图纸优化和后期施工提供有力保障，为加强信息沟通和项目各部门的协同工作，项目建立了网络工作平台和微信沟通群，良好的信息沟通解决了信息不同步不对称的问题，为项目管理提供了有力保障。

4 管理措施实施和风险控制

4.1 强化团队管理，打造务实团队，制度管人，文化留人

在任何管理中，人的因素往往是最重要的因素，工程项目管理也不例外，要想项目管理出成绩，就要有一个优秀的管理团队。

4.1.1 制度管人

项目部平均年龄29岁，这样一个年轻的团队，既有着思维活跃对新生事物认知接受能力强的长处，又有经验缺乏对制度不按部就班的短处。为了明确职责强化管理，项目实行准军事化管理，细化各项管理流程和考核制度。

4.1.2 文化留人

通过准军事化管理养成令行禁止使命必达的优良作风，通过团队活动培养务实团结高效精干的团队精神，铁军精神是我们企业文化的精髓，项目在团队培养方面着力通过准军事化管理和团队活动提高团队的凝聚力。

4.2 夯实质量基础管理　强力推行新技术应用　创新解决问题方法

质量管理主要在于事前策划和事中控制、事后及时总结。工程质量的管理重点落在事

前策划和事中过程控制上。质量管理要狠抓基础，做好基本功，技术管理却要不断创新，使技术为生产服务，让高效优质成为可能。

4.2.1 坚持基础管理不放松，向基础管理要成绩。

质量的管理就是 PDCA 循环，在前期质量策划阶段，项目与各个作业劳务签订质量协议，明确质量标准和管理规定，对各个班组工人进行技术交底，并将技术交底以展板的形式置于作业面，便于工人对节点做法不明确时及时查看，力争一次成优避免返工。为提高结构实测实量合格率，对模板的验收采取原位全数测量的方法来验收，混凝土浇筑的同时对构件模板的垂直度进行检验，确保实测不超差。事后反馈及时有效，混凝土拆模后 48h 内该层混凝土结构的实测实量成绩必须统计完毕并完成分析，通过狠抓质量基础管理，项目质量完全受控，逐步提高。

4.2.2 新技术应用让高效优质成为可能。

项目大力推行新技术、新材料、新工艺、新设备等四新技术。共计推广应用了建筑业 10 项新技术中的 8 个分项中的 23 个子分项。

4.2.3 创新思路解决问题。

项目开工以来遇到很多问题，但是通过创新思路，问题都得到了完美解决。例如成品支吊架与射钉枪的联合使用，施工中由于成品支吊架安装后效果美观，但使用材料较多，射钉枪固定既节约了材料又提高了施工效率。

5 质量管理效果

该建设项目涂装车间项目，创新管理思路，打造了一只专业的鲁班奖管理团队，并取得了如下效果：

5.1 质量效果：竣工验收质量合格，获得 2017 年度辽宁省"世纪杯"奖。

5.2 技术效果：获某科技推广示范工程。

5.3 环境和安全效果：无安全事故发生，获得 2016 年度业主现场 1000 万工时零事故，获得 2015 年度哈、长、沈省会城市安全联检金牌工程。

5.4 社会和经济效果：本工程受到了业主、监理、质量监督站等有关部门的高度评价，在建设过程中，先后接受各级政府观摩 6 次，汽车行业参观 9 次，社会及经济效益显著。

第11章 项目成本管理

11.1 项目成本管理概述

11.1.1 项目成本管理定义

美国项目管理协会编写的项目管理知识体系指南中给出了广义的项目费用管理的通常定义为项目费用管理是项目生命周期费用估算。项目管理知识体系指南中将"Cost management"中的"Cost"翻译成了"费用",即项目费用管理。指南中将项目费用管理分为项目费用估算、项目费用预算、项目费用控制三部分。

彼得斯·霍布斯在《项目管理》中指出:项目成本管理就是在规定的时间内,为保证实现项目的既定目标,对项目实际发生的费用指出所采取的各种措施。通过对项目的成本管理可以实现对整个项目实施的管理和监督,及时发现和解决项目实施过程中出现的各种问题。具体的来说,项目成本管理包括在批准的预算内完成项目所需要的每一个过程,即资源计划编制、成本估算、费用预算和成本控制。

针对建设工程,项目成本管理是承包人为使项目成本控制在计划目标之内所作的预测、计划、控制、调整、核算、分析和考核等管理工作。项目成本管理就是要确保在批准的预算内完成项目,具体项目要依靠制定成本管理计划、成本估算、成本预算、成本控制四个过程来完成。项目成本管理是在整个项目的实施过程中,为确保项目在以批准的成本预算内尽可能好地完成而对所需的各个过程进行管理。

11.1.2 项目成本管理原则

建筑施工企业的项目成本管理,是企业生存和发展的基础和核心,企业要做好项目成本管理工作,应遵从以下五项原则。

1. "成本——效益"原则

成本控制所带来的经济效益,必须大于为了进行成本控制所付出的代价,才能为企业增加效益,这就是成本控制的"成本——效益"原则。

成本管理与控制是企业增加盈利的根本途径。在收入不变的情况下,降低成本可使利润增加;在收入增加的情况下,降低成本可使利润更快增长;在收入下降的情况下,降低成本可抑制利润的下降率。即使是不完全以盈利为目的的国有公用事业部门,如果成本很高,不断亏损,其生存受到威胁,也难以在调控经济、扩大就业和改善公用事业等方面发挥作用,同时还会影响政府财政,加重纳税人负担,对国民经济不利,损害或降低存在的价值。

成本管理与控制是企业发展的基础。把成本控制在同行的先进水平上,才有迅速发展的基础。成本降低了,可以降低建造成本以扩大承接业务,业务扩大后经营基础就能得到稳固,才能保障工程安全,提高工程质量,创新设计、改善施工工艺,寻求新的开拓。

成本管理与控制是企业抵御内外压力的充分必要条件。企业在经营过程中，外有同行的竞争、政府纳税和经济环境逆转等不利因素，内有职工改善待遇和股东要求分红的压力，降低成本则可以缓冲种种矛盾，提高企业的竞争力。

2. 具体问题具体分析的原则

建筑业是一个相当特殊的行业，没有相同的成本，也没有同等的管理，所以成本管理与控制系统必须个别化，适合特定企业、部门、岗位和成本项目的实际情况，不断完善和吸取别人的成功经验，而不是完全照搬别人成功的经验。

3. 领导重视和全员参与的原则

在进行成本控制时，如果单位领导不够重视，成本控制意识不强，一般员工也会受到影响，有力使不上。或者领导虽然强调成本控制，但是一般员工不配合，同样不能达到理想的效果。所以，在进行成本控制时，要做到领导重视，全员参与，充分发挥成本控制的积极作用。

4. 全程全面成本管理与控制的原则

成本管理与控制，从时间上说，既包括对工程过程中成本的管理与控制，也包括工程勘测、设计及施工全过程、保修服务阶段的成本管理与控制，它贯穿于企业生产经营的全过程。

成本管理与控制，从内容上说，既包括产品生产成本的管理与控制，也包括产品设计及施工成本、资金筹集成本、材料采购成本、销售费用、管理费用、财务费用、质量成本、使用寿命周期成本、人力资源成本等。

(1) 资金占用成本的管理与控制

资金占用成本是指企业在承接工程中所预先支付的资金，一般用相对数表示。不同工程所需的资金、资金占用成本是不同的。在西方企业中，一般情况下贷款或债券融资，资金成本较低；而股票融资资金成本较高。但是在我国，由于市场机制不健全，目前经济效益较差、很少发放或不发放现金红利的企业，股票融资的成本并不高；相反，银行贷款或债券融资却有固定的利息支付负担。企业在进行资金筹集成本的控制时，并不能仅仅从资金成本最低的某一种方式融资，而是要合理地安排各种筹资方式的结构，目的是使企业的加权平均资金成本最低。

(2) 产品成本的管理与控制

对产品成本进行控制是整个成本控制工作的关键。在产品生产成本总额中，大约有70%~80%的部分在产品设计阶段基本上就确定了。在具体的生产环节，要想大幅度地降低成本是不现实的，除非偷工减料，或者重新改进设计。在工程施工过程中，工程材料、质量、进度与目标成本发生矛盾时，就要运用价值工程方法剔除过剩功能，以降低工程成本，达到技术为经济服务的目标。

(3) 材料采购成本的管理与控制

材料采购成本的控制，主要是选择材料的质量、确定供应商，以达到成本控制为目的。工程项目所需的材料成本控制，在确保质量、规格、型号的情况下以市场成本最低的为订货量，但必须根据工程项目施工图计算，同实际发生相符。寻求材料好的供应商是企业在项目管理和控制成本的首要条件，掌握市场供应量、价值、必要时需要保留库存量。

高于工程项目需求量或失去价值,就会形成库存积压,导致储存成本上升;低于工程项目需求量时就会导致停工待料。

(4) 工程项目成本的管理与控制

标准成本制度是以标准成本为依据,通过成本差异的分析与报告,揭示成本差异产生的原因,以便及时控制成本的一种成本控制体系。标准成本制度的内容包括:标准成本的制定、成本差异的计算分析及成本差异的账务处理。以目标成本按产品分解的结果作为标准成本和日常控制的依据,将使标准成本制度与目标成本管理连接为一个有机整体,也使标准成本制定的依据更加科学。

(5) 间接费用的管理与控制

对于营业费用、管理费用、财务费用等间接成本,一般采用预算控制的方法。事先制订预算,在日常的管理和控制中,要严格按照预算的规定,本着厉行节约的原则,在能够达到目标的前提下,精打细算,尽可能减少它们支出的绝对数额,提高支出的效益。

(6) 质量成本的管理与控制

质量成本是指为了保证和提高工程质量而付出的代价,以及因为工程质量没有达到规定标准所造成的损失,包括预防成本、检验成本、内部损失成本、外部损失成本。其中,前两者可以合称为预防检验成本;后两者可以合称为质量损失成本。当预防检验成本较高时,质量损失成本较低;反之,如果预防检验成本较低,则质量损失成本较高。质量成本控制的目的,就在于确定一个最优的合格率,在该状态下,质量成本总和达到最低。最优合格率不一定是100%,因为要想使产品合格率提高到100%,需要在预防检验环节投入大量的人力和物力,这样才能使产品质量提高,质量损失成本就会下降。

(7) 使用寿命周期成本的管理与控制

使用寿命周期成本是指客户为了取得所需要的产品,并使其发挥必要功能而付出的代价。它包括原始成本和运用维护成本两部分。用户角度的使用寿命周期成本控制,就是在决定建造建筑房屋时,既要考虑它的原始成本即建造的价格等因素,也要考虑以后使用过程中的必要支出,使二者之和达到最低。

(8) 人力资源成本管理与控制

人力资源成本是指企业组织为了取得或重置人力资源而发生的成本,包括:人力资源取得成本、保持成本、发展成本、损失成本。企业在进行人力资源成本控制时,不能仅仅控制人力资源成本的绝对数,而应该更多地从相对数上做文章,吸引高水平的人才,留住人才,关注成本效益率,提高人力资源的使用效率。

5. 战略成本管理原则

市场竞争孕育了战略成本管理理论。战略成本管理可以使企业站在一个战略的高度上,全面加强成本管理,提高成本控制水平,为企业赢得持久的竞争优势。战略成本管理主要包括三个内容:

(1) 价值链分析。价值链是指从原料的采购到产品的销售与服务全过程的一系列创造价值的作业。价值链涵盖公司内部和外部的作业。价值链分析的目的在于找出企业最有优势的价值链,集中主要人力和物力,使之成为企业的核心竞争力。至于薄弱的链,如果加固成本较高,则干脆直接实行业务流程外包。

(2) 战略定位分析。企业可以采用的竞争战略包括成本领先战略、差别化战略等。不同的竞争战略对成本信息的需求有所不同。企业首先要对自身的优势和劣势进行分析,合理定位,采取恰当的竞争战略。然后,根据所选择的竞争战略,如成本领先战略还是差别化战略,采用适当的成本管理与控制方法。

(3) 作业管理。作业管理全称是"以作业为基础的管理",它主要是在作业成本法的基础上,分析成本产生的前因后果,区分增值作业和非增值作业,尽量消除不增值的作业,提高增值作业的效率。

11.1.3 项目成本管理内容

工程成本管理是建筑企业项目管理系统中的一个子系统,这一系统的具体工作内容包括:成本预测、成本决策、成本计划、成本控制、成本核算、成本分析和成本考核等。项目经理部在项目施工过程中,对所发生的各种成本信息,通过有组织、有系统地进行预测、计划、控制、核算和分析等一系列工作,促使工程项目系统内各种要素,按照一定的目标运行,使施工项目的实际成本能够在预定的计划成本范围内。

1. 工程成本预测

项目成本预测是通过成本信息和项目的具体情况,并运用一定的专门方法,对未来的成本水平及其可能发展趋势做出科学的估计,其实质就是工程项目在施工以前对成本进行核算。通过成本预测,可以使项目经理部在满足业主和企业要求的前提下,选择成本低、效益好的最佳成本方案,并能够在工程成本形成过程中,针对薄弱环节,加强成本控制,克服盲目性,提高预见性。因此,工程成本预测是工程成本决策与计划的依据。

2. 工程成本计划

工程成本计划是项目经理部对进行工程成本管理的工具。它是以货币形式编制工程项目在计划期内的生产费用、成本水平、成本降低率以及为降低成本所采取的主要措施和规划的书面方案,它是建立工程成本管理责任制、开展成本控制和核算的基础。一般来讲,一个工程成本计划应该包括从开工到竣工所必需的施工成本,它是该工程项目降低成本的指导文件,是设立目标成本的依据。可以说,成本计划是目标成本的一种形式。

3. 工程成本控制

工程成本控制指项目在施工过程中,对影响工程成本的各种因素加强管理,并采取各种有效措施,将施工中实际发生的各种消耗和支出严格控制在成本计划范围内,随时揭示并及时反馈,严格审查各项费用是否符合标准,计算实际成本和计划成本之间的差异并进行分析,消除施工中的损失浪费现象,发现和总结先进经验。通过成本控制,使之最终实现甚至超过预期的成本目标。工程成本控制应贯穿在施工项目从招投标阶段开始直至项目竣工验收的全过程,它是企业工程成本管理的重要环节。因此,必须明确各级管理组织和各级人员的责任和权限,这是成本控制的基础之一,必须给以足够的重视。

4. 工程成本核算

工程成本核算是指工程项目施工过程中所发生的各种费用和形成工程成本的核算。它包括两个基本环节:一是按照规定的成本开支范围对工程施工费用进行归集,计算出工程项目施工费用的实际发生额;二是根据成本核算对象,采取适当的方法,计算出该工程项目的总成本和单位成本。工程成本核算所提供的各种成本信息,是成本预测、成本计划、成本控制、成本分析和考核等各个环节的依据。因此,加强工程成本核算工作,对降低工程成本、提高企业的经济效益有积极的作用。

5. 工程成本分析

工程成本分析是在成本形成过程中，对工程成本进行的对比评价和剖析总结工作，它贯穿于工程成本管理的全过程，也就是说工程成本分析主要利用工程项目的成本核算资料（成本信息），与目标成本（计划成本）、预算成本以及类似的工程项目的实际成本等进行比较，了解成本的变动情况，同时也要分析主要技术经济指标对成本的影响，系统地研究成本变动的因素，检查成本计划的合理性，并通过成本分析，深入揭示成本变动的规律，寻找降低工程成本的途径，以有效地进行成本控制，减少施工中的浪费，促使企业和项目经理部遵守成本开支范围和财务纪律，更好地调动广大职工的积极性，加强工程项目的全员成本管理。

6. 工程成本考核

所谓成本考核，就是工程项目完成后，对工程成本形成中的各责任者，按工程成本责任制的有关规定，将成本的实际指标与计划、定额、预算进行对比和考核，评定工程成本计划的完成情况和各责任者的业绩，并以此给以相应的奖励和处罚。通过成本考核，做到有奖有罚、赏罚分明，才能有效地调动企业的每一个职工在各自的施工岗位上努力完成目标成本的积极性，为降低工程成本和增加企业的积累，做出自己的贡献。

工程成本管理系统中每一个环节都是相互联系和相互作用的。成本预测是成本决策的前提，成本计划是成本决策所确定目标的具体化。成本控制是则是对成本计划的实施进行监督，保证决策的成本目标实现，而成本核算又是成本计划是否实现的最后检验，它所提供的成本信息又是对下一个工程成本预测和决策提供基础资料。成本考核是实现成本目标责任制的保证和实现决策的目标的重要手段。

11.1.4　项目成本管理方法

1. 投标阶段的成本管理

通过编制预算，在一定程度上为确定投标报价提供参考依据，在对项目成本进行管理时，这是该阶段的管理重点。根据施工现场的实际情况，由工程部提出施工过程中涉及的技术措施、施工组织方案和设备配备规模等；由工程部提出人员规模和工种结构；施工中各种消耗材料价格需要结合招标文件的规定要求来确定。在工期方面，按照招标文件的相关规定要求，同时结合上述方案，进一步计算出工程的总体施工费用预算，通常情况下将这一预算称为施工预算。对于工程税金，一般根据招标文件规定和要求，按照税金计取比例、方式进行确定，再加上投标费用等费用，在一定程度上构成承揽该项工程的全部支出，在投标过程中将此作为投标的最低报价。

2. 施工准备阶段的成本管理

对于工程管理人员和施工人员来说，通常由于对工程施工缺乏整体的规划性，并且职能素质普遍较低，在这种情况下，导致其投资效益观念比较薄弱，在施工准备过程中，对合同效能缺乏有效的运用，并且由于工程造价控制体系不完善，在前期采购工程物资时，可能出现相关人员谎报材料价格，造成工程资金出现人为流失。另外，合同文件针对准备阶段没有强调必要的施工设备，导致采购流程中出现纰漏，从而，需要对采购计划进行重新拟定，引起采购成本浪费，甚至延误工期。因此，施工准备阶段需要编制详细的成本开展计划文件，企业职能部门和项目经理部需要分别制定成本预算文件，编制成本管理责任文件，并进一步严格执行和跟踪管理。

3. 增强成本控制意识要从机制上解决问题

加强项目成本管理,首先要树立强烈的成本控制意识,要使降低成本成为每个员工的自觉行为。要做到这一点,靠教育和灌输是一个方面,更重要的是从项目运作体制和机制上加以保证,实现全员管理。要从项目管理机制上做文章,实行项目风险经营管理。

4. 制订健全的材料与设备租赁管理制度

项目成本是否控制有效,很大程度上依赖于各项管理制度是否健全并良好实施。特别是自购材料、租赁材料和管理费用的开支等更是管理的重点。一般工程项目材料费占工程成本的 60%~70%,必须要有严密的材料管理制度。材料管理要从采购抓起,做到货比三家、比质量、比价格、比服务。

5. 与分包单位签订成本控制协议

对于实行施工总承包的工程项目,一般做法是将劳务分包,材料由总承包施工企业负责采购。应给劳务分包单位在成本管理上传递压力,促使他们在施工过程中合理利用材料,避免浪费。

6. 通过技术管理来控制成本

要通过技术管理来控制责任成本,要树立向技术要效益的观念。加强技术管理,减少返工损失及浪费。一项充分优化的施工方案,可能给工程项目带来几十万,甚至上百万的利润。利用节省施工成本的施工方案所产生的经济效益的一部分对相关技术人员进行奖励。

7. 加大成本核算力度

(1)根据成本计划确立成本核算指标,项目经理组织成本核算工作的第一步是确立成本核算指标。

(2)根据工程特点划分阶段性的成本核算。成本核算涉及的内容多面广,需要很多的数据。我们通常的做法是在临建完工、主体工程完工及相关附属工程完成这几个阶段来进行核算。核算中根据工程实体消耗的人工、材料、机械费用及非工程实体消耗的措施费、管理费列表分类进行。

(3)根据分项工程核算的费用和按预算定额的费用相比较,通过比较,来确定分项工程的盈亏。

8. 加强合同管理及工程变更控制

合同管理主要把握以下几点:一是印章管理,落实专人保管,使用登记。二是合同归口管理,要建立合同审核会签制。三是对同类工作内容尽可能使用统一格式合同,编制相应固定的合同标准格式。四是对工程施工内容及范围界定清楚、工程量又能准确计算的合同,应尽量签订固定总价合同;而对那些工程施工内容及范围不能准确界定的,估算其工程量发生的变化规律和方向,应固定综合单价,并考虑相应的取费系数。工程变更要做到"先变更后实施、先签字后实施"的原则,这样就可避免口头变更通知,以文字说话,减少纠纷。

9. 建立资源消耗台账,实行资源消耗的中间控制

资源消耗台账是辅助成本核算的记录。材料成本是整个项目成本中最有潜力可挖一项。根据本月消耗数,材料部门需要结合本月实际完成的工程量,进一步对材料消耗水平和节超原因进行分析,同时结合项目经理制订的措施,分别落实给相关人员和班组;根据

可以使用数,联系项目施工进度,从总量上对今后消耗的材料进行控制。

10. 应用成本与进度同步跟踪的方法控制工程成本

在对项目成本进行控制的过程中,成本控制与计划管理、成本与进度之间存在同步关系。在施工过程中,施工到什么阶段,就应该发生相应的费用。如果成本与进度之间出现不对应,在这种情况下,就要作为"不正常"的现象对其进行分析,同时找出原因,并加以纠正。在分部分项工程的施工中,为了便于对施工进度和施工费用进行控制,需要对进度与费用的变化过程进行熟悉和掌握,同时按照横道图与网络图的特点进行处理。

11. 建立项目成本审核签证制度,控制成本费用支出

引进市场经营机制以后,就得建立以项目为成本中心的核算体系。所有的经济业务,不论是对内或对外,都需要项目直接对口。在发生经济业务的时候,首先要由有关项目管理人员审核,最后经项目经理签证后支付。这是项目成本控制的最后一关,必须十分重视。

12. 加强质量管理,控制质量成本

质量成本就是为了项目的质量发生的费用。其实就是为保证和提高产品质量而支出的费用和没达到要求的质量而发生的一切损失的费用之和。质量成本包括两方面:控制成本和故障成本。控制成本包括预防成本的鉴定成本,属于质量成本保证费用,与质量水平成正比关系。

11.2 项目成本计划

11.2.1 项目成本计划的编制

1. 项目成本计划编制依据

(1) 合同文件。这些依据首先是工程承包合同文件,除合同文本外,招标文件、投标文件、设计文件等均是合同文件的组成内容,合同中的工程内容、数量、规格、质量、工期和支付条款都将对工程的成本计划产生重要的影响,因此,承包方除了在签订合同前进行过细的合同评审外,尚需进行认真的研究与分析,以谋求在正确履约的前提下降低工程成本。

(2) 项目管理实施规划。其中包括以工程项目施工组织设计文件为核心的项目实施技术方案与管理方案,是在充分调查和研究现场条件及有关法规条件的基本上制定的,不同实施条件下的技术方案和管理方案,将导致工程成本的不同。

(3) 相关设计文件。

(4) 价格信息。包括生产要素的价格信息、反映企业管理水平的消耗定额(企业施工定额)以及类似工程的成本资料等。

(5) 相关定额。按管理层次分,有全国统一定额、专业通用定额、地方定额、企业定额和补充定额;按用途分,有概算指标、施工定额、预算定额、概算定额、投资估算指标等;按物质内容分,包括劳动定额、材料消耗量定额和机械台班定额;按费用性质分为,建筑工程定额、安装工程定额、其他费用定额、间接费用定额等。

(6) 类似项目的成本资料。通过分析类似项目的成本资料,可以更好地完成本项目的成本管理。

2. 项目成本计划编制要求

（1）项目成本计划的编制应有明确的责任部门和工作方法。

项目成本计划由项目管理组织负责编制，并采取自下而上分级编制并逐层汇总的做法。应承担项目成本实施性计划的编制任务。当工程项目的构成有多个子项，分级进行项目管理时，应由各子项的项目管理组织分别编制子项目成本计划，而后进行自下而上的汇总。

（2）项目成本计划对应项目成本控制具有指导性。

施工项目成本计划是施工项目成本管理的一个重要环节，是实现降低施工项目成本任务的指导性文件。从某种意义上来说，编制施工项目成本计划也是施工项目成本预测的继续。如果对承包项目所编制的成本计划达不到目标成本要求时，就必须组织施工项目管理班子的有关人员重新研究寻找降低成本的途径，再进行重新编制，从第一次所编的成本计划到改变成第二次或第三次等的成本计划直至最终定案，实际上意味着进行了一次次的成本预测，同时编制成本计划的过程也是一次动员施工项目经理部全体职工，挖掘降低成本潜力的过程；也是检验施工技术质量管理、工期管理、物资消耗和劳动力消耗管理等效果的全过程。

（3）工程项目成本计划应有具体的指标。

这些指标根据工程项目管理和成本核算的需要，一般情况下有以下三类指标：

1) 成本计划的数量指标，如：

① 按子项汇总的工程项目计划总成本指标；

② 按分部汇总的各单位工程（或子项目）计划成本指标；

③ 按人工、材料、机械等各主要生产要素计划成本指标。

2) 成本计划的质量指标，如工程项目总成本降低率，可采用：

① 设计预算成本计划降低率＝设计预算总成本计划降低额/设计预算总成本

② 责任目标成本计划降低率＝责任目标总成本计划降低额/责任目标总成本

3) 成本计划的效益指标，如工程项目成本降低额。

① 设计预算成本计划降低额＝设计预算总成本－计划总成本

② 责任目标成本计划降低率＝责任目标总成本－计划总成本

3. 项目成本计划编制程序

（1）预测项目成本；

（2）确定项目总体成本目标；

（3）编制项目总体成本计划；

（4）项目管理机构与组织的职能部门根据其责任成本范围，分别确定自己的成本目标，并编制相应的成本计划；

（5）针对成本计划制定相应的控制措施；

（6）由项目管理机构与组织的职能部门负责人分别审批相应的成本计划。

4. 项目成本计划编制应通过系统的成本策划实施

项目成本计划的编制可按成本组成、项目结构和工程实施阶段分别进行编制。项目相关方应根据项目成本控制要求编制、确定项目成本计划。项目施工成本计划一般由施工单位编制。施工单位应围绕施工组织设计或相关文件进行编制，以确保对施工项目成本控制的适宜性和有效性。具体可按成本组成（如直接费、间接费、其他费用等）、项目结构（如各单位工程或单项工程）和工程实施阶段（如基础、主体、安装、装修等或月、季、年等）进行编制，也可以将几种方法结合使用。

11.2.2 项目成本计划的内容

项目施工成本计划是建设工程项目十分重要的项目成本计划，内容需包括：

（1）通过标价分离，测算项目成本。工程项目一旦中标后，施工企业一般采用标价分离方法进行成本测算，确定施工项目的目标成本和施工项目部的计划成本。"标价分离"在中标后、工程开工前运用，可以在短时间内测算项目毛利率，项目在开工前可以尽快详细、准确地测定项目合理目标成本指标，根据管理水平、施工环境、项目成本价、内部分包价等测出成本价，成本价与中标价的差值即为项目利润。标价分离一经确定，项目在实施过程管理中就可做到心中有数，有据可依，使控制成本的责任目标分解到岗位，落实到人。这也是实现"项目二次经营"的前提，是实施项目成本控制管理的基础。"标价分离"一般在中标后进行，如果将这个分离移到标前，对投标报价以及以后的成本控制有更大价值。

（2）确定项目施工总体成本目标。工程开工前期，项目成本经理组织预核算室员工采用正确方法，对工程项目的总成本水平和降低成本的可能性进行分析预测，制定出项目的目标成本。估算成本计划，确定目标成本。

（3）编制施工项目总体成本计划。

（4）根据施工项目经理部与企业职能部门的责任成本范围，分别确定其具体成本目标，分解相关成本要求。项目部下达总体成本计划后，各职能部门应充分发动群众进行认真的讨论，在总结上期成本计划完成的情况下，结合本期计划，找出完成本期计划的有利和不利因素，并提出控制措施，形成部门成本计划目标和费用预算。

（5）编制相应的专门成本计划，包括单位工程、分部分项成本计划等。

（6）针对以上成本计划，制定相应的控制方法，包括确保落实成本计划的施工组织措施、施工方案等。

（7）编制施工项目管理目标责任书和企业职能部门管理目标。

（8）配备相应的施工管理与实施资源，明确成本管理责任与权限。

按照上述要求形成的项目施工成本计划应经过施工企业授权人批准后实施。

11.2.3 项目成本计划的实施

项目成本计划的实施是保障项目完成目标成本的重要环节，项目部应以完成计划成本与岗位人员签订控制协议书的形式落实到各个岗位，这样既可以最大限度调动员工积极性，项目部又可以依据计划成本完成情况作为员工绩效考核。

以下是计划成本控制协议书（参考范本）：

1. 专业分包工程责任成本控制协议书

（1）工程概况：防水工程、栏杆工程、门窗工程、钢结构工程专业分包（与前述分包内容相同）。

（2）费用组成范围：人工费、材料费、机械费、措施费、管理费、利润、税金。

（3）经营目标：上述部分费用不超过_____万元。

（4）责任方式：项目经理：×××，成本经理：×××。奖罚对等。

(5) 奖惩规定：责任人完成以上责任目标，则按项目部最终总奖励的×%进行奖励，完不成则取消奖励，且按完成责任成本的比例扣除浮动工资，超额完成部分，按照超额部分的×%增加奖励。

2. **人工费责任成本控制协议书**

(1) 工程概况：本工程结构工程、砌筑工程、粗装修工程人工费用采取劳务分包。

(2) 费用组成范围：除专业分包以外的所有人工、辅材、中小型机具费、管理、税金等费用。

(3) 经营目标：上述部分费用不超过_____万元。

(4) 责任方式：办公室主任：×××，成本经理：×××。奖罚对等。

(5) 奖惩规定：责任人完成以上责任目标，则按项目部最终总奖励的×%进行奖励，完不成则取消奖励，且按完成责任成本的比例扣除浮动工资，超额完成部分，按照超额部分的×%增加奖励。

3. **材料费责任成本控制协议书**

(1) 工程概况：本工程自行采购所有材料（含材料检测试验费），混凝土含泵送费。

(2) 费用组成范围：自行报价采购材料。

(3) 经营目标：上述部分费用不超过_____万元。

(4) 责任方式：总工程师：×××，生产经理：×××，材料主任：×××。奖罚对等。

(5) 奖惩规定：责任人完成以上责任目标，则按项目部最终总奖励的×%进行奖励，完不成则取消奖励，且按完成责任成本的比例扣除浮动工资，超额完成部分，按照超额部分的×%增加奖励。

4. **机械责任成本控制协议书**

(1) 工程概况：本工程垂直运输。

(2) 费用组成范围：机械租赁费、使用费、安拆费、部分中小型机具采购、使用费。

(3) 经营目标：上述部分费用不超过_____万元。

(4) 责任方式：生产经理：×××，总工程师：×××，奖罚对等。

(5) 奖惩规定：责任人完成以上责任目标，则按项目部最终总奖励的×%进行奖励，完不成则取消奖励，且按完成责任成本的比例扣除浮动工资，超额完成部分，按照超额部分的×%增加奖励。

机械责任成本控制表见表11-1。

机械责任成本控制表　　　　表11-1

序号	名称	单位	数量	预算单价	租赁时间	合价
一	大型机械使用费用					
1	塔吊使用费	台				
2	塔吊使用费	台				
3	塔吊安拆费	元				
7	塔吊盲区汽车吊	元				
8	土方机械费	元				

续表

序号	名称	单位	数量	预算单价	租赁时间	合价
9	回填土机械	元				
10	物料提升机	元				
11	房心回填机械费	元				
二	小型机具费	元				
	合计	元				

5. 措施费责任成本控制协议书

措施费责任成本控制表见表11-2。

措施费责任成本控制表 表11-2

序号	措施项目材料费名称	单位	数量	单价/租赁	租赁天数	合价
1	模板	m^2				
2	木方	m^3				
3	钢管	m				
4	穿墙螺杆	套				
5	U形卡	个				
6	对拉螺栓	kg				
7	碗口脚手架	m				
8	顶托	个				
9	钢管 D48	m				
10	直角扣件	个				
11	对接扣件	个				
12	旋转扣件	个				
13	脚手板	m^2				
	合价					

(1) 工程概况：本工程施工措施费用采取购买及租赁。

(2) 费用组成范围：措施材料采购、租赁、损耗费。

(3) 经营目标：上述部分费用不超过_____万元。

(4) 责任方式：生产经理：×××，总工程师：×××，材料主任：×××。奖罚对等。

(5) 奖惩规定：责任人完成以上责任目标，则按项目部最终总奖励的×％进行奖励，完不成则取消奖励，且按完成责任成本的比例扣除浮动工资，超额完成部分，按照超额部分的×％增加奖励。

6. 临时设施及安全文明施工责任成本控制协议书

(1) 工程概况：本工程临时设施、安全文明设施。

(2) 费用组成范围：临时设施人工费、材料费；塔吊基础、安全防护、文明施工与保护等费用。

(3) 经营目标：上述部分费用不超过_____万元。

临时设施及安全文明施工责任成本控制表见表11-3。

临时设施及安全文明施工责任成本控制表　　　　　表11-3

序号	费用名称	单位	数量	单价	合价
1	临时设施（人工费）	项			
2	临时设施（材料费）	项			
3	现场办公及生活设施	项			
4	各种材料加工棚	项			
5	临电设施	项			
6	临水设施	项			
7	塔吊基础	项			
8	临时场地租赁费用	项			
9	临设拆除费	项			
10	临设机械费	项			
11	安全施工费	项			
12	楼板、屋面、阳台等临边防护	m			
13	通道口防护	m			
14	预留洞防护	m^2			
15	电梯口防护	m			
16	楼梯边防护	m			
17	防护扣件	个			

(4) 责任方式：安全总监：×××，总工程师：×××，材料主任：×××。奖罚对等。

(5) 奖惩规定：责任人完成以上责任目标，则按项目部最终总奖励的×%进行奖励，完不成则取消奖励，且按完成责任成本的比例扣除浮动工资，超额完成部分，按照超额部分的×%增加奖励。

7. 水电费责任成本控制协议书

(1) 工程概况：本工程水电费用。

(2) 费用组成范围：包含施工、生活水电费用。

(3) 经营目标：上述部分费用不超过_____万元。

水电费责任成本控制表见表11-4。

水电费责任成本控制表　　　　　表11-4

序号	费用名称	单位	数量	单价	合价
1	电	项			
2	水	项			
	合计				

(4) 责任方式：安全总监：×××。

(5) 奖惩规定：责任人完成以上责任目标，则按项目部最终总奖励的×%进行奖励，完不成则取消奖励,且按完成责任成本的比例扣除浮动工资,超额完成部分,按照超额部分的×‰增加奖励。

8. 管理费责任成本控制协议书

(1) 工程概况:本工程管理费用。

(2) 费用组成范围:包含办公、生活、经营、保安、交通等费用。

(3) 经营目标:上述部分费用不超过_____万元。

(4) 责任方式:项目经理:×××,办公室主任×××。奖罚对等。

(5) 奖惩规定:责任人完成以上责任目标,则按项目部最终总奖励的×‰进行奖励,完不成则取消奖励,且按完成责任成本的比例扣除浮动工资,超额完成部分,按照超额部分的×‰增加奖励。

管理费责任成本控制表见表11-5。

管理费责任成本控制表 表11-5

序号	管理费名称	单位	数量	单价	合价
1	办公设备				
	复印机	台			
	台式电脑	台			
	投影仪	台			
	保险柜	台			
	办公桌椅	台			
	空调	台			
	热水器	台			
	笔记本	台			
	冷柜	台			
	电动门	台			
	大班台	台			
	电动车	台			
	音响	台			
	广联达软件	套			
	热水锅炉	台			
2	办公费用				
	通讯费	月			
	保安费	月			
	合计				

9. 财务及其他费用责任成本控制协议书

(1) 工程概况:本工程税费、保险用。

(2) 费用组成范围:包含规费、保险、各种税金、银行费用等。

(3) 经营目标:上述部分费用不超过_____万元。

财务及其他费用责任成本控制表见表11-6。

财务及其他费用责任成本控制表　　　　　　　　　　　　　　　　表 11-6

序号	管理费名称	单位	数量	单价	合价
1	福利费				
2	劳动保护费				
3	取暖费				
4	履约保函手续费				
5	印花税				
6	北京资金中心存款利息				
	合 计				

（4）责任方式：财务经理：×××。奖罚对等。

（5）奖惩规定：责任人完成以上责任目标，则按项目部最终总奖励的×%进行奖励，完不成则取消奖励，且按完成责任成本的比例扣除浮动工资，超额完成部分，按照超额部分的×%增加奖励。

10. 管理人员工资及五险一金成本责任成本控制协议书

（1）工程概况：管理费用。

（2）费用组成范围：包含项目管理人员工资、加班费及五险一金费用、现场生活费。

（3）经营目标：上述部分费用不超过_____万元。管理人员工资及五险一金成本责任成本控制表见表 11-7。

管理人员工资及五险一金成本责任成本控制表　　　　　　　　　　表 11-7

序号	岗位名称	岗位协议工资	外地施工补贴	加班工资	浮动工资	社会保险（养老/医疗/失业/生育/住房公积金）	小计（元）	人数	工期	月收入合计（元）
1	项目经理									
2	生产经理									
3	项目总工兼土建工程师									
4	商务经理									
5	预算工程师									
6	财务人员									
7	土建工程师									
8	电气工程师									
9	排水工程师									
10	物资工程师									
11	测量与试验工程师									
12	机械部									
13	办公及后勤人员									

续表

序号	岗位名称	岗位协议工资	外地施工补贴	加班工资	浮动工资	社会保险（养老/医疗/失业/生育/住房公积金）	小计（元）	人数	工期	月收入合计（元）
14	当地司机									
15	厨师等									
16	当地保安									
17	伙食费									
	合计									

（4）责任方式：项目经理：×××，办公室主任×××。奖罚对等。

（5）奖惩规定：责任人完成以上责任目标，则按项目部最终总奖励的×％进行奖励，完不成则取消奖励，且按完成责任成本的比例扣除浮动工资，超额完成部分，按照超额部分的×％增加奖励。

11. 合同风险成本责任成本控制协议书

（1）工程概况：本工程合同违约项。

（2）费用组成范围：包含合同工期、质量、安全、管理等违约成本风险。

（3）经营目标：上述部分费用不超过_____万元。

合同风险成本责任成本控制表见表 11-8。

合同风险成本责任成本控制表　　　　表 11-8

序号	成本构成名称	单位	数量	单价	成本合计	责任人
1	工期违约罚款					生产经理＋总工
2	质量返工、罚款					生产经理＋安质总监
3	安全文明施工罚款					安质总监
4	民工闹事增加费用					人力资源＋商务经理
5	分包合同违约罚款					项目经理
6	签证实效成本					总工
7	更换项目经理成本					项目经理
8	总包合同其他违约罚款					项目经理
	合计					

（4）奖惩规定：责任人完成以上责任目标，则按项目部最终总奖励的×％进行奖励，完不成则取消奖励，且按完成责任成本的比例扣除浮动工资，超额完成部分，按照超额部分的×％增加奖励。

11.2.4　工程项目成本计划的改进

目前，不同建筑组织对项目成本计划的具体做法、能力和水平不尽相同，这本属正常现象，因为成本管理本来就是各组织自主经营、自主决策、自负盈亏的管理行为。关键在于按照成本计划的规律，提供一种健全项目成本计划职能的工作框架，使组织能在这种科学的框架下去自主运作成本计划，以提高其能力和水平。从目前情况看，改进项目成本计划，完善项目成本计划职能，尚需增强以下具体工作环节：

1. 增强项目成本目标的策划环节

项目目标成本是组织对其项目管理组织提出的责任成本目标，在实行项目经理责任制的情况下，称其为项目经理责任目标成本。对于工程总承包项目，这种责任目标成本，可再分解为项目施工前期以勘察设计为中心的"设计经理责任成本目标"和施工阶段的"施工经理责任成本目标"。

对于项目责任成本目标的确定过程，要充分发挥组织管理层各职能部门的共同指导作用。尤其是施工总承包项目，组织在工程项目中标之后，正式确定项目经理人选之前，应组织中标项目的合同交底会，向各职能部门负责人传达项目投标竞争情况、中标原因、合同条件及评审意见。通过集思广益，分析有利条件和不利因素，借鉴以往类似工程，提出项目管理基本方案（管理方针）、成本总目标及重要应对措施，为制订项目经理的目标管理责任书提供依据。对于工程总承包项目也可采用同样的方法进行，这应成为组织项目管理的一项制度性的例行工作，使组织经营管理层真正成为"效益谋划中心"，彻底改变组织内部以包代管的项目管理工作思路。

2. 增强项目计划成本的审批环节

如前所述，项目责任目标成本是一中指导性的成本目标，一般要有明确的范围、数值和指导性的措施建议，所谓明确的范围是指项目经理责权范围可控要素的成本费用。而计划成本则是按照责任目标成本的要求，在项目经理的组织领导下，通过详细施工组织设计文件的编制，以最优化的施工方案及其技术组织措施为依据，而制订的具体的实施性的计划成本。计划成本通常必须预控在责任目标成本的范围内，其中的差异反映项目管理组织对计划成本的预控效果。当然，这种效果必须建立在计划成本有其实现可能性的基础上。

计划成本的预控效果，究竟是客观的还是主观臆想的，即实现的可能性如何，必须增强组织主管领导和相关部门负责人的集体审批，即在组织审批项目管理实施方案的同时，审批项目成本计划文件。目前，对于这种审批的作用，许多组织的观念还比较淡薄，通常只是把它看成管理程序上的把关、领导权力的运用，实质上这种审批，体现了成本计划过程的组织管理层集体智慧、经验的在运用过程。

3. 增强项目成本计划的落实环节

项目成本计划一经批准执行，就必须按照目标管理的原则严格执行，对于因计划不周、客观条件变化等因素影响，需要调整总成本目标或局部目标时，应按规定的程序办理。因此，组织必须建立并保持这样的一个成本管理程序，明确项目成本计划在不同调整范围和调整幅度的审批程序和办法，以提高贯彻落实项目成本计划的意识，增强执行项目成本计划的严肃性。

11.3 项目成本控制

11.3.1 项目成本控制的内容

1. 工程投标阶段的成本控制

自我国政府 2000 年出台了《中华人民共和国招标投标法》以来，建筑市场采取招标投标方法趋于更加完善。建筑施工企业在招标投标中既要获得施工项目，又要加强项目成本控制是投标阶段的主要任务之一。我们在编制适合本企业施工管理水平、施工能力招标文件的报价同时，要根据施工图纸分解工程项目，结合施工现场的踏勘情况，按工序标准成本来预测项目投标成本；综合考虑企业竞争能力和竞争对手的实力状况，制定适当的利润率水平，最终确定投标报价。

2. 施工准备阶段成本控制

施工准备阶段成本控制，要做好施工组织设计工作和目标责任成本分解工作，按照工序标准成本制订事中的目标成本计划。首先要根据技术资料对施工技术措施、施工组织程序、作业组织形式、机械设备选择、人力资源调配等进行分析研究，优化施工方案。其次是成本责任的分工，根据下达的成本目标，以分部分项工程实物工程量为基础，结合劳动定额、材料消耗定额和技术组织措施的节约计划，在优化的施工方案的基础上，编制具体可行的成本计划，并按照部门、施工队和班组的分工进行分解，以此确定各分项、各部门的成本控制责任。第三在制定施工责任成本之前，要仔细、详细地搜集、分析当地的市场行情和资源供应条件等，以确保责任成本的准确性和可行性。

3. 施工过程的成本控制

施工过程的成本控制，主要是围绕人工费、材料费、机械使用费的管理与控制。

（1）人工费的控制。随着劳动力价格成本的提高，人工费用已占到工程成本的 15%～25% 左右，因此应严格控制人工费用的支出。要依据项目的各分部分项工程，制定合理的人工用量定额，项目经理部要通过招标方式，选择技术优良、价格合理的施工队，将人工费的目标成本以劳务分包方式分解给施工队。要压缩非生产人员，在满足工作需要的前提下，实行一人多岗，满负荷工作。根据是否达到一定文明施工标准，适当进行奖罚，质量达不到优良标准和出现安全事故，进行罚款并在不影响施工进度的情况下，施工队的选择越少越好，这有利于降低管理难度，实现人工费控制目标。

（2）材料费的控制。在施工项目中，材料成本约占工程总造价的 60%～70%，因此，控制材料成本是项目成本控制的重要内容。材料费控制包括价格的控制；材料数量的控制。首先对于大宗主要材料采取招标采购、比价节约的方式进行。如对于商品混凝土价格，采购前应认真制定采购计划，货比三家，及时掌握材料价格的动态变化，严格控制采购价格，坚持质量择优，价格择廉，运输择近的采购原则。其次是实行限额领料和配比发料，应根据施工预算，制定限额领料单，根据领料单发放材料；对于超出领料单的材料应认真分析超支原因，及时采取纠正措施，严格避免材料浪费。第三对于零星的材料要尽量利用供应商竞争的条件实行代储代销式管理，用多少结算多少，避免库存积压而导致成本的增加。

（3）机械费用控制。机械费用一般占工程造价的 8%～10% 左右，随着技术装备水平的提高和机械化的利用，要充分考虑项目工期、工程质量及施工季节，注意一机多用，合理搭配，充分发挥机械的性能，力求提高主要机械的利用率，在施工过程中要精心组织，合理穿插，对于连续作业工程，采取人歇机不歇的措施；对那些使用时间较短的特种施工机械，可以采用从外部租用的办法；另外，对于现有设备要做好维修保养工作，落实机械设备管理责任制，提高出勤率，避免因施工机械操作出现问题而导致的工程质量下降或施工安全问题。

4. 竣工验收阶段成本控制

竣工验收阶段是项目的收尾阶段，竣工验收阶段要根据合同、预算及费用定额以及国家的有关法规认真核对工程项目相关款项，做好竣工决算，这也是施工项目成本控制的最后一个环节。工程计量人员要计算分部分项工程的直接成本并与预算成本对比，以发现是否存在中标定额外还需业主确认的费用；预算人员必须与财务人员进行认真全面的核对，相互补正，以免漏项，确保取得工程结算收入；财务人员应扎扎实实进行材料及固定资产的清理，加强对应收质保金的回收，并及时与公司并账，堵塞成本流失的漏洞。

11.3.2　项目成本控制的指标体系

建设工程项目实行成本控制，必须建立一套科学的成本指标体系。通过成本指标体系，一方面可以反映企业在成本控制方面的目标要求，为企业全体职工指明成本控制工作的奋斗方向；另一方面，可以把成本指标层层分解，化大指标为小指标，下达到各级基层组织和岗位，使成本控制责任具体化，形成一个"职工保小组、小组保部门、部门保企业"的成本目标保证体系。

成本控制指标体系建立的原则如下：

（1）科学性。成本指标体系的建立，必须强调科学性。成本指标的含义要科学，便于计算，能客观地反映成本的真实情况，不能模棱两可，令人费解。

（2）可比性。成本指标要便于比较，计划和实际可以相互对比，企业内部各部门之间可以对比，同行业之间也可以对比。成本指标只有具备可比性，才能起到鞭策落后，鼓励先进的作用。

（3）综合性。建立成本指标体系，既要有综合性的大指标，又要有分解的小指标。综合性指标反映了企业成本方面的奋斗目标，分解的指标反映了各个基层组织的具体任务。小指标对大指标起到保证作用，大指标对小指标起到制约作用所有指标密切联系，反映了整个企业的成本控制水平。

（4）适应性。成本指标体系的建立，要少而精，不要繁琐，主要从满足企业的成本控制的需要考虑。

（5）连续性。成本指标的项目、含义和计算方法，要保持稳定性和连续性，以便进行跟踪比较，从中找出成本发展趋势的规律性，从而可以更好地挖掘成本降低的潜力。

11.3.3　项目成本控制的方法

项目成本控制的方法包括：项目成本分析表法、工期—成本同步分析法、挣值分析法、价值工程方法。

1. 项目成本分析表法

作为成本分析控制手段之一的成本分析表，包括月度成本分析表和最终成本控制报告表。月度成本分析表又分直接成本分析表和间接成本分析表两种。

（1）月度直接成本分析表

主要是反映分部分项工程实际完成的实物量和与成本计划相对应的情况，以及与预算成本和计划成本相对比的实际偏差和目标偏差，从而为分析偏差产生的原因和针对偏差采取相应的措施提供依据。

（2）月度间接成本分析表

主要反映间接成本的发生情况，以及与预算成本和计划成本相对比的实际偏差和目标偏差，为分析偏差产生的原因和针对偏差采取相应的措施提供依据。此外，还要通过间接成本占产值的比例来分析其成本管理水平。

(3) 最终成本控制报告表

主要是通过已完实物进度、已完产值和已完累计成本，联系尚需完成的实物进度、尚可上报的产值和还将发生的成本，进行最终成本预测，以检验实现成本目标的可能性，并可为项目成本控制提出新的要求。这种预测，工期短的项目应该每季度进行一次，工期长的项目不妨每半年进行一次。

以上项目成本的控制方法，不可能也没有必要在一个工程项目全部同时使用，可由各工程项目根据自己的具体情况和客观需要，选用其中有针对性的、简单实用的方法，这会收到事半功倍的效果。

在选用控制方法时，应该充分考虑与各项施工管理工作相结合。例如：在计划管理、施工任务单管理、限额领料单管理、合同预算管理等工作中，跟踪原有的业务管理程序，利用业务管理所取得的资料进行成本控制，不仅省时省力，还能帮助各业务管理部门落实责任成本，从而得到它们有力的配合和支持。

2. 工期—成本同步分析法

工期成本分析工期的长短与成本的高低有着密切的关系。在一般情况下，工期越长费用支出越多，工期越短费用支出越少。特别是固定成本的支出，基本上是与工期长短成正比增减的，是进行工期成本分析的重点。

工期成本分析，就是计划工期成本与实际工期成本的比较分析。所谓计划工期成本，是指在假定完成预期利润的前提下计划工期内所耗用的计划成本。而实际成本，则是在实际工期中耗用的实际成本。

工期成本分析的方法一般采用比较法，即将计划工期成本与实际工期成本进行比较，然后应用"因素分析法"分析各种因素的变动对工期成本差异的影响程度。

进行工期成本分析的前提条件是，根据施工图预算和施工组织设计进行量本分析，计算施工项目的产量，成本和利润的比例关系，然后用固定成本除以合同工期，求出每月支用的固定费用。

3. 挣值分析法

挣值法又称为赢得值法或偏差分析法。挣值分析法是在工程项目实施中使用较多的一种方法，是对项目进度和费用进行综合控制的一种有效方法。

(1) 基本参数

计划工作量的预算费用 (BCWS)，即 (Budgeted Cost for Work Scheduled)。

BCWS 是指项目实施过程中某阶段计划要求完成的工作量所需的预算费用。计算公式为：BCWS=计划工作量×预算定额。BCWS 主要是反映进度计划应当完成的工作量（用费用表示）。

已完成工作量的实际费用 (ACWP)，即 (Actual Cost for Work Performed)。ACWP 是指项目实施过程中某阶段实际完成的工作量所消耗的费用。ACWP 主要是反映项目执行的实际消耗指标。

BCWS 是与时间相联系的，当考虑资金累计曲线时，是在项目预算 S 曲线上的某一点的值。当考虑某一项作业或某一时间段时，例如某一月份，BCWS 是该作业或该月份包含作业的预算费用。

已完成工作量的实际费用（ACWP——Actual Cost for Work Performed），有的资料也称 AC（实际值）。

ACWP 是指项目实施过程中某阶段实际完成的工作量所消耗的工时（或费用）。ACWP 主要反映项目执行的实际消耗指标。

已完工作量的预算成本（BCWP），即（Budgeted Cost for Work Performed）。或称挣值、盈值和挣得值。

BCWP 是指项目实施过程中某阶段按实际完成工作量及按预算定额计算出来的费用，即挣得值（Earned Value）。BCWP 的计算公式为：BCWP＝已完工作量×预算定额。

BCWP 的实质内容是将已完成的工作量用预算费用来度量。

（2）评价指标编辑

费用偏差（Cost Variance，CV）：CV 是指检查期间 BCWP 与 ACWP 之间的差异，计算公式为 CV＝BCWP－ACWP。当 CV 为负值时表示执行效果不佳，即实际消费费用超过预算值即超支。反之当 CV 为正值时表示实际消耗费用低于预算值，表示有节余或效率高。若 CV＝0，表示项目按计划执行。

进度偏差（Schedule Variance，SV）：SV 是指检查日期 BCWP 与 BCWS 之间的差异。其计算公式为 SV＝BCWP－BCWS。当 SV 为正值时表示进度提前，SV 为负值表示进度延误。若 SV＝0，表明进度按计划执行。

费用执行指标（Cost Performed Index，CPI）：CPI 是指挣得值与实际费用值之比。CPI＝BCWP/ACWP，当 CPI＞1 表示低于预算，CPI＜1 表示超出预算，CPI＝1 表示实际费用与预算费用吻合。若 CPI＝1，表明项目费用按计划进行。

进度执行指标（Schedule Performed Index，SPI）：SPI 是指项目挣得值与计划值之比，即 SPI＝BCWP/BCWS，当 SPI＞1 表示进度提前，SPI＜1 表示进度延误，SPI＝1 表示实际进度等于计划进度。

（3）评价曲线

挣值法评价曲线如图 11-1 所示，横坐标表示时间，纵坐标则表示费用。BCWS 曲线为计划工作量的预算费用曲线，表示项目投入的费用随时间的推移在不断积累，直至项目结束达到它的最大值，所以曲线呈 S 形状，也称为 S 曲线。ACWP 已完成工作量的实际费用，同样是进度的时间参数，随项目推进而不断增加的，也是呈 S 形的曲线。利用挣值法评价曲线可进行费用进度评价，图中所示的项目，CV＜0，SV＜0，这表示项目执行效果不佳，即费用超支，进度延误，应采取相应的补救措施。

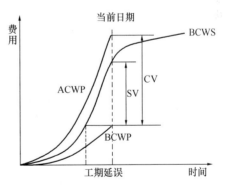

图 11-1 挣值分析法示意图

（4）度量方法

尽管挣值法的计算关系相对简单，准确度量作业的挣值却是不容易的，并成为成功应用挣值法的关键。这是由于一方面项目的作业内容是多种多样的，挣值的度量应根据作业的内容精心设计。另一方面，与项目相关的人员已习惯于通常的费用和日程度量概念和方法，改变人们的固有概念需要耐心的培训和讲解。

下面是几种度量挣值的方法：

（1）线性增长计量：费用按比例平均分配给整个工期，完成量百分比记入挣值。

（2）50-50 规则：作业开始计入 50% 费用，作业结束计入剩余的 50%。当作业具有多个子作业时采用。

（3）工程量计量：例如全部桩基 300 根，150 万元。每完成一根，挣值 0.5 万元。

（4）节点计量：将工程分为多个进度节点并赋以挣值，每完成一个节点计入该节点挣值，设备定制可用此方法。

4. 价值工程方法

价值工程又称为价值分析是一门新兴的管理技术，是降低成本提高经济效益的有效方法。

（1）价值工程的主要特点

以提高价值为目的，要求以最低的寿命周期成本实现产品的必要功能；以功能分析为核心；以有组织、有领导的活动为基础；以科学的技术方法为工具。提高价值的基本途径有 5 种：

1）提高功能，降低成本，大幅度提高价值 $F\uparrow C\downarrow =V\uparrow\uparrow$

2）功能不变，成本降低，提高价值 $F\rightarrow C\downarrow =V\uparrow$

3）功能有所提高，成本保持不变，从而提高价值 $F\uparrow C\rightarrow =V\uparrow$

4）功能略有下降，成本大幅度降低，从而提高价值 $F\downarrow C\downarrow\downarrow =V\uparrow$

5）以成本的适当提高换取功能的大幅度提高，从而提高价值 $F\uparrow\uparrow C=V\uparrow$。

（2）价值工程在建筑工程中的应用路径

1）设计阶段的价值工程应用

在设计阶段，主要强调对建筑工程的整体把握，应用价值工程时，应注重设计中的成本浪费及不必要的功能，以求降低相对应的成本与投资。在设计阶段合理应用价值工程时，首先是不能与建筑技术方面的设计方案有所违背，其次是注重设计中一贯的优化设计的目标，对设计方案中的建筑工程进行精密分析，去除那些对于总体建筑工程作用微不足道的辅助功能，始终需要本着提高设计方案的经济效果的原则。有很多的相关因素影响着设计方案的优化，其中以设计中的一些主要参数以及工程成本较为突出。工程质量的好坏与工程设计理念是密不可分的，并且决定着所需投入的成本的高低。在建筑工程项目中，一切以安全为前提，在不影响整体功能的基础上，通过在实际使用中的设计标准降低产品的成本，可节省相当一部分成本的投入。通过革新设计理念，把价值工程深入到设计的各个环节，可以不影响工程项目整体效果以及最低寿命周期，同时为投资者节省投入成本，为业主一方节约投资，从而提高建筑项目工程的满意程度，直接增强了市场的竞争能力。

2）施工阶段的价值工程应用

通过对建筑项目设计阶段的分析，可以看出价值功能原理的应用是非常贴近于现实实践理论的。而在建筑项目的具体施工阶段，我们主要强调的是如何采取先进的技术措施、如何选择合适的施工机械以及加强施工阶段的管理。在保证施工正常运行及施工质量达标的前提下，应用价值工程，采用一系列的新技术、新的施工机械以及完整科学的管理模式，从而通过各种途径，如缩短所需的施工工期、施工机械设备的完好运行达到降低施工成本的目的。在施工阶段，最主要的就是施工设备与施工设计的合理搭配，运用价值工程原理，可使两者完美的衔接在一起，从而实现进一步提高施工价值的目的。施工企业所追求的是工程的质量保证以及经济效益的完美结合，而价值工程完全符合这一理念，即能在施工各阶段保证最大的效能，又能为施工企业降低工程建设成本，增加企业的营业利润，从而为技术的进一步突破创造有利条件。在管理方面，通过对施工企业各个环节的协调调度，可以有效地节省时间上的浪费，加快工程进度，优化管理，节省成本投入。施工阶段并不仅仅强调机械化的施工，它是以各种资源的投入，利用各种有限的技术对一个建筑项目进行有组织活动的过程。应用价值工程，对于各个环节，比如施工队伍的合理选择可以有效加快施工进度以及保障施工的质量，以及工程的财务活动可以做到统筹各方、合理调度，从而节约成本。

3) 工程材料选择的价值工程应用

建筑工程中最为关键的环节就是建筑材料的选择，由于其所占工程总造价的比重较高，通常都达到 60%~70%，往往最直接地影响着工程的质量以及工程寿命周期。因此，合理的选择建筑工程材料既能降低成本，又能保证工程的整体质量。并且，在以往的工程实践中，人们往往陷入这样一个误区，把高质量的建筑材料等同于高质量的建筑结构，过多地把注意力放在了那些高价的建筑材料中，而忽略了在工程设计和施工环节中进行科学合理的材料选择的重要性，一定程度上阻碍了价值工程的发展。价值工程是科学选择过程，是对整体功能把握的前提下，抛弃以往关于材料的错误看法，强调在工程项目中所需要的材料并不是固定不变的，是可以在实际应用中进行科学替代方案的选择。因此，在实际的多种材料选择的方案中，利用价值工程原理，在满足功能要求的基本前提下，一定可以找出一种价格相对低廉的材料，不仅可以降低工程的总成本，而且还可以提高工程的质量和人民的满意度，这一突破有利于促进当前建筑工程行业的整体管理水平的提高。面对着现代化的发展，如何促进建筑材料生产的现代化已经迫在眉睫。将价值工程广泛应用在建筑材料选择，不仅可以对于建筑材料整体结构的优化起着重大作用，而且可以间接通过市场反作用机制，对建材的生产方向和生产结构起着进一步制约和影响的作用。

11.3.4 项目成本控制的程序

项目成本控制应遵循下列程序：

1. 确定项目成本管理分层次目标

项目成本管理分为成本管理计划、成本估算、成本预算、成本控制四个层次。确定个层次目标是进行项目成本管理的首要任务。

2. 采集成本数据，监测成本形成过程

各层次目标确立后，需要采集成本数据，进行成本的动态检测工作，对成本的运行状况、超支或节约的数量大小进行实时把控。不仅要检查指标本身的执行情况，而且要检查和监督影响指标的各项条件，如设备、工艺、工具、工人技术水平、施工环境等。

3. 找出偏差，分析原因

成本偏差有三种：

(1) 实际偏差＝实际成本－承包成本

(2) 计划偏差＝承包成本－计划成本

(3) 目标偏差＝实际成本－计划成本

成本偏差的原因是多方面的,既有客观方面的因素,也有主观方面的因素。可以说在项目的计划、实施中,以及在技术、组织、管理、合同等任何一方面出现问题都会反映在成本上,造成成本偏差。

对可能导致成本偏差的原因进行分析,可采用的分析方法有因果分析图法、因素替换法、差额计算法、ABC 分类法、相关分析法、层次分析法等。这些方法可归纳为定性的和定量的两类,定性分析方法一般适用于复杂或要因关系比较模糊的情况,定量分析方法适用于成本和各影响因素(工程量、资源消耗量、资源价格)可以建立准确的模拟函数关系的情况。

4. 制定对策,纠正偏差

偏差找出后,应当根据工程的具体情况、偏差分析和预测的结果,采取适当的措施,以期达到使施工成本偏差尽可能小的目的。一般采用下列程序:

(1) 提出课题。从各种成本超支的原因中提出降低成本的课题。这些课题首先应当是那些成本降低潜力大、各方关心、可能实行的项目。提出课题的要求,包括课题的目的、内容、理由、根据和预期达到的经济效益。

(2) 讨论和决策。课题选定以后,应发动有关部门和人员进行广泛的研究和讨论。对重大课题,可能要提出多种解决方案,然后进行各种方案的对比分析,从中选出最优方案。

(3) 确定方案实施的方法步骤及负责执行的部门和人员。

(4) 贯彻执行确定的方案。在执行过程中也要及时加以监督检查。方案实现以后,还要检查方案实现后的经济效益,衡量是否达到了预期的目标。

5. 调整改进成本管理方法

最后应根据成本控制情况,提出优化整改措施,完善成本管理方法。

其中,第三步"找出偏差,分析原因"和第四步"制定对策,纠正偏差"宜运用价值工程和挣值法。

11.4 项目成本核算

11.4.1 项目成本核算的原则

施工项目成本核算是施工项目管理中一个极其重要的子系统,也是项目管理最根本标志和主要内容。要提高成本核算质量,除了建立合理、可行的施工项目成本管理系统外,很重要的一条,就是遵循成本核算的原则。概括起来一般有下列几条:

1. 确认原则

在项目成本管理中对各项经济业务中发生的成本,都必须按一定的标准和范围加以认定和记录。只要是为了经营目的所发生的或预期要发生的,并要求得以补偿的一切支出,都应作为成本来加以确认。正确的成本确认往往与一定的成本核算对象、范围和时期相联系,并必须按组织制定的确认标准来进行。这种确认标准具有相对的稳定性,主要侧重定量,但也会随着经济条件和管理要求的发展而变化。在成本核算中,往往要进行再确认,甚至是多次确认。如确认是否属于成本,是否属于特定核算对象的成本(如临时设施先算搭建成本,使用后算摊销费)以及是否属于核算当期成本等。

2. 分期核算原则

施工生产是连续不断的，项目为了取得一定时期的项目成本，就必须将施工生产活动划分若干时期，并分期计算各期项目成本。成本核算的分期应与会计核算的分期相一致，这样便于财务成果的确定。但要指出，成本的分期核算，与项目成本计算期不能混为一谈。不论生产情况如何，成本核算工作，包括费用的归集和分配等都必须按月进行。至于已完项目成本的结算，可以是定期的，按月结转；也可以是不定期的，等到工程竣工后一次结转。

3. 实际成本核算原则

要采用实际成本计价。采用定额成本或者计划成本方法的，应当合理计算成本差异，月终编制会计报表时，调整为实际成本。即必须根据计算期内实际产量（已完工程量）以及实际消耗和实际价格计算实际成本。

4. 权责发生制原则

凡是当期已经实现的收入和已经发生或应当负担的费用，不论款项是否收付，都应作为当期的收入或费用处理；凡是不属于当期的收入和费用，即使款项已经在当期收付，都不应作为当期的收入和费用。权责发生制原则主要从时间选择上确定成本会计确认的基础，其核心是根据权责关系的实际发生和影响期间来确认企业的支出和收益。

5. 相关性原则

成本核算要为项目成本管理目标服务，成本核算不只是简单的计算问题，要与管理融于一体，算为管用。所以，在具体成本核算方法、程度和标准的选择上，在成本核算对象和范围的确定上，应与施工生产经营特点和成本管理要求特性结合，并与项目一定时期的成本管理水平相适应。正确地核算出符合项目管理目标的成本数据和指标，真正使项目成本核算成为领导的参谋和助手。无管理目标，成本核算是盲目和无益的，无决策作用的成本信息是没有价值的。

6. 一贯性原则

项目成本核算所采用的方法一经确定，不得随意变动。只有这样，才能使企业各期成本核算资料统一，前后连贯，相互可比。成本核算办法的一贯性原则体现在各个方面，如耗用材料的计价方法，折旧的计提方法，施工间接费的分配方法，未施工的计价方法等。坚持一贯性原则，并不是一成不变，如确有必要变更，要有充分的理由对原成本核算方法进行改变的必要性做出解释，并说明这种改变对成本信息的影响。如果随意变动成本核算方法，并不加以说明，则有对成本、利润指标、盈亏状况弄虚作假的嫌疑。

7. 划分收益性支出与资本性支出原则

划分收益性支出与资本性支出是指成本、会计核算应当严格区分收益性支出与资本性支出界限，以正确地计算当期损益。所谓收益性支出是指该项目支出发生是为了取得本期收益，即仅仅与本期收益的取得有关，如支付工资、水电费支出等。所谓资本性支出是指不仅为取得本期收益而发生的支出，同时该项支出的发生有助于以后会计期间的支出，如构建固定资产支出。

8. 及时性原则

及时性原则是指项目成本的核算、结转和成本信息的提供应当在所要求的时期内完成。要指出的是，成本核算及时性原则，并非越快越好，而是要求成本核算和成本信息的提供,以确保真实为前提,在规定时期内核算完成,在成本信息尚未失去时效的情况下适时提供,确保不影响项目其他环节核算工作的顺利进行。

9. 明晰性原则

明晰性原则是指项目成本记录必须直观、清晰、简明、可控、便于理解和利用,使项目经理和项目管理人员了解成本信息的内涵,弄懂成本信息的内容,便于信息利用,有效地控制本项目的成本费用。

10. 配比原则

配比原则是指营业收入与其对应的成本、费用应当相互配合。为取得本期收入而发生的成本和费用,应与本期实现的收入在同一时期内确认入账,不得脱节,也不得提前或延后。以便正确计算和考核项目经营成果。

11. 重要性原则

重要性原则是指对于成本有重大影响的业务内容,应作为核算的重点,力求精确,而对于那些不太重要的琐碎的经济业务内容,可以相对从简处理,不要事无巨细,均作详细核算。坚持重要性原则能够使成本核算在全面的基础上保证重点,有助于加强对经济活动和经营决策有重大影响和有重要意义的关键性问题的核算,达到事半功倍,简化核算,节约人力、财力、物力,提高工作效率的目的。

12. 谨慎原则

谨慎原则是指在市场经济条件下,在成本、会计核算中应当对项目可能发生的损失和费用,做出合理预计,以增强抵御风险的能力。

13. 形象进度、产值统计、成本归集同步原则

形象进度、产值统计、实际成本归集这 3 个参数需要按照各自的计算方法进行计算并进行对比;形象进度是实体的进度,例如主体完成了几层;产值指的是折算成金额的表现形式,例如完成了 80 万工程量;实际成本归集,就是实际发生的成本的统计与汇总。

11.4.2 项目成本核算的作用

项目成本核算是施工企业成本管理的一个极其重要的环节。认真做好成本核算工作,对于加强成本管理,促进增产节约,发展企业生产都有着重要的作用,具体可表现在以下几个方面:

(1) 通过项目成本核算,将各项生产费用按照它的用途和一定程序,直接计入或分配计入各项工程,正确算出各项工程的实际成本,将它与预算成本进行比较,可以检查预算成本的执行情况。

(2) 通过项目成本核算,可以及时反映施工过程中人力、物力、财力的耗费,检查人工费、材料费、机械使用费、措施费用的耗用情况和间接费用定额的执行情况,挖掘降低工程成本的潜力,节约活劳动和物化劳动。

(3) 通过项目成本核算,可以计算施工企业各个施工单位的经济效益和各项承包工程合同的盈亏,分清各个单位的成本责任,在企业内部实行经济责任制,以便于学先进、找差距,开展社会主义竞赛。

(4) 通过项目成本核算,可以为各种不同类型的工程积累经济技术资料,为修订预算定额、施工定额提供依据。管理企业离不开成本核算,但成本核算不是目的,而是管好企业的一个经济手段。离开管理去讲成本核算,成本核算也就失去了它应有的重要性。

11.4.3 项目成本核算的内容

从一般的意义上说，成本核算是成本运行控制的一种手段，工程项目成本核算主要是在施工阶段，通过实际成本计算并和计划成本进行比较，从中发现是否存在偏差。因此，成本的核算职能不可避免地和成本的计划职能、控制职能、分析预测职能等产生有机的联系，有时强调施工项目的成本核算管理，实质上也就包含了全过程成本管理的概念。

施工项目成本核算的范围，原则上说，就是在施工合同所界定的施工任务范围内，作为施工项目经理的责任目标成本。一般是以单位或单项工程作为核算对象，具体内容包括工程直接费和间接费范围内的各项成本费用。

1. 直接费成本核算

工程直接费成本包括人工费、材料费、周转材料费、结构件费和施工机械使用费等，实践中尚无具体统一的模式，各施工企业根据自身管理的要求，建立相应的核算制度和办法。以下仅介绍个别企业的做法供参考。

(1) 人工费核算

人工费包括两种情况，即内包人工费和外包人工费。内包人工费是指两层分开后企业所属的劳务分公司（内部劳务市场自有劳务）与项目经理部签订的劳务合同结算的全部工程价款。适用于类似外包工式的合同定额结算支付办法，按月结算计入项目单位工程成本；外包人工费是按项目经理部与劳务基地（内部劳务市场外来劳务）或直接与单位施工队伍签订的包清工合同，以当月验收完成的工程实物量，计算出定额工日数乘以合同人工单价确定人工费。并按月凭项目经济员提供的"包清工工程款月度成本汇总表"（分外包单位和单位工程）预提计入项目单位工程成本。

(2) 材料费核算

工程耗用的材料，根据限额领料单、退料单、报损报耗单、大堆材料耗用计算单等，由项目料具员按单位工程编制"材料耗用汇总表"，据以计入项目成本。

(3) 周转材料费核算

1) 周转材料实行内部租赁制，以租费的形式反映其消耗情况，按"谁租用谁负担"的原则，进行核算并计入项目成本。

2) 按周转材料租赁办法和租赁合同，由出租方与项目经理部按月结算租赁费。租赁费按租用的数量、时间和内部租赁单价计算计入项目成本。

3) 周转材料在调入移出时，项目经理部都必须加强计量验收制度，如有短缺、损坏，一律按原价赔偿，计入项目成本（缺损数＝进场数－退场数）。

4) 租用周转材料的进退场运费，按其实际发生数，由调入项目负担。

5) 对U形卡、脚手扣件等零件除执行项目租赁制外，考虑到其比较容易散失的因素，故按规定实行定额预提摊耗，摊耗数计入项目成本。单位工程竣工，必须进行盘点，盘点后的实物数与前期逐月按控制定额摊耗后的数量差，按实调整清算计入成本。

6) 实行租赁制的周转材料，一般不再分配负担周转材料差价。退场后发生的修复整理费用，应由出租单位作出租成本核算，不再向项目另行收费。

(4) 结构件费核算

1) 项目结构件的使用必须要有领发手续，并根据这些手续，按照单位工程使用对象编制"结构件耗用月报表"。

2) 项目结构件的单价,以项目经理部与外加工单位签订的合同为准,计算耗用金额进入成本。

3) 根据实际施工形象进度、已完施工产值的统计、各类实际成本报耗三者在月度时点上的三同步原则(配比原则的引申与应用),结构件耗用的品种和数量应与施工产值相对应。结构件数量金额账的结存数,应与项目成本员的账面余额相符。

4) 结构件的高进高出价差核算同材料费的高进高出价差核算一致。结构件耗用的数量、单价、金额均按报价书核定,或按竣工结算单的数量按实结算。

5) 部位分项分包,如铝合金门窗、卷帘门等,按照企业通常采用的类似结构件管理和核算方法,项目经济员必须做好月度已完工程部分验收记录,正确计报部位分项分包产值,并书面通知项目成本员及时、正确、足额计入成本。预算成本的折算、归类可与实际成本的出账保持同口径。分包合同价可包括制作费和安装费等有关费用,工程竣工按部位分包合同结算书,据以按实调整成本。

(5) 机械使用费核算

1) 机械设备实行内部租赁制,以租赁费形式反映其消耗情况,按"谁租用谁负担"的原则,核算其项目成本。

2) 按机械设备租赁办法和租赁合同,由企业内部机械设备租赁市场与项目经理部按月结算租赁费。租赁费根据机械使用台班,停置台班和内部租赁单价计算,计入项目成本。

3) 机械进出场费,按规定由承租项目负担。

4) 项目经理部租赁的各类大小中小型机械,其租赁费全额计入项目机械费成本。

5) 根据内部机械设备租赁市场运行规则要求,结算原始凭证由项目指定专人签证开班和停班数,据以结算费用。向外单位租赁机械,按当月租赁费用全额计入项目机械费成本。

(6) 其他直接费核算

项目施工生产过程中实际发生的其他直接费,有时并不"直接",凡能分清受益对象的,应直接计入受益成本核算对象的工程施工——"其他直接费",如与若干个成本核算对象有关的,可先归集到项目经理部的"其他直接费"账科目(自行增设),再按规定的方法分配计入有关成本核算对象的工程施工——"其他直接费"成本项目内。

1) 施工过程中的材料二次搬运费,按项目经理部向劳务分公司汽车队托运汽车包天或包月租费结算,或以运输公司的汽车运费计算。

2) 临时设施摊销费按项目经理部搭建的临时设施总价(包括活动房)除以项目合同工期求出每月应摊销额,临时设施使用一个月摊销一个月,摊销完为止。项目竣工搭拆差额(盈亏)据实调整实际成本。

3) 生产工具、用具使用费。大型机动工具、用具等可以套用类似内部机械租赁办法以租费形式计入成本,也可按购置费用一次摊销法计入项目成本,并做好在用工具实物借用记录,以便反复利用。工用具的修理费按实际发生数计入成本。

4) 除上述以外的其他直接费内容,均应按实际发生的有效结算凭证计入项目成本。

2. 间接费成本核算

为了明确项目经理部的经济责任,正确合理地反映项目管理的经济效益,对施工间接费实行项目与项目之间"谁受益,谁负担,多受益,多负担,少受益,少负担,不受益,不负担"。组织的管理费用、财务费用作为期间费用,不再构成项目成本,组织与项目在费用上分开核算。凡属于项目发生的可控费用均下沉到项目去核算,组织不再硬性将公司本部发生费用向下分摊。

(1) 要求以项目经理部为单位编制工资单和奖金单列支工作人员薪金。项目经理部工资总额每月必须正确核算,以此计提职工福利费、工会经费、教育经费、劳保统筹费等。

(2) 劳务分公司所提供的炊事人员代办食堂承包、服务、警卫人员提供区域岗点承包服务以及其他代办服务费用等计入施工间接费。

(3) 内部银行的存贷利息,计入"内部利息"(新增明细子目)。

(4) 施工间接费,先在项目"施工间接费"总账归集,再按一定的分配标准计入受益成本核算对象(单位工程)"工程施工——间接成本"。

3. 分包费成本核算

建设工程项目总承包方或其施工总承包方,根据工程项目施工需要或出于风险管理的考虑,在建设法规许可的前提下,可将单位工程中的某些专业工程、专项工程,以及群体建筑工程项目的某些单位或单项工程进行分发包。此时,总分包人之间所签订的分包合同价款及其实际结算金额,应列入总承包方相应工程的成本核算范围。分包合同价款与分包工程计划成本的比较,反映分包费成本的预控效果;分包工程实际结算款与分包工程计划成本的比较,反映分包费成本的实际控制效果。必须指出,分包工程的实际成本由分包方进行核算,总承包方不可能也没有必要掌握分包方的真实的实际成本。

在工程项目成本管理的实践中,施工分包的方式是多种多样的,除了以上俗称按部位分包外,还有施工劳务分包即包清工、机械作业分包等,即使按部位分包也还有包清工和包工包料(即双包)之分。对于各类分包费用的核算,要根据分包合同价款并对分包单位领用、租用、借用总包方的物资、工具、设备、人工等费用,根据项目经理部管理人员开具的且经分包单位指定专人签字认可的专用结算单据,如"分包单位领用物资结算单"及"分包单位租用工器具设备结算单"等结算依据,入账抵作已付分包工程款,进行核算。

11.4.4 项目成本核算的方法

项目成本核算最常用的核算方法有会计核算方法、业务核算方法与统计核算方法,三种方法互为补充,各具特点,形成完整的项目成本核算体系。

会计核算法是以传统的会计方法为主要的手段,以货币为度量单位,会计记账凭证为依据,对各项资金来源去向进行综合系统完整地记录、计算、整理汇总的一种方法。

业务核算法是对项目中的各项业务的各个程序环节,用各种凭证进行具体核算管理的一种方法。

统计核算是建立在会计核算与业务核算基础之上的一种成本核算方法,主要的统计内容有产值指标、物耗指标、质量指标、成本指标等。

表格核算法主要是建立在内部各项成本核算基础上,通过项目的各业务部门与核算单位定期采集相关信息、填制相应表格,形成项目成本核算体系的一种方式。

11.5 项目成本分析

11.5.1 项目成本分析的意义

成本分析是成本管理中的一个重要环节,是成本核算和成本控制的继续和发展。成本分析的过程,既是对项目施工过程中各种费用要素进行归集和如实反映的过程,也是满足项目成本管理所需要的信息反馈的过程,是对项目成本计划的实施进行检验和控制的过程,对项目决策目标的实现起着重要的作用,做好成本分析工作对降低成本,增加项目利润,提高项目施工管理水平有着重要的作用。成本分析在项目各阶段的意义及作用如下:

1. 分析确定投标报价

成本分析是在工程投标阶段就开始运作的手段。企业编制投标报价的同时,通过企业自身的施工水平、拟投入的资源配置情况、材料的市场价格、工程工期、风险预测等具体数据,整理分析形成最经济的成本总额,再加上希望获取的利润,确定最终投标报价。

2. 分析确定成本目标

工程中签订合同后,项目部确定的合同价格进行初步分析,以此公司确定利润目标,项目部确定成本目标。

3. 合同履约阶段,及时调整控制方向

(1) 成本分析的成果能真实反映实际管理和施工水平。

(2) 成本分析的成果能评定资源配置的合理程度。

(3) 成本分析的成果能为项目决策层调整经营目标提供量化依据。

(4) 成本分析的成果对有针对性地制定下一步的管理目标具有现实的指导意义。

11.5.2 项目成本分析的内容

项目成本分析可分为三个阶段,即工程开工前的事前分析、工程施工过程中的事中分析和工程结束后的事后分析,在项目施工的不同阶段分析的内容也有所不同。

1. 施工前准备阶段的成本分析

随着建筑市场的开放,工程均实行投标制,施工单位为了承揽任务把标价压得很低,项目的赢利空间很小,所以在项目开工初期应结合实际图纸的自审、会审和其他相关资料进行成本分析,根据项目的规模、环境、装备和人员构成等情况,编制施工组织设计,积极采纳各方面的意见,从不同的角度预测、分析各种方案的成本,从中选择合理、可行的施工方案,保证以最小的成本获得项目最大的效益。

2. 施工过程中的成本分析

主要对工程所发生的直接人工费、直接材料费、机械使用费、其他直接费及管理费、税费等内容进行分析,寻求进一步降低成本费用的途径。在分析过程中要对提高项目效益有利的因素进行深入挖潜,而对影响项目效益的不利因素加以纠正。

(1) 加强人工费的分析

通过对人工费的分析可从以下几方面加以控制:一是用工数量上控制,发挥职工的聪明才智,采取合理的工序,通过合理安排,降低工日消耗,达到控制人工费的目的;二是在分包劳务的工程结算中,有些项目部怕麻烦,不进行成本预算的编制和分析,签订的分包合同没有工作量,没有总金额,到劳务结算时才发现超支。所以,项目部先要测算出分包的工作量，再通过成本分析，确定分包工程的成本，做到心中有数，才能最大限度地节约成本；三是加强劳动定额的控制，发挥职工的工作积极性，做到多劳多得，提高劳动效率。如果单纯地以减少职工收入降低人工成本，势必会造成职工出工不出力，既浪费人力资源又延长施工工期，造成其他费用的增加。

(2) 加强材料成本的分析

项目材料费用占工程成本的比例较大，材料费用直接影响工程成本和经济效益。现阶段，项目材料的来源有以下几种方式：第一种是工程项目的设备及大部分主要材料由甲方（建设单位）提供，项目部作为交接验收方，就要做好接收材料、设备的台账，做好与预算材料费用的对比分析，控制先天性亏损，并要及时与建设单位对账；另一种是建设单位指定厂家供货，但采购合同由项目部与供货商签订，这部分材料的价格项目部可以与供货商沟通，尽量以最优价格供货；第三种是自行购料，项目部要进行市场调查，在确保质量的前提下，做到货比三家，在合格的供应商内择优购料，节约材料成本。

(3) 加强机械费用的分析

工程施工中必要的机械动力等设备，如不及时购置或得不到更新，项目施工中的工作效益就会降低，相应的其他费用就会增加。通过成本分析可以发现这些问题，采取积极的措施，添置必要的设备，提高劳动生产率，达到节约成本的目的。

(4) 加强现场管理的分析

项目工程的施工日期较长，一般少的几个月和一年，多的三、四年，管理费的支出也是一个不小的数字，也是影响项目效益的重要因素。节约管理费用应做到：一是精简管理人员，要做到因事设岗设人或一人多岗；二是合理安排施工方案，减少人员差旅费等；三是建立QC小组，进行技术攻关，促进管理水平不断提高，减少管理费用支出。

3. 工程结束后的成本分析

在项目主体工程结束后，要及时进行成本分析。一是对项目竣工后至解体前的成本支出进行合理估算，制订费用的开支范围，加强项目管理成员的责任心，严格控制与项目无关的费用，保住项目已取得的效益；二是对整个项目的成本费用进行分析，将成本的实际指标与计划、定额、预算进行对比，可以初步分析出项目的盈亏情况。如为政策性亏损，项目有关人员就要重点开展二、三次经营，做好设计变更及预算调整及相关资料的签认工作。

11.5.3 项目成本分析的方法

施工成本分析的方法主要有比较分析法、因素分析法、相关分析法、差额计算法、比率分析法等。成本分析的对象可以是每个部分或者每项工程，时间安排上可以根据具体情况，按照月或者季度进行时间安排。同时，在项目完工之后，还要做项目的完工分析。并且，施工分析不但要单项分析，而且要综合分析。科学有效地成本分析，将使项目的生产经营和管理更科学合理，进而提高工程项目的经济利益。

1. 比较分析法

对比分析法是根据实际成本指标与不同时期的指标进行对比，来揭示差异，分析差异产生原因的一种方法。在对比分析中，可采取实际指标与计划指标对比，本期实际与上期（或上年同期，历史最好水平）实际指标对比，本期实际指标与国内外同类型企业的先进指标对比等形式。通过对比分析，一般可了解企业成本的升降情况及其发展趋势，查明原因，找出差距，提出进一步改进的措施。在采用对比分析时，应注意本期实际指标与对比指标的可比性，以使比较的结果更能说明问题，揭示的差异才能符合实际。若不可比，则可能使分析的结果不准确，甚至可能得出与实际情况完全不同的相反的结论。在采用对比分析法时，可采取绝对数对比，增减差额对比或相对数对比等多种形式。

比较分析法按比较内容（比什么）分为：

(1) 比较会计要素的总量；

(2) 比较结构百分比；

(3) 比较财务比率。

2. 因素分析法

因素分析法是将某一综合性指标分解为各个相互关联的因素，通过测定这些因素对综合性指标差异额的影响程度的一种分析方法。在成本分析中采用因素分析法，就是将构成成本的各种因素进行分解，测定各个因素变动对成本计划完成情况的影响程度，并据此对企业的成本计划执行情况进行评价，并提出进一步的改进措施。

采用因素分析法的程序如下：

(1) 将要分析的某项经济指标分解为若干个因素的乘积。在分解时应注意经济指标的组成因素应能够反映形成该项指标差异的内在构成原因，否则，计算的结果就不准确。如材料费用指标可分解为产品产量，单位消耗量与单价的乘积。但它不能分解为生产该产品的天数，每天用料量与产品产量的乘积。因为这种构成方式不能全面反映产品材料费用的构成情况。

(2) 计算经济指标的实际数与基期数（如计划数，上期数等），从而形成了两个指标体系。这两个指标的差额，即实际指标减基期指标的差额，就是所要分析的对象。各因素变动对所要分析的经济指标完成情况影响合计数，应与该分析对象相等。

(3) 确定各因素的替代顺序。在确定经济指标因素的组成时，其先后顺序就是分析时的替代顺序。在确定替代顺序时，应从各个因素相互依存的关系出发，使分析的结果有助于分清经济责任。替代的顺序一般是先替代数量指标，后替代质量指标；先替代实物量指标，后替代货币量指标；先替代主要指标，后替代次要指标。

(4) 计算替代指标。其方法是以基期数为基础，用实际指标体系中的各个因素，逐步顺序地替换。每次用实际数替换基数指标中的一个因素，就可以计算出一个指标。每次替换后，实际数保留下来，有几个因素就替换几次，就可以得出几个指标。在替换时要注意替换顺序，应采取连环的方式，不能间断，否则，计算出来的各因素的影响程度之和，就不能与经济指标实际数与基期数的差异额（即分析对象）相等。

(5) 计算各因素变动对经济指标的影响程度。其方法是将每次替代所得到的结果与这一因素替代前的结果进行比较，其差额就是这一因素变动对经济指标的影响程度。

(6) 将各因素变动对经济指标影响程度的数额相加，应与该项经济指标实际数与基期数的差额（即分析对象）相等。

上述因素分析法的计算过程可用以下公式表示：

设某项经济指标 N 是由 A、B、C 三个因素组成的。在分析时，若是用实际指标与计划指标进行对比，则计划指标与实际指标的计算公式如下：

计划指标 $N_0 = A_0 \times B_0 \times C_0$

实际指标 $N_1 = A_1 \times B_1 \times C_1$

分析对象为 $N_1 - N_0$ 的差额。

采用因素分析法测定各因素变动对指标 N 的影响程度时，各项计划指标，实际指标及替代指标的计算公式如下：

计划指标　　　　　　$N_0 = A_0 \times B_0 \times C_0$　　　　　　　　　　　　　　(1)

第一次替代　　　　　$N_2 = A_1 \times B_0 \times C_0$　　　　　　　　　　　　　　(2)

第二次替代　　　　　$N_3 = A_1 \times B_1 \times C_0$　　　　　　　　　　　　　　(3)

实际指标　　　　　　$N_1 = A_1 \times B_1 \times C_1$　　　　　　　　　　　　　　(4)

各因素变动对指标 N 的影响数额按下式计算：

由于 A 因素变动的影响 = (2) - (1) = $N_2 - N_0$

由于 B 因素变动的影响 = (3) - (2) = $N_3 - N_2$

由于 C 因素变动的影响 = (4) - (3) = $N_1 - N_3$

将上述三个项目相加，即为各因素变动对指标 N 的影响程度，它与分析对象应相等。

根据因素分析法的替代原则，材料费用三个因素的替代顺序为产量，单耗，单价。各因素变动对甲产品材料费用实际比计划降低 8000 的测定结果如下：

计划材料费用 = $250 \times 48 \times 9 = 108000$（元）　　　　　　　　　　　(1)

第一次替代 = $200 \times 48 \times 9 = 86400$（元）　　　　　　　　　　　　(2)

第二次替代 = $200 \times 50 \times 9 = 90000$（元）　　　　　　　　　　　　(3)

实际材料费用 = $200 \times 50 \times 10 = 100000$（元）　　　　　　　　　　(4)

各因素变动对材料费用降低 8000 元的影响程度如下：

由于产量变动对材料费用的影响 = (2) - (1) = 86400 - 108000 = -21600（元）

由于材料单耗变动对材料费的影响 = (3) - (2) = 90000 - 86400 = 3600（元）

由于材料单价变动对材料费用的影响 = (4) - (3) = 100000 - 90000 = 10000（元）

三个因素变动对材料费用的影响程度 = -21600 + 3600 + 10000 = -8000（元）

上述分析计算时，还可以采用另外一种简化的形式，即差额计算法。差额计算法是利用各个因素的实际数与基期数的差额，直接计算各个因素变动对经济指标的影响程度。以上述经济指标 N 为例，采用差额计算法时的计算公式如下：

由于 A 因素变动对指标的影响 = $(A_1 - A_0) \times B_0 \times C_0$

由于 B 因素变动对指标的影响 = $A_1 \times (B_1 - B_0) \times C_0$

由于 C 因素变动对指标的影响 = $A_1 \times B_1 \times (C_1 - C_0)$

3. 相关分析法

相关分析法是指在分析某个指标时，将与该指标相关但又不同的指标加以对比，分析其相互关系的一种方法。企业的经济指标之间存在着相互联系的依存关系，在这些指标体系中，一个指标发生了变化，受其影响的相关指标也会发生变化。如将利润指标与产品销售成本相比较，计算出成本利润率指标，可以分析企业成本收益水平的高低。再如，产品产量的变化，会引起成本随之发生相应的变化，利用相关分析法找出相关指标之间规律性的联系，从而为企业成本管理服务。

4. 差额计算法

差额计算法是因素分析法的一种简化形式，它利用各个因素的目标值与实际值的差额来计算其对成本的影响程度。

5. 比率法

比率法是指用两个以上的指标的比例进行分析的方法。它的基本特点是：先把对比分析的数值变成相对数，再观察其相互之间的关系。常用的比率法有以下几种。

相关比率法：由于项目经济活动的各个方面是相互联系，相互依存，又相互影响的，因而可以将两个性质不同而又相关的指标加以对比，求出比率，并以此来考察经营成果的好坏。例如：产值和工资是两个不同的概念，但它们的关系又是投入与产出的关系。在一般情况下，都希望以最少的工资支出完成最大的产值。因此，用产值工资率指标来考核人工费的支出水平，就很能说明问题。

构成比率法：又称比重分析法或结构对比分析法。通过构成比率，可以考察成本总量的构成情况及各成本项目占成本总量的比重，同时也可看出量、本、利的比例关系（即预算成本、实际成本和降低成本的比例关系），从而为寻求降低成本的途径指明方向。

动态比率法：动态比率法，就是将同类指标不同时期的数值进行对比，求出比率，以分析该项指标的发展方向和发展速度。动态比率的计算，通常采用基期指数和环比指数两种方法。

11.5.4 项目成本分析的处理

1. 成本盈亏异常的处理

当成本出现盈亏异常的状况，项目经理部的管理者和有关责任人需要明原因，加以纠正。成本盈亏异常分析方法的依据是"三同步"原则，即该项工程的形象进度、已完成的预算收入（赢得值）和支出的实际成本这三者之间，必须有同步的关系，如果违背这种关系，就会发生成本的盈亏异常现象。根据"三同步"原则，可以通过以下几个方面的对比分析来进行检查：

（1）形象进度内的赢得值与该时期内计划工程量的预算收入是否一致？如果前者大于后者，说明进度超前；前者小于后者，说明进度滞后；二者基本相等，说明施工的实际进度和计划进度相符。

（2）计划资源消耗与施工任务单的实耗人工、限额领料单的实耗材料、当期租用的周转材料和机械的合同支出是否同步？通过这个问题，可以查出各项实际直接成本与相应的计划成本相比，是否出现了节超现象。

（3）间接费用的实际支出与该段时间内的同项预算费用是否一致？如果不一致，说明间接费用的使用出现节超情况，需要对原因进行进一步的分析。

（4）施工过程中是否出现了质量问题、工程变更与索赔、应收应付款项的不及时到位，或者严重的重要材料的浪费问题。将以上四个方面的同步情况查明以后，成本盈亏的原因就会一目了然。

2. 工期成本分析

工期成本分析，就是将计划工期成本和实际工期成本进行比较分析。计划工期成本是指在假定完成预期利润的前提下，计划工期内所耗用的计划成本；实际工期成本则是在实际工期中耗费的实际成本。工期成本分析的方法一般是比较法，即将计划工期成本与实际工期成本进行比较，然后采用"因素分析法"分析各种因素的变动对工期成本差异的影响程度。

3. 质量成本分析

质量成本分析的目的是明确项目经理部的不同部门在建筑产品质量方面的损失和应承担的责任，促使各部门重视采取措施，降低质量成本。它是根据质量成本核算的资料进行归纳、比较和分析，主要包括以下几个分析内容：

(1) 质量成本总额的构成内容分析；

(2) 质量成本总额的构成比例分析；

(3) 质量成本各要素之间的比例关系分析；

(4) 质量成本占预算成本的比例分析。

这四项内容的分析完成之后，就能看出质量成本与计划相比，是否出现节超的情况；还可以看到质量成本的各要素的实际成本占总成本的比例大小，找出需要重点控制的要素，采取必要的措施，防止质量成本出现较大的偏差。

4. 资金成本分析

对工程项目的资金成本进行分析，通常采用"成本支出率"指标，即成本支出占工程款收入的比例。计算公式为：成本支出率＝（计算期实际成本支出/计算期实际工程款收入）×100%通过对成本支出率的分析，可以看出资金收入中用于成本支出的比重有多大，如果该比重过多地偏离于该计算期的计划比重，则要对项目的各项资金来源进行逐项分析。如果成本支出率过高，很可能是由于分包方的工程预付款或进度款没有及时到位；如果成本支出率过低，原因就要在未按期交还银行贷款和利息，以及应付而未付的采购、租赁、分包合同价款等几个因素中分析。另外，还可以联系储备金和结存资金的比重，分析资金使用的合理性。

5. 技术组织措施执行效果分析

技术组织措施是控制工程成本的一个主要途径。因此，在编制成本计划时，都要定期（如每月）对技术组织措施进行计划编制。但是，在施工过程中，往往有些措施未按计划实施，还有一些实施的措施是计划以外的。因此，在对措施计划的执行情况进行检查时，必须分析节约计划和超计划的具体原因，做出正确的分析和评价。技术组织措施的分析方法，通常是采用"措施节约效果"指标，其计算公式是：措施节约效果＝措施前的成本－措施后的成本对措施节约效果进行分析，需要联系措施的内容和措施的执行经过来进行。有些措施难度比较大，但节约效果并不高；而有些措施难度并不大，但节约效果却很高。因此，在对措施节约效果进行分析时，也要根据不同情况进行区别对待。对于在项目管理中影响比较大、节约、效果比较好的技术组织措施，应该对其进行深入详细的分析，以便推广应用。

11.6 项目成本考核

11.6.1 项目成本考核的依据

(1) 项目施工合同或工程总承包合同文件；

(2) 项目经理目标责任书；

(3) 项目管理实施规划及项目施工组织设计文件；

(4) 项目成本计划文件；

(5) 项目成本核算资料与成本报告文件。

11.6.2 项目成本考核的原则

1. 实行分工原则

(1) 工程部（职能部门职责及绩效考核制度，根据公司有关规定执行），对中标项目预算成本进行分解、目标责任成本的制订修正、组织考核、评估分析和处理意见的形成上报。

(2) 工程部必须以项目部为单位，及时准确地登记和掌握本部门所管理的资源在项目上的实际消耗量，建立台账；对项目部所制订的成本管理措施和实施细则的可行性、有效性及执行情况进行评审，及时地向决策层提供信息，同时对项目部所上报的资源消耗明细数据进行复核审查，填表汇总并签署意见后，递交财务部。

(3) 由财务部负责对工程部所提供的各项目实际成本进行审核。

(4) 由办公室部门负责对项目部管理人员工资的考核奖罚兑现工作。

2. 实行分级管理原则

公司成本控制考核工作，（项目部对材料设备成本的掌控业绩另行考评）实行考核为一级；再由项目部经理、主管相应地制订考核办法细则（上报公司审批后），对项目部各岗位人员实行考核为一级。按分级归口管理的原则，建立和实行全公司、全员、全过程成本费用管理目标责任制，使得责、权、利无空白，无重叠，事事有人管，责任有人担，人人关心成本，处处节约成本，逐步形成和确立起一种与公司利益共享、风险共担的观念。

3. 明确责任人

项目成本管理是项目管理的核心，施工成本控制考核是项目成本管理的中心环节，项目经理、主管在总经理授权范围内对公司中标的工程项目实施项目管理，是项目施工成本管理第一责任人。

4. 指标下达原则

项目经理、主管对公司下达的施工定额和目标责任成本指标负责，项目部各岗位人员对项目经理下达的定额指标和责任成本负责，如此将施工定额和目标责任成本层层分解落实，划清责任，直至考核奖罚兑现到人。

11.6.3 项目成本考核的程序

(1) 组织主管领导或部门发出考评通知书，说明考评的范围、具体时间和要求；

(2) 项目经理部按考评通知书的要求，做好相关范围成本管理情况的总结和数据资料的汇总，提出自评报告；

(3) 组织主管领导签发项目经理部的自评报告，交送相关职能部门和人员进行审阅评议；

(4) 及时进行项目审计，对项目整体的综合效益做出评估；

(5) 按规定时间召开组织考评会议，进行集体评价与审查并形成考评结论。

11.6.4 项目成本考核的方法

成本考核的方法分为传统成本考核法和现代成本考核法。

1. 传统成本考核法

传统成本考核指标主要是可比产品成本计划完成情况指标。具体包括全部可比产品成本计划降低率、全部可比产品成本计划降低额、全部可比产品成本实际降低率、全部可比产品成本实际降低额。其中：

可比产品成本降低额＝本期实际成本－可比产品上期实际成本

可比产品成本降低率＝可比产品成本降低额/可比产品上期实际成本×100%

传统成本考核方法中可比产品成本降低率指标在计划经济体制下，对于加强国家对国有企业的成本管理，发挥职工降低成本的积极性，在企业之间进行有效的成本比较、成本竞赛，促进企业降低成本曾起过积极作用，并涌现出许多先进企业和先进个人。但随着这一指标运行时间的延长，其缺陷也日益暴露出来。主要表现为：缺乏全面性、准确性、一致性、科学性和公正性。

2. 现代成本考核法

在现代成本管理的理论和方法中，对传统的成本考核内容进行了较大的改革，主要是围绕责任成本设计成本考核指标，其内容主要包括行业内部考核指标和企业内部责任成本考核指标。

行业内部考核指标具体包括成本降低率、标准总成本、实际总成本、销售收入成本率。其中：

成本降低率＝（标准成本－实际总成本）/标准总成本×100%

销售收入成本率＝报告期销售成本总额/报告期销售收入总额×100%

企业内部责任成本考核指标具体包括责任成本差异率和责任成本降低额。其中：

责任成本差异率＝责任成本差异额/标准责任成本总额×100%

责任成本降低率＝本期责任成本降低额/上期责任成本总额×100%

现代成本考核法围绕责任成本设立了成本考核的指标，同时还包括成本岗位工作考核，引入成本否决制的基本思想，与奖惩密切结合起来，充分体现成本考核的时代性和先进性。

11.6.5 项目成本考核的结论

建筑施工企业推行项目成本考核管理是建筑施工企业加强成本管理的需要，也是必然趋势。面对建筑市场竞争环境的白热化，在企业内部挖潜，在项目部执行模拟股份制，推行成本策划、指标分解，有利于增强全体管理人员的成本意识和主人翁精神，有利于把握项目投入产出的全局，从机制上保证项目成本在过程中受控，提高建筑企业的市场竞争能力，对于建筑企业今后的生存和发展具有重大意义。

第 12 章 安全生产管理

12.1 安全生产管理概述

12.1.1 定义

安全生产是指在生产活动中，通过职业健康安全的管理活动，进行对影响生产的具体因素的状态控制，使生产因素中的不安全行为和状态减少或消除，并不引发事故，以保证生产活动中人员的健康和安全。

现代建设工程生产是通过有组织的施工生产活动在特定的空间，由人、财、物的动态组合，构成一个唯一的产品。建筑工程的特性除了唯一性外，还有生产周期长、涉及范围广、劳动人员多、技术复杂、工序繁多、工种交叉，加之建筑产品本来就具有的产品固定而生产人员流动的特点，还受到周围社会环境和自然环境的影响，使得职业健康的安全工作更为复杂和困难。职业健康安全工作已成为一项多学科的工程科学。

安全生产管理必须建立管理体系，职业健康安全管理体系是企业的总体管理体系的一部分。目前各个企业建立职业健康安全管理体系一般均采用我国作为推荐性标准的职业健康安全管理体系标准。该标准覆盖了国际上的 OHSAS 18000 体系标准，因此有利于与国际接轨。

我国的职业健康安全体系的主要结构如下：
(1)《职业健康安全管理体系　规范》GB/T 28001—2011。
(2)《职业健康安全管理体系　实施指南》GB/T 28002—2011。

"安全"是指免除了不可接受的损害风险的状态。建设工程施工在大部分情况下都存在着风险。要消灭所有的风险，使人们在毫无风险的情况下工作，有时是不符合实际的。因此要区分不可接受的风险和可接受的风险。所谓不可接受的风险是指超出了法规的要求，超出了组织的方针、目标和规定的其他要求，超出了人们普遍接受程度（通常是隐含的）的要求。

当免除了不可接受的风险就可认为还存在的风险是可以接受的，就可以认为处在安全状态。随着社会和科技的进步，风险的不可接受程度也在不断地变化。因此安全与否还要对照风险的接受程度来判定，所以安全是一个相对的概念。近年来建筑施工安全工作有了很大的进步，而且风险的不可接受程度也在不断变化，但建筑施工还是存在着风险。因此正确理解安全的定义将有助于树立符合实际的安全管理目标。

"风险"是某一特定危险情况发生的可能性和后果的组合，是一种可预见的危险情况发生的概率及其后果的严重程度这两项指标的总体反映，也是对危险情况的一种综合性描述。对于风险要进行评价。评价包括评定风险的大小及确定风险是否可允许的过程。评价所确定的不可接受的风险要根据组织的法律义务和职业健康方针，采取措施，降至组织可接受的可允许的风险。在项目实施过程中还要对风险进行控制。

"事件"是导致或可能导致事故的情况。对于未导致事故发生的情况，在建筑业通常称为险肇事故。

"事故"是造成死亡、疾病、伤害、损坏或其他损失的意外情况。对于事故要贯彻四不放过的原则

"职业健康安全"是指影响工作场所内员工、临时工作人员、合同方人员、访问者和其他人员健康和安全的条件和因素。职业健康安全这个定义也包含了职业健康安全管理的范围，即只限于上述的人员。在《职业健康安全管理体系　规范》GB/T 28001 的范围中也指出，标准针对的是职业健康安全，而非产品和服务安全。

"危险源"可能导致伤害或疾病、财产损失、工作环境破坏或这些情况组合的根源或状态。

"相关方"是指组织有关的职业健康安全绩效有关的或受其影响的个人或团体。相关方包括合同方人员和访问者。

"组织"是职责、权限和相互关系得到安排的一组人员及设施。

注：对于拥有一个以上运行单位的组织，可以把一个单独的运行单位视为一个组织。

12.1.2　国内安全生产管理

目前，我国正处于历史上，同时也是世界上特大规模的基础设施建设时期。随着建筑工程项目趋于大型化、综合化、高层化、复杂化、系统化，建筑施工企业安全形势面临更加严峻的挑战，建筑业也成为全国安全事故高发的行业。新修订的《中华人民共和国安全生产法》已于 2014 年 12 月 1 日起施行，新《安全生产法》彰显"以人为本，安全发展"的理念，坚持安全第一、预防为主、综合治理的方针。进一步强化了生产经营单位的安全生产主体责任，加强了政府监管和社会监督机制，加大对安全生产违法行为的责任追究力度。2015 年 3 月 16 日，国家安全监管总局印发《企业安全生责任体系五落实五到位规定》(安监总办【2015】127 号)，进一步强化企业安全生产主体责任，落实生产企业领导责任，从源头上把关，从根本上防止和减少生产安全事故的发生。

2017 年 2 月 3 日，国务院办公厅印发了《安全生产"十三五"规划》。《规划》明确了"十三五"时期安全生产工作的指导思想、发展目标和主要任务，对全国安全生产工作进行了全面部署。

安全生产"十三五"规划八大要点：

坚持一条红线——推动安全发展；

瞄准一个目标——为全面建成小康社会提供安全保障；

坚持一个中心——坚决防范遏制重特大事故；

贯穿一条主线——全面落实《意见》重大举措；

贯穿一条主线——全面落实《意见》重大举措；

突出六大领域——抓好煤矿等重点行业领域依法监管和专项治理；

落实八大工程——建设监管监察能力建设等八项重点工程；

做好四项保障——目标责任、投入机制、政策保障、评估考核。

12.1.3　国外安全生产管理

相比国内项目，国外项目安全管理工作面对的是完全不同的外部市场环境、社会环

境、政治环境、经济环境、法律法规、风俗习惯、地理气候、工艺标准、惯常做法等，国外项目安全管理工作要求更高，挑战性更大。

1. 国外项目的注意事项

制订涵盖各方面严格的"健康（Health）、安全（Safety）、环境（Environment）"三位一体的管理标准和体系，HSE管理体系是将组织实施健康、安全与环境管理的组织机构、职责、做法、程序、过程和资源等要素有机构成的整体，这些要素通过先进、科学、系统的运行模式有机地融合在一起，相互关联、相互作用，形成动态管理体系。

国外项目的主要市场多在经济欠发达的发展中国家，地处偏远，所在国道路交通、通信、医疗卫生、安全设施落后，施工作业环境比较艰苦，后勤保障的薄弱，导致安全事故隐患加大。国外项目所在地远离祖国及公司总部，在技术、设备、人员、物资、资金等资源的保障上受各种主客观因素的影响，所需资源不能及时到位，恶劣气候、机械事故、生活困难、病毒、疾病等因素都对工程项目的顺利实施提出挑战，而且人员流动性强，中方员工和当地员工生活习惯又不尽相同，更加重了出现安全事故的可能性。

项目业主安全管理标准高，要求严，当承包商安全管理标准与业主、项目所在国的安全管理相关标准不一致时，承包商需采用更为严格的标准。

国外项目，特别是大型、特大型政府工程，关系到我国企业的国际形象，事故影响大，在国外承揽工程，一旦发生安全事故，绝不仅仅是工程和设备毁损、人员身心受到伤害，还将直接影响企业形象和以后的工程投标。一旦被列入"黑名单"，企业在该地区将无立足之地，更为严重的还可能造成恶劣的政治和外交事件。

2. 国外项目安全管理措施

全面加强工程安全保卫工作，制定并采取防范恐怖主义措施，严密预防和高效处置各种可能发生的恐怖袭击事件，及时应对各类突发事件，并有序地组织各类恐怖袭击事件的处置和其他突发事件的抢险救援，最大限度地减少损失和不良影响，维护正常的社会秩序和工作秩序，雇佣安全保卫人员（24h在岗）、安装安全隔离装置、安装安防摄像机、微波探测电子设备、购买应急通信设备、检查外方进入工地的人员车辆、提供应急供电和供水设备、安全保障措施等，确保国外项目安全顺利进行。

加强对全体参施人员的国外安全文化培训、防恐、保密教育，提高员工安全文化素质，升华企业安全管理境界。安全管理的基础就是正确认识国外安全管理，全员参与到安全生产的管理体系中。既要通过安全培训等形式进行常规性的安全教育，又要充分发挥安全会议、黑板报、警示牌等多种途径的作用，强化宣传效果。

出国人员统一管理，遵守国外项目的保密制度和公司制定的外事纪律，特殊国别及特定项目，中方人员不得随意与外界人员接触，不得单独外出，两人以上外出需经项目部领导批准，由项目部安全管理人员统一安排。

为了保证企业在国外项目中安全管理工作的顺利进行，总部应综合借鉴国家标准和所在国当地标准，加大对各项目的资金支持、人员培训和设备更新等方面的安全投入，强制推广新型安全设备、安全工艺和安全技术，淘汰落后的安全设备和技术。

抓好现场安全管理，注重事前预防和监控，防患于未然，把事故隐患消灭在萌芽状态，要时刻坚持"安全第一，预防为主，综合治理"的方针，要按照有关部门下发的文件要求，加大安全检查力度，要把过程控制落实到每个环节和个人，消除人的不安全行为和物的不安全状态,促进安全管理重心的前移,重视安全的超前管理和过程管理,事前监督、落实各种防范措施,消灭事故隐患,避免事故发生以后再去调查、追究责任,防止不安全因素的发生和扩大。

12.1.4 安全生产相关法律法规

安全生产的法律法规可分为国家法律、行政法规、部门规章、工程建设标准和国际公约。

此处所指的法律是狭义的法律,是指全国人大及其常务委员会制定的规范性文件,在全国范围内施行,其地位和效力仅次于宪法。涉及建筑的主要有《建筑法》、《安全生产法》、《劳动法》、《刑法》、《消防法》、《环境保护法》、《环境噪音污染防治法》、《固体废物污染环境防治法》、《行政处罚法》、《行政复议法》、《行政诉讼法》、《突发事故应对法》及相关法律等。

行政法规是指由国务院制定的法律法规文件、颁布后全国范围内施行。涉及建设领域的主要有《建设工程安全生产管理条例》、《安全生产许可证条例》、《企业职工伤亡事故报告和处理规定》、《特别重大事故调成程序暂行规定》、《国务院关于特大安全事故行政责任追究的规定》、《特种设备安全监察条例》、《国务院关于进一步加强安全生产工作的决定》国发(2004)2号、《工伤保险条例》等。

部门规章由于制定机关的不同可分为两类。一类是由国务院组成部门及直属机构在它们的职责范围内制定的规范性文件;另一类是由地方政府依照法定程序制定的规范性文件。规章只在各自权限范围内施行。涉及的主要部门规章有《工程建设重大事故报告和调查规定》、《建筑安全生产监督管理规定》、《建设工程施工现场管理规定》、《建设行政处罚程序暂行规定》、《实施工程建设强制性标准监督规定》、《建设工程监理范围和规模标准规定》、《建筑企业资质管理规定》、《生产安全事故应急预案管理办法》等。

工程建设标准包括国家标准、行业标准、地方标准和企业标准。国家标准是指国务院标准化行政主管部门或其他相关主管部门对需要在全国范围内统一的技术标准要求制定的技术规范。行业标准是指国务院有关部门对没有国家标准而又需要在全国范围内统一的技术要求所制定的技术规范。地方标准是指地方根据实际情况制定的技术规范,只在该地方使用。企业标准是指企业为了提高信誉,自行制定的技术标准,企业标准较之其他标准更为严格,只在企业中使用。涉及的主要标准有《建筑机械使用安全技术规程》、《建筑拆除工程安全技术规范》、《施工企业安全生产评价标准》、《建筑施工高处作业安全技术规范》、《建设工程施工现场用电规范》等。

国际条约是指我国与外国缔结、参加、签订、加入、承认的双边、多边的条约、协定和其他具有条约性质的文件。国际条约的名称,除条约外,还有公约、协议、协定、议定书、宪章、盟约、换文和联合宣言等。除我国在缔结时宣布持保留意见不受其约束的以外,这些条约的内容都与国内法具有一样的约束力,所以也是我国法的形式。《建筑业安全卫生公约》就是其中一个。

12.2 安全生产管理计划

12.2.1 安全生产管理范围

包括安全生产管理机构、安全生产管理人员、安全生产责任制、安全生产管理规章制度、安全生产策划、安全生产培训、安全生产档案等。

12.2.2 安全生产管理相关方职责

1. 施工单位安全职责

（1）施工单位从事建设工程的新建、扩建、改建和拆除等活动，应当具备国家规定的注册资本、专业技术人员、技术装备和安全生产等条件，依法取得相应等级的资质证书，并在其资质等级许可的范围内承揽工程。

（2）施工单位主要负责人依法对本单位的安全生产工作全面负责。施工单位应当建立健全安全生产责任制度和安全生产教育培训制度，制定安全生产规章制度和操作规程，保证本单位安全生产条件所需资金的投入，对所承担的建设工程进行定期和专项安全检查，并做好安全检查记录。

（3）施工单位的项目负责人应当由取得相应执业资格的人员担任，对建设工程项目的安全施工负责，落实安全生产责任制度、安全生产规章制度和操作规程，确保安全生产费用的有效使用，并根据工程的特点组织制定安全施工措施，消除安全事故隐患，及时、如实报告生产安全事故。

（4）施工单位对列入建设工程概算的安全作业环境及安全施工措施所需费用，应当用于施工安全防护用具及设施的采购和更新、安全施工措施的落实、安全生产条件的改善，不得挪作他用。

（5）施工单位应当设立安全生产管理机构，配备足额的专职安全生产管理人员。

（6）专职安全生产管理人员负责对安全生产进行现场监督检查。发现安全事故隐患，应当及时向项目负责人和安全生产管理机构报告；对违章指挥、违章操作的，应当立即制止。

（7）专职安全生产管理人员的配备办法由国务院建设行政主管部门会同国务院其他有关部门制定。

2. 建设单位安全职责

（1）建设单位应当向施工单位提供施工现场及毗邻区域内供水、排水、供电、供气、供热、通信、广播电视等地下管线资料，气象和水文观测资料，相邻建筑物和构筑物、地下工程的有关资料，并保证资料的真实、准确、完整。

（2）建设单位不得对勘察、设计、施工、工程监理等单位提出不符合建设工程安全生产法律、法规和强制性标准规定的要求，不得压缩合同约定的工期。

（3）建设单位在编制工程概算时，应当确定建设工程安全作业环境及安全施工措施所需费用。

（4）建设单位不得明示或者暗示施工单位购买、租赁、使用不符合安全施工要求的安全防护用具、机械设备、施工机具及配件、消防设施和器材。

（5）建设单位在申请领取施工许可证时，应当提供建设工程有关安全施工措施的资料。

(6) 依法批准开工报告的建设工程，建设单位应当自开工报告批准之日起15日内，将保证安全施工的措施报送建设工程所在地的县级以上地方人民政府建设行政主管部门或者其他有关部门备案。

(7) 建设单位应当将拆除工程发包给具有相应资质等级的施工单位。

(8) 建设单位应当在拆除工程施工15日前，将下列资料报送建设工程所在地的县级以上地方人民政府建设行政主管部门或者其他有关部门备案：

1) 施工单位资质等级证明；

2) 拟拆除建筑物、构筑物及可能危及毗邻建筑的说明；

3) 拆除施工组织方案；

4) 堆放、清除废弃物的措施。

实施爆破作业的，应当遵守国家有关民用爆炸物品管理的规定。

3. 勘察单位安全职责

(1) 勘察单位应当按照法律、法规和工程建设强制性标准进行勘察，提供的勘察文件应当真实、准确，满足建设工程安全生产的需要。

(2) 勘查单位在勘察作业时，应当严格执行操作规程，采取措施保证各类管线、设施和周边建筑物、构筑物的安全。

4. 设计单位安全职责

(1) 设计单位应当按照法律、法规和工程建设强制性标准进行设计，防止因设计不合理导致生产安全事故的发生。

(2) 设计单位应当考虑施工安全操作和防护的需要，对涉及施工安全的重点部位和环节在设计文件中注明，并对防范生产安全事故提出指导意见。

(3) 采用新结构、新材料、新工艺的建设工程和特殊结构的建设工程，设计单位应当在设计中提出保障施工作业人员安全和预防安全生产事故的措施建议。

(4) 设计单位和注册建筑师等注册执业人员应当对其设计负责。

5. 监理单位安全职责

(1) 工程监理单位应当审查施工组织设计中的安全技术措施或者专项施工方案是否符合工程建设强制性标准。

(2) 工程监理单位在实施监理过程中，发现存在安全事故隐患的，应当要求施工单位整改；情况严重的，应当要求施工单位暂时停止施工，并及时报告建设单位。施工单位拒不整改或者不停止施工的，工程监理单位应当及时向有关主管部门报告。

(3) 工程监理单位和监理工程师应当按照法律、法规和工程建设强制性标准实施监理，并对建设工程安全生产承担监理责任。

6. 其他单位安全职责

(1) 为建设工程提供机械设备和配件的单位，应当按照安全施工的要求配备齐全有效的保险、限位等安全设施和设备。

(2) 出租的机械设备和施工机具及配件、应当具有生产（制造）许可证、产品合格证。

出租单位应当对出租的机械设备和施工机具及配件的安全性能进行检测，在签订租赁协议时，应当出具检测合格证明。

禁止出租检测不合格的机械设备和施工机具及配件。

在施工现场安装、拆卸施工起重机和整体提升脚手架、模板等自升式架设设施，必须由具有相应资质的单位承担。

安装、拆卸施工起重机械和整体提升脚手架、模板等自升式架设设施，应当编制拆装方案、制定安全施工措施，并由专业技术人员现场监督。

施工起重机械和整体提升脚手架、模板等自升式架设设施安装完毕后，安装单位应当自检，出具自检合格证明，并向施工单位进行安全使用说明，办理验收手续并签字。

施工起重机械和整体提升脚手架、模板等自升式架设设施的使用达到国家规定的检测期限的，必须经具有专业资质的检验检测机构检测。经检测不合格的，不得继续使用。

检验检测机构对检测合格的施工起重机械和整体提升脚手架、模板等自升式架设设施，应当出具安全合格证明文件，并对检测结果负责。

12.2.3 安全生产管理计划内容

1. 安全生产资金保障

企业制定安全生产资金保障计划并落实资金，安全生产费用应当按照项目计取、确保需要、企业统筹、规范使用的原则进行管理。财务应将安全费用纳入公司财务计划，保证专款专用，并督促其合理使用。

（1）专项资金的使用由项目安全部门根据工程实际情况编制相应的详细的安全生产、文明施工设施、用具、用品的清单，报项目部审批后，由材料部组织采购，账务部审批专项资金的使用。

（2）建立专项资金账户，建立专项资金账务，采用审批制度。

（3）专项资金严禁挪作他用，否则将按公司有关规定进行处罚。

（4）在公司督查组的监督下使用，项目部及时将使用情况向公司汇报。

2. 安全教育、培训

根据我国有关法律法规的规定：建筑工地项目经理、安全员及其他管理人员每年必须进行安全知识、安全技术方面的教育培训。新入场的工人必须经过企业、项目、班组三级安全教育培训，并经考试合格后，方可上岗作业。

企业级安全教育由企业主管领导负责，企业安全管理部门会同有关部门组织实施。项目级安全教育由项目负责人组织实施，安全员协助。班组级安全教育由班组长组织实施。

3. 采购

安全防护用品的采购计划由项目部提出，经项目经理审核后，由项目部材料员统一购买。采购的特种劳动保护用品质量必须达到国家或行业标准要求的合格标准，并在项目部入库、建账。

特种劳动保护用品的采购必须在专门从事劳保用品生产经营的厂家或商家处采购，经营商家必须在市级以上工商行政管理部门备案，并办理正规合法的供购手续。

所购买劳动防护用品必须符合国家或行业标准，必须有三证一标，即生产许可证、安全鉴定证、产品合格证和安全标志。由安全部门验收后方可入库。

4. 施工过程控制

（1）工程开工前，由项目部组织工程技术人员和管理人员开展安全技术交底活动。

(2) 分部、分项工程在开工前，组织工程施工的一线员工、工程技术人员和现场管理人员开展的安全技术交底活动。

(3) 技术比较复杂、施工难度较大或危险性较大的施工项目，在开工前应当组织安全技术交底活动。

(4) 新工艺、新设备、新技术、新材料使用前，组织开展安全技术交底活动。

5. 危险源控制

项目实施前和实施过程中应开展施工危险源辨识，对危险性较大的分部分项工程编制专项施工安全方案，并按规定进行审批。

施工组织设计中必须有危险源认定和预防控制措施，并对涉及人员进行施工组织设计安全交底。

6. 事故应急预案

施工单位应当采取多种形式开展应急预案的宣传教育，普及生产安全事故预防、避险、自救和互救知识，提高从业人员安全意识和应急处置技能。

施工单位应当制定本单位的应急预案演练计划，根据本单位的事故预防重点，每年至少组织一次综合应急预案演练或者专项应急预案演练，每半年至少组织一次现场处置方案演练。

7. 安全改进

项目管理机构应全面掌握项目的安全生产情况，定期进行考核和奖惩，对安全生产状况进行评价、改进。

8. 安全资料收集

(1) 企业和项目由专人负责更新安全操作规程在内的安全生产法律法规、规范标准、制度办法等。

(2) 安全资料分类装订，统一格式，纸张采用 A4 页，需签字部分不得代签。

(3) 重大危险源识别控制、事故紧急救援资料必须单独保管建档。

12.2.4 安全生产管理计划编制

建筑工程实行施工总承包的，安全生产管理计划应当由施工总承包单位组织编制。实行专业分包的，安全生产管理计划应当由专业承包单位组织编制。

12.2.5 安全生产管理计划审批

安全生产管理计划应当由施工单位技术部门组织本单位施工技术、安全、质量等部门的专业技术人员进行审核。经审核合格的，由施工单位技术负责人签字。实行施工总承包的，应当有总承包单位技术负责人及相关专业承包单位技术负责人签字。经施工单位审核合格后报监理单位，由项目总监理工程师审核签字。如有重大修改的，施工单位应当重新进行审核、签字。

12.2.6 安全生产管理计划的实施

施工单位应当严格按照计划组织实施，不得擅自修改、调整。施工单位应当指定专人对管理计划实施情况进行监督。发现不按照计划实施的，应当要求其立即纠正。施工单位技术负责人应当定期巡查管理计划实施情况。对于按规定需要验收的危险性较大的分部分项工程，施工单位、监理单位应当组织有关人员进行验收。验收合格的，经施工单位项目技术负责人及项目总监理工程师签字后，方可进入下一道工序。

12.3 安全生产管理实施

12.3.1 安全生产教育与培训

根据建设部建教[1997]83号文印发的《建筑企业职工安全培训教育暂定规定》的要求如下：

1. 培训时间

企业法人代表、项目经理每年不少于30学时。

专职管理和技术人员每年不少于40学时。

其他管理和技术人员每年不少于20学时。

特殊工种每年不少于20学时。

其他职工每年不少于15学时。

待、转、换岗重新上岗前，接受一次不少于20学时的培训。

新工人的公司、项目、班组三级培训教育时间分别不少于15学时、15学时、20学时。

2. 教育和培训的内容

教育和培训按等级、层次和工作性质分别进行，管理人员的重点是安全生产意识和安全管理水平，操作者的重点是遵章守纪、自我保护和提高防范事故的能力。

（1）新工人（包括合同工、临时工、学徒工、实习和代培人员）必须进行公司、工地和班组的三级安全教育。教育内容包括安全生产方针、政策、法规、标准及安全技术知识设备性能、操作规程、安全制度、严禁事项及本工种的安全操作规程。

（2）电工、焊工、架子工、司炉工、爆破工、机操工及起重工、打桩机和各种机动车辆司机等特殊工种工人，除进行一般安全教育外，还要经过本工程的专业安全技术教育。

（3）采用新工艺、新技术、新设备施工的调换工作岗位时，对操作人员进行新技术、新岗位的安全教育。

3. 安全教育和培训的形式

（1）新工人三级安全教育

三级安全教育是每个新进企业的工人必须接受的首次安全生产方面的基本教育，三级安全教育是指公司（即企业）、项目（或工程处、施工处、工区）、班组这三级。对新工人或调换工种的工人，必须按规定进行安全教育和技术培训，经考核合格，方准上岗。

1）公司级。新工人在分配到施工队之前，必须进行初步的安全教育。教育内容如下：

① 劳动保护的意思和任务的一般教育；

② 安全生产方针、政策、法规、标准、规范和安全知识；

③ 安全生产规章制度等。

2）项目（或工程处、施工处、工区）级。项目教育是新工人被分配到项目以后进行的安全教育。教育内容如下：

① 建安工人安全生产技术操作一般规定；

② 施工现场安全管理规章制度；

③ 安全生产纪律和文明生产要求；

④ 在施工程基本情况，包括现场环境、施工特点，可能存在不安全因素的危险作业部位及遵守的事项。

3）班组级。岗位教育是新工人分配到班组后，开始工作前的一级教育。教育内容如下：

① 本人从事施工生产工作的性质，必要的安全知识，机具设备及安全防护设施的性能和作用；

② 本工种安全操作规程；

③ 班组安全生产、文明施工基本要求和劳动纪律；

④ 本工种事故案例剖析、易发事故部位及劳防用品的使用要求。

(2) 三级教育的要求

1）三级教育一般由企业的安全、教育、劳动、技术等部门配合进行。

2）受教育者必须经过考试合格后才准予进入生产岗位。

3）给每一名职工建立职工劳动教育卡，记录三级教育、变换工种教育等教育考核情况，并由教育者由受教育者双方签字后入册。

(3) 特种作业人员培训

除进行一般安全教育外，还要执行国家安全生产监督管理总局发布的《特种作业人员安全技术培训考核管理规定》，按国家、行业、地方和企业进行本工种专业培训、资格考核，取得《特种作业人员操作证》后上岗。

(4) 特定情况下的适时安全教育

1）季节性，如冬季、夏季、雨雪天、讯台期施工；

2）节假日前后；

3）节假日加班或突击赶任务；

4）工作对象改变；

5）工种变换；

6）新工艺、新材料、新技术、新设备施工；

7）发现事故隐患或发生事故后；

8）新进入现场等。

(5) 三类人员的安全培训教育

施工单位的主要负责人是安全生产的第一责任人，必须经过考核合格后，做到持证上岗。在施工现场，项目负责人是施工项目安全生产的第一责任者，也必须持证上岗，加强对队伍培训，使安全管理进入规范化。专职安全生产管理人员负责对安全生产进行现场监督检查，应经建设行政主管部门或者其他有关部门考核合格后方可任职。

(6) 安全生产的经常性教育

企业在做好新工人入场教育、特种作业人员安全生产教育和各级领导干部、安全管理干部的安全生产培训的同时，还必须把经常性的安全教育贯穿于管理工作的全过程，并根据接受教育对象的不同特点，采取多层次、多渠道和多种方法进行。安全生产宣传教育多种多样，应贯彻及时性、严肃性、真实性，做到简明、醒目，具体形式如下：

1）施工现场（车间）入口处的安全纪律牌。

2）举办安全生产训练班、讲座、报告会、事故分析会。

3) 建立安全保护教育室，举办安全保护展览。
4) 举办安全保护广播，印发安全保护简报、通报等，办安全保护黑板报、宣传栏。
5) 张挂安全保护挂网或宣传画、安全标志和标语口号。
6) 举办安全保护文艺演出、放映安全保护音像制品。
7) 组织家属做职工安全生产思想工作。

(7) 班前安全活动

班组长在班前进行上岗交流，上岗教育，做好上岗记录。

1) 上岗交底。交当天的作业环境、气候情况、主要工作内容和各个环节的操作安全要求，以及特殊工种的配合等。

2) 上岗检查。查上岗人员的劳动防护情况，每个岗位周围作业环境是否安全无患，机械设备的安全保险装置是否完好有效，以及各类安全技术措施的落实情况等。

4. 培训效果检查

对安全教育与培训效果的检查主要是以下几个方面：

(1) 检查施工单位的安全教育制度。
(2) 检查新入厂工人是否进行三级安全教育。
(3) 检查安全教育内容。
(4) 检查变换工种时是否进行安全教育。
(5) 检查工人对本工种安全技术操作规程的熟练程度。
(6) 检查施工管理人员的年度培训。
(7) 检查专职安全员的年度培训考核情况。

12.3.2 危险源辨识

(1) 危险源辨识，可以从回答下列三个问题着手：

1) 有伤害的来源吗？
2) 谁（或什么）会受到伤害？
3) 伤害如何发生？

(2) 危险源辨识时应考虑：

1) 常规和非常规活动；
2) 所有进入工作场所的人员（包括承包方人员和访问者）的活动；
3) 人的行为、能力和其他人为因素；
4) 已识别的源于工作场所外，能够对工作场所内组织控制下的人员的健康安全产生不利影响的危险源；
5) 在工作场所附近，由组织控制下的工作相关活动所产生的危险源；
6) 由本组织或外界所提供的工作场所的基础设施、设备和材料；
7) 组织及其活动、材料的变更，或计划的变更。

(3) 危险源辨识的方法：

1) 依据风险的范围、性质和时限性进行界定，以确保该方法是主动性而不是被动性的；
2) 提供风险的确认、风险优先次序的区分和风险文件的形成；

(4) 进行辨识时，宜按照我国在2009年发布的中华人民共和国国家标准《生产过程危险和有害因素分类与代码》GB/T 13861—2009。该标准适用于各个行业在规划、设计、和组织生产时,对危险源的预测和预防、伤亡事故的统计分析和应用计算机管理。按照该标准,危险源分为"人的因素"、"物的因素"、"环境因素"、"管理因素"共四大类。在进行危险源辨识时可参考该标准的分类和编码,便于管理。

(5) 危险源辨识时,对于危险源可能发生的伤害可以明确忽略时,则不宜列入文件或进一步考虑。

(6) 辨识的方法有询问交谈、现场观察、查阅有关记录、获取外部信息、工作任务分析、安全检查表、危险与可操作性研究、事故树分析、故障树分析等。这些方法都有各自的特点和局限性,因此一般都使用两种或两种以上的方法识别危险源。

12.3.3 危险源的评估

对于辨识后的危险源要进行风险的评估,估算其潜在伤害的严重程度和发生的可能性,然后对风险进行分级。根据危险源的识别,评估危险源造成风险的可能性和损失大小,结果可分为Ⅰ、Ⅱ、Ⅲ、Ⅳ、Ⅴ五个风险等级,即可忽略的风险、可容许的风险、中度风险、重大风险、不可容许风险。根据《职业健康安全管理体系 实施指南》GB/T 28002 推荐的简单的风险水平评估如表 12-1 所示:

简单的风险水平评估　　　　　　　　　　　　　　　　表 12-1

可能性	严重程度(后果)		
	轻微伤害	伤害	严重伤害
极不可能	可忽略的风险	可容许的风险	中度风险
不可能	可容许的风险	中度风险	重大风险
可能	中度风险	重大风险	不可容许风险

依据此表提供的风险等级,确定是否需要采取控制措施,以及行动的时间表。表 12-2 只是一种研讨性研究方法,仅为了便于举例说明。控制措施宜与风险水平相称。

基于风险水平的简单措施计划　　　　　　　　　　　　表 12-2

风险水平	措施和时间表
可忽略的风险	无须采取措施且不必保持文件记录
可容许的风险	无须增加另外的控制措施。宜考虑成本效益最佳解决方案或不增加额外成本的改进措施。需要监视以确保控制措施得以保持
中度风险	宜努力降低风险,但宜仔细测量和限定预防措施的成本,宜在规定的时间内实施风险降低措施。 当中度风险的后果属于"严重伤害"时,则需要进一步的评价,以便更准确的确定伤害的可能性,从而确定是否需要改进控制措施
重大风险	对于尚未进行的工作,则不宜开始工作,直至风险降低为止。为了降低风险,可能必须配置大量的资源,对于正在进行的工作,则在继续工作的同时宜采取应急措施
不可容许风险	不宜开始工作或继续工作,直至风险降低为止。如果即使投入无限的资源也不可能降低风险,就必须禁止工作

12.3.4 危险源的对策

风险评价的输出宜为一个按优先顺序排列的对策清单,对策应包括新设计的措施,拟保持的措施或加以改进的措施。

选择对策措施时,宜考虑以下方面:

如果可能,则完全消除危险源;

如果不可能消除,则努力降低风险;

采取技术进步、程序控制、安全防护等措施;

当所有其他可选择的措施均已考虑后,作为最终手段而使用个体防护装备;

考虑对应急方案的需求,建立应急计划,提供有关的应急设备;

对监视措施的控制程度进行主动性监视。

措施计划宜在实施前进行评审。评审包含以下方面:

更改的措施是否使风险降低至可允许水平;

是否产生新的危险源;

是否已选定了成本效益最佳的解决方案;

受影响的人员如何评价更改的预防措施的必要性和实用性;

更改的预防措施是否会用于实际工作中,以及在其他压力情况下是否会被忽视。

12.3.5 危险源的控制

(1) 危险源控制策划,对已评价出的不容许和重大危险进行优先排序,由工程技术主管部门的有关人员进行风险控制策划,制定风险控制措施计划或管理方案。

(2) 风险控制措施计划:根据风险评价得出的不同风险源和风险量大小,选择不同的控制策略。

(3) 风险控制方法:

1) 第一类危险源控制方法:

根据能量意外释放论,事故是能量或危险物质的意外释放,作用于人体的过量的能量或干扰人体与外界能量交换的危险物质是造成人员伤害的直接原因。于是,把系统中存在的、可能发生意外释放的能量或危险物质称作第一类危险源。

第一类危险源可以采取消除危险源、限制能量和隔离危险物质、个体防护、应急救援等方法。建设工程可能遇到不可预测的各种自然灾害引发的风险,只能采取预测、预防、应急计划和应急救援等措施,以尽量消除或减少人员伤亡和财产损失。

2) 第二类危险源控制方法:

在生产和生活中,为了利用能量,让能量按照人们的意图在系统中流动、转换和做功,必须采取措施约束、限制能量,即必须控制危险源。导致约束、限制能量措施失效或破坏的各种不安全因素称为第二类危险源。人的不安全行为和物的不安全状态是造成能量或危险物质以外释放的直接原因。从系统安全的观点来考察,使能量或危险物质的约束、限制措施失效、破坏的原因,即第二类危险源,包括人、物、环境三个方面的问题。

第二类危险源可以采取提高各类设施的可靠性以消除或减少故障、增加安全系数、设置安全监控系统、改善作业环境等。最重要的是加强员工的安全意识、培训和教育,克服不良的操作习惯,严格按照规章制度办事,并在生产过程中保持良好的生理和心理状。

12.3.6 安全生产档案管理

（1）施工现场安全管理资料和档案的管理应为工程项目管理的重要组成部分，是预防安全生产事故和提高文明施工管理的有效措施。

（2）项目管理机构应负责各自的安全管理资料和档案管理工作，逐级建立健全施工现场安全资料管理岗位责任制，明确负责人，落实各岗位职责，对施工现场安全资料和档案的真实性、完整性和有效性负责。

（3）项目管理机构应建立安全管理资料和档案的管理制度，规范安全管理资料的形成、收集、整理、组卷等工作，并应随施工现场安全管理工作同步形成，做到真实有效、及时完整。

（4）施工现场安全管理资料和档案应字迹清晰，签字、盖章等手续齐全，计算机形成的资料可打印、手写签名。

（5）施工现场安全管理资料和档案应为原件，因故不能为原件时，可为复印件。复印件上应注明原件存放处，加盖原件存放单位公章，有经办人签字并注明日期。

（6）施工现场安全管理资料和档案应分类整理和组卷，由各参与单位项目经理部保存备查至工程竣工。

（7）现场安全管理资料的分类和整理可参考《建设工程施工现场安全资料管理规程》CECS 266：2009进行编制。

12.4 安全生产管理检查

12.4.1 安全生产检查计划

1. 安全检查的内容

安全检查的范围应覆盖建筑施工安全生产的各个方面，主要内容有：

（1）安全管理的检查项目应包括：安全责任制的落实情况、安全管理制度的执行情况、施工组织设计（方案）的检查、安全教育培训实施情况、应急救援预案和危险源管理、职业卫生健康管理、内业资料管理情况。

（2）施工现场的安全检查主要内容应包括：绿色施工、脚手架、基坑支护和模板工程、"三宝"、"四口"、"五临边"防护、施工用电、施工机械机具、人员行为等项目。

（3）特殊场所的安全检查的内容包括：包括仓库、油库、配电室、泵房等。

（4）特种设备及操作安全检查的内容包括：特种设备是否定期检查、特种设备安全装置是否齐全、操作人员是否持证上岗、是否有违反安全操作规程情况。

2. 检查方式

（1）总体计划

1）安全生产检查主要分为两类，即常规检查和专项检查。

2）常规检查应加强检查力度和频次。对重点项目每月检查不少于1次；对一般项目每季度检查不少于1次。

3）专项检查主要根据项目所在区域安全生产领域存在的突出问题，结合特殊时段和季节特征开展专项检查，每年组织专项检查不少于6次，每月应侧重以下检查重点：1～2月：重点突出冬季火患、春节前夕、职业危害。2～3月：重点突出春节、"特殊时段"期间、务工人员返程高峰时期"三级安全教育"。4~6月：重点突出安全用电，有限空间作业安全。7~9月：重点突出高温时段易燃易爆、用电、汛期安全。9~10月：重点突出节假日期间的安全生产。11~12月：重点突出冬季"四防"安全工作落实情况，综合安全消防检查，年度安全总结，下年度安全工作计划的落实。

(2) 常规检查

根据工程面积、特点及造价确定重点项目及一般项目，并开展常规检查。

(3) 专项检查

根据安全生产领域存在的突出问题，结合特殊时段和季节特征开展专项检查。

1) 节假日和"特殊时段"期间安全生产专项检查

检查范围及重点：隐患排查治理制度的建立和执行情况、设备检维修安全规章制度建立和执行情况，动火作业安全规章制度建立和执行情况，安全设施设备定期检查、维护、保养和技术检验的情况，从业人员安全生产教育、培训、取得有关安全资格证书的情况，应急救援器材配备、维护、保养的情况。

2) 安全用电专项检查

检查范围及重点：用电安全管理制度制定及落实情况、专职电工配备及持证情况、防护措施落实情况、漏电保护装置使用情况、自备电源装置使用情况、防误操作装置配备情况等。

3) 单位主要负责人、安全生产管理人员、特种作业人员的安全培训和从业人员"三级安全教育"专项检查

检查范围及重点：建立和实施安全培训制度、年度培训计划情况；培训经费投入和使用情况；安全生产管理人员、特种作业人员培训和持证上岗情况；应用新工艺、新技术、新材料、新设备及转岗前从业人员培训情况；农民工及其他从业人员安全教育培训情况；建立安全培训档案、记录培训考核情况等。

4) 职业卫生专项检查

检查范围及重点：职业卫生规章制度、操作规程及应急救援预案，职业病防治计划和实施方案，职业卫生管理档案和职业健康监护档案，职业健康检查，工作场所职业病危害因素检测，个人防护用品发放记录，工作场所公告栏设置、安全警示标识及中文警示说明等。

5) 有限空间作业专项检查

检查范围及重点：有限空间作业安全生产管理制度、操作规程，通风、检测设备和防护用品配备使用情况，有限空间作业人员安全教育培训和特种作业持证上岗情况，有限空间进入点附近警示标志设置情况，应急救援预案制定及演练情况等。

3. 检查工作要求

(1) 加强对检查人员的学习、教育、培训，全面提高检查人员的安全生产业务知识和水平。检查人员必须严格执行安全生产检查计划，全面完成年度各项检查任务，努力提高检查成效。

(2) 对检查中发现的安全生产事故隐患，应当填写下发相应的检查记录单。对事故隐患整改情况应在规定时间内组织复查，并完整记录事故隐患整改的全过程，形成闭环。

(3) 对短时间内无法整改的事故隐患，应督促施工项目按照整改定时间、定措施、定

人的"三定"原则进行整改；对发现的重大事故隐患事故必须及时上报生产经营单位相关主要领导。

（4）检查情况应按规定及时形成相关检查材料登记建档并做好归档工作。认真做好各项检查工作的统计分析和总结，落实检查信息报送制度。

（5）各类安全检查标准执行《建筑施工安全检查标准》JGJ 59。

12.4.2 安全检查流程

1. 安全检查工作遵循如下流程进行：

检查准备工作→制定检查计划→实施安全检查→建立安全档案整改建议→跟踪检查→复查验证。

2. 安全检查方法

（1）公司级检查

公司级安全检查，由公司组织相关部门参加，每月至少一次，负责对所有在建项目的安全检查。检查按照《建筑施工安全检查标准》JGJ 59、《施工企业安全生产评价标准》JGJ/T 77考核、打分，对优良工地进行奖励，不合格工地进行处罚。一般安全隐患，检查单位签发《安全检查记录暨安全隐患整改通知单》限期整改，对于安全管理工作混乱，现场安全隐患严重、确有随时危及生命和国家财产安全的单位，有权责令停工整改，并即刻上报公司，安全生产部门负责及时跟踪复查整改情况。

（2）项目级检查

项目级安全检查，由项目至少一周组织一次项目工程内的安全生产检查。由项目负责人组织带队，发现隐患及时安排整改，并将检查情况和整改落实情况上报公司安全生产部门。

（3）班组级安全检查

班组级安全检查，由班长辅助，各班组每天作业前进行。由班长巡查或组织职工开展自检、互检、发现隐患及时整改，并将检查情况报项目部安全生产部门。

（4）安全员、施工员日常安全检查

安全员、施工员应深入施工现场检查，发现违章指挥冒险作业应及时制止。发现安全隐患，能排除的尽快排除。第一时间不能排除的应采取相应的措施，并及时向项目负责人汇报。必要时，安全员施工员应签发《安全检查记录暨安全隐患整改通知单》，并追踪整改。

1）各专业性检查

各专业性检查，由项目负责人组织有关人员进行检查，检查出的安全隐患上报公司安全生产部门。

2）季节性检查

季节性检查，应针对不同季节有针对性的进行检查，项目负责人负责组织检查，检查情况上报所属公司安全生产部门。

3）临时性检查

紧急情况下的抢修、大修项目的开工、长期不用设备启用、新工艺、新产品、新设备的投产，都应进行临时性的安全检查，该项检查由项目负责人组织进行。

对检查出来的重大问题，事故隐患应及时给予解决，对险情重，隐患大的问题，应作专题解决，并要求提出解决的措施和方法，要定人、定事、定时间、定要求限期整改解决。

各级主管及其他有关部门都要支持各级安全检查人员的工作，并认真解决检查人员所提出的问题，凡接到《安全检查记录暨安全隐患整改通知单》的单位在如期解决隐患后，将解决情况书面上报公司安全部门。

12.4.3 安全生产检查人员资格

(1) 必须经过培训考试，取得国家相关行政机关颁发的安全员资格证书；

(2) 熟知国家有关安全生产的法律、法规、政策及有关安全生产的规章、规程、规范和标准知识；

(3) 熟知安全生产管理知识、安全生产技术知识、劳动卫生知识和安全文化知识，具有相关专业安全生产管理专业知识，了解本企业生产或施工专业知识；

(4) 掌握劳动保护，工伤保险的法律、法规、政策知识；

(5) 掌握伤亡事故和职业病统计，报告及调查处理方法；

(6) 掌握事故现场勘验技术，以及应急处理措施；

(7) 懂得重大危险源管理与应急救援预案编制方法。

12.4.4 安全生产检查设备

1. 现场检查监督检测设备分类

(1) 通用监督检测设备。

(2) 专用监督检测设备。

2. 施工现场调查取证与分析设备（取证设备）

12.4.5 安全生产检查结果分析与应用

1. 综合分析

经对施工现场检查和数据分析后，检查人员应对检查情况进行综合分析，提出检查的结论和意见。一般来讲，生产经营单位自行组织的各类安全检查，应由安全生产管理部门会同有关部门对检查结果进行综合分析；上级主管部门，经统一研究得出检查意见或结论。

2. 提出整改要求

针对检查发现的问题，应根据问题性质的不同，提出立即整改、限期整改等措施要求。生产经营单位自行组织的安全检查，由安全生产管理部门会同有关部门，共同制订整改措施计划并组织实施。

上级主管部门或地方政府负有安全生产监督管理职责的部门组织的安全检查，检查组应提出书面的整改要求，生产经营单位制订整改措施计划。

3. 落实整改

对安全检查发现的问题和隐患，生产经营单位应从管理的高度，举一反三，制订整改措施计划并积极落实整改。

4. 信息反馈及持续改进

生产经营单位自行组织的安全检查，在整改措施计划完成后，安全生产管理部门应组织相关人员进行验收。对于上级主管部门或地方政府负有安全生产监督管理职责的部门组织的安全检查，在整改措施完成后，应及时上报整改完成情况，申请复查或验收。对安全检查中经常发现的问题或反复发现的问题，生产经营单位应从规章制度的健全和完善、从业人员的安全教育培训、设备系统的更新改造、加强现场检查和监督等环节入手，做到持续改进，不断提高安全生产管理水平，防范安全生产事故的发生。

12.5 应急响应与事故处理

12.5.1 应急救援预案的制定

1. 应急救援预案的定义

应急救援预案是指事先制定的关于生产安全事故发生时进行紧急救援的组织、程序、措施、责任及协调等方面的方案和计划，是对特定的潜在事件和紧急情况发生时所采取措施的计划安排，是应急响应的行动指南。

2. 应急救援预案编制目的

编制应急救援预案的目的是避免紧急情况发生时出现混乱，确保按照合理的响应流程采取适当的救援措施，预防和减少可能随之引发的职业健康安全和环境影响。

3. 应急救援预案编制原则

应急救援预案的编制应当遵循以人为本、依法依规、符合实际、注重实效的原则，以应急处置为核心，明确应急职责、规范应急程序、细化保障措施。

4. 应急救援预案编制小组

生产经营单位编制应急救援预案应当成立编制工作小组，由本单位有关负责人任组长，为吸收与应急救援预案有关的职能部门和单位的人员，以及有现场处置经验的人员参加。

5. 应急救援预案编制前事故风险评估和应急资源调查

编制应急救援预案前，编制单位应当进行事故风险评估和应急资源调查。

事故风险评估，是指针对不同事故种类及特点，识别存在的危险危害因素，分析事故可能产生的直接后果以及次生、衍生后果，评估各种后果的危害程度和影响范围，提出防范和控制事故风险措施的过程。

应急资源调查，是指全面调查本地区、本单位第一时间可以调用的应急资源状况和合作区域内可以请求援助的应急资源状况，并结合事故风险评估结论制定应急措施的过程。见表12-3、表12-4。

生产经营单位应急资源 表12-3

序号	器材/设备名称	单位	数量	备注
1	急救箱	个	5	
2	碘酒	g	250	
……	……	……	……	

项目所在地区应急资源 表12-4

序号	名称	地点	电话	备注
1	医院	……	……	
2	派出所	……	……	
……	……	……	……	

6. 应急救援预案编制基本要求

生产经营单位应当根据有关法律、法规、规章、相关标准或者实际需要，结合本单位组织管理体系、生产规模和可能发生的事故特点，征求相关应急救援队伍、公民、法人或其他组织的意见，确立本单位的应急预案体系，编制相应的应急救援预案，并体现自救互救和先期处置等特点。应急救援预案的编制应当符合下列基本要求：

(1) 有关法律、法规、规章和标准的规定；
(2) 本地区、本部门、本单位的安全生产实际情况；
(3) 本地区、本部门、本单位的危险性分析情况；
(4) 应急组织和人员的职责分工明确，并有具体的落实措施；
(5) 有明确、具体的应急程序和处置措施，并与其应急能力相适应；
(6) 有明确的应急保障措施，满足本地区、本部门、本单位的应急工作需要；
(7) 应急救援预案基本要素齐全、完整，应急救援预案附件提供的信息准确；
(8) 应急救援预案内容与相关应急预案相互衔接。

7. 应急救援预案分类

生产经营单位应急救援预案分为综合应急预案、专项应急预案和现场处置方案。

综合应急预案是指生产经营单位为应对各种生产安全事故而制定的综合性工作方案，是本单位应对生产安全事故的总体工作程序、措施和应急预案体系的总纲。综合应急救援预案应当规定应急组织机构及其职责、应急救援预案体系、事故风险描述、预警及信息报告、应急响应、保障措施、应急救援预案管理等内容。

专项应急预案是指生产经营单位为应对某一种或者多种类型生产安全事故，或者针对重要生产设施、重大危险源、重大活动防止生产安全事故而制定的专项性工作方案。专项应急救援预案应当规定应急指挥机构与职责、处置程序和措施等内容。

现场处置方案是指生产经营单位根据不同生产安全事故类型，针对具体场所、装置或者设施所制定的应急处置措施。现场处置方案应当规定应急工作职责、应急处置措施和注意事项等内容。

对于危险性较大的场所、装置或者设施，生产经营单位应当编制综合应急预案、专项应急预案和现场处置方案。

事故风险单一、危险性小的生产经营单位，可以只编制现场处置方案。

生产经营单位编制的各类应急预案之间应当相互衔接，并与相关人民政府及其部门、应急救援队伍和涉及的其他单位的应急预案相衔接。

8. 应急救援预案的备案及评审

生产经营单位按规定制定的应急救援预案应报当地主管部门备案，并通报相关应急协作单位。

应急救援预案应定期评审，并根据评审结果或实际情况的变化进行修订和完善。

12.5.2 应急救援预案的演练

生产经营单位应根据建设工程施工的特点、范围，对现场易发生重大事故的部位、环节进行监控，建立应急救援组织或者配备应急救援人员、必要的应急救援器材、设备和物资，且进行经常性维护、保养，并定期组织演练。

1. 应急救援预案演练的作用

应急救援预案的演练是为了检验、评价和保持生产经营单位的应急能力及有效性，对综合性较强或风险较大的应急演练，要组织相关专家对应急演练方案进行评审，确保方案科学可行，演练达到的作用应当符合下列基本要求：

（1）在事故发生前暴露应急救援预案的缺陷；

（2）发现应急资源的不足，包括人力、设备和物资等；

（3）发现并改善各个应急部门、机构、人员之间的沟通与协调问题；

（4）增强现场人员应对突发事故救援的救援意识、救援熟练程度和技术水平，进一步明确各自的岗位与职责。

2. 应急救援预案演练的注意事项

应急演练计划和方案编制应充分征求相关部门和单位的意见，尽量减少对社会正常秩序和公众正常生活的影响。对可能影响公众生活、易于引起公众误解和恐慌的应急演练，应提前向社会发布公告，告示应急演练的时间、地点、内容和组织单位，并做好应对方案，避免造成负面影响。

在应急演练实施前应根据需要对所有应急演练参与人员进行必要的动员和培训，确保参演人员明确演练目的、演练科目、演练职责与任务等内容，保证应急演练安全顺利实施。

根据应急演练形式的不同，应急演练的实施可包含不同环节。桌面应急演练一般包括演练动员、规则讲解、演练情景介绍、事件处置讨论和现场点评等环节。实战应急演练一般包括演练动员、规则讲解、演练情景介绍、演练执行和现场点评等环节。

应急演练组织单位应安排专人负责应急演练过程控制工作，确保应急演练进程按预定方向进行。当与应急演练目的或内容出现较大偏差，甚至可能发生某种危险时，或者应急演练过程中出现突发事件，需要参演人员参与应急处置时，应立即进行直接干预或中止演练。

3. 应急救援预案演练的评价

应急演练组织单位应根据实际需要，组织相关专家及第三方人员，按照事先确立的评估标准和评估方法，在全面分析演练过程相关工作的基础上，对演练目标实现、应急能力表现、演练组织工作等情况进行全面评价，并形成评估报告。

应急演练实施过程中，应急演练组织单位应安排专门人员，采用文字、照片和音像等手段记录演练过程，在演练结束后应将演练相关文件和资料归档保存。

应急演练组织单位应根据实际需要，安排专门人员，在应急演练评估的基础上，组织开展应急演练总结，对应急演练活动进行全面评价，汇总分析演练发现的问题与原因、可能造成的后果，提出系统可行的改进措施建议。

对于上级有关部门要求或参与组织的应急演练，或者法律、法规、规章要求备案的应急演练，应急演练组织单位应将相关资料报有关部门备案。

应急演练组织和参与单位应针对应急演练中暴露出来的问题，及时采取措施予以改进，包括修改完善应急预案、健全应急联动机制、完善应急技术支撑体系、有针对性地加强应急人员的教育和培训、对应急物资与装备进行更新等。

应急演练组织单位应做好应急演练的宣传报道工作，扩大应急演练的宣传教育效果。根据应急演练内容、形式和规模等实际情况，邀请相关部门和区县的领导和人员观摩指导。

12.5.3 事故分类

1. 建筑安全生产事故分类

(1) 按事故的原因及性质分类

1) 生产事故；
2) 质量问题；
3) 技术事故；
4) 环境事故。

(2) 按事故类别分类

根据《企业职工伤亡事故分类标准》GB 6441，将工伤事故分为20类，包括：物体打击、车辆伤害、机械伤害、起重伤害、触电、淹溺、灼烫、火灾、高处坠落、坍塌、冒顶片帮、透水、放炮、瓦斯爆炸、火药爆炸、锅炉爆炸、容器爆炸、其他爆炸、中毒和窒息及其他伤害等。

(3) 按事故严重程度分类

分为轻伤事故、重伤事故、死亡事故。

2. 事故等级

按国务院2007年4月9日发布的《生产安全事故报告和调查处理条例》（国务院令第493号），根据生产安全事故造成的人员伤亡或直接经济损失，把事故分为如下几个等级：

(1) 特别重大事故，是指造成30人以上死亡，或者100人以上重伤（包括急性工业中毒，下同），或者1亿元以上直接经济损失的事故；

(2) 重大事故，是指造成10人以上30人以下死亡，或者50人以上100人以下重伤，或者5000万元以上1亿元以下直接经济损失的事故；

(3) 较大事故，是指造成3人以上10人以下死亡，或者10人以上50人以下重伤，或者1000万元以上5000万元以下直接经济损失的事故；

(4) 一般事故，是指造成3人以下死亡，或者10人以下重伤，或者1000万元以下直接经济损失的事故。

3. 建筑工程最常发生事故的类型

根据对全国伤亡事故的调查统计分析，建筑业伤亡事故率仅次于矿山行业。其中高处坠落、物体打击、机械伤害、触电、坍塌事故，为建筑业最常发生的五种事故，近几年来已经占到事故总数的80%～90%，应重点加以防范。

12.5.4 事故处理原则

(1) 事故调查处理应当按照科学严谨、依法依规、实事求是、注重实效的原则，及时、准确地查清事故原因，查明事故性质和责任，总结事故教训，提出整改措施，并对事故责任者提出处理意见。事故调查报告应当依法及时向社会公布。事故调查和处理的具体办法由国务院制定。

(2) 事故发生单位应当及时全面落实整改措施，负有安全生产监督管理职责的部门应当加强监督检查。

(3) 建设主管部门应当依据有关法律法规的规定，对因降低安全生产条件导致事故发生的施工单位给予暂扣或吊销安全生产许可证的处罚；对事故负有责任的相关单位给予罚款、停业整顿、降低资质等级或吊销资质证书的处罚。

(4) 施工单位的事故处理是落实"四不放过"原则的核心环节。即事故原因没有查清不放过、责任人员没有受到处理不放过、职工群众没有受到教育不放过、防范措施没有落实不放过。

12.5.5 事故处理步骤

(1) 生产经营单位发生生产安全事故后，事故现场有关人员应当立即报告本单位负责人。单位负责人接到事故报告后，应当迅速采取有效措施，组织抢救，防止事故扩大，减少人员伤亡和财产损失，并按照国家有关规定立即如实报告当地负有安全生产监督管理职责的部门，不得隐瞒不报、谎报或迟报，不得故意破坏事故现场、毁灭有关证据。

(2) 负有安全生产监督管理职责的部门接到事故报告后，应当立即按照国家有关规定上报事故情况。负有安全生产监督管理职责的部门和有关地方人民政府对事故情况不得隐瞒不报、谎报或者迟报。

(3) 有关地方人民政府和负有安全生产监督管理职责的部门的负责人接到生产安全事故报告后，应当按照生产安全事故应急救援预案的要求立即赶到事故现场，组织事故抢救。参与事故抢救的部门和单位应当服从统一指挥，加强协同联动，采取有效的应急救援措施，并根据事故救援的需要采取警戒、疏散等措施，防止事故扩大和次生灾害的发生，减少人员伤亡和财产损失。

(4) 事故抢救过程中应当采取必要措施，避免或者减少对环境造成的危害。任何单位和个人都应当支持、配合事故抢救，并提供一切便利条件。

(5) 生产经营单位发生生产安全事故，经调查确定为责任事故的，除了应当查明事故单位的责任并依法予以追究以外，还应当查明对安全生产的有关事项负有审查批准和监督职责的行政部门的责任，对有失职、渎职行为的，依照《中华人民共和国安全生产法》第八十七条的规定追究法律责任。

任何单位和个人不得阻挠和干涉对事故的依法调查处理。

县级以上地方各级人民政府安全生产监督管理部门应当定期统计分析本行政区域内发生生产安全事故的情况，并定期向社会公布。

(6) 施工重大安全事故及其警示

"江西丰城电厂三期扩建工程"事发工程安全事故

据央视报道，下午 5 点左右，救援人员正在清理现场，并投入生命探测仪等设备搜救，安监总局局长杨焕宁率工作组赶赴现场协助救援。由于坍塌现场有大量钢筋、钢管和混凝土等，为保证被困人员安全，救援人员只能依靠小范围的切割、手刨来实施救援，大型的设备也进入现场对残渣进行清理，以保证救援工作的安全。此外，搜救犬也进入现场，以提高搜救的效率。

据悉，发生事故的工地全称是"丰城电厂三期扩建工程"，建设单位是江西赣能股份有限公司丰城三期发电厂，总承包单位是中国电力工程顾问集团中南电力设计院有限公司，主体施工单位分别由 4 家公司中标建设。发生事故的是由河北亿能烟塔工程有限公司负责的 D 标段工程，即冷却塔与烟囱施工项目。

另据太平洋保险官方消息，太平洋产险承保了该出险标段的建筑工程一切险。目前，太平洋保险已启动重大突发事件应急响应预案，寿险简化理赔材料，支持无保单正本理赔，取消医疗险定点医院限制，取消医疗费用理赔必须提供发票限制，专人负责、优先处理，快速赔付；因本次事件直接导致重疾或伤残的，经医院明确诊断，符合合同约定重疾或残疾给付条件的，不再另行残疾鉴定。

公开资料显示，此次发生事故的电厂位于丰城市西面石上村铜鼓山，厂区距丰城市区8km，距南昌市约60km，南临赣江约0.5km，东距丰高公路约0.6km，北距丰城水泥厂2.8km。

江西丰城电厂是由江西省投资公司、中国国电集团分别按55%、45%股份比例组建的有限责任公司。江西丰城电厂三期扩建工程由江西赣能股份有限公司出资建设，是江西省电力建设重点工程。

在昨天晚上的新闻发布会上，当地通报称，丰城电厂三期扩建工程2015年12月28日开工，其中冷却塔项目今年4月开工。

北青报记者查询江西赣能股份有限公司官网发现，在事发71天前，也就是9月13日下午，丰电三期工程召开了"协力奋战一百天"动员大会。在当天的会议上，工程部经理杜成刚还作为建设方代表与总包方、施工方负责人签订了《丰城电厂三期扩建工程总承包项目地基处理工程"大干一百天"目标责任书》。而工程负责人在会上表示，要强化施工现场工作调度，监理、施工单位增加人员、设备投入，"抢抓晴好天气，加快施工进度。"

伤亡人员均来自河北亿能公司。

据介绍，河北亿能烟塔工程有限公司是专业从事冷却塔、烟囱、环保工程建设施工及项目改造的一家公司。

冷却塔与烟囱施工项目的工程部工程师廖辉寿介绍说，冷却塔是双曲线建设工程，属于复杂的建筑种类。冷却塔外壁薄，施工平台跟随施工进度抬升。发生事故时，冷却塔已建设到70多米。

北青报记者查询工商信息发现，河北亿能烟塔工程有限公司注册于2003年10月29日，注册资本1亿元人民币。其经营范围包括烟塔工程、冷却塔材料销售等。昨天北青报记者多次致电该公司董事长张运平，但显示已关机，该公司电话也始终无人接听。

此次事故中所有伤亡人员均来自该公司，部分工人来自河北成安县，死亡工人集中在河北省成安县李家疃镇白范疃村、抹疃村这两个村。事故发生之后，成安县已经紧急成立两个事故处置部，奔赴现场处置后续工作，成安县当地也正在紧急统计死伤工人的详细情况。

公开资料显示，河北亿能多次获得业主和主管部门颁发的《优秀承包商证书》、《优质工程证书》等荣誉。今年7月，河北亿能烟塔公司持有的商标"亿能烟塔"被认定为河北著名商标。此外，该公司承建的河北国华定州电厂8500m^2冷却塔、河南沁北电厂8500m^2冷却塔工程获得国内建筑行业工程质量最高荣誉奖"鲁班奖"。

但是，公开资料显示，河北亿能烟塔工程公司承建的项目近年也曾发生过数起工人死伤的安全事故。

2012年6月8日，中国能源建设集团所属湖南火电建设公司分包单位河北亿能烟塔工程公司在云南威信县煤电一体化项目冷却塔施工中，脚手架坍塌，造成7人坠落死亡。

2011年5月23日，山东茌平县一在建电厂突发事故，据有关部门通报，茌平郝集电厂建设工地工程由河北亿能烟塔工程有限公司承建，当天上午9点半发生钢内筒气囊漏气事故，造成5名施工人员受伤，1名工人因伤势过重抢救无效死亡。

2009年4月14日，位于南沙区广州南沙黄阁热电厂二期冷却塔建设工地，由河北亿能烟塔有限公司承建，在冷却塔施工现场，由于汽车吊在后退过程中碰撞到一作业平台的支撑柱，导致该作业平台倒塌，平台上工人张某、刘某2人被倒下平台砸死，另1名工人受伤。

以上事故教训充分体现了安全管理的艰巨性与复杂性，给整个建设行业的安全管理带来了巨大警示。包括：施工承包商的信用、能力与业绩的切实评估与使用，安全管理的系统性风险防范，事故隐患的及时处置、应急准备与响应的有效性等都需要建设行业重新审视管理的问题。

12.6 安全生产管理评价

12.6.1 安全生产管理评价机构建立

（1）安全生产管理评价机构宜由组织的主管部门或其授权部门每月对项目的安全生产管理进行检查与评比。

（2）安全生产管理评价人员应具备相关的专业知识和专业技能，并应取得《安全生产考核合格证书》。

12.6.2 安全生产管理评价程序

安全生产管理评价程序主要包括：准备阶段；危险、有害因素辨识与分析；定性、定量评价；提出安全对策措施；形成安全评价结论及建议；编制安全评价报告。

1. 准备阶段

制定评价检查计划。根据各项目进度以及上次评价的情况，评价机构确定受评项目、评价时间和评价计划，形成项目评价计划表。

2. 危险、有害因素辨识与分析

根据被评价的工程情况，辨识和分析危险、有害因素，确定危险、有害因素存在的部位、存在的方式，事故发生的途径及其变化的规律。

3. 定性、定量评价

在危险、有害因素辨识和分析的基础上，划分评价单元，选择合理的评价方法，对工程、系统发生事故的可能性和严重程度进行定性、定量评价。

4. 安全对策措施

根据定性、定量评价结果，提出消除或减弱危险、有害因素的管理和技术措施及建议。

5. 安全评价结论及建议

简要地列出主要危险、有害因素的评价结果，指出工程、系统应重点防范的重大危险因素，明确项目管理机构应重视并应采取的重要安全措施。

6. 安全评价报告的编制

依据安全评价的结果编制相应的安全评价报告。

12.6.3 安全生产管理评价方法

(1) 月检查实行百分制评比，检查内容分为安全管理、生活区和办公区管理、绿色施工、脚手架、模板支撑体系、安全防护、临时用电、塔吊起重吊装、机械安全以及消防保卫共十个分项（共 10 张表）。

(2) 各分项检查评分表和检查汇总表的满分分值均为 100 分，评分表的实得分值应为各检查项目所得分值之和。

(3) 评分表应采用扣减分值的方法，扣减分值总和不得超过该检查项目的标准分值。

(4) 各分项评分表得分率按下式计算：

$$得分率 = 实得分 / 应得分 \times 100\%$$

$$折合标准分 = 得分率 \times 10$$

(5) 当评分表遇到有缺项时，分项检查评分表或检查评分汇总表的实得分应按下式计算：

实得分 = 实查项目在该表的评定分值之和 / 实查项目在该表的标准分值之和 × 100

(6) 各分项评分表中每个子项按"好"、"较好"、"合格"、"较差"、"差"五级评定。

1) 凡达到规程、规范、规定、标准，全面完好的，评定为"好"，给予该项标准分值的 100%；

2) 凡达到规程、规范、规定、标准，基本完好的，评定为"较好"，给予该项标准分值的 90%；

3) 凡符合规程、规范、规定、标准，达到合格要求的，评定为"合格"，给予该项标准分值的 70%；

4) 凡基本符合规程、规范、规定、标准，但有一定缺陷，需要改动后才能达到合格要求，评定为"较差"，给予该项标准分值的 50%；

5) 不符合规程、规范、规定、标准，有严重缺陷的，评定为"差"，给予该项标准分值的 0%。

12.6.4 安全生产管理评价标准

检查汇总表总评分分值在 95 分及以上，为优秀；检查汇总表总评分分值在 95 分以下，85 分及以上，为优良；检查汇总表总评分分值在 85 分以下，70 分及以上，为合格；检查汇总表总评分分值 70 分以下，为不合格。并按照得分进行相关奖罚：

(1) 每月安全生产管理评价中，单项表得分低于 80 分或汇总得分低于 85 分的项目，处罚××××元；

(2) 每月安全生产管理评价中，汇总得分排名在最后的 20% 且总分低于 85 分的项目，处罚××××元；

(3) 每月安全生产管理评价中，汇总或专项检查得分排名在前 20% 的项目，奖励××××元；

(4) 年度安全生产管理评价汇总得分排名在前三名的项目，奖励××××元。

12.6.5 绿色安全工地创建

申报创建"××省绿色安全工地"的工程，应当具有合法的施工许可手续，且属于在施建设工程项目，经项目考评主体评为优良，即认定为"××省绿色安全工地"并符合下列条件：

(1) 住宅及公共建筑工程建设规模在 5000m² 以上；

(2) 市政道路和市政管线建设工程造价在 2000 万元以上；轨道交通和城市基础设施建设工程造价在 5000 万元以上。

初评考核得分在 95 分以上的项目，分项检查评分表无零分且达到一定规模的，同时具备相应建设规模（即：房屋建筑工程建设规模在 30000m² 以上，城市轨道交通和市政基础设施工程造价在 4000 万元以上），市住房城乡建设委可以认定为"××省绿色安全样板工地"。

申报"××省绿色安全工地"和"××省绿色安全样板工地"的工程从开工到竣工还应满足以下条件：

(1) 无生产安全事故；无起重吊装设备倾覆、折臂事故和大型机械设备事故；

(2) 无施工临设坍塌、倾覆事故；无影响市政设施及市政管线运行安全事故；

(3) 无火灾事故；无重大刑事治安案件；无集体食物中毒、煤气中毒和传染病疫情；无严重环境污染和严重施工扰民投诉事件；

(4) 无因生产安全隐患和绿色施工措施不到位受到建设行政主管部门或其他部门行政处罚 5000 元以上的。

12.7 事故案例分析

1. 事故基本情况

(1) 事故发生经过

2014 年 12 月 29 日 8 时 20 分许，在北京市海淀区清华大学附属中学体育馆及宿舍楼工程工地，作业人员在基坑内绑扎钢筋过程中，筏板基础钢筋体系发生坍塌，造成 10 人死亡、4 人受伤。

(2) 工程基本情况

清华大学附属中学体育馆及宿舍楼工程（以下简称"清华附中工程"）位于中关村北大街清华大学附属中学校园内，总建筑面积 20660m²。该建筑地上五层、地下两层。

(3) 事故所涉相关单位情况

建设单位：清华大学。使用方为清华大学附属中学。

总包单位：北京建工一建工程建设有限公司。

劳务分包单位：安阳诚成建设劳务有限责任公司。

监理单位：北京华清技科工程管理有限公司。

设计单位：清华大学建筑设计研究院有限公司。

工程项目的行业监管部门：海淀区住房城乡建设委。

(4) 现场勘验情况

事发部位位于基坑 3 标段，深约 13m、宽约 42.2m、长约 58.3m。底板为平板式筏板基础，上下两层双排双向钢筋网，上层钢筋网用马凳支承。事发前，已经完成基坑南侧 1、2 两段筏板基础浇筑，以及 3 段下层钢筋的绑扎、马凳安放、上层钢筋的铺设等工作；马凳采用直径 25mm 或 28mm 的带肋钢筋焊制，安放间距为 0.9~2.1m；马凳横梁与基础底板上层钢筋网大多数未固定；马凳脚筋与基础底板下层钢筋网少数未固定；上层钢筋网上多处存有堆放钢筋物料的现象。事发时,上层钢筋整体向东侧位移并坍塌,坍塌面积2000余平方米。

2. 事故经过及抢险救援情况

2014年7月,建工一建公司清华附中工程项目部制定了《钢筋施工方案》,明确马凳制作钢筋规格32mm、现场摆放间距1m,并在第7.7条安全技术措施中规定"板面上层筋施工时,每捆筋要先放在架子上,再逐根散开,不得将整捆筋直接放置在支撑筋上,防止荷载过大而导致支撑筋失稳"。《钢筋施工方案》经监理单位审批同意后,建工一建公司项目部未向劳务单位进行方案交底。

2014年10月,清华附中工程项目实际负责人与安阳诚成劳务公司签订《建设工程施工劳务分包合同》,合同中包含辅料和部分周转性材料款的内容,且未按照要求将合同送工程所在地住房城乡建设主管部门备案。劳务单位相关人员进场后,作业人员在未接受交底情况下,组织筏板基础钢筋体系施工作业。

2014年12月28日下午,劳务队长安排塔吊班组配合钢筋工向3标段上层钢筋网上方吊运钢筋物料,用于墙柱插筋和挂钩。经调看现场监控录像,共计吊运24捆钢筋物料。

12月29日6时20分,作业人员到达现场实施墙柱插筋和挂钩作业。7时许,现场钢筋工发现已绑扎的钢筋柱与轴线位置不对应。劳务队长接到报告后通知劳务公司技术负责人和放线员去现场查看核实。8时10分,经现场确认筏板钢筋体系整体位移约10cm。随后,劳务公司技术负责人让钢筋班长立即停止钢筋作业,通知信号工配合钢筋工将上层钢筋网上集中摆放的钢筋吊走,并调电焊工准备加固马凳。8时20分许,筏板基础钢筋体系失稳整体发生坍塌,将在筏板基础钢筋体系内进行绑扎作业和安装排水管作业的人员挤压在上下层钢筋网之间。

事故发生后,现场人员立即施救,并拨打报警电话。市区两级政府部门立即启动应急救援,对现场人员开展施救,及时将受伤人员送往医院救治。据统计,事故共计造成10人死亡、4人受伤。

3. 事故原因及性质

调查组依法对事故现场进行了认真勘查,及时提取了相关物证、书证和视听资料,对事故相关人员进行了调查询问,并委托国家建筑工程质量监督检验中心对现场开展技术分析,查明了事故原因并认定了事故性质。

(1)直接原因:未按照方案要求堆放物料、制作和布置马凳,马凳与钢筋未形成完整的结构体系,致使基础底板钢筋整体坍塌,是导致事故发生的直接原因。

(2)间接原因:施工现场管理缺失、备案项目经理长期不在岗、专职安全员配备不足、经营管理混乱、项目监理不到位是导致事故发生的间接原因。

4. 事故责任分析及处理结果

根据国家有关法律、法规的规定,事故调查组依据事故调查情况和原因分析,认定相关人员和单位在生产、作业中违反有关安全管理的规定,因而发生重大伤亡事故,情节特别恶劣,其行为均已触犯了《中华人民共和国刑法》第一百三十四条第一款之规定,构成重大责任事故罪,应承担相应的责任。法院根据相关的事实及证据认定公诉机关指控十五名被告人犯罪的事实清楚,证据确实充分,最终进行了处理判决。

5. 事故防范和整改措施建议

(1) 深刻吸取事故教训；
(2) 严格落实主体责任；
(3) 加强施工现场管理；
(4) 加大行政监管力度；
(5) 健全完善法规标准。

附件 12-1　施工现场检查评分记录表

施工现场检查评分记录（汇总表）　　　　附表 12-1

施工单位：　　　　　　　　　　　工程名称：

施工单位		资质等级		项目经理	
		开工证号		资质	
工程名称		面积		结构类型	
层数		在施部位		开/竣工日期	
工程详细地点					
表号	检查项目		标准分值	得分率	折合标准分
1	安全管理		10		
2	生活区、办公区管理		10		
3	绿色施工		10		
4	脚手架		10		
5	模板支撑体系		10		
6	安全防护		10		
7	施工用电		10		
8	塔式起重机、起重吊装		10		
9	机械安全		10		
10	消防保卫		10		
总评分					
申报单位	主管经理签字 公章 年 月 日	检查单位		检查负责人	
		评语： 　　　　　　　　　　　　　　　　　年 月 日			

施工现场检查评分记录（安全管理）

附表 12-2

施工单位：　　　　　　　　　　　　　　　工程名称：

序号		检查项目	检查情况	标准分值	评定分值
1	资料	安全生产责任制		10	
2		安全管理机构设置及人员配备		10	
3		安全管理目标及考核		5	
4		危险性较大的分部分项工程辨识与安全专项施工方案		5	
5		安全生产管理制度及领导带班值班		5	
6		施工组织设计、施工方案编制、审批及专家论证		5	
7		安全技术交底		5	
8		分包单位安全管理		5	
9		安全教育、培训、考核		5	
10		特种作业持证上岗管理		5	
11		地上、地下管线及建（构）筑物管理		5	
12		安全防护用品管理		5	
13		安全生产费用管理		5	
14		生产安全事故管理		5	
15		应急救援管理		5	
16		安全标志		5	
17		安全生产奖罚及违章处理记录		5	
18		安全生产检查及隐患整改记录		5	

应得分　　　　实得分　　　　得分率　　　　折合标准分

检查员签字：　　　年　月　日

施工现场检查评分记录（生活区、办公区）

附表 12-3

施工单位： 工程名称：

序号	检查项目		检查情况	标准分值	评定分值
1	生活区、办公区用电	宿舍照明用电符合规定		5	
2		生活区按规定设置充电柜		5	
3		办公区、生活区按规定设配电箱等装置		5	
4	生活区、办公区设置	临时用房符合防火要求		5	
5		临时用房符合安全技术规范要求		5	
6		环境卫生条件符合要求		5	
7		设置满足使用要求		5	
8		防暑降温或取暖措施符合要求		5	
9	食堂、厕所管理	食堂卫生环境符合标准		5	
10		食堂设施、设备符合规定		5	
11		厕所符合标准、专人负责		5	
12	资料	生活区卫生设施及卫生责任区划分平面布置图		5	
13		生活区、办公区管理制度和食堂、厕所等卫生管理制度		5	
14		临建工程验收表		5	
15		项目职业健康档案		5	
16		食堂及炊事人员证件		5	
17		食堂燃气瓶档案		5	
18		各类应急措施		5	
19		检查记录及整改		5	
20		职工应知应会		5	

应得分 实得分 得分率 折合标准分

检查员签字： 年 月 日

施工现场检查评分记录（绿色施工） 附表12-4

施工单位： 工程名称：

序号		检查项目	检查情况	标准分值	评定分值
1	绿色施工措施	施工现场周边采取围挡措施，门前及围挡附近及时清扫		6	
2		施工现场主要道路及场地按要求进行硬化处理		6	
3		施工现场裸露地面、土堆按要求进行覆盖、固化或绿化		6	
4		外脚手架按要求采用密目网进行封闭		6	
5		施工现场按要求洒水降尘。易产生扬尘的机械应配备降尘防尘装置，易产生扬尘的建材按要求存放在库房或者严密遮盖		6	
6		建筑垃圾土方砂石运输车辆应采取措施防止车辆运输遗撒，手续齐全		5	
7		楼内清理垃圾须采用密闭式专用垃圾道或采用容器吊运		5	
8		施工现场按要求安装远程视频监控系统		5	
9		施工现场按要求设置密闭式垃圾站，按规定及时清运		5	
10		施工现场按要求使用预拌混凝土和预拌砂浆		5	
11		施工现场按要求设置专业化洗车设备或设置冲洗车辆的设施		5	
12		有限制施工基础降水和非传统水源再利用措施		5	
13		强噪声施工机具采取封闭措施，夜间施工不违规，噪声排放不超标，有监测记录		5	
14		现场设备、设施及器具有节能和降耗措施		4	
15		现场料具码放整齐，有减少资源消耗和材料节约再利用措施		4	
16		食堂安装油烟净化装置，并保持有效		4	
17		对施工区域内的遗址文物、古树名木、土地植被有保护方案和措施		4	
18		施工现场办公区、生活区应与施工区分开设置，保持安全距离		4	
19	资料	工程项目建立绿色施工管理组织机构、制度、措施		5	
20		绿色施工培训教育、检查整改及各项记录		5	

应得分　　实得分　　得分率　　折合标准分

检查员签字： 年 月 日

施工现场检查评分记录（脚手架） 附表 12-5

施工单位： 工程名称：

序号		检查项目	检查情况	标准分值	评定分值
1	脚手架	脚手架所用材质符合规范		5	
2		脚手架地基、基础符合规范		5	
3		架体纵距、横距、步距符合规范		5	
4		架体剪刀撑、斜撑、斜杆符合方案要求		5	
5		架体与建筑物拉接符合标准		5	
6		使用荷载符合规范		5	
7		作业层防护齐全有效		5	
8		附着升降脚手架架体构造符合规范		5	
9		附着升降脚手架安全装置、附着支座的设置符合规范要求		5	
10		附着式升降脚手架安装与升降符合规范要求		5	
11		附着式升降脚手架使用管理符合规定		5	
12		悬挑式脚手架悬挑梁及搭设符合设计和规范要求		5	
13		悬挑式钢平台安装、使用符合规范要求		5	
14		架体、平台穿墙螺栓设置符合方案要求		5	
15		马道搭设符合要求，防护齐全，有防滑措施		5	
16	资料	脚手架、平台设计方案、审批手续、专家论证资料		5	
17		脚手架、平台验收记录，附着式升降脚手架使用管理符合规定		5	
18		安全技术交底		5	
19		脚手架检查记录，隐患整改记录		5	
20		职工应知应会		5	

应得分　　实得分　　得分率　　折合标准分

检查员签字：　年　月　日

施工现场检查评分记录（模板支撑体系）　　　　附表12-6

施工单位：　　　　　　　　　　　　　　　工程名称：

序号		检查项目	检查情况	标准分值	评定分值
1	模板支架	构配件材质符合要求		5	
2		支架基础符合规范要求		5	
3		支架构造符合规范要求		10	
4		支架稳定符合规范要求		10	
5		施工荷载符合标准		10	
6		防护齐全有效		5	
7	大模板	模板制作与吊运符合要求		5	
8		吊装与拆除符合要求		5	
9		模板存放符合标准要求		5	
10	电梯井平台	电梯井操作平台符合要求		5	
11	资料	模板施工方案、审批手续		10	
12		模板验收记录		10	
13		安全技术交底		5	
14		检查及隐患整改记录		5	
15		职工应知应会		5	

应得分　　　实得分　　　得分率　　　折合标准分

检查员签字：　年　月　日

施工现场检查评分记录（安全防护） 附表12-7

施工单位： 工程名称：

序号	检查项目		检查情况	标准分值	评定分值
1	基坑工程	基坑按照施工方案开挖		5	
2		基坑施工采取有效防坍塌措施		5	
3		基坑、沟槽周边防护、马道或爬梯搭设符合规定		5	
4		基坑、沟槽周边荷载符合要求		5	
5		基坑降排水符合规定		5	
6	防护、高处作业	安全防护用品使用符合规定		5	
7		临边防护符合规定		5	
8		洞口防护符合规定		5	
9		安全通道及防护棚搭设符合规定		5	
10		立网封闭严密，水平安全网设置符合规定		5	
11		垂直交叉作业防护措施符合规定		5	
12	有限空间	检测、通风符合规定		5	
13		设备和防护措施符合规定		5	
14		施工作业、旁站监督符合规定		5	
15	资料	施工方案、应急预案及相关记录		5	
16		安全技术交底及验收记录		5	
17		有限空间作业审批，特殊部位气体检测记录		5	
18		基坑监测记录		5	
19		检查及隐患整改记录		5	
20		职工应知应会		5	
应得分　　实得分　　得分率　　折合标准分					

检查员签字： 年 月 日

施工现场检查评分记录（施工用电） 附表12-8

施工单位： 工程名称：

序号		检查项目	检查情况	标准分值	评定分值
1	配电线路	外电线路的安全距离和防护措施符合规范要求		5	
2		配电线路规格、型号符合施组及规范要求		5	
3		配电线路敷设、安装符合规范要求		5	
4	接地与接零保护系统	配电系统采用TN-S接零保护系统		5	
5		PE线规格、型号、连接符合规范要求		5	
6		接地与防雷装置安装及接地电阻值符合规范要求		5	
7	配电箱与开关箱	配电系统采用三级配电、逐级漏电保护系统		5	
8		配电箱、开关箱箱内配置、安装及使用符合规范要求		5	
9		配电箱、开关箱防护措施符合标准要求		5	
10		配电室设置及管理符合规范要求		5	
11		开关箱符合"一机、一闸、一漏、一箱"		5	
12	用电设备与照明装置	用电设备电源线敷设及连接符合规范要求		5	
13		手持电动工具使用管理符合规范要求		5	
14		电焊机的安装、使用和专用开关箱符合规范要求		5	
15		照明电源电压和照明灯具安装、使用符合规范要求		5	
16		照明低压变压器安装、使用及专用箱符合规范要求		5	
17	施工用电资料	临时用电施工组织设计编制、变更及审批手续		5	
18		临时用电管理协议、安全技术交底、验收、调试、检测等资料		5	
19		检查、隐患整改记录		5	
20		职工应知应会		5	

应得分　　实得分　　得分率　　折合标准分

检查员签字： 年 月 日

施工现场检查评分记录（塔式起重机、起重吊装） 附表 12-9

施工单位： 工程名称：

序号		检查项目	检查情况	标准分值	评定分值
1	重起式	基础、轨道敷设符合规定		5	
2		安全装置、限位、保险等齐全有效		5	
3		专用配电箱，电源线等电气安全符合要求		5	
4		起重机的附着、锚固符合规定		5	
5		安装、顶升、拆除符合要求		5	
6		作业环境和群塔作业有安全保证		5	
7	起重吊装与吊运作业	流动式起重机、门桥式起重机等起重设备安装、使用符合规定		5	
8		吊装作业、吊运作业符合规范		5	
9		吊钩、吊具符合要求，吊索具按规定使用		5	
10		吊运构件、物料及码放符合要求		5	
11		司机、信号指挥司索人员持证上岗		5	
12		吊装、吊运作业人员应有可靠安全措施		5	
13	资料	机械设备平面布置图		5	
14		产权单位、拆装单位、起重机械相应的资格、资质，安拆告知、备案等资料		5	
15		机械租赁、拆装合同及安全管理协议书，租赁单位、承租双方共同对塔式起重机组和信号工交底		5	
16		基础、安装、顶升、附着锚固验收记录，检测报告		5	
17		起重、吊装施工方案、起重机械安拆方案、群塔作业方案、应急预案及审批		5	
18		机械操作人员、信号指挥司索人员、起重吊装人员花名册及操作证复印件		5	
19		检查及隐患整改记录		5	
20		职工应知应会		5	

应得分　　实得分　　得分率　　折合标准分

检查员签字：　年　月　日

施工现场检查评分记录（机械安全） 附表12-10

施工单位： 工程名称：

序号		检查项目	检查情况	标准分值	评定分值
1	施工升降机、物料提升机	安全装置、限位装置等齐全有效		5	
2		防护设施符合要求		5	
3		附墙架与缆风绳符合要求		5	
4		钢丝绳与对重符合要求		5	
5		基础与导轨架符合要求		5	
6		动力与传动符合要求		5	
7		电气安全与避雷设施符合要求		5	
8		操作人员持证上岗符合要求		5	
9	施工机具	钢筋加工机械、木工机械符合要求		5	
10		混凝土机械、土石方机械符合要求		5	
11		高处作业吊篮符合要求		5	
12		其他施工机具符合要求		5	
13		设备按规定维护保养		5	
14		设备操作场所设置安全操作规程，明确责任人，设备停用后关机上锁		5	
15	资料	机械设备台账、平面布置图		5	
16		机械租赁、安装资质及相关备案资料		5	
17		租赁合同、安全协议，安装、拆卸施工方案，作业人员安全技术交底		5	
18		机械设备验收、安全检查及隐患整改记录		5	
19		操作人员花名册及操作证复印件，教育考试记录		5	
20		职工应知应会		5	
应得分　　实得分　　得分率　　折合标准分					

检查员签字： 年 月 日

施工现场检查评分记录(消防保卫) 附表 12-11

施工单位: 　　　　　　　　　　　　　　　　　　工程名称:

序号		检查项目	检查情况	标准分值	评定分值
1	现场保卫	现场出入口设置门卫室、配备值守人员		5	
2		建筑材料、机具和成品等保卫措施有效		5	
3		要害部门、部位和塔吊防爬等措施有效		5	
4	现场消防	消防通道、应急照明符合规范要求		5	
5		防火警示和疏散指示标识设置符合规范		5	
6		临时室外消防给水系统、器材设置符合标准		5	
7		临时室内消防给水系统、器材设置符合标准		5	
8		现场设置专门的吸烟处,严禁随意吸烟现场严禁吸烟		5	
9		在建工程内不得设置宿舍、仓库,不准存放易燃可燃材料		5	
10		易燃易爆物品存放、搬运、使用符合标准		5	
11		明火作业符合规范要求		5	
12		施工现场用电及电热器具使用符合消防要求		5	
13		临时用房防火符合规范要求		5	
14	资料	消防保卫设施平面图和审批备案手续		5	
15		现场消防保卫组织机构、制度、方案、预案、协议、演练及活动记录		5	
16		消防设施、消防器材等检验及验收和消防器材维修记录		5	
17		可能发生火灾的施工作业有措施、审批和交底		5	
18		门卫人员值班、巡查工作记录		5	
19		检查及隐患整改记录		5	
20		职工应知应会		5	

应得分　　　实得分　　　得分率　　　折合标准分

检查员签字:　　年 月 日

第 13 章 绿色建造与环境管理

13.1 绿色建造发展概况

绿色建造是在我国倡导"可持续发展"和"循环经济"等大背景下提出的,是一种国际通行的建造模式。面对我国提出的"建立资源节约型、环境友好型社会"的新要求及"绿色建筑和建筑节能"的优先发展主题,建筑业推进绿色建造已是大势所趋。

当前,"低碳经济"、"可持续发展"已成为国际共识,欧美发达国家已经把绿色环保纳入市场准入的考核指标。美国建造者和承包商协会(Associated Builders and Contractors)推出的绿色承包商认证(Green Contractor Certification),其评审内容不仅包括承包商承建 LEED 项目情况,还涵盖承包商绿色建造与企业绿色管理情况。这些无形中形成的绿色壁垒,给我国建筑企业的国际化造成了影响,使我国建筑企业在争夺国际市场时面临更大的压力和挑战。因此,推行绿色建造,建造绿色建筑产品,提升建筑企业绿色建造能力,是打破发达国家绿色贸易壁垒,使我国建筑业与国际接轨,进入国际市场、赢得国际竞争的必要条件。

13.1.1 绿色建造的含义

1. 内涵

绿色建造是指在设计和施工全过程中,立足于工程建设总体,在保证安全和质量的同时,通过科学管理和技术进步,提高资源利用效率,节约资源和能源,减少污染,保护环境,实现可持续发展的工程建设生产活动。

2. 内涵

绿色建造的内涵主要包含以下 5 个方面:

(1) 绿色建造的指导思想是可持续发展战略思想。绿色建造正是在人类日益重视可持续发展的基础上提出的,绿色建造的根本目的是实现建筑业的可持续发展。

(2) 绿色建造的本质是工程建设生产活动,但这种活动是以保护环境和节约资源前提的。绿色建造中的资源节约是强调在环境保护前提下的节约,与传统施工中的节约成本、单纯追求施工企业的经济效益最大化有本质区别。

(3) 绿色建造的基本理念是"环境友好、资源节约、过程安全、品质保证"。绿色建造在关注工程建设过程安全和质量保证的同时,更注重环境保护和资源节约,实现工程建设过程的"四节一环保"。

(4) 绿色建造的实现途径是施工图的绿色设计、绿色建造技术进步和系统化的科学管理。绿色建造包括施工图绿色设计和绿色施工 2 个环节,施工图绿色设计是实现绿色建造的关键,科学管理和技术进步是实现绿色建造的重要保障。

(5) 绿色建造的实施主体是工程承包商,并需由相关方(政府、业主、总承包、设计

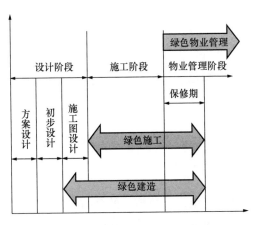

图 13-1 绿色建造与绿色施工的关系示意

和监理等）共同推进。政府是绿色建造的主要引导力量，业主是绿色建造的重要推进力量，承包商是绿色建造的实施责任主体。

13.1.2 绿色建造与相关概念的关系

1. 绿色建造与绿色施工的关系

在住房和城乡建设部颁布的《绿色施工导则》中，对绿色施工进行了明确定义。绿色建造是在绿色施工的基础上，向前延伸至施工图设计的一种施工组织模式（见图 13-1），绿色建造包括施工图的绿色设计和工程项目的绿色施工 2 个阶段。因此，绿色建造使施工图设计与施工过程实现良好衔接，可使承包商基于工程项目的角度进行系统策划，实现真正意义上的工程总承包，提升工程项目的绿色实施水平。

2. 绿色建造与绿色建筑的关系

住房和城乡建设部发布的《绿色建筑评价标准》GB/T 50378—2006 中定义，绿色建筑是指在建筑的全寿命周期内，最大限度地节约资源、保护环境和减少污染，为人们提供健康、适用和高效的使用空间，与自然和谐共生的建筑。绿色建造与绿色建筑互有关联又各自独立，包括：

（1）绿色建造主要为一种过程，是建筑的生成阶段；而绿色建筑则表现为一种状态，提供人们生产和生活的既定空间。

（2）绿色建造可促使甚至决定绿色建筑的生成；但基于项目前期策划、规划、方案设计及扩初设计绿色化状态的不确定性，故仅绿色建造不一定能形成绿色建筑。

（3）绿色建筑的形成，需要从前期策划、规划、方案设计及扩初设计等阶段着手，确保各阶段成果均实现绿色；绿色建造应在项目实施前期各阶段成果实现绿色的基础上，沿袭既定的绿色设计思想和技术路线，实现施工图设计和施工过程的双重绿色。

（4）绿色建造主要涉及工程项目的生成阶段，特别是施工过程对环境影响相当集中；绿色建筑事关居住者健康、运行成本和使用功能，对整个使用周期均有重大影响。

13.2 绿色建造与环境管理组织体系建设

13.2.1 组织机构

绿色建造与环境管理的基本保证是组织体系的建设。

制度建设：

1. 建设单位应履行的职责

（1）在编制工程概算和招标文件时，应明确绿色施工的要求，并提供包括场地、环境、工期、资金等方面的条件保障。

（2）应向施工单位提供建设工程绿色施工的设计文件、产品要求等相关资料，保证资料的真实性和完整性。

(3) 应建立工程绿色施工的协调机制。

2. 设计单位应履行的职责

(1) 应按国家现行有关标准和建设单位的要求进行工程的绿色设计。

(2) 应协助、支持、配合施工单位做好建筑工程绿色施工的有关设计工作。

3. 监理单位应履行的职责

(1) 应对建筑工程绿色施工承担建立职责。

(2) 应审查绿色施工组织设计、绿色施工方案或绿色施工专项方案，并在实施过程中做好监督检查工作。

4. 施工单位应履行的职责

(1) 施工单位是建筑工程绿色施工的实施主体，应组织绿色施工的全面实施。

(2) 实行总承包管理的建设工程，总承包单位应对绿色施工负总责。

(3) 总承包单位应对专业承包单位的绿色施工实施管理，专业承包单位应对工程承包范围的绿色施工负责。

(4) 施工单位应建立以项目经理为第一责任人的绿色施工管理体系，制定绿色施工管理制度，负责绿色施工的组织实施，进行绿色施工教育培训，定期开展自检、联检和评价工作。

(5) 绿色施工组织设计、绿色施工施工方案或绿色施工专项方案编制前，应进行绿色施工影响因素分析，并据此制定实施对策和绿色施工评价方案。

13.2.2 流程管理

(1) 参建各方应积极推进建筑工业化和信息化施工。建筑工业化宜重点推进结构构建预制化和建筑配件整体装配化。

(2) 应做好施工协同，加强施工管理，协商确定工期。

(3) 组织应建立项目绿色建造与环境管理制度，确定绿色建造与环境管理的责任部门，明确管理内容和考核要求。

(4) 施工现场应建立机械设备保养、限额领料、建筑垃圾再利用的台账和清单。工程材料和机械设备的存放、运输应制定保护措施。

(5) 施工单位应强化技术管理，采用绿色设计，绿色施工过程技术资料应收集和归档。

(6) 施工单位应根据绿色施工要求，对传统施工工艺进行改进。

(7) 项目管理过程应优先选用绿色技术、建材、机具和施工方法。施工单位应建立不符合绿色施工要求的施工工艺、设备和材料的限制、淘汰等制度。

(8) 应按照国家标准《建筑工程绿色施工评价标准》GB/T 50640 的规定对施工现场绿色施工实施情况进行评价，并根据绿色施工评价情况，采取改进措施。

(9) 施工单位应按照国家法律、法规的有关要求，制定施工现场环境保护和人员安全等突发事件的应急预案。施工管理过程应采取环境保护措施，控制施工现场的环境影响，预防环境污染。

13.3 绿色建造与环境管理技术

13.3.1 绿色设计

1. 绿色设计概述

绿色设计指在产品整个生命周期内，着重考虑产品环境属性（可拆卸性、可回收性、可维护性、可重复利用性等）并将其作为设计目标，在满足环境目标要求的同时，保证产品应有的功能、使用寿命、质量等要求。绿色设计的原则被公认为"3R"的原则，即 Reduce，Reuse，Recycle，减少环境污染、减小能源消耗，产品和零部件的回收再生循环或者重新利用。

施工图绿色设计是对工程项目初步设计的延伸和细化。建筑领域的绿色设计，可以通俗的理解为建筑设计追求"近零能耗建筑"，施工设计追求"零排放施工"。

2. 绿色设计技术

（1）节地与室外环境

1）建筑场地

① 优先选用已开发且具城市改造潜力的用地；

② 场地环境应安全可靠，远离污染源，并对自然灾害有充分的抵御能力；

③ 保护自然生态环境，充分利用原有场地上的自然生态条件，注重建筑与自然生态环境的协调；

④ 避免建筑行为造成水土流失或其他灾害。

2）节地

① 建筑用地适度密集，适当提高公共建筑的建筑密度，住宅建筑立足创造宜居环境确定建筑密度和容积率；

② 强调土地的集约化利用，充分利用周边的配套公共建筑设施，合理规划用地；

③ 高效利用土地，如开发利用地下空间，采用新型结构体系与高强轻质结构材料，提高建筑空间的使用率。

3）降低环境负荷

① 建筑活动对环境的负面影响应控制在国家相关标准规定的允许范围内；

② 减少建筑产生的废水、废气、废物的排放；

③ 利用园林绿化和建筑外部设计以减少热岛效应；

④ 减少建筑外立面和室外照明引起的光污染；

⑤ 采用雨水回渗措施，维持土壤水生态系统的平衡。

4）绿化

① 优先种植乡土植物，采用少维护、耐候性强的植物，减少日常维护的费用；

② 采用生态绿地、墙体绿化、屋顶绿化等多样化的绿化方式，应对乔木、灌木和攀缘植物进行合理配置，构成多层次的复合生态结构，达到人工配置的植物群落自然和谐，并起到遮阳、降低能耗的作用；

③ 绿地配置合理，达到局部环境内保持水土、调节气候、降低污染和隔绝噪声的目的。

5）交通

① 充分利用公共交通网络；

② 合理组织交通，减少人车干扰；

③ 地面停车场采用透水地面，并结合绿化为车辆遮阴。

（2）节能与能源利用

1) 降低能耗

① 利用场地自然条件，合理考虑建筑朝向和楼距，充分利用自然通风和天然采光，减少使用空调和人工照明；

② 提高建筑围护结构的保温隔热性能，采用由高效保温材料制成的复合墙体和屋面及密封保温隔热性能好的门窗，采用有效的遮阳措施；

③ 采用用能调控和计量系统。

2) 提高用能效率

① 采用高效建筑供能、用能系统和设备；

② 合理选择用能设备，使设备在高效区工作；

③ 根据建筑物用能负荷动态变化，采用合理的调控措施；

④ 优化用能系统，采用能源回收技术；

⑤ 考虑部分空间、部分负荷下运营时的节能措施；

⑥ 有条件时宜采用热、电、冷联供形式，提高能源利用效率；

⑦ 采用能量回收系统，如采用热回收技术；

⑧ 针对不同能源结构，实现能源梯级利用。

3) 使用可再生能源

充分利用场地的自然资源条件，开发利用可再生能源，如太阳能、水能、风能、地热能、海洋能、生物质能、潮汐能以及通过热泵等先进技术取自自然环境（如大气、地表水、污水、浅层地下水、土壤等）的能量。可再生能源的使用不应造成对环境和原生态系统的破坏以及对自然资源的污染。可再生能源的应用可参考表13-1：

可再生能源的应用　　　　　　　　表13-1

可再生能源	利 用 方 式
太阳能	太阳能发电
	太阳能供暖与热水
	太阳能光利用（不含采光）于干燥、炊事等较高温用途热量的供给
	太阳能制冷
地热 （100%回灌）	地热发电＋梯级利用
	地热梯级利用技术（地热直接供暖—热泵供暖联合利用）
	地热供暖技术
风能	风能发电技术
生物质能	生物质能发电
	生物质能转换热利用
其他	地源热泵技术
	污水和废水热泵技术
	地表水水源热泵技术
	浅层地下水热泵技术（100%回灌）
	浅层地下水直接供冷技术（100%回灌）
	地道风空调

4) 确定节能指标

① 各分项节能指标；

② 综合节能指标。

(3) 节水与水资源利用

1) 节水规划

根据当地水资源状况，因地制宜地制定节水规划方案，如中水、雨水回用等，保证方案的经济性和可实施性。

2) 提高用水效率

① 按高质高用、低质低用的原则，生活用水、景观用水和绿化用水等按用水水质要求分别提供、梯级处理回用；

② 采用节水系统、节水器具和设备，如采取有效措施，避免管网漏损，空调冷却水和游泳池用水采用循环水处理系统，卫生间采用低水量冲洗便器、感应出水龙头或缓闭冲洗阀等，提倡使用免冲厕技术等；

③ 采用节水的景观和绿化浇灌设计，如景观用水不使用市政自来水，尽量利用河湖水、收集的雨水或再生水，绿化浇灌采用微灌、滴灌等节水措施。

3) 雨污水综合利用

① 采用雨水、污水分流系统，有利于污水处理和雨水的回收再利用；

② 在水资源短缺地区，通过技术经济比较，合理采用雨水和中水回用系统；

③ 合理规划地表与屋顶雨水径流途径，最大程度降低地表径流，采用多种渗透措施增加雨水的渗透量。

4) 确定节水指标

① 各分项节水指标；

② 综合节水指标。

(4) 节材与材料资源

1) 节材

① 采用高性能、低材耗、耐久性好的新型建筑体系；

② 选用可循环、可回用和可再生的建材；

③ 采用工业化生产的成品，减少现场作业；

④ 遵循模数协调原则，减少施工废料；

⑤ 减少不可再生资源的使用。

2) 使用绿色建材

① 选用蕴能低、高性能、高耐久性和本地建材，减少建材在全寿命周期中的能源消耗；

② 选用可降解、对环境污染少的建材；

③ 使用原料消耗量少和采用废弃物生产的建材；

④ 使用可节能的功能性建材。

(5) 室内环境质量

1) 光环境

① 设计采光性能最佳的建筑朝向，发挥天井、庭院、中庭的采光作用，使天然光线能照亮人员经常停留的室内空间；

② 采用自然光调控设施，如采用反光板、反光镜、集光装置等，改善室内的自然光分布；

③ 办公和居住空间，开窗能有良好的视野；

④ 室内照明尽量利用自然光，如不具备自然采光条件，可利用光导纤维引导照明，以充分利用阳光，减少白天对人工照明的依赖；

⑤ 照明系统采用分区控制、场景设置等技术措施，有效避免过度使用和浪费；

⑥ 分级设计一般照明和局部照明，满足低标准的一般照明与符合工作面照度要求的局部照明相结合；

⑦ 局部照明可调节，以有利使用者的健康和照明节能；

⑧ 采用高效、节能的光源、灯具和电器附件。

2) 热环境

① 优化建筑外围护结构的热工性能，防止因外围护结构内表面温度过高过低、透过玻璃进入室内的太阳辐射热等引起的不舒适感；

② 设置室内温度和湿度调控系统，使室内的热舒适度能得到有效的调控，建筑物内的加湿和除湿系统能得到有效调节；

③ 根据使用要求合理设计温度可调区域的大小，满足不同个体对热舒适性的要求。

3) 声环境

① 采取动静分区的原则进行建筑的平面布置和空间划分，如办公、居住空间不与空调机房、电梯间等设备用房相邻，减少对有安静要求房间的噪声干扰；

② 合理选用建筑围护结构构件，采取有效的隔声、减噪措施，保证室内噪声级和隔声性能符合《民用建筑隔声设计规范》GB 50118—2010 的要求；

③ 综合控制机电系统和设备的运行噪声，如选用低噪声设备，在系统、设备、管道（风道）和机房采用有效的减振、降噪、消声措施，控制噪声的产生和传播。

4) 室内空气品质

① 对有自然通风要求的建筑，人员经常停留的工作和居住空间应能自然通风。可结合建筑设计提高自然通风效率，如采用可开启窗扇自然通风、利用穿堂风、竖向拔风作用通风等；

② 合理设置风口位置，有效组织气流，采取有效措施防止串气、泛味，采用全部和局部换气相结合，避免厨房、卫生间、吸烟室等处的受污染空气循环使用；

③ 室内装饰、装修材料对空气质量的影响应符合《民用建筑工程室内环境污染控制规范》GB 50325 的要求；

④ 使用可改善室内空气质量的新型装饰装修材料；

⑤ 设集中空调的建筑，宜设置室内空气质量监测系统，维护用户的健康和舒适；

⑥ 采取有效措施防止结露和滋生霉菌。

目前行业中宜采用的技术包括表 13-2 所列。

绿色设计宜采用技术 表 13-2

序号	技术名称	所属范畴
1	钢筋混凝土预制装配化设计技术	环境保护技术
2	建筑构配件整体给设计技术	
3	预制钢筋混凝土外墙承重与保温一体化设计技术	
4	构件化PVC环保围墙设计技术	
5	无机轻质保温—装饰墙体设计技术	
6	基于低碳排放的"双优化"技术	
7	建筑自然通风组织与利用技术	
8	墙面绿化设计技术	
9	屋顶绿化设计技术	
10	钢结构现场免焊接设计技术	
11	基坑施工逆作法和半逆作法设计技术	
12	植生混凝土应用技术	
13	透水混凝土应用技术	
14	楼宇垃圾密闭输送技术	
15	污水净化技术	
1	低耗能楼宇设施选择技术	节能与能源利用技术
2	地源、水源及气源热能利用技术	
3	风能利用技术	
4	太阳能热水利用技术	
5	屋顶光伏发电技术	
6	玻璃幕墙光伏发电技术	
7	能源储存系统在削峰填谷和洁净能源（不稳定电源）中接入技术	
8	自然采光技术	
9	太阳光追射照明技术	
10	自然光折射照明技术	
11	建筑遮阳技术	
12	临电限电器应用技术	
13	LED照明技术	
14	光、温、声控照明技术	
15	供热计量技术	
16	外墙保温设计技术	
17	铝合金窗断桥技术	
18	电梯势能利用该技术	
19	一级能耗空调应用技术	

续表

序号	技术名称	所属范畴
1	基于资源高效利用的工程设计优化技术	节材与材料资源利用技术
2	综合管线布置中BIM应用与优化技术	
3	标准化设计技术	
4	结构构件预制设计技术	
5	工程耐久性设计技术	
6	工程结构安全度合理储备技术	
7	新型复合地基及桩基开发应用技术	
8	建筑材料绿色性能评价及选择技术	
9	清水混凝土技术	
10	高强混凝土应用技术	
11	高强钢筋应用技术	
12	钢结构长效防腐及技术	
1	污水微循环利用技术	节水与水资源利用技术
2	中水利用技术	
3	供水系统防渗技术	
4	自动加压供水设计技术	
5	感应阀门应用技术	
1	通过抬起、架空保持高绿地率的可持续性场址应用技术	节地与土地资源保护技术
2	绿色中庭设计技术	
3	垂直绿化体系设计技术	
4	建筑阳台被动式遮阳技术	

3. 绿色设计评价

国家工程标准计划——《近零能耗建筑技术标准》2016年已经立项,预计2018年完成报批,2019年实施。而目前为实行技术引领,住房城乡建设部制定的《被动式超低能耗绿色建筑技术导则》已于2015年11月下发。导则明确了我国被动式超低能耗绿色建筑的定义、不同气候区技术指标及设计、施工、运行和评价技术要点,为全国被动式超低能耗绿色建筑的建设提供指导。

现阶段可以参考《被动式超低能耗绿色建筑技术导则》以及《绿色建筑评价标准》GB/T 50378—2014中关于绿色建筑的相关定义,对绿色设计进行评价。

(1) 超低能耗的绿色建筑的主要技术特征为:
1) 保温隔热性能更高的非透明围护结构;
2) 保温隔热性能和气密性能更高的外窗;
3) 无热桥的设计和施工;
4) 建筑整体的高气密性;
5) 高效新风和热回收系统;
6) 充分利用可再生能源;

7) 至少满足《绿色建筑评价标准》GB/T 50378—2014 一星要求。

(2) 超低能耗建筑能耗指标及气密性指标（表13-3）：

能耗指标[①]及气密性指标 表13-3

气候分区		严寒地区	寒冷地区	夏热冬冷地区	夏热冬暖地区	温和地区
能耗指标	年供冷需求（kWh/m²·a）	≤18	≤15	≤5		
	年供暖需求（kWh/m²·a）	≤3.5+2.0×WDH_{20}[②]		2.2×DDH_{28}[③]		
	年供暖、供冷和照明一次能源消耗量	≤60kWh/m²·a（或 7.4kgce/m²·a）				
气密性指标	换气次数 N_{50}[④]	≤0.6				

注：① 表中 m² 为套内使用面积，套内使用面积应包括卧室、起居室（厅）、餐厅、厨房、卫生间、过厅、过道、储藏室、壁柜等使用面积的总和；
② WDH_{20}（Wet-bulb degree hours 20）为一年中室外湿球温度高于20℃时刻的湿球温度与20℃差值的累计值（单位：kKh）；
③ DDH_{28}（Dry-bulb degree hours 28）为一年中室外干球温度高于28℃时刻的干球温度与28℃差值的累计值（单位：kKh）；
④ N_{50}即在室内外压差 50Pa 的条件下，每小时的换气次数。

(3) 超低能耗建筑室内环境参数（表13-4）：

室内环境参数 表13-4

室内环境参数	冬季	夏季
温度（℃）	≥20	≤26
相对湿度（%）	≥30[①]	≤60
新风量（m³/h·人）	≥30[②]	
噪声 [dB（A）]	昼间≤40；夜间≤30	
温度不保证率	≤10%[③]	≤10%[④]

注：① 冬季室内湿度不参与能耗指标的计算；
② 人均建筑面积取 32m²/人；
③ 当不设供暖设施时，全年室内温度低于20℃的小时数占全年时间的比例；
④ 当不设空调设施时，全年室内温度高于28℃的小时数占全年时间的比例。

(4) 超低能耗建筑能耗指标计算原则：

1) 年供暖（或供冷）需求应包括围护结构的热损失和处理新风的热（或冷）需求；处理新风的热（冷）需求应扣除从排风中回收的热量（或冷量）；

2) 年供暖（或供冷）需求应通过专用软件计算确定。计算时应满足以下要求：
① 室内环境参数应按表13-4选取；
② 应考虑热桥部位对累计负荷的影响；
③ 使用月平均值方法计算；当室外温度≤28℃且相对湿度≤70%时，利用自然通风，不计算供冷需求；
④ 除照明外的建筑物内部得热取 2W/m²；
⑤ 计算供冷需求时，还应考虑室内照明的影响，照明功率密度值取 3W/m²；

3) 年供暖、供冷和照明一次能源消耗量应统一换算到标准煤后进行求和计算。不同能源的一次能源换算系数应优先使用当地主管单位提供的数据；

4) 套内使用面积应按国家标准《住宅设计规范》GB 50096 的规定计算；

5) 气象参数可按行业标准《建筑节能气象参数标准》JGJ/T 346 的规定计算。

13.3.2 绿色采购

1. 绿色采购概述

"绿色采购"是指企业通过适宜的采购方式，优先购买对环境负面影响较小的环境标志产品，促进企业环境行为的改善，从而对社会的绿色消费起到推动作用。

2. 绿色采购管理

(1) 绿色质量管理

通过改进措施，提高产品质量和绿色化程度。包括：提高能源效率，使产品能适应节约需求；提高资源效率，使单位耗费能源大大减少；提高产品的产品寿命，使产品使用价值时间延迟；注意产品安全，使产品成分上不含有对人体有害物质；尽量使产品具有重复使用性能和可循环再生性能。

(2) 绿色设计管理

在产品成分、结构、性能等设计上融入绿色概念。可增强其环境质量的良好印象，就能使产品增添环境保护的可信度安全感，进而使其能得到社会广泛接受。

(3) 绿色包装管理

减少包装材料；重复使用包装；使用再生材料或可再生材料包装；可降解包装；实施包装设计图案绿色化和安全警示。

(4) 绿色物流管理

选取 500km 运距以内的物资供应商；物流过程中引入环境标准，抑制物流对环境造成危害的同时，实现对物流环境的净化，减少资源的消耗，使物流资源得到最充分利用。

3. 绿色采购评价

(1) 绿色采购自评价次数每月应不少于一次，且每阶段不少于一次。

(2) 根据绿色采购反馈的情况，及时绩效改进，确保绿色采购的绩效不断提升。

13.3.3 绿色施工

1. 绿色施工概述

(1) 绿色施工的定义

绿色施工是指工程建设中，在保证质量、安全等基本要求的前提下，通过科学管理和技术进步，最大限度地节约资源与减少对环境负面影响的施工活动，实现四节一环保（节能、节地、节水、节材和环境保护）。可简单地概况如下：①尽可能采用绿色建材（可循环）和设备（变频）；②节约资源，降低消耗；③清洁施工过程，控制环境污染；④积极采用"四新技术"。

(2) 绿色施工与传统施工之差别及重点

施工活动五个要素 { 对象——工程项目
资源配置——人、设备、材料等
方法：管理 + 技术——持续改进
验收——合格性产品
目标——不同时期工程施工的目标值设定不同 }

图 13-2 施工活动要素图

同传统施工一样，绿色施工也具备五个要素，如图 13-2 所示：

绿色施工与传统施工的主要区别在于"目标"要素中，除质量、工期、安全和成本控制之外，绿色施工要把"环境和资源保护目标"作为主控目标之一加以控制。此外,绿色施工所谈到的"四节一环保"中的"四节"与传统的所谓"节约"也不尽相同,绿色施工所强调的"四节"是强调在环境和资源保护前提下的"四节",是强调以"节能减排"为目标的"四节"。因此,符合绿色施工做法的"四节",对于项目成本控制而言,往往是施工成本的大量增加。这种局部利益与整体利益、眼前利益与长远利益在客观上的不一致性,必然增加推进绿色施工的困难,因此要充分估计在施工行业推动绿色施工的复杂性和艰难性。

(3) 绿色施工与绿色建筑的关系

绿色建筑是指在建筑的全寿命周期内,最大限度地节约资源、保护环境和减少污染,为人们提供健康、适用和高效的使用空间,与自然和谐共生的建筑,它事关居住者的健康,运行成本和使用功能,对整个使用周期均有重大影响,强调的是一种状态。而绿色施工主要涉及施工期间,对环境影响相当集中,施工过程做到绿色,一般会增加施工成本,但对社会及人类生存环境是一种"大节约"。绿色施工的关键在于施工组织设计和施工方案做到绿色,才能使施工过程成为绿色,但是光有绿色施工不可能建成绿色建筑。

2. 绿色施工技术(表13-5)

绿色施工宜采用技术 表13-5

序号	技术名称	所属范畴
1	固体废弃物回收利用技术	环境保护技术
2	室内建筑垃圾垂直清理通道技术	
3	临时设施场地铺装混凝土路面砖技术	
4	施工道路自动喷洒防尘装置	
5	施工现场防扬尘自动喷淋技术	
6	喷雾式花洒防止扬尘	
7	高空喷雾防扬尘技术	
8	工地新型降噪技术	
9	封闭式降噪混凝土泵房	
10	钢筋混凝土支撑无声爆破拆除技术	
11	施工车辆自动冲洗装置的应用	
12	新型环保水泥搅拌器技术	
13	桩基施工泥浆排放减量化技术	
14	钻孔灌注桩泥浆处理技术	
15	泵循环施工装置	
16	透水混凝土技术	
17	地下水自然渗透回灌技术	
18	预制混凝土风送垃圾道技术	
19	混凝土运输防遗撒措施	
20	水磨石磨浆环保排放装置技术	
21	高层建筑混凝土施工中泵管润洗废料处理技术	
22	混凝土输送管气泵反洗技术	

续表

序号	技术名称	所属范畴
23	食堂隔油池	环境保护技术
24	封闭式垃圾池	
25	除尘器增加自动停机功能	
26	多晶硅装置管道设备清洗技术	
27	干挂陶土板外幕墙施工技术	
28	醇基液体燃料	
29	新型高频、变频振捣棒	
30	污水处理系统	
1	钢铝框木模板	节材与材料资源利用技术
2	工具式铝合金模板	
3	铝合金模板早拆模架体系	
4	塑料模板技术	
5	工具式水平模板钢结构托架	
6	盘扣式支撑架	
7	键槽式模板支架	
8	贝雷片支撑应用技术	
9	电动液压爬模应用技术	
10	新型爬架应用技术	
11	电动桥式脚手架	
12	全集成升降防护平台体系	
13	钢筋集中数控加工技术	
14	预制装配式混凝土路面	
15	箱式板房应用	
16	可周转工具式围墙应用技术	
17	构件化PVC绿色围墙技术	
18	内爬塔吊施工技术	
19	格构式井字梁钢平台塔吊基础技术	
20	施工竖井多滑轮组	
21	超大面积钢结构屋盖全柔性整体提升技术	
22	桅杆式起重机应用技术	
23	CAD焊接接地技术	
24	泵送混凝土配合比参数取值优化技术	
25	早拆、快拆体系模板支撑技术	
26	定型化移动灯架应运技术	
27	可周转洞口防护栏杆应用技术	
28	利用废旧钢管固定楼层防护门技术	

续表

序号	技术名称	所属范畴
29	一种链板式电梯门技术	
30	电梯井道自翻牛腿操作架应用技术	
31	带荷载报警爬升料台	
32	悬吊式机电风管安装平台施工技术	
33	可多次周转的快装式楼梯应用技术	
34	基坑定型马道	
35	可重复使用的标准化塑料护角	
36	快捷安拆标准化水平通道	
37	可持续周转临边防护	
38	工具式栏杆	
39	预应力抗浮锚杆逆作施工技术	
40	地下室室内贫水泥砂浆回填技术	
41	高强钢筋应用技术	
42	高强高性能混凝土（C50以上）应用技术	
43	大孔轻集料砌块免抹灰技术	
44	KSC轻质隔墙施工技术	
45	马鞍型屋面吊顶移动操作平台	节材与材料资源利用技术
46	可重复使用悬挑脚手架预埋环	
47	混凝土现浇结构可周转钢筋马凳应用技术	
48	封闭箍筋闪光对焊施工技术	
49	塑料马镫施工技术	
50	砌体施工标准化技术	
51	加气块砌体包管墙施工技术	
52	预制构件（楼梯、空调板等）现场加工技术	
53	大面积地坪激光整平机应用技术	
54	装配式钢筋（焊接网）应用技术	
55	中空钢网内隔墙施工技术	
56	H型钢桁架支撑操作平台	
57	可周转式幕墙埋件定型模板	
58	可多次周转玻璃钢圆柱模	
59	预制清水混凝土施工技术	
60	现场预制清水混凝土看台板技术	
61	利用废旧材料加工定型防护	
62	超高层钢结构施工阶段防护平台技术	
63	现浇式节能墙体施工技术	
64	自动焊接技术	

续表

序号	技术名称	所属范畴
65	无机轻质保温—装饰墙体	节材与材料资源利用技术
66	预制隔断板	
67	临时照明免布管免裸线技术	
68	楼梯间照明改进措施	
69	现场临时水电作为正式水电的应用	
70	手提套管的再利用	
71	深基坑支护预应力锚索一次成型施工技术	
72	管道工厂化预制技术	
73	管线综合排布技术	
74	高大空间无脚手架施工技术	
75	外墙结构保温—装饰一体化施工技术	
76	溜槽替代混凝土输送泵技术	
77	超高层建筑管道井施工节材技术	
78	穿管器管廊穿管技术	
79	风管的优化节材措施	
80	规则异形加劲板下料优化方案	
81	可拆卸重复利用卡箍对管道临时定位技术	
82	屋面泡沫混凝土保温施工技术	
83	铝合金电缆施工技术	
84	天然石粉涂料施工技术	
85	新型石膏砂浆	
86	非承重烧结页岩保温砖施工技术	
87	环氧煤沥青冷缠带防腐材料的应用	
1	高层建筑施工用水管道加压改造及地下水利用的优化	节水与水资源利用技术
2	雨水回收利用系统	
3	自动加压供水系统	
4	地下水的重复利用技术	
5	基坑降水利用技术	
6	混凝土养护节水技术	
7	外墙混凝土养护技术	
8	高层建筑中的中水回用技术	
9	雨水弃流器一体机在雨水收集系统中的应用	
10	管道防漏结构	
1	无功功率补偿装置应用	节能与能源利用技术
2	建筑施工中楼梯间及地下室临电照明的节电控制装置	
3	太阳能路灯节能环保技术	

续表

序号	技术名称	所属范畴
4	光导纤维照明施工技术	节能与能源利用技术
5	LED临时照明技术	
6	工人生活区36V低压照明	
7	限电器在临电中的应用	
8	项目部热水供应的节能减排	
9	漂浮式施工用水电加热装置	
10	现场塔吊镝灯定时控制技术	
11	工地宿舍配电技术	
12	太阳能光伏发电	
13	空气源热泵辅助加热技术	
14	临电限器应用（JL-EL系列限量用电控制器）	
15	太阳能热泵系统的应用	
16	太阳能生活热水应用技术	
17	冬期施工蒸汽养护系统的应用	
18	巧用闲置沥青罐温度控制端口控制重油恒温集热罐	
19	远程能耗管理系统	
1	移动式临时厕所	节地与土地资源保护技术
2	可周转式钢材废料池	
3	复耕土的利用	
4	临时设施、设备等可移动化节地技术	
5	预留后浇楼板内预留料具堆场	
6	推拉大门	

3. 绿色施工评价

绿色施工评价是衡量绿色施工实施水平的标尺。我国从逐步重视绿色施工到推出绿色施工评价标准经历了一个较长过程。住房和城乡建设部于2010年11月正式发布《建筑工程绿色施工评价标准》GB/T 50640—2010，至此，绿色施工有了国家的评价标准，为绿色施工评价提供了依据。绿色施工评价是一项系统性很强的工作，贯穿整个施工过程，设计较多的评价要素和评价点，工程项目特色各异、所处环境千差万别，需要系统策划、组织和实施。

（1）评价框架体系

1) 绿色施工评价宜按地基与基础工程、结构工程、装饰装修与机电安装工程等三个阶段进行。

2) 绿色施工应依据环境保护、节材与材料资源利用、节水与水资源利用、节能与能源利用和节地与施工用地保护五个要素进行评价。

3) 针对不同地区或工程应进行环境因素分析，对评价指标进行增减，并列入相应要素评价。

4) 绿色施工评价要素均包含控制项、一般项、优选项三类评价指标。

5) 绿色施工评价分为不合格、合格和优良三个等级。

6)应采集和保存过程管理资料、见证资料和自检评价记录等绿色施工资料。指与绿色施工有关的施工组织设计、施工方案、技术交底、过程控制和过程评价等相关资料。

7)绿色施工评价框架体系如图13-3。

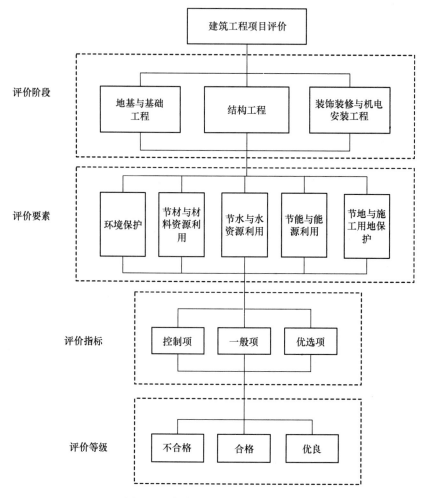

图13-3 绿色施工评价框架体系图

(2)评价方法

1)绿色施工项目自评价次数每月应不少于一次,且每阶段不少于一次。

2)评分方法:

① 控制项指标,必须全部满足;

② 一般项指标,应根据实际发生项执行的情况计分;

③ 优选项指标,应根据实际发生项执行的情况计分。

控制项评价方法　　　　　　　　　表13-6

序号	评分要求	结论	说明
1	措施到位,全部满足考评指标要求	合格	进入一般评价流程
2	措施不到位,不满足考评指标要求	不合格	一票否决,为非绿色施工项目

一般项计分标准　　　　　　　　　　　　表 13-7

序号	评分要求	评分
1	措施到位，满足考评指标要求	2
2	措施基本到位，部分满足考评指标要求	1
3	措施不到位，不满足考评指标要求	0

优选项加分标准　　　　　　　　　　　　表 13-8

序号	评分要求	评分
1	措施到位，满足考评指标要求	1
2	措施不到位，不满足考评指标要求	0

批次评价要素权重系数表　　　　　　　　表 13-9

评价要素 \ 评价阶段	地基与基础、结构工程、装饰装修与机电安装
环境保护	0.3
节材与材料资源利用	0.2
节水与水资源利用	0.2
节能与能源利用	0.2
节地与施工用地保护	0.1

单位工程要素权重系数表　　　　　　　　表 13-10

评价阶段	权重系数
地基与基础	0.3
结构工程	0.5
装饰装修与机电安装	0.2

(3) 单位工程项目绿色施工等级判定

1) 满足以下条件之一者为不合格

① 控制项不满足要求；

② 单位工程总得分 w<60 分；

③ 结构工程阶段得分<60 分。

2) 满足以下条件者为合格

① 控制项全部满足要求；

② 单位工程总得分 60 分≤w<80 分，结构工程得分≥60 分；

③ 至少每个评价要素各有一项优选项得分，优选项各要素得分≥1，总分≥5。

3) 满足以下条件者为优良

① 控制项全部满足要求；

② 单位工程总得分 w≥80 分，结构工程得分≥80 分；

③ 至少每个评价要素中有两项优选项得分。优选项各要素得分≥2，总分≥10。

(4) 评价组织和程序

1) 评价组织

① 单位工程绿色施工评价的组织方是建设单位，参与方为项目实施单位和监理单位。

② 施工阶段要素和批次评价应由工程项目部组织进行，评价结果应由建设单位和监理单位签认。

③ 企业应进行绿色施工的随机检查，并对绿色施工目标的完成情况进行评估。

④ 项目部会同建设和监理方根据绿色施工情况，制定改进措施，由项目部实施改进。

⑤ 项目部应接受业主、政府主管部门及其委托单位的绿色施工检查。

2）评价程序

① 单位工程绿色施工评价应在项目部和企业评价的基础上进行。

② 单位工程绿色施工应由总承包单位书面申请，在工程竣工验收前进行评价。

③ 单位工程绿色施工评价应检查相关技术和管理资料，并听取施工单位《绿色施工总体情况报告》，综合确定绿色施工评价等级。

④ 单位工程绿色施工评价结果应在有关部门备案。

3）评价资料

① 单位工程绿色施工评价资料应包括：

a. 绿色施工组织设计专门章节，施工方案的绿色要求、技术交底及实施记录；

b. 绿色施工自检及评价记录；

c. 绿色技术要求的图纸会审记录；

d. 单位工程绿色施工评价得分汇总表；

e. 单位工程绿色施工总体情况总结；

f. 单位工程绿色施工相关方验收及确认表。

② 绿色施工评价资料应按规定存档。

13.3.4 环境管理

1. 环境管理概述

企业运用计划、组织、协调、控制、监督等手段，为达到预期环境目标而进行的一项综合性活动。

主要内容可分为三方面：

（1）环境计划的管理：环境计划包括工业交通污染防治、城市污染控制计划、流域污染控制计划、自然环境保护计划，以及环境科学技术发展计划、宣传教育计划等；还包括在调查、评价特定区域的环境状况的基础区域环境规划。

（2）环境质量的管理：主要有组织制订各种质量标准、各类污染物排放标准和监督检查工作，组织调查、监测和评价环境质量状况以及预测环境质量变化趋势。

（3）环境技术的管理：主要包括确定环境污染和破坏的防治技术路线和技术政策；确定环境科学技术发展方向；组织环境保护的技术咨询和情报服务；组织国内和国际的环境科学技术合作交流等。

2. 环保施工技术（表13-11）

环保施工技术　　　　　　　　　　　　　　　表13-11

序号	技术名称	所属范畴
1	固体废弃物回收利用技术	环境保护技术
2	室内建筑垃圾垂直清理通道技术	
3	临时设施场地铺装混凝土路面砖技术	

续表

序号	技术名称	所属范畴
4	施工道路自动喷洒防尘装置	环境保护技术
5	施工现场防扬尘自动喷淋技术	
6	喷雾式花洒防止扬尘	
7	高空喷雾防扬尘技术	
8	工地新型降噪技术	
9	封闭式降噪混凝土泵房	
10	钢筋混凝土支撑无声爆破拆除技术	
11	施工车辆自动冲洗装置的应用	
12	新型环保水泥搅拌器技术	
13	桩基施工泥浆排放减量化技术	
14	钻孔灌注桩泥浆处理技术	
15	泵循环施工装置	
16	透水混凝土技术	
17	地下水自然渗透回灌技术	
18	预制混凝土风送垃圾道技术	
19	混凝土运输防遗撒措施	
20	水磨石磨浆环保排放装置技术	
21	高层建筑混凝土施工中泵管润洗废料处理技术	
22	混凝土输送管气泵反洗技术	
23	食堂隔油池	
24	封闭式垃圾池	
25	除尘器增加自动停机功能	
26	多晶硅装置管道设备清洗技术	
27	干挂陶土板外幕墙施工技术	
28	醇基液体燃料	
29	新型高频、变频振捣棒	
30	污水处理系统	

13.4 绿色建造与环境管理案例

上海世茂深坑酒店（图 13-4）为中国首个下沉式酒店，并有望成为世界上人工坑内海拔最低的酒店，造型新颖，设计独特，工程影响力大，外界关注度高且无可借鉴的成熟案例。深坑酒店工程占地面积为 105350m²。本工程由一座五星级深坑酒店及相关附属建筑组成，总建筑面积为 62171.9m²，共有 328 套客房，坑内 16 层，坑上 2 层（±0 以上），坑上裙房地下室 1 层。本工程±0.000 相当于绝对标高 4.800，主体建筑由三部分组成：地上部分（地上 2 层），地下至水面部分（共 14 层 B1～B14 层）及水下部分（水下 2 层

B15～B16及两层箱型基础）建筑依崖壁建造，各楼层客房建筑平面两侧均为圆弧形曲线，中部的竖向交通单元将两个曲线单元连成整体，两侧圆弧形客房单元沿径向的竖向剖面也呈现不同的曲线形态。

图 13-4　上海世茂深坑酒店

13.4.1　绿色设计方面

在空中花园方面，"室内叠瀑花园"不仅是绿色自然建筑设计理念在室内的体现，也是提升酒店室内硬件品质的主要手法之一。融合特有的崖壁的自然资源，结合瀑布的概念，在室内形成两个天然花园，不仅在形态上完美地结合了室外层层跌落的空中花园，也为室内创造了独一无二的生态环境，以求室内外的渗透和贯穿。

"云雾水景花园"位于主体建筑南翼负16层，设计在此处旨在创造一种薄雾以及小水流流过岩石的景观，窄小的水面上配备自然的水生植物，为整个中庭创造一个较为私密的空间，同时为热带植物在此间的生长提供了一个独立的生长环境。

"隐水花园"将充满热带花园的风格，结合水面景观，设置在负17层，意图创造一个坐落在生动的自然山谷里的酒店花园，与建筑的空中花园主题相呼应，每层的阳台上种植悬挂式的特色热带植物，形成立面上的一个植物瀑布。与此对应的大型景观瀑布，从相同高度的悬崖上垂挂而下，两个元素相配合，在酒店中庭构成了一个壮观的景象。

工程入选"人类伟大工程"。"伟大工程巡礼"是美国国家地理频道的一档知名栏目，选择世界范围内最优秀的人类工程奇迹、记录其建造过程并向全球播放。此前拍摄的包括迪拜帆船酒店、马来西亚双子星塔等世界知名工程都创造了人类工程奇迹。此次世茂佘山"深坑酒店"入选这一伟大工程系列，将和此前已入选的中国国家体育馆"鸟巢"、国家游泳中心"水立方"一道，展现中国社会经济发展、科技文明进步的最新成果。

世茂"深坑酒店"也将成为环保设计和旧工业区改造利用的绿色建筑成功范例。据介绍，世茂"深坑酒店"依循当地自然地理环境设计，地面以上建筑仅有两层，屋顶入地并铺绿色草坪，与周围山林协调融合。酒店主体自然地"挂"在岩壁上，实现了坑壁和酒店建筑的完美融合，并赋予了酒店重要的微环境改善功能。营造天然瀑布流入坑底水潭的自然景观，并利用水体实现夏天降温、冬天保暖的环保功效。

13.4.2　绿色采购方面

（1）采用基于广联云的BIM施工管理平台，利用BIM模型数据，计算现场材料用量，同时利用信息化管理平台严格材料计划审批流程，防止出现材料积压和浪费。

（2）材料设备采购经过多方考察比选，并通过与设计沟通，选购周转周期长性价比高的材料，能源消耗低的设备。

13.4.3 绿色施工方面

1. 绿色施工学习培训，宣传教育

项目部积极参加公司组织的绿色施工观摩，学习借鉴其他项目的绿色施工经验和做法，同时利用"每周一课"时间，培训学习绿色施工新技术。利用每月安全教育大会，向工人宣贯本工程的绿色施工要求，及各工序的绿色施工措施，号召工人保护深坑已有的生态环境。

2. 定期考核评价

项目部根据《建筑工程绿色施工评价标准》要求，结合中国建筑第八工程局《绿色施工评价标准》管理流程，会同监理和业主，定期开展绿色施工过程评价，并根据自评结果，查找短板，完善绿色施工管理。

3. 利用 BIM 技术指导精确下料

由于现场崖壁起伏不定，坑底回填混凝土基础钢筋下料需根据现场情况进行放样下料。项目部提前通过将结构模型与崖壁模型进行整合，进行回填混凝土基础的钢筋排布，并指导钢筋下料，既避免了现场材料的浪费，又保证了工程质量。

4. 坑内碎石利用

深坑在爆破后产生了大量碎石，碎石以安山岩为主，硬度大。在坑底 19m 高梯田式回填混凝土施工过程中，经过与设计协商，在回填混凝土施工中大量使用了坑底爆破碎石进行快速堆抛石混凝土施工，充分利用现有资源，减少成品混凝土消耗量。同时，现场利用崖壁加固废料和混凝土余料，与碎石拌合，制作成装配式道板，铺设了坑底临时道路，装配式道路还具有可转场重复利用的优点。

5. 使用定型化可周转设施

现场大量运用了定型化可周转围栏进行临边洞口防护，现场还采用了定型化灯架、定型化茶水亭、定型化钢筋棚、定型化仓库等，定型化设施可多次周转，重复利用。

6. 雨水收集利用

深坑坑口面积达 3.2 万 m^2，每次下雨坑底都会汇聚一定量的雨水。结合此现场条件，项目在编制部分施工方案时（消防方案、混凝土养护等），优先考虑利用坑底的雨水资源，将雨水利用最大化。

7. 洗车槽循环水系统

利用收集的雨水，对进出场车辆进行清洗，并实现水的循环利用。减少市政供水消耗，实现雨水资源最大化地利用。

8. 安装使用太阳灯路灯和节能灯

能源利用上，项目部从"开源"和"节流"两方面出发，现场设置了太阳能路灯，实现多样化能源利用；施工现场和临设办公区，采用 LED 节能灯照明，光效高、耗电少、寿命长、易控制、免维护，节能环保。

13.4.4 环境管理方面

1. 裸土覆盖

对施工现场长期裸露土部位，通过种植草进行覆盖，不仅起固土降尘和净化空气的作用，同时也美化了施工环境；对场内的临时堆土，利用安全网覆盖，降低刮风时的扬尘。

2. 设置移动式绿化

除大面积种植草覆盖裸土外,还沿主路设置了移动式绿化。移动式绿化可根据现场需要随时转移,还可在本工程结束后调运至其他项目使用。

3. 设置喷雾降尘装置

深坑酒店工程在采石坑周边、临时道路周边和塔吊大臂上安装了喷雾降尘系统,该系统经管路送至喷嘴雾化,形成飘飞的水雾,由于水雾颗粒非常细小,能够吸附空气中杂质,营造良好清新的空气,达到降尘、加湿等多重功效。本系统造价低,运行维护成本低,经济实用,控制方便。

4. 增设垃圾桶和移动式厕所

本工程场地跨度大,现场每隔一定距离增设了分类式垃圾箱与移动厕所,不仅起到便利场内施工人员的作用,还对现场垃圾控制起到了较好的效果。

5. 垃圾堆放点进行封闭式处理

现场垃圾进行统一式管理,设置了场内垃圾堆放点,分类堆放并进行定期清理。为避免刮风时垃圾飘散,下雨时垃圾被浸泡发出难闻气味儿,对垃圾堆放点进行封闭式处理,设置了彩钢板雨棚和铁栅栏围挡。

6. 安装颗粒物与噪声监测系统

在现场安装了颗粒物与噪声在线监测系统,监测系统可对现场扬尘和噪声进行实时监测,一旦监测数据超标,施工现场将立刻增强降尘降噪措施,防止环境污染。

7. 现场型钢采用工厂预制

深坑酒店工程主体钢结构用钢量达 6900 余吨,通过工厂预制和现场拼装,极大减少场内措施用钢量,同时减少场内钢材焊接,减少光污染。

8. 方案比选,保护环境

原计划第一套混凝土超深向下三级接力输送试验成功后,布设第二套三级接力输送系统,但布设第二套三级接力输送系统周围绿色植被较多,需砍伐周围大量树木设置临时道路和泵车停放点。为减少对周围环境的破坏,经慎重考虑并进行试验验证,最终改为混凝土超深向下一溜到底输送方案,有效地保护了周围植被。

9. 崖壁爆破优化

利用 BIM 技术,将建筑物模型与崖壁模型碰撞,精确定位出碰撞需爆破区域,并利用放线机器人进行放线爆破,进行精确定位埋药,并采用预裂爆破和静态爆破方式进行崖壁爆破,最大限度地减少对崖壁的破坏。

13.4.5 实施绩效

上海世茂深坑酒店的绿色建造体现了当前项目管理的绿色主题。项目绩效十分明显,各项环境指标达到全国领先水平。不仅形成了环境保护的卓越绩效,而且实现了节能减排的具体目标。获得了业主与社会各方的高度评价。

第14章 项目资源管理

14.1 项目资源管理概述

14.1.1 项目资源管理的含义

项目资源既是项目目标得以实现的物质基础,也是项目管理赖以针对的主要对象,包括项目使用的人力资源、材料、施工机具与设施、技术、资金和基础设施等。项目资源管理是对项目资源所进行的计划、组织、指挥、协调和控制等活动。由于工程所需资源的种类多、需求量大;工程项目建设过程是个不均衡的过程;资源供应受外界影响很大,具有复杂性和不确定性,资源经常需要在多个项目中协调;资源对项目成本的影响很大等原因,导致项目资源管理极其复杂。其目标是通过生产要素管理,实现生产要素的优化配置,做到动态管理,降低工程成本,提高经济效益。

组织应建立项目资源管理制度,确定资源管理职责和管理程序,根据资源管理要求,建立并监督项目生产要素配置过程。项目资源管理应遵循下列程序:

(1) 明确项目的资源需求;
(2) 分析项目整体的资源状态;
(3) 确定资源的各种提供方式;
(4) 编制资源的相关配置计划;
(5) 提供并配置各种资源;
(6) 控制项目资源的使用过程;
(7) 跟踪分析并总结改进。

其中分析项目整体的资源状态是十分重要的过程。这里的分析是针对项目的需求,分析项目现有资源的情况,包括资源数量、质量、种类、分布等,关键关注工程项目需要的资源的状态,以及与资源提供能力的匹配水平,为下一步提供相关重要奠定条件。只有分析充分,项目资源管理的程序才能具有价值,资源提供的效率与效益才能满足规定的要求。

14.1.2 资源管理的全过程

(1) 项目管理机构应根据项目目标管理的要求进行项目资源的计划、配置、控制,并根据授权进行考核和处置。

1) 编制资源管理计划。计划是优化配置和组合的手段,目的是对资源投入量、投入时间、投入步骤做出合理安排,以满足项目实施的需要。

2) 配置。配置是指按照编制的计划,从资源的供应到投入到项目实施,保证项目需要。优化是资源管理目标的计划预控,通过项目管理实施规划和施工组织设计予以实现。包括资源的合理选择、供应和使用,既包括市场资源,也包括内部资源。配置要遵循资源配置自身经济规律和价值规律,更好地发挥资源的效能,降低成本。

3) 控制。控制是指根据每种资源的特性,设计合理的措施,进行动态配置和组合,协调投入,合理使用,不断纠正偏差,以可能少的资源满足项目要求,达到节约资源的目的。动态控制是资源管理目标的过程控制,包括对资源利用率和使用效率的监督、闲置资源的清退、资源随项目实施任务的增减变化及时调度等,通过管理活动予以实现。

4) 处置。处置是根据各种资源投入、使用与产出核算的基础上,进行使用效果分析,一方面是对管理效果的总结,找出经验和问题,评价管理活动;另一方面又为管理提供储备和反馈信息,以指导下一阶段的管理工作,并持续改进。

(2) 项目资源管理应按程序实现资源的优化配置和动态控制,其目的是为了降低项目成本,提高效益。资源管理应遵循下列程序:

1) 按合同要求,编制项目资源配置计划,确定投入资源的数量与时间。
2) 根据项目资源配置计划,做好各种资源的供应工作。
3) 根据各种资源的特性,采取科学的措施,进行有效组合,合理投入,动态调控。
4) 对资源投入和使用情况定期分析,找出问题,总结经验并持续改进。

14.1.3 项目资源管理的责任分配

项目资源管理的责任分配将人员配备工作与项目工作分解结构相联系,明确表示出工作分解结构中的每个工作单元由谁负责、由谁参与,并表明了每个人在项目中的地位。常用责任分配矩阵来表示。

责任分配矩阵是一种将所分解的工作任务落实到项目有关部门或者个人,并明确表示出他们在组织工作中的关系、责任和地位的一种方法和工具。它是以组织单位为行,工作单元为列的矩阵图。矩阵中的符号表示项目工作人员在每个工作单元中的参与角色或责任,用来表示工作任务参与类型的符号有多种形式,常见的有字母、数字和几何图形。责任分配矩阵见表14-1。

责任分配矩阵　　　　　　　表14-1

WBS	项目经理	总工程师	工程技术部	人力资源部	质量管理部	安全监督部	合同预算部	物资供应部
管理规划	D	M	C	A	A	A	A	A
进度管理	D	M	C	A	A	A	A	A
质量管理	D	M	A	A	C	A	A	A
成本管理	DM	A	A	A	A	A	C	A
安全管理	D	M	A	A	A	C	A	A
资源管理	DM	A	A	C	A	A	A	C
现场管理	D	M	C	A	A	A	A	A
合同管理	DM	A	A	A	A	A	C	A
沟通管理	D	M	C	A	A	A	A	A

符号说明:D——决策;M——主持;C——主管;A——参与。

14.2 人力资源管理

14.2.1 人力资源管理概述

1. 人力资源管理相关概念

人力资源是能够推动经济和社会发展的体力和脑力劳动者，在项目中包括不同层次的管理人员和参与的各种工人。人是生产力中最活跃的因素，人力资源具有能动性、再生性、社会性、消耗性，人一旦掌握生产技术，运用劳动手段，作用于劳动力，就会形成生产力。

人力资源管理是一切对组织的员工构成直接影响的管理决策及利用人力资源实现组织目标的实践活动，包括工作分析、组织规划、员工招聘和选拔、培训和开发、激励机制、工作绩效、沟通等一系列劳动关系的过程。

2. 工程项目人力资源管理的特点

工程项目人力资源管理在内容上有自己的侧重点，在方法上也有一定的独特性。即建设项目人力资源管理在一定的生命周期内，表现为满足项目任务的需求。组织机构具有灵活性和多样性，根据项目的分类，在不同的项目阶段可采用多种形式的组织视图，以便适应项目的不同需要。项目人员的获取和解聘具有非常规性，具有一定的权变性和随机性。

3. 工程项目人力资源管理与企业一般人力资源管理的比较（表14-2）

企业一般人力资源与工程项目人力资源管理比较　　　表14-2

类别	企业一般人力资源管理	工程项目人力资源管理
管理方式	企业领导方式多样化	强调项目经理负责制
管理机构	企业组织是长期的、稳定的、隶属是唯一的	项目组织是临时的、一次性、灵活和柔性的、隶属于不同的部门
管理对象	管理对象是相对持续稳定的经济实体和人	一个具体项目的一次性完成的人，主要是（项目经理、项目团队、项目成员）以及与项目相关的其他干系人
运行规律	以现代企业制度和企业经济活动内在的规律为基础	以项目周期和内在规律为基础，是一次性多变的活动过程
资源规划	需要满足近期和长期的发展对人力资源的需求，对需求预测的要求比较高	满足某一项目的近期需求，且对需求预测的要求程度较低，各个阶段对人力资源管理的要求比较复杂
人员获取	招聘和录用程序是常规性的	针对某一个具体项目发展周期，往往是非常规的
绩效评价	企业评价指标较复杂、内容较多	对人员仅进行短期考核，评价指标以业绩、能力、态度为主
组织文化	企业组织文化是经过长期营造积累而形成的	项目组织文化是一种在短期内塑造而成的功利性文化
激励机制	激励措施是多方面的，以物质和精神激励为主	组织随项目完成而解散，对项目团队成员应当以物质激励能力开发为主
管理方式	人力资源管理是职能管理和作业管理相结合，实质是实体性管理	管理方法是按项目管理知识体系中的技术和工具方法进行管理

14.2.2 人力资源管理计划

1. 人力资源管理计划概述

项目管理机构应编制人力资源需求计划、人力资源配置计划和人力资源培训计划。人力资源计划是从项目目标出发，根据内外部环境的变化，通过对项目未来人力资源需求的预测，确定完成项目所需人力资源的数量和质量、各自的工作任务，以及相互关系的过程。人力资源计划的最终目标是使组织和个人都得到长期利益。人力资源管理是为实现项目目标服务的，这是人力资源管理的根本。同时应兼顾员工的利益，员工利益是指工资、提升机会、工作环境、保障等。如果在执行人力资源计划时，不顾及个人目标是不利的，其后果是优秀员工流失，组织缺乏和谐与活力，最终影响组织目标的实现。特别是施工单位经常在野外施工，条件艰苦且夫妻两地分居，往往造成员工的生活和心理负担。组织应该在这方面提供切实可行的措施。

人力资源管理计划的三个步骤是：

（1）对现有人力资源进行评价；

（2）预测项目未来所需要的人力资源；

（3）制定人力资源管理总计划及各项管理政策。

2. 人力资源需求计划

人力资源需求计划是为了实现目标而对所需人力资源进行预测，并为满足这些需要而预先进行系统安排的过程。

项目管理人员需求的确定。应根据岗位编制计划，使用合理的预测方法，来进行人员需求预测。在人员需求中应明确需求的职务名称、人员需求数量、知识技能等方面的要求、招聘的途径、招聘的方式、选择的方法、程序、希望到岗时间等。最终要形成一个有员工数量、招聘成本、技能要求、工作类别及为完成组织目标所需的管理人员数量和层次的分列表。

在进行管理人员人力资源需求计划编制时的一个重要前提是进行工作分析。工作分析是指通过观察和研究，对特定的工作职务做出明确的规定，并规定这一职务的人员应具备什么素质的过程。工作分析用来计划和协调几乎所有的人力资源管理活动。工作分析时应包括：工作内容、责任者、工作岗位、工作时间、如何操作、为何要做。根据工作分析的结果，编制工作说明书和工作规范。

综合劳动力和主要工种劳动力需求的确定。劳动力综合需要量计划是确定暂设工程规模和组织劳动力进场的依据。编制时首先根据工种工程量汇总表中分别列出的各个建筑物专业工种的工程量，查相应定额，便可得到各个建筑物几个主要工种的劳动量，再根据总进度计划表中各单位工程工种的持续时间，即可得到某单位工程在某段时间里的平均劳动力数。同样方法可计算出各个建筑物的各主要工种在各个时期的平均工人数。将总进度计划表纵坐标方向上各单位工程同工种的人数叠加在一起并连成一条曲线，即为某工种的劳动力动态曲线图和计划表。

由于项目在实施过程中施工工序和部位是在不断变化的，对项目施工管理和技术人员的需求也是不同的。项目经理部的其他人员可以实行动态配置。当某一项目某一阶段的施工任务结束后，相应的人员可以动态的流动到其他项目上去，这项工作一般可由公司的人事部门和工程部综合考虑后全公司的在建项目进行统筹安排，对项目管理人员实行集权化管理，从而在全公司范围内进行动态优化配置。

对于劳务人员的优化配置，应根据承包项目的施工进度计划和工种需要数量进行。项目经理部根据计划与劳务合同，接收到劳务承包队伍派遣的作业人员后，应根据工程的需要，或保持原建制不变，或重新进行组合。

在整个项目进行过程中，除特殊情况外，项目经理是固定不变的。由于实行项目经理负责制，项目经理必须自始至终负责项目的全过程活动，直至项目竣工，项目经理部解散。

3. 人力资源配置计划

根据组织发展计划和组织工作方案，结合人力资源核查报告，来制定人员配备计划。人员配置计划阐述了单位每个职位的人员数量、人员的职务变动、职务空缺数量的补充办法。应特别注意项目小组成员（个人或团体）不再为项目所需要时，他们是如何解散的。适当的再分配程序可以是：通过减少或消除为了填补两次再分配之间的时间空而"制造工作"的趋势来降低成本；通过降低或消除对未来就业机会的不确定心理来鼓舞士气。

（1）人力资源配置的内容

1）研究制定合理的工作制度与运营班次，根据类型和生产过程特点，提出工作时间、工作制度和工作班次方案；

2）研究员工配置数量，根据精简、高效的原则和劳动定额，提出配备各岗位所需人员的数量，技术改造项目，优化人员配置；

3）研究确定各类人员应具备的劳动技能和文化素质；

4）研究测算职工工资和福利费用；

5）研究测算劳动生产率；

6）研究提出员工选聘方案，特别是高层次管理人员和技术人员的来源和选聘方案。

（2）人力资源配置的方法

1）按设备计算定员，即根据机器设备的数量、工人操作设备定额和生产班次等计算生产定员人数；

2）按劳动定额定员，根据工作量或生产任务量，按劳动定额计算生产定员人数；

3）按岗位计算定员，根据设备操作岗位和每个岗位需要的工人数计算生产定员人数；

4）按比例计算定员，按服务人数占职工总数或者生产人员数量的比例计算所需服务人员的数量；

5）按劳动效率计算定员，根据生产任务和生产人员的劳动效率计算生产定员人数；

6）按组织机构职责范围、业务分工计算管理人员的人数。

4. 人力资源培训计划

为适应发展的需要，要对员工进行培训，包括新员工的上岗培训和老员工的继续教育，以及各种专业培训等。

人力资源培训的意义在于：提高人员综合素质的重要途径；有助于提高团队士气，减少员工流失率；有利于迎接新技术革命的挑战；有利于大幅度提高生产力。

培训计划涉及：培训政策、培训需求分析、培训目标的建立、培训内容、选择适当的培训方式（在职、脱产）。

培训内容包括规章制度、安全施工、操作技术和文明教育四个方面。具体有：人员的应知应会知识、法律法规及相关要求，操作和管理的沟通配合须知、施工合规的意识、人体工效要求等。

14.2.3 人力资源管理内容

项目人力资源管理过程应包括人力资源组织与组织规划、人力资源的选择、订立劳务分包合同、教育培训和考核等内容。项目管理机构应确保人力资源的选择、培训和考核符合项目管理需求。

1. 人力资源管理组织与组织规划

项目人力资源管理是通过项目组织来进行的，项目组织是为了项目实施而建立的一个临时性组织，它与项目同周期，与项目完成后项目组织也随之解散。项目的人力资源管理组织和组织规划，就是通过项目人员的共同努力来建立和实现项目目标。组织是为了达到这一目标由不同层次的权利和责任人的分工与合作构成的一个有机整体。组织规划时应该坚持的原则有：精干高效原则、管理跨度和分层统一的原则、业务系统化管理原则、弹性和流动性原则以及项目组织与企业组织一体化原则。

管理组织的形式有以下几种：

（1）项目型组织结构：项目经理在企业内招聘或抽调职能人员组成管理机构，由项目经理指挥。组织成员在工程建设期间与原所在部门断绝领导与被领导关系。原单位负责人员负责业务指导及考察，但不能随意干预其工作或调回人员。项目结束后机构撤销，所有人员仍回原所在部门和岗位。

（2）职能型组织结构：按职能原则建立的项目组织，它并不打乱企业现行的建制，把项目委托给企业某一专业部门或委托给某一施工队，由被委托部门领导，在本单位选人组合负责管理项目组织，项目终止后恢复原职。

（3）矩阵型项目组织：多个项目与职能部门的结合呈现矩阵状，把职能原则和对象原则结合起来，既发挥职能部门的纵向优势，又发挥项目组织的横向优势。专业职能部门是永久性的，项目组织是临时性的，职能部门负责人对参与项目组织的人员有组织调配、业务指导和管理考察的责任。项目经理将参与项目组织的职能人员在横向上有效地组织在一起，为实现项目目标协同工作。矩阵中的每个成员或部门，接受原部门负责人和项目经理的双重领导。但是部门控制力大于项目的控制力。部门负责人有权根据不同项目的需要和忙闲程度，在项目之间调配本部门人员。一个专业人员可能同时为几个项目服务，特殊人才可充分发挥作用，免得人才在一个项目中闲置又在另一个项目中短缺，大大提高人才利用率。

（4）事业部型组织机构：企业成立事业部，事业部享有相对独立的经营权，可以是一个独立单位。事业部可以按照地区设置，也可以按工程类型或经营内容设置。事业部能较迅速适应环境变化，提高企业的应变能力，调动部门积极性。当企业向大型化、智能化发展，并实行作业层和经营层分离时，事业部型是一种很受欢迎的选择，既可以加强经营战略管理，又可以加强项目管理。在事业部下边设置项目经理部。项目经理由事业部选派，一般对事业部负责，有的可以直接对业主负责，是根据其授权程度决定的。

2. 人力资源的选择

要根据项目需求确定人力资源性质数量标准，根据组织中工作岗位的需求，提出人员补充计划；对有资格的求职人员提供均等的就业机会；根据岗位要求和条件允许来确定合适人选。

3. 项目管理人员招聘的原则

公开原则；平等原则；竞争原则，制定科学的考核程序、录用标准；全面原则，德、才、能；量才原则，最终目的是使每一岗位上都是最合适、最经济的人员，并能达到组织整体效益最优。

4. 劳务合同一般分为两种形式

一是按施工预算或投标价承包；二是按施工预算中的清工承包。劳务分包合同的内容应包括：工程名称，工作内容及范围，提供劳务人员的数量，合同工期，合同价款及确定原则，合同价款的结算和支付，安全施工，重大伤亡及其他安全事故处理，工程质量、验收与保修，工期延误，文明施工，材料机具供应，文物保护，发包人、承包人的权利和义务，违约责任等。同时还应考虑劳务人员各种保险的合同管理。

5. 人力资源的培训

教育培训的管理包括培训岗位、人数，培训内容、目标、方法、地点和培训费用等，应重点培训生产线关键岗位的操作运行人员和管理人员。对培训人员的培训时间与项目的建设进度应相衔接，如设备操作人员，应在设备安装调试前完成培训工作，以便这些人员参加设备安装、调试过程，熟悉设备性能，掌握处理事故技能等，保证项目顺利完成。组织应该重点考虑对供方、合同方人员的培训方式和途径，可以由组织直接进行培训，也可以根据合同约定由供方、合同方自己进行培训。项目管理人员应在意识、培训、经验、能力方面满足规定要求。

(1) 教育培训的内容包括管理人员的培训和工人的培训。

1) 管理人员的培训。

岗位培训。是对一切从业人员，根据岗位或者职务对其具备的全面素质的不同需要，按照不同的劳动规范，本着干什么学什么，缺什么补什么的原则进行的培训活动。它旨在提高职工的本职工作能力，使其成为合格的劳动者，并根据生产发展和技术进步的需要，不断提高其适应能力。包括对项目经理的培训，对基层管理人员和土建、装饰、水暖、电气工程的培训以及其他岗位的业务、技术干部的培训。

继续教育。包括建立以"三总师"为主的技术、业务人员继续教育体系、采取按系统、分层次、多形式的方法，对具有中专以上学历的处级以上职称的管理人员进行继续教育。

学历教育。主要是有计划选派部分管理人员到高等院校深造。培养企业高层次专门管理人才和技术人才，毕业后回本企业继续工作。

2) 工人的培训。

班组长培训。按照国家建设行政主管部门制定的班组长岗位规范，对班组长进行培训，通过培训最终达到班组长100%持证上岗。

技术工人等级培训。按照住房城乡建设部颁发的《工人技术等级标准》和劳动部颁发的有关技师评聘条例，开展中、高级工人应知会考评和工人技师的评聘。

特种作业人员的培训。根据国家有关特种作业人员必须单独培训、持证上岗的规定，对从事电工、塔式起重机驾驶员等工种的特种作业人员进行培训，保证100%持证上岗。

对外埠施工队伍的培训。按照省、市有关外地务工人员必须进行岗前培训的规定，对所使用的外地务工人员进行培训,颁发省、市统一制发的外地务工经商人员就业专业训练证书。

对以上管理人员和工人的培训应该达到以下要求:所有人员都应意识到符合管理方针与各项要求的重要性;他们应该知道自己工作中的重要管理因素及其潜在影响,以及个人工作的改进所能带来的工作效益;他们应该意识到在实现各项管理要求方面的作用与职责;所有人员应该了解如果偏离规定的要求可能产生的不利后果。

(2) 教育培训的管理。

组织领导及主管教育培训的职能部门要按照"加强领导、统一管理、分工负责、通力协作"的原则,长期坚持,认真做好培训工作,做到思想、计划、组织、措施四落实,使企业的职工培训制度化、正规化。

思想落实。提高对教育培训的认识,使各级领导从思想上真正认识到教育培训的重要性。

计划落实。制定计划的长远规划和近期具体实施计划,因地、因时、因人制宜的落实规划。按干部、技术人员、工人所从事的业务类型,分门别类的组织学习,进行岗位培训。

组织落实。要有专门的机构和人员从事职工教育的领导和管理工作,建立能动的教育运行机制,从组织上保证职工教育工作有人抓、有人管。

14.2.4 项目人力资源管理的激励机制

1. 人力资源激励理论

(1) 内容型激励理论

1) 马斯洛的需要层次理论把人的需要分成五类,并在此基础上把人的需要分成了较高层次的需要和较低层次的需要,并指出,人的需要从低向向高向发展,这符合人的身心发展规律。同时,这也有利于在激励过程中分清职工的"主导需要",可以更好地激励员工。

2) ERG 理论把人的需要分成生存、相互关系和成长。实际上,该理论与马斯洛的需要层次理论在本质上是一致的。ERG 理论与后者相比,它证明了多种需要可以同时并存,同时指出,如果高层次的需要得不到满足,那么满足较低层次的需要则更为强烈。

3) 赫茨伯格的双因素理论把人的需要分成了激励因素和保健因素,保健因素是消除员工不满的因素,激励因素是促使员工满意的因素,在实践中指导企业分别实施激励。

(2) 过程性激励理论

1) 期望理论的关键是了解个人目标以及努力与绩效、绩效与奖励、奖励与个人目标满足之间的关系。作为一个权变模型,期望理论认识到,不存在一种普遍的原则能够解释所有的激励机制。同时在这一激励模型中,考虑员工的绩效常常过分简单地把它看成能力与激励相互作用的结果,绩效应该是能力、激励和机会这三者的函数。

2) 亚当斯的公平理论,员工做出了成绩并取得了报酬以后,他不仅关心自己的所得报酬的绝对量,而且关心自己所得报酬的相对量。

2. 人力资源激励原则

(1) 物质激励与精神激励相结合的原则

物质激励是指通过物质刺激的手段，鼓励职工工作。物质激励是基础，精神激励是根本。企业必须把物质激励和精神激励结合起来才能真正调动广大员工的积极性。

(2) 目标一致原则

在人力资源激励中，目标的设置十分关键。在激励机制中一定要做到目标明确、目标结合，既要让企业员工知道组织目标，又要充分地让员工能够在为企业谋利益的同时实现个人的目标。

(3) 公平合理性原则

激励的合理性原则无非包括两个方面：其一，激励的措施要适度；其二，奖惩要公平。激励措施最常用的就是奖励（正激励）和惩罚（负激励），奖就是对符合社会价值标准和组织目标的进步、积极的行为给予奖励；惩就是对与此相反的行为即落后、消极甚至越轨行为给予惩罚。激励只有做到公平合理，才能起到预期效果。

(4) 明确性原则

行为主体受到激励后能保持更旺盛的工作热情，对不正确的行为起到及时修正的作用，可以减少不正确的行为产生的损失，少走弯路。

(5) 差别激励原则

这就要求对不同的人、不同的情况采取不同的激励方法，以使激励更加有效。

3. 工程项目人力资源管理中常采用的激励方法

(1) 对于不同员工应采用不同的激励手段

对于低工资人群，奖金的作用是十分重要的。而对于收入水平较高的人群，特别是对知识分子和管理干部，则晋升其职务、授予其职称，以及尊重其人格、鼓励其创新，放手让其工作会收到更好的激励效果；对于从事笨重、危险、环境恶劣的体力劳动的员工，搞好劳动保护，改善其劳动条件，增加岗位津贴，都是有效的激励手段。

(2) 适当拉开实际效价的档次，控制奖励的效价差

使效价差和贡献差相匹配，使员工感到公平公正。效价差过小，搞成平均主义，会失去激励作用；但是效价差过大，超过了贡献的差距，会走向反面，使员工感到不公平。

(3) 注意期望心理的疏导

每次评奖阶段是员工期望心理高涨的时刻，对奖项有期望的人数一般总是大于奖项名额，这就会导致每次评奖都会有部分人员因为没有获得奖励而出现挫败感和失落感。解决这个问题的办法是及时对员工的期望心理进行疏导。疏导的主要方法是将其目标转移到下一评奖期，树立新的目标，淡化过去着眼未来。特别要及时消除"末班车"心理，以预防争名次、争荣誉、争奖金的行为发生。

(4) 注意公平心理的疏导

根据亚当斯的公平理论，每位员工都是用主观的判断来看待是否公平，他们不仅关注奖励的绝对值，还关注奖励的相对值。尽管客观上奖励很公平，但通过和别人比较也仍有人主观上觉得不公平。因此，必须注意对员工公平心理的疏导，引导大家树立正确的公平观。

(5) 恰当地树立奖励目标

在树立奖励目标时，既不可过高，又不可过低，过高则使期望概率过低，过低则使目标效价下降。对于一个长期的奋斗目标，可以将目标分解为一系列阶段目标，一旦达到阶

段目标就及时给予奖励,这样可以使员工的期望概率较高,从而维持较高的士气,收到满意的奖励效果。

(6) 注意掌握奖励时机和奖励频率,注意综合效价

奖励时机直接影响奖励效果,奖励时机又与奖励频率密切相关。对于目标任务不明确、需长期方可见效的工作,奖励频率宜低;对于目标任务明确、短期就可以见成果的工作,奖励频率宜高;对于只注意眼前利益、目光短浅的人,奖励频率宜高;对于需求层次较高、事业心很强的人,奖励频率宜低;在劳动条件和人事环境较差、工作满意度不高的单位,奖励频率宜高;在劳动条件和人事环境较好、工作满意度较高的单位,奖励频率宜低。当然,奖励频率和奖励强度应恰当配合,一般而言,两者呈反向相关关系。

14.2.5 项目人力资源考核

组织应对项目人力资源管理方法、组织规划、制度建设、团队建设、使用效率和成本管理进行分析和评价,以保证项目人力资源符合要求。项目人力资源的考核就是工作行为的测量过程,即用过去制定的标准来比较工作绩效的记录,是将绩效考核的结果反馈给职工的过程。它是以工作目标为导向,以工作标准为依据,对员工行为及其结果的综合管理,目的是确认员工的工作成就,改进员工的工作方式,奖优罚劣,提高工作效率和经营效益。绩效考核是一个动态的过程,受到各种因素的影响,具有过程性与非人为性特点。

绩效考核为人力资源的各个方面提供反馈信息,它是整个系统必不可少的部分,并与各个部分紧密联系在一起,它一直被人们称为组织内人力资源管理最强有力的方法之一。没有绩效考核就无法做出最佳管理决策,同时绩效考核提供的资料可以作为提升职务、工资晋级以及进一步培训提高的依据,这是绩效考核最常见的作用。绩效考核使管理者有效考察下属的工作行为,大多数人都需要并且希望了解其他人对自己工作情况的评价,特别是当这种评价对自己有益处时更是如此,而绩效评估正提供了这种反馈。

1. 对管理人员的考核

(1) 管理人员的考核应从以下几个方面出发:

1) 技能:这一项含有技术水平和工作能力两方面的表现。

2) 激励:激励是指通过各种有效的手段,激发人的需要、动机、欲望,形成某一特定目标并在追求这一目标的过程中保持高昂的情绪和持续的积极状态,发挥潜能,达到预期的目标。

3) 环境:社会环境、法律法规、工资福利、消费水平等。

4) 机会:把握住的机会是与能力有关,还是与能力无关。

(2) 管理人员绩效考核的内容有:

1) 工作成绩。重点考核工作的实际成果,以员工工作岗位的责任范围和工作要求为标准,相同职位的职工以同一个标准考核。

2) 工作态度重点考核员工在工作中的表现,如责任心、职业道德、积极性。

3) 工作能力。

(3) 管理人员绩效考核的方法有:

1) 主观评价法。依据一定的标准对被考核者进行主观评价。在评价过程中,可以通过对比比较法,将被考核者的工作成绩与其他被考核者的比较,评出最终的顺序或等级;也可以通过绝对标准法,直接根据考核标准和被考核者的行为表现进行比较。主观评价法

比较简易，但也容易受考核者的主观影响，需要在使用过程中精心设计考核方案，减少考核的不确定性。

2）客观评价法。依据工作指标的完成情况进行客观评价。主要包括：生产指标，如产量、销售量、废次品率、原材料消耗量、能源率等。个人工作指标，如出勤率、事故率、违规违纪次数等指标。客观评价法注重工作结果，忽略被考核者的工作行为，一般只适用于生产一线从事体力劳动的员工。

3）工作成果评价法。是为员工设定一个最低的工作成绩标准，然后将员工的工作结果与这一最低的工作成绩标准进行比较。重点考核被考核者的产出和贡献。

为保持员工的正常状况，通过奖惩、解聘、晋升、调动等方法，使员工技能水平和工作效率达到岗位要求。

2. 对作业人员的考核

应以劳务分包合同等为依据，由项目经理部对进场的劳务队伍进行队伍评价。在施工过程中，项目经理部的管理人员应加强对劳务分包队伍的管理，重点考核是否按照组织有关规定进行施工，是否严格执行合同条款，是否符合质量标准和技术规范操作要求。工程结束后，由项目经理对分包队伍进行评价，并将评价结果报组织有关管理部门。为以后工作提供选择的依据，并尽量与之建立长期合作关系。

14.3 劳务管理

14.3.1 劳务管理概述

随着我国现代化进程的加快和市场化经济的运行，我国建筑施工企业开始推行项目法施工和项目承包，实行决策层和管理层、管理层和劳务作业层两层分离，明确了项目管理班子的责、权、利，建立企业内部市场机制。此时的劳务作业层是由企业内部的劳动管理处或劳务分公司来具体管理和统筹安排，工人在企业的各项目间被有序的组织施工和流动。

建设工程项目管理的核心是对人的管理。在项目实施中，工程质量的优劣、安全运行的好坏、进度的有效控制等归根结底是由基层工人决定的。因而，劳务管理的成败决定着项目管理的成败。规范劳务队伍管理及劳务用工管理，有效控制工程质量、安全、进度，切实保障劳务人员的合法权益。项目管理机构应编制劳务需求计划、劳务配置计划和劳务人员培训计划。同时组织宜为从事危险作业的劳务人员购买意外伤害保险。

14.3.2 工程项目的劳务用工模式

我国现阶段工程项目劳务用工模式有以下四种，即独立的外部劳务分包企业、国有施工企业控股的自建劳务企业、施工总承包企业和专业承包企业自有的劳务作业班组。

1. 独立的外部劳务分包企业

独立的外部劳务分包企业是指从施工总承包或专业承包企业承包的工程项目中分包劳务作业的劳务分包企业，在二级或二级建筑市场寻找并承担工程项目的现场操作业务。由劳务分包企业的管理人员对劳务进行有效的管理，对施工的质量、安全负责。它是典型的劳动密集型企业，资本、管理、技术等对于此类企业的贡献均小于对其他类型企业的贡献。随着生产化的进一步扩大，此种分包劳务也不仅仅是单纯提供劳务人员，同时也可以提供包辅材（小型施工机械等设备）。它的劳务输出形式主要有两种：一种是分散地供应作业人员，根据人员的业务素质收取一定的管理费用；另一种是以承包形式承揽施工项目的某部分工作。

2. 国有施工企业控股的自建劳务分包企业

与独立的外部劳务分包企业一样，国有施工企业控股的自建劳务企业需要在二级或二级建筑市场寻找并承担工程项目的现场操作业务，但任务来源主要为由其控股的国有施工企业，也有少部分任务来源外部建筑施工企业，国有施工企业控股的自建分包劳务企业目前还处于起步阶段。

3. 施工总承包企业和专业承包企业自有的劳务作业班组

施工总承包企业和专业承包企业自有的劳务作业班组是指与施工企业（主要是总承包企业和专业承包企业）签订正式劳务合同的企业自有劳务，即企业内部的正式职工。这种劳务合同往往是较为长期的，不是基于一个工程项目的劳务合同。施工企业对这类劳务工人的雇佣、使用、培训、权益以及他们的操作质量负直接、完全的责任。当前我国大部分施工总承包企业都大大减少了这类直接雇佣劳务的数量，只保留一些技术型、管理型的人员，绝大多数现场的实际操作人员都是由企业外部的劳务人员承担。

无论采用哪一种劳务用工模式，施工现场都应实行劳务实名制管理，建立劳务突发事件应急管理预案。同时项目管理机构应依据项目需求进行劳务人员专项培训，特殊工种和相关人员应按规定持证上岗。

14.3.3 劳务管理的部门职责及分工

项目管理机构应确保劳务队伍选择、劳务分包合同订立、施工过程控制、劳务结算、劳务分包退场管理满足工程项目的劳务管理需求。

1. 工程管理部门

（1）根据生产任务的实际需要，负责提出劳务队伍设立计划及劳务人员使用计划。

（2）会同有关部门对劳务队伍的设备、施工能力等综合实力进行考查评价。

（3）为劳务队伍进行现场交底，提供作业指导书和相关技术资料。

（4）组织对劳务队伍的验工结算、竣工验收工作。

（5）负责对劳务队伍机械设备的评价。

（6）负责对劳务队伍工程机械、物资消耗的监督管理。

（7）监督检查劳务队伍所用危险物品的管理。

（8）负责劳务队伍的资质审查，会同有关部门每月对其资质、信誉、人员素质、业绩、施工能力等综合实力进行考查评价。

（9）负责劳务管理实施细则的制订。

（10）对劳务管理工作进行指导与监督。

（11）负责对劳务队伍进行《劳务用工合同》的拟定，制定项目部劳务分包考核制度。

（12）负责劳务人员身份的查验工作，登记造册，建档立卡后方可使用。

（13）负责监督劳务企业与直接雇佣的劳务人员签订《劳动合同》，对劳务队伍管理的劳务人员签订《劳动合同》情况进行检查。

（14）负责统计上报劳务队伍、劳务人员情况的有关数据、报表。

（15）负责对劳务队伍的验工结算、竣工验收、清算等工作。

2. 安全质量管理部门

（1）负责对劳务队伍和架子队在生产作业全过程工程质量监督检查，发现问题及时提出整改意见并监督实施。

（2）督促劳务队伍建立健全内部质量保证体系。

（3）负责对劳务队伍在生产作业全过程安全指导、检查与监督，参与进场所有劳务人员的岗前教育培训。

（4）督促劳务队伍建立健全内部安全、环境保证体系。

（5）负责和劳务队伍签订施工安全协议。

（6）负责对劳务人员岗前培训、持证上岗等情况进行落实、检查与监督。

（7）负责调查、处理劳务队伍、劳务人员发生的因工伤亡以及环境污染等事故。

（8）参与对劳务队伍的验工结算、竣工验收工作。

3. 综合部门

（1）参与《劳务用工合同》、《机械租赁合同》的制订以及对劳务工资的验工计价、劳务费结算工作。

（2）负责劳务队伍劳务管理的组织协调工作。

（3）根据治安管理规定，按照"谁雇用，谁负责"的原则，实行治安承包责任制，纳入施工现场治安管理，维护治安秩序的稳定。

（4）参与重大责任事故、治安灾害事故的调查处理，配合有关部门做好善后工作。

（5）督促、指导劳务队伍确定专人负责治保工作。建立健全治保组织和义务消防队，制定遵纪守法公约和安全管理制度。

（6）负责对从事危险品作业的劳务队伍的监督、检查、防止丢失、被盗和其他事件发生。

（7）配合有关部门对所用劳务人员进行保密、保卫，增强民族团结，尊重宗教信仰及少数民族风俗习惯和法制等宣传教育工作。

（8）对劳务人员定期进行清查，对可疑人员进行调查了解，防止流窜犯、在逃犯等犯罪嫌疑人混入劳务人员中，预防和减少犯罪。

4. 财务部门

（1）负责检查、指导劳务队伍有关财务管理、会计核算工作。

（2）负责劳务队伍的劳务费结算工作。

（3）根据劳务队伍提供的劳务人员上月工资发放表（劳务人员签字、手印或银行传票）和本月拟发放表名单拨付本月劳务费，以监控进场施工的所有劳务人员工资的及时、足额发放。

14.3.4 劳务考核管理

组织应对劳务计划、过程控制、分包工程目标实现程度以及相关制度进行考核评价。

1. 考核目的

进一步加强对劳务分包公司的使用与管理，通过考核的方式，挑选技术能力强、业务精、配合好的队伍作为长期劳务分包合作方，保障项目建设的顺利、高质完成，制订本考核办法。

2. 考核对象

集团公司范围内子公司所属项目部使用的所有劳务分包公司。

3. 考核原则

（1）考核以考核目标为导向，以事实和数据为依据，真实客观地反映出各劳务公司在项目部实际工作中的真实情况；

（2）考核对于所有劳务公司采用同一标准；

（3）考核办法向各劳务公司进行公示，让其了解考核的要求、过程及结果。

4. 劳务考核的内容

（1）工程进度、节点考核

工程部根据项目部制定的月计划、安排的周期性节点、合同工期或业主调整的工期节点对劳务队进行评价，按完成的节点次数与应完成的节点次数比值进行评价。

（2）工程质量、安全考核

安质部根据设计要求、规范标准、安全质量技术交底等内容对劳务队进行评价，根据发生不遵守操作规程、违反规范和交底的事项，以及发生安全质量事故或外界检查结果造成不良影响的情况进行评价。

（3）施工技术工艺执行情况考核

工艺符合性评价：工程部按照向协作方进行交底的施工组织设计、方案、图纸、规范等方面来评价。

技术资料和技术工作评价：合同约定由劳务队完成的施工技术资料和试验、测量等相关技术工作按完成与应完成的比例进行评价。

（4）管理人员和劳动力考核

劳动力管理员按实际进场的有效持证管理人员和特殊工种数量、劳务工数量与合同约定和承诺的人员数量比值进行评价。

（5）自带施工机具与设施、周转材料的考核

物资部门按协作队伍实际进场的自带施工机具与设施、合同约定的数量比值评价劳务队伍。

（6）工程物资使用考核

物资部门负责该项评价。项目提供的工程材料超过合同约定的消耗系数未能提供合理理由的，按出现的次数与应评价次数进行评价。

（7）施工现场和文明施工考核

主管生产的副经理组织工程、物资、安质、综合部、劳动力管理等部门按公司规定每月对施工现场进行文明施工综合检查一次，检查评价的内容主要包括：场地整洁保持、道路畅通、围场完整、设备停放整齐、物资堆放规范、标识标牌挂设齐全、用电规范、消防设施配置、劳防用品使用、安全防护设施牢固、排水设施有效、民工宿舍整洁等多方面，按综合检查的结果进行月度评价。

（8）劳务工管理考核

各专业劳动力管理员及各作业分部负责民工管理的评价。评价内容主要是：民工工资支付、民工证件、由劳务队完成的技术安全质量的培训与教育、治安管理等。

（9）项目指令响应考核

项目总工组织各部门完成该项评价。按项目指令响应的次数与项目指令发布的次数比值进行评价。

(10) 外界对劳务队伍的考核

在各专业主管副经理的领导下，劳动力管理员负责该项信息的收集、汇总、分析、评价。外界评价是指政府监督管理部门、业主、监理、相互衔接工序的其他人员对劳务队伍的评价。

14.4 工程材料管理

14.4.1 工程材料（设备）管理概述

建筑材料（设备）主要分为主要材料、辅助材料和周转材料，以及工程设备。建筑材料（设备）在整个建筑工程造价中的比重较大，加强项目的材料（设备）管理，对于提高工程质量，降低工程成本都将起到积极的作用。项目管理机构应制定材料（设备）管理制度，规定材料的使用、限额领料，使用监督、回收过程，并应建立材料（设备）使用台账。

14.4.2 工程材料（设备）管理计划

项目管理机构应编制工程材料（设备）的需求计划和使用计划。

1. 工程材料（设备）需求计划

项目经理部所需要的主要材料、大宗材料、工程设备应编制材料（设备）需求计划，由组织（公司）物资部门组织采购。根据各部位工程量，查询万元定额或概算指标便可计算出各项目所需的材料（设备）需要量。

工程材料（设备）计划必须计算准确（设计预算材料分析、施工预算材料分析），对材料两算存在的问题有明确的说明或两算的补充说明。材料（设备）供应必须满足项目进度要求。

单位工程材料需求计划：根据施工组织设计和施工图预算，于开工前提出，作为备料依据。

2. 工程材料（设备）使用计划

在工程材料需求计划的基础上，根据项目总进度计划表，计算出某些建筑材料在某季度的需要量，从而按照时间、地点要求编制出建筑材料需要量计划。它是材料和构件等落实组织货源、签订供应合同、确定运输方式、编制运输计划、组织进场、确定暂设工程规模的依据。

3. 分阶段工程材料（设备）计划

大型、复杂、工期长的项目要实行分段编制计划的方法，对不同阶段、不同时期提出相应的分阶段材料需求、使用计划，以保持项目的顺利实施。

14.4.3 工程材料（设备）管理内容

项目管理机构应确保材料和设备供应单位选择、采购供应合同订立、出厂或进场验收、储存管理、使用管理及不合格品处置等符合规定要求。

材料（设备）管理过程中应坚持实事求是的原则，加强物资计划管理，提高计划的准确性，不得粗估冒算，防止因计划不周造成积压、浪费现象发生；要坚持计划的严肃性与灵活性相结合的原则，计划一经订立或批准，无意外变化，不得随意改变，应严格执行。

1. 材料（设备）供应单位的选择

为保证供应材料的合格性，确保工程质量，要对生产厂家及供货单位要进行资格审查，内容如下：营业执照、生产许可证、产品等级标准、产品鉴定证书、产品获奖情况；应有完善的检测手段、手续和试验机构，可提供产品合格证材质证明；应对其产品质量和生产历史情况进行调查和评估，了解其他用户使用情况与意见，生产厂方（或供货单位）的经济实力、赔偿能力、有无担保及包装储运能力。

2. 采购供应合同内容

采购供应合同内容主要应包括采买和采卖双方的责任、权利和义务，以及采购对象的规格、性能指标、数量、单价、总价、附加条件和必要的相关说明。

3. 材料（设备）出厂或进场验收。

现场材料验收包括：验收准备、质量验收和数量验收。

（1）验收准备

1）在材料进场前，根据平面布置图进行存料场地及设施的准备。应平整、夯实，并按需要建棚、建库。对进行露天存放的材料，需苫垫、围挡的，应准备好充足的苫垫、围挡物品。

2）办理验收材料前，必须根据用料计划、送料凭证、质量保证书或产品合格证、检测报告等，对所进材料进行质量和数量验收，严把质量和数量关。

（2）质量验收

1）一般材料外观检验，主要检验料具的规格、型号、尺寸、色彩、方正及完整。

2）专用、特殊加工制品外观检验，应根据加工合同、图纸及翻样资料，由合同技术部门进行质量验收。

3）内在质量验收，由专业技术人员负责，按规定比例抽样后，送专业检验部门检测力学性能、工艺性能、化学成分等技术指标。

4）对不符合计划要求或质量不合格的材料应该拒绝接收，不能满足设计要求和无质量证明的材料、构件、器材，一律不得进场。以上各种形式的检验，均应做好进场材料质量验收记录。材料验收工作应遵循有关规定进行，并做好记录、办理验收手续。

（3）数量验收

1）大堆材料，砂石按计量换算验收，抽查率不得低于10%。

2）水泥等袋装材料按袋点数，袋重抽查率不得低于10%。散装的除采取措施卸净外，按磅单抽查。

3）三大构件实行点件、点根、点数和验尺的验收方法。

4）对有包装的材料，除按包装件数实行全数验收外，属于重要的、专用的易燃易爆、有毒物品应逐项逐件点数、验尺和过磅。属于一般通用的，可进行抽查，抽查率不得低于10%。

5）应配备必要的计量器具，对进场、入库、出库材料严格计量把关，并做好相应的验收记录和发放记录。

（4）材料（设备）储存管理

项目所需材料是分批采购还是一次采购；若分批采购，分成几批，每批采购量是多少。存储理论就是用于确定材料的经济存储量、经济采购批量、安全存储量、订购点等参数。材料仓库的选址应有利于材料的进出和存放，符合防火、防雨、防盗、防风、防变质的要求。

材料（设备）储存应分别满足下列要求：

1) 入库的材料应按型号、品种分区堆放，并分别编号、标识。
2) 易燃易爆的材料专门存放、专人负责保管，并有严格的防火、防爆措施。
3) 有防湿、防潮要求的材料，应采取防湿、防潮措施，并做好标识。
4) 有保质期的库存材料应定期检查，防止过期，并做好标识。
5) 易损坏的材料应保护好包装，防止损坏。

(5) 使用管理以及不合格品处置

1) 材料（设备）领发。凡有定额的材料，应限额领发。超限额的用量，用料前办理手续，填写领料单，注明超耗原因，并经签发批准后实施。应记录领发料台账，记录领发状况和节约或超耗状态。每月对现场材料、半成品和成品进行盘点。

凡实行项目法施工的工程，必须实行限额领料，关于限额领料的具体说明如下。

① 实行限额领料的品种。根据企业的管理水平和实际情况制定，一般有钢材、水泥、砌块、砖以及装修材料和贵重材料等。

② 限额领料的依据。各地区的预算定额和本企业制定的材料消耗定额；；企业预算部门编制的施工图预算和变更预算；企业技术部门提供的混凝土、砂浆配合比、技术节约措施和各种翻样、配料表等技术资料；企业生产、计划部门提供的分部位的施工计划和实际竣工验收的工程量；企业质量部门提供的在工程中造成的质量偏差和超额用料的签署意见。

③ 限额领料的程序。材料定额员根据生产计划签发和下达限额领料单；生产班组持领料单到仓库领取限定的品种、规格、数量，双方办理出库手续，材料员要做好记录；材料领出后，由班组负责材料保管并合理使用，材料员按保管要求对班组进行监督，负责月末库存盘点和退料手续；因各种原因造成的超额用料，班组应填写限额领料单，说明超额原因，并经主管批准；材料定额员根据验收和工程量计算班组实际用量和实际消耗量，对结果进行节超分析，审核无误后，进行奖罚兑现。

2) 材料（设备）使用监督。项目材料（设备）管理责任者应就是否合理用料，是否严格按设计参数用料，是否严格执行领发手续，是否按规定进行用料交底和工序交接，是否合理堆放材料、设备，是否按要求保管材料（设备）等材料使用问题进行监督。监督的常用手段是检查，检查应做到情况有记录，原因有分析，责任要明确，处理有结果。

3) 材料回收。余料应回收，并及时办理退料手续，建立台账，处理好经济关系。

4) 不合格品处置。验收质量不合格，不能点收时，可以拒收，并及时通知上级供应部门（或供货单位）。如与供货单位协商作代保管处理时，则应有书面协议，并应单独存放，在来料凭证上写明质量情况和暂行处理意见。

已进场的材料（设备），发现质量问题或技术资料不齐时，材料管理人员应及时填报《材料质量验收报告单》报上一级主管部门，以便及时处理，暂不发料，不使用，原封妥善保管。

14.4.4 工程材料（设备）管理考核

组织应对工程材料与设备计划、使用、回收以及相关制度进行考核评价。工程材料管理考核就是对企业的材料管理情况进行分析，发现材料供应、库存、使用中存在的问题，找出原因，采取相应的措施对策，以达到改进材料管理工作的目的。材料管理考核应坚持计划管理、跟踪检查、总量控制、节奖超罚的原则。材料管理常用的考核指标有：

1. 工程材料（设备）供应情况分析

进货品种齐备率＝实际进货品种数/计划进货品种数×100%

2. 工程材料（设备）库存情况分析

（1）年度材料周转次数＝12×库存材料月需用量/月末库存量

（2）库存材料资金占用率＝材料平均库存总值/年度施工产值×100%

3. 工程材料（设备）消耗情况分析

（1）材料成本节约或超支额＝材料预算成本－材料实际成本
＝材料计划用量×材料预算单价－材料实际用量×材料实际单价

（2）材料成本节约额＝材料实际用量×（预算单价－实际单价）＋（材料预算用量－材料实际用量）×预算单价

分析该式可知，降低材料成本的主要途径是，降低材料的实际耗用量和降低材料的实际价格。

（3）供应材料节约率：供应材料节约率＝市场价格－（材料采购成本＋采购保管费＋采购专项设施运行维护费）/实际完成工程量所需材料数量

14.5 施工机具与设施管理

14.5.1 施工机具与设施管理概述

施工机具与设施管理往往实行集中管理与分散管理相结合的办法，主要任务在于正确选择施工机具与设施，保证施工机具与设施在使用中处于良好状态，减少施工机具与设施闲置、损坏，提高施工机械化自动化水平，提高完好率、利用率和效率。施工机具与设施的供应有四种渠道：企业自有机具设施；市场租赁机具设施；企业为项目专购机具设施；分包施工机具与设施任务。

14.5.2 施工机具与设施管理计划

随着经济的持续发展，建筑施工组织的技术装备得到了较大的改善和发展，施工机具与设施已成为现代建筑的主要生产要素。施工组织不仅在装备品种、数量上有了较大的增加，而且拥有了一批应用高技术和机电一体化的先进设备。为使组织管好、用好这些设备，充分发挥机械设备的效能，保证机械设备的安全使用，确保施工现场的机械设备处于完好技术状态，预防和杜绝施工现场重大机械伤害事故和施工机具与设施事故的发生，项目管理机构应编制项目施工机具与设施需求计划、使用计划和保养计划。主要从以下三个方面：

1. 施工机具与设施需求计划

机械设备选择的依据是：项目的现场条件、工程特点、工程量、工期。对于主要施工机械，如挖土机、起重机等的需要量，根据施工进度计划，主要建筑物施工方案和工程量，并套用机械产量定额求得；对于辅助机械可以根据建筑安装工程每十万元扩大概算指标求得；对于运输机械的需要量根据运输量计算。

2. 施工机具与设施使用计划

项目经理部应根据工程需要编制施工机具与设施使用计划，报组织领导或组织有关部门审批，其编制依据是根据工程施工组织设计。施工组织设计包括工程的施工方案、方法、措施等。同样的工程采用不同的施工方法、生产工艺及技术安全措施，选配的机械设备也不同。因此编制施工组织设计，应在考虑合理的施工方法、工艺、技术安全措施时，同时考虑用什么设备去组织生产，才能最合理、最有效的保证工期和质量，降低生产成本。例如混凝土施工，一般应考虑混凝土现场制配成本较低，就需配有混凝土配料机、混凝土搅拌机，冬季还需配有加热水、砂的电热水箱、锅炉等设备。垂直及水平运输，可配有翻斗车、塔式起重机等设备。采用混凝土输送泵来运送混凝土，则应配有混凝土输送泵、内爬自升式混凝土布料机或移动式混凝土布料杆（机）等设备。对环保要求严格、工地现场较窄的一般多才采用商品混凝土供应做法，混凝土多采用混凝土拖式泵、内爬自升式混凝土布料机或移动式混凝土布料杆（机）的组合形式，根据不同的工程特点及要求，所采取的方法是不一样的，所配机械设备也应有不同。从效率和成本看，选择搅拌机、配料机、混凝土输送泵、布料机、塔式起重机的规格形式、型号也应有所不同。

工程施工组织设计编制必须考虑包括配置因素在内的各方面因素，编制出最佳施工组织设计方案。施工组织设计必须报相关领导及部门审批后实施执行。机械设备使用一般由项目经理部机械管理员或施工准备员负责编制。中、小型设备机械一般由项目经理部主管经理审批。大型设备经主管项目经理审批后，报组织有关职能部门审批，方可实施运作。租赁大型起重机械设备，主要考虑机械设备配置的合理性（是否符合使用、安全要求）以及是否符合资质要求（包括租赁企业、安装设备组织的资质要求，设备本身在本地区的注册情况及年检情况、操作设备人员的资格情况等）。

3. 施工机具与设施保养与维修计划

施工机具与设施进入现场经验收合格后，在使用的过程中其保护装置、机械质量，可靠性等都有可能发生质的变化，对使用过程的保养与维修是确保其安全、正常使用必不可少的手段。

施工机具与设施保养的目的是为了保持机械设备的良好技术状态，提高设备运转的可靠性和安全性，减少零件的磨损，延长使用寿命，降低消耗，提高经济效益。保养分为：例行保养和强制保养。例行保养属于正常使用管理工作，不占用设备的运转时间，由操作人员在机械运转间隙进行。其主要内容是：保持机械的清洁、检查运转情况、补充燃油与润滑油、补充冷却水、防止机械腐蚀，按技术要求润滑、转向与制动系统是否灵活可靠等。强制保养是隔一定的周期，需要占用施工机具与设施正常运转时间而停工进行的保养。强制保养是按照一定周期和内容分级进行的。保养周期根据各类施工机具与设施的磨损规律、作业条件、维护水平及经济性四个主要因素确定。强制保养根据工作和复杂程度分为一级保养、二级保养、三级保养和四级保养，级数越高，保养工作量越大。

施工机具与设施的修理,是对施工机具与设施的自然损耗进行修复,排除机械运行的故障,对损坏的零部件进行更换、修复,可以保证机械的使用效率,延长使用寿命。可以分为大修、中修和零星小修。大修和中修要列入修理计划,并由组织负责安排施工机具与设施预检修计划对施工机具与设施进行检修。

14.5.3 施工机具与设施管理过程

项目管理机构应根据项目的需要,进行施工机具与设施的配置、使用、维修和进、退场管理。

1. 施工机具与设施的管理控制任务

正确选择机械;保证在使用中处于良好状态;减少闲置、损坏;提高使用效率及产出水平;机械设备的维护和保养。

2. 施工机具与设施购置管理

对实施项目需要新购买的机械设备,大型机械以及特殊设备应在调研的基础上,写出经济技术可行性分析报告,经有关领导和专业管理部门审批后,方可购买。中、小型机械应在调研的基础,选择性价比比较好的产品。机械设备选择原则是:适用于项目要求、使用安全可靠、技术先进、经济合理。

3. 施工机具与设施租赁管理

(1) 计划申请与签订合同:

1) 租用单位对新开工工程按施工组织设计(或施工方案)编制单位工程一次性备料计划,上报公司材料管理部门负责组织备料;

2) 租用单位根据施工进度,提前一个月申报月份使用租赁计划(主要包括:使用时间、数量、配套规格等),由材料管理部门下达租赁站;

3) 公司材料管理部门根据申请计划,组织租用单位与租赁站签订租赁合同。

(2) 提料、退料、验收与结算:

1) 提料:由租用单位专职租赁业务任务人员按租赁合同的数量、规格、型号,组织提料到现场,材料人员验收;

2) 退料:租用单位材料人员应携带合同,租赁站业务人员按合同品名、规格、数量、质量情况组织验收;

3) 验收与结算:连续租用应按月办理结算手续;退料后的结算应根据验收结果进行,租赁费、赔偿费和维修费一并结算收取。

(3) 根据租赁协议明确双方赔偿与罚款的责任。

(4) 周转工具的管理。周转工具实行租赁管理,做好周转工具的调度平衡和自购部分配件的申报、采购工作。建立健全各种收发存台账,按月结清凭证手续及月报表工作。制定周转工具配备定额、扣耗定额,组织做好周转工具清产检查、监督实施过程中的管理,办理退租、回收、修理及租赁费用结算等工作到位。

4. 施工机具与设施使用管理

项目管理机构应确保投入使用过程的施工机具与设施性能和状态合格,并定期进行维护和保养,形成运行使用记录。机械设备的合理使用,就是处理好管、养、修、用之间的关系,不能违背机械设备使用的技术规律和经济规律,有效使用就是充分发挥机械的技术性能和效率。为确保机械设备的合理有效使用应遵循下列制度:

(1) 建立健全机械使用责任制
1) 实行定人定机定岗制度,要求操作人员必须遵守操作规程;
2) 提高机械设备工作质量,将机械的使用效益与个人经济利益联系起来;
3) 爱护机械设备,管好原机零部件、附属设备和随机工具,执行保养规程。
(2) 实行操作证制度
对操作人员进行培训、考试,确认合格者发给操作证,持证上岗。
(3) 严格执行技术规定
1) 遵守试验规定,凡进入施工现场的机械设备,必须测定其技术性能、工作性能和安全性能,确认合格后才能验收、投产使用;
2) 遵守磨合期的使用规定,防止机件早期磨损,延长机械使用寿命和修理周期。
(4) 合理组织机械施工
1) 根据需要和实际可能,经济合理的配备机械设备;
2) 安排好机械施工计划,充分考虑机械设备维修时间,合理组织实施、调配;
3) 组织机械设备流水施工和综合利用,提高单机效率;
4) 创造良好的现场环境,施工平面布置要适合机械操作要求;
5) 加强机械设备安全作业,作业前须向操作人员进行安全操作交底,严禁违章作业和机械设备带病作业。
(5) 实行单组或机组核算
1) 以定额为基础,确定单机或机组生产率、消耗费用和保修费用;
2) 加强班组核算,按标准进行考核和奖惩。
(6) 建立机械设备档案
包括原始技术文件、交接、运转和维修记录,事故分析和技术改造资料等。
(7) 培养机务队伍
提高机械设备管理人员的技术业务能力和操作保修技术

5. 施工机具与设施操作人员管理

施工机具与设施操作人员应具备相应技能并符合持证上岗的要求。此外,机械操作人员还必须明确机组人员责任制,并建立考核制度,奖优罚劣,使机组人员严格按规范作业,并在本岗位上发挥出最优的工作业绩。责任制应对机长、机员分别制定责任内容,对机组人员应做到责、权、利三者相结合,定期考核,奖罚明确到位,以激励机组人员努力做好本职工作,使其操作的设备在一定条件下发挥出最大效能。

6. 施工机具与设施报废和出场管理

机械设备一般属于下列情况之一的应当更新:
(1) 设备损耗严重,大修理后性能、精度仍不能满足规定要求的;
(2) 设备在技术上已经落后,耗能超过标准的20%以上的;
(3) 设备使用年限长,已经经过四次以上大修或者一次大修费用超过正常大修费用的一倍的。

7. 施工机具与设施管理中常见的问题

设备由项目部管理,可以减少人员,减少中间环节,便于项目部灵活使用设备,提高了项目部的经济效益,但也存在以下问题:

(1) 由于项目部的一次性特点,很难根据自身特点对设备寿命周期进行管理,削弱了设备的基础工作。

(2) 同样由于项目一次性特点,项目经理部往往从本项目经理部利益考虑,不愿拿出资金维护设备,造成部分设备带病作业,甚至拼设备。致使下一个项目不得花大量的时间和资金去恢复设备,影响公司的持续发展和整体利益,也使项目核算成本不真实。

(3) 在施工项目接替不上时,会出现设备管理、维修脱节。

(4) 施工中,由于施工机具与设施分散在各施工项目上,项目经理很难合理储存零部件,使备件供应不及时。同时,配件的多头采购也难以保证备件质量。

14.5.4 施工机具与设施管理考核指标

组织应对项目施工机具与设施的配置、使用、维护、技术与安全措施、使用效率和使用成本进行考核评价。

施工机具与设施管理的考核指标包括:机械设备完好率、机械设备利用率、机械设备资产保值增值率、机械设备新度系数、机械设备装备率、技术装备率。施工企业内部二级单位,如施工分局、分公司、工程处、生产队等,是机械设备直接使用和管理者,对其考核应采用的考核指标包括:机械设备完好率、机械设备利用率、维修费率、机械设备故障停机率、机械设备修理计划完成率。对机械设备维修和操作人员的考核,应该以人员的技术技能、工作效率、服务态度、规程、标准、定额等全面的评价人员的业务水平。

在施工机具与设施管理考核工作中应当注意的问题是:

(1) 施工机具与设施管理考核必须是全方位的,多层次的和长期的工作。

(2) 要准确、及时和全面的做好施工机具与设施管理统计工作,为加强设备设施管理考核、及时发现问题,研究改进措施提供可靠的依据。

(3) 施工机具与设施管理考核指标应该实事求是、认真负责、奖罚严明,使机械设备管理考核工作真正起到激励和约束作用。

14.6 项目资金管理

14.6.1 项目资金管理概述

项目资金管理应以保证收入、节约支出、防范风险和提高经济效益为目的。通过对资金的预测和对比及项目奖金计划等方法,不断地进行分析和对比、计划调整和考核,以达到降低成本、提高效益的目的。主要环节有:资金收入、支出预测,资金收入对比,资金筹措,资金使用管理等。

14.6.2 项目资金管理计划

1. 项目资金流动计划

项目资金流动包括项目资金的收入与支出。项目管理机构应编制项目资金收入计划和使用计划。

项目收入与支出计划管理是项目资金管理的重要内容。要做到收入有规定、支出有计划,追加按程序。做到在计划范围内一切开支有审批,主要工料大宗支出有合同,使项目资金运营处于受控状态。

项目经理主持此项工作,由有关业务部门分口编制,财务部门汇总平衡。

项目资金收支计划包括收入方和支出方两部分。收入方包括项目本期工程款等收入项目、向公司内部银行借款，以及月初项目银行存款。支出方包括项目本期支付的各项工料费用，包括上缴利税基金和管理费、归还公司内部银行借款，以及月末项目银行存款。

编制资金收支计划，资金收入上要与发包方协调，促其履行合同按期拨款。资金支出上既要考虑本期的工料及费用支出，也要考虑前期按合同或协议延期付款的各项负债的偿还。一般来讲，工程前期项目经理部的投入要大于产出，这主要是现场办公用房和临时水电等设施的搭建、周转材料及生产机具的购置、对分包单位的预付款等支出较多，另外还可能存在发包方拖欠工程款，使得项目存在较大债务的情况。为此在安排资金时要考虑分包人、材料供应人的垫款能力，在双方协商基础上安排付款。

因此，项目经理部按月统计各项负债情况、协议支付日期和安排支付期限，对编制好资金收支计划是十分必要的。

项目资金收支计划一经组织审批下达，就要认真履行，并于月末5日内将资金收支计划执行情况上报组织。

项目资金是严格按合同价款收取的，在实施项目合同的过程中，应从收取工程预付款开始，每月按进度收取工程进度款，到最终竣工结算，按时间测算出价数金额，做出项目收入预测表，绘出资金按月收入图及项目资金按月累加收入图。

资金收入测算工作应注意的问题：

（1）要在项目经理的主持下，由职能部门人员参加，共同分工负责完成；

（2）加强管理，确保按合同工期要求完成，以免延期罚款造成损失；

（3）严格按合同规定的结算办法测算每月实际应收的工程进度款数额，同时注意收款滞后的时间因素。

项目资金支出预测的依据：①成本费用控制计划；②施工组织设计；③材料、物资储备计划。

根据以上依据，测算出随着工程的实施，每月预计的人工费、材料费、施工机械使用费、物资储运费、临时设施费、其他直接费和施工管理费等各项支出，使整个项目的支出在时间上有一个总体的概念，以满足资金管理上的需要。

项目资金支出预测应注意的问题：①从实际出发，将原报价中估计的不确定因素加以调整，使资金支出预测更符合实际情况。②重视资金的支出时间价值。时间价值是指不同时间发生的等额资金在价值上的差别。③资金支出的预算是从筹措资金和合理安排调度资金考虑的，一定要反映出资金支出的时间价值，以及合同实施过程中不同阶段的资金需要。

2. 资金需求计划

各部门应根据本部门的月度经营情况和资金需求情况，全面、准确、及时地编制部门资金需求计划。

3. 编制年、季、月度项目资金管理计划

项目经理部应编制年、季、月进度资金收支计划，有条件的可以考虑编制旬、周、日的资金收支计划，上报组织主管部门审批实施。

年度资金收支计划的编制，要根据施工合同工程款支付的条款和年度生产计划安排，预测年内可能达到的资金收入，要参照施工方案，安排工料机费用等资金分阶段投入，做好收入与支出在时间上的平衡。编制年度资金计划，主要是摸清工程款到位情况，测算筹集资金的额度，安排资金分期支付，平衡资金，确立年度资金管理工作总体安排。这对保证工程项目顺利施工，保证充分的经济支付能力，稳定队伍提高生活，完成各项税费基金的上缴是十分重要的。

14.6.3 项目资金管理过程

项目资金收支管理、资金使用成本管理、资金风险管理应满足组织的规定要求。

1. 项目资金收入与支出管理

（1）保证资金收入。生产的正常进行需要一定的资金保证，项目部的资金来源，包括：组织（公司）拨付资金，向发包人收取的工程款和备料款，以及通过组织（公司）获得的银行贷款等。

对工程项目来讲，收取工程款和备料款是项目资金的主要来源，重点应放在工程款收入上。由于工程项目的生产周期长，建筑产品是特殊商品，采用的是承发包合同形式，工程价款一般按月度结算收取，因此要抓好月度价款结算，组织好日常工程价款收入，管好资金的入口。

工程预算结算和索赔工作一定要抓紧抓好，工程一开工，随着工料机生产费用的耗费，生产资金陆续投入，必须随着工程施工进度及时办好工程预算结算，从而为工程价款回收创造条件。要认真研究合同条款，按照施工合同条款规定的权限范围办好索赔，最大范围地争取应得的利益。

收款工作要从承揽工程、签订合同时就入手，直到工程竣工验收、预算结算确定收入，以及保修一年期满收回工程尾款，主要有以下几点：

1）新开工项目按工程施工合同收取预付费或开办费。

2）根据月度统计表编制"工程进度款结算单"或"中期付款单"，于规定日期报送监理工程师审批结算，如发包人不能按期支付工程进度款且超过合同支付的最后期限，项目经理部应向发包人出具付款违约通知书，并按银行的同期贷款利率计息。

3）根据工程变更记录和证明发包人违约的材料，及时计算索赔金额，列入工程进度款结算。

4）合同造价之外，由原发包单位负责的工程设备或材料，如发包人委托项目经理部代购，必须签订代购合同，收取设备订货预付款或代购款以及采购管理费。

5）工程材料单价实行市场价，合同中属暂估价的，施工中实际发生材料价差应按规定计算，及时请发包人确认，与进度款一起收取。

6）工期奖、质量奖、技术措施费、不可预见费及索赔款，应根据施工合同规定，与工程进度款同时收取。

7）工程尾款应根据发包人认可的工程结算金额，于保修期完成时取得保修完成单，及时回收工程款。

（2）抓好资金支出是控制项目资金的出口，施工生产直接或间接的生产费用投入，要耗费大量资金，要精心计划节省使用资金，以保证项目部有资金支付能力。主要是抓好工料机的投入，一般来说工料机的投入有的要在交易发生期支付货币资金，有的可作为流动负债延期支付。从长期角度讲任何负债都需要未来期用货币资金或企业资产偿还的。因此要加强资金支出的计划控制，各种工料机都要按消耗定额，管理费用要有开支标准。

抓好开源节流，组织好工料款回收，控制好生产费用支出，保证项目资金正常运转，在资金周转中使投入能得到补偿、得到增值，才能保证生产继续进行。

2. 项目资金的使用管理

首先是建立健全项目资金管理责任制，明确项目资金的使用管理由项目经理负责，项目经理部财务人员负责协调组织日常工作，做到统一管理、归口负责、业务交圈对口，建立责任制，明确项目预算员、计划员、统计员、材料员、劳动定额员等有关职能人员的资金管理职责和权限。

资金的使用原则：项目资金的使用管理应本着促进生产、节省投入、量入为出、适度负债的原则。

要本着国家、企业、员工三者利益兼顾的原则，优先考虑上缴国家的税金和应上缴的各项管理费。

要依法办事，按照《劳动法》保证员工工资按时发放，按照劳务分包合同，保证外包工劳务费按合同规定结算和支付，按材料采购合同按期支付货款，按分包合同支付分包款。

节约资金的办法：项目资金的使用管理实际上反映了项目施工管理的水平，从施工计划安排、施工组织设计、施工方案的选择上，用先进的施工技术提高效率、保证质量、降低消耗，努力做到以较少的资金投入，创造较大的经济价值。

管理方式要讲求经济手段，合理控制材料资金占用，项目经理部要核定材料资金占用额，包括主要材料、周转材料、生产工具等。对劳务队占用模板、中小机械等按预算分别核定收入数，采用市场租赁价按月计价计算支出，对节约的劳务队节约额有奖励，反之扣一定比例的劳务费。

抓报量、抓结算，随时办理增减账索赔，根据生产随时做好分部位和整个工程的预算结算，及时回收工程价款，减少应收账款占用。要抓好月度中期付款结算及时报量，减少未完工程占用。

设立资金使用的财务台账：

项目经理部按组织下达的用款计划控制使用资金，以收定支，节约开支。应按会计制度规定设立财务台账记录资金支出情况，加强财务核算，及时盘点盈亏。

（1）按用款计划控制资金使用，项目经理部各部门每次领用支票或现金，都要填写用款申请表，申请表由项目经理部部门负责人具体控制该部门支出。但额度不大的零星采购和费用支出，也可在月度用款计划范围内由经办人申请，部门负责人审批。各项支出的有关发票和结算验收单据，由各用款部门领导签字，并经审批人签证后，方可向财务报账。

财务要根据实际用款，做好记录，每周末编制银行存款情况快报，反映当期银行存款收入、支出和报告日结存数。各部门对原计划支出数不足部分，应书面报项目经理审批追加，审批单交财务，做到支出有计划，追加按程序。

（2）设立财务台账，记录资金支出。鉴于市场经济条件下多数商品及劳务交易，事项发生期和资金支付期不在同一报告期，债务问题在所难免，而会计账又不便于对各工程繁多的债权债务逐一开设账户，做出记录，因此，为控制资金，项目经理部需要设立财务台账，做会计核算的补充记录，进行债权债务的明细核算。

项目经理部的财务台账应按债权债务的类别，分别设置资金往来账户，以便及时提供财务信息，全面、准确、及时地反映债权债务情况，这对正确了解项目资金状况，加强项目资金管理十分重要。

应按项目经理部的材料供应渠道，按组织内部材料部门供应和项目经理自行采购的不同供料方式建立材料供货往来账户，按材料大的类别或供货单位逐一设立，对所有材料包括场外钢筋、铁活等加工料，均反映应付货款和已付购货款。抓好项目经理部的材料收、发、存管理是基础，材料一进场就按规定验收入库，当期按应付货款进行会计处理，在资金支付时冲减应付购货款。此项工作由项目材料部门负责提供依据，交财务部门编制会计凭证，其副页发给料账员登记台账。

应按项目经理部的劳务供应渠道，按组织自有工人劳务队和外部市场劳务队市场劳务分包公司，建立劳务作业往来账户，按劳务分包公司名称逐一设立，反映应付劳务费和已付劳务费的情况。抓好劳务分包的定额管理是基础，要按报告期对已完分部分项工程进行结算，包括索赔增减账的结算，实行平方米包干的也要将报告期已完平方米包干项目进行结算，对未完劳务可报下个报告期一并结算。此项工作由项目劳资部门负责办理提供依据，由定额员交财务部门编制会计凭证，其副页发定额员登记台账。

不属于以上工料生产费用资金投入范围的分包工程、机械租赁作业、商品混凝土，分别建立分包工程、产品作业供应等往来账户，应按合同单位逐一设立，反映应付款和已付款。要按报告期或已完分部分项工程对上述合同单位生产完成量进行分期结算，此项工作由性能生产计划统计部门负责办理提供依据，由统计员交财务部门编制会计凭证，其副页发给统计员登记台账。

项目经理部的财务可以由财务人员登账，也可在财务人员指导下由项目经理部有关业务部门登台账，总之要便于工作。明细台账要定期和财务账核对，做到账账相符，还要和仓库保管员的收发存实物账及其他业务结算账核对，做到账实相符，做到财务总体控制住，以利于发挥财务资金管理作用。

（3）加强财务核算，及时盘点盈亏。项目部要随着工程进展定期进行资产和债务的清查，以考查以前的报告期结转利润的正确性和目前项目经理部利润的后劲。由于单位工程只有到竣工决算，才能确定最终该工程的盈利准确数字，在施工过程中的报告期的财务结算只是相对准确。所以在施工过程中要根据工程完成部位，适时的进行财产清查。对项目经理部所有资产方和所有负债方及时盘点，通过资产和负债加上级拨付资金平衡关系比较看出盈亏趋向。一般来说，项目经理部期末资产等于负债加上级拨付资金加待结算利润，说明利润有潜力，反之资产加待结算亏损等于负债加上级拨付资金说明利润有潜亏。

3. 项目资金风险管理

要注意发包方资金到位情况，签好施工合同，明确工程款支付办法和发包方供料范围。在发包方资金不足的情况下，尽量要求发包方供应部分材料，要防止发包方把属于甲方供料、甲方分包范围的转给组织支付。

要关注发包方资金动态，在已经发生垫资施工的情况下，要适当掌握施工进度，以利于回收资金，如果出现工程垫资超出原计划控制幅度，要考虑调整施工方案，压缩规模，甚至暂缓施工，并积极与发包方协调，保证项目的资金回收。

14.6.4　项目资金分析

项目管理机构应结合项目成本核算与分析，进行资金收支情况和经济效益考核评价。

项目经理部应做好项目资金的分析，进行计划收支与实际收支对比，找出差异，分析原因，改进资金管理。项目竣工后，结合成本核算与分析资金收支情况和经济效益总分析，上报组织财务主管部门备案。组织应根据项目的资金管理效果对项目经理部进行奖惩。

项目的资金分析要围绕资金收支计划进行。通过计划收入与实际收入的对比，可以从工程款收入的多少看出报告期计划产值的完成情况、增减账索赔办理情况、工程质量缺陷的消项情况、工程保修期执行情况、预算结算定案情况，为抓好工程款回收总结经验。

项目管理机构应按资金使用计划控制资金使用，节约开支；应按会计制度规定设立资金台账，记录项目资金收支情况，实施财务核算和盈亏盘点。通过计划支出与实际支出的对比，看工料费用支出是否在控制范围内，对超计划的要找出原因，属于材料储备资金的要加强采购计划控制，属于生产资金的要加强增减账，做到当月索赔当月报量，属于费用开支的要严格开支标准。

项目竣工后随着预算决算工作，对项目经理部全部的资产和负债要进行清算。项目是一次性的，它不是法人，没有实收资本，可以有组织拨付所属资金，在清算前将组织拨付所属资金先行交公司，只剩下资产和负债。清算是对期末项目经理部现有的账内外全部资产，包括货币资金、各种应收账款、预付账款、各种存货及项目经理部的固定资产的清查核对，是对项目经理部现有的账内外全部债务，包括各种应付账款、应交税费的清查核对。通过清算，对项目经理部全部资产和负债进行比较，资产大于负债其差数为待结转上缴的利润，资产小于负债其差数为待结转上缴的亏损。最后项目的资产和负债都结转平，当期利润和亏损都转公司，连同以前报告期已经上缴的利润，即可反映项目自开工至竣工的全部利润，反映项目目标成本的完成情况。

清算后，当项目经理部收回工程款，抵偿了全部负债，完成利税及组织管理费用的货币上缴或用项目经理部存货抵缴后，如果取得较好的资金管理效果，组织应对项目经理部进行奖励。如果工程款指标未完成，降低成本不能算最终完成指标，因为有坏账损失的可能，只能给予部分奖励。

第15章 信息与知识管理

现代工程项目管理具有涉及面广、周期长、参与者多、制约性强、信息流量大等特点，基于及时、准确、有效的信息对项目进行有效的计划、组织、控制和协调管理工作是保证项目实现进度、成本、质量、安全、环保等管理目标的重要保证，因此，项目信息管理已成为现代工程项目管理中不可缺少的重要组成部分。

15.1 概　　述

15.1.1 基本概念

在项目管理过程中，数据、信息、知识是经常听到的词汇和用语，因此，有必要对这三个概念及之间的关系做说明。

1. 数据的概念

一般认为，数据（data）是事实或观察的结果，是对客观事物的逻辑归纳，是用于表示客观事物的未经加工的原始素材。数据是人们用来记录反映客观世界的语言、文字、图形、图像、音频、视频等有意义的组合，这种组合仅是具体地对事物进行了描述，是由没有经过加工处理的（也就是没有添加任何解释或分析的）原始事实组成，因此除它本身以外没有什么价值。

数据可以是连续的值，比如声音、图像，称为模拟数据。数据也可以是离散的，如符号、文字，称为数字数据。数据有数据类型（如数值型、文字型等）和数据值之分，不同类型的数据记录事物的性质是不一样的。在工程项目管理中，对事物（工作）进行描述除使用表示数量概念的数值型数据（如劳务人数、钢筋用量、机械使用台班数量等）外，还会大量使用非数值型数据，包括文字（如分包单位名称、施工机械名称等）、图表（劳务人员工资表、基坑工程变形监测记录表等）、照片（如质量检查、质量整改图像）、视频（施工现场、工地出入口等）等各种符号序列。因此项目管理中所指的数据已不再是过去"数值"这一狭义概念，而是既包括数值型数据又包括非数值型数据。例如，2016年11月13日上午，某劳务分包单位有300名劳务人员进入施工现场工作，其中300是数值型数据，其余部分则是非数值型数据。

2. 信息的概念

根据《质量管理体系基础和术语》GB/T 19000—2016的定义，"信息是有意义的数据"。

信息是一个抽象的概念，信息是通过对数据处理而产生的、按一定的规则组织在一起的数据的集合，其具有超出原数据本身价值以外的附加价值。所有的信息都是数据，数据只有经过提炼、抽象等加工处理之后，形成具有描述一个客观事物和客观事物的关系逻辑的数据流的使用价值时才能成为信息。

信息与数据既有联系，又有区别。数据是信息的表现形式和载体，可以是符号、文字、数字、语音、图像、视频等。而信息是数据的内涵，信息是加载于数据之上，对数据作具有含义的解释。数据和信息是不可分离的，信息依赖数据来表达，数据则生动具体表达出信息。由于数据提供了建立信息的原始材料，它必须很精确，否则在进行处理时，最初原始数据的任何误差，都会被成倍地放大，并且会严重影响从这些数据所推断出的结论或根据这些数据所做的决定的正确性。另外信息还有一个非常重要的特性——时效性。例如项目部通过微信群通知大家在项目部会议室开会，这个信息也是无意义的，他必须告诉大家是哪天的几点钟在项目部会议室开会。从此可以看出信息的时效性对于我们使用和传递信息有重要的意义。失去信息的时效性，信息就不是完整的信息，甚至会变成毫无意义的数据流。

项目信息是所有与项目有关的或因项目发生的信息的总称。项目信息除了具有一般信息所具有的基本特征之外，还具有项目所特有的特性，如项目参与方众多，信息传递过程多，容易造成失真，或反馈滞后；项目各工作间制约性强，信息具有很强的相互共享和相互制约关系等。建设工程项目各方面的管理活动并不孤立，它们之间存在相互依赖、相互制约的联系，可以说项目管理的任何一项管理活动都离不开某种信息的处理工作。通过及时、准确、全面地收集项目信息与知识，安全、可靠、方便、快捷地存储、传输信息和知识，有效、适宜地使用信息和知识，对工程项目进行全面综合管理，实现项目建设的增值服务。

3. 知识的概念

知识是人们通过对在改造世界的实践中获得的信息进行归纳、总结、演绎等所获得的认识和经验的总和，是可用于指导行动、决策支持等实践活动的方法、程序。知识可贵之处在于比数据或信息更接近行动。知识可分为显性知识和隐性知识。显性知识是已经或可以文本化的知识，并易于传播。隐性知识是存在于个人头脑中的经验或知识，需要进行大量的分析、总结和展现，才能转化成显性知识。

项目知识是一个项目团队对项目实际的操控能力、对环境的适应和利用能力、对信息的敏感程度和分析能力以及项目团队成员执行力度的能力，也就是项目管理团队在特定的项目环境中，解决具体问题时所使用的技能、运用的策略、采取的行动方式、处理问题的理念、思维模式等诸方面的综合能力体现。

从工程项目管理的特点看，推动知识管理具有很大的价值。工程项目的一次性特点造成每个项目都有自己的独特性和唯一性。由于项目的独特性，项目的工作过程就是知识创造的过程，每个项目的独特工作经历会给公司带来丰富的经验积累。另一方面，工程项目的整个操作过程还是有其固有特点和共性，项目在执行过程中若能得到公司丰富经验（知识）的支持可以使工作开展起来顺风顺水。所以说这两个方面的工作是相辅相成的，项目实践的经验和教训是组织难得的知识和经历，对其进行有效的知识整理和显化是对组织知识丰富和增强组织竞争力的有力促进和提高；同时在项目实践中合理有效地应用公司的优势技术和知识可以快速推动项目的进展和合理地解决项目难题；项目的快速高效完成同样会为公司建立良好的社会形象和行业里有利的竞争地位。

4. 数据、信息与知识的关系

从上述论述可以看出，数据、信息与知识具有如图 15-1 所示的关系：

图 15-1 数据、信息、知识关系

数据是对客观事物的数量、属性、位置及其相互关系的原始记录,是形成信息,知识的基础和源泉。

信息是通过对数据的加工处理形成的有价值和意义的数据,可以认为信息=数据+处理。

通过对信息进行归纳、总结、演绎等手段进行挖掘,使其有价值的部分沉淀下来,这部分有价值的信息就转变成知识。

15.1.2 工程项目信息分类

工程规模庞大和项目参与者众多是现代工程项目的主要特征之一。随之而来的是项目信息量、信息传递、信息交互的大幅增多和日趋复杂化。为了便于对项目信息的管理和应用,有必要对种类繁多的信息进行分类。信息分类就是把具有相同属性或特征的信息归并在一起,把不具有这种共同属性或特征的信息区别开来的过程。信息分类的产物是各式各样的分类或分类表,并建立起一定的分类系统和排列顺序,以便管理和使用信息。

工程项目信息分类建议从横向和纵向两个维度来考虑。横向是指不同项目参与方(业主、设计单位、承包商等)和项目管理方划分体系要统一;纵向是指工程项目整体实施周期中,各阶段的划分体系要统一。横向统一有利于不同项目干系人之间的信息共享和信息传递;纵向统一有利于项目实施周期信息管理工作的一致性和项目管理信息系统对项目实施情况的追踪和比较。

在进行项目信息分类时,可以从不同的角度进行分类。

1. 按照工程信息的内容属性分类

(1) 组织类工程信息。如工程建设的组织信息,项目参与方的组织信息,参与工程项目建设有关的组织信息及专家信息等。

(2) 管理类工程信息。如投资控制、进度控制、质量控制、合同管理、安全管理等有关的信息等。

(3) 经济类工程信息。如建设物资市场信息、项目融资信息等。

(4) 技术类工程信息。如与设计、施工、物资有关的技术信息等。

(5) 法规类信息。如各项法律法规、政策信息等。

2. 按照建设工程的目标划分

(1) 成本(投资)控制信息。如各种估算指标、设计概算、概算定额;施工图预算、预算定额、合同价;施工阶段的支付账单、原材料价格、机械设备台班费、人工费、运杂费、计划工程量、已完工程量、已完工程结算;竣工决算、投资偏差分析等。

(2) 质量控制信息。如国家有关的质量法规、政策及质量标准、项目建设标准;质量目标体系和质量目标的分解;质量控制工作流程、质量控制的工作制度、质量控制的方法;质量控制的风险分析;质量抽样检查的数据;各个环节工作的质量(工程项目决策的质量、设计的质量、施工的质量);质量事故记录和处理报告等。

(3) 进度控制信息。如项目总进度计划、进度目标分解、项目年度计划、工程总网络计划和子网络计划、计划进度与实际进度偏差；网络计划的优化、网络计划的调整情况；进度控制的工作流程、进度控制的工作制度、进度控制的风险分析等。

(4) 合同管理信息。如工程招标投标文件；工程建设施工承包合同，物资设备供应合同，咨询、监理合同；合同签订、变更、执行情况；合同的索赔等。

3. 按照建设工程项目信息的来源划分

(1) 项目内部信息。内部信息取自建设项目本身，如工程概况、设计文件、施工方案、项目的质量目标、项目的进度目标、项目合同、各类管理制度，项目的组织等。

(2) 项目外部信息。来自项目外部环境的信息称为外部信息。如国家有关的政策及法规；国内及国际市场的原材料及设备价格、市场变化；物价指数；类似工程造价、进度；投标单位的实力、投标单位的信誉情况；新技术、新材料、新方法；国际环境的变化；资金市场变化等。

4. 按照信息的稳定程度划分

(1) 固定信息。指在一定时间内相对稳定不变的信息，包括标准信息、计划信息和查询信息。标准信息主要指各种定额和标准，如施工定额、原材料消耗定额、生产作业计划标准、设备和工具的耗损程度等。计划信息反映在计划期内已定任务的各项指标情况。查询信息主要指国家和行业颁发的技术标准、不变价格等。

(2) 动态信息。是指在不断变化的动态信息。如项目实施阶段的质量、投资及进度的统计信息；反映在某一时刻，项目建设的实际进程及计划完成情况；项目实施阶段的原材料实际消耗量、机械台班数、人工工日数等。

建设工程项目信息也可以按以下标准进行分类：

按建设工程项目信息层次分：战略性信息、管理型信息、业务性信息；

按项目管理工作的对象，即按项目的分解结构，如子项目1、子项目2等；

按项目实施的工作过程，按设计准备、设计、招标投标和施工过程等进行信息分类；

按照项目管理的工作流程，如计划、执行、检查、处置等。

通过按照一定的标准将工程项目管理中的信息予以分类，有助于根据工程项目管理工作的不同要求，提供适当的信息，从而保障工程项目管理工作的顺利进行。

15.1.3 工程项目信息编码

工程项目信息编码是项目信息分类的具体体现，是工程项目信息管理的基础，也是对信息进行计算机管理和项目管理信息系统应用的基本要求。项目信息建立统一的编码有利于不同项目参与方之间、不同组织之间消除信息交流障碍，保持信息交流和传递流畅，保证信息准确和有效的应用。

1. 常用编码方法

(1) 顺序编码法。是一种较为简单的编码方法，它仅仅按排列的先后顺序对每一项进行编号。该编码方法简单，代码较短，但缺乏逻辑基础，本身不说明事物的任何特征。若需要了解代码的含义，需要查询主登记表。在现实生活中这种编码方法使用较为广泛，因为很多情况下在建立编码系统时，对未来系统的发展不清楚并且也无法作出恰当的估计。应用此方法可以很方便地对条目表进行编码，而不需对条目的内涵有专门的了解，并且具有几乎无限的可扩充性。

(2) 缩写编码法。这种编码的本质特性是依据统一的方法缩写编码对象的名称，由取自编码对象名称中的一个或多个字符赋值成编码表示。例如用 L 代表 Labor（人工），用 M 代表 Material（材料），用 E 代表 Equipment（设备）等。此编码方法在没有说明详细的总条目表的情形下也可以通过联想回忆起其含义或特征。但在信息项较多的情况下，使用此法进行编码十分困难，在每次增加代码值之后，如果不重新检查全部的代码值，则缩写过程的结果就不能保证代码值的唯一性。

(3) 基于标准分类的编码方法。它可能是最重要和最有用的方法，同样也是进行工程项目统计和核算所愿意采用的方法。这种方法的基础是把要编码的条目表详细划分为若干类型。其实，这种方法很类似于图书管理中的十进制编码法，即先把对象分成十大类，编以第一个号 0~9，再在每大类中分十小类，编以第二个号 0~9，依次编下去。在待编条目规模很大时使用这种分类编码法具有很多优越性：一方面便于确定各信息项的分类及特性；另一方面便于信息项的添加；再就是它的逻辑意义清楚，便于进行信息项的排序、检索及分类统计。

2. 信息编码原则

在对信息进行编码时，应注意自始至终贯彻下列原则：

(1) 唯一性。在一个分类编码标准中，每一个编码对象仅应有一个代码，一个代码只唯一表示一个编码对象。

(2) 合理性。编码结构应与分类体系相适应，其编码结构应尽可能做到与企业信息编码结构保持一致。

(3) 可扩充性与稳定性。编码要考虑可扩展性，在满足和适应不断扩充的需要的同时，要防止因数据扩充而重构编码结构。编码不宜频繁变动，编码时要考虑其变化的可能性，尽可能保持编码系统的相对稳定。

(4) 简明性。编码结构应尽量简单，长度尽量短，以便节省机器存储空间和减少代码的差错率。

(5) 适用性。编码应尽可能反映编码对象的特点，适用于不同的相关应用领域，支持系统集成。编码尽可能采用已颁布的国际、国内有关标准，统一编码形式。对没有国标或行标的，可根据企业标准进行信息编码，但必须与相关的国标和行标兼容。

(6) 规范性。在一个信息分类编码标准中，编码的类型，编码的结构以及编码的编写格式应当统一。

15.1.4 工程项目信息管理要求

工程项目信息管理的目的是为预测未来和正确决策提供科学依据，其主要作用是支持各级管理人员采取正确的决策和行动。工程项目信息管理应满足以下几方面的基本要求。

1. 严格保证信息的时效性、准确性和适用性，满足项目管理要求

项目信息管理应随工程的进展，及时收集、整理、处理、传递、存储、输出有关信息，保证信息的时效性。若一项信息不严格注意其在时间上的要求，则会失去它应有的作用和价值，甚至会使决策失去时机，造成不应有的损失。只有及时地提供信息，管理者才能及时地控制项目的实施过程。

信息是管理的基础，信息的准确与否，直接影响着管理的效果，因此必须要保证信息的准确性。对采集到的原始数据进行认真的审查和必要的校核，即使是加工整理后的资

料,也需要作细致的复核。在传输使用时要保证其一致性。信息在保障准确的基础上,还应考虑信息具有必要的精度要求。信息的精度应以满足使用要求为限,并不一定是越精确越好,因为不必要的精度,需耗用更多的精力、费用和时间,容易造成浪费。

项目信息管理还应满足适用性的要求。为满足项目管理需求,应对信息做必要的加工处理,提供有针对性、适用的信息。例如可通过运用数理统计等方法,对搜集的大量庞杂的数据进行分析,找出影响重大的方面和因素,并力求给予定性和定量的描述,分析出当前的情况和发展的趋势,有适当的预测和决策支持信息。如果仅仅能提供成沓的细部资料,其中又只能反映一些普通的、并不重要的变化,这样,会使决策者不仅要花费许多时间去阅览这些作用不大的烦琐细况,而且仍得不到决策所需要的信息,使得信息管理起不到应有的作用。

随着信息技术的发展,其应用成本和应用难度也在降低。为保证数据的准确性、有效性,应充分考虑使用信息技术。例如在项目现场管理上,可采用 RFID、定位跟踪、传感器、图像采集等物联网技术和智能化技术应用于施工现场关键环节,实现施工过程的智能感知、实时监控和数据采集。在物料跟踪方面,对施工过程中的物料运输、进场、出入库、盘点、领料都可以采用 RFID 电子标签,通过物联网进行跟踪和监控。

2. 加强和提升信息的集成性和共享性,满足项目协同与管理要求

工程项目管理涉及众多的参与方,且管理环节多,各个环节都是相互关联的,项目信息应实现无缝集成和共享。在纵向上,满足工程项目管理的决策层、管理层和作业层的协同与管理;在横向上,满足商务、技术、生产三条管线的协同与管理;在项目生命周期上,满足从可行性研究、设计、招标投标、施工、运维等全过程协同与管理要求。

在项目信息管理中,应充分利用 BIM 技术,以模型为载体进行项目成本、进度、质量、安全、材料等信息的收集、存储与集成,并通过可视化方式将相应的信息以模型展示出来,提高沟通协同与信息传递的准确性,提升工程项目精细化管理和控制水平,更好地满足项目协同与管理要求。

3. 综合考虑信息成本及信息收益,实现信息效益最大化

项目信息管理需要配置相应的组织、设备、软件等资源,同时各项资料信息收集的范围、频度、精度等都需要投入。例如每天都将项目上的进度信息收集完整,则势必会耗费大量的人力、时间和费用,这将使信息成本(包括收集、获得及使用信息的成本)显著提高,而信息收益(指使用信息带来的收益或减少的损失)增加不大。因此,在进行工程项目信息管理时,应首先进行规划,综合考虑在满足项目管理要求下,对信息管理的投入、产出进行评价,优选最佳的信息管理计划。在执行中,应定期对信息管理的投入、产出进行动态评价,并根据评价调整信息管理计划,力求最优的信息管理效益。

15.2 信息管理体系

15.2.1 概述

项目信息管理体系是项目管理组织为实施所承担项目的信息管理和目标控制,以现有的项目组织架构为基础,通过信息管理目标的确定和分解、信息管理计划的制定、信息管理的任务分工和管理职能分工,配备所需人员和资源,配套信息管理制度和工作流程,建

立相应的信息管理系统，保证信息管理计划的执行，形成具有为各项管理工作提供信息支持和保证能力工作系统。

项目信息管理体系并非独立于项目管理组织以外的专门的组织系统，它是一种为各项管理工作提供信息支持和保证的制度性和程序性的保障体系。组织应全面规划项目信息管理体系，保证工程项目的全面综合管理，实现项目建设的增值服务。

15.2.2 信息管理组织

信息管理组织是保证信息管理体系发挥重要作用的基础性保障。为保证项目信息管理工作的正常进行，组织应建立专门的信息化管理机构。组织机构保障应该包括以下几个方面的内容：

（1）建立配套的组织机构保障体系。首先，项目信息管理是一项长期常态化的工作，每个工程项目都需要的工作。项目信息管理不是仅仅某个部门的事情，还需要整个企业内部各主管领导、各职能部门、各子分公司和各项目部参与，共同推动和实现项目信息管理。因此，信息管理组织应该是建立以信息部门为主导的多层级、多业务参与的组织保障体系。其次，应保证信息部门能够有自己完整的组织架构、独立的预算和独立的业务管理流程等。这些独立性使得信息部门在进行信息化建设时能够更好地考虑和平衡企业在项目信息管理方面长期、中期和短期的业务需求，制定合理的信息化发展规划，客观的平衡各个部门的信息化需求，更好地管理信息系统。

（2）建立合理的人员层次结构。为了完成信息管理组织机构的职能，还必须配备相应的专业人员和岗位，以完成其职能要求。例如，在公司层级的组织信息管理部门应配备相应的人员和岗位，指导各项目部开展信息管理工作。公司层级还应配备一定的IT信息人员，用来解决相关信息系统问题和保证系统正常运行。项目部虽然是临时性组织，项目经理部也应根据项目实际情况和实际需要，在各工作部门中设立专职或兼职的信息管理员，也可在项目部中单设信息管理员，在组织信息管理部门的指导下开展工作。信息管理员应由熟悉工程管理业务流程并经必要培训、考核合格的人员担任，对承担工程资料管理工作的信息管理员应取得有关部门颁发的上岗证书。规模较大的项目，可单独设立项目信息管理部门。需要说明的是，项目经理部中各工作部门的管理工作都与信息管理相关，都要承担一定的信息管理任务。

15.2.3 信息管理制度及管理流程

信息管理工作是"三分技术，七分管理"，需要管理制度和流程的配套，以实现有效的信息管理。

1. 信息管理制度

项目信息为项目管理提供了支撑，项目信息管理工作的正常开展和效能的最大化发挥，还要靠制度及流程去保障和规范。加强信息管理制度建设和科学规范的管理，是信息系统能够正常运转和有效应用、推广和可持续发展的保证。特别是企业信息化发展到一定阶段，建设重点就会从系统实施转向以应用提升为主，运维保障、安全机制、数据管理等变得重要起来，这时除了技术的保障以外，建立全面合理的制度规范体系更加重要。建立信息管理制度和流程要遵循如下四大原则：

（1）因地制宜的原则：组织要根据自己的实际情况和已有的管理问题制定适合于本企业或项目的信息化制度，不能生搬硬套。如果单纯复制别的企业的制度，稍加修改就在本企业使用,但由于和企业的实际情况不吻合,结果造成制度不能得到很好的执行。

(2) 全面科学的原则:制定信息管理制度一定全面、科学。因为信息管理是一项涉及多部门的综合工作,部门间有一定关联性,如果仅仅制定局部业务的信息管理制度,是不能全面解决组织信息管理问题。科学性是指要符合客观实际,要切实可行,当组织的情况发生变化时,要及时调整制度,制度与规范要在执行过程中不断加以完善优化。

(3) 责任目标明确原则:每一项目制度规范都要有明确的目标和责任人,这样才能有的放矢,体现制度管理的完整性和可操作性。

(4) 奖惩分明原则:制度规范能够贯彻下去最重要的一点就是有执行保障措施,也就是要与考核、绩效和奖惩措施结合起来,否则制度只是一纸空文,不具有约束力,起不到真正的作用。

信息管理制度规范大致分类和主要内容见表 15-1。

信息管理制度一览表　　　　表 15-1

制度规范类型	主要内容
信息管理组织管理	信息管理组织管理制度
信息管理基础设施及环境管理制度	机房、计算机设备、计算机网络、网站管理制度等
信息应用系统管理制度	各种信息系统使用管理制度、数据管理及维护制度
信息安全管理制度	计算机网络安全使用管理制度、计算机数据安全、备份日志管理制度等
信息资源管理制度	数据编码管理制度、数据收集管理制度等

2. 信息管理流程

信息管理工作流程反映了工程项目上各有关单位及人员之间的关系。显然,信息流程畅通,将给工程项目信息管理工作带来很大的方便和好处。相反,信息流程混乱,信息管理工作是无法进行的。为了保证工程项目管理工作的顺利进行,必须考虑和保证信息在项目管理的上下级之间、有关单位之间和外部环境之间的流动,即"信息流"。在制定信息管理流程时,需考虑下几个方面的信息流:

(1) 管理系统的纵向信息流

包括由上层下达到基层,或由基层反映到上层的各种信息,既可以是命令、指示、通知等,也可以是报表、原始记录数据、统计资料和情况报告等。

(2) 管理系统的横向信息流

包括同一层次、各工作部门之间的信息关系。有了横向信息,各部门之间就能做到分工协作,共同完成目标。许多事例表明,在工程项目管理中往往由于横向信息不通畅而造成进度拖延。例如,材料供应部门不了解工程部门的安排,造成供应工作与施工需要脱节。类似的情况经常发生,因此加强横向信息交流十分重要。

(3) 外部系统的信息流

包括同项目外其他有关单位及外部环境之间的信息关系。

上述三种信息流都应有明晰的流线,并都要保持畅通。否则,工程项目管理人员将无法得到及时、准确和必要的信息,项目管理工作将无法正常开展和进行。

15.2.4 信息管理配套标准

标准是企业和组织进行生产技术活动和经营管理工作的依据,并以获得最佳经济效益和社会效益为主要目标。为发挥项目信息的价值,使之充分的服务于项目管理工作,必须配套编制相关的标准在工作中执行。标准编制应技术先进,经济合理,充分参考国家、行业的标准,考虑组织的使用要求,并注意相关标准之间的协调一致、衔接配套。标准是一个不断完善和进步的过程,标准在执行过程中应根据社会、技术和经济的发展,适时进行修订和完善,保证标准的先进性和适用性。

信息管理配套标准参照国家标准分类中按标准化对象,可以把配套标准分为技术标准、管理标准和工作标准三大类。见表15-2。

信息管理制度一览表 表15-2

标准类型	主要内容
技术标准	数据编码、数据存储、数据接口等标准
管理标准	各种信息系统管理、数据管理等标准
工作标准	各种信息系统使用、数据采集、使用等标准

15.2.5 信息管理工具及平台

随着计算机技术、通信技术、网络技术的不断发展,信息技术已渗透到社会经济领域的各个方面,产生了巨大而深刻的影响。从建筑业的未来发展看,信息技术必将成为建筑业持续健康发展的关键支撑,在项目信息管理中充分利用信息技术对提升项目管理水平和效益具有重要作用。住房和城乡建设部发布的《2016~2020年建筑业信息化发展纲要》明确提出"全面提高建筑业信息化水平,着力增强BIM、大数据、智能化、移动通信、云计算、物联网等信息技术集成应用能力",实现"建筑业数字化、网络化、智能化"的突破性发展。在主要任务中,不仅对企业信息化提出了具体任务要求,还提出了专项信息技术应用要求。

随着政策引导方向的变化、项目管理的需求差异、技术发展水平的限制,信息技术在项目信息管理中的应用发展在不同的历史时期有其明显的特征,总的来讲主要经历了三个发展阶段。

一是单业务岗位应用的专业工具软件阶段。专业工具类软件是指为解决某一专业性业务问题和提高生产效率而开发的软件系统,应用形式一般是单人单机使用。从20世纪90年代到2005年之前,主要是面向一线工作人员的单机工具软件,辅助完成其日常工作,使其从繁重而重复的劳动中解放出来。

随着近年来信息技术的迅猛发展,专业工具软件在建筑施工企业中应用逐渐普及。目前,按照施工项目管理业务管线划分的不同,施工专业工具类软件如图15-2所示,大致可以分为三大类:施工经济类软件、施工技术类软件和施工生产类软件。

随着行业大力推进BIM技术的应用,基于BIM的工具类软件使用越来越普及,如基于BIM的工程算量、MEP管线综合、模板脚手架设计、施工现场布置等软件。它大大提高了工作效率,为项目管理工作提供了极大的帮助。

二是多业务集成化的管理软件阶段。从2006年开始至2012年左右,建筑行业积极推进企业ERP和项目管理等信息化建设,特别是信息化建设指标被纳入建筑行业特级资质

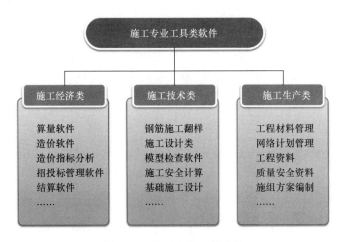

图 15-2 施工专业工具软件

评审要求之后，企业信息化建设更是如火如荼。本阶段对于施工现场信息化应用的软件主要是以集成化的项目管理系统或平台的形式出现，一般面向企业管理者自上而下实现推广和实施，基于企业、项目、施工现场三层架构实现全面信息管理。

综合项目管理系统通过计算机技术和网络技术结合项目管理理论和管理方法辅助项目进行综合管理，紧紧围绕如何实现成本目标、工程总进度目标、质量、安全目标来展开，通常是以成本管理为重心，以合同和进度、质量达成为目标，综合应用各种管理方法和手段，构建一个全方位多维度的规范、动态、高效管理体系。其管理内容包括招投标管理、合同管理、成本管理、物资管理、劳务管理、设备管理、进度管理、安全管理、质量管理、风险管理、竣工管理等。在劳务管理方面，集成物联网技术实现对劳务人员的实名制管理在很多建筑施工企业开始普及，通过对现场工人的劳务合同、出入场、工作统计、培训考核、工资发放等进行实名制管理，避免了大量的劳务纠纷，保证了工程进度，有效了管控了劳务成本，同时对社会和谐也发挥了重要作用。在施工现场管理方面，远程监控系统和项目管理系统结合，可以实现项目主要管理人员和总部对项目的实时监控，也可以对过程风险信息实时摄录作为过程管理的依据。目前国内多数企业已经安装了远程监控系统，可以随时在安装有专用解压缩软件的计算机、PDA、手机上上观看浏览、控制远程实时视频图像，少部分企业建设了自己的电视墙、大屏幕系统，可以实时录像、报警联动、数据传输、语音对讲等。

三是基于互联网的平台化应用阶段。从2013年开始，随着互联网技术迅猛发展和应用，在国家"互联网＋"行动计划推动下，项目信息管理开始突破固有的模式，诸如BIM技术、物联网、云技术、大数据、移动技术等更多的软硬件技术与项目管理进行集成应用，使项目信息管理向着数字化、智能化、协同化、平台化的方向发展。例如利用物联网可以使施工现场数据的获取更加智能、准确和及时，并可以将有效信息整合到信息系统中，提高系统的实时性和自动化程度。利用移动应用，可以提升管理人员在现场的安全监控、质量监管、物资管理、设备检修维护等工作效率和工作质量。通过大数据和云技术，能有效实现工程项目资源整合和集中化管理，实现工程信息资源的集中共享，提高工程参建各方的协同效率。特别是通过海量数据的分析，可挖掘出管理要素之间的关联性，为科学决策和准确预测提供技术基础。

在项目信息管理中选用工具软件和平台系统，应考虑如下因素：

（1）围绕核心目标，以实用为原则。围绕项目管理核心目标，重点围绕项目核心业务上的活动实施信息化，优先解决急需的问题，发挥出技术的作用和价值。

（2）综合考虑投入产出，量力而行。应用信息化要从自身的现实基础出发，考虑人员素质、现场条件、资源需求等综合投入，分析预测产出，量力而行的选用信息技术。

（3）整体规划，集成应用，充分发挥信息技术的价值。在选用信息技术时，要有整体观念，充分考虑各工具软件与信息系统的集成需求，通过集成实现信息的共享，避免信息孤岛，充分发挥信息的价值。

15.3 信息计划管理

15.3.1 信息管理计划编制

信息管理计划的制定是项目信息管理的一项重要内容，应以项目管理实施规划中的有关内容为依据，并可参照组织信息管理手册（如果有的话）中的有关内容。

信息管理计划一般包括信息管理范围、管理目标、信息需求分析、信息管理手段和协调机制、信息的分类及编码、信息渠道和管理流程、资源需求计划、信息管理制度与变更控制措施、配套的各种报表和报告的内容和格式等主要内容。编制时一般应考虑下列条件：

（1）环境因素：应综合考虑内务部的相关因素。外部因素如市场、法规、政策信息；内部因素如组织的文化、人员素质、管理制度与流程、信息基础设施、现有项目管理信息系统应用等；

（2）知识库：学习和参考组织在项目信息管理方面积累和沉淀的经验、教训、知识、类似项目的历史资料等；

（3）项目涉及的范围及目标：应通过多种因素分析及借鉴类似项目经验基础上，集合项目的特点，明确范围及目标。范围和目标应与项目各方达成共识和认可；

（4）计划实施相关配套条件及资源的落实：在计划制订时，应落实相关条件，如项目团队位于不同地理位置、网络状况、信息系统之间兼容性等；各种制度与流程是否与管理需求、组织机构、人员职责、现有信息系统功能匹配；相关软、硬件投入资金是否有保障等；

（5）计划制定时要充分考虑信息的不对称性所带来的客观风险，特别是信息的传递特性及信息的扭曲风险；

（6）计划应充分考虑各种因素所引发的变更需求，制定明确的变更控制措施，将变更引发的不利因素降到最小。

15.3.2 信息计划变更控制

在项目管理工作中，工作的动态变化是经常发生的，如自然环境、外部市场、法规政策、业主方变更、设计变更，以及组织内部变革所引发的机构调整、制度更新、流程调整、信息化系统升级等，都会对项目信息管理工作产生影响。为保证项目管理工作的有序进行，可能会对信息计划进行调整变更。针对信息计划变更，应通过标准的变更管理流程进行，将变更对信息管理工作的干扰降至最低。变更管理流程包括变更申请、变更审批、实施变更和变更跟踪评估。

在实施变更管理流程过程中，需要注意以下几项内容：首先，要建立完善的变更管理流程，完善的意思是变更流程要能够涵盖所有的变更，因为变更一般来讲会分为紧急和普通等类型。紧急变更往往会影响正常的工作，要建立针对紧急变更的特殊处理流程。其次，变更要尽量减小对工作的影响。其次变更要有通知机制，要将变更引发的影响及时告知执行者和相关方，保证变更后相关工作按新要求及时开展，避免变更引起的工作不适应。最后，变更要有跟踪评估机制。对变更要形成完善的记录，特别是涉及版本的变化，要对修改内容、日期、责任人、相关业务变化等记录清晰，这样有助于对变更的追溯和系统的延续性。同时要评估变更后的执行效果。当变更执行效果良好，可以关闭本次变更。若效果不佳，应进行分析解决。

15.4 信息过程管理

15.4.1 项目信息采集

工程项目管理中的信息收集，是指收集工程项目上与管理有关的各种原始信息，这是一项很重要的基础工作。工程项目信息管理工作质量的好坏，很大程度上取决于原始资料的时效性、可靠性。需要收集的信息内容由工程项目管理的客观需要决定，采集方式一般有如下方式：

1. 人工采集

人工采集方式是一种最为常用、简单、经济的方式，但工作量大，易出错，有延迟性。针对采集信息存贮方式（纸质、电子）的不同，又可分为如下方式：

（1）纸质记录：在信息收集上，是依靠人在纸质介质上填写来收集原始数据；在信息的加工上，靠人采用笔、纸、计算器等来进行分类、比较和计算；在信息的存储上，靠人通过档案来保存和存储资料。

（2）计算机终端记录：在信息收集上，需要人工在计算机单机软件或信息系统客户端中录入相关数据，如录入材料收货单、合同付款记录等。基于电子化的信息存储，利用软件或信息系统的功能，可以对数据做汇总、统计分析等。

（3）移动终端记录：与计算机终端工作方式基本相同，但基于移动终端设备的二维码识别、拍照、录像等功能，在信息采集方式上已实现半自动。如用条码识别仪器对进场建筑材料、构配件的有关数据进行自动采集，然后录入进场检验信息，并可拍照作为证明材料。

2. 自动采集

随着物联网技术的成熟，应用成本在降低，在项目现场采用 RFID、定位跟踪、传感器、图像采集等物联网技术和智能化技术实现自动采集在逐渐普及。自动采集效率高，准确性好，及时性高，对提升项目管理具有极大的帮助。

目前市场上有很多成熟的系统可以实现信息自动采集，如劳务实名制系统、工地视频监控系统、高支模实时监测警报系统、起重机械安全监控系统、深基坑安全监测预警系统等，都支持数据自动采集，并可通过物联网网关协议与各管理系统集成，实现现场数据的及时获取和共享，解决了以前通过人工录入带来的信息滞后和不准确的问题，提高现场交互的明确性、高效性、灵活性和响应速度。

在工程项目管理中信息管理计划时，对重点项目目标控制和管理重点，在经济投入允许情况下，应考虑采用信息技术对工程上发生的相关大量动态信息及时进行快速、准确地采集与处理，保证项目目标的达成。

15.4.2 项目信息存储

项目信息是项目管理工作的基础，不仅要及时、准确、全面地收集，满足当前的管理需要，还应进行安全、可靠、方便、快捷地存储，积累过程数据，为项目相关方对信息的检索查询、统计分析和科学决策提供支撑。

按照项目信息存储介质的不同，信息的存储分为纸质和电子化储存两种形式。采取何种方式，在满足使用便利和满足管理需求的基础上，还要满足国家、行业等对项目信息管理的要求，如《建设工程文件归档整理规范》、《建筑工程资料管理规程》等。

项目信息的存储应尽可能采用电子化储存形式。基于电子化存储，可以快速查询、浏览，可以便捷地进行信息共享，还可以进行数据统计分析等。基于项目信息的积累，还可以形成组织大数据，发挥更大的数据价值。

在项目信息电子化存储方式上，建议采用数据库进行的信息的结构化存储，以方便实现数据的统计分析，在项目竣工后可保存和移交完整的项目信息资料。在选用数据库时应充分考虑数据的访问速度要求，存储空间容量以及可靠性要求，并应有数据进行备份机制，确保数据的可靠性、完整性。

15.4.3 项目信息应用

项目信息管理贯穿项目的始末，而且所涉的范围十分广泛，项目信息的应用应为项目管理的各个环节提供可靠的依据，有效地满足项目的计划、组织、控制和协调管理。

1. 基于项目信息，及时、准确掌握项目现状

项目各方通过有效、及时、适宜地方式使用项目信息，可以获取项目的进度、成本、质量、安全、合同、资金、技术、环保、人力资源、保险等最新动态信息，实时掌握项目各面进展现状。例如通过视频监控系统，可以随时获取项目现场场布、施工进度等信息。通过查询劳务实名制系统，可随时了解当前劳务人员进场人数、工种等。

2. 基于项目信息，强化项目过程管理

基于项目信息，通过对历史信息和当前信息的对比分析，可以实时分析项目目标、项目各计划实施状态，对比分析实际值与计划值的偏差，针对偏差针对性的调整和配置人、材、物等资源，对后续计划加强管控，实现对项目过程管控的强化。根据历史信息和当前信息可以预测未来信息，以此为依据优化调整后续计划，避免可能发生的不必要的浪费和工期延误，提高项目效益。在项目结束后，通过信息对原先的计划数据、依据实施过程中的实际数据进行综合的分析，为科学的项目考核与评价提供依据。

3. 基于项目信息，支持科学决策分析

在项目执行过程中，基于项目信息的积累，应用商业智能技术对现有的数据进行有效的整合，快速准确地提供产生相关报表和图表，为分析及决策提供参考依据。企业基于多项目的数据，可以横向比较分析各项目的同类资源消耗量、管理效益等，为项目管理改进提供决策数据。

4. 基于项目信息，支持企业从信息管理向知识管理升级

知识管理是网络新经济时代的新兴管理思潮与方法，已成为组织累积知识财富，创造更多竞争力的新世纪利器。基于大量项目信息的累积，通过进行数据关联性分析，形成知识库，并利用这些知识对信息进行分析、计算、比较、演绎、判断、决策等，提供管理过程趋势预测及专家预案，及时为企业、项目管理层级提供科学决策智力支持，为企业增强对环境的适应能力、保持竞争优势、获得可持续发展服务。

15.4.4 信息应用评价

项目信息管理计划和工作的执行是一个动态的过程，信息应用的效果、效益如何需要定期进行检查，通过评价信息管理效益，分析问题，以便于持续改进信息管理工作，使信息产生更大效益。

信息应用评价可包含如下内容：

（1）管理评价：主要是评价项目信息是否可以满足各方在管理方面对信息的需求。评价方面包括信息收集是否及时、准确、有效和全面，可以满足管理需求；信息共享是否便捷、快速，提高管理效率；信息是否安全，可以保证组织商业机密与利益等。此部分评价可以采用定性方式。

（2）经济评价：评价内容包括：通过计算项目信息管理所投入的人工、设备、管理费等，用定量方式计算成本；通过采用定性评估的方法，评估产生的经济效益。

（3）技术评价：主要是评价在项目信息管理投入使用的技术性能是否达到设计要求，是否发挥了预期的效果。此部分评价可以采用定性方式。

通过上述管理、经济、技术综合评价，可以分析项目信息应用是否达到预期效果，投入/产出是否在可接受范围内，投入的各种资源是否得到充分利用，经济效益是否理想等。并可以发现在信息应用方面的不足，为持续改进信息管理工作提供参考。

15.5 文件与档案管理

在工程项目上，许多信息是以文件为载体进行收集、加工、传输、存储和使用的，并在项目竣工时整理成工程档案交付城建档案馆（室）、建设等相关单位，因此工程文件与档案管理是项目信息管理的重要组成部分。项目部应配备专职或兼职的文件与档案管理人员，随工程进度及时收集、整理文件与档案，并应按分类、分级和统一的规定标识认真书写，字迹清楚，保证真实、准确和完整。

项目现场的资料涵盖了技术、经济、生产、质量和安全等各个方面，资料文件繁多，容易造成遗失，特别是在进行归档时，工作量巨大。项目管理组织可选购市面上工程资料管理软件对工程中的质量、安全、监理、验收等资料进行统一填写、保存和归档，实现资料管理标准化、规范化和科学化。目前市场上的工程资料管理除了满足对资料本身的管理之外，还可以满足各级行政主管部门对工程资料监管要求。

对需要作为建设工程项目档案保存的资料文档，其管理应符合现行的《建设工程文件归档规范》GB/T 50328—2014 等国家标准、规范、规程和相关文件的规定。

工程档案管理方面，企业可建立覆盖企业和项目所有部门的档案管理系统，对企业的工程档案和文书档案的全面的信息化管理。其功能包括收集归档、整理编目、档案保管、

档案统计和借阅利用等全部环节，从用途上涵盖数据录入、归卷组卷、案卷调整、数据统计、报表输出等方面，主要解决档案管理全过程中的计算机辅助应用问题，实现档案业务管理流程的自动化，提高档案工作的时效性和科学管理水平以及档案资源开发利用水平。企业在选择档案系统时，应考虑与综合项目管理系统的集成，实现项目文件与档案管理的一体化应用。

15.6 信息安全管理

15.6.1 概述

在当代社会，信息已成为一种资源和资产。项目信息不仅包括与计算机、网络相关的数据、资料，还包括专利、标准、专有技术、文件、图纸、施工工艺、计划、资源配置、统计数据等，无论是对国家、企业还是个人而言，都是具有价值的信息资产，需要对其进行安全和妥善的保护。

信息安全是指信息系统（包括硬件、软件、数据、人、物理环境及其基础设施）受到保护，不受偶然的或者恶意的原因而遭到破坏、更改、泄露，系统连续可靠正常地运行，信息服务不中断，最终实现业务连续性。在信息化管理中，信息安全在概念上有两层含义，一是信息系统的安全保障，二是信息数据的保密性、完整性和可用性等安全保障。包括以下几个方面：

（1）系统安全。是指运行系统安全即保证信息处理和传输系统的安全。它侧重于保证系统正常运行，避免因为系统的崩溃和损坏而对系统存储、处理和传输的消息造成破坏和损失，避免由于电磁泄漏，产生信息泄露，干扰他人或受他人干扰。

（2）网络安全。是指网络上系统信息的安全。包括用户口令鉴别，用户存取权限控制，数据存取权限、方式控制，安全审计，安全问题跟踪，计算机病毒防治，数据加密等。

（3）信息传播安全。网络上信息传播安全，即信息传播后果的安全，包括信息过滤等。它侧重于防止和控制由非法、有害的信息进行传播所产生的后果，避免公用网络上大量自由传播的信息失控。

（4）信息内容安全。网络上信息内容的安全。它侧重于保护信息的保密性、真实性和完整性，避免攻击者利用系统的安全漏洞进行窃听、冒充、诈骗等有损于合法用户的行为。其本质是保护用户的利益和隐私。

15.6.2 信息安全要求

项目组织在进行项目信息安全控制之前应从以下几个方面对项目信息安全要求进行明确：

（1）法律法规的相关要求。国家、行业等有关信息安全方面的法律法规是对项目信息安全的强制性要求，项目组织应对现有的法律法规进行识别，将其中适用的规定转化为项目信息安全要求。

（2）合同条约的相关要求。不同类型或用途项目对信息安全的要求等级是不同的，如涉密工程。项目组织要考虑项目相关各方提出的具体信息安全要求，包括合同要求、招标条件与承诺等，经确认后落实为项目信息安全要求。

（3）组织制定的原则、目标和规定。应根据组织制定的已有信息安全原则、目标、规定以及信息处理原则等来确定项目信息安全要求，以及加强内部管理的要求以确保支持组织经营的信息处理活动的安全。

（4）信息安全风险评估的结果。项目信息安全要求应针对每一项信息资产所面临的威胁、存在的薄弱环节、产生的潜在影响及其发生的可能性等因素来综合分析确定，这也是信息安全管理的基础。

15.6.3 信息安全制度

为对项目组织所面临的信息安全风险实施有效地控制，要针对具体的威胁和薄弱点采取适当的控制措施，包括各种各样的管理手段和技术方法。信息安全技术是信息安全控制的重要技术手段，但单独依靠技术手段来实现信息安全的能力是有限的。信息安全技术应当由适当的管理制度、程序等来支持。实践证明，信息安全除了安全技术，还需要管理措施来保障。安全管理制度应包括如下内容：

（1）明确信息安全制度应用范围。要明确制度的应用范围，如机房管理、账户管理、远程访问管理、特殊权限管理、设备管理、变更管理等方面的内容。

（2）人员职责定义。要明确相关岗位人员的责任和权利范围，并要征求相关人员的意见，要保证责任明确。

（3）行为规范规定。要明确安全管理规范化的流程和行为，来保证各项管理工作的一致性。

（4）评估与完善。要定期对其进行评估，根据实际环境和情况的变化，对制度进行修改和完善，必要时考虑管理制度的重新制定。

15.6.4 信息安全技术

目前基于信息系统的信息安全的技术措施主要包括以下几个方面：

（1）网络防火墙技术。目前，最成熟的网络安全技术之一是网络防火墙技术。网络防火墙技术通过在计算机的内部建立一种内部协议，如果外界网络访问没有通过防火墙的确认和验证，将无法连接到计算机终端。用户可通过系统有效了解外界网络连接到内部系统的详细信息，最大程度上避免了恶意攻击对用户计算机系统的危害，降低计算机病毒对企业系统的入侵威胁，保护企业信息安全。

（2）网络信息加密技术。为了有效保障网络上传输的信息安全性，可在信息传输过程中，采用信息加密技术，保证信息在传输过程中的安全。信息加密技术可保证信息被盗时，对方也无法对信息进行破译，提高了网络信息的安全。目前，网络信息加密技术主要是在信息发送端对信息进行加密，在信息接收端利用密钥对信息中的密码进行破译，将信息进行还原。企业在互联网应用中，可在信息化平台中采用此项技术，将一些重要的业务数据和系统访问信息进行加密传输，保证企业数据安全。

（3）网络身份认证技术。身份认证是防止网络主动攻击的重要技术，其目的是检查信息完整性和检查信息发送者身份是否为真，以此保证在传送过程中没有发生重放信息、延迟信息或者窜改信息等现象。在企业互联网应用中，认证的技术主要包括有身份认证、数字签名还有消息认证。身份认证与消息认证可以解决在通信双方利害相同条件下避免第三者破坏与伪装的问题。数字签名可以避免别人冒名顶替对信息进行接收和发送，避免对方在事后不承认已经做出的接收和发送行为，这对其企业管理中的文件签署、重要信息的修改保护等具有重要意义。

(4) 数据备份恢复机制。保障企业信息系统和数据安全的一个必要措施就是建立合理可靠的备份和恢复机制。本机制主要是为了应对系统出现紧急情况而采取的一些解决方案和预案，具体内容包括资源备份和系统备份工作。目前大部分企业普遍采用简单的数据库自动备份机制，这个投入低，仅需要购置一定数量的磁盘阵列，对数据按照天、周、月进行备份，但是这样的备份需要手工恢复，无法自动切换系统，同时也无法解决 WEB 系统备份问题。对于实时性要求比较高的系统，应建立系统安全备份整体方案，采用双机热备和负载均衡等先进技术，做到了系统出现问题时自动切换，将系统问题对业务的影响降到最低。但这种方式投入大、难度高，需要软件公司配合，适用于大型施工企业。

(5) VPN 专用网连接。虚拟专用网络（Virtual Private Network，VPN）技术是一种可信任的安全访问专用网络技术。它提供了一种通过公共非安全的介质（如 Internet）建立安全专用连接的技术。它可以帮助用户、公司分支机构、商业伙伴等建立穿越开放的公用网络的安全隧道。同时，为了保证 VPN 的安全性，必须与认证、加密和访问控制等安全手段紧密结合。目前很多大型建筑施工企业针对外省市项目访问公司系统都建立了 VPN 专用链接通道，以此保证安全。

15.7 信息技术应用

15.7.1 概述

信息技术代表一种先进的生产力，其有效应用不仅关系到项目的成功与否，影响着企业的长远发展，也关乎着行业的持续健康发展。在项目管理中，可应用如图 15-3 所示信息技术架构，形成"云＋网＋端"的信息应用模式。该模式通过实现工程现场数据和信息的实时采集和分析，实现各管理层级、业务管线、现场工作、业务系统内部和之间的互联互通，实现业主、设计院、供应商、分包商等各产业链之间企业的互联互通，在整个产业

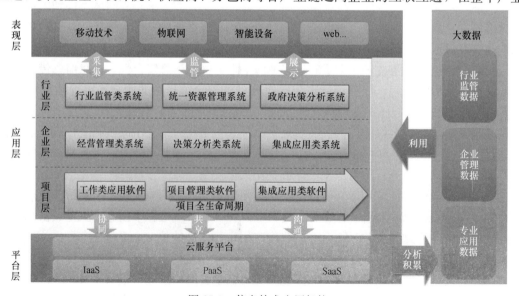

图 15-3　信息技术应用架构

范围内实现资源共享和合作共赢。

信息技术应用架构包括平台层、应用层、表现层和行业大数据。

1. 平台层

通过平台层的云计算对 IT 平台进行整合，提升资源利用率，满足对快速部署业务的响应，实现对各种增值业务的支撑。应用云服务具有低成本投入、计算速度高、易管理与维护等特点，解决了当前技术模式不能解决的服务问题，使提供更灵活的信息消费（各种服务及多租用户应用服务）和信息集成能力成为可能。项目参建各方可以通过公有云和私有云，更自由的访问数据，更高效处理数据，更便捷的协作。

2. 专业应用层

专业应用包括行业监管层、企业管理层和项目管理层。它们围绕建筑施工项目，形成大量服务于建筑全生命周期（可研、设计、采购、施工）的专业应用软件，并依托于互联网技术搭建的"云＋网＋端"的技术架构，形成支持实时在线、及时沟通、高效协同的应用模式，实现行业、企业和项目三个层面对项目的高效监督和管理。

3. 表现层

表现层是基于物联网技术、移动互联网技术和 web 技术等实现多样化的数据采集和展现的客户端程序。表现层在满足工程现场数据和信息的实时采集和分析的同时，也支持现场各种业务和办公的工作都可以通过手机和 PAD 进行及时的处理。决策者通过手机移动终端的接入，利用商业智能的手段对业务系统的数据进行分析和数据挖掘，并以图表和报表的方式在手机或 PAD 的终端展示，实现随时随地的移动管理和决策。

4. 行业大数据

在专业应用信息化工具和系统的使用过程中，会产生各种各样的专业数据，形式上分为结构化和非结构化数据，类型上包括项目生命周期中的交易数据、进度数据、质量数据、成本数据、行为数据等。对这些数据进行收集、处理和加工，多个项目的数据再次汇集、累积和分析将形成企业数据资源，多企业数据汇集形成行业数据资源，这个过程形成的数据称之为行业大数据。通过对行业大数据进行收集、处理、分析和再利用，可提高数据的价值，形成可重复利用的数据资源，为各方提供高附加值的数据服务。

15.7.2 信息技术在工程项目中的应用

随着行业、企业对信息技术应用价值的认知，信息技术在工程项目中的应用越来越普及，同时集成应用也越来越多。本节选取几项行业关键信息技术进行应用阐述。

1. 建筑信息模型（Building Information Modeling，BIM）

建筑信息模型（Building Information Modeling，BIM）以三维数字技术为基础，集成了建筑工程项目各种相关信息的工程数据模型。对于建筑施工行业而言，BIM 技术在施工阶段应用对于节约成本、加快进度、保证质量等方面可起到重要的作用。

相比于传统的二维 CAD 设计，BIM 技术以建筑物的三维图形为载体进一步集成各种建筑信息参数，形成数字化、参数化的建筑信息模型，然后围绕数字模型实现施工模拟、碰撞检测、5D 虚拟施工等应用。借助基于三维图形的 BIM 技术能在计算机内实现设计、施工和运维数字化的虚拟建造过程，并形成优化的方案指导实际的建造作业，极大提高设计质量、降低施工变更、提升工程可实施性。

目前，BIM 技术已经被广泛应用在施工现场管理中。在施工方案阶段，利用 BIM 技术可以进行施工模拟，分析施工组织、施工方案的合理性和可行性，排除可能的问题。例如管线碰撞问题、施工方案（深基坑、脚手架）模拟等的应用，对于结构复杂和施工难度高的项目尤为重要；在施工过程中，将成本、进度等信息要素与模型集成，形成完整的 5D 施工模型，帮助管理人员实现施工全过程的动态实物量管理、动态造价管理、计划与实施的动态对比等，实现施工过程的成本、进度和质量的数字化管控。目前，BIM 技术的应用逐渐呈现出与物联网、智能化设备、移动等技术集成应用的趋势，发挥着更大的作用；在竣工交付阶段，所有图纸、设备清单、设备采购信息、施工期间的文档都可以基于 BIM 模型统一管理，可视化的施工资料和文档管理，为今后建筑物的运维管理提供了数据支撑。

2. 云计算技术

云计算是一种商业计算模型，一种新兴的共享基础架构的方法。它统一管理大量的计算机、存储设备等物理资源，并通过分布式计算技术将这些资源虚拟化，形成一个巨大的虚拟化资源池，将海量的计算任务均匀分布在资源池上。使用户能够按需要动态获取计算力、存储空间和信息服务，而不受物理资源的限制。与传统的单机和网络应用模式相比，基于云计算的服务器平台为用户带来高可靠性、高扩展性和高性价比。

云计算在建筑行业主要支持以下三个方面：

（1）施工现场应用：建筑施工行业互联网应用呈现碎片化特征，正逐步深入到施工现场。但是，项目部现场往往不适合搭建信息化服务器，通过"公有云"部署方式，避免施工现场部署网络服务器，简化了现场互联网应用，有利于现场信息化的推广。

（2）协同和共享：云计算平台保证了现场信息化系统的实时在线，现场人员可通过手机、iPad 等移动端设备实施采集数据，并通过云端实现数据的实时分发、共享和在线沟通，可支持项目不同层级、不同参与者、不同业务之间的协同和共享。

（3）虚拟化的项目管理：基于物联网、移动应用等新的客户端技术和云计算平台集成，形成"云＋端"的应用模式，支持施工现场数据的实时采集、高效分析、及时分发和随时获取，实现施工现场数据流转、流程审批的实时在线化，项目管理虚拟化。

3. 大数据技术

关于大数据维基百科的定义是：大数据指的是所涉及的资料量规模巨大到无法通过目前主流软件工具，在合理时间内达到撷取、管理、处理并整理成为帮助企业经营决策目的的资讯。随着信息技术在工程项目的应用和管理需求，信息传播的方式逐渐从单纯的业务表单向音频、文字、图片、视频等半结构化、非结构化数据转变，这使得数据规模以极快的速度增长，数据类型也越来越复杂项目施工过程中将会产生海量的数据，给传统的数据分析、处理技术带来了巨大的挑战。为了应对这样的新任务，与大数据相关的数据采集、存储、挖掘和分析等技术成为互联网应用中的关键技术。

目前建筑行业主要包括以下几个方面的大数据应用：

（1）行业监管数据。行业监管数据是在行业监管应用系统、行业监管决策系统建立和运行过程中形成的可共享的公共数据资源，这些统一的数据资源为监管决策提供支撑。例如通过对建筑业企业、从业人员和项目运行等数据进行收集、分析和决策，形成全省、全国范围内统一的企业库、人员库、项目库、信用库，通过四库互联互通，以身份证可以查人员，以单位名可以查人员，以人员可查单位，保证数据的全面性、真实性、关联性和动态性，并基于数据的分析为市场监管与行政审批的提供支持。

(2) 企业管理数据。企业管理数据主要是在企业经营管理、项目管理等管理类应用系统使用过程中产生并积累形成的，作为企业管理的知识库，辅助系统的运行和管理的调用。它包括三类数据：一是基础数据类，基础数据库为企业或项目信息系统运行提供基本的管理信息，它即是应用系统的一部分，也是企业管理必备的信息，基础数据在系统中进行管理和维护，例如投标数据库、合同数据库、工程资料库、工艺工法库、供应商信息等；二是业务分析数据，主要包括成本分析数据库、资金使用分析、项目指标分析等，分析数据为企业管理决策提供支持，提高企业经营管控能力；三是行为数据，行为数据是在管理过程中，对企业或项目部的业务行为和业务行为发生时相关环境进行观察，并形成分析报告。例如针对行业互联网金融服务和征信服务，通过对项目运行过程中企业或项目部的项目运行信息，诸如质量、结算支付、进度计划等进行综合分析，并根据分析模型给出企业或项目的信用数据，辅助互联网金融服务。

(3) 专业应用数据。专业应用数据是在各类具体的工作类软件应用过程中产生并使用的专业数据，这些专业数据经过有效管理、分析和利用，使数据成为企业的知识，为业务工作带来实际价值。例如在工程算量和造价过程中使用的企业定额、造价指标和材价信息等。这些专业应用数据可以基于云平台建立市场化的大数据服务，对海量工程造价数据中进行收集、分析、挖掘，并及时整理和发布，帮助工作人员更智慧的完成业务工作。例如当前某些协会和软件厂商建立基于互联网的造价信息服务，支持工作人员在预算编制、变更和结算时能够获得实时准确的材料价格和造价指标信息。

4. 物联网技术

物联网 (The Internet of things) 是通过在建筑施工作业现场安装各种射频识别 (RFID)、红外感应器、全球定位系统、激光扫描器等信息传感设备，按约定的协议，把任何与工程建设相关的人员或物品与互联网连接起来，进行信息交换和通讯，以实现智能化识别、定位、跟踪、监控和管理的一种网络。弥补传统方法和技术在监管中的缺陷，实现对施工现场人、机、料、法、环的全方位实时监控，变被动"监督"为主动"监控"。物联网具备三大特征：一是全面感知，利用传感器、RFID、二维码等采集技术，随时随地获取现场人员、材料和机械等的数据；二是可靠传送，通过通信网与互联网，实时获取的数据可以随时随地的交互、共享；三是智能处理，利用云计算、大数据、模式识别等智能计算技术，对海量的数据进行分析与处理，提起有用的信息，实现智能决策与控制。因此，物联网不是一项技术，它是多项技术的总称，从其技术特征和应用范围来讲，物联网的技术可以分为自动识别技术、定位跟踪技术、图像采集技术和传感器与传感网络技术。

(1) 物联网技术的单点应用。即通过单独的物联网技术和相应的系统帮助提高施工现场的质量、安全的监管效率和能力。一是在质量安全的试验和检测方面，通过物联网技术对建筑工地环境监测、大体积混凝土浇筑监测、钢结构应力应变、地基监测、预应力梁的监测、基坑支护监测等工作进行检测和测试。二是质量安全的监控方面，针对建筑的重点部位和施工关键工序、危险性较大的分部分项工程、实现对工程施工各阶段、各部位的安全、质量的实施监控。例如对作业面临边防护、起重设备运行、外脚手架、地下空间施工等危险源进行监控，提高安全和质量的监管能力。三是在人员管理方面，对现场施工人员安全帽，安全带，身份识别牌进行相应的无线射频识别，可以实现人员在施工现场的定位和跟踪，使管理人员精准定位隐患位置，从而采取措施以避免安全事故的发生。四是在物料管理方面，在施工过程中的物料运输、进场、出入库、盘点、领料都可以采用 RFID 电子标签，通过物联网进行跟踪和监控。

（2）是物联网技术的集成应用。即通过物联网技术与专业信息技术、信息化管理平台的集成应用。一是在专业技术方面，物联网与 BIM 技术、建筑工业化等呈现出集成应用的趋势。例如在预制构件生产阶段，将带有构件信息的 RFID 芯片植入预制构件，通过读写设备提高了预制构件在制造、现场装配过程中的可识别性，同时将芯片的编码被记入构件的 BIM 模型，基于模型保证了预制件装配的正确性，提高施工效率。二是在管理方面，通过将物联网数据与信息化管理平台集成，提高了管理平台获取数据的及时性，增强了管理平台的感知性，更加智能。例如在政府安全监管中，将现场塔吊黑匣子数据、现场视频监控等与监管平台建立接口，实现集成应用，现场数据及时反馈至监管系统中，并根据安全指标及时给出预警，提高了监管能力，提高了施工现场安全管理水平。

5. 智能化技术

智能化技术主要是将计算机技术、精密传感技术、自动控制技术、GPS 定位技术、无线网络传输技术等的综合应用于工艺工法或机械设备、仪器仪表等施工技术与生产工具中，提高施工的自动化程度及智能化水平。智能化技术的应用可大大改善操作者作业环境，减轻了工作强度，提高了作业质量和工作效率，特别是可有助于解决重点和危险的施工环节和场合问题。

（1）智能化测量技术。智能测量技术是指在施工过程中，综合应用自动全站仪、电子水准仪、GPS 测量仪、数字摄影测量、无线数据传输等多种智能测量技术，解决特大型、异形、大跨径和超高层等结构工程中传统测量方法难以解决的测量速度、精度、变形等难题，实现对建筑结构安装精度、质量、安全、施工进度的有效控制。一是自动全站仪，它是一种集自动目标识别、自动照准、自动测角与测距、自动目标跟踪、自动记录于一体的测量平台。技术组成包括坐标系统、操纵器、换能器、计算机和控制器、闭路控制传感器、决定制作、目标捕获和集成传感器等八大部分。例如在钢结构地面拼装中，可使用智能型全站仪及配套测量设备，利用具有无线传输功能的自动测量系统，结合工业三坐标测量软件，实现空间复杂钢构件的实时、同步、快速地面拼装定位。二是 GPS 测量仪，它采用 GPS 全球卫星定位系统能够提供实时的经度、纬度、高程等导航和定位信息，利用 GPS 的定位功能，得出各个点的坐标，再通过数学方法计算出距离、面积等数据。例如利用 GPS 空间定位技术，结合智能型全站仪和高精度电子水准仪以及条码式钢瓦水准尺，按照现行《工程测量规范》，实现高精度三维测量控制网布设，建立多层级、高精度的三维测量控制网。三是数字近景测量技术，摄影测量是一门通过分析记录在胶片或电子载体上的影像，来确定被测物体的位置、大小和形状的科学。其中，近景摄影测量是指测量范围小于 100m、相机布设在物体附近的摄影测量。它经历了从模拟、解析到数字方法的变革，硬件也从胶片相机发展到数字相机。数字近景摄影测量具有测量现场工作量小、快速、高效和不易受温度变化、振动等外界因素的干扰等优点。例如在高精度钢结构性能检测及变形监测中可利用数字近景摄影测量技术对钢结构桥梁、大型钢结构进行精确测量，建立钢结构的真实三维模型，并同设计模型进行比较、验证，确保钢结构安装的空间位置准确。

智能测量技术呈现出与 BIM 技术集成应用的特点。例如自动全站仪结合 BIM 技术在机电施工过程中实现精确放样，有效衔接土建施工和机电深化设计。通过自动全站仪复核现场结构信息，完成对 BIM 设计模型的修复，优化机电深化设计，减少施工错误。修正后的结构模型以三维坐标数据形式导入测量机器人中，通过自动全站仪实现机电管线及设备在施工现场的高效精确定位，保证优良的施工质量。利用自动全站仪采集施工现场数据，通过实测数据与设计数据的对比，可以实现辅助施工验收，确保施工成果的质量水平达到设计要求。

（2）智能化机械设备。随着工业转型升级需求释放、生产力成本上升、技术发展进步等，工业机器人在不少制造领域已隐隐形成替代人工的趋势。在工程机械设备行业中，这一趋势或许同样适用，智能化已成为工程机械设备行业的主要趋势和方向发展，而智能化水平的高低对我国工程机械设备的发展具有至关重要的作用。

智能化机械设备的应用有两方面，一是将智能化控制技术改进施工工艺，提高工艺的自动化程度和精确控制能力。例如在模板脚手架施工工艺中的智能整体顶升平台技术，通过一套整体钢平台，采用长行程油缸和智能控制系统，顶升模板和整个操作平台装置，适应复杂多变的核心筒结构施工，保证全过程施工进度、安全和质量要求。其中智能控制系统是由集中控制台、开度仪、压力传感器和相关数据线组成，所有动作均提前编程并输入电脑，实现智能控制。二是将 GPS 技术、传感器、自动控制技术、图像显示技术和软件系统等集成应用到诸如挖掘机、推土机和摊铺机等机械设备上，可提高机械设备生产效率和能力、改善施工机械安全性、缓解人力资源短缺和延长施工时间等。例如在挖掘机应用 GPS 引导的坡度控制系统，采用 GPS 接收器，确定设备开挖方向并获得铲斗三维坐标位置信息，并通过安装光棒、车体纵横角度传感器、小臂解读传感器等，辅助操作人员准确的完成边坡开挖，使得复杂且费时费力的开挖变得简单快捷。

6. 移动互联网技术

移动互联网是互联网与移动通信互相融合的新兴技术，是一种通过智能移动终端，采用移动无线通信方式获取业务和服务的新兴业务。在建筑施工行业，由于工程项目地域分散、从业人员工作移动、施工现场环境复杂，制约着互联网的应用实施。随着移动互联网的发展，如 4G 网络的普及，Pad 平板电脑、智能手机等终端设备的技术成熟与普及，利用移动互联网代替传统互联网的应用进行日常工作和生产作业成为可能。

建筑行业移动互联网应用主要包括以下几方面：

（1）在企业管理中的应用。充分利用移动互联网的实时性和便携性等特性，将移动互联网应用于企业管理、项目管理中，或者与现有的企业 ERP、项目管理系统进行集成应用。例如企业办公系统有逐渐向移动端转移的趋势，流程审批、公文流转、通知公告、日程提醒等均通过智能手机完成，极大提高了办公效率。项目管理系统与移动应用集成，现场人员通过移动设备分发任务，加快信息传递的效率；管理层通过移动终端可直接审批流程，随时查看项目进度、成本、质量等业务数据，辅助决策。

（2）在业务工作中的应用。施工现场人员流动作业、工地环境复杂，项目管理人员多是在现场作业，抱着笔记本电脑下工地不切实际。通过移动互联网应用可提高信息共享和传递的效率，辅助现场工作。例如，现场通过 PAD 实现电子化的图纸或模型的共享和展示，方便变更洽商、设计交底、施工指导、质量检查等工作。

(3) 与新技术的集成应用。首先是与 BIM 技术的集成应用。在施工质量检查过程中，质量管理人员可应用移动终端设备调用 BIM 模型，通过三维模型与实际完工部位进行对比，对施工部位进行对比检查；然后是与物联网技术集成应用。通过 RFID、电子标签、测量器、传感器、摄像头等终端设备，实现对项目建设过程的实时监控、智能感知、数据采集和有效管理，并结合移动设备，将这些实时的数据及时分发出去，并给出提醒等，提高作业现场的管理能力，加强了人与建筑的交互。

15.7.3 信息技术应用实施方法及步骤

当前很多企业和组织都已认识到信息技术的应用是一个系统工程，并制定了相应的规划和配套了相应的流程与制度。信息技术的应用实施应在组织的信息化规划下进行。从具体的应用实施方法与步骤上，一般需经过获取需求、编制计划、系统建设、试点项目应用、总结与推广 5 个环节。首先，组织需结合自身现状和发展要求获取信息技术的应用需求；其次，按照总体规划、分步实施的思路进行信息技术的选择与建设；然后，组织可以选取一定数量的试点工程项目进行技术应用实践；最后，对试点项目的应用效果进行总结，并在企业其他项目中进行应用推广。

1. 明确应用需求

组织要应用信息技术，首先要获取企业和项目层面的应用需求。应用需求的获取方式可以通过问卷调查、会议讨论、邀请厂家交流探讨等方法实现。在获取需求时，要明确该技术要解决的问题类型，是解决单个技术问题，还是解决管理问题。解决单个技术问题，需要的信息技术相对单一；解决管理问题，可能需要多个信息技术，技术之间还可能有集成需求，也可能是需要一套信息管理系统。

2. 制订应用计划

制订切实、可行的应用计划是组织进行信息技术正确实施与应用的前提条件。按照总体规划、分阶段实施的思路，制订信息技术的应用计划，主要包括：信息技术的选型与建设、试点项目选择与应用计划、技术应用持续改进完善计划、应用推广计划等。

3. 系统建设与部署

信息技术的应用建设需要结合企业的具体情况和市场成熟度进行考虑选择。对市场上比较成熟且通用的技术应用，建议直接进行采购使用，一般经过选型、部署、应用等环节。这种方式周期快、投入低、易见效。对有独特应用需求的技术应用，宜采用自主开发或定制开发的方式进行建设。在这种方式下，一般需要经过应用需求分析、功能设计、研发、测试、改进等环节才能部署使用。这种方式周期长、投入大、效益显现慢，但应用效果相对采购通用产品要好很多，而且可以成为组织的知识资产，发挥长期的效益。

4. 试点项目应用

信息技术的应用一般应选择试点项目进行应用，以验证和完善应用，并积累应用经验，为推广应用提供经验。对于试点项目的选取，建议选取中等规模、项目管理人员年龄构成以中青年为主的项目。待试点项目应用完成后，应及时对项目应用经验、成果进行总结，指导信息技术应用的改进与完善。

5. 应用总结与推广

信息技术的应用可以为企业汇集海量的工程项目电子化信息。这些信息作为企业重要的组织过程资产，对于企业对在施项目考核、后续项目投标、数据挖掘、形成企业大数据等具有重要作用。同时，信息技术的应用也是一个不断迭代、改进、更新的过程，企业需要在应用实践过程中，不断总结应用经验教训、推广成熟的应用经验，实习对项目实现精益化管控。

15.8 知 识 管 理

15.8.1 概述

知识管理是对知识、知识创造过程和知识的应用进行规划和管理的活动。知识可按不同标准进行各种分类。奥地利哲学家波兰尼（M·Polany）按知识能否通过编码进行传递这个标准，把知识分为编码型的显性知识和意会型的隐性知识。在这种认知下，知识管理可被视为是一个学习的过程。

显性知识是指项目在执行过程中团队内部人员完成的文档，以及外部技术调查、研究成果等表象信息，是可视的、可以明确表达的、客观存在的、易于描述的、可以确认的知识。就是那些能够用正式、系统的语言表述、简单的手段观摩和展示的知识，通常以承载知识的实物、文件、数据库、说明书、报告等形式存在。隐性知识是个人技能的基础，是通过实验、犯错、纠正、总结的循环往复而在经历中形成的"个人惯例"。它一般是以个人、团队的经验、习惯、直觉、想象、创意、诀窍、风格、风俗等形式存在。隐性知识是不可能传播或传播起来非常困难、极度个性化、难以规范的知识，不易用语言表达。知识管理其中一个重要作用就是把这些隐性知识变为显性知识，形成团队的智力资源和知识资产。

知识管理具有以下作用和意义：

（1）知识的有效管理能够提高项目执行的效率。通过跨部门、跨领域的知识共享，可以拓宽团队成员的知识面；能够使团队借鉴更多项目成功的经验，汲取更多项目失败的教训，降低失败概率，减少不必要的重复工作，减低项目的执行成本，提高项目运作效率，增强核心竞争力。

（2）知识的有效管理也可以降低新项目的风险，或者对新项目能够及早明了风险所在，为采取有效措施提供充分的时间保障。

（3）知识的有效管理还能形成企业的知识库，能够减少由于人员岗位的变动和离职造成的损失，为企业提高员工的素质和创新能力服务，为企业增强对环境的适应能力、保持竞争优势、获得可持续发展。

在一个组织的信息化发展过程中，信息管理与知识管理各有其重要性，并互有联系，并具有如下关系：

（1）知识管理是在信息管理基础上发展起来的。

（2）知识管理包括了信息管理的全部或部分内容。

（3）信息管理与知识管理可同时并行存在，随着企业的发展，它们各自的比重在发生变化，知识管理的重要性相对地在提高。

15.8.2 知识管理主要内容

知识管理的内容很丰富，包括知识的识别、获取、分享应用、创新等。知识管理离不开技术，特别是包括数字技术、网络技术、智能技术在内的信息技术及其智能化的信息系统。

1. 识别知识应用需求

组织应首先识别在相关范围内所需的项目管理知识,一般需获得如下知识:知识产权、从经历获得的感受和体会、从成功和失败项目中得到的经验教训、过程、产品和服务的改进结果、标准规范的要求、发展趋势与方向等。

2. 知识的收集与整理

为实现有效的知识收集与整理,组织应设计合理的收集、分析和整理知识的流程,配套相应的组织人员,建设知识管理信息系统。

在知识收集来源上,包括组织内部和组织外部来源。在组织内部知识收集上,应特别注意收集组织成员个体上身上蕴藏的隐性知识,这部分知识往往是他最有价值的知识和经验。比如师徒的言传身教一般会通过非正式渠道交流和分享,其他人基本无法获得这些知识。组织可以采取安排企业内部网络社区和论坛、集体休闲活动、工作聚餐等方式,让团队成员在轻松的环境中说出自己的工作经验和教训等,安排专人进行记录整理。

在知识的整理方面,组织应成立专门的经验、知识审核与分析团队,对收集的知识定期进行分析、提炼、评价,判定其价值后进行分类整理,并按统一的规范录入知识管理系统中,保证知识的可用性和便于检索者使用。

3. 知识的应用与分享

知识可转化为专利、品牌、商誉等无形资产,它往往比有形资产更有价值。知识还可构成智力资本,它在组织发展中比物质资本或货币资本还有意义,应该建立知识传递的渠道,实现知识应用于分享,使它发挥更大的作用。

组织在建立知识传递的渠道时,应充分利用互联网、移动互联网等技术,充分实现知识在整个组织的交流和共享。

组织应建立激励机制,培植企业文化,把企业变成学习型组织,不断进行知识更新与创新。

15.9 项目信息与知识管理案例

北京某集团通州口岸项目信息管理的应用:

15.9.1 项目概况

通州口岸项目是北京住总集团和北京通州区的重点建设项目,总建筑面积 167059.35m^2,结构类型为框剪结构,抗震烈度为 8 度,建筑使用年限 50 年。该项目战略意义重大,具有管理要求高、质量标准高、工期任务紧等特点。北京住总集团要求该项目要实现标准化、精益化管理,应用信息技术是实现该目标的关键支撑。项目效果图见图 15-4。

15.9.2 应用内容

针对集团对项目的管理要求以及项目组织自身对项目管理需求,项目组织经过多次考察及研讨,与集团协商制定了详细的项目信息计划和实施方案,并制定了项目信息化应用框架,如图 15-5 所示。

通过充分利用 BIM、云计算、物联网、移动、智能化等信息技术,搭建项目、集团

15.9 项目信息与知识管理案例   455

图 15-4 项目效果图

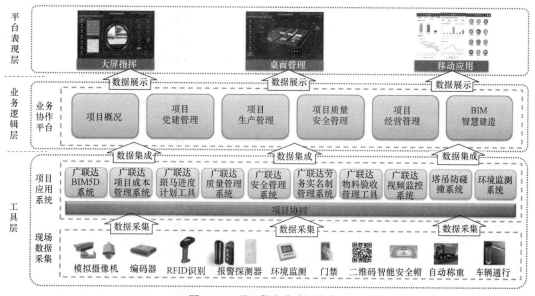

图 15-5 项目信息化应用框架

两层信息管理平台,并通过信息集成,打破信息孤岛,实现项目的标准化、精益化、智能化管理。

业务协作平台在集团层面统一部署,项目层面平台采取分布式建设方式。业务协作平台通过标准的数据接口,从各项目应用系统中提取数据,利用数据仓库进行存储、提取和分析,为集团监管提供分析决策数据。

在业务协作平台建设上,因目前市场上没有成熟的系统,采用了定制开发的方式。项目层面则通过采用购买市场上成熟的应用系统进行建设,并要求供应商提供相应的数据接口。

因项目层面的应用系统相关资料比较多,本文不再赘述其应用。下面重点对定制开发的业务协作平台做应用说明。

1. 项目概况

项目概况包括项目管理看板、项目概况、环境监测实时动态信息以及智慧工地导航等，如图15-6所示。项目概况不仅是项目基本信息的形象化展示，更是项目管理目标整体执行情况和项目环境信息的实时动态反馈。

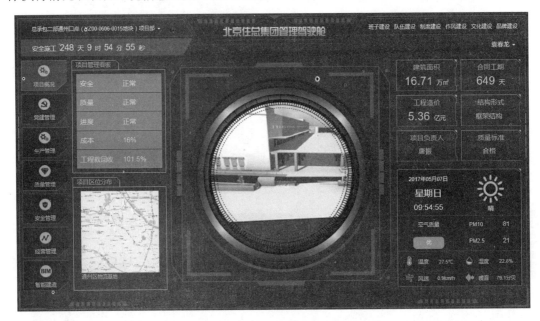

图15-6　项目概况主页面

2. 项目党建管理

项目党建管理是个性化需求，包括组织机构和党员分布，"三会一课"制度、两学一做专题教育、支部主题实践活动、综合新闻宣传报道等，如图15-7所示。

图15-7　项目党建管理

3. 项目生产管理

生产管理是工程项目管理的主线,其思路是以进度计划关联人、机、料、法、环等生产要素,串联整个现场生产。平台通过集成广联达斑马进度、广联达劳务实名制、塔吊防碰撞、环境监测管理、广联达视频监控系统等,实现对项目生产的动态管控与问题解决,应用效果如图 15-8 所示。特别是通过视频监控系统采集影像信息与 BIM 虚拟建造模型比对,可及时发现实际进度与计划进度偏差,并可采取预防和整改措施保证工程进度。

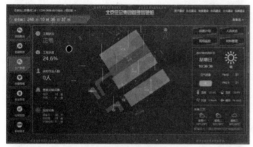
项目生产总览

项目人员管理

项目材料管理

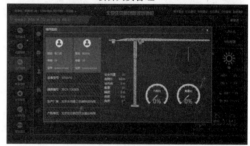
项目机械设备管理

图 15-8 项目生产管理

4. 项目质量安全管理

项目质量安全管理是业务协作平台建设的重点内容之一。通过广联达质量、安全管理系统,在 APP 端实现现场质量、安全巡检工作,在线完成检查、整改与复查循环。同时数据自动同步至 Web 端进行综合分析,可有效监控工程质量、安全管理状态,确保降低和避免安全风险的不利影响。应用效果如图 15-9、图 15-10 所示。

5. 项目经营管理

经营管理是工程项目管理的中心。通过构建合同、成本、资金分析模型,将工程回款、监理批量、完成产值、实际成本、工程回款、实付金额、应付金额等进行对比分析,以便能有效识别以收定支、项目盈利程度等关键管控目标的执行情况及变化趋势,如图 15-11 所示。

6. BIM 智慧建造

围绕 BIM 的模型,通过广联达 BIMFACE 专业图形引擎,实现 BIM 模型轻量化应用,在 Web 端可便捷浏览模型,进行模型构件信息查询等。通过广联达 BIM5D 专业工具,实现了模拟建造、可视化交底、管线综合以及 BIM 模型信息存储与共享等,为项目的精益化管理提供支撑,同时也符合项目业主方对于总包方以 BIM 为管理手段的项目管理要求,如图 15-12 所示。

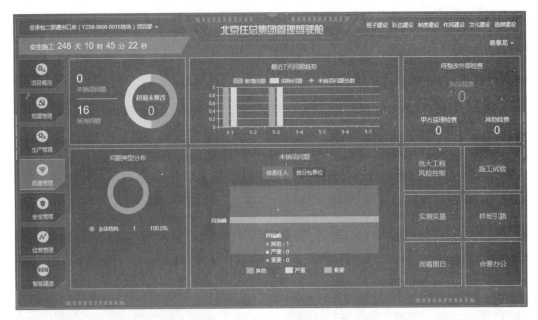

图 15-9　项目质量管理

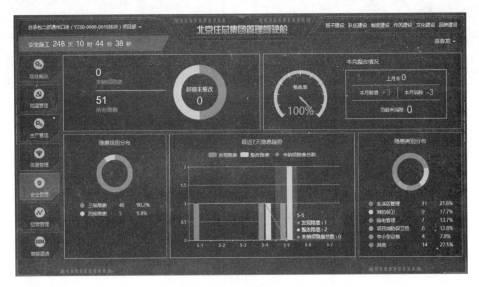

图 15-10　项目安全管理

7. 移动端应用

针对本项目的管理需求，业务协作平台同时开发了手机端 APP 移动应用，集成了各碎片化智慧工地工具手机端入口，形成项目直观的健康状况及预警信息的自动提醒，如图 15-13 所示。

15.9.3　应用效果

（1）有助于实时掌握项目全局。本项目作为公司总部以及北京通州区的重点项目之一，项目信息智能管理有效提升了对项目全局的管控能力。

15.9 项目信息与知识管理案例

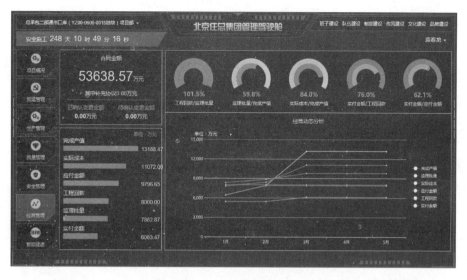

图 15-11 项目经营管理

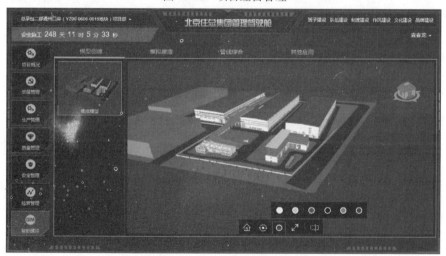

图 15-12 BIM 智慧建造

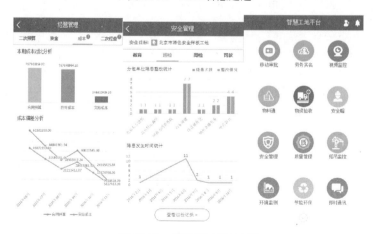

图 15-13 移动端 APP 应用

（2）有助于实现主动预警和协同沟通。通过移动端以及平台预警功能，可对各项数据集中整合后发现的问题做到主动预警，及时推送，有助于问题的及时协同处理和解决。

（3）有助于项目管理的持续改进。通过将日常例会、人工总结、整理的零散信息进行自动归集，提升了信息获取及实时应用的工作效率，并且通过平台的专业钻取技术还能进行反向追溯，进而准确分析问题的根本原因，避免同类问题再次发生，有利于项目管理的持续改进与提升。

第16章 项目沟通管理

16.1 项目沟通管理概述

16.1.1 项目沟通管理的概念

沟通是为了一个设定的目标，把信息、思想和情感在个人或群体间传递，并且达成共同协议的过程。这种信息的交流，既可以是通过通信工具进行交流，如电话、传真、网络等，也可以是发生在人与人之间、人与组织之间的交流。它有三大要素即：①要有一个明确的目标；②达成共同的协议；③沟通信息、思想和情感。

沟通管理是一个收集与反馈，存储与加工，解决与发布在项目执行过程中所汇集的各种信息的处理过程。简单地说就是信息的传递和理解。在项目组织内，沟通是自上而下或者自下而上的一种信息传递过程。在这个过程当中，关系到项目组织团队的目标、功能和组织机构各个方面。同样，与外部的沟通也很重要。

建设工程项目管理是涉及建设方、施工方、监理方等多方单位的复杂系统。而项目的沟通管理就是参与项目的人员与信息之间建立了联系，成为项目各方面管理的纽带，是实现项目有效进行、保障项目各方合理权益的重要手段，可以及时发现并解决技术、过程、逻辑和管理方法和程序中存在的矛盾和不一致，对取得项目成功是必不可少的。

组织管理效果的好坏可以通过其沟通效果来测定。沟通效果较好，则管理就较成功，工作效率就提高；反之，沟通不力，则表现为管理较差。因此，项目管理者必须建立良好的项目沟通管理机制，采取有力的手段，使系统结构均衡，项目顺利运行和实施。

16.1.2 项目沟通管理的内容

沟通管理的内容涉及与项目实施有关的所有信息，尤其是需要在各相关方共享的核心信息，包括内部关系、近外层关系、远外层关系等。

1. 沟通管理主要过程

沟通管理主要过程包括以下几个方面：

（1）沟通计划编制，包括确定项目干系人的信息和沟通需要，谁需要什么信息，什么时候需要，如何把信息发送给他们。

（2）信息发送，及时向各项目干系人提供所需信息。

（3）绩效报告，收集并发布有关项目绩效的信息，包括状态报告，进展报告和预测。

（4）管理收尾，生成、收集和分发信息来使阶段或项目的完成正规化。

2. 沟通方式

沟通的实际运作可以通过多种途径。口头沟通可能是运用最为广泛的方式。文字沟通（包括书面和屏幕形式）及音频、视频沟通（包括远程通信）在现代社会中是同等重要的沟通途径。然而，沟通不仅仅是上述几种方法，在人们面对面交流时，眼神手势等都是同样重要的沟通方法。某些公开场合，携带旗帜或其他标志物都有一定的含义，或者一个人的衣着和身体姿势也可能有重要的意义。有时非语言沟通比其他沟通方法更为重要。

(1) 口头沟通

这是运用最为广泛的沟通方式。它是一种高度个人化的交流思想、内容和情感的方式。口头沟通与文字沟通相比，为沟通双方提供了更多的平等交换意见的可能性。人们通过沟通信息的内容培育相互之间的理解。

为了使口头沟通更为有效，信息必须清楚、简洁。内容和语境都必须解释充分，沟通者要通过反馈测试人们对该信息是不是正确理解了。因为在语言沟通的时候，同样一句话，用不同的语气或者不同的表达方式，可以获得不同的效果。听众从沟通者的角度出发进行聆听信息。所以，要实现有效的沟通，沟通者和听众的思想境界必须一致。

(2) 文字沟通

在缺乏面对面的接触或远程通信设施的情况下，这种沟通方式是传递信息非常有价值的工具。特别是在面对很多人传递同意信息而且还需要有一个永久存档时，这种方法尤其有用。沟通者可以精确地表达他所想传递的信息，并有机会再给接受者发送之前充分的准备、组织这一信息。文字沟通的传递速度通常很慢，但目前通信技术的发展和广泛普及已在很大程度上解决了这个问题。文字沟通的其他问题有：不能得到及时的反馈，有关的部门没有机会对该信息进行讨论。现代通信技术能够在一定程度上解决这些问题，但从个人化和说服力的角度来看，这种沟通的效果是很有限的。

在一个有数千名职员的大型组织中，文字沟通可能是最方便的沟通途径。人们有白纸黑字作为行动的依据就很放心。目前从参考资料的目的出发，书面文字更是不可缺少的。这就是为什么书面沟通是管理工作核心的原因。

(3) 音频、视频、通信

通过高度发达、高效的通信、音频、视频辅助设备设施来使沟通变得更为有效，这种现象近年来日益增多。视觉感知是影响思想的一个很有潜力的工具。人们更易于理解并保留视觉印象而不是文字印象。音频、视频材料的一个问题是这种事先确定好的表达方式对某些听众并不合适，其使用是高度选择性的。

现代通信技术的出现又增添了一道新的风景。根据个人需要剪裁的信息几乎可以及时地发送。由于人脑保留视觉形象地时间比保留语言文字地时间长，所以，现代通信技术可作为一个极好的工具用来支持和强化其他形式地沟通。信息高速公路和逐步普及的互联网技术为增强沟通效果发挥了重要的作用。

3. 沟通的类别

(1) 项目经理部内部的沟通

项目经理所领导的项目经理部是项目组织的领导核心。通常项目经理部直接控制资源和具体的工作，而是有项目经理部中的职能人员具体实施控制，则项目经理和职能人员之间及各职能人员之间就存在着共同的必要。他们之间应该具有良好的工作关系，应当经常进行沟通和协调。

在项目经理部内部的沟通中，项目经理起着核心作用，如何进行沟通以协调各职能工作，激励项目经理部成员，是项目经理的重要课题。见图16-1。

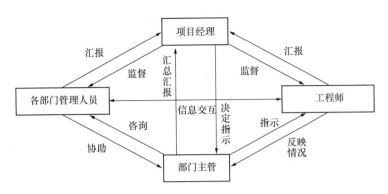

图 16-1 项目经理部内部的沟通

项目经理部的成员的来源与角色是复杂的，有不同的专业目标和兴趣。有的专职为本项目工作，有的以原来职能部门的工作为主。

1) 项目经理与技术专家的沟通是十分重要的，他们之间存在许多沟通障碍。技术专家常常对基层的具体施工了解较少，只注意技术方案的优化，而对社会和心理方面的影响，则注意较少。项目经理应该积极引导，从全局的角度考虑，既发挥技术人员的作用，又能使方案能在全局切实可行。

2) 建立完备的项目管理系统，明确划分各自的工作职责，设计比较完备的管理工作流程，明确规定项目中的正式沟通的方式、渠道和时间，使大家能够按程序、按规则办事。

但同时，项目经理不能够对管理程序寄予太大的希望，认为只要建立科学的管理程序，要求成员按照程序办事就能够比较好的解决组织沟通的问题。首先因为过细的管理程序使依赖于它的组织僵化；其次，由于项目具有一次性和特殊性，实际情况千变万化，对其很难进行定量的评价，要管理好项目，还是要依靠管理者的能力；再者，过于程序化不能灵活的应对外界条件的变化，使组织效率低下，组织的摩擦大，管理成本提高。

3) 由于项目的特点，项目经理应该从心理学、行为学等角度激励各个成员的积极性。虽然项目经理没有给项目成员提升、加薪的权力，但是通过有效的沟通，采取一系列的有效措施，同样可以使项目成员的积极性得到提高。

采用民主的工作作风，不独断专行。在项目经理部内放权，让组织成员独立工作，充分发挥他们的积极性和创造性，使他们对自己的工作产生一种成就感。项目经理通过自己的品格、热情和工作挑战精神来影响项目成员。

改进工作关系，形成团队。鼓励大家参与和协作，一起研究目标，制定计划，倾听项目成员的意见、建议，允许置疑，建立一种互相信任、和谐的工作气氛。

公开、公正、公平。对上层的指令、决策应该清楚快速地传达到项目成员和相关职能部门；对项目实施过程中存在和遇到的问题，不掩饰不逃避，让大家了解到真实情况，增强团队的凝聚力；合理分配工作，并能够客观公正的接受反馈意见；该奖则奖，该罚则罚，公平的进行奖罚。

4) 对以项目作为经营对象的组织，应形成比较稳定的项目管理队伍，这样尽管项目是一次性的，但作为项目小组来讲，是相对稳定的。各个成员之间彼此了结，能够大大减少组织摩擦。

5) 由于项目经理部是临时性的组织,特别是在矩阵制的组织中,项目成员在原职能部门仍然保持其专业职位,同时又为项目服务,这就要求职能人员对双重身份都具有相当的忠诚性。

6) 在项目组织内部建立公平、公正的考评工作业绩的方法、标准,并定期客观的对成员进行业绩考评,去处不可控制、不可预期的因素。

(2) 项目经理与职能部门的沟通

项目经理与组织职能部门经理之间的沟通是十分重要的,特别是在矩阵式组织中。职能部门必须对项目提供持续的资源和管理工作支持,职能部门与项目之间又高度的依存性。

1) 在项目经理与职能经理之间自然会产生矛盾,在组织设置中他们间的权力和利益平衡存在着许多内在的矛盾性。项目的每个决策和行动都必须跨过这个结合点来进行协调,而项目的许多目标与职能管理目标差别很大。项目经理本身能完成的事情极少,他必须依靠职能经理的合作和支持,所以在此点的协调沟通是项目成功的关键。

2) 项目经理必须发展与职能经理的良好的工作关系,这是项目经理的工作顺利进行的保证。项目经理和职能经理间会有不同的意见,会出现矛盾。职能经理常常不了解或不同情项目经理的紧迫感,职能部门会扩大自己的作用,以它自己的观点来管理项目,这有可能是项目经理陷入困境。

当项目经理与职能部门经理沟通协调不及时,产生矛盾后,项目经理可能被迫到企业的高层处寻求解决,将矛盾上交,但这样常常更会激化两个经理之间的矛盾,使以后的沟通更加困难。

项目经理应该与向项目提供职能人员,或职能服务,或供应资源的关键职能部门的经理,就项目的执行计划进行沟通,交换意见,以获得这些关键职能部门的经理的支持。

3) 项目经理和职能经理之间有一个清楚的快捷的信息沟通渠道,不能发出相互矛盾的命令。

4) 项目经理与职能经理的基本矛盾的根源大部分是经理间的权利和地位的斗争。职能经理变成项目经理的任务的接受者,他的作用和任务是由项目经理来规定和评价的,同时他还对企业组织的职能业务和他的正式上级负责。所以,职能经理感到项目经理对其"地位"和"权力"的威胁,感到他们固有的价值被忽视了,由项目经理来分派各种任务,不愿意对实施活动承担责任。

但在实际上,由于项目组织的特性,项目经理对于项目来说只是某一个项目的经理,是项目实施期存在的,需要职能经理在各个职能方面对其的支持,并不会威胁到一般职能经理的地位和权力。在沟通过程中,要注意这一点的沟通,以消除职能经理对项目经理不必要的对立和矛盾。

5) 项目组织会给原来的组织带来变化,必然要干扰已建立的管理规则和组织结构。人们倾向于对变革进行抵制。项目经理的设立,对职能经理增加了一个压力来源。

6) 职能管理是组织管理机构的一部分,通常被认为是"常任的",常常可以与公司的高层直接进行沟通,因此有高层的强大的支持。

7) 重要的信息沟通工具是项目计划,项目经理制定项目的总体计划后应取得职能部门资源支持的承诺。这个职权说明应通报给各个职能部门,若是没有这样的说明,项目管理就很可能在资源分配、人力利用和进度方面与职能部门做持续的斗争。

（3）项目经理与业主的沟通

业主代表项目的所有者，对项目具有特殊的权力，而项目经理为业主管理项目，必须服从业主的决策、指令和对工程项目的干预，项目经理的最重要的职责是保证业主满意。要取得项目的成功，必须获得业主的支持。

1）项目经理首先要理解总目标、理解业主的意图、反复阅读合同或项目任务文件。对于未能参加项目决策过程的项目经理，必须了解项目构思的基础、起因、出发点，了解目标设计和决策背景。否则可能对目标及完成任务有不完整的，甚至是无效的理解，会给她的工作造成很大的困难。如果项目管理和实施状况于最高管理层或业主的预期要求不同，业主将会干预，要改正这种状态。所以项目经理必须花很大气力来研究业主，研究项目目标。

2）让业主一起投入项目全过程，而不仅仅是给他一个结果。尽管有预定的目标，但项目实施必须执行业主的指令，使业主满意。而业主通常使其他专业或领域的人，可能对项目懂得很少，因此常常有项目管理者抱怨：业主什么都不懂，瞎指挥、乱干预。从另一个角度来看，这不完全是业主的责任，很大程度上是由于项目的管理者与业主的沟通不够形成的。

要改变这种状态，解决这个问题，常用的方法有：

使业主理解项目、项目过程，使其成为专家，减少他的非程序干预和越级指挥。特别应防止业主的组织内部其他部门的人员随便干预和指令项目，或将组织内部的矛盾、冲突带到项目中来。许多人不希望业主过多的介入项目，实质上是不可能的。一方面项目管理者无法也无权拒绝业主的干预；另一方面，业主介入为项目顺利实施起到了一定的作用。业主对项目过程的参与使其深入了对项目过程和困难的认识，使决策更为科学和符合实际，同时使其有成就感，积极为项目提供帮助。

通过沟通使项目经历做出决策安排时考虑到业主的期望、习惯和价值观念，了结业主对项目关注的焦点。随时向业主通报情况。在业主做决策时，向他提供充分的信息，让他了解项目的全貌、项目的实施情况、方案的利弊得失及对目标的影响。

加强计划性和预见性，让业主了解承包商、了解非程序干预的后果。业主和项目管理者双方理解得越深，双方的期望越清楚，矛盾就越少。否则当业主成为项目的一个干扰因素的时候，项目管理必然会遭遇到失败的结局。

3）业主在委托项目管理任务后，应将项目前期策划和决策过程向项目经理做全面的说明和解释，提供详细的资料。众多的国际项目管理经验证明，在项目过程中，项目管理者越早进入到项目中，项目实施地将越顺利。最好是让项目管理者参与目标设计和决策过程，在整个项目过程中保持项目经理的稳定性和连续性。

4）项目经理有时会遇到业主所属组织的其他部门，或者合资者各方都想来指导项目实施的情况。对于这种状况，项目经理应该很好的听取这些人的意见和建议，对他们做出耐心的解释和说明，但不能让其直接指导实施和指挥项目组织成员。

（4）项目管理者与承包商的沟通

通常承包商指工程的承包商、设计单位、供应商。他们与项目经理没有直接的合同关系，但他们必须接受项目管理者的领导、组织和协调、监督。

1) 在技术交底以及整个项目实施过程中,项目管理者应该让各承包商理解总目标、阶段目标以及各自的目标、项目的实施方案、各自的工作任务及职责等,并向他们解释清楚,做详细说明,增加项目的透明度。

2) 指导和培训各参加者和基层管理者适应项目工作,向他们解释项目管理程序、沟通渠道与方法。经常对项目目标、合同、计划等进行解释,在发布命令后做出具体说明,有利于有效的消除对抗。

3) 项目管理者在观念上应该强调自己是提供服务、帮助,强调各方面利益的一致性和项目的总目标性,因而,即使业主将具体的工程项目管理事务委托给项目管理者,赋予项目管理者很大的权力,但是项目管理者不能对承包商随便动用处罚权,当然不得已时除外。

4) 在招标、签订合同、工程施工中应让承包商掌握信息,了解情况,以做出正确的决策。

5) 为了减少对抗、消除争执,取得更好的激励效果,项目管理者应该鼓励承包商将项目实施状况的信息、实施结果及实施过程中遇到的困难等向项目管理者汇总和集中,寻找和发现对计划、控制有误解,或有对立情绪的承包商,以及可能存在的干扰。各方面了解得越多,沟通的越多,项目中存在的争执就越少。

16.1.3 沟通管理的范围

我国建设项目基本建设程序分为:项目建议书、可行性研究、勘察设计、施工准备(包括招标)、建设实施、竣工验收、生产准备等过程。其进一步还可以概括为项目决策、建设准备、工程实施、完工阶段四大阶段。沟通管理贯穿建设项目生命周期的全过程,而不仅仅是其中的某一个阶段,在每一个阶段所需要进行沟通的主体各不相同。

1. 项目决策阶段沟通

编制项目建议书阶段以可行性研究为工作中心,还包括调查研究、提出设想、确定建设地点、编制可行性研究报告等内容。

项目决策阶段主要的沟通对象有政府职能部门、设计承包商、上级部门、项目部成员(技术处)等。在这一阶段,主要用于正式沟通方式和书面报告形式为主。对于上级领导要采取上行沟通的方式反映其意见。在传递信息前要对信息进行预审,仅向高层传递重要的信息,要求组织有意地限制上行沟通信息的数量和质量(如每个层次的管理者在向其上司汇报前,先写个总结性报告,或管理者安排短会,这样与会者可以直接"切入正题")。最后,要求对信息进行排队,依次处理有关信息。项目内部同时采取下行沟通方式,明确分配给成员工作或任务的性质,使其按照上级领导意图对外进行沟通。

2. 建设准备阶段沟通

这个阶段主要是根据批准的可行性研究报告,成立项目法人,进行工程地质勘查、初步设计和施工图设计,编制设计概算,安排年度建设计划,进行工程发包,准备设备、材料,做好施工等准备工作。

该阶段的主要沟通对象是业主、勘察单位、周边地区、设计单位、施工承包商、监理。这一阶段主要采取正式的沟通渠道,例会是主要的沟通形式。要采取上行沟通渠道,用会议、会谈方式经常向上级领导汇报进展情况。采取下行沟通方式与组织成员布置任务和交流信息,可以采用会议、会谈、电话和非正式沟通方式进行。项目内部成员要连接各方面的专业人员,主要采取平行沟通与非正式沟通方式,可以会议、电话、图表、报告、电子邮件、传真等多种形式进行专业信息交流。同时通过上行沟通渠道,利用会议、会谈、电话及时汇报各方面的进展情况。

3. 工程实施阶段沟通

工程实施阶段是项目决策的实施、建成投产发挥投资效益的关键环节。该阶段是在建成程序中时间最长、工作量最大、资源消耗最多的阶段。

这一阶段中,沟通主要对象为设计院、施工单位、监理部门、设备厂家等,还要有政府职能部门的监督。在整个工程施工建设中,将各种沟通方式与渠道都要进行结合应用进行各方面协调,进行充分地配合沟通、管理顺畅,才能使信息传播速度快,工程能够顺利进行,不影响工期。

4. 完工使用阶段沟通

按批准的设计文件和合同规定的内容建成的工程项目,项目能够正常使用的,都要及时组织验收、办理移交固定资产手续。竣工验收是全国考核建设成果、检验设计和工程质量的重要步骤,是投资成果转入生产或使用的标志。

这一阶段中,沟通的主要对象为业主、政府职能部门、质检部门、生产部门等。这一阶段主要采取正式沟通渠道,以书面报告形式为主。通过会议,以报告形式进行项目完工汇报,并组织成员联系政府有关职能部门进行项目验收和与生产交接的工作。项目内部要采取上行沟通渠道,以报告形式向项目经理汇报专业工程完工情况。

16.1.4 项目沟通管理的作用

早期的项目管理,大多侧重于项目管理工作手段和技术的研究、开发和论述。自20世纪70年代,项目组织行为及其组织协调工作逐步得到重视,研究重点转移到项目管理中的组织和行为方面,领域涉及领导类型/人际关系技巧;冲突的管理;决策方式和建立项目组织的技巧;组织设计和项目经理的权威关系;项目管理中信息的沟通;项目组织内部、近外层及远外层组织的关系等。

沟通使计划、组织、领导、控制等管理职能有效性的保证,没有良好的沟通,对项目的发展以及人际关系的处理、改善都存在着制约作用。在项目管理中,专门将沟通管理作为一知识领域。PMBOK 中也建议项目经理要花 75% 以上时间在沟通上,可见沟通在项目中的重要性。多数人理解的沟通,就是善于表达,能说、会说,项目管理中的沟通,并不等同于人际交往的沟通技巧,更多是对沟通的管理。其重要性可以总结概括为以下几个方面:

(1) 决策和计划的基础。项目的决策者要做出正确的决策,就必须有准确、完整、及时的大量信息作为决策依据。沟通不力、信息不畅,阻碍了决策者获取最及时有效的信息,依据滞后的信息做出的决策必然是不符合项目实际情况的决策,将可能导致项目的失败。通过项目内、外部环境之间的信息沟通,就可以获得众多的变化的信息,从而为决策提供依据。

(2) 组织和控制管理过程的依据和手段。在项目管理内部,没有好的信息沟通,情况不明,就无法实施科学的管理。只有通过信息沟通,掌握项目管理内的各方面情况,才能为科学管理提供依据,才能有效地提高项目管理的组织效能。组织内部成员,有必要通过沟通知晓所要实现的目标,并通过沟通处理好内部成员个体之间的关系,形成一个强有力的整体。通过组织内部与组织外部的沟通,协调各自关系,减少矛盾与对立的产生,使项目能够顺利实施。

(3) 项目经理成功领导的重要手段。项目经理是通过各种途径将意图传递给下级人员并使下级人员理解和执行。如果沟通不畅，下级人员就不能正确理解和执行领导意图，项目就不能按经理的意图进行，最终导致项目混乱甚至项目失败。因此，提高项目经理的沟通能力，与领导过程的成功性关系极大。

(4) 信息反馈的重要条件。项目在实施的过程中，要不断对其工作进程进行评价，将评价信息反馈给管理者。管理者通过收集、过滤、合并、引导信息流以确定适宜的行动。无论对小型组织还是大型项目组织，这一点都是至关重要的。

项目管理有四种职能：计划、组织、领导、控制，而贯穿在其中的一条主线即为沟通。沟通为实现其管理职能的主要方式、方法、手段和途径。没有沟通，就没有管理，没有沟通，管理只是一种设想和缺乏活力的机械行为。通过项目的有效沟通管理，可以达到以下的目的：

(1) 使项目的目标明确，项目的参与者对项目的总目标达成共识。沟通为总目标服务，以总目标作为群体目标，作为大家的行动指南。沟通的目的就是要化解组织之间的矛盾和争执，使在行动上协调一致，共同完成项目的总目标。

(2) 建立和保持良好的团队精神。沟通使各方面、各种人互相理解，使项目组织成员不致因目标不同而产生矛盾和障碍，从而使各方面的行为一致，减少摩擦、对抗，化解矛盾，建立其良好的团队组织，达到较高的组织效率。

(3) 保持项目的目标、结构、计划、设计、实施状况的透明性和时效性。项目实施过程中，出现的问题、困难，通过沟通使成员有信心有准备，并能在第一时间掌握变化，有效提出解决方案，顺利执行新的变动。

(4) 体现良好的社会责任形象。推行内外的沟通和交流可以使社会的不同层次都能理解和认同组织履行社会责任的业绩，树立组织在社会责任方面的市场形象，更好的改善项目的各种管理业绩，全面提高组织的整体管理水平。

16.1.5 项目沟通管理效果评价

概括起来，沟通的效果不仅取决于接受者的个性，还取决于接受者对某个群体的归附程度和这个群体确定的一些原则。沟通有三个基本要素：沟通者、内容、接受者。这三个沟通要素被认为会对信息的效果产生重要影响。

1. 沟通者

对任何信息所达到的效果而言，发出者都是很关键的。信息源的可信赖性、意图和属性都很重要。在一些情况下，只要让人们指导某条信息来源于一个有名望、有影响的人，就足以使之为人们所接受。研究的证据表明，对沟通的反应常受到以下暗示的重要影响：沟通者和意图，专业水平和可信赖性。但到了接受者能区分信息和来源的时候，信息来源可能就要失去其重要性。但在能做出这种区别之前，沟通者就变得非常关键。

2. 内容

信息的内容可以通过以下两种沟通特性的表现来反向描述：

(1) 有效情感强度的把握。根据大量的研究表明，当沟通对象的情感强度上升，对沟通者所提建议的接受程度并不一定相应地上升。对任何类型的劝说型沟通而言，这种关系更可能使曲线形的。当情感强度从零增至一个中等程度时，接受性也增加；但是情感强度再增强至更高水平时，接受性反而会下降。

这就表明情感强度处于很高或很低水平时都可能有钝化作用。中等情感强度是最有效的。然而，在最终的分析中，对某信息应施用多少程度的情感还要靠主观判断。

(2) 劝说型沟通的把握。在劝说型的沟通中，对非人格化的主题给出了一系列复杂的论据，通常明确地给出结论比让听众自己得出结论更为有效，特别是听众一开始不同意评论者的主张的时候更应如此。

给出双方面论据相对于只给出单方面论据从长远来看更有效。如果不管最初的观点是什么，沟通对象都将处于随后的反面宣传之中；或不论沟通对象是否暴露于随后的反面宣传之中，沟通对象一开始就不同意评论者的主张。在这些情况下，给出双方面的论据更有利于沟通对象对评论者观点的接受。但如果沟通对象在一开始就同意评论者的主张，而后来又不会处于反面宣传之中，那么提供双方面的论据就没有只提供单方面的论据有效。

从以上分析可以推断：一个令人信服的单方面沟通（是指仅说出问题的一个方面，或一种观点，而不说明相反方面，不要与单向沟通混淆）能使人们转向期望的方向，至少可以是暂时的，直至他们听到问题的另一个方面。然而，双方面的沟通效果都是持久的。它为沟通对象提供了消除或不理睬负面看法而保留正面看法的基础。

根据有关研究表明，按突降次序给出主要论据收到的效果最好，在这种情况下，人们开始时对沟通的兴趣很小。在开始时兴趣就很高的情况下，其他的因素如接受者的个性和倾向及沟通者、信息的内容等，对表达的内容更为重要。这些因素的相关组合可构成特定情况下的最佳表达。

3. 接受者

沟通中的第三个重要因素就是接受者。个人的个性及接纳他的群体都很重要。个性可从总体智力和需求倾向两方面来确定。个性还应从需求倾向的角度来探究，某些个性需求能使个人易于上当受骗。一个人的社会感觉不健全、压抑进攻性、易于效应等都与较强的个性相关联；这种个性可用劝说型沟通来度量。具有很强自尊心的个人更倾向于自己思考，而不会放任自己过分地受外界影响。

个人所属的社会群体也会对沟通产生重要的影响，特别当这种沟通违背这个群体的一些原则时，表现尤为强烈。一个人的态度很大程度上依赖于他所属群体的观点和态度，特别是在他很珍惜在这个群体中的成员这一身份时更为明显。通常情况下在一个群体中最珍视其成员身份的人，他们的观点最不易受那些违反原则的沟通的影响。这就表明对一个群体的归附程度和这个群体准则的内部化之间有着直接的关系。

通过对沟通模型的分析和有效性目标的要求，对于沟通的评价指标可以按照表16-1的分类：

沟通有效评价指标分类表　　　　　　　表 16-1

一级指标	二级指标	三级指标
沟通效果 (E_1)	合作性 (e_1) 适应性 (e_2) 回馈性 (e_3)	互补性 (g_1)、信任性 (g_2)、积极性 (g_3)、敏感性 (g_4)、吸收性 (g_5)、整合性 (g_6)、执行进度 (g_7)、满意度 (g_8)、完成量 (g_9)
沟通效率 (F_2)	时效性 (f_1) 效用性 (f_2) 消耗性 (f_3)	信息传递率 (h_1)、信息传递时间 (h_2)、有用信息 (h_3)、无用信息 (h_4)、维护成本 (h_5)、协调成本 (h_6)

16.2 项目利益相关方需求识别与评估

16.2.1 项目利益相关方需求识别

现代项目管理中的一个重要理念是项目的目标不仅在于得出项目的交付物，还在于使项目的利益相关方满意。利益相关方意识是项目管理人员最为重要的意识之一，也是保证项目成功的关键因素之一。

项目经理首要的工作，就是要识别项目利益相关方及其在项目中所扮演的角色，通过对其角色的分析，进一步找到那些对项目进行至关重要的项目利益相关方，分析他们的需要和利益，最大限度的通过项目实现他们的期望。关键的项目利益相关方主要包含以下几类：

（1）对项目具有签字权力的客户或用户方领导，他们往往是项目的发起人，项目的成败对他们影响巨大，他们关注的是项目的重大决策和时间节点。一句话他们希望项目能按照他们所计划的那样顺利进行，顺利结束并有一个正面的评价。

（2）需求决策者，即关键用户部门的领导，这类用户相对第一类用户来说，通常更多地关注项目的具体内容，而在这类关键用户之间，通常容易发生利益或管理权力方面的冲突。他们希望项目能提高他们的管理或业务水平，但又不希望看到因为项目而改变目前的管理架构和权力体系。

（3）关键用户，这类用户通常是项目成果的真正使用者，他们关注的是通过项目，能否减轻他们的工作，解决他们烦琐的日常工作，却又不至于替代他们在部门中的角色。

对以上所列出的几类关键利益相关方，虽然他们对项目关注的角度不同，但是按照从上至下的顺序，上层用户的想法会或多或少的影响到下一层用户的想法，反之亦然。在项目中这一点项目管理人员可以加以利用。

在项目管理活动中应该树立一个意识一切项目管理活动应该着眼于项目利益相关方，团结一切可以团结的利益相关方，设法满足或者影响他们的需求或期望，以确保项目能够成功。

项目经理应该明确利益相关方都有那几类需求。利益相关方对项目的期望和需求包含多个方面，归纳起来可以分为三类。一类是"实质性需求"，即如果缺乏了就不能满足其基本需要的成果特性；第二类是"扩展性需求"，即利益相关方希望得到的能够丰富其需要的东西；第三类是"增值性需求"，即对利益相关方而言多多益善的东西。尽管从理性上看这三类需求对利益相关方的重要性而言是递减的，然而，在项目的生命周期过程中，利益相关方表达这些期望的频率却常常是递增的。项目利益相关方的期望并不是都可以清晰定义的，也不是都可以写进合同里的。利益相关方通常是通过描述性的语言来进行期望说明，必须将这些期望挖掘出来并将其定义成清晰、准确的需求才能明晰项目成功的标准。

16.2.2 项目利益相关方需求评估

不同利益相关方需求对项目的影响可能是积极的也可能是消极的。积极的项目利益相关方，是指那些会从项目成功中获益的利益相关人；而消极的项目利益相关方则是指那些在项目成功中看到负面结果的利益相关人。对于项目的积极利益相关方，他们的利益会因为项目的成功而更好地达成,因此他们会提供支持。项目的消极利益相关方则会通过提出更多的、更大范围的各类环境影响因素来阻止项目顺利推进。项目的消极利益相关方往往被项目团队忽略,这会增加项目失败的风险。

利益相关方能够影响组织,他们的意见一定要作为决策时需要考虑的因素。但是,所有利益相关方不可能对所有问题保持一致意见。其中一些群体要比另一些群体的影响力更大,因此如何平衡各方利益将成为项目策划制定考虑的关键问题。

16.2.3 项目利益相关方满意度测定

对工程项目利益相关者满意度评价是一个多属性决策的过程。由于工程寿命期内的不同阶段的利益相关方在需求方面的不同会导致对项目的目标呈现出较大的个体差异性,这使得利益相关者满意度水平的影响因素具有多样性和复杂性,应分别对待。而且评价指标的选取也应结合工程以真实反映各利益相关者的满意度为目标,同时体现出对工程项目有影响的因素,形成既有综合性又有层次性评价指标体系。

影响利益相关者满意度的因素和指标可以分为以下几个方面:

(1) 发包人(投资者或经营者)。作为工程项目的发起者或者拥有者,项目会给他们带来最大的收益,所以他们会更多地关注在保证三大控制顺利进行的同时,以较低的风险在未来获得可观的效益。

(2) 设计方。设计方希望工程项目能按照他们预先的设计进行,降低因变更或风险导致的索赔,影响整个项目,从而导致自生的组织信誉和物质利益的受损。

(3) 承包人与供应人。主要涉及项目施工和材料、设备供应等过程,他们的主要关注点在于依据合同完成自身任务,合理应对项目变更与风险,工程款的顺利支付,以及取得利润的同时赢得信誉和良好的形象,同时提升自身各项实力。

(4) 监理方。监理更多的关注是在合同管理、信息管理、协调好与各方顺利的合作关系上。

(5) 政府。政府主要关注项目在符合国家及地方的相关法规的情况下,能够改善地方形象与环境,促进地方相关发展,带来一定的社会效益和环境效益。

(6) 周边组织及公众。他们更多地在意与自身相关的拆迁安置与补偿,并对自身的生活生产的影响程度。

(7) 用户。他们更多地关注项目产品的功能与质量和相关经营服务的水平和价格。

项目的目标始终应该追求目标主体利益的最大化,只是不同阶段利益最大化的主体不同而已,这也符合利益相关方不断变动的实际情况。各利益相关方在不断变动的过程中,保持一种均衡状态。项目的存在和发展就是其作为一个系统而存在的不同均衡状态。项目的运行实际上是该系统由均衡到不均衡再到均衡的循环过程,这一过程表现为项目不同的生命周期发展阶段。而推动项目实施和运动的力量便是利益相关方的利益。因此,在以契约为纽带将专用性资源所有者的权利与义务联结在一起的项目中,不同利益相关方的利益达到均衡。与之相对应,项目的目标是实现利益相关方的利益均衡,而不是最大化。

对利益相关方利益均衡的项目而言,则体现了利益相关方之间利益变化的运行状态和他们之间的一种利益均衡状态,表现出项目对利益相关方的一种静态和动态的依存状态。当专用性资源的所有者和使用者之间的利益达到一定均衡时,均衡价格形成,各种专用性资源就开始形成交易。项目便从利益相关方处取得了资源,并对专用性经济资源进行运作，这便有了项目的产生、存在和发展所需要的资源。如果专用性资源所有者和项目之间没有利益的均衡，意味着针对专用性资源的交易不能成交，则项目也就不能获得其存在和发展的资源，其项目目标也不可能实现。

16.3 项目沟通管理计划

16.3.1 项目沟通管理计划的内容

项目的沟通计划主要是指项目的沟通管理计划，应该包括以下的内容：

（1）信息沟通的方式。主要说明在项目的不同实施阶段，针对不同的项目干系人及不同的沟通要求，拟采用的信息沟通方式和沟通渠道。即说明信息（包括状态报告、数据、进度计划、技术文件等）流向何人、将采用什么方法（包括口头、书面报告、会议等）分发不同类别的信息。

（2）信息收集归档格式。用于详细说明收集和储存不同类别信息的方法。应包括对先前收集和分发材料、信息的更新和纠正。

（3）信息的发布和使用权限。

（4）发布信息说明。包括格式、内容、详细程度以及应采用的准则和定义。

（5）信息发布时间。即用于说明每一类沟通将发生的时间，确定提供信息更新依据或修改程序，以及确定在每一类沟通之前应该提供的现时信息。

（6）更新修改沟通管理计划的方法。

（7）约束条件和假设。

16.3.2 项目沟通管理计划的编制

1. 沟通计划的编制原则

在沟通计划中要确定利害关系者的信息与沟通需求，也就是说谁需要何种信息、何时需要以及如何向他们传递信息。因此，项目的沟通计划要认清利害关系者的信息需求，确定满足这些需求的恰当手段。同时，虽然项目的沟通计划是在项目早期阶段进行的，但在项目的整个过程中都应该对其结果进行定期的检查，并根据需要进行修改，以保证其持续适用性。

综合起来，就是项目的沟通计划编制要保证其准确性以及时效性。

2. 沟通计划的编制依据

沟通计划编制依据是：合同文件；项目各相关组织的信息需求；项目的实际情况；项目的组织结构；沟通方案的约束条件；假设以及适用的沟通技术。现具体解释如下：

（1）沟通要求。沟通要求主要是提供相关者所要求的信息内容、形式和类型，以及考虑分析该信息的价值来确定的。通常主要包括：

项目组织和相关者的责任关系；

该项目需要的技术领域、部门和专业；

由具体个人参与的该项目的后勤保证；

外部信息联系等。

（2）沟通的技术。进行项目沟通的方式有很多，选用沟通的方式取决于下列因素：

1）对信息要求的紧迫程度。如果项目对信息传递要求较紧急，可以通过口头沟通的方式,相反则可以采用定期发布的书面报告的形式。

2) 技术的获取性。例如项目的需求是否有理由要求扩大或缩小已有的系统。

3) 预期的项目环境。对于已经建立的沟通信息系统,是否适合项目成员经验的交流和专业特长的发挥,能否使所有的成员都能从沟通中获得所想要的信息。

4) 制约因素和假设。制约因素和假设是限制项目管理人员选择的因素,项目沟通管理者应对其他知识领域各过程的结果进行评价,找出可能影响项目沟通的因素,并采取措施。

因此,在编制项目沟通管理计划时主要依据下列资料:

① 建设、设计、监理单位等组织的沟通要求和规定;
② 合同文件;
③ 项目管理企业的相关制度;
④ 国家法律法规和当地政府的有关规定;
⑤ 工程的具体情况;
⑥ 项目采用的组织形式;
⑦ 与沟通方案相适用的沟通技术约束条件和假设前提。

3. 项目沟通的信息利用

信息利用就是把所需要的信息及时地分发给项目相关者。包括实施沟通管理计划,以及对不曾预料的信息索取要求做出反应。

(1) 信息利用的内容。要进行信息的利用,首先应该确定按照哪些内容进行信息的发布。

1) 项目计划的工作结果。项目组织应该收集工作成果的资料,作为项目计划执行的一部分。

2) 沟通管理计划。应根据项目早期阶段所制定的沟通管理计划进行实施,并在实际操作中不断修改和完善,以适应项目发展过程。

3) 项目计划。项目计划是在项目的招投标过程中,经过科学论证并得到批准的正式文件,对此,项目组织应该及时分阶段地将项目计划信息发布出去。

(2) 信息发布的工具与技术:

1) 沟通技巧。沟通技巧用于交换信息。信息的发送者保证信息的内容清晰明确、完整无缺、不模棱两可,以便让接收者能够正确接收,并确认理解无误。接收者的责任在于保证信息接收完整、信息理解无误。在沟通过程中有多种方式,即书面沟通与口头沟通、正式沟通与非正式沟通、上行沟通、下行沟通与平行沟通等等。

2) 项目管理信息系统。项目管理信息系统是用于收集、综合、发布及其他过程结果的工具和技术的总和。通过项目管理信息系统,能够快速查处和处理纷繁复杂的事件,系统信息使管理者通过各种方法共享。

该系统主要包含了信息检索系统和信息发布系统。通过信息检索系统由项目班子成员与利害关系者通过多种方式实现信息共享,包括手工归档系统、电子数据库、项目管理软件以及可调用的工程图纸、设计要求、实验计划等技术文件的系统。项目信息通过信息发布系统以多种方式分发,包括项目会议,拷贝文件发布,联网电子数据库调用共享、传真、电子邮件、电话信箱留言、可视电话会议以及项目网络等。

3）沟通信息的传递。项目沟通信息要以管理信息系统为载体，根据不同的重要程度实施不同的传递方式。特殊沟通信息应按照特殊途径进行传递；重要沟通信息应按照高等级的方式进行传递；一般沟通信息应按照普通的方式进行传递。以确保信息在规定的条件下及时、有效、快捷、安全地到达既定的部门。

16.3.3 项目沟通管理计划控制

项目实施目的就是实现项目利益相关方的需求和愿望。如果对项目所有利益相关方没有进行足够的沟通和影响，使其尽可能地参与项目，则可能因为项目开始时项目范围和一些具体需求不够完整清晰，也可能因为某个项目利益相关方后期因为认识的变化而提出新的需求，造成工期延长、成本增加，甚至项目的完全失败。因此，应当从项目的启动开始，项目团队中的需求分析人员及其项目成员就要分清项目利益相关方包括个人和组织，通过沟通协调对他们施加影响，驱动他们对项目的支持，调查并明确他们的需求和愿望，减小其对项目的阻力，以确保项目获得成功。

有些项目在做需求调查时，由于受进度要求等客观因素影响，项目团队中负责需求分析的人员要经常与项目客户的技术部门交流，向业务管理部门和实际使用者进行深入的调查熟悉项目利益相关方全貌是进行需求调查的第一步，也是需求调查的基础。在项目利益相关方中，最重要的是项目客户中的人事组织、业务关系。最好是能够用组织结构图画出相关单位的组织结构，用责任矩阵确定各项目利益相关方，建立利益相关方通讯录以保证项目实施期间及时的沟通。与此同时要注意项目利益相关方的主次关系，以便在他们之间的需求出现矛盾时能够进行合理的取舍。

熟悉项目客户内部相关部门的业务划分及它们之间的相互关系，为项目建设方案准备必要的资料，同时可以熟悉项目客户方的各类人员，并及时进行广泛、有效的沟通与交流。特别要与项目客户方业务与技术的规划者和实际使用者进行深入探讨，收集必要的原始资料，保证项目建设方案的完整性、正确性。

对于项目利益相关方需求的调查可以通过对以下资料的收集进行整理分析，这些资料来自各种各样的项目利益相关方遵循的标准、组织发放的工作手册、作业流程、上级通知、各种相关的统计报表及通过其他途径收集的资料等。

引导项目客户挖掘他们的需求，有的客户自己无法提出完整准确、隐含的或潜在的需求，但若这些需求不能满足将导致用户的不满。因此项目负责人，应善于想用户所想，不但要确定明确的需求，还要善于用启发的方式与用户探讨隐含的或潜在的需求，并结合各种调研分析技术挖掘超出客户期望的令人满意需求。

对于任何项目，项目利益相关方需求的变更都无可避免，也无从逃避，只能积极应对，这个应对应该是从项目启动的阶段就开始。项目利益相关方小的需求变更也要认真对待，否则会积少成多，在实践中人们往往不愿意为小的需求变更去认真对待，认为无关紧要，浪费时间。但正是由于这种观念才使项目利益相关方的需求逐渐变为不可控，最终导致项目的失败。作为项目利益相关方需求的管理者，项目经理需要采用各种沟通技巧来使项目的各方各得其所。

在项目实施中项目经理可以通过掌握项目利益相关方的需求，正确处理项目利益相关方的需求，利用满足项目利益相关方需求的方法，最大化调动项目利益相关方的工作积极性，使各个项目进展方向达到最佳水平，推动项目成功。

16.3.4 项目沟通管理计划的调整

通常在项目沟通方面存在以下几方面问题：

(1) 有效沟通的能力不足。项目实施过程中欠缺有效的沟通技能，诸如良好的倾听能力、沟通过程中的观察能力、对沟通信息的反馈能力、对沟通环境和时机的把握能力、有效发送信息的能力、有效运用各种沟通方式的能力等，导致沟通过程易出现先入为主、盲目判断、选择性地倾听、拖沓冗长、情绪不稳、不懂装懂、理解能力偏差、断章取义、缺乏诚意、沟通态度矛盾，表面肤浅地敞开沟通，沟通过程缺乏理解性、平等性、自发性，不能恰当地选择沟通方式等问题。

(2) 沟通渠道落后。管理者首先对各种沟通渠道的优缺点认识不足，影响对沟通渠道的有效选择。正式沟通渠道不健全，非正式沟通渠道得不到正确引导。其次，不能有效保证沟通渠道自由畅通。管理者官本位思想严重，指令意识浓厚，缺乏民主作风，严重阻滞了沟通渠道的顺畅。此外，沟通渠道老化，创新性不足也是常见的现象。其中多数的沟通方式仍停留在书面、会议等传统的方式上，对计算机、互联网等高效的沟通技术运用不足。

(3) 管理团队缺少有利于沟通的浓厚文化氛围。管理方式从粗放型管理向集约化、精细化管理的转变过程中对成本、质量、工期、安全等刚性指标关注度大，对"柔性"沟通管理重视不够。

(4) 相关沟通制度不健全，执行不力。沟通管理缺少制度化的程序和行为规范，项目的沟通规划疏于形式、敷衍了事，导致项目团队不能有效地识别项目参与方的信息要求；不能有效地发送、接收信息；不能有效地选择适当的沟通技术和方法。

项目建设过程中到处都存在着项目沟通，项目管理者必须对此进行有效的协调控制，采取有力的手段，使矛盾的各方面处于一个统一体，解决其不一致和矛盾，使系统结构均衡，项目才能顺利运行和实施。只有通过沟通来解决技术、逻辑、方法及程序中存在的矛盾和不一致，有效解决各方参与者心理与行为的障碍和争执，达到共同获利、实现双赢的目的。在全球经济一体化的发展趋势，面对我国建筑行业目前的发展现状，建设项目要想达到成功的管理就必须加强建设工程项目的有效沟通管理，提高沟通技术，增强竞争力。

16.4 项目沟通程序与方式

16.4.1 项目沟通程序

沟通的基本流程可以用图 16-2 来简单的表示为：

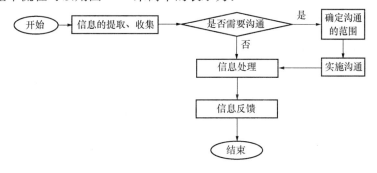

图 16-2 沟通的流程

16.4.2 项目沟通类型

项目中的沟通方式是多种多样的,可以从很多角度进行分类,按照是否需要反馈信息,可以分为单向沟通和双向沟通;按照沟通信息的流向,可以分为上行沟通、下行沟通和平行沟通;按照沟通严肃性程度,可以分为正式沟通和非正式沟通;按照沟通信息的传递媒介,可以分为书面沟通和口头沟通;按是否使用语言分为语言沟通和非语言沟通;按组织层次,可分为垂直沟通、横向沟通和网络状沟通等等。

1. 正式沟通与非正式沟通

正式沟通是通过正式的组织过程来实现或形成的,是通过项目组织明文规定的渠道进行信息传递和交流的方式。由项目的组织结构图、项目流程、项目管理流程、信息流程和确定的运行规则构成所构成,这种正式的沟通方式和过程必须经过专门的设计,有固定的沟通方式、方法和过程,一般在合同中或项目手册中被规定成为一系列的行为准则。并且,这个准则得到大家的认可,作为组织的规则,以保证行动的一致。通常,这种正式沟通的结果具有法律效力。正式沟通的优点在于沟通效果好,有较强的约束力,缺点在于沟通的速度慢。

非正式沟通是在正式沟通之外进行的信息传递和交流。项目参与者,既是正式项目组织中的项目小组成员,又是各种非正式团体中的一个角色。在非正式团体中,人们建立起各种关系来沟通信息,了解情况,影响人们的行为。非正式沟通的优点是沟通方便,沟通速度快,并且能够提供一些非正式沟通中难以获得的小道消息,但是缺点是信息容易失真。

2. 上行沟通、下行沟通与平行沟通

上行沟通是指将下级的意见向上级反映,即自下而上的沟通。项目经理应该鼓励下级积极向上级反应情况,只有上行沟通的渠道畅通,项目经理才能全面掌握情况,做出符合实际的决策。上行沟通通常有两种,一种是层层传递,即根据一定的组织原则和组织程序逐级向上级反映;另外就是减少中间的层次,直接由员工向最高决策者进行情况的反映。

下行沟通则是上级将命令信息传达给下级,是由上而下的沟通。平行沟通通常应用于组织中各个平行部门之间的信息交流。平行沟通有助于增加各个部门之间的了解,使各个部门保证信息的畅通,减少各个平行部门之间的矛盾和冲突。

3. 单向沟通与双向沟通

当信息发送者与信息接收者之间没有相应的信息反馈的时候,所进行的沟通即为单向沟通。单向沟通过程中,一方只接收信息,另一方只发送信息。双方无论是在情感还是在语言上都不需要信息反馈。单向沟通适用于几种情况:一是问题较简单,但时间较紧;二是下属易于接受解决问题的方案;再者就是下属没有了解问题的足够信息,反馈不仅无助于解决问题反而有可能混淆视听。单向沟通信息传递速度快,但是准确性较差,有时又容易使接收者产生抗拒心理。

双向沟通中,信息发送者和信息的接收者不断进行信息的交换,信息的发送者在信息发送后及时听取反馈意见,必要时可以进行多次重复商谈,直到双方达到共同明确和满意为止。双向沟通比较适合于时间宽裕,但问题棘手、下属对解决方案的接受程度至关重要、下属对解决问题提供有价值的信息和建议等情况。双向沟通的优点使沟通信息准确性较高,接收者有信息反馈的机会,有助于双方信息的有效交流,但是信息传递速度慢。

4. 书面沟通与口头沟通

书面沟通使指用书面形式所进行的信息传递和交流，例如通知、文件、报刊等等。其优点是可以作为资料长期保存，反复查阅。缺点是效率低，缺乏反馈。

口头沟通是与书面沟通相对应的沟通方式，运用口头表达进行信息交流，例如演说、谈话、讲座、电话等等。其优点是比较灵活、速度快，双方可以自由交换意见即时反馈，并且信息传递较为准确。但是缺点是传递过程中经过层层交换，信息容易失真，并且口头沟通不容易被保存。

5. 语言沟通与非语言沟通

语言沟通，即通过口头面对面沟通，如交流、会谈、报告或演讲。面对面的语言沟通是最客观的，也是最有效的沟通，因为它可以进行即时讨论、澄清问题，理解和反馈信息。面对面的语言沟通还可以在虚拟的环境下进行沟通，现代社会的沟通媒介很多，如电话、电子邮件、网络会议以及其他电子工具。

非语言沟通，即书面沟通，包括项目手册、建议、报告、计划、政策、信件、备忘录、以及其他表达形式。

16.4.3 项目沟通方式

1. 正式沟通的方式

项目手册。项目手册是项目和项目管理基本情况的集成，通常它包括以下内容项目的概况、规模、发包人、工程目标、主要工作量各项目参加者项目分解结构项目管理规范等。在项目初期，项目管理者应就项目手册的内容向各参加者作介绍，使大家了解项目目标、状况、参加者和沟通机制，明白遇到问题应该如何解决。

各种书面文件，包括各种计划、政策、过程、目标、任务、战略、组织结构图、报告、请示、协议。在实际工程中，对工程项目问题的各种磋商结果、指令、要求都应落实在文本上，项目参加者各方都应以书面文件作为沟通的最终依据，可避免出现争执、遗忘、推诿责任，这也是法律和合同所要求的。

协调会议。协调会议分为常规协调会议和非常规协调会议。常规协调会议指在规定的时间和地点由规定的人员参加的会议，在项目手册中一般规定每周、每半月或每一月举办一次。非常规协调会议是指在特殊情况下根据项目需要举行的会议。项目管理者对协调会议要有足够的重视，因为协调会议是一个极好的沟通机会，应亲自组织和策划，使它达到预定的目标。

（1）事前筹划。在会议召开之前，项目管理者要选好议题、制定好议程，了解各方面的基本情况，确定会议的目的，参加人员的反应，备选方案或措施，必要时与一些主要人员进行预先磋商。

（2）会中控制。项目管理者要能驾驭整个会议过程，防止不正常的干扰，或有些人提出非正式议题进行纠缠，项目管理者必须及时提醒进入主题。当出现争执、发生冲突影响会议的正常秩序时，项目管理者必须把握项目的总体目标和整体利益，宣传共同的合作关系，争取各方面心悦诚服地接受协调，以积极的态度完成工作，必要时适当动用权威做出裁决。另外，项目管理者要善于集思广益，充分调动参加者的积极性，一起研究解决方法。

（3）会后处理。会后应尽快将会议记录整理成会议纪要，送达各方认可。

通过各种检查验收进行沟通。通过各种检查、验收，不仅可以检查工作成果、了解情况，而且可以沟通各方面、各层次的关系。检查过程不仅是技术性工作，而且是一个重要的管理工作。

2. 非正式沟通的方式

聊天、吃饭、喝茶等。通过这些形式，对重大问题的解决处理过程进行非正式磋商，可以解决心理障碍，了解参加者的真实思想、意图，同时还能增进彼此间的感情。

现场视察。通过到现场进行非正式巡视，与各种人接触、聊天，直接了解人们在想什么，对项目有什么意见、建议，通常能获得项目中的软信息，而且还可以与人们打成一片，增强大家对组织的认同感，对管理者的亲近感，以及社交上的满足感。

非正式沟通反映了人们的态度，折射出项目的文化氛围，支持了组织目标的实现。通过非正式沟通，彼此之间能促进了解、增进感情、加速信息的流动，进而加强团队凝聚力，提高项目管理效果。

16.5 项目组织协调

16.5.1 项目组织协调的范围

项目组织协调关系范围可以分为以下三个关系范围：内部关系范围、近外层关系范围、远外层关系范围，见图 16-3。内部关系包括项目经理部内部关系、项目经理部与企业的关系、项目经理部与作业层的关系。近外层关系是指与承包人有直接和间接合同的关系，包括与发包人、监理人、设计人、供应人、分包人、贷款人、保险人等的关系。近外层关系的协调应作为项目管理组织协调的重点。远外层关系是指与承包人虽无直接或间接合同关系，但却有着法律、法规和社会公德等约束的关系，包括承包人与政府、环保、交通、环卫、绿化、文物、消除、公安等单位的关系。

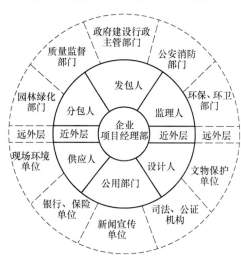

图 16-3　项目组织协调范围示意图

16.5.2 项目组织协调的内容

建设项目协调是建设项目管理的重要工作，贯穿于整个项目和项目管理过程中。建设项目组织协调的内容由人际关系、供求关系、组织关系、约束关系以及协作配合关系五部分组成。

1. 人际关系

人际关系的协调内容包括：项目组织内部的人与人之间、人与部门之间及部门与部门之间的关系，项目组织与项目组织外部其他利益相关单位之间的人际关系。人际关系的协调的核心是人员工作之间的沟通及彼此之间的矛盾。

2. 供求关系

供求关系的协调内容包括：建设项目进行过程中所需的人力、材料、设备、资金、信息、技术的供求关系。供求关系协调的核心是通过各种协调方法保证项目各种所需要资源的供求平衡。

3. 组织关系

组织关系的协调内容包括：组织内部各单位及人员的权利责任内容。组织关系协调的核心是解决组织内部各单位及人员的分工及配合问题。

4. 约束关系

约束关系的协调内容包括：学习并遵守国家及地方在法律、法规、政策、制度等方面对建设项目的制约，并求得相关执法部门的许可。约束关系协调的核心是在政府的相关规定下进行项目的建设。

5. 协调配合关系

协调配合关系的协调内容：建设方、施工方、设计方、分包方、地勘方、材料供应方、监理方及其他参与方之间在项目建设中彼此协调配合，保证步调一致，为项目成功这一目标而共同奋斗。协调配合关系协调的很核心是通过各种协调管理方法保证项目各参与方在项目建设时步调一致。

16.5.3 项目组织协调的方法

施工项目组织协调的内容主要包括人际关系、组织关系、供求关系、协作配合关系和约束关系等方面的协调。这些协调关系广泛存在于施工项目组织的内部、近外层和远外层之中，分别叙述如下。

1. 施工项目内部关系协调

（1）施工项目经理部内部关系协调方法

1）从人际关系角度，坚持民主集中制，执行各项规章制度；以各种形式开展人际间交流、沟通，增强了解、信任和亲和力；运用激励机制，调动人的积极性，用人所长，奖罚分明；加强政治思想工作，做好培训教育，提高人员素质；发生矛盾，重在调节、疏导，缓和利益冲突；

2）从组织关系角度，按职能划分，合理设置机构；以制度形式明确各机构之间的关系和职责权限；制订工作流程图，建立信息沟通制度，以协调方法解决问题，缓冲、化解矛盾；

3）从供求关系角度，通过计划协调生产要求与供应之间的平衡关系；通过调度体系，开展协调工作，排除干扰；抓住重点、关键环节，调节供需矛盾；

4）从经济制约关系角度，以合同为依据，严格履行合同；管理层为作业层创造条件，保护其利益；作业层接受管理层的指导、监督、控制；定期召开现场会，及时解决施工中存在的问题。

（2）施工项目经理部与企业本部关系的协调方法

1）党政管理：执行企业经理、党委决议，接受其领导；执行企业有关管理制度；

2）业务管理：执行企业的工作管理制度，接受企业的监督、控制；项目经理部的统计、财务、材料、质量、安全等业务纳入企业相应部门的业务系统管理。

2. 施工项目外部关系协调

（1）施工项目经理部与近外层关系协调

1）与发包人：双方洽谈、签订施工项目承包合同；双方履行施工承包合同约定的责任，保证项目总目标实现；依据合同及有关法律解决争议纠纷、在经济问题、质量问题、进度问题上达到双方协调一致；

2) 与监理人：按《建设工程监理规范》的规定，接受监督和相关的管理；接受发包人授权范围内的监理指令；通过监理工程师与发包人、设计人等关联单位经常协调沟通；与监理工程师建立融洽的关系；

3) 与设计人：项目经理部按设计图纸及文件制订项目管理实施规划，按图施工；与设计单位搞好协作关系，处理好设计交底、图纸会审、设计洽商变更、修改、隐蔽工程验收、交工验收等工作；

4) 与供应人：有供应合同的双方履行合同，利用合同的作用进行调节；无供应合同的充分利用市场竞争机制、价格调节和制约机制、供求机制的作用进行调节；

5) 与分包人：选择具有相应资质等级和施工能力的分包单位；分包单位应办理施工许可证，劳务人员有就业证；双方履行分包合同，按合同处理经济利益、责任，解决纠纷；分包单位接受项目经理部的监督、控制；

6) 公用部门：项目经理部在业主取得有关公用部门批准文件及许可证后，方可进行相应的施工活动；遵守各公用部门的有关规定，合理、合法施工；项目经理部应根据施工要求向有关公用部门办理各类手续；到交通管理部门办理通行路线图和通行证；到市政管理部门办理街道临建审批手续；到自来水管理部门办理施工用水设计审批手续；到供电管理部门办理施工用电设计审批手续等。

(2) 施工项目经理部与远外层关系协调

1) 政府建设行政主管部门：接受政府建设行政主管部门领导、审查，按规定办理好项目施工的一切手续；在施工活动中，应主动向政府建设行政主管部门请示汇报，取得支持与帮助；在发生合同纠纷时，政府建设行政主管部门应给予调解或仲裁；

2) 质量监督部门：及时办理建设工程质量监督通知单等手续；接受质量监督部门对施工全过程的质量监督、检查，对所提出的质量问题及时改正；按规定向质量监督部门提供有关工程质量文件和资料；

3) 安全监察部门：按规定办理安全资格认可证、安全施工许可证、项目经理安全生产资格证；施工中接受安全监察部门的检查、指导，发现安全隐患及时整改、消除；

4) 公安消防部门：施工现场有消防平面布置图，符合消防规范，在办理施工现场消防安全资格认可证审批后方可施工；随时接受消防部门对施工现场的检查，对存在问题及时改正；竣工验收后还须将有关文件报消防部门，进行消防验收，若存在问题，立即返修；进场后应向当地派出所如实汇报工地性质、人员状况，为外来劳务人员办理暂住手续；主动与公安部门配合，消除不安定因素和治安隐患；

5) 司法、公证鉴证机构：委托合同公证、鉴证机构进行合同的真实性、可靠性的法律审查和鉴定；在合同纠纷处理中，在调解无效或对仲裁不服时，可向法院起诉；

6) 现场环境单位：遵守公共关系准则，注意文明施工，减少环境污染、噪声污染，搞好环卫、环保、场容场貌、安全等工作；尊重社区居民、环卫环保单位意见，改进工作，取得谅解、配合与支持；

7) 园林绿化部门：因建设需要砍伐树木时，须提出申请，报市园林主管部门批准；因建设需要临时占用城市绿地和绿化带，须办理临建审批手续，经城市园林部门、城市规划部门、公安部门同意，并报当地政府批准；

8）文物保护部门：在文物较密集地区进行施工，项目经理部应事先与省市文物保护部门联系，进行文物调查或勘探工作，若发现文物要共同商定处理办法；施工中发现文物，项目经理部有责任和义务，妥善保护文物和现场，并报政府文物管理机关，及时处理。

16.5.4 项目组织协调效果评价

建设项目组织协调的定义为采用各种协调管理理论分析工作和技术实现手段，通过协商、谈判、约定、协议、沟通等方式，对项目内外各有关部门和活动进行调节和协商，调动一切相关组织的力量，使之紧密结合、步调一致，形成最大合力，以提高组织的效率，最终实现组织特定目标的一种管理思想、方法和活动。

1. 项目组织协调的目的

组织协调工作的有效开展，旨在促使整个项目管理系统的功能充分发挥，使得组织各部门、各成员都能对自己在完成组织总目标中所承担的角色、职责以及相互之间的配合有明确的认识，进而促使组织所有力量都集中到项目目标的实现上来，项目各个环节、各项活动都紧密配合，提高组织运行效率。概括来讲，建设项目组织协调的目标包括以下三点：

（1）促使项目参与方的个人目标与项目整体目标保持一致，促进项目目标的实现；

（2）协调好项目内外部各种关系，为项目提供稳定的外部环境，促进项目内部组织运行通畅；

（3）提高项目组织运行的效率。

2. 项目组织协调效果评价原则

（1）全面性原则

所谓全面性原则是指从工程项目整体上着眼，对项目组织协调中各方面影响因素进行综合考虑。全面性原则主要通过两个方面体现：①立足于整体，对主要矛盾进行考虑的同时，还要兼顾到次要矛盾；②对项目组织协调最终效果进行考虑的同时，还要对项目管理效果进行考虑，同时对经济性和合理性进行兼顾。

（2）客观性原则

所谓客观性原则是指严格按照事物发展的客观规律，所有工作都以规律作为基本出发点。在项目组织协调工作中存在很多客观性规律，在评估工作中应该始终坚持客观性原则，坚持一切从实际情况出发，做到具体问题具体分析，以评估要素为根本出发点，为评估的可信性和客观性进行保证。

建设项目的组织协调是一个动态调节的过程，在实际的项目进程中，需要根据项目的具体情况而随时调整。建设项目利益相关方组织协调机制包括决策机制、沟通机制、协作机制、激励机制、约束机制、协调管理机制等。组织协调工作的效果可依据项目的运行效果进行描述性评价，也可以在具备一定数据的基础上建立合理的评价指标体系，选用合适的方法确定各指标的权重，分别应用模糊综合评价、专家评估、加权评分、动态评价方法等方法，来评价并分析协调组织的效果，通过对组织协调综合评价结果的分析，可以监督、指导、调整项目参与方之间协调关系，使协调管理活动得到不断改进、完善。

16.6 项目冲突管理

在所有的项目中都存在冲突，冲突是项目组织的必然产物。冲突就是两个或两个以上的项目决策者在某个问题上的纠纷。

对待冲突，不同的人有不同的观念。传统的观点认为，冲突是不好的，害怕冲突，力争避免冲突。现代的观点认为，冲突是不可避免的，只要存在需要决策的地方，就存在冲突。对待冲突本身并不可怕，可怕的是对冲突处理方式的不当将会引发更大的矛盾，甚至可能造成混乱，影响或危及组织的发展。

16.6.1 项目冲突分类

1. 按动机特性分类

项目管理中引起冲突的动机多种多样，有的冲突主体为了追求某个目标，获得某种利益而引发冲突；有的则是为了回避某种不利状况，会对自身造成损害而引发冲突。根据引起冲突动机的特性不同，可以将冲突分为 5 种类型。

（1）单边利益冲突，指发生冲突双方的利益在行为取向上发生冲突，一方的利益以另一方的利益为代价。双方必有一方是个人或组织，另一方可以是个人或组织，也可以是不以人意志为转移的客观事实。

（2）双趋冲突，指冲突主体在面对两个同样具有吸引力的目标时，形成吸引程度相当的动机，但必须从中选择一个目标而形成冲突，常形容为"鱼和熊掌不可兼得"。

（3）双避冲突，指冲突主体同时面临两个不受欢迎或令人讨厌的事物时，产生同等的逃避动机，要避其一就必然遭遇另一事物。常形容为"前有断崖，后有追兵"。这便是严重的双避冲突情景。

（4）趋避冲突，指当冲突主体面对一个目标时，产生了既向往又逃避的矛盾心态，引发冲突。如有人喜欢吸烟，又怕吸烟引起疾病，这样矛盾的心态易引起典型的趋避心理冲突。常形容为"欲罢不能"。

（5）双避趋冲突，指冲突主体在面对两个目标时，存在着两种选择，但两个目标各有所长，又各有所短，使人左顾右盼，难以抉择的矛盾心态。比如某一新毕业的大学生在择业时，面临两份工作：一个工作是自己喜欢的，但是薪酬待遇较低；另一工作不是自己特别喜欢，但是待遇优厚，面临艰难的抉择，该情况属于典型的双避趋冲突。常形容为"尺有所短，寸有所长"。

2. 按项目内外分类

根据冲突产生于项目内部还是外部，可以将冲突划分为项目内部冲突和项目外部冲突。在项目的全寿命周期内，均存在内部和外部冲突，两者对项目的影响无论从发生机制还是作用机理上均有显著区别。同时，针对两种不同类型的冲突，干预手段和管理措施也有明显不同。

项目内部冲突与项目内部各单位相关，内部各相关单位爆发冲突后直接影响项目的正常运行。如在项目的前期，项目团队的选择出现冲突形成恶劣影响后，不仅会使项目建设直接延后，甚至还会与项目的后期合作埋下隐患。项目外部冲突是指项目赖以生存和发展的外部环境与项目本身发生的冲突。外部冲突对项目的影响是全局性的，冲突效应不能忽视。

在项目的整个生命周期内，任何一个阶段的国家地方政策调整后，都会对项目产生导向性影响，甚至会出现本质属性的改变。比如，原先采用 BOT 模式管理的自来水厂，后期的运营是营利性的，在运营期间，如果政府要求提前强制回购，与运营商产生利益上的冲突，通过双方的协商与谈判，回购后的自来水厂就成非营利性质的了，本质属性发生了改变。

3. 按形成原因分类

冲突的 6 个来源为情感冲突、利益冲突、价值冲突、认知冲突、目标冲突及实体冲突，将项目内部冲突形成的原因归结为地位不对等、利益不一致、资源稀缺、信息不对称、沟通不畅、信息缺失、责任不清、认知差异、工程变更等。地位冲突从本质上理解源于利益冲突。对于成员个性冲突具有双重属性，既有价值观方面的冲突，又有认知方面的冲突；偿债与盈利能力既有现实利益方面的诉求，又有业主日常经营方面的目标需求，也具有双重属性。

4. 按性质分类

可以划分为建设性的冲突和破坏性的冲突。建设性冲突主要体现在交流沟通，注重企业的最终利益，着重深入探知对方的观点；而破坏性冲突目的是破坏性的，体现在不愿意考虑对方的观点见解，双方争辩经常转为对人身的攻击。

5. 按本质属性分类

工程项目冲突按本质属性分类，可以分为资源类、协调类、组织类、客观类、优先权类和其他类。

此外，对项目冲突的分类还有多种，基于组织层面的个人、群体内、群体间的冲突；基于冲突的激烈程度上的辩论、口角、拳斗、斗殴，甚至仇杀等等。

16.6.2 项目冲突预测

在建筑工程项目的实施过程中，有许多不确定因素影响着项目的正常发展，这些因素在项目的不同阶段产生不同的作用并常以冲突事件的形式表现出来。同时，由于在项目实施过程中各种相关因素的耦合，导致冲突事件对项目的发展产生阻碍或约束作用。为消除这些阻碍和约束，保证项目整体利益的实现，避免不良后果，必须能够提前发现和预测冲突事件，以便更好的应对冲突。冲突预测分为三个过程：信息识别、偏差分析、预测评估。

信息识别：信息识别是对工程项目中那些可能含有冲突的信息进行识别，识别的根本问题是从众多的工程项目信息中选取和确定预示可能发生冲突事件的信息。

偏差分析：建筑工程项目中任何冲突事件的发生终将以质量、成本、进度偏离规定标准的方式表现出来，偏离的程度又可用定量的数据或指标予以表示。因此，便可借助这些数据与标准的偏离程度对项目发生冲突事件的可能性进行判断是否会引发冲突事件。

预测评估：预测评估是估计冲突的性质，确定冲突事件带来后果的大小，冲突评估以历史数据和资料为依据，利用系统评价方法对项目中产生的偏差进行全面分析，预测项目的发展趋势和可能发生冲突事件的种类、程度及其后果，更好的解决冲突。

16.6.3 项目冲突规避

冲突规避是根据冲突预测提供的信息实施冲突控制的策略。冲突规避的关键是采取果断措施，恢复项目进展的正常状态。冲突规避强调对冲突过程中的各个环节的控制，即对冲突的诱因、环境、导向、对象、结果等实施控制。冲突规避阶段有时还会修改冲突处理计划甚至项目的进展计划。因为即使最全面最充分的冲突分析、冲突评估也不可能完全正确地识别出所有的冲突和可能的后果，仍然需要在冲突事件发生时处置。

为保障项目的顺利进行，避免冲突事件的发生，冲突相关方应该在冲突预测的提示下迅速对冲突事件发生的背景进行逻辑推断，判断该问题的重要性和后果的严重性，与有关部门和人员进行研究并制定相应的项目冲突规避策略以及实施手段，必要时调整工作计划、改变现行工作方式，然后迅速执行，并在执行中进行动态监控与反馈，完成后做出工作总结，使整个处理过程善始善终。

16.6.4　项目冲突化解

解决冲突，可以采用协商、让步、缓和、强制和退出等方法。

协商是争论双方在一定程度上都能得到满意结果的方法。在这一方法中，冲突双方寻求一个调和的折中方案。但这种方法只适用于双方势均力敌的情况，并非永远可行。

让步是让冲突的双方其中的一方从冲突的状态中撤离出来，从而避免发生实质的或潜在的争端。有时这并不是一种有效的解决方式，例如在技术方案上产生不同意见时，争论对项目的顺利实施反倒有利。

缓和方式通常的做法是忽视差异，在冲突中找到一致的地方，即求同存异。这种方法认为组织团队之间的关系比解决问题更为重要。尽管这一方式能够避免某些矛盾，但是对于问题的彻底解决没有帮助。

强制的实质是指"非赢即输"，认为在冲突中获胜比保持人际关系更为重要。这是积极解决冲突的方式。但是应该看到这种方式解决的极端性。强制性的解决冲突对于项目团队的积极性可能会有打击。

退出更是一种消极的解决冲突的方式，不但无助于解决冲突，对于引起冲突的问题的解决也没有实质性的帮助。

16.6.5　项目冲突管理评价

项目冲突管理是现代项目管理理念的一部分，项目全过程都处在各种交叉冲突之中，项目的每个不同阶段中冲突的表现和影响程度不同，要求项目管理者在项目不同阶段利用项目冲突管理的理念找出主要冲突源，采用项目冲突的处理模式给予合理处理，避免冲突扩大而影响整个项目的整体目标的实现。

冲突管理评价是对冲突管理进行研究和量化分析，包括冲突发生或可能发生的原因、时间以及造成的影响和损失分析，针对该冲突采取的处理方式，采取该方式投入的资源和产生的效果，以及该项目冲突管理结束后对整个项目产生的影响。项目冲突管理的好坏对项目本身的成败具有至关重要的意义。因此，项目冲突管理对整个项目产生的影响的性质和程度是项目冲突管理评价的关键因素。

第17章 项目风险管理

17.1 项目风险管理一般规定

在实现组织目标的过程中,会遇到各种不确定性事件,这些事件发生的概率及其影响程度是无法事先预知的,这些事件将对组织目标产生影响,从而影响项目组织目标实现的程度。这种在一定环境下和一定限期内客观存在的、影响组织目标实现的各种不确定性事件就是风险。风险在项目中普遍存在,它具有以下基本特征:客观性、不确定性、不利性、可变性、相对性。

17.1.1 组织风险管理

组织应建立风险管理制度,明确各层次管理人员的风险管理责任,管理各种不确定因素对项目的影响。

风险管理是社会组织或者个人用以降低风险的消极结果的决策过程,通过风险识别、风险估测、风险评价,并在此基础上选择与优化组合各种风险管理技术,对风险实施有效控制和妥善处理风险所致损失的后果,从而以最小的成本收获最大的安全保障。风险管理含义的具体内容包括:

(1) 风险管理的对象是风险。

(2) 风险管理的主体可以是任何组织和个人,包括个人、家庭、组织(包括营利性组织和非营利性组织)。

(3) 风险管理的过程包括风险识别、风险估测、风险评价、选择风险管理技术和评估风险管理效果等。

(4) 风险管理的基本目标是以最小的成本收获最大的安全保障。

(5) 风险管理成为一个独立的管理系统,并成为一门新兴学科。

17.1.2 工程项目的风险管理

1. 工程项目风险的含义

工程项目风险,是指影响工程项目目标实现的事先不能确定的内部和外部的因素及其发生的可能性和可能损失。工程项目从可行性研究、立项,各种分析、规划、设计和施工都是基于未来情况的预测(政治、经济、社会、市场、技术等)。而在实际实施(施工建设)以及项目运行过程中,这些因素都有可能与预测目标有变化,甚至偏离较远,也就不能实现原定目标。

风险按性质可以分为:

(1) 纯粹风险(Pure Risk)

纯粹风险是只有损失机会而无获利可能的风险。如火灾暴雨、车祸、地震等。一般而言,纯粹风险事件会重复出现,通常其发生的概率服从大数定律,因而较有可能对之进行预测。

(2) 投机风险（Speculative Risk）

投机风险是既有损失可能又有获利机会的风险。如股票投资、购买期货、经营房地产等的风险。投机风险较为多变和不规则，大数定律常常对它不适用。

在现代工程项目中，风险和机会同在。把风险看作是纯粹的负面的东西，有利于我们专注于防范风险带来的负面效应，但同时有可能使我们忽略风险中蕴藏的机会。把风险纯粹定义为负面的影响还会带来一些技术处理上的困难。因为，某些不确定性的影响往往随着时间的变化游走于正负面之间，或者由于人们目标的改变而改变，当这种变化发生的时候，人为地割裂就会对分析风险造成一定的困难。风险的分析正负面不分开的重要原因在于人们对正负面的考虑往往是结合在一起的，正负面是同一个情形的两个侧面，同一个风险的两面。人们在考虑风险的时候必须同时考虑这两方面的因素。

风险在任何工程项目中都存在。风险会造成工程项目实施的失控现象，如工期延长、成本增加、计划修改等，最终导致工程经济效益降低，甚至项目失败。在现代工程项目中风险产生的原因有：

(1) 现代工程项目的特点是规模大、技术新颖、结构复杂，技术标准和质量标准高、持续时间长、与环境接口复杂，导致实施和管理的难度增加。

(2) 工程的参加单位和协作单位多，即使一个简单的工程就涉及业主、总包、分包、材料供应商、设备供应商、设计单位、监理单位、运输单位、保险公司等十几家甚至几十家。各方面责任界限的划分、权利和义务的定义异常复杂，设计、计划和合同文件等出错和矛盾的可能性加大。

(3) 由于工程实施时间长，涉及面广，受环境的影响大，如经济条件、社会条件、法律和自然条件的变化等。这些因素常常难以预测，不能控制，但都会妨碍正常实施，造成经济损失。

(4) 现代建设项目科技含量高，是研究、开发、建设、运行的结合，而不仅仅是传统意义上的建筑工程。项目投资管理、经营管理、资产管理的任务加重，难度加大，要求设计、供应、施工、运营一体化。

(5) 由于市场竞争激烈和技术更新速度加快，产品从概念到市场的时间缩短。人们面临着必须在短期内完成建设（例如开发新产品）的巨大压力。

(6) 新的融资方式、承包方式和管理模式不断出现。使工程项目的组织关系、合同关系、实施和运行程序越来越复杂。

(7) 项目所需资金、承包商、技术、设备、咨询服务的国际化，如国际工程承包、国际投资和合作，增加了项目的风险。

(8) 项目管理必须服从企业战略，满足用户和相关者的需求。现在企业、投资者、业主、社会各方面对工程项目的期望、要求和干预越来越多。

在我国的许多项目中，由风险造成的损失是触目惊心的，而且产生的影响是难以在短期内加以消除的。许多工程案例都说明了这个问题。特别在涉外或国际工程承包领域，人们将风险的作用作为项目失败的主要原因之一。

2. 工程项目风险管理

所谓工程项目风险管理是指对工程项目的风险因素进行识别、分析、评估，并制定防范对策等一系列管理过程。组织应建立风险管理制度，明确各层次管理人员的风险管理责任，管理各种不确定因素对项目的影响。

整个工程项目的生命周期可以分为四个阶段，按工程项目的不同阶段，可以分为不同阶段的风险管理。工程项目风险管理是涵盖以下四个阶段的全部的风险管理过程：

（1）项目的前期策划阶段风险管理。此阶段从项目策划到立项批准。

（2）项目的设计阶段风险管理。这个阶段从批准立项到现场开工。

（3）项目的实施阶段风险管理，即项目的施工阶段。这个阶段从现场开工到项目交付。

（4）项目的营运阶段风险管理。从项目接收到项目营运到项目结束。

按管理者主体不同，工程项目风险管理又分为：

（1）投资者的风险管理。

（2）业主的风险管理。

（3）项目管理公司（监理公司或咨询公司）的风险管理。

（4）项目承包商的风险管理。

（5）政府主管部门对项目的风险管理。

3. 工程项目风险管理的目标

工程项目风险管理的目的并不是消灭风险。在工程项目中大多数风险是不可能被项目管理者消灭或杜绝的，而是采取适当的应对措施，减少风险损失和减轻影响范围。一般地，工程项目风险管理目标的确定要满足以下要求：

（1）风险管理目标应与项目总体目标一致。

（2）目标应可以实现。

（3）目标应明确、具体。

根据上述原则，可以认为，工程项目风险管理的目标就是通过对项目风险的识别，进行综合分析和评价，采取针对性的对策措施，从而实现项目的总体目标。总的来说，工程项目风险管理的最终目标是完成合同要求，获取最大的经济和社会效益。通过风险管理活动，能够预测风险，并采取预防措施，使损失降低，从而使项目目标能够顺利实现。

4. 工程项目风险管理的一般过程

风险管理主要包括：风险识别、风险评估、风险应对和风险控制四个过程。

（1）风险识别。确定可能影响项目的风险的种类，即可能有哪些风险发生，并将这些风险的特性整理成文档。决定如何采取和计划一个项目的风险管理活动。

（2）风险评估。风险评估通常又可以分为风险估计和风险评价。即对项目风险发生的条件、概率及风险事件对项目的影响进行分析，并评估他们对项目目标的影响，按它们对项目目标的影响顺序排列。

（3）风险应对。即编制风险应对计划，制定一些程序和技术手段，用来提高实现项目目标的概率和减少负面风险的威胁，或者扩大正面风险的机遇。

（4）风险控制。在项目的整个生命期阶段进行风险预警，在风险发生情况下，实施降低负面风险或者扩大正面风险计划，保证对策措施的应用和有效性，监控残余风险，识别新的风险，更新风险计划，以及评估这些工作的有效性等。

17.2 风险管理计划

风险管理计划就是制定风险识别、风险分析、风险减缓策略，确定风险管理的职责，为项目的风险管理提供完整的行动纲领。是确定如何在项目中进行风险管理活动，以及制定项目风险管理计划的过程。

17.2.1 项目管理机构应在项目管理策划时确定项目风险管理计划

风险管理计划是项目计划中的一部分。在项目管理策划时就应该确定项目风险管理计划，以清楚地反映出在项目整个生命周期中，风险识别、风险评估、应对措施、预警和控制如何建立并执行。它为项目风险管理工作提供了一个基准，为控制项目风险，检查项目绩效，发现与既定计划的偏差提供了依据，有助于提升实现项目目标的机会、减少对项目目标的威胁。

17.2.2 项目风险管理计划编制依据应包括下列内容：

(1) 项目范围说明；
(2) 招投标文件与工程合同；
(3) 项目工作分解结构；
(4) 项目管理策划的结果；
(5) 组织风险管理制度；
(6) 其他相关信息和历史资料。

17.2.3 风险管理计划应包括下列内容：

(1) 风险管理目标；
(2) 风险管理范围；
(3) 可使用的风险管理方法、措施、工具和数据；
(4) 风险跟踪的要求；
(5) 风险管理的责任和权限；
(6) 必需的资源和费用预算。

17.2.4 风险管理计划制定应该注意的问题

1. 项目风险管理计划应根据风险变化进行调整，并经过授权人批准后实施

一般来说，编制了风险管理计划后，项目团队往往就认为与风险相关的计划工作已经完成。但是实践告诉我们，风险管理计划帮助我们识别主要风险的重要性超过风险发生后采取措施的制定。并且，风险管理计划不是重在编制，而是重在落实。

2. 对计划的实施情况进行监督和检查

对于风险管理计划的重点在于落实，组织应该安排专门人员负责风险管理计划实施的跟踪监督工作，由于风险具有可变性和阶段性等特点，风险管理人员要对风险管理计划的落实情况进行动态的监督和检查，一旦项目出现新情况新变化，或在计划实施过程中发现了与原计划不匹配，就需要及时调整项目风险管理计划。

17.2.5 风险管理计划编制的方法

1. 确定项目风险管理目标

风险管理计划进行编制之前，首先要先确定项目风险管理的目标。项目总承包合同一

旦签订，则项目部的工作任务范围和组织分工也随之确定，此时也要将项目风险管理的总目标和阶段目标确定下来。通常情况下，按照项目风险产生具有阶段性特点和根据工作分解结构分解后的指标量化可以将项目风险管理目标分为以下三种：

（1）总体目标。项目风险管理总体目标是构建完善的风险管理组织机构，确立清晰明确的风险策略，制定明确的风险管理职责，建立能够快速反应有效运行的风险管理系统的全面风险管理体系，以使得项目效益价值最大化。

（2）阶段目标。根据风险产生具有阶段性的特点，可将风险发展态势分为风险的潜伏、发生和后果三个阶段，同时按照这个划分，可以进一步将风险管理目标细分为四个可行的阶段性目标。第一要尽早识别项目执行中可能出现的各种风险，这是风险潜伏阶段的管理目标；第二是尽力避免风险事件的发生，这也是风险潜伏阶段的管理目标；第三是一旦风险发生，要尽量减少或降低风险造成的损失，这属于风险发生阶段的管理目标；第四是风险发生后，要尽责任总结风险带来的教训，这是风险后果阶段的管理目标。因此从主观角度来说，可以将上述四个阶段简称为"四尽原则"，即尽早、尽力、尽量、尽责。

（3）具体目标。在项目执行过程中，工作分解结构完成后，就可以对项目风险管理进行量化，具体的费用、进度、质量和安全目标分解，以使各项工作协调进行，确保项目的实施过程符合合同要求规定。

2. 设立项目风险管理组织机构

为了项目风险管理活动能够有序有效进行，就需要建立一个结构健全、合理有序、稳固运行的风险管理组织机构。工程项目的组织结构可以多种多样，但大多数公司将与项目管理相对应的风险管理组织作为基本模式。由此看来，风险管理组织形式也可采用职能式组织结构、项目式组织结构、矩阵式组织结构等，而对于 EPC 国际项目，大多采用项目式的组织结构。

3. 确定风险管理计划的编制原则

项目风险管理计划编制要遵行以下原则：

（1）编制风险管理计划时，要针对识别出的风险源，编制出可行得当，适用性强、具体可操作的管理措施，确保管理措施的有效性，即可行、适用、有效原则。

（2）编制出的管理措施和方案应本着简洁明了，信息沟通渠道流畅，操作手段先进，管理成本节约合理原则进行。

（3）编制风险管理计划，尤其是制订管理方案时，要本着控制风险要有主动性的管理思想，如果周围环境变化或出现其他新的问题时，要及时采取应对措施，或者对管理措施在项目全生命周期内进行相应调整。

（4）编制风险管理计划时，要结合有效合理的风险管理组织机构，动员所有项目参与人员力量，采取综合治理原则，合理科学地划分每个人的风险职责，共同建立项目全周期、全方位和风险利益一体化的风险管理体系。

17.3 风 险 识 别

风险识别是指风险管理人员在收集资料和调查研究之后，运用各种方法对尚未发生的潜在风险以及客观存在的各种风险进行系统归类和全面识别。它是进行风险管理的第一步。在这个过程中,要全面调查、详细了解和研究项目面临的内部和外部情况,从而了解项目的潜在威胁。风险识别出来后,应针对不同的风险类型进行分析和采取决策措施。风险识别是一个连续的过程,应贯穿在项目实施的全过程,风险也会因条件的变化而不断变化。由于边界条件的变化,旧的风险被处置后,新的风险又可能会出现,并且原来处于弱势的风险因素可能会逐渐转化为风险。

17.3.1 项目管理机构应在项目实施前识别实施过程中的各种风险

风险识别是进行风险管理的第一步。在这个过程中,要全面调查、详细了解和研究项目面临的内部和外部情况,从而了解项目的潜在威胁。风险识别出来后,应针对不同的风险类型进行分析和采取决策措施。风险识别是一个连续的过程,应贯穿在项目实施的全过程,风险也会因条件的变化而不断变化。由于边界条件的变化,旧的风险被处置后,新的风险又可能会出现,并且原来处于弱势的风险因素可能会逐渐转化为风险。

17.3.2 工程项目风险识别

工程项目的建设涉及业主、投资人、承包商、咨询监理、设计、材料供应商等多方参与,他们会面临一些共同风险,而有的风险因素对某一方来说是风险,对另一方来说则不是风险而是机会。

1. 项目管理机构应进行下列风险识别
(1) 工程本身条件及约定条件;
(2) 自然条件与社会条件;
(3) 市场情况;
(4) 项目相关方的影响;
(5) 项目管理团队的能力。

2. 工程风险源及其可能造成的影响
(1) 费用超支或者节约风险

在施工过程中,由于通货膨胀、环境、新的规定等原因,致使工程施工的实际费用超出原来的预算。或者由于管理优化、技术提升导致了工程成本的节约。

(2) 工期拖延或者提前风险

在施工过程中,由于设计错误、施工能力差、自然灾害等原因致使项目不能按期建成。或者由于施工优化形成了工期提前的风险。

(3) 质量风险

在施工过程中,由于原材料、构配件质量不符合要求,技术人员或操作人员水平不高,违反操作规程等原因而产生质量问题。或者由于质量管理改进提升了质量等级的风险。

(4) 技术风险

在施工项目中采用的技术不成熟,或采用新技术、新设备、新工艺时未掌握要点致使项目出现质量、工期、成本问题。或者由于技术应用的改进形成了质量、工期、成本的效益提升。

(5) 自然灾害和意外事故风险

自然灾害风险指由于火灾、暴风雨等一系列自然灾害所造成的损失可能性。意外事故是指由于人们的过失行为或侵权行为给项目带来的损失。

(6) 财务风险

由于业主经济状况不佳而拖欠工程款致使工程无法顺利进行，或由于意外使项目取得外部贷款发生困难，或已接受的贷款因利率过高而无法偿还。或者由于财务管理的集约化改善了财务水平与财务效益。

17.3.3　识别项目风险应遵循下列程序：

1. 收集与风险有关的信息

收集信息应该从两个方面着手：(1) 安全检查记录，项目管理者进行安全检查并记录检查结果；(2) 分析工程资料，包括项目的设计方案、施工技术方案、水文地质资料、人力资源管理资料、财务报表、合同、物料供应资料等。

2. 确定风险因素

风险因素是指引起或增加风险事故发生的机会或扩大损失幅度的条件，是风险事故发生的潜在原因，风险因素引起或增加风险事故。根据性质的不同，风险因素可以分为实质性风险因素、道德风险因素和心理风险因素，实质性风险因素指能引起或增加损失机会与损失程度的物理的或实质性的因素。道德风险因素指能引起或增加损失机会和程度的、个人道德品质问题方面的原因，如不诚实、抢劫企图、纵火索赔图谋等。心理风险因素指能引起或增加损失机会和程度的、人的心理状态方面的原因，如不谨慎、不关心、情绪波动等。其中，道德风险因素和心理风险因素均属人为因素，但道德风险因素偏向于人的故意恶行，而心理风险因素则偏向于人的非故意的疏忽，这两类因素一般是无形的。

3. 编制项目风险识别报告

在风险识别的最后还应该编制项目风险识别报告，对识别结果进行记录。

17.3.4　项目风险识别报告

项目风险识别报告应由编制人签字确认，并经批准后发布。项目风险识别报告应包括下列内容：

(1) 风险源的类型、数量；

(2) 风险发生的可能性；

(3) 风险可能发生的部位及风险的相关特征。

17.3.5　风险识别的方法

目前比较常用的风险识别方法有：德尔菲法、头脑风暴法、面谈法、情景分析法、核查表法、流程图、因果分析图和工作分解结构等。

1. 德尔菲法

又称专家调查法，起源于 20 世纪 40 年代。这种预测方法已经在经济、社会、工程技术等领域中广泛采用。德尔菲法采用匿名发表意见的方式，通过多轮次调查专家对问卷所提问题的看法，最后汇总成专家基本一致的看法，作为预测的结果。这种方法具有广泛的代表性，较为可靠。

采用德尔菲法的重要一环就是制定函询调查表，调查表制定的好坏，直接关系到预测结果的质量。在制定调查表时，应该以封闭型的问句为主，将各种答案列出，由专家根据自己的经验和知识进行选择，在问卷的最后，往往加入几个开放型的问句，让专家充分表述自己的意见和看法。

对于调查表确定的主要风险因素，还可以设计更加详细的风险识别问卷，选择若干专家进行进一步调查,着重调查风险可能发生的时间、影响范围、风险的管理主体等问题。这一类的问卷往往采用开放式的问句,必须选择该领域具有丰富实践经验的专家进行调查,因此,人数不宜过大,由于回答工作量较大,可以由风险管理人员采用面对面提问的方式进行。

2. 头脑风暴法

这是最常用的风险识别方法,它是借助于专家的经验,通过会议,集思广益来获取信息的一种直观的预测和识别方法。这种方法通过与会专家的相互交流和启发,发挥创造性思维,达到相互补充和激发的效应,使预测结果更加准确。它是一种思想产生过程,鼓励提出任何种类的方案设计思想,同时禁止对各种方案的任何批评。

头脑风暴法可以在很短的时间内得出风险管理所需要的结论。在项目实施的过程中,也可以采用这种方法,对以后实施阶段可能出现的风险进行预见性的分析。头脑风暴法是建筑企业进行工程项目风险管理最直接而且行之有效的方法。

3. 面谈法

风险管理者通过和项目相关人员直接进行面谈,收集不同人员对项目风险的认识和建议,了解项目执行过程中的各项活动,这有助于识别那些在常规计划中容易被忽视的风险因素。访谈记录,汇总成项目风险资料。如果需要专家介入,就可以组织专家面谈:

(1) 准备一系列未解决的问题;

(2) 提前把问题送到面谈者手中,使之对要面谈的问题有所准备;

(3) 记录面谈结果,汇总成项目风险清单。

4. 情景分析法

情景分析法是一种假设分析法。首先总结整个项目系统内外的经验和教训,根据项目发展的趋势,预先设计出多种未来的情景;与此同时,结合各种技术、经济和社会影响,对项目风险进行识别和预测。这种方法特别适合于提醒决策者注意某种措施和政策可能引起的风险或不确定性的后果;建议进行风险监视的范围;确定某些关键因素对未来进程的影响;提醒人们注意某种技术的发展会给人们带来的风险。情景分析法是一种适用于对可变因素较多的项目进行风险预测和识别的系统技术,它在假定关键影响因素有可能发生的基础上,构造多种情景、提出多种可能结果,以便采取措施防患于未然。

5. 核查表法

核查表法是建筑工程中常用的分析方法,其优点在于方法简单,易于应用,节约时间。它的应用由两步骤组成:首先,辨识出工程计划周期可能遇到的所有风险,列出风险调查表;其次,利用专家经验,对可能的风险因素的重要性进行评估,综合成整个计划风险。

该方法的优点在于使风险识别的工作变得较为简单,容易掌握;缺点是对单个风险的来源描述不够,没有揭示出风险来源之间的相互依赖关系,对风险重要程度没有特别指出,而且有时不够详尽,容易发生遗漏。

6. 流程图法

流程图是将施工项目的全过程,按其内在的逻辑关系制成流程,针对流程中的关键环节和薄弱环节进行调查和分析,找出风险存在的原因,从中发现潜在的风险威胁,分析风险发生后可能造成的损失和对施工项目全过程的影响。

运用流程图分析，项目人员可以明确的发现项目所面临的风险。但流程图分析仅着重于流程本身，而无法显示发生问题的阶段的损失值或损失发生的概率。

7. 因果分析图

因果分析图又称鱼刺图，它通过带箭头的线，将风险问题与风险因素之间的关系表示出来。因果分析图由若干个枝干组成，枝干分为大枝、中枝和小枝，它们分别代表大大小小不同的风险因素，一般从人、设备、材料、方法和环境等方面进行分析。

8. 工作分解结构（WBS）

（1）工作分解结构样板。工作分解结构是由施工项目各部分构成的、面向成果的树形结构，该结构界定并组成了施工项目的全部范围。一个组织过去所实施的项目的工作分解结构常常可以作为新项目的工作分解结构的样板。虽然每个项目都是独一无二的，但是仍有许多施工项目彼此间都存在着某种程度的相似之处。许多应用领域有标准的或半标准的工作分解结构样板，因为在一个组织内的绝大多数项目是属于相同的专业应用领域，如土建工程或设备安装工程；而且一个组织的管理模式是相对稳定的。

（2）分解技术。分解就是把项目的可交付成果分解成较小的、更易管理的组成部分，直到可交付成果界定得足够详细，如施工项目可以分解为分项工程、分部工程和单位工程等。分解的步骤如下：

1）识别项目的主要组成部分。

2）确定每一组成部分是否分解得足够详细，以便可以对它进行费用和时间的估算。

3）确定可交付成果的构成要素。

4）核对分解是否正确。可以从以下方面来确定：第一，确定低层次的要素对于被分解的要素的完成是充分必要的；第二，确定每个构成要素都被清楚完全的界定；第三，确定对每一个构成要素都已经做了预算及时间安排。

5）工作分解结构图。工作分解结构图就是将项目按照其内在结构或实施过程的顺序进行逐层分解而形成的结构示意图，如图 17-1 所示。

图 17-1 项目工作分解结构

17.4 风 险 评 估

风险识别仅仅是发现项目存在的风险因素，对风险事故发生的概率和损失后果进行了预测，但是没有明确风险事件发生所引发的综合后果，也没有研究这些风险对项目实施的影响程度和工程项目主体能否接受这些风险。风险评估则是对项目所有阶段的整体风险给予考虑，比如各风险之间的相互作用、对项目的总体影响等。具体来说，风险评估是在风险识别和量化的基础上，运用概率和数理统计的方法对项目风险发生的概率、项目风险的影响范围、项目风险后果的严重程度和项目风险的发生时间进行估计和评价，确定项目风险水平并明确关键风险，并依照风险通过建立项目风险的系统评价模型，对项目目标的影响程度进行项目风险分级排序的过程。

17.4.1 项目管理机构风险评估的内容

由于识别出来的每一个风险都有发生的规律和特点、影响范围和影响量。因此项目管理机构通常对罗列出来的风险必须作如下分析和评估：

（1）风险发生的可能性分析，是研究风险自身的规律性，通常可用概率表示。既然被视为风险，则它必然在必然事件（概率＝1）和不可能事件（概率＝0）之间。它的发生是不确定的，但有一定的规律性。人们可以通过后面所提及的各种方法研究风险发生的概率。

项目风险事件发生的可能性，即发生的概率，一般可利用已有数据资料分析与统计、主观测验法、专家估计法等方法估算。

（2）风险损失量或效益水平的估计。风险的发生会对项目产生一定的影响，使项目偏离预期的目标，这种影响可以是正面的也可能是负面的。

（3）风险存在和发生的时间分析。即风险可能在项目的哪个阶段、哪个环节上发生。有许多风险有明显的阶段性，有的风险是直接与具体的工程活动（工作包）相联系的。这个分析对风险的预警有很大的作用。

（4）风险事件的级别评定。

风险因素非常多，涉及各个方面，但人们并不是对所有的风险都予以十分重视。否则将大大提高管理费用，而且谨小慎微，反过来会干扰正常的决策过程。

1）风险位能的概念。通常对一个具体的风险，它如果发生，则损失为 RH，发生的可能性为 E_w，则风险的期望值 R_w 为：

$$R_w = RH \times E_w$$

例如一种自然环境风险如果发生，则损失达 20 万元，而发生的可能性为 0.1，则损失的期望值 $R_w=20\times 0.1=2$ 万元。

引用物理学中位能的概念，损失期望值高的，则风险位能高。可以在二维坐标上作等位能线（即损失期望值相等）（见图 17-2），则任何一个风险可以在图上找到一个表示它位能的点。

2）风险分类：不同的风险位能则可分为不同的类别。

A 类：即风险发生的可能性很大，同时一旦发生损失也很大。这类风险常常是风险管理的重点。对它可以着眼于采取措施减小发生的可能性，或减少损失。

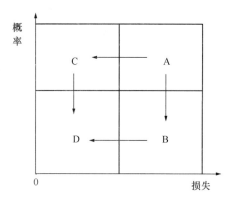

图 17-2 风险量图

B 类：如果发生损失很大，但发生的可能性较小的风险。对它可以着眼于采取措施以减少损失。

C 类：发生的可能性较大，但损失很小的风险。对它可以着眼于采取措施以减小发生的可能性。

D 类：发生的可能性和损失都很小的风险。

有时也可以用其他形式的分类，例如 1 级、2 级、3 级、4 级等，其意义是相同的。

显然，也可以按照上述方法，把正面风险依据其发生的效益水平进行风险分类。

17.4.2 风险估计

风险估计就是估计风险的性质、估算风险事件发生的概率及其后果的大小，以减少项目计量的不确定性。风险估计的对象是项目的各个单个风险,非项目整体风险。风险估计应考虑两个方面:风险事件发生的概率和可能造成的损失。风险事件发生可能性的大小用概率表示,可能的损失则用费用损失或建设工期增加来表示。

1. 风险估计的主要内容

风险估计的首要工作是确定风险事件的概率分布。一般来讲,风险事件的概率分布应当按照历史资料来确定;当项目管理人员没有足够的历史资料来确定风险事件的概率分布时,可以利用理论概率分布进行风险估计。其次是对风险事故后果的估计,要从三个方面来衡量:风险损失的性质、风险损失范围大小和风险损失的时间分布。

(1) 风险发生的可能性分析是研究风险自身的规律性,通常可用概率表示。既然被视为风险,则它必然在必然事件(概率=1)和不可能事件(概率=0)之间。它的发生是不确定的,但有一定的规律性。人们可以通过后面所提及的各种方法研究风险发生的概率。

项目风险事件发生的可能性,即发生的概率,一般可利用已有数据资料分析与统计、主观测验法、专家估计法等方法估算。

(2) 风险的影响和损失分析。风险的影响是个非常复杂的问题,有的风险影响面较小,有的风险影响面很大,可能引起整个工程的中断或报废。

项目风险损失就是项目风险发生后,将会对工程项目的实施过程和目标的实现产生不利影响,风险损失可能包括:工期损失的估计、费用损失的估计、对工程的质量、功能、使用效果等方面的影响以及对人身保障、安全、健康、环境、法律责任、企业信誉、职业道德等方面的影响。

2. 风险估计的计量标度

对风险估计进行计量是为了取得有关数值或排列顺序。计量使用标识、序数、基数和比率四种标度。

(1) 标识标度。标识对象或事件,用来区分不同的风险,但不涉及数量。不同的颜色和符号都可以作为标识标度。在尚未充分掌握风险的所有方面或同其他已知风险的关系时,使用标识标度。

(2) 序数标度。事先确定一个基准,然后按照与这个基准的差距大小将风险排出先后顺序,使之彼此区别开来。利用序数标度还能判断一个风险是大于、等于还是小于另一个风险。但是,序数标度无法判断各风险之间的具体差别大小。将风险分为已知风险、可预测风险和不可预测风险用的就是序数标度。

(3) 基数标度。使用基数标度不但可以把各个风险彼此区别开来,而且还可以确定他们彼此之间差别的大小。

(4) 比率标度。不但可以确定他们彼此之间差别的大小,还可以确定一个计量起点。风险发生的概率就是一种比率标度。

3. 风险估计可以采取的方法

(1) 根据已有信息和类似项目信息采用主观推断法、专家估计法或会议评审法进行风险发生概率的认定;

(2) 根据工期损失、费用损失和对工程质量、功能、使用效果的负面影响进行风险损失量的估计;

(3) 根据工期缩短、利润提升和对工程质量、安全、环境的正面影响进行风险效益水平的估计。

17.4.3 风险评价

项目管理机构应根据风险因素发生的概率、损失量或效益水平，确定风险量并进行分级。风险评价就是对工程项目整体风险，或某一部分、某一阶段风险进行评价，即评价各风险事件的共同作用，风险事件的发生概率（可能性）和引起损失的综合后果对工程项目实施带来的影响。

1. 风险评价的步骤

工程项目风险评价的步骤主要有以下几步：

第一步，确定项目风险评价基准。工程项目风险评价基准就是工程项目主体针对不同的项目风险后果，确定的可接受水平。单个风险和整体风险都要确定评价基准，分别称为单个评价基准和整体评价基准。项目的目标多种多样：时间最短、利润最大、成本最小和风险损失最小等等，这些目标可以进行量化，成为评价基准。

第二步，确定项目风险水平。其中包括单个风险水平和整体风险水平。工程项目整体风险水平是综合了所有风险事件之后确定的。要确定工程项目的整体风险水平，有必要弄清单个风险之间的关系、相互作用以及转化因素对这些相互作用的影响。另外，风险水平的确定方法要和评价基准确定的原则和方法相适应，否则两者就缺乏可比性。

第三步，将工程项目单个风险水平与单个评价基准、整体风险水平与整体评价基准进行比较，进而确定它们是否在可接受的范围之内，进而确定该项目是应该就此止步还是继续进行。

对工程项目中各类风险进行评价，根据它们对项目目标的影响程度，包括风险出现的概率和后果，以确定它们的排序，为考虑风险控制先后和风险应对措施提供依据。表面上看起来不相干的多个风险事件常常是由一个共同的风险因素所造成的。因此，风险评价就是要从工程项目整体出发，弄清各风险事件之间确切的因果关系，这样才能准确估计风险损失，并且制定相应的风险应对计划，在以后的管理中只需消除一个风险因素就可避免多种风险。另外，考虑不同风险之间相互转化的条件，同时还要注意降低风险发生概率和后果估计中的不确定性。必要时根据项目形势的变化重新估计风险发生的概率和可能的后果。

2. 风险评价的方法

风险评价的方法包括定量分析（包含敏感性分析、概率分析、决策树分析、影响图技术、模糊数学法、CIM 模型等）和定性分析（包含幕景分析法、专家调查法、层次分析法等）这两种方法。下面具体介绍决策树法和层次分析法。

（1）决策树法

决策树常常用于不同方案的选择。例如某种产品市场预测，在 10 年中销路好的概率为 0.7，销路不好的概率为 0.3。相关工厂的建设有两个方案：

① 新建大厂需投入 5000 万元，如果销路好每年可获得利润 1500 万元；销路不好，每年亏损 20 万元。

② 新建小厂需投入 2000 万元，如果销路好每年可获得 600 万元的利润；销路不好，每年只可获得 300 万元的利润。

则可作决策树见图 17-3。

对 A 方案的收益期望为：
$$EA = 1600 \times 10 \times 0.7 + (-500) \times 10 \\ \times 0.3 - 5000 \\ = 4700 \text{ 万元}$$

对 B 方案的收益期望为：
$$EB = 600 \times 10 \times 0.7 + 300 \times 10 \times \\ 0.3 - 2000 \\ = 3100 \text{ 万元}$$

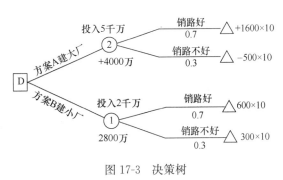

图 17-3 决策树

由于 A 方案的收益期望比 B 高，所以 A 方案是有利的。

(2) 层次分析法（AHP）

层次分析法是将决策有关的元素分解成目标、准则、方案等层次，在此基础之上进行定性和定量分析的决策方法。该方法是美国运筹学家匹茨堡大学教授萨蒂于 20 世纪 70 年代初，在为美国国防部研究"根据各个工业部门对国家福利的贡献大小而进行电力分配"课题时，应用网络系统理论和多目标综合评价方法，提出的一种层次权重决策分析方法。这种方法的特点是在对复杂的决策问题的本质、影响因素及其内在关系等进行深入分析的基础上，利用较少的定量信息使决策的思维过程数学化，从而为多目标、多准则或无结构特性的复杂决策问题提供简便的决策方法。尤其适合于对决策结果难于直接准确计量的场合。层次分析法的步骤如下：

1) 通过对系统的深刻认识，确定该系统的总目标，弄清规划决策所涉及的范围、所要采取的措施方案和政策、实现目标的准则、策略和各种约束条件等，广泛地收集信息。

2) 建立一个多层次的递阶结构，按目标的不同、实现功能的差异，将系统分为几个等级层次。

3) 确定以上递阶结构中相邻层次元素间相关程度。通过构造并比较判断矩阵及矩阵运算的数学方法，确定对于上一层次的某个元素而言，本层次中与其相关元素的重要性排序——相对权值。

4) 计算各层元素对系统目标的合成权重，进行总排序，以确定递阶结构图中最底层各个元素的总目标中的重要程度。

5) 根据分析计算结果，考虑相应的决策。

层次分析法（AHP 法）是对人们主观判断做形式的表达、处理与客观描述，通过判断矩阵计算出相对权重后，要进行判断矩阵的一致性检验，克服两两相比的不足。层次分析法的整个过程体现了人的决策思维的基本特征，即分解、判断与综合，易学易用，而且定性与定量相结合，便于决策者之间彼此沟通，是一种十分有效的系统分析方法，广泛地应用在经济管理规划、能源开发利用与资源分析、城市产业规划、人才预测、交通运输、水资源分析利用等方面。

上述的各种风险评价方法都有各自的优点和缺点，都不是万能的。因此，风险评价的方法必须与使用这种方法的模型和环境相互适应，没有一种方法可以适合于所有的风险分析过程。所以在分析某一风险问题时，应该具体问题具体分析。

3. 风险评价的作用

在建设工程项目风险管理中,项目风险评价是一个必不可少的环节,其主要作用表现在:

(1) 通过风险评价,确定项目风险大小的先后顺序。对工程项目各种风险进行评价,根据它们对项目的影响程度,包括风险出现的概率和后果,以确定它们的排序,为考虑风险控制先后顺序和风险控制措施提供依据。

(2) 通过风险评价,可以确定各种风险事件间的内在联系。工程项目中各种各样的风险事件,表面上看是互不相关的,当进行详细分析评价后,便会发现某一些风险事件的风险源是相同的或有密切关联的。掌握了风险事件间的内在联系,在以后的风险控制中可以重点控制相同的风险源,消除由此风险源产生风险。

(3) 通过风险评价,把握风险之间的相互关系,将风险转化为机会。

(4) 通过风险评价,可以进一步认识已估计的风险发生的概率和引起的损失,降低风险估计过程中的不确定性。当发现原估计和现状出入较大,必要时可根据工程项目进展现状,重新估计风险的概率和可能的后果。

17.4.4 风险评估报告

风险评估后应出具风险评估报告。风险评估报告应由评估人签字确认,并经批准后发布。风险评估报告应包括下列内容:
(1) 各类风险发生的概率;
(2) 可能造成的损失量或效益水平、风险等级确定;
(3) 风险相关的条件因素。

17.5 风 险 应 对

项目风险应对是针对项目的定量风险分析结果,为降低项目风险的负面效应制定风险应对策略和技术手段的过程。项目风险应对计划依据风险管理计划、风险排序、风险认知等,得出风险对应计划、剩余风险、次要风险、合同协议以及为其他过程提供的依据。

17.5.1 项目管理机构应依据风险评估报告确定针对项目风险的应对策略

风险应对,可从改变风险后果的性质、风险发生的概率或风险后果大小三个方面,提出多种策略。风险应对策略是项目实施策略的一部分。对风险,特别是对重大的风险,要进行专门的策略研究。

17.5.2 项目管理机构应对负面风险或威胁的措施

1. 风险规避

风险规避就是通过回避产生项目风险的有关因素,从而避免项目风险产生的可能性或潜在损失,这是一种常用的处理方法。它侧重于一种消极或放弃和中止。风险回避主要是中断风险来源,使其不发生或遏制其发展。回避风险有两种基本途径:一是拒绝承担风险;二是放弃以前承担的风险。

采取风险规避时应该注意:
(1) 风险发生的概率较高,且后果较为严重,而组织对该风险有足够的认识时通常采取风险规避的方法。
(2) 当采用其他应对策略的成本或效益的期望值不理想时,可以采用风险规避。

(3) 有些风险无法采用风险规避策略，比如：地震、台风、洪灾等不可抗力造成的风险。

(4) 规避了某种风险可能会带来新的风险，应该综合考虑规避措施的有效性。

(5) 虽然回避风险是一种防范性的措施，但是这也是一种比较消极的方法。因为回避了风险虽然能够避免损失，但是也失去了获取利润的机会。所有的事情都进行回避的话，最终的结果就是企业停滞不前，甚至可能倒退。如果企业家要生存发展，而且还需要回避预测到的风险最好的方法就是采取除了回避之外的方法。

2. 风险减轻

风险缓解是指通过技术、管理、组织手段，减少风险发生的机会或降低风险的严重性，设法使风险最小化。通常有两种途径。一是风险预防，指采用各种预防措施以减小风险发生的可能。二是减少风险，指风险损失已经不可避免的情况下，通过各种措施来遏制风险势头继续恶化或限制其扩展范围使其不再蔓延。

3. 风险转移

风险转移是指组织为避免承担风险损失而将风险损失转嫁给其他组织。有些风险无法通过上述手段进行有效控制，需要通过合同，保险等转移风险，让第三者承担风险。如通过寻找分承包商转移相关风险。

4. 风险自留

风险自留又称承担风险，它是一种由项目组织自己承担风险事故所致损失的措施。那些造成损失小、重复性较高的风险是最适合于自留的。因为不是所有的风险都可以转移，或者说，将这些风险都转移是不经济的，对于这些风险就不得不自留。除此之外，在某些情况下，自留一部分风险也是合理的。通常承包商自留风险都是经过认真分析和慎重考虑之后才决定的，因为对于微不足道的风险损失，自留比转移更为有利。

17.5.3 项目管理机构应对正面风险或机遇时采取的策略：

人们通常将对项目目标有负面影响的可能发生的事件作为风险，而将对项目目标有正面影响的可能发生的事件作为机会。在工程项目中，风险和机会具有相同的规律性，而且有一定的连带性。抓住正面风险带来的机遇，已经成为项目管理提升自身价值的重要途径。当面对正面风险或机遇时管理者可以采取以下策略：

(1) 为确保机会的实现，消除该机会实现的不确定性；

(2) 将正面风险的责任分配给最能为组织获取利益机会的一方；

(3) 针对正面风险或机会的驱动因素，采取措施提高机遇发生的概率

17.5.4 风险应对措施

项目管理机构应形成相应的项目风险应对措施并将其纳入风险管理计划。通常的风险应对措施有：

1. 技术措施

如选择有弹性的，抗风险能力强的技术方案，一般不采用新的未经过工程检验的不成熟的施工方案；对地理、地质情况进行详细勘察或鉴定，预先进行技术试验、模拟，准备多套备选方案，采用各种保护措施和安全保障措施。

2. 组织措施

风险管理是承包人各层次管理人员的任务之一，应在项目组织中全面落实风险管理责

任，建立风险管理体系。

（1）建立风险监控系统，能及早地发现风险，及早作出反应。

（2）对风险很大的项目加强计划工作，选派最得力的技术和管理人员，特别是项目经理。

（3）对已被确认的有重要影响的风险应制定专人负责风险管理，并赋予相应的职责、权限和资源。将风险责任落实到各个组织单元，使大家有风险意识；在资金、材料、设备、人力上对风险大的工程予以保证，在同期项目中提高它优先级别，在实施过程中严密地控制。

（4）通过项目任务书、责任证书、合同等分配风险。风险分配应从工程整体效益的角度出发，最大限度地发挥各方的积极性；应体现公平合理，责权利平衡；应符合工程项目的惯例，符合通常的处理方法。

3. 工程保险

工程保险作为风险转移的一种方式，是应对项目风险的一种重要措施。工程保险按保障范围可分为建筑工程一切险、安装工程一切险、人身伤亡保险、第三方责任、机械设备保险、保证保险、职业责任保险。

按实施形式分为自愿保险、强制保险或法定保险。

当风险发生时由保险公司承担（赔偿）损失或部分损失。其前提条件是必须支付一笔保险金，对任何一种保险要注意它的保险范围、赔偿条件、理赔程序、赔偿额度等。

工程保险不仅具有防范风险的保障作用，还有利于对建筑工程风险的监管，有利于降低处理事故纠纷的协调成本，并且有利于发挥中介机构的特殊作用，为市场提供良好的竞争环境。

4. 工程担保

这主要针对合作伙伴的资信风险。例如由银行出具投标保函、预付款保函、履约保函，在 BOT 项目中由政府出具保证。

工程担保和工程保险是建设工程管理的有效途径，工程担保和工程保险的推行将大大增强各行为主体的质量安全责任意识，有利于工程交易的优化和工程质量水平的提高，有助于按照市场经济的规则规范工程建设中各种行为，形成有效的风险防范机制。

工程担保与工程保险的不同之处在于：

（1）工程担保契约有三方当事人：承包商、业主和保证人，而工程保险只有两方：保险人和被保险人；

（2）工程保险所赔偿的只能是由于自然灾害或意外事故引起的，而工程担保的是人为因素，换句话说，其保证的对象是因资金、技术、非自然灾害、非意外事故等原因导致的违约行为，是道德风险；

（3）工程担保人向被保证人提供保证担保，可以要求被保证人提供反担保措施，签订反担保合同，一旦保证人因被保证人违约而遭受损失，可以向被保证人追偿，工程保险一旦出现，保险人支付的赔偿只能自己承担，不能向被保险人追偿；

（4）被保证人因故不能履行合同时，工程担保人必须采取各种措施，保证被保证人未能履行的合同得以继续履行，提供给权利人合格的产品，而投保人出现意外损失，保险人只需根据投保额度，支付相应的赔款，不再承担其他责任；

(5) 保证担保费用一般即如工程成本，包含在业主支付工程款中；而强制保险的保险费由业主承担，自愿保险的保险费用由被保险人承担。

5. 风险准备金

风险准备金是从财务的角度为风险作准备。在计划（或合同报价）中额外增加一笔费用。例如在投标报价中，承包商经常根据工程技术、业主的资信、自然环境、合同等方面的风险的大小以及发生可能性（概率）在报价中加上一笔不可预见风险费。

当然风险越大，则风险准备金越高。从理论上说，准备金的数量应与风险损失期望相等，即为风险发生所产生的损失与发生的可能性（概率）之积。但风险准备金存在如下基本矛盾：

(1) 在工程项目过程中，经济、自然、政治等方面的风险的发生是不可捉摸的。许多风险的发生很突然，规律性难以把握，有时仅5%可能性的风险发生了，而95%可能性的风险却没有发生。

(2) 风险如果没有发生，风险准备金则造成一种浪费。例如合同风险很大，承包商报出了一笔不可预见风险费，结果风险没有发生，则业主损失了一笔费用。有时项目的风险准备金会在没有风险的情况下被用掉。

(3) 如果风险发生，这一笔风险金又不足以弥补损失，因为它是仅按一定的折扣（概率）计算的，所以仍然会带来许多问题。

(4) 准备金的多少是一个管理决策，除了要考虑到理论值的高低外，还应考虑到项目边界条件和项目状态。例如对承包商来说，决定报价中的不可预见风险费，要考虑到竞争者的数量，中标的可能性，项目对组织经营的影响等因素。

如果风险准备金高，报价竞争力降低，中标的可能性很小，即不中标的风险就大。

6. 采取合作方式共同承担风险

任何项目不可能完全由一个组织或部门独立承担，须与其他组织或部门合作。有合作就有风险的分担。但不同的合作方式，风险不一样，各方的责权利关系不一样，例如借贷、租赁业务、分包、承包、合伙承包、联营和BOT项目，它们有不同的合作紧密程度，有不同的风险分担方式，则有不同的利益分享。因此，应该寻找抗风险能力强的可靠的有信誉的合作伙伴。双方合作越紧密，则要求合作者越可靠。例如合资者为政府、大的可靠的信誉良好的公司、金融集团等，则双方结合后，项目的抗风险能力会大大增强。

在许多情况下通过合同排除（推卸）风险是最重要的手段。合同中可规定风险分担的责任及谁对风险负责。例如对承包商要减少风险，在承包合同中要明确规定：

(1) 业主的风险责任及哪些不利情况应由业主负责；

(2) 承包商的索赔权利，即要求调整工期和价格的权力；

(3) 工程付款方式、付款期，以及对业主不付款的处置权力；

(4) 对业主违约行为的处理权力；

(5) 承包商权力的保护性条款；

(6) 采用符合惯例的通用的合同条件；

(7) 应该注意仲裁地点和适用法律的选择。

在现代工程项目中越来越多地采用多领域、多地域、多项目的投资以分散风险。因为理论和实践都证明：多项目投资，当多个项目的风险之间不相关时，其总风险最小，所以抗风险能力最强。这是目前许多国际投资公司的经营手段，通过参股、合资、合作、既扩大了投资面，扩大了经营范围，扩大了资本的效用，能够进行独自不能承担的项目，同时又能与许多组织共同承担风险，进而降低了总经营风险。

项目管理机构应形成相应的项目风险应对措施并将其纳入风险管理计划。

17.6 风险监控

项目风险监控就是跟踪已识别的风险，监视剩余风险和识别新的风险，保证风险计划的执行，并评估消减风险的有效性。

风险监控是建立在项目风险的阶段性、渐进性和可控性基础上的一种管理工作。通过对项目风险的识别和分析，以及对风险信息的收集，并且对可能出现的潜在风险因素进行监控，跟踪风险因素的变动趋势，就可以采取正确的风险应对措施，从而实现对项目风险的有效控制。

17.6.1 风险预警

组织应收集和分析与项目风险相关的各种信息，获取风险信号，预测未来的风险并提出预警，预警应纳入项目进展报告，采用下列方法：

（1）通过工期检查、成本跟踪分析、合同履行情况监督、质量监控措施、现场情况报告、定期例会，全面了解工程风险。

（2）对新的环境条件、实施状况和变更，预测风险，修订风险应对措施，持续评价项目风险管理的有效性。

17.6.2 风险监控的内容

组织应对可能出现的潜在风险因素进行监控，跟踪风险因素的变动趋势。工程项目风险监控的内容包括：

（1）风险应对措施是否按计划正在实施。

（2）风险应对措施是否如预期的那样有效，是否需要制定新的应对方案。

（3）对工程项目建设环境的预期分析，以及对项目整体目标实现可能性的预期分析是否依然成立。

（4）风险的发生情况与预期的状况相比是否发生了变化。

（5）识别到的风险哪些已发生，哪些正在发生，哪些可能在后面发生。

（6）是否出现了以新的风险因素为核心的风险事件，它们是如何发展变化的。

17.6.3 工程项目风险的控制措施

组织应采取措施控制风险的影响，降低损失，提高效益，防止负面风险的蔓延，确保工程的顺利实施。工程项目的风险控制措施如下：

1. 权变措施

风险控制的权变措施，即未事先计划或考虑到的应对风险的措施。建设工程项目是一个开放性的系统，建设环境较为复杂，有许多风险因素在风险计划时考虑不到，或对其没有充分认识，因此应对措施可能考虑不足，而在风险监控中才发现了某些风险的严重性或是生出一些新的风险。针对这种情况，就要求能随时应变，提出应急应对措施，并把这些措施项目风险应对计划之中。

2. 纠正措施

纠正措施就是使项目未来预计绩效与原定计划不一致所作的变更。在项目风险监控过程中，一旦发现工程项目列入控制的风险进一步扩展或出现了新的风险，则应对项目风险作深入分析的估计，并在找出引发风险事件影响因素的基础上，及时采取纠正措施。

3. 项目变更申请

项目变更申请就是提出改变工程项目的范围、改变工程设计、改变项目实施方案、改变项目环境、改变工程项目费用和进度安排的申请。

4. 风险应对计划更新

建设工程项目实施的开发环境是在随时发生变化的，在风险监控的基础上，有必要对项目的各种风险重新进行评估，将项目风险的重要次序重新排列，风险的应对计划相应也要进行更新，以使风险得到有效全面的控制。

17.6.4 工程项目风险监控方法

工程项目控制的三大目标进度、质量和费用风险监控的主要对象，对不同的目标应采用不同的监控方法；对同一目标也应分层次，采取适当的方法分别进行监控。风险监控的常用方法如下：

1. 工程项目进度风险监控方法

（1）横道图法

横道图法，是把在项目施工中检查实际进度收集的信息，经整理后直接用横道线并列标于原计划的横道线一起，进行直观比较的方法。通过比较，为进度控制者提供了实际施工进度与计划进度之间的偏差，为采取调整措施提供了明确的任务。这是人们施工中进行施工项目进度控制经常用的一种最简单、熟悉的方法。利用横道图进行进度控制时，可将每天、每周或每月实际进度情况定期记录在横道图上，用以直观地比较计划进度与实际进度，检查实际执行的进度是超前、落后，还是按计划进行。

（2）前锋线法

前锋线又称为实际进度前锋线，它是在网络计划执行中的某一时刻正在进行的各个活动的实际进度前锋的连线。前锋线一般是在时间坐标网络上标示的，从时间坐标轴开始，自上而下依次连接各线路的实际进度前锋，即形成一条波折线，这条波折线就是前锋线。实际进度前锋线的功能包括两个方面：分析当前进度和预测未来的进度风险。

2. 工程项目质量风险监控方法

对建设工程项目质量风险的监控主要在项目施工阶段，对其监控分为施工过程和工程产品两个层面。主要的控制方法采用控制图。控制图也称作管理图，它既可以用来分析施工工序是否正常、工序质量是否存在风险，也可以用来分析工程产品是否存在质量风险。控制图一般有三条基本线：上控制线（UCL）为指标控制上限；下控制线（LCL）为指标控制下限；中心线（CL）为指标平均值。把控制对象发出的反映质量状态的质量特性值用途中某一相应点来表示，将连续打出的点子顺次连接起来，形成表示质量波动的折线，即为控制图图形。根据质量特性数据点子是否在上下控制界限内和质量数据间的排列位置来分析建设工程项目质量风险。

3. 建设工程项目费用风险监控方法

费用风险监控可采用横道图法和挣值法，横道图的使用方法如上述，而挣值法又称为赢得值法或偏差分析法。挣得值分析法是在工程项目实施中使用较多的一种方法，是对项目进度和费用进行综合控制的一种有效方法。该方法的核心是将项目在任一时间的计划指标，完成状况和资源耗费综合度量。将进度转化为货币，或人工时、工程量。它的价值在于将项目的进度和费用综合度量，从而能准确描述项目的进展状态。挣值法的另一个重要优点是可以预测项目可能发生的工期滞后量和费用超支量，从而及时采取纠正措施，为项目管理和控制提供了有效手段。

第18章 收尾管理

18.1 收尾管理概述

18.1.1 项目收尾管理概念

工程项目收尾阶段是工程项目管理全过程的最后阶段,包括竣工收尾、竣工验收、竣工结算、竣工决算、回访保修和管理总结等方面的管理。工程项目收尾管理工作的具体内容如图18-1所示。

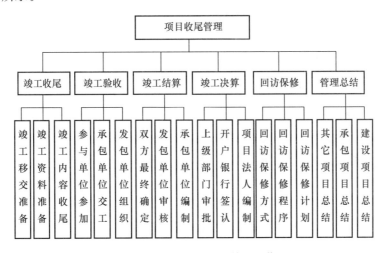

图18-1 工程项目收尾管理工作

竣工验收收尾工作应从什么时间开始,实际上并没有一个十分严格的标准和界限。工程收尾工作的开始时间可由工程情况确定,一般是在装修工程接近结束时。工程规模较大或施工工艺比较复杂的工程,往往从进入装修工程的后期即已开始。

在组织竣工收尾时,大量的施工任务已经完成,小的修补任务却十分零碎。在人力和物力方面,主要力量已经转移到新的工程项目上去,只保留少量的力量进行工程的扫尾和清理。在业务和技术方面,施工技术指导工作已经不多,却有大量的资料综合、整理工作。收尾工作是现场施工管理的最后一个环节,应把各方面工作做细、做实,保证竣工收尾顺利完成。

18.1.2 项目收尾管理要求

工程项目收尾阶段的工作内容多,应制订涵盖各项工作的计划,并提出要求将其纳入项目管理体系进行运行控制。工程项目收尾阶段各项管理工作应符合以下要求:

(1)工程项目竣工收尾。工程在项目竣工验收前,项目经理部应检查合同约定的哪些工作内容已经完成,或完成到什么程度,并将检查结果记录并形成文件;总分包之间还有哪些连带工作需要收尾接口，项目近外层和远外层关系还有哪些工作需要沟通协调等，以保证竣工收尾顺利完成。

（2）工程项目竣工验收。工程项目竣工收尾工作内容按计划完成后，除了承包人的自检评定外，应及时地向发包人递交竣工工程申请验收报告，实行建设监理的项目，监理人还应当签署工程竣工审查意见。发包人应按竣工验收法规向参与项目各方发出竣工验收通知单，组织进行项目竣工验收。

（3）工程项目竣工结算。工程项目竣工验收条件具备后，承包人应按合同约定和工程价款结算的规定，及时编制并向发包人递交项目竣工结算报告及完整的结算资料，经双方确认后，按有关规定办理项目竣工结算。办完竣工结算，承包人应履约按时移交工程成品，并建立交接记录，完善交工手续。

（4）工程项目竣工决算。工程项目竣工决算是由项目发包人（业主）编制的工程项目从筹建到竣工投产或使用全过程的全部实际支出费用的经济文件。竣工决算综合反映竣工项目建设成果和财务情况，是竣工验收报告的重要组成部分，按国家有关规定，所有新建、扩建、改建的项目竣工后都要编制竣工决算。

（5）工程项目回访保修。工程项目竣工验收后，承包人应按工程建设法律、法规的规定，履行工程质量保修义务，并采取适宜的回访方式为顾客提供售后服务。工程项目回访与质量保修制度应纳入承包人的质量管理体系，明确组织和人员的职责，提出服务工作计划，按管理程序进行控制。

（6）工程项目管理总结。工程项目结束后，应对工程项目管理的运行情况进行全面总结。工程项目管理总结是项目相关方对项目实施效果从不同角度进行的评价和总结。通过定量指标和定性指标的分析、比较，从不同的管理范围总结项目管理经验，找出差距，提出改进处理意见。

18.2 项目竣工收尾

18.2.1 项目竣工计划编制与审批

项目收尾是项目结束阶段管理工作的关键环节，由项目部全面负责，组织编制详细的项目竣工计划，报上级主管部门批准后，采取有效措施逐项落实，保证按期完成。

工程项目竣工计划的编制应按以下程序进行：

（1）制定项目竣工计划。项目收尾应详细整理项目竣工收尾的工程内容，列出清单，做到安排的竣工计划有切实可靠的依据。

（2）审核项目竣工计划，项目经理应全面掌握项目竣工收尾条件，认真审核项目竣工内容，做到安排的竣工计划有具体可行的措施。

（3）批准项目竣工计划。上级主管部门应调查核实项目竣工收尾情况，按照报批程序执行，做到安排的竣工计划有目标可控的保证。

18.2.2 项目竣工计划内容与要求

工程项目竣工计划的内容应包括现场施工和资料管理两个部分，两者缺一不可，两部分都关系到竣工条件的形成，具体包括以下几个方面的内容：

（1）竣工项目名称；

(2) 竣工项目收尾具体内容；
(3) 竣工项目质量要求；
(4) 竣工项目进度计划安排；
(5) 竣工项目文件档案资料整理归档要求。

竣工计划的内容形式可表格化，编制、审批、执行、验证的程序应表述清楚。

18.2.3 项目竣工收尾组织与验收

项目经理应按计划要求，及时组织实施项目竣工收尾工作，及时与相关方沟通，协助项目业主进行项目验收。

项目竣工收尾阶段，项目经理和技术负责人应定期和不定期地对项目竣工计划进行反复的检查。有关施工、质量、安全、材料、内业等技术、管理人员要积极协作配合，对列入计划的收尾、修补、成品保护、资料整理、场地清扫等内容，要按分工原则逐项检查核对，做到完工一项、验证一项、消除一项，不给竣工收尾留下遗憾。

项目竣工计划的检查应依据法律、行政法规和强制性标准的规定严格进行，发现偏差要及时进行调整、纠偏，发现问题要强制执行整理。

项目竣工验收之前，项目须符合下列条件：全部收尾工作计划项目已经完成，符合工程竣工报验条件；工程质量自检合格，各种检查记录齐全；设备安装经过试车、调试，具备单机试运行要求；建筑物四周规定距离以内的工地达到工完、料净、场清；工程技术经济文件收集、整理齐全等。

项目经理部完成项目竣工计划，并确认达到竣工条件后，应按规定向所在企业报告，进行项目竣工自检验收，填写工程质量竣工验收记录、质量控制资料核查记录、工程质量观感记录表，并对工程施工质量做出合格结论。

18.3 项目竣工验收

18.3.1 项目竣工验收基本概念

项目竣工验收指建设工程项目竣工后开发建设单位会同设计、施工、设备供应单位及工程质量监督部门，对该项目是否符合规划设计要求以及建筑施工和设备安装质量进行全面检验，取得竣工合格资料、数据和凭证。应该指出的是，竣工验收是建立在分阶段验收的基础之上，前面已经完成验收的工程项目一般在房屋竣工验收时就不再重新验收。

建设项目的竣工验收主要由建设单位负责组织和进行现场检查、收集与整理资料，设计、施工、设备制造单位有提供有关资料及竣工图纸的责任。

竣工验收是全面考核建设工作，检查是否符合设计要求和工程质量的重要环节，对促进建设项目（工程）及时投产，发挥投资效果，总结建设经验有重要作用。

18.3.2 项目竣工验收

1. 项目竣工验收的依据

项目竣工验收的依据包括以下几方面：
(1) 上级主管部门对该项目批准的各种文件；
(2) 可行性研究报告、初步设计文件及批复文件；
(3) 施工图设计文件及设计变更洽商记录；

(4) 国家颁布的各种标准和现行的施工质量验收规范;
(5) 工程承包合同文件;
(6) 技术设备说明书;
(7) 关于工程竣工验收的其他规定;
(8) 从国外引进的新技术和成套设备的项目,以及中外合资建设项目,要按照签订的合同和进口国提供的设计文件等进行验收;
(9) 利用世界银行等国际金融机构贷款的建设项目,应按世界银行规定,按时编制《项目完成报告》。

2. 项目竣工验收的条件

建设单位在收到施工单位提交的工程竣工报告,并具备以下条件后,方可组织勘察、设计、施工、监理等单位有关人员进行竣工验收:

(1) 完成了工程设计和合同约定的各项内容。
(2) 施工单位对竣工工程质量进行了检查,确认工程质量符合有关法律、法规和工程建设强制性标准,符合设计文件及合同要求,并提出工程竣工报告。该报告应经总监理工程师(针对委托监理的项目)、项目经理和施工单位有关负责人审核签字。
(3) 有完整的技术档案和施工管理资料。
(4) 建设行政主管部门及委托的工程质量监督机构等有关部门责令整改的问题全部整改完毕。
(5) 对于委托监理的工程项目,具有完整的监理资料,监理单位提出工程质量评估报告,该报告应经总监理工程师和监理单位有关负责人审核签字。未委托监理的工程项目,工程质量评估报告由建设单位完成。
(6) 勘察、设计单位对勘察、设计文件及施工过程中由设计单位签署的设计变更通知书进行检查,并提出质量检查报告。该报告应经该项目勘察、设计负责人和各自单位有关负责人审核签字。
(7) 有规划、消防、环保等部门出具的验收认可文件。
(8) 有建设单位与施工单位签署的工程质量保修书。

3. 项目竣工验收的范围

(1) 凡列入固定资产投资计划的新建、扩建、改建、迁建的建设工程项目或单项工程按批准的设计文件规定的内容和施工图纸要求全部建成符合验收标准的,必须及时组织验收,办理固定资产移交手续。
(2) 使用更新改造资金进行的基本建设或属于基本建设性质的技术改造工程项目,也应按国家关于建设项目竣工验收规定,办理竣工验收手续。
(3) 小型基本建设和技术改造项目的竣工验收,可根据有关部门(地区)的规定适当简化手续,但必须按规定办理竣工验收和固定资产交付生产手续。

4. 项目竣工验收的程序

(1) 施工单位自检合格,提交工程竣工验收报告:

工程项目完工后,施工单位对工程进行质量检查,确认符合设计文件及合同要求后,填写《工程竣工验收报告》,并经项目经理和施工单位负责人签字后提交建设。申请工程竣工验收。实行监理的工程,工程竣工报告必须经总监理工程师签署意见。(施工单位在工程竣工前，通知质量监督部门对工程实体进行到位量监督检查）。

（2）建设单位收到工程竣工报告后，对符合竣工验收要求的工程，组织勘察、设计、施工、监理等单位和其他有关方面的专家组成验收组，制定验收方案。

（3）建设单位应当在工程竣工验收 7 个工作日前将验收的时间、地点及验收组名单通知负责监督该工程的工程监督机构。

（4）建设单位组织工程竣工验收

1）建设、勘察、设计、施工、监理单位分别汇报工程合同履行情况和在工程建设各个环节执行法律、法规和工程建设强制性标准的情况；

2）审阅建设、勘察、设计、施工、监理单位提供的工程档案资料；

3）查验工程实体质量；

4）对工程施工、设备安装质量和各管理环节等方面作出总体评价，形成工程竣工验收意见，验收人员签字。

参与工程竣工验收的建设、勘察、设计、施工、监理等各方不能形成一致意见时，应报当地建设行政主管部门或监督机构进行协调，待意见一致后，重新组织工程竣工验收。

（5）工程文件的归档整理，应按国家发布的现行标准、规定执行，如《建设工程文件归档规范》GB/T 50328、《科学技术档案案卷构成的一般要求》GB/T 11822 等；承包人向发包人移交工程文件档案应与编制的清单目录保持一致，须有交接签认手续，并符合移交规定。

5. 项目竣工验收的检查内容

（1）检查工程是否按批准的设计文件建成，配套、辅助工程是否与主体工程同步建成；

（2）检查工程质量是否符合国家和铁道部颁布的相关设计规范及工程施工质量验收标准；

（3）检查工程设备配套及设备安装、调试情况，国外引进设备合同完成情况；

（4）检查概算执行情况及财务竣工决算编制情况；

（5）检查联调联试、动态检测、运行试验情况；

（6）检查环保、水保、劳动、安全、卫生、消防、防灾安全监控系统、安全防护、应急疏散通道、办公生产生活房屋等设施是否按批准的设计文件建成、合格，精测网复测是否完成，复测成果和相关资料是否移交设备管理单位，工机具、常备材料是否按设计配备到位，地质灾害整治及建筑抗震设防是否符合规定；

（7）检查工程竣工文件编制完成情况，竣工文件是否齐全、准确；

（8）检查建设用地权属来源是否合法，面积是否准确，界址是否清楚，手续是否齐备。

6. 项目竣工验收组织

（1）竣工验收的组织：

由建设单位负责组织实施建设工程竣工验收工作，质量监督机构对工程竣工验收实施监督。

（2）验收人员：

由建设单位负责组织竣工验收小组，验收组组长由建设单位法人代表或其委托的负责人担任。验收组副级长应至少有一名工程技术人员担任。验收组成员由建设的单位上级主管部门、建设单位项目负责人、建设单位项目现场管理人员及勘察、设计、施工、监理单位相关负责人组成。验收小组成员中土建及水电安装专业人员应配备齐全。

(3) 当在验收过程中发现严重问题，达不到竣工验收标准时，验收小组应责成责任单位立即整改，并宣布本次验收无效，重新确定时间组织竣工验收。

(4) 当在竣工验收过程中发现一般需整改质量问题，验收小组可形成初步验收意见，填写有关表格，有关人员签字，但建设单位不加盖公章。验收小组责成有关责任单位整改，可委托建设单位项目负责人组织复查，整改完毕符合要求后，加盖建设单位公章。

(5) 当竣工验收小组各方不能形成一致竣工验收意见时，应当协商提出解决办法，待意见一致后，重新组织工程竣工验收。当协商不成时，应报建设主管部门或质量监督机构进行协调裁决。

7. 竣工验收报告的内容

竣工报告内容应包括：

(1) 工程概况：建设工程项目概况、建设单位、施工单位、设计单位、监理单位等相关单位名称；

(2) 竣工验收实施情况：验收组织、验收程序；

(3) 质量评定：验收意见、质量控制资料核查、安全和主要功能核查及抽查结果、观感质量验收；

(4) 验收人员签名；

(5) 工程验收结论，验收单位签章确认；

(6) 附件：主要包括施工许可证、施工图设计文件审查意见、规划验收合格意见等。

18.4 项目竣工结算

18.4.1 项目竣工结算编制

1. 工程竣工结算的条件

工程竣工结算应具备以下条件：

(1) 工程已按施工承包合同及补充条款确定的工作内容全部竣工，并有合格的竣工质量验收报告及工程质量评定报告。

(2) 工程已正式移交运营单位并签订保修合同。

(3) 具备完整的竣工图、图纸会审纪要、工程变更、现场签证以及工程验收资料，且竣工材料已按照档案管理要求完整的移交项目公司档案室。

(4) 工程量差、重大设计变更、委托洽商（含审定的价款）审批材料齐全。

2. 竣工结算书的编制

竣工结算书是指承包人按照签订的工程承包合同完成所约定的工程承包范围内的全部工作内容，发包人应当根据施工图纸及说明书、国家颁发的施工验收规范和质量检验标准及时进行验收，竣工验收合格后，承包人向发包人办理的最终工程价款结算的结算书。竣工结算书必须包含合同内造价及变更、签证等内容，并附带所有证明资料。

经审查的工程竣工结算是核定建设工程造价的依据，也是建设项目竣工验收后发包人编制竣工结算和核定新增固定资产价值的依据，审查确认的工程结算报告由合同双方签字盖章，作为合同执行的重要文件双方留存。

竣工结算书主要包括以下内容：

（1）封面：应注明工程项目名称、合同标段名称、单位工程名称；注明合同编号和编制单位、加盖单位公章，授权委托人签字，编制人签字盖章。

（2）目录。

（3）编制说明。

（4）工程（预）结算汇总表。

（5）工程量差（预）结算表。

（6）工程设计变更（预）结算表及预算。

（7）现场签证（预）结算表及预算。

（8）工程洽商（预）结算表及预算。

（9）工程材料价差调整明细表。

（10）工程应扣甲供材料明细表。

（11）标外工程（甲方另委）项目（预）结算表。

（12）索赔事宜确认函。

（13）奖罚。

3. 竣工结算要求

（1）单位工程竣工结算由承包人编制，发包人审查；实行总承包的工程，由具体承包人编制，在总包人审查的基础上，发包人审查。单项工程竣工结算或建设项目竣工总结算由总（承）包人编制，发包人可直接进行审查。单项工程竣工结算或建设项目竣工总结算经发、承包人签字盖章后有效。

（2）《建筑工程施工发包与承包计价管理办法》规定，国有资金投资建筑工程的发包方，应当委托具有相应资质的工程造价咨询企业对竣工结算文件进行审核，并在收到竣工结算文件后的约定期限内向承包方提出由工程造价咨询企业出具的竣工结算文件审核意见；逾期未答复的，按照合同约定处理，合同没有约定的，竣工结算文件视为已被认可。

（3）非国有资金投资的建筑工程发包方，应当在收到竣工结算文件后的约定期限内予以答复，逾期未答复的，按照合同约定处理，合同没有约定的，竣工结算文件视为已被认可；发包方对竣工结算文件有异议的，应当在答复期内向承包方提出，并可以在提出异议之日起的约定期限内与承包方协商；发包方在协商期内未与承包方协商或者经协商未能与承包方达成协议的，应当委托造价咨询企业进行竣工结算审核，并在协商期满后的约定期限内向承包方提出由工程造价咨询企业出具的竣工结算文件审核意见。

（4）承包方与发包方提出的工程造价咨询企业竣工结算审核意见有异议，在接到该审核意见后一个月内，可以向有关工程造价管理机构或有关行业组织申请调解，调解不成的，可以依法申请仲裁或者向人民法院提起诉讼。

项目竣工结算为工程完成后，双方应当按照约定的合同价款及合同价款调整内容以及索赔事项，进行工程竣工结算。项目竣工结算一般分为单位工程竣工结算、单项工程竣工结算及建设项目竣工总结算。

18.4.2 项目竣工结算依据

项目竣工结算的依据包括：

（1）经承包人、发包人确认的工程竣工图纸、图纸交底、设计变更、洽商变更；

（2）工程施工合同及其补充文件；

（3）招标投标资料；

（4）经确认的各种经济签证；

（5）经确认的材料限价单；

（6）竣工验收合格证明（工期或者质量未达到合同要求的项目应提供相应的明确责任的说明）；

（7）有关结算内容的专题会议纪要等；

（8）合同中约定采用预算定额、材料预算价格、费用定额及有关规定；

（9）经工地现场业主代表及监理工程师签字确认的施工签证和相应的预算书以及工程技术资料；

（10）经业主及监理单位审批的施工组织设计和施工技术措施方案；

（11）甲供材料及设备；

（12）按相关规定或合同中有关条款规定持凭证进行结算的原始凭证；

（13）由现场工程师提供的符合扣款规定的相关证明；

（14）不可抗拒的自然灾害记录以及其他与结算相关的经业主与承包商共同签署确认的协议、备忘录等有关资料；

（15）双方确认的其他任何对结算造价有影响的书面文件。

18.4.3 项目竣工结算递交

（1）结算申请：工程完工并验收合格后，承包人根据合同约定进行结算书的编制。编制完成后，出具书面结算申请书、竣工结算报告和完整的结算资料一并上报。该工作须在一个月内完成。

（2）监理批准：监理公司核实工程是否通过验收，以及结算书中所附结算资料是否属实。并在结算申请书上书写意见，该工作在一周内完成。

（3）发包人审查：监理公司将同意结算的批复意见报至发包人后，发包人应在接到竣工结算报告和完整的竣工资料后进行审核，该工作在60天内完成。

（4）承包人答疑：承包人与竣工核算单位对结算当中的扣减项目进行核对工作。在竣工结算的最后阶段，发包人上级主管部门或审计单位对承包人上报的竣工结算资料发出书面审核通知书（查询单），承包人应在规定期限内（一般为7个工作日内）对审核通知单所提出的意见逐条进行详细回复。

（5）竣工结算文件的确认与备案：工程竣工结算文件经发承包双方签字确认的，应当作为工程决算的依据，未经双方同意，另一方不得就已生效的竣工结算文件委托工程造价咨询企业重复审核。发包方应当按照竣工结算文件及时支付竣工结算款。竣工结算文件应当由发包方报工程所在地县级以上地方人民政府住房城乡建设主管部门备案。

18.4.4 项目竣工移交撤场

1. 项目竣工移交的条件

（1）完成承包范围内所有工程并达到合同约定的质量标准；

承包范围内工程包括施工合同协议书约定的承包范围；施工过程中承发包双方签订的补充协议所约定的承包范围；设计变更。

承包人完成施工的同时还须注意已完工程必须达到合同约定的质量标准。实践中，大部分建设工程项目约定的质量标准均为"合格"，但也有少部分建设工程项目特质量标准约定为"某某优质工程"、"某某样板工程"等，如工程质量标准约定为后者的，承包人应尽一切努力使工程达到该标准，否则即使工程达到"合格"标准，发包人也可请求减少支付工程价款。

（2）组织竣工验收：

竣工验收组织要求是由发包人负责组织验收；

勘察、设计、施工、监理、建设主管、备案部门的代表参加；

验收组织的职责是听取各单位的情况报告，审核竣工资料，对工程质量进行评估、鉴定，形成工程竣工验收会议纪要，签署工程竣工验收报告，对需整改的问题作出处理决定。

（3）办理工程移交手续：

通过工程竣工验收后，承包人应在规定的期限内（一般为 28 天）同发包人办理工程移交手续，工程工作的主要内容为：交钥匙、交工程竣工资料、交质量保修书。

2. 工程移交

项目通过竣工验收，承包人递交"工程竣工报告"的日期为实际竣工日期。承包人应在发包人对竣工验收报告签认后的规定期限内向发包人递交竣工结算报告和完整的结算资料。承包人在收到工程竣工结算价款后，应在规定的期限内将竣工项目移交发包人，及时转移撤出施工现场，解除施工现场全部管理责任。

（1）办理工程移交的工作内容

1）向发包人移交钥匙时，工程室内外应清扫干净，达到窗明、地净、灯亮、水通。排污畅通、动力系统可以使用。

2）向发包人移交工程竣工资料，在规定的时间内，按工程竣工资料清单目录，进行逐项交接，办清交验签章手续。

3）原施工合同中未包括工程质量保修书附件的，在移交竣工工程时，应按有关规定签署或补签工程质量保修书。

（2）撤出施工现场的计划安排

1）项目经理部应按照工程竣工验收、移交的要求，编制工地撤场计划，规定时间，明确负责人、执行人，保证工地及时清场转移。

2）撤场计划安排的具体工作要求：

①暂设工程拆除，场内残土、垃圾要文明清运；

②对机械、设备进行油漆保养，组织有序退场；

③周转材料要按清单数量转移、交接、验收、入库；

④退场物资运输要防止重压、撞击，不得野蛮倾卸；

⑤转移到新工地的各类物资要按指定位置堆放，符合平面管理要求；

⑥清场转移工作结束，恢复临时占用土地，解除施工现场管理责任。

18.5 项目竣工决算

18.5.1 项目竣工决算编制概述

项目竣工决算是指以实物数量和货币指标为计量单位,综合反映竣工项目从筹建开始到项目竣工交付使用为止的全部建设费用、建设成果和财务情况的总结性文件。竣工决算书的主要内容包括竣工财务决算说明书、竣工财务决算报表、工程竣工图和工程造价对比分析四个部分,其中竣工财务决算说明书和竣工财务决算报表是竣工决算的核心内容。

企业造价管理部负责工程竣工决算工作,编制工程竣工决算书,务求数据准确、内容全面、简明扼要,能够真实、客观地说明问题。项目经理部及相关部门或单位需积极配合造价管理部工作,提供真实可靠的资料。

公司财务部负责对工程竣工决算进行审查。

竣工决算编制的依据包括:

(1) 工程项目可行性研究报告及投资估算;

(2) 工程初步设计预算或扩大初步设计后的预算及修正预算;

(3) 工程施工图及施工图预算;

(4) 设计交底及图纸会审纪要;

(5) 招投标标的、承包合同、工程结算资料;

(6) 施工记录或施工签证单,以及其他施工中发生的费用记录;

(7) 竣工图及各种竣工验收资料;

(8) 设备、材料调价文件和调价记录;

(9) 有关财务核算制度、办法和其他有关资料、文件等。

18.5.2 项目竣工决算编制内容

项目竣工决算的内容包括竣工财务决算说明书、竣工财务决算报表、工程竣工图和工程造价对比分析四个部分,前两个部分又称之为建设项目竣工财务决算,是竣工决算的核心内容和重要组成部分。

(1) 竣工决算报告情况说明书主要反映竣工工程建设成果和经验,是对竣工决算报表进行分析和补充说明的文件,是全面考核分析工程投资于造价的书面总结;

(2) 竣工财务决算报表根据大、中型建设项目和小型建设项目分别制定;

(3) 建设工程竣工图建设工程竣工图是真实的记录各种地上、地下建筑物、构筑物等情况的技术文件,是工程进行交接验收、维护改建和扩建的依据,是国家的重要技术档案;

(4) 工程造价比较分析批准的概算是考核建设工程造价的依据。在分析时,可先对比整个项目的总概算,然后将建安工程费、设备工器具费和其他工程费用逐一与竣工决算表中所提供的实际数据和相关资料及批准的概算、预算指标、实际工程造价进行对比分析,以确定竣工项目总造价是节约还是超支,并在对比的基础上,总结先进经验,找出节约和超支的内容和原因,提出改进措施。

18.5.3 项目竣工决算编制程序

(1) 在编制工程竣工决算书之前,预决算人员需要清点物资,对各种设备、材料、工

具、器具等需要逐项进行盘点核实,并填列清单,妥善保管,不得任意挪用;

(2) 收集、整理、分析原始资料;

(3) 竣工资料与设计图纸进行核对,进行实地测量,对照、核实工程变动情况,核实造价;

(4) 严格划分和核定各类投资;

(5) 编写竣工财务决算说明书;竣工财务决算说明书包括:1) 建设项目概况;2) 会计财务处理、财产物资情况及债权的清偿情况;3) 资金节余、基建节余等的上交分配情况;4) 主要技术经济指标的分析、计算情况;5) 项目管理及决算中存在的问题及建议;

(6) 参照国家财政部、工程主管部门的统一格式编制填报竣工财务决算报表。其中第(5)、(6) 项合称为工程竣工财务决算,是工程竣工决算的核心内容;

(7) 清理、装订竣工图;

(8) 进行工程造价对不分析;

(9) 上报主管部门审查;

(10) 工程竣工决算审批与审计;工程竣工决算报告编制完成后,需要报公司财务总监与总经理进行审核审批。审批通过后,由公司内部审计人员先行审计内容,并根据项目的实际需要,决定是否送外部审计机构进行审计。造价管理部编制完工程竣工决算报告,在将竣工决算送审前,需要检查资料、附件是否完整,检查内容包括但不限于以下8个方面:1) 有合同的工程必须附上合同文本;2) 工程竣工图;3) 有设计变更的,变更处必须经设计管理部经理签字认可;4) 签证变更,必须经工程技术部经理签字认可;5) 工程结算书;6) 竣工财务决算说明书;7) 竣工决算财务报表;8) 决算审批表中的各个项目。

18.6 项目回访保修

18.6.1 项目回访保修制度

建设工程的回访保修是指工程在竣工验收交付使用后,在一定的期限内由承包人主动对发包人和使用人进行工程回访,对工程发生的由施工原因造成的使用功能不良或无法使用的质量问题,由承包人负责修理,直到达到正常使用的标准。回访用户是一种"售后服务"方式,体现了"顾客至上"的服务宗旨。实行工程质量保修是促进承包人加强工程施工质量管理,保护用户及消费者合法权益的必然要求,承包人应在工程竣工验收之前,与发包人签订质量保修书,对交付发包人使用的工程在质量保修期内承担质量保修责任。

(1) 承包人应制定项目回访和保修制度并纳入质量管理体系。项目回访和质量保修应纳入承包人的质量管理体系。没有建立质量管理体系的承包人也应进行项目回访并按法律、法规履行质量保修义务。回访保修的责任应由承包人承担,承包人应建立施工项目交工后的回访与保修制度,听取用户意见,提高服务质量,改进服务方式。承包人应建立与发包人及用户的服务联系网络,及时取得信息,并按计划、实施、验证、报告的程序,搞好回访与保修工作。保修工作必须履行施工合同的约定和"工程质量保修书"中的承诺。

(2) 承包人应提醒用户注意建筑物和设备的维护及使用,对顾客在使用中发生的问题进行处理。在保修期内顾客对公司承建的工程投诉或来访、来信、来电反映质量问题时,技术质量部必须依据填写的《顾客来访(来电、来信)登记表》及时回访。项目经理部负责保修项目的施工组织工作，并保证完成。凡是由于施工质量不良而造成的问题，都属保修范围。工程项目保修内容应根据合同内容进行。

（3）保修期限：

在正常使用条件下，建设工程的最低保修期限为：

1）基础设施工程、房屋建筑的地基基础工程和主体结构工程，为设计文件规定的该工程的合理使用年限；

2）屋面防水工程、有防水要求的卫生间、房间和外墙面的防渗漏，为5年；

3）供热与供冷系统，为2个采暖期、供冷期；

4）电气管线、给排水管道、设备安装和装修工程，为2年；

5）其他项目的保修期限由发包方与承包方约定。

保修完毕后，项目经理部先组织内部验收，再邀请顾客对保修内容进行验收。

（4）凡属于承包人施工责任影响使用功能的工程，一律免费修理。修理项目由于用户使用不当，设计原因，顾客提供的设备、材料、成品、半成品的质量不良及自然灾害等原因造成，由用户承担全部修理费。修理项目是由用户和承包人双方的责任造成的，双方实事求是地商定各自承担的修理费用。承包人应定期对顾客满意度进行监测，监测方法有：顾客回访、发调查表、电话调查、受理顾客投诉等，调查的内容包括对工程或服务的满意度，对企业总体印象等。维修部门对顾客满意度监测收集的信息进行汇总、统计分析，并针对顾客不满意的信息制定纠正措施，经主管领导批准后下发相关部门执行。

（5）建立回访小组：

项目部在工程交工后及时征求用户意见，如反映有质量问题，应及时对反映的质量问题进行调查分析；承包人交工后应设置回访维修小组，回访维修小组的任务是根据回访保修计划，对竣工工程进行定期回访和日常维修，对用户的维修要求及时满足，使业主满意；同时，总结工程中出现的质量情况，为提高以后的建筑工程质量服务。对发现的质量问题，应检查工程施工过程中的原始质量记录，查明原因后，如属施工方面原因，及时制定维修方案，如遇疑难问题，逐级上报解决；如不属施工方面原因，应派人向用户解释，并妥善处理。

18.6.2 项目回访计划

（1）回访应纳入承包人的工作计划、服务控制程序和质量体系文件。承包人应编制回访工作计划。工作计划应包括以下内容：

1）主管回访保修业务的部门；

2）回访保修的履行单位；

3）回访的对象（发包人或使用人）及其工程名称；

4）回访时间安排和主要内容；

5）回访工程的保修期限。

（2）回访和保修工作计划应形成文件，每次回访结束应填写回访记录，并对质量保修进行验证。回访应关注发包人及其他相关方队竣工项目质量的反馈意见，并及时根据情况实施改进措施。

（3）工程回访内容：

1）了解工程使用情况、使用后工程的变异。

2) 听取各方面对工程质量和服务的意见。

3) 了解所采用的新技术、新材料、新工艺或新设备的使用效果。

4) 向建设单位提出保修期后的维护和使用等方面的建议和注意事项。

5) 处理遗留问题。

6) 巩固良好的合作关系。

(4) 工程回访的要求：

1) 承包人应根据工程回访中发现的问题，及时组织相关项目部进行保修和维修，并视问题情况修订相应的纠正和预防措施。

2) 回访过程必须认真实施，回访人员负责填报《工程回访记录》，必要时写出回访纪要。

3) 回访中发现的施工质量缺陷，如在保修期内要采取措施，迅速处理；如已超保修期，要明确写明。

(5) 回访调查结果处理及分析，其内容包括：

1) 分析并发现产生用户及相关方非常满意的因素；

2) 确定用户及相关方满意或不满意的趋向；

3) 确定用户及相关方未来的要求和期望；

4) 制定改进目标；

5) 提出改进措施。

18.6.3 项目回访方式

项目的回访方式应根据工程项目的具体情况灵活采用，一般有如下的方式：

(1) 电话询问、会议座谈、登门座谈、例行回访，半年或1年的例行回访。

(2) 夏季重点回访屋面及防水工程和空调工程、墙面防水，冬季重点回访采暖工程。

(3) 对施工进程中采取的新材料、新技术、新工艺、新装备工程，回访使用效果或技术状态。

(4) 特殊工程的专访。

(5) 回访应以业主对竣工项目质量的反馈及特殊工程采取的新技术、新材料、新设备、新工艺等的应用情况为重点，并根据需要及时采取改进措施。回访工作方式应根据回访计划的要求，由承包人自主灵活组织。

18.6.4 项目工程质量保修与终生责任管理

(1) 签发工程质量保修书应确定质量保修范围、期限、责任和费用的承担等内容。承包人签署工程质量保修书，其主要内容必须符合法律、行政法规和部门规章已有的规定。没有规定的，应有承包人与发包人约定，并在工程质量保修书中提示。

(2) 保修期为自竣工验收合格之日起计算，在正常使用条件下的最低保修期限。

(3) 在保修期内产生的非使用缘由的质量问题，使用人应填写"工程质量修理通知书"告知承包人，并注明质量问题及部位、联系维修方式。

(4) 承包人应按"工程质量保修书"的许诺向发包人或使用人提供服务。保修业务应列入施工生产计划，并按约定的内容承当保修责任。

(5) 保修经济责任应按以下方式处理：

1) 由于承包人未依照国家标准、规范和设计要求施工酿成的质量缺点，应由承包人负责修理并承当经济责任。

2) 由于设计人酿成的质量缺点,应由设计人承当经济责任。当由承包人修理时,费用数额应按合同约定,不足部分应由发包人补偿。

3) 由于发包人供应的材料、构配件或装备不合格酿成的质量缺点,应由发包人自行承当经济责任。

4) 由发包人指定的分包人酿成的质量缺点,应由发包人自行承当经济责任。

5) 因使用人未经许可自行改建酿成的质量缺点,应由使用人自行承当经济责任。

6) 因地震、洪水、台风等不可抗力缘由造成破坏或非施工缘由酿成的事故,承包人不承当经济责任。

7) 当使用人需要责任之外的修理保护服务时,承包人应提供相应的服务,并在双方协议中明确服务的内容和质量要求,费用由使用人支付。

18.7 项目管理总结

18.7.1 项目总结的依据

项目总结的依据一般有如下:
(1) 工程承包合同。
(2) 施工图纸和文件。
(3) 技术管理资料。
(4) 进度管理资料。
(5) 成本管理资料。
(6) 安全文明施工管理资料。
(7) 文档管理情况。
(8) 分供方管理及评价。
(9) 业主对项目管理的评价。

18.7.2 项目总结内容

项目管理工作结束后,组织应按照下列内容编制项目管理总结:
(1) 项目概况。
(2) 组织机构、管理体系、管理控制程序。
(3) 各项经济技术指标完成情况及考核评价。
(4) 主要经验及问题处理。
(5) 其他需要提供的资料。

项目管理总结应形成文件,实事求是、概括性强、条理清晰、全面系统地反映工程项目管理的实施效果。

18.8 项目收尾管理案例

深圳某房屋建设项目收尾案例:
金域揽峰花园位于深圳市龙岗区布龙路和吉华路交叉处,建设单位为深圳市万联嘉投资发展有限公司，施工单位为深圳市鹏城建筑集团有限公司。该工程占地面积 38997m²，总建筑面积为 124750.74m²，由 7 栋 31 层的高层塔楼组成。工程开工日期 2014 年 5 月 20 日，竣工日期 2016 年 4 月 19 日，总工期 730 天。

该工程室内外装饰装修工程基本完成后，于 2016 年 1 月 20 日成立了收尾管理领导小组，项目经理担任组长，全面负责项目收尾工作，项目正式进入收尾管理阶段。

项目部在收尾管理阶段的主要任务是：

（1）组织编制项目竣工计划，详细整理项目竣工收尾的工程内容，列出清单，逐一落实完成收尾的工程内容；

（2）负责项目竣工资料的编制、汇总和移交；

（3）提交工程竣工报告，配合建设单位组织竣工验收，办理有关工程移交事宜；

（4）负责办理工程竣工结算，及时编制并向发包人递交工程竣工结算报告及完整的结算资料；

（5）组织进行与业主的工程价款的结算与回收；清理与各分包商、供货商的价款并支付；

（6）财务账项的移交，结余物资的处理，机械设备的移交或转移；

（7）组织编写项目管理总结；

（8）接受公司财务审计部对项目依法审计和公司项目管理绩效考核小组对项目的总结考核评价；

（9）负责签订工程质量保修书。

在收尾管理阶段，项目经理和技术负责人定期对项目竣工计划进行反复的检查，对列入计划的收尾、修补、成品保护、资料整理、场地清扫等内容，则逐项检查核对，做到完工一项、验证一项、消除一项，确保该工程 2016 年 4 月 19 日通过了工程竣工验收，之后承包人在规定的 28 天期限内同发包人办理了工程移交手续，移交工作的主要内容为：交钥匙、交工程竣工资料、交质量保修书。

工程项目竣工验收后，承包人按工程建设法律、法规的规定，履行回访与质量保修义务。

工程竣工结算后，建设单位组织人员编写了竣工决算文件，并上报主管部门审查。

第 19 章 项目管理绩效评价

19.1 项目管理绩效评价过程和原则

19.1.1 评价过程

项目管理绩效评价包括成立绩效评价机构、确定绩效评价专家、制定绩效评价标准、形成绩效评价结果 4 个步骤。

1. 成立绩效评价机构

项目管理绩效评价机构是为项目管理绩效评价提供智力服务的专家机构。项目管理绩效评价机构因项目的需要而建立，既可以委托第三方进行项目管理绩效评价、评估，也可以由企业内部各方面的专家组成，按照绩效评价办法的规定进行项目管理绩效的评价、评估。

项目管理绩效评价机构的职责和任务：
（1）编制项目管理绩效评价的实施方案；
（2）负责评价期间的工作联系和组织协调；
（3）具体实施项目管理绩效评价的各项工作；
（4）查阅资料，考察项目现场，作出评价结论；
（5）整理移交项目管理绩效评价各类资料等。

2. 确定绩效评价专家

项目管理绩效评价专家应具备相关资格和水平，具有项目管理的实践经验和能力，保持相对的独立性。同时，项目项目管理绩效评价专家应熟悉项目管理理论，有学术造诣和专业管理经验，宣讲和文字表达能力较强，热心项目管理绩效评价工作。

3. 制定绩效评价标准

项目管理绩效评价标准应由项目管理绩效评价机构负责确定，评价标准应符合项目管理规律、实践经验和发展趋势。

4. 形成绩效评价结果

项目管理绩效评价机构应按项目管理绩效评价内容要求，依据评价标准，采用资料评价、成果发布、现场验证方法进行项目管理绩效评价。应采用透明公开的评价结果排序方法，以评价专家形成的评价结果为基础，确定不同等级的项目管理绩效评价结果。

19.1.2 评价原则

项目管理绩效评价应遵循目标性原则、系统性原则、公开公平公正原则、过程评价与结果评价相配套原则、定性评价与定量评价相结合原则等。

1. 目标性原则

项目管理绩效评价的目标性原则是由项目的目标性决定的，项目的目标性包括项目的过程性目标、项目的约束性目标、项目的结果性目标，对项目管理的绩效评价必须要以各级项目目标作为项目管理绩效评价的基本依据，对项目的目标实施状况作为基本评价标准，只有这样才能从根本上保证项目管理绩效评价工作不脱离项目所要求的基本轨道。

2. 系统性原则

项目管理绩效评价本身是一个系统，由一系列评价内容组成，各评价内容不是孤立存在的，彼此之间相对独立，又紧密相关，从而使项目管理绩效评价具有目的性、相关性、层次性、整体性等基本特征。项目管理绩效评价过程中，评价机构需要把项目管理绩效评价看成是相互作用和相互依赖的若干既有区别又相互依存的要素构成的具有特定功能的有机整体。

3. 公开、公平、公正原则

在项目管理绩效评价过程中，评价机构应公开、公平、公正地对相关项目进行有效的评价，任何人或者单位必须尊重客观事实，不得营私舞弊，有任何主观偏好。项目管理绩效评价的评价机构或者企业自身或者个人，都要定期或者不定期根据项目的实际情况进行科学的评价，而且必须准确有效，并将其作为提升项目管理能力的一种监督与促进手段。

4. 过程评价与结果评价相配套原则

在项目管理绩效评价过程中，评价机构需要把过程评价和结果评价结合起来，发挥各自的优势。运用过程评价，及时发现项目管理中存在的问题，及时纠正偏差，减少盲目性，避免不必要的资源浪费。同时，也需要运用结果评价对整个项目管理效果进行完整、宏观地评估和把握，以结果评价判断整个项目管理实施的程度，为之后的项目管理提供明确的指导，二者在项目管理绩效评价中是不能相互取代的，只有发挥各自的功能和优势，才能真正增加项目管理绩效评价的合理性。

5. 定性评价与定量评价相结合原则

在项目管理绩效评价过程中，定性与定量评价是交替使用、互为表里和统一的。定性评价是定量评价的基本前提，没有定性的定量是一种盲目的、毫无价值的定量；而没有定量的定性是一种初步、表面、笼统、含糊的定性，定量可以使定性更加科学、准确，可以促使定性得出广泛而深入的结论。定性与定量评价各有长短：一方面，要根据不同的评价内容和评价目的，选用合适的评价方式；另一方面，要树立两种评价方法有机结合的意识，在项目管理绩效评价过程中，将两种评价方法结合使用，扬长避短，以提高评价结果的客观性和准确性。

19.2 项目管理绩效评价内容和方法

19.2.1 评价内容

《建设工程项目管理规范》19.3.2 条规定，项目管理绩效评价应包括下列内容：

1. 项目管理特点

项目管理的特点主要包括以下四方面：

(1) 项目管理理论、方法、手段的科学化。这是现代项目管理最显著的特点。现代项目管理吸收并使用了现代科学技术的最新成果，具体表现在：

1) 现代的管理理论的应用，例如系统论、信息论、控制论、行为科学等在项目管理中的应用。

2) 现代管理方法的应用，如预测技术、决策技术、数学分析方法、数理统计方法、模糊数学、线性规划、网络技术、图论、排队论等。

3) 管理手段的现代化，最显著的是计算机的应用，以及现代图文处理技术、精密仪器的使用、多媒体和互联网的使用等。

(2) 社会化和专业化。当今社会对项目的要求越来越高，项目数量也越来越多，规模越来越大，按社会分工的要求，现代化社会需要职业化的项目管理者，这体现了项目管理的社会化属性。同时，由于工程规模大、技术复杂、参建单位多、管理难度大等特点，需要专业化的项目管理公司专门承接项目管理业务，提供全过程的专业化咨询和管理服务，这体现了项目管理的专业化属性。

(3) 标准化和规范化。标准化和规范化体现在许多方面，如：规范化的定义和名词解释；规范化的项目管理工作流程；统一的工程费用（成本）项目的划分；统一的工程计量方法和结算方法；信息系统的标准化，如信息流程、数据格式、文档系统、信息的表达形式，网络表达形式和各种工程文件的标准化；使用标准的合同条件、标准的招标投标文件等。

(4) 国际化。项目管理的国际化即按国际惯例进行项目管理。这主要是由于国际合作项目越来越多，例如国际工程、国际咨询和管理业务、国际投资、国际采购等。

2. 项目管理理念及模式

(1) 项目管理理念。项目管理要以价值创造为己任，树立以下理念：

1) 全局理念。项目管理具有全局观，不仅要掌握项目的发展状况，也要清晰企业的动态，即：明确项目与企业经营之间的关系，明确项目进步的方向，明确企业经营的形势。

2) 统筹协调理念。项目管理要做好经济效益、环境效益和社会效益的统筹：经济效益要双赢，环境效益要兼顾，社会效益要负责；做好总目标和阶段目标的统筹：阶段性目标是总目标的保证，既要确定总目标，更要重视阶段目标这个关键，不然总目标是空的；做好内部管理和外部管理的统筹：把内部各种生产要素进行组织、协调和统配，同时考虑外部的问题。

3) 人力资本理念。树立人力资本理念，就是要特别重视人才的作用，要把人才当作最宝贵的资本，重视培育和培养项目经理、项目专业人才，强化技工群体。

4) 文化制胜理念。现代企业文化和科学发展观其根本基点和本质特征都是"以人为本"，因此要真正实践以人为本的理念；坚持贯彻和谐社会的要求；深入推进学习型组织建设。

5) 标准化建设理念。标准在企业管理和项目管理中非常重要：企业标准化程度能够反映企业管理和技术娴熟的程度，所以要推动企业标准化建设；管理体系标准是保证项目管理质量的标尺，所以要推进实施管理体系标准；无规矩不成方圆，所以要严格遵循技术标准和规范。

6) 经济评价理念。项目管理强调的经济不是施工生产的被动体现，而是用经济的眼光确定生产的目标，用经济的标准控制生产的过程，用经济的尺度评价生产的效果。做好项目成本核算与经济活动分析；确保项目资金的掌握与运用；不断优化项目资源配置方式。

7) 善用咨询理念。中介咨询服务不仅包括建设监理机构、工程咨询机构、招标代理机构、工程估价机构，还包括审计、法律、管理等中介咨询机构等。中介咨询服务能够提供的服务是全方位的，要注重和善用社会审计力量、专业法律服务、国际咨询顾问等咨询服务。

8) 风险管理理念。风险是项目管理中必不可少的，有效地进行风险管理是十分必要的。在风险管理中，要注意市场调查和现场考察；慎重选择联营体合作伙伴和分包商；注重投标决策与报价；注重签约谈判；运用保险公司转移风险；实施中优化设计降低成本等。此外，还应特别认识和控制安全风险。

9) 阳光运作理念。阳光运作对内体现为防止腐败，防止因腐败导致的豆腐渣工程，使项目管理和工程建设的品质处于更为有效的内外部监督之下；对外则体现为企业诚信建设水平的提高，体现为公平守信的市场信誉，体现为对阳光利润的追求。阳光运作的关键是诚信机制和制度建设。项目管理的阳光运作要从投资领域、招投标市场、建筑企业管理开始，突出用工选择、采购订货、维护农民工利益问题这三个环节。

10) 四大成果理念。任何一个项目，都要朝着创造品牌、分享效益、培养人才、培育协力队伍四个目标努力。

(2) 项目管理模式。随着项目管理的不断发展，项目管理模式也在不断创新，目前存在的项目管理模式多样，常见的项目管理模式主要包括传统的项目管理模式、CM 模式、设计-制造（Design-Build）模式、BOT 模式、EPC 模式、项目管理总承包（PMC）模式、PPP 模式等。

3. 主要管理对策、调整和改进

针对项目管理过程中存在的问题，采用的主要对策、相应的调整措施和改进措施，都是项目管理的加分项。

4. 合同履行与相关方满意度

合同履行包括勘察设计合同、施工合同、监理合同、物资采购合同等的履行情况，相关方满意度指包括建设单位、勘察设计单位、施工单位、监理单位、供应商等在内的相关参与主体的满意程度。

5. 项目管理过程检查、考核、评价

首先，根据工期长短，将工程项目划分为若干个考核期，制定阶段性考核目标。对工程项目进行阶段性考核，同时可选择某个阶段性考核点，对项目进行过程审计，通过过程审计和阶段性考核，对项目管理目标进行再评估，进而确定下一阶段管理目标，改变事后算账格局，做到防微杜渐。其次，改进绩效考核指标，改变以财务指标为主的考核模式，引入非财务考核指标，对项目进行全面考核。

6. 项目管理实施成果

项目实施成果可从项目完成质量、工期、成本、安全等目标情况来衡量。项目管理形成的成果要应用于实践使用，有推广应用的价值，能够创造良好的经济效益与社会效益。成果的推广应用是项目最后一个阶段，要高度重视项目一体化管理，成果转化率的大小，直接衡量项目的应用价值。成熟并推广应用后的项目，应由实际应用的单位对成果进行评定，成果完成单位应根据应用效果和建议对成果加以改进优化，总结编写实际应用后的评价报告。

19.2.2 评价方法

（1）项目管理绩效评价机构应在评价前，根据评价需求确定评价方法。

（2）项目管理绩效评价机构宜以百分制形式对项目管理绩效进行打分，采用专家打分法或专家访谈法等科学方法，合理确定各项评价指标权重，并在此基础上汇总得出项目管理绩效综合评分，以此确定评分值。

（3）项目管理绩效评价机构应根据项目管理绩效评价需求规定适宜的评价结论等级，以百分制形式进行项目管理绩效评价的结论，宜分为优秀、良好、合格、不合格四个等级。并根据项目管理绩效综合评分，得出评价结论等级。

（4）不同等级的项目管理绩效评价结果应分别与相关改进措施的制定相结合，管理绩效评价与项目改进提升同步，确保项目管理绩效的改进，根据相应的评价结论等级重复上述步骤进行持续改进。

（5）项目管理绩效评价完成后，项目管理绩效评价机构应总结评价经验，评估评价过程的改进需求，不断完善项目管理绩效评价过程，同时采取相应措施，提高项目管理绩效评价的效率，提升项目管理绩效评价水平。

19.3 项目管理绩效评价案例

19.3.1 案例一：综合项目管理绩效评价

1. 项目概况

××大学新校区主楼工程位于新校区主大门（东门），是新校区的标志性建筑。工期紧、工程量大、造型复杂，质量要求高，如何在紧迫的工期内保质保量完成施工任务，是本项目面临的管理难题。

本项目总用地面积$152147.8m^2$，建筑面积$85928m^2$，分A、B、C三个区组成，地下一层为人防工程，地上五层分别为教学楼、办公楼、会堂、实验楼等，建筑高度为30.9m。设计建筑耐久年限50年，抗震设防烈度7度，框架剪力墙结构，钻孔灌注桩筏板基础，地下车库顶板上覆土1.5m，外墙为保温砖外砌清水页岩砖，地下室与屋面防水Ⅱ级。

本项目危险源主要包括9m深基坑人防地下室，自然地面2.5m以下全为淤泥质土；高大支模3处，支模板顶标高为13m，最大弧形梁跨度34m，最大弧形梁截面为2300mm×2500mm。危险系数大，专项施工方案都必须通过专家论证，施工过程中需要及时进行变形监控，确保无安全事故发生。

本项目管理难点如下：

（1）工程投资5.3亿元，总工期563日历天，施工范围包括主体、内外装修、机电安装、外围景观工程。要历经一个冬期和两个雨期，据以往工程经验及与同类工程相比，气候条件对工程进度影响极大。

（2）因设计变更主楼C区内装修停止施工三个月，需大面积拆改墙体和安装工程等，但竣工日期要求不变，工期十分紧迫。

（3）项目外墙清水砖总工程量为680多万块，与内墙砌块同时施工，施工人员多上料困难，要在有限的时间内备好材料并在2个月内施工完毕也极为困难。

(4) 外墙均为清水页岩砖梅花丁砌法，窗眉部为清水混凝土，外墙多窗洞口、多异形装饰柱，主楼 B 区为年轮造型的圆形建筑，内圆直径 103m，外圆直径 164m。圆形建筑无法拉水平线控制，要保证清水页岩砖水平交圈，灰缝一致，遇门窗洞口、异形柱排砖均匀，不出现"破砖"将是一大难题。

(5) 工程结构复杂，地下室横跨 A、B 区，与地上部分主体相连，同层结构标高有 16 个之多。AB 区轴线多而杂、弧形梁、异形柱、异型板达到 95%。工程还包括了深基坑、高大支模、型钢混凝土梁柱、球型钢网架，跨度 33.2m、高 4.6m、最大悬挑长度 11m 的混凝土梁等，施工难度大。

2. 项目管理策划工作

(1) 确定管理目标。根据工程施工管理重点与难点，按照《企业管理手册》、《建设工程施工合同》、《建设工程项目管理规范》要求，施工项目部提出五项管理目标：

1) 年度管理目标：按合同工期完成；
2) 安全管理目标：无较大安全事故，一般事故率控制在 1‰ 以下；
3) 质量管理目标：争创"鲁班奖"；
4) 文明施工目标：全国建筑业绿色施工示范工程；
5) 成本管理目标：成本降低率 1.17%。

(2) 编制施工方案。根据国家相关规范和相关技术政策、企业工艺标准，结合本工程的特点编制施工组织设计和各专项施工方案。

(3) 完善管理制度、健全管理体系、明确岗位职责。严格执行公司各项管理制度，并在项目实施中不断创新、优化管理制度，分析管理的难点与侧重点，采取相应措施，建立健全项目管理保证体系。在施工过程中分工明确，责任到人，各司其职，切实做好工程质量、安全、进度、文明施工等方面全过程控制。

(4) 力争项目管理创新：

1) 安全管理模式创新：为提高全体员工安全意识，设立安全体验馆，采用安全体验教育模式，体现"安全第一，以人为本"的安全理念。

2) 定位放样创新：针对圆形建筑轴线多、结构复杂，会堂观众台定位难等特点，项目部成立 QC 攻关小组，采用三级坐标控制系统，多台全站仪交换测量、复测，使建筑效果得到保障。

3) 材料管理创新：依据产品合格证、试验报告、复试报告严格管理，对进场施工材料进行不定期质量检查，从而杜绝劣质材料的使用。

4) BIM 模型技术：由 BIM 团队根据设计图纸，按照施工的要求和特点建立施工 BIM 模型，为工程进度控制提供了保证，通过碰撞检测有效避免返工和拆改等现象，可针对工程重点难点提前预知而采取相应措施。

3. 项目管理具体措施

针对确定的管理目标，结合施工重点与难点，施工项目部全体管理人员从重要节点和关键工序入手，明确了具体保证措施，力争实现管理目标。

(1) 加强技术培训，注重培养人才：

1) 落实"三级管理、二会制度、专人管理"。

① 三级管理：建立以项目经理为责任主体，项目副经理、项目总工、各分管负责人

为基础的三级管理体系,使施工计划的每一个节点,每一条线路都有明确执行计划、完成目标、直属责任人。

② 二会制度:每周至少召开一次现场生产例会制度,及时部署和调整施工工序;每天召开施工碰头会,对发现的问题寻找原因,采取相应的解决方法,保证当天问题当天解决。

③ 专人负责:项目部将各阶段控制点深入细化,设专人进行管理,并对此工作负责到底,保证各阶段控制点落实到位。同时严格按照合同条款标注的项目各阶段的施工进度要求落实,分包单位职责落实到人,使责任体系全面覆盖。

2) 定期组织培训,制定考核制度。项目部结合工程特点,根据管理目标,利用业余时间定期对全体施工人员进行培训;项目部每月分批组织员工学习施工技术难点,各个施工部位技术交底反复研讨学习,全面提高施工技能。

3) 实行体验式教育模式,切实提高安全意识。项目部组织施工人员在安全体验区进行体验式安全教育,切实体会各危险源对人体造成的严重伤害,提高工人的安全意识和自我防范意识,同时也有效提高项目部管理人员的安全管理水平。

4) 严格人员资质审查、严禁无证上岗。项目部管理人员、各特殊工种操作人员按照工作岗位要求,参加国家相关部位的职能培训,取得相关证书后才能上岗。

(2) 加强机械设备管理,提高施工管理效益:

1) 采用全新设备、减少机械故障。为了避免因机械故障修理引起的停工,现场吊装运输、钢筋加工、施工机械均为全新设备。塔吊采用最新型设备,回转半径大,以"高楼层塔吊全覆盖,矮楼层汽车吊配合"为原则,有效提高吊装效率;同时配备充足的物料提升机、砂浆罐。临时水、电均为双回路切换,最大限度满足施工需要。

2) 加大检查力度、注重设备保养。各施工机械在使用的同时,公司后勤保障部每月组织专业人员检查机械设备,并不定时抽查。发现隐患立即督促整改,现场机械设备操作人员上下班检查交接,谁操作、谁负责,并形成交接纪录。发现问题立即报修,定时专人养护,常用维修零件现场备货,维修人员现场随时待命,力争当天问题当天解决。

(3) 优选材料供应渠道,保障工程顺利开展:

1) 密切关注材料信息,及时把握市场动态。工程开工前就做好备料计划,提前考察各种材料的货源、储量、运距等,详细制定出进料计划,选用长期合作,信誉好的材料供应商,形成能够共同保障、共同抵御风险的供应链,制定"定量、定人、定时"原则,对照进度计划节点制定材料进场计划、专人跟踪,及时掌握材料价格浮动情况,常规材料采购计划提前上报,公司进行及时招标,择优选用,既保证了材料价廉物美又实现了高效供货,为工程的顺利进行提供最有力的保障。

2) 摸清市场、提前备料。充分做好市场调研工作,对影响工期的大宗材料利用资金优势,购货款现结现付,专款专用。

3) 加强材料检查验收,严把材料质量关。为了保证装修效果,施工项目部从细部抓起,按照装饰清水砖的颜色、尺寸进行分类处理,不同颜色和不同尺寸使用在不同部位;花岗岩石材进行双层防腐处理,保证施工后色泽一致。

(4) 优化方案样板先行,追求高效技术创新:

1) 方案论证。深基坑高大支模均经专家组进行施工方案论证,形成会议纪要,针对专家组提出的重要注意事项,重点对管理人员和施工人员技术交底。

2) 优化方案、重点管理：

① 改进施工工艺。地下室基坑支护原设计为混凝土钻孔灌注桩加混凝土环梁，施工38天后才能土方开挖，经项目部计算工期拖延时间太长，与设计方协商变更为机械压入钢板桩加H型钢焊接围檩支护，20天就进行土方开挖，比原支护方案工期提前18天，有效降低成本约32.6万元。

② 更改施工方法。会堂屋顶球型钢网架原计划施工周期为32天，考虑场地狭窄成"咽喉"状，无法按常规方法吊装施工。项目部采取"化整为零"的思路，把整个网架分成12片，先在地面预制焊接成型，按排序分片吊装到屋面后再焊接成一体，实际21天就施工完毕，比原定工期节约11天，节约工费约6.8万元。

③ 更换施工材料。屋面找坡层、地下室底板填充层原设计为B型轻骨料混凝土，由于此种材料无法用混凝土泵车输送，只能用人工运输，施工周期约36天，通过与设计单位沟通后变更为发泡混凝土，在提高施工质量的前提下15天就完成，实际节约工期21天，直接减少成本投入约270万元。

3) 技术优化、过程控制。对容易影响施工质量的主要工序，先进行技术优化。如外墙清水页岩砖、室内墙地砖、会堂精装修吊顶、设备管道安装等分项工程中采用BIM技术，钢结构弧形梁采用专业设计软件定位放样，发现问题及时解决，从而保证了整体施工成型效果。

4) 精细测量、减少误差。大直径圆形结构复杂，轴线多样，存在大圆套小圆，球形钢网架、钢骨梁柱定位放样误差要求高等问题，项目部成立专门测量小组，创建三级坐标控制系统，即：创建整体工程的矩形坐标控制网来控制各区的轴线坐标网，再由轴线坐标网来控制区块控制点，形成多点复核各区联控放样，随时校正测量误差，建设单位与监理单位旁站复核，把误差控制在规范最小允许范围。

5) 提前策划、样板引路。依据技术优化后先做样板，找出实际存在的问题加以解决，起到对后续施工质量的示范引领的作用，使之成为项目施工质量管理的一项有效手段和措施，有利于加强对工程施工重要工序、关键环节的质量控制，消除工程质量通病，切实提高工程实体质量的整体水平。

6) 坚持节约能源控制、开展绿色文明施工。

① 节能和资源利用。节能和资源利用，施工用材料就近采购，尽可能使用绿色环保产品，运用"四新"技术，降低施工成本，办公区和生活区生活设施、现场安全围护设施100%采用可拆卸多次周转重复使用材料，洗车用水和雨水经沉淀后用于公用厕所的冲洗用水和工程养护用水。

② 安全文明施工管理。办公区与施工区域场地整洁，道路平整畅通，施工现场GRC围墙进行全封闭，工程外墙脚手架外挂密目安全网，用于隔离噪声污染和安全防护，警示标志应齐全、醒目。物料堆放整齐，建筑垃圾集中堆放外运。生活区设置体育锻炼设置、职工医务室，充分体现了人性化管理。

4. 项目管理效果

(1) 工期管理。虽然建设单位变更多，但施工项目部积极与相关单位沟通，优化施工方案，变更施工材料及施工工艺，科学组织作业队伍和材料，灵活调整施工工序，合理提高劳动效率，在合同约定时间全面完成施工任务。

(2) 安全管理。通过对职工严格的安全教育和科学管理,不仅高了职工的安全意识,而且在施工期间没发生任何伤亡安全事故。

(3) 质量管理。经过精心的前期策划、强化质量过程控制,提高全体人员的质量意识,积极开展了 QC、十项新技术等技术活动,较好地完成了计划目标,工程质量符合设计及规范要求,得到建设单位、设计单位、监理单位、集团公司的一致好评,并荣获当地质量奖、两项 QC 成果奖、建筑业 10 项新技术应用示范工程。

(4) 成本管理。项目围绕成本控制核心,合理设置控制目标,明确成本控制责任,采用新进的施工技术,完善的施工工艺,使工程总成本降低率为 1.27%。

(5) 文明施工管理。经过细心布置,合理有效的管理,工程荣获当地文明施工示范工地称号、全国建筑业绿色施工示范工程、国家 AAA 级示范文明工地。

5. 项目管理绩效评价

(1) 成立项目绩效评价机构,从专家库中抽选 7 名与被评价对象无利益关系的专家,组成项目管理绩效评价专家组。

(2) 构建项目管理绩效评价体系,并确定各指标的权重,见表 19-1。

项目管理绩效评价指标体系及权重　　　　表 19-1

一级指标(权重)	二级指标(权重)	三级指标(权重)
目标完成情况 A_1 (0.4)	质量目标 B_1 (0.2)	分项(分部)工程合格率 C_1 (0.2) 分项(分部)工程优良率 C_2 (0.2) 获奖情况 C_3 (0.1) 质量事故次数 C_4 (0.3) 返工损失率 C_5 (0.2)
	安全目标 B_2 (0.2)	安全事故发生次数 C_6 (0.4) 安全事故伤亡人数 C_7 (0.3) 安全预防措施的可行性和合理性 C_8 (0.3)
	环保目标 B_3 (0.2)	资源保护情况 C_9 (0.3) 人员健康水平 C_{10} (0.3) 建筑垃圾处理 C_{11} (0.4)
	工期目标 B_4 (0.2)	开工准时性 C_{12} (0.3) 完工及时性 C_{13} (0.3) 工期实现率 C_{14} (0.4)
	成本目标 B_5 (0.2)	投资计划完成率 C_{15} (0.4) 资金利用率 C_{16} (0.3) 工程成本降低率 C_{17} (0.3)
供方管理有效程度 A_2 (0.1)	供应商管理 B_6 (0.4)	产品质量 C_{18} (0.3) 服务水平 C_{19} (0.3) 供货能力 C_{20} (0.2) 产品价格与费用 C_{21} (0.2)
	分包商管理 B_7 (0.6)	资质水平 C_{22} (0.2) 现场管理能力 C_{23} (0.3) 施工业绩 C_{24} (0.2) 人员素质 C_{25} (0.3)

续表

一级指标（权重）	二级指标（权重）	三级指标（权重）
合同履约率及相关方满意度 A_3 （0.2）	合同履约率 B_8 （0.6）	合同管理完成情况 C_{26} （0.5） 企业信用评价 C_{27} （0.3） 企业财务状况 C_{28} （0.2）
	相关方满意度 B_9 （0.4）	索赔事件发生率 C_{29} （0.6） 变更和索赔处理的合理性 C_{30} （0.4）
风险预防和持续改进能力 A_4 （0.15）	风险预防 B_{10} （0.6）	风险管理措施的有效性 C_{31} （0.6） 项目风险分担明确性 C_{32} （0.4）
	持续改进能力 B_{11} （0.4）	与其他各方工作持续改进程度 C_{33} （0.6） 沟通协调及时性 C_{34} （0.4）
项目综合效益 A_5 （0.15）	经济效益 B_{12} （0.4）	投资利润率 C_{35} （0.3） 资本金利润率 C_{36} （0.3） 投资回收期 C_{37} （0.2） 净现值 C_{38} （0.2）
	社会效益 B_{13} （0.3）	产业结构 C_{39} （0.2） 技术进步 C_{40} （0.3） 区域经济 C_{41} （0.2） 学习生活质量 C_{42} （0.3）
	环境效益 B_{14} （0.3）	交通环境 C_{43} （0.3） 节约能源 C_{44} （0.4） 区域绿化 C_{45} （0.3）

（3）根据项目管理效果，对项目管理绩效的三级指标按百分制进行打分，所得平均分数见表 19-2。

项目管理绩效的三级指标平均得分情况 表 19-2

三级指标	C_1	C_2	C_3	C_4	C_5	C_6	C_7	C_8	C_9	C_{10}	C_{11}	C_{12}
平均得分	100	88	92	96	95	96	100	95	86	88	90	78
三级指标	C_{13}	C_{14}	C_{15}	C_{16}	C_{17}	C_{18}	C_{19}	C_{20}	C_{21}	C_{22}	C_{23}	C_{24}
平均得分	85	85	86	85	90	90	88	82	88	85	88	87
三级指标	C_{25}	C_{26}	C_{27}	C_{28}	C_{29}	C_{30}	C_{31}	C_{32}	C_{33}	C_{34}	C_{35}	C_{36}
平均得分	85	92	86	86	84	82	88	86	88	85	85	82
三级指标	C_{37}	C_{38}	C_{39}	C_{40}	C_{41}	C_{42}	C_{43}	C_{44}	C_{45}			
平均得分	82	84	80	86	82	90	82	88	82			

(4) 根据表 19-2 中各三级指标得分情况，将其乘以各自权重，得到该项目管理绩效评价得分，为 91.3 分。根据优秀（85～100 分）、良好（75～84 分）、合格（60～74 分）、不合格（0～59 分）四个等级的分值区间，可知该项目管理绩效属于优秀。

19.3.2 案例二：专项项目管理绩效评价

1. 项目概况

××大厦建筑高度 50.8m，占地面积 20000m²，总建筑面积约 149570m²，地下建筑面积 61450m²，地上建筑面积 88120m²。建筑主要功能为办公大楼，是一座高智能化的绿色、人文建筑。本工程空调系统属于国际先进、国内领先的空调方式。工程质量要求高，系统形式先进复杂，对施工的前期策划、过程管控、后期调试及运行维护管理要求比较高，履约过程中的技术及组织管理难度大。

本空调系统的难点如下：

（1）低温送风变风量系统形式新颖、先进，技术要求高：

1）工程采用与冰蓄冷系统相结合的低温送风变风量空调系统，送风温度极低，空调机组盘管的出风温度设计为 5.1℃，大大低于室内空气露点温度，极易造成结露现象；并且由于管内外温差较大，输送过程中热损失控制较难；

2）变风量空调系统可以节约能耗，提高室内环境舒适度，但是对设备的单机调试、系统的联合调试及环境温湿度的校验要求比较高；

3）工程办公区噪声值要求不高于 NC35 的标准。并且空调机房与办公区距离比较近，噪声值难以控制；

4）工程设计空调系统全部采用下送上回的气流组织，回风全部采用吊顶内回风的形式，气流组织难以保证。

（2）工程质量要求比较高，管控难度大

1）本工程社会关注度比较高，工程质量标准要求高。通风空调系统功能性质量必须满足整体工程质量目标：确保"鲁班奖"、绿色环保目标要求"LEED 金级认证"。

2）工程空调系统体量大、设备种类及数量多、工期短、与精装修等专业交叉配合多，质量管控难度大。

2. 项目管理具体措施

低温送风变风量空调系统具有大温差功能，与常规空调系统相比，降低了设备管道尺寸、减少设备能耗，同时能利用较低的房间相对湿度提高环境舒适性和空气品质。但是对于施工单位来讲，施工过程防结露、热损失、噪声、气流组织的控制以及调试运行维护方面提出更高要求。为此，施工单位成立以项目经理为领导的质量管理体系，明确工程的质量目标，加强质量管理的预控及监控。制定质量管理要点，质量通病防治措施，过程中监督实施情况总结，不断提高。严格遵循"样板引路"、"首件制"、过程中"三检制"等制度。

（1）落实技术管理细节及创新技术应用：

1）防火阀、调节阀的制作、保温上加以改进。传统的防火阀、调节阀执行机构、连接杆件与阀体距离小，而且不可拆卸，保温难以施工，容易产生冷桥现象。本工程中，将防火阀、调节阀的执行机构固定件加长，并加装隔热垫片，预留执行机构与阀体之间的保温空间，保证风阀保温的完整性，避免产生冷桥。

2) 针对系统严密性要求，创新检测过程管控。传统的空调系统一般为低压系统，风管的严密性试验。项目部针对低温系统的特点，分别在安装过程中和调试初期，制订了严格的监测措施，改变原漏光检测与部分系统的漏风检测方法，安装过程中全部按照高一级压力系统（中压）进行全部漏风检测，并且在运行初期采用了红外热成像仪进行管道的扫描侧漏，进一步保证了管道的严密性。

3) 针对风管横担保温方法进行改进。传统的风管横担采用木托形式，木托厚度等于保温厚度，保温至此部位即断开，风管表面保温不完整。本工程对风管横担加以改进，采用难燃B1级的挤塑板作为横担，垫于保温与支架之间，保证了管道保温的连续性，同时节省了木材，符合 LEED 认证要求。

4) 与 BIM 技术相结合的深化设计管线综合排布工作，提前进行管线的优化及碰撞检测，实现从设计图纸的固化到施工图纸的优化。

5) 针对系统形式的特点，采取针对性的技术方案，强化技术细节处理。

(2) 过程中实施严格的动态管控：

1) 技术交底的落实上，采取全面技术交底和专项技术交底，在技术交底的基础上同时进行重点部位的现场交底，加以考核，确保技术策划、方案的顺利实施。

2) 工程伊始，进行专业人员技能培训，提高操作人员专业素质，避免出现质量问题。

3) 严格采取"样板首件制""样板引路"，根据首件工程的各项质量指标进行综合总结评价，对施工质量存在的不足之处分析原因、提出改进措施，指导后续施工，预防后续施工可能产生的各种质量问题。

4) 质量的过程控制监督上严格实行"三检制"。

5) 全面的动态质量管理，项目部组织定期于每周一进行全体管理人员参与的现场质量检查，齐抓共管，按照 PDCA 动态管理思路，不断改进。

(3) 进行精细化的后期调试：

1) 项目部成立调试小组，专项负责系统的调试，调试人员由项目技术人员及现场人员组成；并且纳入整体变风量空调系统的调试小组。

2) 与建设单位、相关专业施工方及设备厂家沟通协调，制定调试方案。

3) 进行调试过程中的相互校核检查，提高调试精确度。

4) 采取了与楼控平台相结合的调试措施。一方面对楼控读数进行校验，提高读数准确性，另一方面加快调试进度。

3. 项目管理效果

在优质高效地完成合同建设目标的同时，项目功能性质量在"鲁班奖"验收中得到好评，并获得机电工程专项奖。整个项目也得到建设单位及其他工程参与单位的一致好评。

4. 项目管理绩效评价

(1) 成立项目绩效评价机构，从专家库中抽选 7 名与被评价对象无利益关系的专家，组成项目管理绩效评价专家组。

(2) 构建项目管理绩效评价体系，并确定各指标的权重，见表 19-3。

项目管理绩效评价指标体系及权重 表 19-3

一级指标（权重）	二级指标（权重）	三级指标（权重）
目标完成情况 A_1 (0.4)	质量目标 B_1 (0.2)	工程合格率 C_1 (0.2) 工程优良率 C_2 (0.2) 获奖情况 C_3 (0.1) 质量事故次数 C_4 (0.3) 返工损失率 C_5 (0.2)
	安全目标 B_2 (0.2)	安全事故发生次数 C_6 (0.4) 安全事故伤亡人数 C_7 (0.3) 安全预防措施的可行性和合理性 C_8 (0.3)
	环保目标 B_3 (0.2)	资源保护情况 C_9 (0.3) 人员健康水平 C_{10} (0.3) 建筑垃圾处理 C_{11} (0.4)
	工期目标 B_4 (0.2)	开工准时性 C_{12} (0.3) 完工及时性 C_{13} (0.3) 工期实现率 C_{14} (0.4)
	成本目标 B_5 (0.2)	投资计划完成率 C_{15} (0.4) 资金利用率 C_{16} (0.3) 工程成本降低率 C_{17} (0.3)
供方管理有效程度 A_2 (0.1)	供应商管理 B_6 (1)	产品质量 C_{18} (0.3) 服务水平 C_{19} (0.3) 供货能力 C_{20} (0.2) 产品价格与费用 C_{21} (0.2)
合同履约率及相关方满意度 A_3 (0.2)	合同履约率 B_7 (0.6)	合同管理完成情况 C_{22} (0.5) 企业信用评价 C_{23} (0.3) 企业财务状况 C_{24} (0.2)
	相关方满意度 B_8 (0.4)	索赔事件发生率 C_{25} (0.6) 变更和索赔处理的合理性 C_{26} (0.4)
风险预防和持续改进能力 A_4 (0.15)	风险预防 B_9 (0.6)	风险管理措施的有效性 C_{27} (0.6) 项目风险分担明确性 C_{28} (0.4)
	持续改进能力 B_{10} (0.4)	与其他各方工作持续改进程度 C_{29} (0.6) 沟通协调及时性 C_{30} (0.4)
项目综合效益 A_5 (0.15)	经济效益 B_{11} (0.4)	投资利润率 C_{31} (0.3) 资本金利润率 C_{32} (0.3) 投资回收期 C_{33} (0.2) 净现值 C_{34} (0.2)
	社会效益 B_{12} (0.3)	产业结构 C_{35} (0.3) 技术进步 C_{36} (0.3) 区域经济 C_{37} (0.2) 办公生活质量 C_{38} (0.2)
	环境效益 B_{13} (0.3)	室内环境舒适度 C_{39} (0.4) 节约能源 C_{40} (0.6)

(3) 根据项目管理效果，对项目管理绩效的三级指标按百分制进行打分，所得平均分数见表 19-4。

项目管理绩效的三级指标平均得分情况　　　　　　　　　　表 19-4

三级指标	C_1	C_2	C_3	C_4	C_5	C_6	C_7	C_8	C_9	C_{10}
平均得分	98	82	86	100	88	96	100	86	86	82
三级指标	C_{11}	C_{12}	C_{13}	C_{14}	C_{15}	C_{16}	C_{17}	C_{18}	C_{19}	C_{20}
平均得分	80	88	86	96	82	80	82	86	88	88
三级指标	C_{21}	C_{22}	C_{23}	C_{24}	C_{25}	C_{26}	C_{27}	C_{28}	C_{29}	C_{30}
平均得分	80	88	85	85	86	84	86	80	90	80
三级指标	C_{31}	C_{32}	C_{33}	C_{34}	C_{35}	C_{36}	C_{37}	C_{38}	C_{39}	C_{40}
平均得分	82	80	86	80	80	88	80	88	90	80

(4) 根据表 19-4 中各三级指标得分情况，将其乘以各自权重，得到该项目管理绩效评价得分，为 86.2 分。根据优秀 (85～100 分)、良好 (75～84 分)、合格 (60～74 分)、不合格 (0～59 分) 四个等级的分值区间，该项目管理绩效也属于优秀。

中华人民共和国国家标准

建设工程项目管理规范

Code for construction project management

GB/T 50326-2017

主编部门：中华人民共和国住房和城乡建设部
批准部门：中华人民共和国住房和城乡建设部
施行日期：２０１８年１月１日

中国建筑工业出版社

2017 北 京

中华人民共和国住房和城乡建设部
公　告

第 1536 号

住房城乡建设部关于发布国家标准
《建设工程项目管理规范》的公告

现批准《建设工程项目管理规范》为国家标准，编号为 GB/T 50326-2017，自 2018 年 1 月 1 日起实施。原国家标准《建设工程项目管理规范》GB/T 50326-2006 同时废止。本规范由我部标准定额研究所组织中国建筑工业出版社出版发行。

中华人民共和国住房和城乡建设部

2017 年 5 月 4 日

前 言

根据住房和城乡建设部《关于印发〈2014年工程建设标准规范制订、修订计划〉的通知》（建标〔2013〕169号）的要求，规范编制组经广泛调查研究，认真总结实践经验，参考有关国际标准和国外先进标准，并在广泛征求意见的基础上，修订了本规范。

本规范的主要技术内容是：1 总则；2 术语；3 基本规定；4 项目管理责任制度；5 项目管理策划；6 采购与投标管理；7 合同管理；8 设计与技术管理；9 进度管理；10 质量管理；11 成本管理；12 安全生产管理；13 绿色建造与环境管理；14 资源管理；15 信息与知识管理；16 沟通管理；17 风险管理；18 收尾管理；19 管理绩效评价。

本规范修订的主要技术内容是：1 增加项目管理的基本规定，确立了"项目范围管理、项目管理流程、项目管理制度、项目系统管理、项目相关方管理和项目持续改进"六大管理特征；2 增加"五位一体（建设、勘察、设计、施工、监理）相关方"的项目管理责任；3 增加项目设计与技术管理；4 增加项目管理绩效评价；5 修改项目管理规划，增加项目管理配套策划要求；6 修改项目采购管理，增加项目招标、投标过程的管理要求；7 修改项目质量管理，增加质量创优与设置质量控制点的要求；8 修改项目信息管理，增加项目文件与档案管理、项目信息技术应用和知识管理要求。

本规范由住房和城乡建设部负责管理，由中国建筑业协会负责具体技术内容的解释。执行过程中如有意见或建议，请寄送中国建筑业协会工程项目管理专业委员会（地址：北京市海淀区中关村南大街48号九龙商务中心A座601室；邮编：100081）。

本 规 范 主 编 单 位：中国建筑业协会
  北京城建亚泰建设集团有限公司
本 规 范 参 编 单 位：中国建筑业协会工程项目管理专业委员会
  南京市住房和城乡建设委员会
  内蒙古赤峰市建设工程质量监督站
  清华大学
  同济大学
  哈尔滨工业大学
  天津大学
  北京交通大学
  北京建筑大学
  山东科技大学
  东南大学
  中国建筑股份有限公司
  中国建筑第四工程局有限公司
  中国建筑第八工程局有限公司
  中国铁建股份有限公司

中国中铁股份有限公司
中铁建工集团有限公司
中冶京诚工程技术有限公司
北京城建集团
武汉建工集团
中天建设集团有限公司
深圳市鹏城建筑集团有限公司
江苏正方圆建设集团有限公司
广联达软件股份有限公司
北京市营建律师事务所
北京市中伦律师事务所
泰安市建设管理局
兴润建设集团有限公司

本规范主要起草人员： 吴 涛　尤 完　李 君　陈立军
贾宏俊　刘伊生　林知炎　王雪青
王立平　杨生荣　吕树宝　刘 勇
王守清　张晋勋　丛培经　马荣全
赵正嘉　高广泽　张守健　杨 煜
叶浩文　肖绪文　蒋金生　吴建军
马智亮　成 虎　李世钟　周月萍
刘 波　刘 刚　曹国章　党 明
关 婧　张 键　王印林　李云岱

本规范主要审查人员： 白思俊　薛永武　耿裕华　侯金龙
马小良　冯 跃　张 汎　赵振宇
许海峰　李 森　王 瑞

目　次

1 总则 ·· 545
2 术语 ·· 545
3 基本规定 ·· 547
　3.1 一般规定 ··· 547
　3.2 项目范围管理 ··· 547
　3.3 项目管理流程 ··· 547
　3.4 项目管理制度 ··· 548
　3.5 项目系统管理 ··· 548
　3.6 项目相关方管理 ·· 548
　3.7 项目管理持续改进 ··· 549
4 项目管理责任制度 ·· 549
　4.1 一般规定 ··· 549
　4.2 项目建设相关责任方管理 ·· 549
　4.3 项目管理机构 ··· 550
　4.4 项目团队建设 ··· 550
　4.5 项目管理目标责任书 ·· 551
　4.6 项目管理机构负责人职责、权限和管理 ································ 551
5 项目管理策划 ·· 552
　5.1 一般规定 ··· 552
　5.2 项目管理规划大纲 ··· 553
　5.3 项目管理实施规划 ··· 554
　5.4 项目管理配套策划 ··· 555
6 采购与投标管理 ··· 556
　6.1 一般规定 ··· 556
　6.2 采购管理 ··· 556
　6.3 投标管理 ··· 557
7 合同管理 ·· 558
　7.1 一般规定 ··· 558
　7.2 合同评审 ··· 559
　7.3 合同订立 ··· 559
　7.4 合同实施计划 ··· 559
　7.5 合同实施控制 ··· 560
　7.6 合同管理总结 ··· 561
8 设计与技术管理 ··· 561

8.1 一般规定	561
8.2 设计管理	561
8.3 技术管理	562
9 进度管理	564
9.1 一般规定	564
9.2 进度计划	564
9.3 进度控制	565
9.4 进度变更管理	565
10 质量管理	566
10.1 一般规定	566
10.2 质量计划	566
10.3 质量控制	567
10.4 质量检查与处置	567
10.5 质量改进	568
11 成本管理	568
11.1 一般规定	568
11.2 成本计划	569
11.3 成本控制	569
11.4 成本核算	570
11.5 成本分析	570
11.6 成本考核	570
12 安全生产管理	571
12.1 一般规定	571
12.2 安全生产管理计划	571
12.3 安全生产管理实施与检查	571
12.4 安全生产应急响应与事故处理	572
12.5 安全生产管理评价	572
13 绿色建造与环境管理	573
13.1 一般规定	573
13.2 绿色建造	573
13.3 环境管理	574
14 资源管理	574
14.1 一般规定	574
14.2 人力资源管理	575
14.3 劳务管理	575
14.4 工程材料与设备管理	575
14.5 施工机具与设施管理	575
14.6 资金管理	576
15 信息与知识管理	576

15.1 一般规定	576
15.2 信息管理计划	576
15.3 信息过程管理	577
15.4 信息安全管理	577
15.5 文件与档案管理	578
15.6 信息技术应用管理	578
15.7 知识管理	579

16 沟通管理 … 579
16.1 一般规定	579
16.2 相关方需求识别与评估	579
16.3 沟通管理计划	580
16.4 沟通程序与方式	580
16.5 组织协调	581
16.6 冲突管理	581

17 风险管理 … 581
17.1 一般规定	581
17.2 风险管理计划	582
17.3 风险识别	582
17.4 风险评估	583
17.5 风险应对	583
17.6 风险监控	583

18 收尾管理 … 584
18.1 一般规定	584
18.2 竣工验收	584
18.3 竣工结算	584
18.4 竣工决算	585
18.5 保修期管理	585
18.6 项目管理总结	586

19 管理绩效评价 … 587
19.1 一般规定	587
19.2 管理绩效评价过程	587
19.3 管理绩效评价范围、内容和指标	587
19.4 管理绩效评价方法	588

本规范用词说明 … 588

附：条文说明 … 591

Contents

1 General Provisions ·· 545
2 Terms ·· 545
3 Basic Requirements ·· 547
   3.1 General Requirements ·· 547
   3.2 Project Scope Management ·· 547
   3.3 Project Management Process ·· 547
   3.4 Project Management Regulations ·· 548
   3.5 Management of Project System ·· 548
   3.6 Management of Project Stakeholders ·· 548
   3.7 Continuous Improvement Project ·· 549
4 System of Project Management Responsibility ·· 549
   4.1 General Requirements ·· 549
   4.2 Management of Project Stakeholders ·· 549
   4.3 Project Management Organization ·· 550
   4.4 Project Team Building ·· 550
   4.5 Liability Statement of Project Management Target ·· 551
   4.6 The Chief Duty, Authority, and Management of Project Stakeholders ·· 551
5 Project Management Planning ·· 552
   5.1 General Requirements ·· 552
   5.2 Outline of Project Management Planning ·· 553
   5.3 Planning of Project Management Implementation ·· 554
   5.4 Planning of Project Management Supporting ·· 555
6 Procurement and Tendering Management ·· 556
   6.1 General Requirements ·· 556
   6.2 Procurement Management ·· 556
   6.3 Tendering Management ·· 557
7 Contract Management ·· 558
   7.1 General Requirements ·· 558
   7.2 Contract Review ·· 559
   7.3 Prepare Contract ·· 559
   7.4 Planning of the Contract Implementation ·· 559
   7.5 The Contract Implementation Control ·· 560
   7.6 Review of Contract Management ·· 561
8 Design and Technical Management ·· 561

8.1	General Requirements	561
8.2	Design Management	561
8.3	Technical Management	562

9 Schedule Management 564
   9.1 General Requirements 564
   9.2 Schedule Plan 564
   9.3 Schedule Control 565
   9.4 Management of Schedule Modification 565

10 Quality Management 566
   10.1 General Requirements 566
   10.2 Quality Plan 566
   10.3 Quality Control 567
   10.4 Quality Inspection and Handling 567
   10.5 Quality Improvement 568

11 Cost Management 568
   11.1 General Requirements 568
   11.2 Cost Plan 569
   11.3 Cost Control 569
   11.4 Cost Accounting 570
   11.5 Cost Analysis 570
   11.6 Cost Assessment 570

12 Construction Safety Management 571
   12.1 General Requirements 571
   12.2 Construction Safety Management Plan 571
   12.3 Implementation and Inspection of Construction Safety Management ... 571
   12.4 Emergency Action and Accident Handling of Construction Safety ... 572
   12.5 Elevation of Construction Safety 572

13 Green Construction and Environment Management 573
   13.1 General Requirements 573
   13.2 Green Construction 573
   13.3 Environment Management 574

14 Resources Management 574
   14.1 General Requirements 574
   14.2 Human Resources Management 575
   14.3 Labor Management 575
   14.4 Engineering Materials and Equipment Management 575
   14.5 Construction Machinery and Facilities Management 575
   14.6 Project Cash Flow Management 576

15 Information and Knowledge Management 576

15.1	General Requirements	576
15.2	Information Management Plan	576
15.3	Information Management Process	577
15.4	Information Security Management	577
15.5	Documents and Archives Management	578
15.6	Information Technology Application Management	578
15.7	Knowledge Management	579

16　Communication Management　579
    16.1　General Requirements　579
    16.2　Identification and Evaluation of Stakeholder's Requirement　579
    16.3　Communication Management Plan　580
    16.4　Communication Procedures and Methods　580
    16.5　Organization and Coordination　581
    16.6　Conflict Management　581

17　Risk Management　581
    17.1　General Requirements　581
    17.2　Risk Management Plan　582
    17.3　Risk Identification　582
    17.4　Risk Assessment　583
    17.5　Risk Response　583
    17.6　Risk Control　583

18　Closing stage Management　584
    18.1　General Requirements　584
    18.2　Completion Acceptance　584
    18.3　Completion Settlement　584
    18.4　Final Accounts　585
    18.5　Maintenance Management　585
    18.6　Project Management Review　586

19　Management Performance Evaluation　587
    19.1　General Requirements　587
    19.2　Management Performance Evaluation Process　587
    19.3　Management Performance Evaluation Scope, Content and Index　587
    19.4　Management Performance Elevation Method　588

Explanation of Wording in This Code　588
Addition: Explanation of Provisions　591

1 总　　则

1.0.1 为规范建设工程项目管理程序和行为，提高工程项目管理水平，制定本规范。
1.0.2 本规范适用于建设工程有关各方的项目管理活动。
1.0.3 建设工程项目管理，除应符合本规范外，尚应符合国家现行有关标准的规定。

2 术　　语

2.0.1 建设工程项目　construction project
　　为完成依法立项的新建、扩建、改建工程而进行的、有起止日期的、达到规定要求的一组相互关联的受控活动，包括策划、勘察、设计、采购、施工、试运行、竣工验收和考核评价等阶段。简称为项目。
2.0.2 建设工程项目管理　construction project management
　　运用系统的理论和方法，对建设工程项目进行的计划、组织、指挥、协调和控制等专业化活动。简称为项目管理。
2.0.3 组织　organization
　　为实现其目标而具有职责、权限和关系等自身职能的个人或群体。
2.0.4 项目管理机构　project management organization
　　根据组织授权，直接实施项目管理的单位。可以是项目管理公司、项目部、工程监理部等。
2.0.5 发包人　employer
　　按招标文件或合同中约定，具有项目发包主体资格和支付合同价款能力的当事人或者取得该当事人资格的合法继承人。
2.0.6 承包人　contractor
　　按合同约定，被发包人接受的具有项目承包主体资格的当事人，以及取得该当事人资格的合法继承人。
2.0.7 分包人　subcontractor
　　承担项目的部分工程或服务并具有相应资格的当事人。
2.0.8 相关方　stakeholder
　　能够影响决策或活动、受决策或活动影响，或感觉自身受到决策或活动影响的个人或组织。
2.0.9 项目负责人（项目经理）　project leader（project manager）
　　组织法定代表人在建设工程项目上的授权委托代理人。
2.0.10 项目范围管理　project scope management

对合同中约定的项目工作范围进行的定义、计划、控制和变更等活动。

2.0.11 项目管理责任制 project management responsibility system

组织制定的、以项目负责人（项目经理）为主体，确保项目管理目标实现的责任制度。

2.0.12 项目管理目标责任书 responsibility document of project management

组织的管理层与项目管理机构签订的，明确项目管理机构应达到的成本、质量、工期、安全和环境等管理目标及其承担的责任，并作为项目完成后考核评价依据的文件。

2.0.13 项目管理策划 project management planning

为达到项目管理目标，在调查、分析有关信息的基础上，遵循一定的程序，对未来（某项）工作进行全面的构思和安排，制定和选择合理可行的执行方案，并根据目标要求和环境变化对方案进行修改、调整的活动。

2.0.14 采购管理 procurement management

对项目的勘察、设计、施工、监理、供应等产品和服务的获得工作进行的计划、组织、指挥、协调和控制等活动。

2.0.15 投标管理 tendering management

为实现中标目的，按照招标文件规定的要求向招标人递交投标文件所进行的计划、组织、指挥、协调和控制等活动。

2.0.16 合同管理 contract management

对项目合同的编制、订立、履行、变更、索赔、争议处理和终止等管理活动。

2.0.17 项目设计管理 project design management

对项目设计工作进行的计划、组织、指挥、协调和控制等活动。

2.0.18 项目技术管理 project technical management

对项目技术工作进行的计划、组织、指挥、协调和控制等活动。

2.0.19 进度管理 schedule management

为实现项目的进度目标而进行的计划、组织、指挥、协调和控制等活动。

2.0.20 质量管理 quality management

为确保项目的质量特性满足要求而进行的计划、组织、指挥、协调和控制等活动。

2.0.21 成本管理 cost management

为实现项目成本目标而进行的预测、计划、控制、核算、分析和考核活动。

2.0.22 安全生产管理 construction safety management

为使项目实施人员和相关人员规避伤害及影响健康的风险而进行的计划、组织、指挥、协调和控制等活动。

2.0.23 绿色建造管理 green construction management

为实施绿色设计、绿色施工、节能减排、保护环境而进行的计划、组织、指挥、协调和控制等活动。

2.0.24 资源管理 resources management

对项目所需人力、材料、机具、设备和资金等所进行的计划、组织、指挥、协调和控制等活动。

2.0.25 信息管理 information management

对项目信息的收集、整理、分析、处理、存储、传递和使用等活动。

2.0.26 沟通管理 communication management

对项目内外部关系的协调及信息交流所进行的策划、组织和控制等活动。

2.0.27 风险管理 risk management

对项目风险进行识别、分析、应对和监控的活动。

2.0.28 收尾管理 closing stage management

对项目的收尾、试运行、竣工结算、竣工决算、回访保修、项目总结等进行的计划、组织、协调和控制等活动。

2.0.29 管理绩效评价 management performance evaluation

对项目管理的成绩和效果进行评价，反映和确定项目管理优劣水平的活动。

3 基 本 规 定

3.1 一 般 规 定

3.1.1 组织应识别项目需求和项目范围，根据自身项目管理能力、相关方约定及项目目标之间的内在联系，确定项目管理目标。

3.1.2 组织应遵循策划、实施、检查、处置的动态管理原理，确定项目管理流程，建立项目管理制度，实施项目系统管理，持续改进管理绩效，提高相关方满意水平，确保实现项目管理目标。

3.2 项 目 范 围 管 理

3.2.1 组织应确定项目范围管理的工作职责和程序。

3.2.2 项目范围管理的过程应包括下列内容：

1 范围计划；
2 范围界定；
3 范围确认；
4 范围变更控制。

3.2.3 组织应把项目范围管理贯穿于项目的全过程。

3.3 项 目 管 理 流 程

3.3.1 项目管理机构应按项目管理流程实施项目管理。项目管理流程应包括启动、策划、实施、监控和收尾过程，各个过程之间相对独立，又相互联系。

3.3.2 启动过程应明确项目概念，初步确定项目范围，识别影响项目最终结果的内外部相关方。

3.3.3 策划过程应明确项目范围，协调项目相关方期望，优化项目目标，为实现项目目标进行项目管理规划与项目管理配套策划。

3.3.4 实施过程应按项目管理策划要求组织人员和资源，实施具体措施，完成项目管理策划中确定的工作。

3.3.5 监控过程应对照项目管理策划,监督项目活动,分析项目进展情况,识别必要的变更需求并实施变更。

3.3.6 收尾过程应完成全部过程或阶段的所有活动,正式结束项目或阶段。

3.4 项目管理制度

3.4.1 组织应建立项目管理制度。项目管理制度应包括下列内容:
 1 规定工作内容、范围和工作程序、方式的规章制度;
 2 规定工作职责、职权和利益的界定及其关系的责任制度。

3.4.2 组织应根据项目管理流程的特点,在满足合同和组织发展需求条件下,对项目管理制度进行总体策划。

3.4.3 组织应根据项目管理范围确定项目管理制度,在项目管理各个过程规定相关管理要求并形成文件。

3.4.4 组织应实施项目管理制度,建立相应的评估与改进机制。必要时,应变更项目管理制度并修改相关文件。

3.5 项目系统管理

3.5.1 组织应识别影响项目管理目标实现的所有过程,确定其相互关系和相互作用,集成项目寿命期阶段的各项因素。

3.5.2 组织应确定项目系统管理方法。系统管理方法应包括下列方法:
 1 系统分析;
 2 系统设计;
 3 系统实施;
 4 系统综合评价。

3.5.3 组织在项目管理过程中应用系统管理方法,应符合下列规定:
 1 在综合分析项目质量、安全、环保、工期和成本之间内在联系的基础上,结合各个目标的优先级,分析和论证项目目标,在项目目标策划过程中兼顾各个目标的内在需求;
 2 对项目投资决策、招投标、勘察、设计、采购、施工、试运行进行系统整合,在综合平衡项目各过程和专业之间关系的基础上,实施项目系统管理;
 3 对项目实施的变更风险进行管理,兼顾相关过程需求,平衡各种管理关系,确保项目偏差的系统性控制;
 4 对项目系统管理过程和结果进行监督和控制,评价项目系统管理绩效。

3.6 项目相关方管理

3.6.1 组织应识别项目的所有相关方,了解其需求和期望,确保项目管理要求与相关方的期望相一致。

3.6.2 组织的项目管理应使顾客满意,兼顾其他相关方的期望和要求。

3.6.3 组织应通过实施下列项目管理活动使相关方满意:

1 遵守国家有关法律和法规；
2 确保履行工程合同要求；
3 保障健康和安全，减少或消除项目对环境造成的影响；
4 与相关方建立互利共赢的合作关系；
5 构建良好的组织内部环境；
6 通过相关方满意度的测评，提升相关方管理水平。

3.7 项目管理持续改进

3.7.1 组织应确保项目管理的持续改进，将外部需求与内部管理相互融合，以满足项目风险预防和组织的发展需求。

3.7.2 组织应在内部采用下列项目管理持续改进的方法：
1 对已经发现的不合格采取措施予以纠正；
2 针对不合格的原因采取纠正措施予以消除；
3 对潜在的不合格原因采取措施防止不合格的发生；
4 针对项目管理的增值需求采取措施予以持续满足。

3.7.3 组织应在过程实施前评审各项改进措施的风险，以保证改进措施的有效性和适宜性。

3.7.4 组织应对员工在持续改进意识和方法方面进行培训，使持续改进成为员工的岗位目标。

3.7.5 组织应对项目管理绩效的持续改进进行跟踪指导和监控。

4 项目管理责任制度

4.1 一般规定

4.1.1 项目管理责任制度应作为项目管理的基本制度。

4.1.2 项目管理机构负责人责任制应是项目管理责任制度的核心内容。

4.1.3 建设工程项目各实施主体和参与方应建立项目管理责任制度，明确项目管理组织和人员分工，建立各方相互协调的管理机制。

4.1.4 建设工程项目各实施主体和参与方法定代表人应书面授权委托项目管理机构负责人，并实行项目负责人责任制。

4.1.5 项目管理机构负责人应根据法定代表人的授权范围、期限和内容，履行管理职责。

4.1.6 项目管理机构负责人应取得相应资格，并按规定取得安全生产考核合格证书。

4.1.7 项目管理机构负责人应按相关约定在岗履职，对项目实施全过程及全面管理。

4.2 项目建设相关责任方管理

4.2.1 项目建设相关责任方应在各自的实施阶段和环节，明确工作责任，实施目标管理，确保项目正常运行。

4.2.2 项目管理机构负责人应按规定接受相关部门的责任追究和监督管理。

4.2.3 项目管理机构负责人应在工程开工前签署质量承诺书，报相关工程管理机构备案。

4.2.4 项目各相关责任方应建立协同工作机制，宜采用例会、交底及其他沟通方式，避免项目运行中的障碍和冲突。

4.2.5 建设单位应建立管理责任排查机制，按项目进度和时间节点，对各方的管理绩效进行验证性评价。

4.3 项目管理机构

4.3.1 项目管理机构应承担项目实施的管理任务和实现目标的责任。

4.3.2 项目管理机构应由项目管理机构负责人领导，接受组织职能部门的指导、监督、检查、服务和考核，负责对项目资源进行合理使用和动态管理。

4.3.3 项目管理机构应在项目启动前建立，在项目完成后或按合同约定解体。

4.3.4 建立项目管理机构应遵循下列规定：
1 结构应符合组织制度和项目实施要求；
2 应有明确的管理目标、运行程序和责任制度；
3 机构成员应满足项目管理要求及具备相应资格；
4 组织分工应相对稳定并可根据项目实施变化进行调整；
5 应确定机构成员的职责、权限、利益和需承担的风险。

4.3.5 建立项目管理机构应遵循下列步骤：
1 根据项目管理规划大纲、项目管理目标责任书及合同要求明确管理任务；
2 根据管理任务分解和归类，明确组织结构；
3 根据组织结构，确定岗位职责、权限以及人员配置；
4 制定工作程序和管理制度；
5 由组织管理层审核认定。

4.3.6 项目管理机构的管理活动应符合下列要求：
1 应执行管理制度；
2 应履行管理程序；
3 应实施计划管理，保证资源的合理配置和有序流动；
4 应注重项目实施过程的指导、监督、考核和评价。

4.4 项目团队建设

4.4.1 项目建设相关责任方均应实施项目团队建设，明确团队管理原则，规范团队运行。

4.4.2 项目建设相关责任方的项目管理团队之间应围绕项目目标协同工作并有效沟通。

4.4.3 项目团队建设应符合下列规定：
1 建立团队管理机制和工作模式；
2 各方步调一致，协同工作；

3 制定团队成员沟通制度，建立畅通的信息沟通渠道和各方共享的信息平台。

4.4.4 项目管理机构负责人应对项目团队建设和管理负责，组织制定明确的团队目标、合理高效的运行程序和完善的工作制度，定期评价团队运作绩效。

4.4.5 项目管理机构负责人应统一团队思想，增强集体观念，和谐团队氛围，提高团队运行效率。

4.4.6 项目团队建设应开展绩效管理，利用团队成员集体的协作成果。

4.5 项目管理目标责任书

4.5.1 项目管理目标责任书应在项目实施之前，由组织法定代表人或其授权人与项目管理机构负责人协商制定。

4.5.2 项目管理目标责任书应属于组织内部明确责任的系统性管理文件，其内容应符合组织制度要求和项目自身特点。

4.5.3 编制项目管理目标责任书应依据下列信息：
　　1 项目合同文件；
　　2 组织管理制度；
　　3 项目管理规划大纲；
　　4 组织经营方针和目标；
　　5 项目特点和实施条件与环境。

4.5.4 项目管理目标责任书宜包括下列内容：
　　1 项目管理实施目标；
　　2 组织和项目管理机构职责、权限和利益的划分；
　　3 项目现场质量、安全、环保、文明、职业健康和社会责任目标；
　　4 项目设计、采购、施工、试运行管理的内容和要求；
　　5 项目所需资源的获取和核算办法；
　　6 法定代表人向项目管理机构负责人委托的相关事项；
　　7 项目管理机构负责人和项目管理机构应承担的风险；
　　8 项目应急事项和突发事件处理的原则和方法；
　　9 项目管理效果和目标实现的评价原则、内容和方法；
　　10 项目实施过程中相关责任和问题的认定和处理原则；
　　11 项目完成后对项目管理机构负责人的奖惩依据、标准和办法；
　　12 项目管理机构负责人解职和项目管理机构解体的条件及办法；
　　13 缺陷责任期、质量保修期及之后对项目管理机构负责人的相关要求。

4.5.5 组织应对项目管理目标责任书的完成情况进行考核和认定，并根据考核结果和项目管理目标责任书的奖惩规定，对项目管理机构负责人和项目管理机构进行奖励或处罚。

4.5.6 项目管理目标责任书应根据项目实施变化进行补充和完善。

4.6 项目管理机构负责人职责、权限和管理

4.6.1 项目管理机构负责人应履行下列职责：

1 项目管理目标责任书中规定的职责;
   2 工程质量安全责任承诺书中应履行的职责;
   3 组织或参与编制项目管理规划大纲、项目管理实施规划,对项目目标进行系统管理;
   4 主持制定并落实质量、安全技术措施和专项方案,负责相关的组织协调工作;
   5 对各类资源进行质量监控和动态管理;
   6 对进场的机械、设备、工器具的安全、质量和使用进行监控;
   7 建立各类专业管理制度,并组织实施;
   8 制定有效的安全、文明和环境保护措施并组织实施;
   9 组织或参与评价项目管理绩效;
   10 进行授权范围内的任务分解和利益分配;
   11 按规定完善工程资料,规范工程档案文件,准备工程结算和竣工资料,参与工程竣工验收;
   12 接受审计,处理项目管理机构解体的善后工作;
   13 协助和配合组织进行项目检查、鉴定和评奖申报;
   14 配合组织完善缺陷责任期的相关工作。
4.6.2 项目管理机构负责人应具有下列权限:
   1 参与项目招标、投标和合同签订;
   2 参与组建项目管理机构;
   3 参与组织对项目各阶段的重大决策;
   4 主持项目管理机构工作;
   5 决定授权范围内的项目资源使用;
   6 在组织制度的框架下制定项目管理机构管理制度;
   7 参与选择并直接管理具有相应资质的分包人;
   8 参与选择大宗资源的供应单位;
   9 在授权范围内与项目相关方进行直接沟通;
   10 法定代表人和组织授予的其他权利。
4.6.3 项目管理机构负责人应接受法定代表人和组织机构的业务管理,组织有权对项目管理机构负责人给予奖励和处罚。

5 项目管理策划

5.1 一般规定

5.1.1 项目管理策划应由项目管理规划策划和项目管理配套策划组成。项目管理规划应包括项目管理规划大纲和项目管理实施规划,项目管理配套策划应包括项目管理规划策划以外的所有项目管理策划内容。
5.1.2 组织应建立项目管理策划的管理制度,确定项目管理策划的管理职责、实施程序和控制要求。

5.1.3 项目管理策划应包括下列管理过程：
1 分析、确定项目管理的内容与范围；
2 协调、研究、形成项目管理策划结果；
3 检查、监督、评价项目管理策划过程；
4 履行其他确保项目管理策划的规定责任。

5.1.4 项目管理策划应遵循下列程序：
1 识别项目管理范围；
2 进行项目工作分解；
3 确定项目的实施方法；
4 规定项目需要的各种资源；
5 测算项目成本；
6 对各个项目管理过程进行策划。

5.1.5 项目管理策划过程应符合下列规定：
1 项目管理范围应包括完成项目的全部内容，并与各相关方的工作协调一致；
2 项目工作分解结构应根据项目管理范围，以可交付成果为对象实施；应根据项目实际情况与管理需要确定详细程度，确定工作分解结构；
3 提供项目所需资源应按保证工程质量和降低项目成本的要求进行方案比较；
4 项目进度安排应形成项目总进度计划，宜采用可视化图表表达；
5 宜采用量价分离的方法，按照工程实体性消耗和非实体性消耗测算项目成本；
6 应进行跟踪检查和必要的策划调整；项目结束后，宜编写项目管理策划的总结文件。

5.2 项目管理规划大纲

5.2.1 项目管理规划大纲应是项目管理工作中具有战略性、全局性和宏观性的指导文件。

5.2.2 编制项目管理规划大纲应遵循下列步骤：
1 明确项目需求和项目管理范围；
2 确定项目管理目标；
3 分析项目实施条件，进行项目工作结构分解；
4 确定项目管理组织模式、组织结构和职责分工；
5 规定项目管理措施；
6 编制项目资源计划；
7 报送审批。

5.2.3 项目管理规划大纲编制依据应包括下列内容：
1 项目文件、相关法律法规和标准；
2 类似项目经验资料；
3 实施条件调查资料。

5.2.4 项目管理规划大纲宜包括下列内容，组织也可根据需要在其中选定：

1　项目概况；
　　2　项目范围管理；
　　3　项目管理目标；
　　4　项目管理组织；
　　5　项目采购与投标管理；
　　6　项目进度管理；
　　7　项目质量管理；
　　8　项目成本管理；
　　9　项目安全生产管理；
　　10　绿色建造与环境管理；
　　11　项目资源管理；
　　12　项目信息管理；
　　13　项目沟通与相关方管理；
　　14　项目风险管理；
　　15　项目收尾管理。
5.2.5　项目管理规划大纲文件应具备下列内容：
　　1　项目管理目标和职责规定；
　　2　项目管理程序和方法要求；
　　3　项目管理资源的提供和安排。

5.3　项目管理实施规划

5.3.1　项目管理实施规划应对项目管理规划大纲的内容进行细化。
5.3.2　编制项目管理实施规划应遵循下列步骤：
　　1　了解相关方的要求；
　　2　分析项目具体特点和环境条件；
　　3　熟悉相关的法规和文件；
　　4　实施编制活动；
　　5　履行报批手续。
5.3.3　项目管理实施规划编制依据可包括下列内容：
　　1　适用的法律、法规和标准；
　　2　项目合同及相关要求；
　　3　项目管理规划大纲；
　　4　项目设计文件；
　　5　工程情况与特点；
　　6　项目资源和条件；
　　7　有价值的历史数据；
　　8　项目团队的能力和水平。
5.3.4　项目管理实施规划应包括下列内容：
　　1　项目概况；

 2 项目总体工作安排；
 3 组织方案；
 4 设计与技术措施；
 5 进度计划；
 6 质量计划；
 7 成本计划；
 8 安全生产计划；
 9 绿色建造与环境管理计划；
 10 资源需求与采购计划；
 11 信息管理计划；
 12 沟通管理计划；
 13 风险管理计划；
 14 项目收尾计划；
 15 项目现场平面布置图；
 16 项目目标控制计划；
 17 技术经济指标。

5.3.5 项目管理实施规划文件应满足下列要求：
 1 规划大纲内容应得到全面深化和具体化；
 2 实施规划范围应满足实现项目目标的实际需要；
 3 实施项目管理规划的风险应处于可以接受的水平。

5.4 项目管理配套策划

5.4.1 项目管理配套策划应是与项目管理规划相关联的项目管理策划过程。组织应将项目管理配套策划作为项目管理规划的支撑措施纳入项目管理策划过程。

5.4.2 项目管理配套策划依据应包括下列内容：
 1 项目管理制度；
 2 项目管理规划；
 3 实施过程需求；
 4 相关风险程度。

5.4.3 项目管理配套策划应包括下列内容：
 1 确定项目管理规划的编制人员、方法选择、时间安排；
 2 安排项目管理规划各项规定的具体落实途径；
 3 明确可能影响项目管理实施绩效的风险应对措施。

5.4.4 项目管理机构应确保项目管理配套策划过程满足项目管理的需求，并应符合下列规定：
 1 界定项目管理配套策划的范围、内容、职责和权利；
 2 规定项目管理配套策划的授权、批准和监督范围；
 3 确定项目管理配套策划的风险应对措施；
 4 总结评价项目管理配套策划水平。

5.4.5 组织应建立下列保证项目管理配套策划有效性的基础工作过程：
1 积累以往项目管理经验；
2 制定有关消耗定额；
3 编制项目基础设施配置参数；
4 建立工作说明书和实施操作标准；
5 规定项目实施的专项条件；
6 配置专用软件；
7 建立项目信息数据库；
8 进行项目团队建设。

6 采购与投标管理

6.1 一般规定

6.1.1 组织应建立采购管理制度，确定采购管理流程和实施方式，规定管理与控制的程序和方法。

6.1.2 采购工作应符合有关合同、设计文件所规定的技术、质量和服务标准，符合进度、安全、环境和成本管理要求。招标采购应确保实施过程符合法律、法规和经营的要求。

6.1.3 组织应建立投标管理制度，确定项目投标实施方式，规定管理与控制的流程和方法。

6.1.4 投标工作应满足招标文件规定的要求。

6.1.5 项目采购和投标资料应真实、有效、完整，具有可追溯性。

6.2 采购管理

6.2.1 组织应根据项目立项报告、工程合同、设计文件、项目管理实施规划和采购管理制度编制采购计划。采购计划应包括下列内容：
1 采购工作范围、内容及管理标准；
2 采购信息，包括产品或服务的数量、技术标准和质量规范；
3 检验方式和标准；
4 供方资质审查要求；
5 采购控制目标及措施。

6.2.2 采购计划应经过相关部门审核，并经授权人批准后实施。必要时，采购计划应按规定进行变更。

6.2.3 采购过程应按法律、法规和规定程序，依据工程合同需求采用招标、询价或其他方式实施。符合公开招标规定的采购过程应按相关要求进行控制。

6.2.4 组织应确保采购控制目标的实现，对供方下列条件进行有关技术和商务评审：
1 经营许可、企业资质；
2 相关业绩与社会信誉；

  3 人员素质和技术管理能力；
  4 质量要求与价格水平。

6.2.5 组织应制定供方选择、评审和重新评审的准则。评审记录应予以保存。

6.2.6 组织应对特殊产品和服务的供方进行实地考察并采取措施进行重点监控，实地考察应包括下列内容：
  1 生产或服务能力；
  2 现场控制结果；
  3 相关风险评估。

6.2.7 承压产品、有毒有害产品和重要设备采购前，组织应要求供方提供下列证明文件：
  1 有效的安全资质；
  2 生产许可证；
  3 其他相关要求的证明文件。

6.2.8 组织应按工程合同的约定和需要，订立采购合同或规定相关要求。采购合同或相关要求应明确双方责任、权限、范围和风险，并经组织授权人员审核批准，确保采购合同或要求内容的合法性。

6.2.9 组织应依据采购合同或相关要求对供方的下列生产和服务条件进行确认：
  1 项目管理机构和相关人员的数量、资格；
  2 主要材料、设备、构配件、生产机具与设施。

6.2.10 供方项目实施前，组织应对供方进行相关要求的沟通或交底，确认或审批供方编制的生产或服务方案。组织应对供方的下列生产或服务过程进行监督管理：
  1 实施合同的履约和服务水平；
  2 重要技术措施、质量控制、人员变动、材料验收、安全条件、污染防治。

6.2.11 采购产品的验收与控制应符合下列条件：
  1 项目采用的设备、材料应经检验合格，满足设计及相关标准的要求；
  2 检验产品使用的计量器具、产品的取样和抽验应符合标准要求；
  3 进口产品应确保验收结果符合合同规定的质量标准，并按规定办理报关和商检手续；
  4 采购产品在检验、运输、移交和保管过程中，应避免对职业健康安全和环境产生负面影响；
  5 采购过程应按规定对产品和服务进行检验或验收，对不合格品或不符合项依据合同和法规要求进行处置。

6.3 投标管理

6.3.1 在招标信息收集阶段，组织应分析、评审相关项目风险，确认组织满足投标工程项目需求的能力。

6.3.2 项目投标前，组织应进行投标策划，确定投标目标，并编制投标计划。

6.3.3 组织应识别和评审下列与投标项目有关的要求：
  1 招标文件和发包方明示的要求；
  2 发包方未明示但应满足的要求；

  3 法律法规和标准规范要求；
  4 组织的相关要求。
6.3.4 组织应根据投标项目需求进行分析，确定下列投标计划内容：
  1 投标目标、范围、要求与准备工作安排；
  2 投标工作各过程及进度安排；
  3 投标所需要的文件和资料；
  4 与代理方以及合作方的协作；
  5 投标风险分析及信息沟通；
  6 投标策略与应急措施；
  7 投标监控要求。
6.3.5 组织应依据规定程序形成投标计划，经过授权人批准后实施。
6.3.6 组织应根据招标和竞争需求编制包括下列内容的投标文件：
  1 响应招标要求的各项商务规定；
  2 有竞争力的技术措施和管理方案；
  3 有竞争力的报价。
6.3.7 组织应保证投标文件符合发包方及相关要求，经过评审后投标，并保存投标文件评审的相关记录。评审应包括下列内容：
  1 商务标满足招标要求的程度；
  2 技术标和实施方案的竞争力；
  3 投标报价的经济合理性；
  4 投标风险的分析与应对。
6.3.8 组织应依法与发包方或其代表有效沟通，分析投标过程的变更信息，形成必要记录。
6.3.9 组织应识别和评价投标过程风险，并采取相关措施以确保实现投标目标要求。
6.3.10 中标后，组织应根据相关规定办理有关手续。

7 合同管理

7.1 一般规定

7.1.1 组织应建立项目合同管理制度，明确合同管理责任，设立专门机构或人员负责合同管理工作。
7.1.2 组织应配备符合要求的项目合同管理人员，实施合同的策划和编制活动，规范项目合同管理的实施程序和控制要求，确保合同订立和履行过程的合规性。
7.1.3 项目合同管理应遵循下列程序：
  1 合同评审；
  2 合同订立；
  3 合同实施计划；

  4 合同实施控制；
  5 合同管理总结。
7.1.4 严禁通过违法发包、转包、违法分包、挂靠方式订立和实施建设工程合同。

7.2 合 同 评 审

7.2.1 合同订立前，组织应进行合同评审，完成对合同条件的审查、认定和评估工作。以招标方式订立合同时，组织应对招标文件和投标文件进行审查、认定和评估。

7.2.2 合同评审应包括下列内容：
  1 合法性、合规性评审；
  2 合理性、可行性评审；
  3 合同严密性、完整性评审；
  4 与产品或过程有关要求的评审；
  5 合同风险评估。

7.2.3 合同内容涉及专利、专有技术或者著作权等知识产权时，应对其使用权的合法性进行审查。

7.2.4 合同评审中发现的问题，应以书面形式提出，要求予以澄清或调整。

7.2.5 组织应根据需要进行合同谈判，细化、完善、补充、修改或另行约定合同条款和内容。

7.3 合 同 订 立

7.3.1 组织应依据合同评审和谈判结果，按程序和规定订立合同。

7.3.2 合同订立应符合下列规定：
  1 合同订立应是组织的真实意思表示；
  2 合同订立应采用书面形式，并符合相关资质管理与许可管理的规定；
  3 合同应由当事方的法定代表人或其授权的委托代理人签字或盖章；合同主体是法人或者其他组织时，应加盖单位印章；
  4 法律、行政法规规定需办理批准、登记手续后合同生效时，应依照规定办理；
  5 合同订立后应在规定期限内办理备案手续。

7.4 合 同 实 施 计 划

7.4.1 组织应规定合同实施工作程序，编制合同实施计划。合同实施计划应包括下列内容：
  1 合同实施总体安排；
  2 合同分解与分包策划；
  3 合同实施保证体系的建立。

7.4.2 合同实施保证体系应与其他管理体系协调一致。组织应建立合同文件沟通方式、编码系统和文档系统。

7.4.3 承包人应对其承接的合同作总体协调安排。承包人自行完成的工作及分包合同的内容，应在质量、资金、进度、管理架构、争议解决方式方面符合总包合同的要求。

7.4.4 分包合同实施应符合法律法规和组织有关合同管理制度的要求。

7.5 合同实施控制

7.5.1 项目管理机构应按约定全面履行合同。

7.5.2 合同实施控制的日常工作应包括下列内容：
   1 合同交底；
   2 合同跟踪与诊断；
   3 合同完善与补充；
   4 信息反馈与协调；
   5 其他应自主完成的合同管理工作。

7.5.3 合同实施前，组织的相关部门和合同谈判人员应对项目管理机构进行合同交底。合同交底应包括下列内容：
   1 合同的主要内容；
   2 合同订立过程中的特殊问题及合同待定问题；
   3 合同实施计划及责任分配；
   4 合同实施的主要风险；
   5 其他应进行交底的合同事项。

7.5.4 项目管理机构应在合同实施过程定期进行合同跟踪和诊断。合同跟踪和诊断应符合下列要求：
   1 对合同实施信息进行全面收集、分类处理，查找合同实施中的偏差；
   2 定期对合同实施中出现的偏差进行定性、定量分析，通报合同实施情况及存在的问题。

7.5.5 项目管理机构应根据合同实施偏差结果制定合同纠偏措施或方案，经授权人批准后实施。实施需要其他相关方配合时，项目管理机构应事先征得各相关方的认同，并在实施中协调一致。

7.5.6 项目管理机构应按规定实施合同变更的管理工作，将变更文件和要求传递至相关人员。合同变更应当符合下列条件：
   1 变更的内容应符合合同约定或者法律法规规定。变更超过原设计标准或者批准规模时，应由组织按照规定程序办理变更审批手续。
   2 变更或变更异议的提出，应符合合同约定或者法律法规规定的程序和期限。
   3 变更应经组织或其授权人员签字或盖章后实施。
   4 变更对合同价格及工期有影响时，相应调整合同价格和工期。

7.5.7 项目管理机构应控制和管理合同中止行为。合同中止应按照下列方式处理：
   1 合同中止履行前，应以书面形式通知对方并说明理由。因对方违约导致合同中止履行时，在对方提供适当担保时应恢复履行；中止履行后，对方在合理期限内未恢复履行能力并且未提供相应担保时，应报请组织决定是否解除合同。
   2 合同中止或恢复履行，如依法需要向有关行政主管机关报告或履行核验手续，应在规定的期限内履行相关手续。
   3 合同中止后不再恢复履行时，应根据合同约定或法律规定解除合同。

7.5.8 项目管理机构应按照规定实施合同索赔的管理工作。索赔应符合下列条件：
　　1 索赔应依据合同约定提出。合同没有约定或者约定不明时，按照法律法规规定提出。
　　2 索赔应全面、完整地收集和整理索赔资料。
　　3 索赔意向通知及索赔报告应按照约定或法定的程序和期限提出。
　　4 索赔报告应说明索赔理由，提出索赔金额及工期。
7.5.9 合同实施过程中产生争议时，应按下列方式解决：
　　1 双方通过协商达成一致；
　　2 请求第三方调解；
　　3 按照合同约定申请仲裁或向人民法院起诉。

7.6 合同管理总结

7.6.1 项目管理机构应进行项目合同管理评价，总结合同订立和执行过程中的经验和教训，提出总结报告。
7.6.2 合同总结报告应包括下列内容：
　　1 合同订立情况评价；
　　2 合同履行情况评价；
　　3 合同管理工作评价；
　　4 对本项目有重大影响的合同条款评价；
　　5 其他经验和教训。
7.6.3 组织应根据合同总结报告确定项目合同管理改进需求，制定改进措施，完善合同管理制度，并按照规定保存合同总结报告。

8 设计与技术管理

8.1 一 般 规 定

8.1.1 组织应明确项目设计与技术管理部门，界定管理职责与分工，制定项目设计与技术管理制度，确定项目设计与技术控制流程，配备相应资源。
8.1.2 项目管理机构应按照项目管理策划结果，进行目标分解，编制项目设计与技术管理计划，经批准后组织落实。
8.1.3 项目管理机构应根据项目实施过程中不同阶段目标的实现情况，对项目设计与技术管理工作进行动态调整，并对项目设计与技术管理的过程和效果进行分层次、分类别的评价。
8.1.4 项目管理机构应根据项目设计的需求合理安排勘察工作，明确勘察管理目标和流程，规定相关勘察工作职责。

8.2 设 计 管 理

8.2.1 设计管理应根据项目实施过程，划分下列阶段：

1 项目方案设计；
2 项目初步设计；
3 项目施工图设计；
4 项目施工；
5 项目竣工验收与竣工图；
6 项目后评价。

8.2.2 组织应依据项目需求和相关规定组建或管理设计团队，明确设计策划，实施项目设计、验证、评审和确认活动，或组织设计单位编写设计报审文件，并审查设计人提交的设计成果，提出设计评估报告。

8.2.3 项目方案设计阶段，项目管理机构应配合建设单位明确设计范围、划分设计界面、设计招标工作，确定项目设计方案，做出投资估算，完成项目方案设计任务。

8.2.4 项目初步设计阶段，项目管理机构应完成项目初步设计任务，做出设计概算，或对委托的设计承包人初步设计内容实施评审工作，并提出勘察工作需求，完成地勘报告申报管理工作。

8.2.5 项目施工图设计阶段，项目管理机构应根据初步设计要求，组织完成施工图设计或审查工作，确定施工图预算，并建立设计文件收发管理制度和流程。

8.2.6 项目施工阶段，项目管理机构应编制施工组织设计，组织设计交底、设计变更控制和深化设计，根据施工需求组织或实施设计优化工作，组织关键施工部位的设计验收管理工作。

8.2.7 项目竣工验收与竣工图阶段，项目管理机构应组织项目设计负责人参与项目竣工验收工作，并按照约定实施或组织设计承包人对设计文件进行整理归档，编制竣工决算，完成竣工图的编制、归档、移交工作。

8.2.8 项目后评价阶段，项目管理机构应实施或组织设计承包人针对项目决策至项目竣工后运营阶段设计工作进行总结，对设计管理绩效开展后评价工作。

8.3 技 术 管 理

8.3.1 项目管理机构应实施项目技术管理策划，确定项目技术管理措施，进行项目技术应用活动。项目技术管理措施应包括下列主要内容：
1 技术规格书；
2 技术管理规划；
3 施工组织设计、施工措施、施工技术方案；
4 采购计划。

8.3.2 项目管理机构应确保项目设计过程的技术应用符合下列要求：
1 组织设计单位应在各设计阶段申报相应技术审批文件，通过审查并取得政府许可；
2 应策划设计与采购、施工、运营和各专业技术接口关系，并明确技术变更或洽商程序。

8.3.3 技术规格书作为发包方的技术要求，应是施工承包人编制施工组织设计、施工措施、施工技术方案的基本依据。技术规格书应包括下列内容：
1 分部、分项工程实施所依据标准；

2 工程的质量保证措施;
   3 工程实施所需要提交的资料;
   4 现场小样制作、产品送样与现场抽样检查复试;
   5 工程所涉及材料、设备的具体规格、型号与性能要求,以及特种设备的供货商信息;
   6 各工序标准、施工工艺与施工方法;
   7 分部、分项工程质量检查验收标准。

8.3.4 技术管理规划应是承包人根据招标文件要求和自身能力编制的、拟采用的各种技术和管理措施,以满足发包人的招标要求。项目技术管理规划应明确下列内容:
   1 技术管理目标与工作要求;
   2 技术管理体系与职责;
   3 技术管理实施的保障措施;
   4 技术交底要求,图纸自审、会审,施工组织设计与施工方案,专项施工技术,新技术的推广与应用,技术管理考核制度;
   5 各类方案、技术措施报审流程;
   6 根据项目内容与项目进度需求,拟编制技术文件、技术方案、技术措施计划及责任人;
   7 新技术、新材料、新工艺、新产品的应用计划;
   8 对设计变更及工程洽商实施技术管理制度;
   9 各项技术文件、技术方案、技术措施的资料管理与归档。

8.3.5 项目管理机构应根据施工过程需求,按照下列要求编制项目技术规格书和项目技术管理规划:
   1 对技术规格书、技术管理规划应实施技术经济分析,按照方案严谨、样板先行原则进行策划,必要情况下进行多方案比选以确定最优方案;
   2 技术规格书、技术管理规划编制完成并经相关方批准后,由项目管理机构组织实施。

8.3.6 项目技术规格书、技术管理规划的实施过程应符合下列要求:
   1 识别实施方案需求,制定相关实施方案。
   2 确保实施方案充分、适宜,并得到有效落实。必要时,应组织进行评审和验证。
   3 评估工程变更对实施方案的影响,采取相应的变更控制。
   4 检查实施方案的执行情况,明确相关改进措施。

8.3.7 对新技术、新材料、新工艺、新产品的应用,项目管理机构应监督施工承包人实施方案的落实工作,根据情况指导相关培训工作。

8.3.8 依据项目技术管理措施,项目管理机构应组织项目技术应用结果的验收活动,控制各种变更风险,确保施工过程技术管理满足规定要求。

8.3.9 项目管理机构应对技术管理过程的资源投入情况、进度情况、质量控制情况进行记录与统计。实施过程完成后,组织应根据统计情况进行实施效果分析,对项目技术管理措施进行改进提升。

8.3.10 项目管理机构应按照工程进度收集、整理项目实施过程中的各类技术资料,按类存放，完整归档。

9 进 度 管 理

9.1 一 般 规 定

9.1.1 组织应建立项目进度管理制度，明确进度管理程序，规定进度管理职责及工作要求。

9.1.2 项目进度管理应遵循下列程序：
   1 编制进度计划；
   2 进度计划交底，落实管理责任；
   3 实施进度计划；
   4 进行进度控制和变更管理。

9.2 进 度 计 划

9.2.1 项目进度计划编制依据应包括下列主要内容：
   1 合同文件和相关要求；
   2 项目管理规划文件；
   3 资源条件、内部与外部约束条件。

9.2.2 组织应提出项目控制性进度计划。项目管理机构应根据组织的控制性进度计划，编制项目的作业性进度计划。

9.2.3 各类进度计划应包括下列内容：
   1 编制说明；
   2 进度安排；
   3 资源需求计划；
   4 进度保证措施。

9.2.4 编制进度计划应遵循下列步骤：
   1 确定进度计划目标；
   2 进行工作结构分解与工作活动定义；
   3 确定工作之间的顺序关系；
   4 估算各项工作投入的资源；
   5 估算工作的持续时间；
   6 编制进度图（表）；
   7 编制资源需求计划；
   8 审批并发布。

9.2.5 编制进度计划应根据需要选用下列方法：
   1 里程碑表；
   2 工作量表；

3　横道计划；
　　4　网络计划。
9.2.6　项目进度计划应按有关规定经批准后实施。
9.2.7　项目进度计划实施前，应由负责人向执行者交底、落实进度责任；进度计划执行者应制定实施计划的措施。

9.3 进 度 控 制

9.3.1　项目进度控制应遵循下列步骤：
　　1　熟悉进度计划的目标、顺序、步骤、数量、时间和技术要求；
　　2　实施跟踪检查，进行数据记录与统计；
　　3　将实际数据与计划目标对照，分析计划执行情况；
　　4　采取纠偏措施，确保各项计划目标实现。
9.3.2　对勘察、设计、施工、试运行的协调管理，项目管理机构应确保进度工作界面的合理衔接，使协调工作符合提高效率和效益的需求。
9.3.3　项目管理机构的进度控制过程应符合下列规定：
　　1　将关键线路上的各项活动过程和主要影响因素作为项目进度控制的重点；
　　2　对项目进度有影响的相关方的活动进行跟踪协调。
9.3.4　项目管理机构应按规定的统计周期，检查进度计划并保存相关记录。进度计划检查应包括下列内容：
　　1　工作完成数量；
　　2　工作时间的执行情况；
　　3　工作顺序的执行情况；
　　4　资源使用及其与进度计划的匹配情况；
　　5　前次检查提出问题的整改情况。
9.3.5　进度计划检查后，项目管理机构应编制进度管理报告并向相关方发布。

9.4 进度变更管理

9.4.1　项目管理机构应根据进度管理报告提供的信息，纠正进度计划执行中的偏差，对进度计划进行变更调整。
9.4.2　进度计划变更可包括下列内容：
　　1　工程量或工作量；
　　2　工作的起止时间；
　　3　工作关系；
　　4　资源供应。
9.4.3　项目管理机构应识别进度计划变更风险，并在进度计划变更前制定下列预防风险的措施：
　　1　组织措施；
　　2　技术措施；
　　3　经济措施；

  4 沟通协调措施。

9.4.4 当采取措施后仍不能实现原目标时，项目管理机构应变更进度计划，并报原计划审批部门批准。

9.4.5 项目管理机构进度计划的变更控制应符合下列规定：
  1 调整相关资源供应计划，并与相关方进行沟通；
  2 变更计划的实施应与组织管理规定及相关合同要求一致。

10 质量管理

10.1 一般规定

10.1.1 组织应根据需求制定项目质量管理和质量管理绩效考核制度，配备质量管理资源。

10.1.2 项目质量管理应坚持缺陷预防的原则，按照策划、实施、检查、处置的循环方式进行系统运作。

10.1.3 项目管理机构应通过对人员、机具、材料、方法、环境要素的全过程管理，确保工程质量满足质量标准和相关方要求。

10.1.4 项目质量管理应按下列程序实施：
  1 确定质量计划；
  2 实施质量控制；
  3 开展质量检查与处置；
  4 落实质量改进。

10.2 质量计划

10.2.1 项目质量计划应在项目管理策划过程中编制。项目质量计划作为对外质量保证和对内质量控制的依据，体现项目全过程质量管理要求。

10.2.2 项目质量计划编制依据应包括下列内容：
  1 合同中有关产品质量要求；
  2 项目管理规划大纲；
  3 项目设计文件；
  4 相关法律法规和标准规范；
  5 质量管理其他要求。

10.2.3 项目质量计划应包括下列内容：
  1 质量目标和质量要求；
  2 质量管理体系和管理职责；
  3 质量管理与协调的程序；
  4 法律法规和标准规范；
  5 质量控制点的设置与管理；
  6 项目生产要素的质量控制；

  7 实施质量目标和质量要求所采取的措施；
  8 项目质量文件管理。

10.2.4 项目质量计划应报组织批准。项目质量计划需修改时，应按原批准程序报批。

10.3 质 量 控 制

10.3.1 项目质量控制应确保下列内容满足规定要求：
  1 实施过程的各种输入；
  2 实施过程控制点的设置；
  3 实施过程的输出；
  4 各个实施过程之间的接口。

10.3.2 项目管理机构应在质量控制过程中，跟踪、收集、整理实际数据，与质量要求进行比较，分析偏差，采取措施予以纠正和处置，并对处置效果复查。

10.3.3 设计质量控制应包括下列流程：
  1 按照设计合同要求进行设计策划；
  2 根据设计需求确定设计输入；
  3 实施设计活动并进行设计评审；
  4 验证和确认设计输出；
  5 实施设计变更控制。

10.3.4 采购质量控制应包括下列流程：
  1 确定采购程序；
  2 明确采购要求；
  3 选择合格的供应单位；
  4 实施采购合同控制；
  5 进行进货检验及问题处置。

10.3.5 施工质量控制应包括下列流程：
  1 施工质量目标分解；
  2 施工技术交底与工序控制；
  3 施工质量偏差控制；
  4 产品或服务的验证、评价和防护。

10.3.6 项目质量创优控制宜符合下列规定：
  1 明确质量创优目标和创优计划；
  2 精心策划和系统管理；
  3 制定高于国家标准的控制准则；
  4 确保工程创优资料和相关证据的管理水平。

10.3.7 分包的质量控制应纳入项目质量控制范围，分包人应按分包合同的约定对其分包的工程质量向项目管理机构负责。

10.4 质量检查与处置

10.4.1 项目管理机构应根据项目管理策划要求实施检验和监测，并按照规定配备检验和监测设备。

10.4.2 对项目质量计划设置的质量控制点,项目管理机构应按规定进行检验和监测。质量控制点可包括下列内容:

1 对施工质量有重要影响的关键质量特性、关键部位或重要影响因素;
2 工艺上有严格要求,对下道工序的活动有重要影响的关键质量特性、部位;
3 严重影响项目质量的材料质量和性能;
4 影响下道工序质量的技术间歇时间;
5 与施工质量密切相关的技术参数;
6 容易出现质量通病的部位;
7 紧缺工程材料、构配件和工程设备或可能对生产安排有严重影响的关键项目;
8 隐蔽工程验收。

10.4.3 项目管理机构对不合格品控制应符合下列规定:

1 对检验和监测中发现的不合格品,按规定进行标识、记录、评价、隔离,防止非预期的使用或交付;
2 采用返修、加固、返工、让步接受和报废措施,对不合格品进行处置。

10.5 质量改进

10.5.1 组织应根据不合格的信息,评价采取改进措施的需求,实施必要的改进措施。当经过验证效果不佳或未完全达到预期的效果时,应重新分析原因,采取相应措施。

10.5.2 项目管理机构应定期对项目质量状况进行检查、分析,向组织提出质量报告,明确质量状况、发包人及其他相关方满意程度、产品要求的符合性以及项目管理机构的质量改进措施。

10.5.3 组织应对项目管理机构进行培训、检查、考核,定期进行内部审核,确保项目管理机构的质量改进。

10.5.4 组织应了解发包人及其他相关方对质量的意见,确定质量管理改进目标,提出相应措施并予以落实。

11 成 本 管 理

11.1 一 般 规 定

11.1.1 组织应建立项目全面成本管理制度,明确职责分工和业务关系,把管理目标分解到各项技术和管理过程。

11.1.2 项目成本管理应符合下列规定:

1 组织管理层,应负责项目成本管理的决策,确定项目的成本控制重点、难点,确定项目成本目标,并对项目管理机构进行过程和结果的考核;
2 项目管理机构,应负责项目成本管理,遵守组织管理层的决策,实现项目管理的成本目标。

11.1.3 项目成本管理应遵循下列程序：
　　1 掌握生产要素的价格信息；
　　2 确定项目合同价；
　　3 编制成本计划，确定成本实施目标；
　　4 进行成本控制；
　　5 进行项目过程成本分析；
　　6 进行项目过程成本考核；
　　7 编制项目成本报告；
　　8 项目成本管理资料归档。

11.2 成 本 计 划

11.2.1 项目成本计划编制依据应包括下列内容：
　　1 合同文件；
　　2 项目管理实施规划；
　　3 相关设计文件；
　　4 价格信息；
　　5 相关定额；
　　6 类似项目的成本资料。

11.2.2 项目管理机构应通过系统的成本策划，按成本组成、项目结构和工程实施阶段分别编制项目成本计划。

11.2.3 编制成本计划应符合下列规定：
　　1 由项目管理机构负责组织编制；
　　2 项目成本计划对项目成本控制具有指导性；
　　3 各成本项目指标和降低成本指标明确。

11.2.4 项目成本计划编制应符合下列程序：
　　1 预测项目成本；
　　2 确定项目总体成本目标；
　　3 编制项目总体成本计划；
　　4 项目管理机构与组织的职能部门根据其责任成本范围，分别确定自己的成本目标，并编制相应的成本计划；
　　5 针对成本计划制定相应的控制措施；
　　6 由项目管理机构与组织的职能部门负责人分别审批相应的成本计划。

11.3 成 本 控 制

11.3.1 项目管理机构成本控制应依据下列内容：
　　1 合同文件；
　　2 成本计划；
　　3 进度报告；
　　4 工程变更与索赔资料；

  5 各种资源的市场信息。

11.3.2 项目成本控制应遵循下列程序：
  1 确定项目成本管理分层次目标；
  2 采集成本数据，监测成本形成过程；
  3 找出偏差，分析原因；
  4 制定对策，纠正偏差；
  5 调整改进成本管理方法。

11.4 成本核算

11.4.1 项目管理机构应根据项目成本管理制度明确项目成本核算的原则、范围、程序、方法、内容、责任及要求，健全项目核算台账。

11.4.2 项目管理机构应按规定的会计周期进行项目成本核算。

11.4.3 项目成本核算应坚持形象进度、产值统计、成本归集同步的原则。

11.4.4 项目管理机构应编制项目成本报告。

11.5 成本分析

11.5.1 项目成本分析依据应包括下列内容：
  1 项目成本计划；
  2 项目成本核算资料；
  3 项目的会计核算、统计核算和业务核算的资料。

11.5.2 成本分析宜包括下列内容：
  1 时间节点成本分析；
  2 工作任务分解单元成本分析；
  3 组织单元成本分析；
  4 单项指标成本分析；
  5 综合项目成本分析。

11.5.3 成本分析应遵循下列步骤：
  1 选择成本分析方法；
  2 收集成本信息；
  3 进行成本数据处理；
  4 分析成本形成原因；
  5 确定成本结果。

11.6 成本考核

11.6.1 组织应根据项目成本管理制度，确定项目成本考核目的、时间、范围、对象、方式、依据、指标、组织领导、评价与奖惩原则。

11.6.2 组织应以项目成本降低额、项目成本降低率作为对项目管理机构成本考核主要指标。

11.6.3 组织应对项目管理机构的成本和效益进行全面评价、考核与奖惩。

11.6.4 项目管理机构应根据项目管理成本考核结果对相关人员进行奖惩。

12 安全生产管理

12.1 一般规定

12.1.1 组织应建立安全生产管理制度，坚持以人为本、预防为主，确保项目处于本质安全状态。

12.1.2 组织应根据有关要求确定安全生产管理方针和目标，建立项目安全生产责任制度，健全职业健康安全管理体系，改善安全生产条件，实施安全生产标准化建设。

12.1.3 组织应建立专门的安全生产管理机构，配备合格的项目安全管理负责人和管理人员，进行教育培训并持证上岗。项目安全生产管理机构以及管理人员应当恪尽职守、依法履行职责。

12.1.4 组织应按规定提供安全生产资源和安全文明施工费用，定期对安全生产状况进行评价，确定并实施项目安全生产管理计划，落实整改措施。

12.2 安全生产管理计划

12.2.1 项目管理机构应根据合同的有关要求，确定项目安全生产管理范围和对象，制定项目安全生产管理计划，在实施中根据实际情况进行补充和调整。

12.2.2 项目安全生产管理计划应满足事故预防的管理要求，并应符合下列规定：
1. 针对项目危险源和不利环境因素进行辨识与评估的结果，确定对策和控制方案；
2. 对危险性较大的分部分项工程编制专项施工方案；
3. 对分包人的项目安全生产管理、教育和培训提出要求；
4. 对项目安全生产交底、有关分包人制定的项目安全生产方案进行控制的措施；
5. 应急准备与救援预案。

12.2.3 项目安全生产管理计划应按规定审核、批准后实施。

12.2.4 项目管理机构应开展有关职业健康和安全生产方法的前瞻性分析，选用适宜可靠的安全技术，采取安全文明的生产方式。

12.2.5 项目管理机构应明确相关过程的安全管理接口，进行勘察、设计、采购、施工、试运行过程安全生产的集成管理。

12.3 安全生产管理实施与检查

12.3.1 项目管理机构应根据项目安全生产管理计划和专项施工方案的要求，分级进行安全技术交底。对项目安全生产管理计划进行补充、调整时，仍应按原审批程序执行。

12.3.2 施工现场的安全生产管理应符合下列要求：
1. 应落实各项安全管理制度和操作规程，确定各级安全生产责任人；
2. 各级管理人员和施工人员应进行相应的安全教育，依法取得必要的岗位资格证书；
3. 各施工过程应配置齐全劳动防护设施和设备，确保施工场所安全；

 4 作业活动严禁使用国家及地方政府明令淘汰的技术、工艺、设备、设施和材料；

 5 作业场所应设置消防通道、消防水源，配备消防设施和灭火器材，并在现场入口处设置明显标志；

 6 作业现场场容、场貌、环境和生活设施应满足安全文明达标要求；

 7 食堂应取得卫生许可证，并应定期检查食品卫生，预防食物中毒；

 8 项目管理团队应确保各类人员的职业健康需求，防治可能产生的职业和心理疾病；

 9 应落实减轻劳动强度、改善作业条件的施工措施。

12.3.3 项目管理机构应建立安全生产档案，积累安全生产管理资料，利用信息技术分析有关数据辅助安全生产管理。

12.3.4 项目管理机构应根据需要定期或不定期对现场安全生产管理以及施工设施、设备和劳动防护用品进行检查、检测，并将结果反馈至有关部门，整改不合格并跟踪监督。

12.3.5 项目管理机构应全面掌握项目的安全生产情况，进行考核和奖惩，对安全生产状况进行评估。

12.4 安全生产应急响应与事故处理

12.4.1 项目管理机构应识别可能的紧急情况和突发过程的风险因素，编制项目应急准备与响应预案。应急准备与响应预案应包括下列内容：

 1 应急目标和部门职责；

 2 突发过程的风险因素及评估；

 3 应急响应程序和措施；

 4 应急准备与响应能力测试；

 5 需要准备的相关资源。

12.4.2 项目管理机构应对应急预案进行专项演练，对其有效性和可操作性实施评价并修改完善。

12.4.3 发生安全生产事故时，项目管理机构应启动应急准备与响应预案，采取措施进行抢险救援，防止发生二次伤害。

12.4.4 项目管理机构在事故应急响应的同时，应按规定上报上级和地方主管部门，及时成立事故调查组对事故进行分析，查清事故发生原因和责任，进行全员安全教育，采取必要措施防止事故再次发生。

12.4.5 组织应在事故调查分析完成后进行安全生产事故的责任追究。

12.5 安全生产管理评价

12.5.1 组织应按相关规定实施项目安全生产管理评价，评估项目安全生产能力满足规定要求的程度。

12.5.2 安全生产管理宜由组织的主管部门或其授权部门进行检查与评价。评价的程序、方法、标准、评价人员应执行相关规定。

12.5.3 项目管理机构应按规定实施项目安全管理标准化工作，开展安全文明工地建设活动。

13 绿色建造与环境管理

13.1 一般规定

13.1.1 组织应建立项目绿色建造与环境管理制度，确定绿色建造与环境管理的责任部门，明确管理内容和考核要求。

13.1.2 组织应制定绿色建造与环境管理目标，实施环境影响评价，配置相关资源，落实绿色建造与环境管理措施。

13.1.3 项目管理过程应采用绿色设计，优先选用绿色技术、建材、机具和施工方法。

13.1.4 施工管理过程应采取环境保护措施，控制施工现场的环境影响，预防环境污染。

13.2 绿色建造

13.2.1 项目管理机构应通过项目管理策划确定绿色建造计划并经批准后实施。编制绿色建造计划的依据应符合下列规定：
 1 项目环境条件和相关法律法规要求；
 2 项目管理范围和项目工作分解结构；
 3 项目管理策划的绿色建造要求。

13.2.2 绿色建造计划应包括下列内容：
 1 绿色建造范围和管理职责分工；
 2 绿色建造目标和控制指标；
 3 重要环境因素控制计划及响应方案；
 4 节能减排及污染物控制的主要技术措施；
 5 绿色建造所需的资源和费用。

13.2.3 设计项目管理机构应根据组织确定的绿色建造目标进行绿色设计。

13.2.4 施工项目管理机构应对施工图进行深化设计或优化，采用绿色施工技术，制定绿色施工措施，提高绿色施工效果。

13.2.5 施工项目管理机构应实施下列绿色施工活动：
 1 选用符合绿色建造要求的绿色技术、建材和机具，实施节能降耗措施；
 2 进行节约土地的施工平面布置；
 3 确定节约水资源的施工方法；
 4 确定降低材料消耗的施工措施；
 5 确定施工现场固体废弃物的回收利用和处置措施；
 6 确保施工产生的粉尘、污水、废气、噪声、光污染的控制效果。

13.2.6 建设单位项目管理机构应协调设计与施工单位，落实绿色设计或绿色施工的相关标准和规定，对绿色建造实施情况进行检查，进行绿色建造设计或绿色施工评价。

13.3 环境管理

13.3.1 工程施工前,项目管理机构应进行下列调查:
1 施工现场和周边环境条件;
2 施工可能对环境带来的影响;
3 制定环境管理计划的其他条件。

13.3.2 项目管理机构应进行项目环境管理策划,确定施工现场环境管理目标和指标,编制项目环境管理计划。

13.3.3 项目管理机构应根据环境管理计划进行环境管理交底,实施环境管理培训,落实环境管理手段、设施和设备。

13.3.4 施工现场应符合下列环境管理要求:
1 工程施工方案和专项措施应保证施工现场及周边环境安全、文明,减少噪声污染、光污染、水污染及大气污染,杜绝重大污染事件的发生;
2 在施工过程中应进行垃圾分类,实现固体废弃物的循环利用,设专人按规定处置有毒有害物质,禁止将有毒、有害废弃物用于现场回填或混入建筑垃圾中外运;
3 按照分区划块原则,规范施工污染排放和资源消耗管理,进行定期检查或测量,实施预控和纠偏措施,保持现场良好的作业环境和卫生条件;
4 针对施工污染源或污染因素,进行环境风险分析,制定环境污染应急预案,预防可能出现的非预期损害;在发生环境事故时,进行应急响应以消除或减少污染,隔离污染源并采取相应措施防止二次污染。

13.3.5 组织应在施工过程及竣工后,进行环境管理绩效评价。

14 资 源 管 理

14.1 一 般 规 定

14.1.1 组织应建立项目资源管理制度,确定资源管理职责和管理程序,根据资源管理要求,建立并监督项目生产要素配置过程。

14.1.2 项目管理机构应根据项目目标管理的要求进行项目资源的计划、配置、控制,并根据授权进行考核和处置。

14.1.3 项目资源管理应遵循下列程序:
1 明确项目的资源需求;
2 分析项目整体的资源状态;
3 确定资源的各种提供方式;
4 编制资源的相关配置计划;
5 提供并配置各种资源;
6 控制项目资源的使用过程;
7 跟踪分析并总结改进。

14.2 人力资源管理

14.2.1 项目管理机构应编制人力资源需求计划、人力资源配置计划和人力资源培训计划。

14.2.2 项目管理机构应确保人力资源的选择、培训和考核符合项目管理需求。

14.2.3 项目管理人员应在意识、培训、经验、能力方面满足规定要求。

14.2.4 组织应对项目人力资源管理方法、组织规划、制度建设、团队建设、使用效率和成本管理进行分析和评价，以保证项目人力资源符合要求。

14.3 劳务管理

14.3.1 项目管理机构应编制劳务需求计划、劳务配置计划和劳务人员培训计划。

14.3.2 项目管理机构应确保劳务队伍选择、劳务分包合同订立、施工过程控制、劳务结算、劳务分包退场管理满足工程项目的劳务管理需求。

14.3.3 项目管理机构应依据项目需求进行劳务人员专项培训，特殊工种和相关人员应按规定持证上岗。

14.3.4 施工现场应实行劳务实名制管理，建立劳务突发事件应急管理预案。

14.3.5 组织宜为从事危险作业的劳务人员购买意外伤害保险。

14.3.6 组织应对劳务计划、过程控制、分包工程目标实现程度以及相关制度进行考核评价。

14.4 工程材料与设备管理

14.4.1 项目管理机构应制定材料管理制度，规定材料的使用、限额领料，使用监督、回收过程，并应建立材料使用台账。

14.4.2 项目管理机构应编制工程材料与设备的需求计划和使用计划。

14.4.3 项目管理机构应确保材料和设备供应单位选择、采购供应合同订立、出厂或进场验收、储存管理、使用管理及不合格品处置等符合规定要求。

14.4.4 组织应对工程材料与设备计划、使用、回收以及相关制度进行考核评价。

14.5 施工机具与设施管理

14.5.1 项目管理机构应编制项目施工机具与设施需求计划、使用计划和保养计划。

14.5.2 项目管理机构应根据项目的需要，进行施工机具与设施的配置、使用、维修和进、退场管理。

14.5.3 施工机具与设施操作人员应具备相应技能并符合持证上岗的要求。

14.5.4 项目管理机构应确保投入使用过程的施工机具与设施性能和状态合格，并定期进行维护和保养，形成运行使用记录。

14.5.5 组织应对项目施工机具与设施的配置、使用、维护、技术与安全措施、使用效率和使用成本进行考核评价。

14.6 资 金 管 理

14.6.1 项目管理机构应编制项目资金需求计划、收入计划和使用计划。

14.6.2 项目资金收支管理、资金使用成本管理、资金风险管理应满足组织的规定要求。

14.6.3 项目管理机构应按资金使用计划控制资金使用，节约开支；应按会计制度规定设立资金台账，记录项目资金收支情况，实施财务核算和盈亏盘点。

14.6.4 项目管理机构应进行资金使用分析，对比计划收支与实际收支，找出差异，分析原因，改进资金管理。

14.6.5 项目管理机构应结合项目成本核算与分析，进行资金收支情况和经济效益考核评价。

15 信息与知识管理

15.1 一 般 规 定

15.1.1 组织应建立项目信息与知识管理制度，及时、准确、全面地收集信息与知识，安全、可靠、方便、快捷地存储、传输信息和知识，有效、适宜地使用信息和知识。

15.1.2 信息管理应符合下列规定：
  1 应满足项目管理要求；
  2 信息格式应统一、规范；
  3 应实现信息效益最大化。

15.1.3 信息管理应包括下列内容：
  1 信息计划管理；
  2 信息过程管理；
  3 信息安全管理；
  4 文件与档案管理；
  5 信息技术应用管理。

15.1.4 项目管理机构应根据实际需要设立信息与知识管理岗位，配备熟悉项目管理业务流程，并经过培训的人员担任信息与知识管理人员，开展项目的信息与知识管理工作。

15.1.5 项目管理机构可应用项目信息化管理技术，采用专业信息系统，实施知识管理。

15.2 信 息 管 理 计 划

15.2.1 项目信息管理计划应纳入项目管理策划过程。

15.2.2 项目信息管理计划应包括下列内容：
  1 项目信息管理范围；
  2 项目信息管理目标；
  3 项目信息需求；

  4　项目信息管理手段和协调机制；
  5　项目信息编码系统；
  6　项目信息渠道和管理流程；
  7　项目信息资源需求计划；
  8　项目信息管理制度与信息变更控制措施。

15.2.3　项目信息需求应明确实施项目相关方所需的信息，包括：信息的类型、内容、格式、传递要求，并应进行信息价值分析。

15.2.4　项目信息编码系统应有助于提高信息的结构化程度，方便使用，并且应与组织信息编码保持一致。

15.2.5　项目信息渠道和管理流程应明确信息产生和提供的主体，明确该信息在项目管理机构内部和外部的具体使用单位、部门和人员之间的信息流动要求。

15.2.6　项目信息资源需求计划应明确所需的各种信息资源名称、配置标准、数量、需用时间和费用估算。

15.2.7　项目信息管理制度应确保信息管理人员以有效的方式进行信息管理，信息变更控制措施应确保信息在变更时进行有效控制。

15.3　信息过程管理

15.3.1　项目信息过程管理应包括：信息的采集、传输、存储、应用和评价过程。

15.3.2　项目管理机构应按信息管理计划实施下列信息过程管理：
  1　与项目有关的自然信息、市场信息、法规信息、政策信息；
  2　项目利益相关方信息；
  3　项目内部的各种管理和技术信息。

15.3.3　项目信息采集宜采用移动终端、计算机终端、物联网技术或其他技术进行及时、有效、准确的采集。

15.3.4　项目信息应采用安全、可靠、经济、合理的方式和载体进行传输。

15.3.5　项目管理机构应建立相应的数据库，对信息进行存储。项目竣工后应保存和移交完整的项目信息资料。

15.3.6　项目管理机构应通过项目信息的应用，掌握项目的实施状态和偏差情况，以便于实现通过任务安排进行偏差控制。

15.3.7　项目信息管理评价应确保定期检查信息的有效性、管理成本以及信息管理所产生的效益，评价信息管理效益，持续改进信息管理工作。

15.4　信息安全管理

15.4.1　项目信息安全应分类、分级管理，并采取下列管理措施：
  1　设立信息安全岗位，明确职责分工；
  2　实施信息安全教育，规范信息安全行为；
  3　采用先进的安全技术，确保信息安全状态。

15.4.2　项目管理机构应实施全过程信息安全管理，建立完善的信息安全责任制度，实施信息安全控制程序，并确保信息安全管理的持续改进。

15.5 文件与档案管理

15.5.1 项目管理机构应配备专职或兼职的文件与档案管理人员。

15.5.2 项目管理过程中产生的文件与档案均应进行及时收集、整理，并按项目的统一规定标识，完整存档。

15.5.3 项目文件与档案管理宜应用信息系统，重要项目文件和档案应有纸介质备份。

15.5.4 项目管理机构应保证项目文件和档案资料的真实、准确和完整。

15.5.5 文件与档案宜分类、分级进行管理，保密要求高的信息或文件应按高级别保密要求进行防泄密控制，一般信息可采用适宜方式进行控制。

15.6 信息技术应用管理

15.6.1 项目信息系统应包括项目所有的管理数据，为用户提供项目各方面信息，实现信息共享、协同工作、过程控制、实时管理。

15.6.2 项目信息系统宜基于互联网并结合下列先进技术进行建设和应用：
   1 建筑信息模型；
   2 云计算；
   3 大数据；
   4 物联网。

15.6.3 项目信息系统应包括下列应用功能：
   1 信息收集、传送、加工、反馈、分发、查询的信息处理功能；
   2 进度管理、成本管理、质量管理、安全管理、合同管理、技术管理及相关的业务处理功能；
   3 与工具软件、管理系统共享和交换数据的数据集成功能；
   4 利用已有信息和数学方法进行预测、提供辅助决策的功能；
   5 支持项目文件与档案管理的功能。

15.6.4 项目管理机构应通过信息系统的使用取得下列管理效果：
   1 实现项目文档管理的一体化；
   2 获得项目进度、成本、质量、安全、合同、资金、技术、环保、人力资源、保险的动态信息；
   3 支持项目管理满足事前预测、事中控制、事后分析的需求；
   4 提供项目关键过程的具体数据并自动产生相关报表和图表。

15.6.5 项目信息系统应具有下列安全技术措施：
   1 身份认证；
   2 防止恶意攻击；
   3 信息权限设置；
   4 跟踪审计和信息过滤；
   5 病毒防护；
   6 安全监测；
   7 数据灾难备份。

15.6.6 项目管理机构应配备专门的运行维护人员，负责项目信息系统的使用指导、数据备份、维护和优化工作。

15.7 知识管理

15.7.1 组织应把知识管理与信息管理有机结合，并纳入项目管理过程。

15.7.2 组织应识别和获取在相关范围内所需的项目管理知识。

15.7.3 组织宜获得下列知识：
 1 知识产权；
 2 从经历获得的感受和体会；
 3 从成功和失败项目中得到的经验教训；
 4 过程、产品和服务的改进结果；
 5 标准规范的要求；
 6 发展趋势与方向。

15.7.4 组织应确定知识传递的渠道，实现知识分享，并进行知识更新。

15.7.5 组织应确定知识应用的需求，采取确保知识应用的准确性和有效性的措施。需要时，实施知识创新。

16 沟通管理

16.1 一般规定

16.1.1 组织应建立项目相关方沟通管理机制，健全项目协调制度，确保组织内部与外部各个层面的交流与合作。

16.1.2 项目管理机构应将沟通管理纳入日常管理计划，沟通信息，协调工作，避免和消除在项目运行过程中的障碍、冲突和不一致。

16.1.3 项目各相关方应通过制度建设、完善程序，实现相互之间沟通的零距离和运行的有效性。

16.2 相关方需求识别与评估

16.2.1 建设单位应分析和评估其他各相关方对项目质量、安全、进度、造价、环保方面的理解和认识，同时分析各方对资金投入、计划管理、现场条件以及其他方面的需求。

16.2.2 勘察、设计单位应分析和评估建设单位、施工单位、监理单位以及其他相关单位对勘察设计文件和资料的理解和认识，分析对文件质量、过程跟踪服务、技术指导和辅助管理工作的需求。

16.2.3 施工单位应分析和评估建设单位以及其他相关方对技术方案、工艺流程、资源条件、生产组织、工期、质量和安全保障以及环境和现场文明的需求；分析和评估供应、分包和技术咨询单位对现场条件提供、资金保证以及相关配合的需求。

16.2.4 监理单位应分析和评估建设单位的各项目标需求、授权和权限，分析和评估施工单位及其他相关单位对监理工作的认识和理解、提供技术指导和咨询服务的需求。

16.2.5 专业承包、劳务分包和供应单位应当分析和评估建设单位、施工单位、监理单位对服务质量、工作效率以及相关配合的具体要求。

16.2.6 项目管理机构在分析和评估其他方需求的同时，也应对自身需求做出分析和评估，明确定位，与其他相关单位的需求有机融合，减少冲突和不一致。

16.3 沟通管理计划

16.3.1 项目管理机构应在项目运行之前，由项目负责人组织编制项目沟通管理计划。

16.3.2 项目沟通管理计划编制依据应包括下列内容：
　　1　合同文件；
　　2　组织制度和行为规范；
　　3　项目相关方需求识别与评估结果；
　　4　项目实际情况；
　　5　项目主体之间的关系；
　　6　沟通方案的约束条件、假设以及适用的沟通技术；
　　7　冲突和不一致解决预案。

16.3.3 项目沟通管理计划应包括下列内容：
　　1　沟通范围、对象、内容与目标；
　　2　沟通方法、手段及人员职责；
　　3　信息发布时间与方式；
　　4　项目绩效报告安排及沟通需要的资源；
　　5　沟通效果检查与沟通管理计划的调整。

16.3.4 项目沟通管理计划应由授权人批准后实施。项目管理机构应定期对项目沟通管理计划进行检查、评价和改进。

16.4 沟通程序与方式

16.4.1 项目管理机构应制定沟通程序和管理要求，明确沟通责任、方法和具体要求。

16.4.2 项目管理机构应在其他方需求识别和评估的基础上，按项目运行的时间节点和不同需求细化沟通内容，界定沟通范围，明确沟通方式和途径，并针对沟通目标准备相应的预案。

16.4.3 项目沟通管理应包括下列程序：
　　1　项目实施目标分解；
　　2　分析各分解目标自身需求和相关方需求；
　　3　评估各目标的需求差异；
　　4　制定目标沟通计划；
　　5　明确沟通责任人、沟通内容和沟通方案；
　　6　按既定方案进行沟通；
　　7　总结评价沟通效果。

16.4.4 项目管理机构应当针对项目不同实施阶段的实际情况，及时调整沟通计划和沟通方案。

16.4.5 项目管理机构应进行下列项目信息的交流：
  1 项目各相关方共享的核心信息；
  2 项目内部信息；
  3 项目相关方产生的有关信息。

16.4.6 项目管理机构可采用信函、邮件、文件、会议、口头交流、工作交底以及其他媒介沟通方式与项目相关方进行沟通，重要事项的沟通结果应书面确认。

16.4.7 项目管理机构应编制项目进展报告，说明项目实施情况、存在的问题及风险、拟采取的措施，预期效果或前景。

16.5 组织协调

16.5.1 组织应制定项目组织协调制度，规范运行程序和管理。

16.5.2 组织应针对项目具体特点，建立合理的管理组织，优化人员配置，确保规范、精简、高效。

16.5.3 项目管理机构应就容易发生冲突和不一致的事项，形成预先通报和互通信息的工作机制，化解冲突和不一致。

16.5.4 各项目管理机构应识别和发现问题，采取有效措施避免冲突升级和扩大。

16.5.5 在项目运行过程中，项目管理机构应分阶段、分层次、有针对性地进行组织人员之间的交流互动，增进了解，避免分歧，进行各自管理部门和管理人员的协调工作。

16.5.6 项目管理机构应实施沟通管理和组织协调教育，树立和谐、共赢、承担和奉献的管理思想，提升项目沟通管理绩效。

16.6 冲突管理

16.6.1 项目管理机构应根据项目运行规律，结合项目相关方的工作性质和特点预测项目可能的冲突和不一致，确定冲突解决的工作方案，并在沟通管理计划中予以体现。

16.6.2 消除冲突和障碍可采取下列方法：
  1 选择适宜的沟通与协调途径；
  2 进行工作交底；
  3 有效利用第三方调解；
  4 创造条件使项目相关方充分地理解项目计划，明确项目目标和实施措施。

16.6.3 项目管理机构应对项目冲突管理工作进行记录、总结和评价。

17 风险管理

17.1 一般规定

17.1.1 组织应建立风险管理制度，明确各层次管理人员的风险管理责任，管理各种不确定因素对项目的影响。

17.1.2 项目风险管理应包括下列程序：
   1 风险识别；
   2 风险评估；
   3 风险应对；
   4 风险监控。

17.2 风险管理计划

17.2.1 项目管理机构应在项目管理策划时确定项目风险管理计划。

17.2.2 项目风险管理计划编制依据应包括下列内容：
   1 项目范围说明；
   2 招投标文件与工程合同；
   3 项目工作分解结构；
   4 项目管理策划的结果；
   5 组织的风险管理制度；
   6 其他相关信息和历史资料。

17.2.3 风险管理计划应包括下列内容：
   1 风险管理目标；
   2 风险管理范围；
   3 可使用的风险管理方法、措施、工具和数据；
   4 风险跟踪的要求；
   5 风险管理的责任和权限；
   6 必需的资源和费用预算。

17.2.4 项目风险管理计划应根据风险变化进行调整，并经过授权人批准后实施。

17.3 风险识别

17.3.1 项目管理机构应在项目实施前识别实施过程中的各种风险。

17.3.2 项目管理机构应进行下列风险识别：
   1 工程本身条件及约定条件；
   2 自然条件与社会条件；
   3 市场情况；
   4 项目相关方的影响；
   5 项目管理团队的能力。

17.3.3 识别项目风险应遵循下列程序：
   1 收集与风险有关的信息；
   2 确定风险因素；
   3 编制项目风险识别报告。

17.3.4 项目风险识别报告应由编制人签字确认，并经批准后发布。项目风险识别报告应包括下列内容：
   1 风险源的类型、数量；

 2 风险发生的可能性；
 3 风险可能发生的部位及风险的相关特征。

17.4 风 险 评 估

17.4.1 项目管理机构应按下列内容进行风险评估：
 1 风险因素发生的概率；
 2 风险损失量或效益水平的估计；
 3 风险等级评估。

17.4.2 风险评估宜采取下列方法：
 1 根据已有信息和类似项目信息采用主观推断法、专家估计法或会议评审法进行风险发生概率的认定；
 2 根据工期损失、费用损失和对工程质量、功能、使用效果的负面影响进行风险损失量的估计；
 3 根据工期缩短、利润提升和对工程质量、安全、环境的正面影响进行风险效益水平的估计。

17.4.3 项目管理机构应根据风险因素发生的概率、损失量或效益水平，确定风险量并进行分级。

17.4.4 风险评估后应出具风险评估报告。风险评估报告应由评估人签字确认，并经批准后发布。风险评估报告应包括下列内容：
 1 各类风险发生的概率；
 2 可能造成的损失量或效益水平、风险等级确定；
 3 风险相关的条件因素。

17.5 风 险 应 对

17.5.1 项目管理机构应依据风险评估报告确定针对项目风险的应对策略。

17.5.2 项目管理机构应采取下列措施应对负面风险：
 1 风险规避；
 2 风险减轻；
 3 风险转移；
 4 风险自留。

17.5.3 项目管理机构应采取下列策略应对正面风险：
 1 为确保机会的实现，消除该机会实现的不确定性；
 2 将正面风险的责任分配给最能为组织获取利益机会的一方；
 3 针对正面风险或机会的驱动因素，采取措施提高机遇发生的概率。

17.5.4 项目管理机构应形成相应的项目风险应对措施并将其纳入风险管理计划。

17.6 风 险 监 控

17.6.1 组织应收集和分析与项目风险相关的各种信息，获取风险信号，预测未来的风险并提出预警，预警应纳入项目进展报告，并采用下列方法：

1 通过工期检查、成本跟踪分析、合同履行情况监督、质量监控措施、现场情况报告、定期例会，全面了解工程风险；

2 对新的环境条件、实施状况和变更，预测风险，修订风险应对措施，持续评价项目风险管理的有效性。

17.6.2 组织应对可能出现的潜在风险因素进行监控，跟踪风险因素的变动趋势。

17.6.3 组织应采取措施控制风险的影响，降低损失，提高效益，防止负面风险的蔓延，确保工程的顺利实施。

18 收 尾 管 理

18.1 一 般 规 定

18.1.1 组织应建立项目收尾管理制度，明确项目收尾管理的职责和工作程序。

18.1.2 项目管理机构应实施下列项目收尾工作：
1 编制项目收尾计划；
2 提出有关收尾管理要求；
3 理顺、终结所涉及的对外关系；
4 执行相关标准与规定；
5 清算合同双方的债权债务。

18.2 竣 工 验 收

18.2.1 项目管理机构应编制工程竣工验收计划，经批准后执行。工程竣工验收计划应包括下列内容：
1 工程竣工验收工作内容；
2 工程竣工验收工作原则和要求；
3 工程竣工验收工作职责分工；
4 工程竣工验收工作顺序与时间安排。

18.2.2 工程竣工验收工作按计划完成后，承包人应自行检查，根据规定在监理机构组织下进行预验收，合格后向发包人提交竣工验收申请。

18.2.3 工程竣工验收的条件、要求、组织、程序、标准、文档的整理和移交，必须符合国家有关标准和规定。

18.2.4 发包人接到工程承包人提交的工程竣工验收申请后，组织工程竣工验收，验收合格后编写竣工验收报告书。

18.2.5 工程竣工验收后，承包人应在合同约定的期限内进行工程移交。

18.3 竣 工 结 算

18.3.1 工程竣工验收后，承包人应按照约定的条件向发包人提交工程竣工结算报告及完整的结算资料，报发包人确认。

18.3.2 工程竣工结算应由承包人实施，发包人审查，双方共同确认后支付。

18.3.3 工程竣工结算依据应包括下列内容：
1 合同文件；
2 竣工图和工程变更文件；
3 有关技术资料和材料代用核准资料；
4 工程计价文件和工程量清单；
5 双方确认的有关签证和工程索赔资料。

18.3.4 工程移交应按照规定办理相应的手续，并保持相应的记录。

18.4 竣工决算

18.4.1 发包人应依据规定编制并实施工程竣工决算。

18.4.2 编制工程竣工决算应遵循下列程序：
1 收集、整理有关工程竣工决算依据；
2 清理账务、债务，结算物资；
3 填写工程竣工决算报表；
4 编写工程竣工决算说明书；
5 按规定送审。

18.4.3 工程竣工决算依据应包括下列内容：
1 项目可行性研究报告和有关文件；
2 项目总概算书和单项工程综合概算书；
3 项目设计文件；
4 设计交底和图纸会审资料；
5 合同文件；
6 工程竣工结算书；
7 设计变更文件及经济签证；
8 设备、材料调价文件及记录；
9 工程竣工档案资料；
10 相关项目资料、财务结算及批复文件。

18.4.4 工程竣工决算书应包括下列内容：
1 工程竣工财务决算说明书；
2 工程竣工财务决算报表；
3 工程造价分析表。

18.5 保修期管理

18.5.1 承包人应制定工程保修期管理制度。

18.5.2 发包人与承包人应签订工程保修期保修合同，确定质量保修范围、期限、责任与费用的计算方法。

18.5.3 承包人在工程保修期内应承担质量保修责任，回收质量保修资金，实施相关服务工作。

18.5.4 承包人应根据保修合同文件、保修责任期、质量要求、回访安排和有关规定编制保修工作计划，保修工作计划应包括下列内容：
　　1　主管保修的部门；
　　2　执行保修工作的责任者；
　　3　保修与回访时间；
　　4　保修工作内容。

18.6 项目管理总结

18.6.1 在项目管理收尾阶段，项目管理机构应进行项目管理总结，编写项目管理总结报告，纳入项目管理档案。

18.6.2 项目管理总结依据宜包括下列内容：
　　1　项目可行性研究报告；
　　2　项目管理策划；
　　3　项目管理目标；
　　4　项目合同文件；
　　5　项目管理规划；
　　6　项目设计文件；
　　7　项目合同收尾资料；
　　8　项目工程收尾资料；
　　9　项目的有关管理标准。

18.6.3 项目管理总结报告应包括下列内容：
　　1　项目可行性研究报告的执行总结；
　　2　项目管理策划总结；
　　3　项目合同管理总结；
　　4　项目管理规划总结；
　　5　项目设计管理总结；
　　6　项目施工管理总结；
　　7　项目管理目标执行情况；
　　8　项目管理经验与教训；
　　9　项目管理绩效与创新评价。

18.6.4 项目管理总结完成后，组织应进行下列工作：
　　1　在适当的范围内发布项目总结报告；
　　2　兑现在项目管理目标责任书中对项目管理机构的承诺；
　　3　根据岗位责任制和部门责任制对职能部门进行奖罚。

19 管理绩效评价

19.1 一般规定

19.1.1 组织应制定和实施项目管理绩效评价制度，规定相关职责和工作程序，吸收项目相关方的合理评价意见。

19.1.2 项目管理绩效评价可在项目管理相关过程或项目完成后实施，评价过程应公开、公平、公正，评价结果应符合规定要求。

19.1.3 项目管理绩效评价应采用适合工程项目特点的评价方法，过程评价与结果评价相配套，定性评价与定量评价相结合。

19.1.4 项目管理绩效评价结果应与工程项目管理目标责任书相关内容进行对照，根据目标实现情况予以验证。

19.1.5 项目管理绩效评价结果应作为持续改进的依据。

19.1.6 组织可开展项目管理成熟度评价。

19.2 管理绩效评价过程

19.2.1 项目管理绩效评价应包括下列过程：
 1 成立绩效评价机构；
 2 确定绩效评价专家；
 3 制定绩效评价标准；
 4 形成绩效评价结果。

19.2.2 项目管理绩效评价专家应具备相关资格和水平，具有项目管理的实践经验和能力，保持相对独立性。

19.2.3 项目管理绩效评价标准应由项目管理绩效评价机构负责确定，评价标准应符合项目管理规律、实践经验和发展趋势。

19.2.4 项目管理绩效评价机构应按项目管理绩效评价内容要求，依据评价标准，采用资料评价、成果发布、现场验证方法进行项目管理绩效评价。

19.2.5 组织应采用透明公开的评价结果排序方法，以评价专家形成的评价结果为基础，确定不同等级的项目管理绩效评价结果。

19.2.6 项目管理绩效评价机构应在规定时间内完成项目管理绩效评价，保证项目管理绩效评价结果符合客观公正、科学合理、公开透明的要求。

19.3 管理绩效评价范围、内容和指标

19.3.1 项目管理绩效评价应包括下列范围：
 1 项目实施的基本情况；
 2 项目管理分析与策划；
 3 项目管理方法与创新；

4　项目管理效果验证。

19.3.2　项目管理绩效评价应包括下列内容：
　　1　项目管理特点；
　　2　项目管理理念、模式；
　　3　主要管理对策、调整和改进；
　　4　合同履行与相关方满意度；
　　5　项目管理过程检查、考核、评价；
　　6　项目管理实施成果。

19.3.3　项目管理绩效评价应具有下列指标：
　　1　项目质量、安全、环保、工期、成本目标完成情况；
　　2　供方（供应商、分包商）管理的有效程度；
　　3　合同履约率、相关方满意度；
　　4　风险预防和持续改进能力；
　　5　项目综合效益。

19.3.4　项目管理绩效评价指标应层次明确，表述准确，计算合理，体现项目管理绩效的内在特征。

19.3.5　项目管理绩效评价范围、内容和指标的确定与调整应简单易行、便于评价、与时俱进、创新改进，并经过授权人批准。

19.4　管理绩效评价方法

19.4.1　项目管理绩效评价机构应在评价前，根据评价需求确定评价方法。

19.4.2　项目管理绩效评价机构宜以百分制形式对项目管理绩效进行打分，在合理确定各项评价指标权重的基础上，汇总得出项目管理绩效综合评分。

19.4.3　组织应根据项目管理绩效评价需求规定适宜的评价结论等级，以百分制形式进行项目管理绩效评价的结论，宜分为优秀、良好、合格、不合格四个等级。

19.4.4　不同等级的项目管理绩效评价结果应分别与相关改进措施的制定相结合，管理绩效评价与项目改进提升同步，确保项目管理绩效的持续改进。

19.4.5　项目管理绩效评价完成后，组织应总结评价经验，评估评价过程的改进需求，采取相应措施提升项目管理绩效评价水平。

本规范用词说明

　　1　为便于在执行本规范条文时区别对待，对要求严格程度不同的用词说明如下：
　　　　1）表示很严格，非这样做不可的：
　　　　　　正面词采用"必须"，反面词采用"严禁"；
　　　　2）表示严格，在正常情况下均应这样做的：
　　　　　　正面词采用"应"，反面词采用"不应"或"不得"；

3）表示允许稍有选择，在条件许可时首先这样做的：
　　　正面词采用"宜"，反面词采用"不宜"；
　　4）表示有选择，在一定条件下可以这样做的，采用"可"。
　2　条文中指明应按其他有关标准执行的写法为："应符合……的规定"或"应按……执行"。

中华人民共和国国家标准

建设工程项目管理规范

GB/T 50326-2017

条 文 说 明

编 制 说 明

《建设工程项目管理规范》GB/T 50326-2017，经住房和城乡建设部于2017年5月4日以第1536号公告批准、发布。

本规范是在《建设工程项目管理规范》GB/T 50326-2006的基础上修订而成。上一版的主编单位是中国建筑业协会工程项目管理专业委员会，参编单位是泛华建设集团、北京市建委、天津市建委、清华大学、天津大学、中国人民大学、同济大学、东南大学、北京交通大学、北京建筑工程学院、山东科技大学、哈尔滨工业大学、中国建筑科学研究院、北京城建设计研究总院、中国铁道工程建设协会、中国建筑工程总公司、天津建工集团公司、北京建工集团公司、中铁十六局集团有限公司、四川华西集团有限公司、中国化学工程总公司、中国五环化学工程公司、北京震环房地产开发有限公司等。原主要起草人员：张青林、吴涛、丛培经、贾宏俊、成虎、朱嬿、张守健、林知炎、马小良、劳纪钢、童福文、王新杰、皮承杰、叶浩文、吴之昕、李君、杨天举、杨生荣、华文全、赵丽、张婀娜、王瑞芝、杨春宁、陈立军、敖军、罗大林、王铭三、孙佐平、李启明、陆惠民、黄如福、金铁英、黄健鹰、初明祥、李万江、隋伟旭等。

本规范修订过程中，编制组进行了我国建设工程项目管理现状的调查研究，总结了我国工程建设项目管理领域内实施《建设工程项目管理规范》GB/T 50326-2006的经验，同时参考了国际标准《项目管理指南》ISO 21500：2012，通过抽样问卷调查测试结果表明，工程建设从业人员对修订后的《建设工程项目管理规范》具有较高的认同度。

为便于广大施工、监理、设计、科研、学校等单位有关人员在使用本规范时能够正确理解和执行条文规定，《建设工程项目管理规范》编制组按章、节、条顺序编制了本规范的条文说明，对条文规定的目的、依据以及在执行中需注意的有关事项进行了说明。但是，本条文说明不具备与规范正文同等的法律效力，仅供使用者作为理解和把握规范规定的参考。

目 次

1 总则 ··· 596
2 术语 ··· 596
3 基本规定 ··· 597
　3.1 一般规定 ·· 597
　3.2 项目范围管理 ·· 597
　3.3 项目管理流程 ·· 597
　3.4 项目管理制度 ·· 597
　3.5 项目系统管理 ·· 598
　3.7 项目管理持续改进 ·· 598
4 项目管理责任制度 ·· 599
　4.1 一般规定 ·· 599
　4.2 项目建设相关责任方管理 ·· 599
　4.3 项目管理机构 ·· 599
　4.4 项目团队建设 ·· 599
　4.5 项目管理目标责任书 ·· 599
　4.6 项目管理机构负责人职责、权限和管理 ··· 600
5 项目管理策划 ·· 600
　5.1 一般规定 ·· 600
　5.2 项目管理规划大纲 ·· 601
　5.3 项目管理实施规划 ·· 602
　5.4 项目管理配套策划 ·· 602
6 采购与投标管理 ··· 603
　6.1 一般规定 ·· 603
　6.2 采购管理 ·· 603
　6.3 投标管理 ·· 604
7 合同管理 ··· 604
　7.1 一般规定 ·· 604
　7.2 合同评审 ·· 605
　7.3 合同订立 ·· 605
　7.4 合同实施计划 ·· 605
　7.5 合同实施控制 ·· 606
　7.6 合同管理总结 ·· 607
8 设计与技术管理 ··· 607
　8.1 一般规定 ·· 607

8.2 设计管理	608
8.3 技术管理	609
9 进度管理	610
9.1 一般规定	610
9.2 进度计划	610
9.3 进度控制	610
9.4 进度变更管理	611
10 质量管理	611
10.1 一般规定	611
10.2 质量计划	612
10.3 质量控制	612
10.4 质量检查与处置	613
10.5 质量改进	613
11 成本管理	613
11.1 一般规定	613
11.2 成本计划	613
11.3 成本控制	614
11.5 成本分析	614
11.6 成本考核	614
12 安全生产管理	614
12.1 一般规定	614
12.2 安全生产管理计划	615
12.3 安全生产管理实施与检查	615
12.4 安全生产应急响应与事故处理	615
12.5 安全生产管理评价	615
13 绿色建造与环境管理	616
13.1 一般规定	616
13.2 绿色建造	616
13.3 环境管理	616
14 资源管理	617
14.1 一般规定	617
14.3 劳务管理	617
14.4 工程材料与设备管理	617
14.5 施工机具与设施管理	617
14.6 资金管理	617
15 信息与知识管理	618
15.1 一般规定	618
15.2 信息管理计划	618
15.3 信息过程管理	618

15.4	信息安全管理	619
15.5	文件与档案管理	619
15.6	信息技术应用管理	619
15.7	知识管理	620

16 沟通管理 ... 621

16.1	一般规定	621
16.2	相关方需求识别与评估	621
16.4	沟通程序与方式	621
16.5	组织协调	621
16.6	冲突管理	621

17 风险管理 ... 622

17.1	一般规定	622
17.3	风险识别	622
17.4	风险评估	622
17.5	风险应对	622
17.6	风险监控	622

18 收尾管理 ... 623

18.1	一般规定	623
18.2	竣工验收	623
18.3	竣工结算	623
18.4	竣工决算	623
18.5	保修期管理	623
18.6	项目管理总结	623

19 管理绩效评价 ... 624

19.1	一般规定	624
19.2	管理绩效评价过程	624
19.3	管理绩效评价范围、内容和指标	624
19.4	管理绩效评价方法	624

1 总 则

1.0.1 在我国工程建设项目管理实践的基础上，本规范借鉴和吸收了国际上较为成熟和普遍接受的项目管理理论和惯例，使得整个内容既适应国内工程建设的国际化需求，也适应我国企业进行国际建设工程项目管理的需求。

本规范是建立项目管理组织，明确组织各层次和人员的职责与工作关系，考核和评价项目管理成果的基本依据。

建设工程项目管理需坚持以人为本，以提高工程质量、保障安全生产为基点，全面落实项目管理责任制，推进绿色建造与环境保护，促进科技进步与管理创新，实现建设工程项目的最佳效益。

1.0.2 建设工程有关各方组织包括建设单位、勘察单位、设计单位、监理单位、施工单位等。

2 术 语

2.0.3 对于拥有一个以上单位的组织，可以把一个单位视为一个组织。组织可包括一个单位的总部职能部门、二级机构、项目管理机构等不同层次和不同部门。

工程建设组织包括建设单位、勘察单位、设计单位、施工单位、监理单位等。

2.0.4 项目管理机构也可以是组织实施项目管理的相关部门，如建设单位的基建办公室等。

2.0.8 项目相关方包括项目直接相关方（建设单位、勘察、设计、施工、监理和项目使用者等）和间接相关方（政府、媒体、社会公众等）。

2.0.11 项目管理责任制是建设工程项目的重要管理制度，其构成需包括项目管理机构在企业中的管理定位，项目负责人（项目经理）需具备的条件，项目管理机构的管理运作机制，项目负责人（项目经理）的责任、权限和利益及项目管理目标责任书的内容构成等内容。企业需在有关项目管理制度中对以上内容予以明确。

2.0.12 项目管理目标责任书一般指企业管理层与项目管理机构所签订的文件。但是其他组织也可采用项目管理目标责任书的方式对现场管理组织进行任务的分配、目标的确定和项目完成后的考核。对具体项目而言，其项目管理目标责任书是根据企业的项目管理制度、工程合同及项目管理目标要求制定的。由项目承包人法定代表人与其任命的项目负责人（项目经理）签署，并作为项目完成后考核评价及奖罚的依据。

2.0.27 项目风险管理包括把正面事件的影响概率扩展到最大，把负面事件的影响概率减少到最小。

3 基 本 规 定

3.1 一 般 规 定

3.1.1 组织在确定项目管理目标时，一要考虑自身的项目管理能力；二要根据相关方（如发包方）约定；三要根据项目目标之间的内在联系，并且进行有机的内容集成和利益平衡。

3.1.2 动态管理原理（PDCA：策划、实施、检查、处置）是管理活动的一般规律，项目管理应用 PDCA 动态原理是保证项目管理规范实施的基本途径。

3.2 项目范围管理

3.2.1 项目范围管理的基本任务是项目结构分析，包括：项目分解，工作单元定义，工作界面分析。项目分解的结果是工作分解结构（简称 WBS），它是项目管理的重要工具。分解的终端应是工作单元。

其中工作单元通常包括工作范围、质量要求、费用预算、时间安排、资源要求和组织职责等。工作界面是指工作单元之间的结合部，或叫接口部位，工作单元之间存在着相互作用、相互联系、相互影响的复杂关系。

3.3 项目管理流程

3.3.1 项目管理流程是动态管理原理在项目管理的具体应用。

3.3.2 内外部相关方是指建设、勘察、设计、施工、监理、供应单位及政府、媒体、协会、相关社区居民等。

3.4 项目管理制度

3.4.1 项目管理制度是项目管理的基本保证，由组织机构、职责、资源、过程和方法的规定要求集成。项目管理制度还要切实保障员工的合法利益。

项目管理制度内容：

1 规章制度，包括工作内容、范围和工作程序、方式，如管理细则、行政管理制度、生产经营管理制度等；

2 责任制度，包括工作职责、职权和利益的界限及其关系，如组织机构与管理职责制度、人力资源与劳务管理制度、劳动工资与劳动待遇管理制度等。

科学、有效的项目管理制度可以保证项目的正常运转和职工的合法利益不受侵害。

3.4.2 项目管理制度策划过程的实施程序是：

1 识别并确定项目管理过程；

2 确定组织项目管理目标；

3 建立健全项目管理机构；

4 明确项目管理责任与权限；

  5 规定所需要的项目管理资源；
  6 监控、考核、评价项目管理绩效；
  7 确定并持续改进规章制度和责任制度。
 3.4.3 项目管理制度的文件需包括下列内容：
  1 项目管理责任制度；
  2 项目管理策划；
  3 采购与投标管理；
  4 合同管理；
  5 设计与技术管理；
  6 进度管理；
  7 质量管理；
  8 成本管理；
  9 安全生产管理；
  10 绿色建造与环境管理；
  11 信息管理与知识管理；
  12 沟通管理；
  13 风险管理；
  14 资源管理；
  15 收尾管理；
  16 管理绩效评价。

3.5 项目系统管理

 3.5.1 项目系统管理是围绕项目整体目标而实施管理措施的集成，包括：质量、进度、成本、安全、环境等管理相互兼容、相互支持的动态过程。系统管理不仅要满足每个目标的实施需求，而且需确保整个系统整体目标的有效实现。
 3.5.2 项目系统管理方法的主要特点是：根据总体协调的需要，把自然科学和社会科学（包括经济学）中的基础思想、理论、策略、方法等从横的方面联系起来，应用现代数学和信息技术等工具，对项目的构成要素、组织结构、信息交换等功能进行分析研究，借以达到最优化设计、最优控制和最优管理的目标。项目系统管理需与项目全寿命期的质量、成本、进度、安全和环境等的综合评价结合实施。

3.7 项目管理持续改进

 3.7.2 不合格包括：不合格产品和不合格过程。
 3.7.3 在实施前评审各项改进措施的风险，是为了避免或减少因改进而出现新的更大问题，保证改进措施的有效性。

4 项目管理责任制度

4.1 一般规定

4.1.2 项目管理机构的定义见本规范术语部分。项目管理机构的定位：是建设工程项目各实施主体和参与方针对工程项目建设所成立的专门性管理机构，负责各单位职责范围内的项目管理工作。如施工企业的项目经理部，其负责人即为项目经理。

4.1.4 建设工程项目管理机构负责人需承担各自职责范围内的全面职责。

4.1.7 项目管理机构负责人在工程项目建设进入收尾阶段时，经建设方准许，可以监管另一项目的管理工作，但不得影响项目的正常运行。施工单位项目经理不得同时在两个及两个以上工程项目担任项目负责人。

4.2 项目建设相关责任方管理

4.2.1 项目建设相关责任方应包括建设单位、勘察单位、设计单位、施工单位供应单位、监理单位、咨询单位和代理单位等。

4.2.2 项目管理机构负责人需按国家相关法规要求对工程质量承担其应当承担的责任。

4.2.4 各相关责任方需从项目建设大局出发，围绕共同目标协同工作，相互之间及时发现问题、弥补不足，避免冲突和脱节。

4.3 项目管理机构

4.3.4 项目管理机构的建立除满足组织自身管理需求外，还需满足工程项目自身的特点和项目管理工作规律的要求。

4.3.5 项目管理机构的建立需满足项目管理规划大纲、项目管理目标责任书以及合同规定的所有项目管理工作的需求。

4.4 项目团队建设

4.4.1 项目团队建设需注重成员的满足感、归属感和自豪感的培育，树立合作意识，敢于面对困难，能够抵御挫折和化解危机。

4.4.3 项目团队应确保信息准确、及时和有效地传递。

4.4.5 团队建设可以通过表彰、奖励、典型塑造、学习交流、文体活动等方式进行推进。

4.5 项目管理目标责任书

4.5.1 项目管理目标责任书需根据组织的管理需要和工程项目建设特点，细化管理工作目标和具体要求，以便更好地实施。

4.6 项目管理机构负责人职责、权限和管理

4.6.1 项目管理机构负责人需全面履行工程项目管理职责。

以施工单位项目经理为例,其项目管理职责包括:

项目经理需按照经审查合格的施工设计文件和施工技术标准进行工程项目施工,应对因施工导致的工程施工质量、安全事故或问题承担全面责任。

项目经理需负责建立质量安全管理体系,配备专职质量、安全等施工现场管理人员,落实质量安全责任制、质量安全管理规章制度和操作规程。

项目经理需负责施工组织设计、质量安全技术措施、专项施工方案的编制工作,认真组织质量、安全技术交底。

项目经理需加强进入现场的建筑材料、构配件、设备、预拌混凝土等的检验、检测和验证工作,严格执行技术标准规范要求。

项目经理需对进入现场的超重机械、模板、支架等的安装、拆卸及运行使用全过程监督,发现问题,及时整改。

项目经理需加强安全文明施工费用的使用和管理,严格按规定配备安全防护和职业健康用具,按规定组织相关人员的岗位教育,严格特种工作人员岗位管理工作。

4.6.3 组织需加强对项目管理机构负责人管理行为的监督,在项目正常运行的情况下,不应随意撤换项目管理机构负责人。特殊原因需要撤换,需按相关规定报请相关方同意和认可,并履行工程质量监督备案手续。

项目管理机构负责人需定期或不定期参加建设主管部门和行业协会组织的教育培训活动,及时掌握行业动态,提升自身素质和管理水平。

项目管理机构负责人进行项目管理工作时,需按相关规定签署工程质量终身责任承诺书,对工程建设中应履行的职责、承担的责任做出承诺,并报相关管理机构备案。

项目管理机构负责人需接受相关部门对其履职情况进行的动态监管,如有违规行为,将依照行政处罚规定予以处罚,并记录诚信信息。

5 项目管理策划

5.1 一般规定

5.1.1 项目管理策划的成果包括:项目管理规划(含项目管理规划大纲与项目管理实施规划)和项目管理配套策划结果。同时,项目管理规划相关内容也可采用各种项目管理计划(如:项目质量计划、进度计划、成本计划、安全生产管理计划、沟通管理计划、风险管理计划和工程总承包项目管理计划等)的方式体现(见规范正文5.3.4条);项目管理计划一般围绕专项管理(质量、进度、成本、安全、沟通、风险等管理)进行策划,是项目管理实施规划的重要组成部分。

工程项目管理规划的范围和编制主体见表1;项目管理配套策划范围和内容的确定由组织规定的授权人负责实施,具体见本规范第5.4节。

表 1 工程项目管理规划的范围和编制主体

项目定义	项目范围与特征	项目管理规划名称	编制主体
建设项目	在一个总体规划范围内、统一立项审批、单一或多元投资、经济独立核算的建设工程	《建设项目管理规划》	建设单位
工程项目	建设项目内的单位、单项工程或独立使用功能的交工系统（一般含多个）	《工程项目管理规划》（《规划大纲》和《实施规划》，如：日常的施工组织设计、项目管理计划等）	承包单位
专业工程项目	上下水、强弱电、风暖气、桩基础、内外装等	《工程项目管理实施规划》（规划大纲可略）	专业分包单位

5.1.2 项目管理策划需参照本规范管理要求构建基本框架，并结合项目范围、特点和实际管理需要，经过逐步梳理、调整和完善。工程总承包及代建制模式的《项目管理规划》需包含项目投融资、勘察设计管理、招标采购、项目过程控制及动用准备等相关的管理规划内容。

5.2 项目管理规划大纲

5.2.1 项目管理规划大纲是指导项目管理的纲领性文件。制定前，组织可进行大纲框架结构策划和内容要点策划。

1 大纲框架结构策划需依据本规范目录体系，并结合工程项目特点和管理需要，经策划人员共同选择、分析、调整、补充和完善，形成工程项目管理规划大纲框架。

2 大纲内容要点策划需集成项目管理团队的共同智慧，对项目管理重要事项提出方向性、策略性的工作思路和办法，以形成项目管理规划大纲编制要点。

其中，大纲框架策划的要求：一是参照本规范管理要求，二是结合工程特点和管理任务目标。大纲内容策划需着重强调工作思路，并且要点要明确，此时不可能也没必要很具体很详细。

5.2.3 针对工程总承包及代建制模式项目管理规划的编制，需坚持工程全寿命项目管理理念，增加相关的策划内容。这是因为该类项目管理带有诸多建设单位的管理职能，尤其是工程设计管理和招标采购管理，直接受投资规划与决策理念的影响，需统筹进行策划。

工程总承包及代建制模式的项目管理规划大纲制定，除参照本规范管理要求外，还需将项目投融资、项目结构分解与范围管理、勘察设计管理、工程招投标管理及项目试运行管理等内容纳入规划大纲。

5.2.4 以下情形可省略项目管理规划大纲的编制，直接编制项目管理实施规划。

1 规模小、技术简单的一般工业与民用建筑工程项目；
2 可接受项目管理实施规划投标的工程项目；
3 分部分项工程或专业分包工程项目。

5.3 项目管理实施规划

5.3.1 实施规划是规划大纲的进一步深化与细化，因此需依据项目管理规划大纲来编制实施规划，而且需把规划大纲策划过程的决策意图体现在实施规划中。一般情况下，施工单位的项目施工组织设计等同于项目管理实施规划。

项目管理实施规划的制定需结合任务目标分解和项目管理机构职能分工，分别组织专业管理、子项管理以及协同管理机制与措施的策划，为落实项目任务目标、处理交叉衔接关系和实现项目目标提供依据和指导。

5.3.2 项目管理实施规划的制定、策划活动的开展方式需结合项目管理任务目标分解和项目管理机构的职能分工，分别实施专业化管理策划、子项目管理策划以及交叉与协同管理策划。

5.3.5 项目管理实施规划的文件内容需达到的三方面要求，这些要求需成为评价《项目管理实施规划》编制质量的基本定性指标。

5.4 项目管理配套策划

5.4.1 项目管理配套策划是除了项目管理规划文件内容以外的所有项目管理策划要求（具体见本规范正文5.4.3的3项策划内容）。项目管理配套策划结果不一定形成文件，具体需依据国家、行业、地方法律法规要求和组织的有关规定执行。

5.4.2 1 项目管理制度是指组织关于项目管理配套策划的授权规定（如岗位责任制中的相关授权）。

4 相关风险程度是指在风险程度可以接受的情况下项目管理的配套策划，如果策划风险超过了预期的程度，则需把该事项及时纳入项目管理规划的补充或修订范围。

5.4.3 项目管理配套策划的3项内容，体现了项目管理规划以外的项目管理策划内容范围，是项目管理规划的两头延伸，覆盖所有相关的项目管理过程。

1 确定项目管理规划的编制人员、方法选择、时间安排是项目管理规划编制前的策划内容，不在项目管理规划范围内，其结果不一定形成文件。

2 安排项目管理规划各项规定的具体落实途径是项目管理规划编制或修改完成后实施落实的策划，内容可能在项目管理规划范围内，也可能在项目管理规划范围之外，其结果不一定形成文件。这里既包括落实项目管理规划文件需要的应形成书面文件的技术交底、专项措施等，也包括不需要形成文件的口头培训、沟通交流、施工现场焊接工人的操作动作策划等。

3 明确可能影响项目管理实施绩效的风险应对措施是指不属于上述（本规范5.4.3条）1，2项并且不涉及项目管理规划（或相关内容没有在项目管理规划中作出规定，或是相关深度不到位）的其他项目管理策划结果。如：可能需要的项目全过程的总结、评价计划，项目后勤人员的临时性安排、现场突发事件的临时性应急措施，针对作业人员临时需要的现场调整，与项目相关方（如社区居民）的临时沟通与纠纷处理等，这些往往是可能影响项目管理实施绩效的风险情况，需要有关责任人员进行风险应对措施的策划，其策划结果不需要形成书面文件或者无法在实施前形成文件，但是其策划缺陷必须通过项目管理策划的有效控制予以风险预防。这种现象和管理需求在工程项目现场普遍存在。制度建设是解决此类问题的基础,需要时,组织可依据自己的惯例和文化,通过团队建设进行管理。

本条款的3项策划可能涉及以下内容:
1 分解项目管理专业深度要求;
2 补充项目实施的保证性措施;
3 规定应对临时性、突发性情况的措施。

5.4.4 本条规定了4个方面项目管理配套策划的控制要求,重点是关注项目管理规划以外的相关策划及现场各类管理人员的"口头策划"(不需要书面文件和记录的策划)的控制要求,通过4项管理要求保证有关人员的策划缺陷可控,确保项目管理配套策划风险控制措施的有效性。其中项目管理策划的授权范围是十分重要的管理环节。

5.4.5 本条规定的8项内容是组织使项目管理配套策划满足项目管理策划需求的基础条件,并成为项目管理制度的一部分。只有建立和保持这些基础工作,才能形成能够有效确保策划正确的文化氛围和管理惯例,从而保证项目管理配套策划的有效性。

6 采购与投标管理

6.1 一般规定

6.1.1 采购管理制度需要包括:项目资源采购活动的基本管理目标、工作内容,采购过程控制措施,内部监督程序及其管理要求。

采购可通过招标方式实现目标。招标采购应符合国家相关招标采购法规的要求。采购与投标活动是两个不同范畴的工作内容。

6.1.3 组织的投标管理制度需要包括:投标活动的基本管理目标、工作内容,投标过程控制措施,内部监督程序及其管理要求。

6.2 采购管理

6.2.1 工程合同是指投标企业与发包方依法签订的工程承包文件,包括工程总承包合同、施工总承包合同、专业施工承包合同等。

在编制采购计划前,组织需得到采购需求计划,根据需求经过对资源库存和调剂情况分析后确定采购计划。

采购计划的内容还可以包括特殊的采购要求,包括人员文化背景、工作年限、培训要求等。

供方是指为组织提供货物产品、工程承包、项目服务的供应方、承包方、分包方等。不同的组织(如建设、勘察、设计、施工、监理等单位)可拥有不同的供方(承包方、供应方、分包方等)。

6.2.6 特殊产品供方(如供应商和分包方)的考察中的"相关风险评估"可包括:人员、资质、财务、质量、成本等方面变化情况的评价。其中特殊产品包括:特种设备、材料、制造周期长的大型设备、有毒有害产品等。

6.2.7 承压产品、有毒有害产品、重要设备特殊产品包括：预制构件、钢结构、梁板、危险化学品、起重机、盾构机等。

6.2.8 采购合同或相关要求需要考虑项目实施阶段的具体需求，具有前瞻性和应对性。

6.2.9 确认是针对特定要求实施认可的过程，一般宜在项目实施前或过程中进行。

6.2.10 需根据项目管理需求实施供方的供应、承包或服务方案的内容审批。

6.2.11 需针对进口产品的质量标准及服务要求进行验收，不合格的应及时实施处置。

6.3 投标管理

6.3.1 说明：本节的"组织"是指以承包方（勘察、设计、施工等单位）为主的投标主体。

组织需在招标信息收集、分析过程中，围绕工程项目风险，确认自身是否有能力满足这些要求，否则应该放弃投标。

其中，项目风险包括任何与投标目标不一致的要求是否已经得到解决，各项项目要求是否已经清楚明确，相关不确定性是否可以接受等。

6.3.3 发包方的要求包括招标文件及合同在内的各种形式的要求。

发包方明示的要求是指发包方在招标文件及工程合同等书面文件中明确提出的要求。

发包方未明示但应满足的要求是指必须满足行业的技术或管理要求，与施工相关的法律、法规和标准规范要求及投标企业自身设计、施工能力必须满足的要求。

组织的相关要求包括投标企业附加的要求：即投标企业对项目管理机构的要求；投标企业为使发包方满意而对其作出的特殊承诺等。

组织需通过对投标项目需求的识别、评价活动的管理，确保充分了解顾客及有关各方对工程项目设计、施工和服务的要求，为编制项目投标计划提供依据。

6.3.4 投标准备工作包括：团队组建、信息收集、目标分析、计划编制、沟通交流、风险评估等。

6.3.8 投标的有关记录需能为证实项目投标过程符合要求提供必要的追溯和依据。需保存的记录一般有：对招标文件和工程合同条款的分析记录、沟通记录、投标文件及其审核批准记录、投标过程中的各类有关会议纪要、函件等。

6.3.10 项目中标以发包方发出中标通知书为标志。

7 合同管理

7.1 一般规定

7.1.1 建设工程项目实施过程中涉及的合同种类很多，包括建设工程合同、买卖合同、租赁合同、承揽合同、运输合同、借款合同、技术合同等。因此，项目合同管理应当包括对前述相关合同的管理。

其中，建设工程合同管理应包括对依法签订的勘察、设计、施工、监理等承包合同及分包合同的管理。

7.1.2 合同策划与编制通常由组织授权，项目管理机构负责具体实施。合同策划与编制一般同步进行。

合同策划需考虑的主要问题有：项目需分解成几个独立合同及每个合同的工程范围；采用何种委托和承包方式；合同的种类、形式和条件；合同重要条款的确定；各个合同的内容、组织、技术、时间上的协调。

7.1.3 合同管理应是全过程管理，包括合同订立、履行、变更、索赔、终止、争议解决以及控制和综合评价等内容，还应包括有关合同知识产权的合法使用。合同管理需遵守《中华人民共和国合同法》、《中华人民共和国建筑法》及其相关的国务院行政法规、部门规章、行业规范等的强制性规定，维护建筑市场秩序和合同当事人的合法权益，保证合同履行。

7.1.4 住房和城乡建设部制定的《建设工程施工转包违法分包等违法行为认定查处管理办法（试行）》对违法发包、转包、违法分包、挂靠等违法行为的定义、认定情形及其行政处罚和行政惯例措施都作了详细规定。

7.2 合同评审

7.2.1 合同订立有招标发包和直接发包两种方式，其需要评审的合同文件有所不同。需要评审的合同文件一般包括：招标文件及工程量清单、招标答疑、投标文件及组价依据、拟定合同主要条款、谈判纪要、工程项目立项审批文件等。

7.2.2 合同评审需实现以下目的：

1 保证合同条款不违反法律、行政法规、地方性法规的强制性规定，不违反国家标准、行业标准、地方标准的强制性条文。

2 保证合同权利和义务公平合理，不存在对合同条款的重大误解，不存在合同履行障碍。

3 保证与合同履行紧密关联的合同条件、技术标准、施工图纸、材料设备、施工工艺、外部环境条件、自身履约能力等条件满足合同履行要求。

4 保证合同内容没有缺项漏项，合同条款没有文字歧义、数据不全、条款冲突等情形，合同组成文件之间没有矛盾。通过招标投标方式订立合同的，合同内容还应当符合招标文件和中标人的投标文件的实质性要求和条件。

5 保证合同履行过程中可能出现的经营风险、法律风险处于可以接受的水平。

7.2.4 对合同文件及合同条件有异议时，需以书面形式提出。对于双方不能协商达成一致的合同条款，可提请行业主管部门协调或者合同约定的争议解决机构处理。

7.3 合同订立

7.3.1 不得采取口头形式订立建设工程合同。

7.3.2 不得采取欺诈、胁迫的手段或者乘人之危，使对方在违背真实意思情况下订立合同；审慎出具加盖单位公章的空白合同文件；不履行未生效、未依法备案的合同。

7.4 合同实施计划

7.4.1 合同实施计划是保证合同履行的重要手段。合同实施计划需由组织的有关部门和专业人员编制，并经管理层批准。实施计划应包括对分包合同的管理。

7.4.2 合同实施保证体系是全部管理体系的一部分，是为了实现合同目标而需要的组织结构、职责、程序和资源等组成的有机整体。合同实施保证体系与其他管理体系存在密切联系，协调合同管理体系与其他体系的关系是一个重要问题。

7.5 合同实施控制

7.5.1 全面履行合同的关键是承担建设工程项目建设的建设单位项目负责人、勘察单位项目负责人、设计单位项目负责人、施工单位项目经理、监理单位总监理工程师等建设工程五方责任主体项目负责人。这些人员需按照合同赋予的责任，认真落实合同的各项要求。

7.5.2 合同实施控制包括自合同签订起至合同终止的全部合同管理内容。合同实施控制的日常工作，是指日常性的、项目管理机构能够自主完成的合同管理工作。对于合同变更及合同索赔等工作，往往不是项目管理机构自己单方面能够完成的，需要组织通过协商、调解、诉讼或仲裁等方式来实现。

7.5.3 合同交底需由组织的相关部门及合同谈判人员负责进行。相关部门及合同谈判人员进行合同交底，既是向项目管理机构作合同文件解析，也是合同管理职责移交的一个重要环节。合同交底可以书面、电子数据、视听资料和口头形式实施，书面交底的应签署确认书。

7.5.4 合同实施控制特别强调管理层和有关部门的作用，管理层和有关部门需在合同跟踪和诊断方面对项目管理机构进行监督、指导和协调，协助项目管理机构做好合同实施工作。合同跟踪和诊断需要注意以下问题：
  1 将合同实施情况与合同实施计划进行对比分析，找出其中的偏差；
  2 对合同实施中的偏差分析，应当包括原因分析、责任分析以及实施趋势预测。

7.5.5 重大的纠偏措施或方案，应按照本规范7.2节项目合同评审程序进行评审。纠偏措施或方案可以分为：
  1 组织措施，包括调整和增加人力投入、调整工作流程和工作计划；
  2 技术措施，包括变更技术方案、采用高效的施工方案和施工机具；
  3 经济措施，包括增加资金投入、采取经济激励措施；
  4 合同措施，包括变更合同内容、签订补充协议、采取索赔手段。

7.5.6 合同变更管理包括变更依据、变更范围、变更程序、变更措施的制定和实施，以及对变更的检查和信息反馈工作。

7.5.7 合同中止应根据合同约定或者法律规定实施。因对方违约导致合同中止的，应追究其违约方责任；因不可抗力导致合同中止的，需按照合同约定或者法律规定签订部分或者全部免除责任协议，涉及合同内容变更的，应订立补充合同。

7.5.8 索赔依据、索赔证据、索赔程序之间具有内在的关联性，是合同索赔成立不可或缺的三个重要条件。其中：
  1 索赔证据包括当事人陈述、书证、物证、视听资料、电子数据、证人证言、鉴定意见、勘验笔录等证据形式。经查证属实的证据才能作为认定事实的依据。
  2 在合同约定或者法律规定的期限内提出索赔文件、完成审查或者签认索赔文件，是索赔得以确认的重要保证。

7.5.9 解决合同争议应注意以下合同约定的情形：

1 合同当事人不能协商达成一致，但合同约定由总监理工程师依据职权作出确定时，由总监理工程师按照合同约定审慎做出公正的确定。合同当事人对总监理工程师的确定没有异议的，按照总监理工程师的确定执行。

2 任何一方当事人对总监理工程师的确定有异议时，需要在约定的期限内提出，并按照合同约定的争议解决机制处理。

3 当事人在合同中约定采取争议评审方式解决争议时，需先行启动争议评审程序解决争议；任何一方当事人不接受争议评审小组决定或不履行争议评审小组决定时，才可以选择采用其他争议解决方式。

7.6 合同管理总结

7.6.1 合同终止，既有合同履行完毕的正常终止情形，也有合同解除等非正常终止情形。因此合同总结报告编写的侧重点应有所不同。

7.6.2 项目合同总结报告的重点内容是相关的经验教训。由于合同的重要性和复杂性，对于合同履行过程中的经验教训的总结就更为重要，组织管理层需抓好合同的综合评价工作，将项目个体的经验教训变成组织的财富。

8 设计与技术管理

8.1 一般规定

8.1.1 项目设计与技术管理由组织在其相应管理制度中详细规定。

1 项目设计及技术管理是在遵守国家相关法规的基础上，项目管理机构对项目全过程或部分过程实施的设计及技术工作进行控制，为项目的设计过程、施工组织、后期运营进行系统筹划和保障的行为。

2 项目设计与技术管理需自项目立项开始至项目运营阶段止，贯穿项目实施全过程。项目设计与技术管理应贯彻执行国家法律法规和标准规范。

3 项目设计及技术管理需根据项目目标管理原则，综合考虑投资、质量、进度、安全等指标而制定。

8.1.2 组织确定的设计与技术管理计划应包括：为了实现设计与技术目标而规定的组织结构、职责、程序、方法和资源等的具体安排。

设计与技术管理计划需采用现代化的设计与管理技术提高设计质量，重视低碳、环保、可再生等绿色建筑技术在项目设计中的应用，注重新技术、新材料、新工艺、新产品的应用与推广。

组织需进行技术管理策划，制定技术管理目标，建立项目技术管理程序，明确技术管理方法。

8.1.3 各层次、类别的评价标准：

1 需贯彻国家和有关行业部门的相关规定或要求，或国内外同类服务达到的工作水平。标准要明确具体，尽可能提出定量标准，不能定量的要有明确的定性的要求。

2 相关评价结果（含各层次的评定结果和最终的评定总结果）可通过加权评分评定法产生。

3 相关评价结果可作为项目管理机构业绩评定的依据，也可作为其向建设单位申请管理报酬尾款的依据。

8.1.4 勘察与设计工作关系密切，勘察成果是保证设计水平的重要条件。一般情况下，勘察可与设计工作集成实施。

8.2 设 计 管 理

8.2.1 项目设计阶段划分是依据建设行业的基本规律确定的。其中项目方案设计阶段也称为设计准备（项目可行性研究）阶段，初步设计与施工图设计可称为工程设计与计划阶段。

8.2.3 项目方案设计阶段，项目管理机构需具体进行以下工作：

1 根据建设单位确定的项目定位、投资规模等，组织进行项目概念设计方案比选或招标，并组织对概念设计方案进行优化。

2 组织设计单位完成项目设计范围、主要设计参数及指标、使用功能的方案设计，并组织设计方案审查和报批。

3 根据建设单位需求，组织编制详细的设计任务书，明确涉及范围、设计标准与功能等要求。根据设计任务书内容，协助建设单位进行设计招标工作，完成项目设计方案的比选，确定设计承包人，起草设计合同，组织合同谈判直至合同签订。

4 按照确定的设计方案，针对项目设计内容和参数，编制整体项目设计管理规划，初步划分各设计承包人或部门（包括专业设计方）工作界面和分类，制定相应管理工作制度。

5 与设计单位或部门建立有效的沟通渠道，保证设计相关信息及时、准确地确认和传递。

8.2.4 项目初步设计阶段，项目管理机构需进行以下工作：

1 根据立项批复文件及项目建设规划条件，组织落实项目主要设计参数与项目使用功能的实现，达到相应设计深度，确保项目设计符合规划要求，并根据建设单位需求组织对项目初步设计进行优化；

2 实施或协助建设单位完成勘察单位的招标工作，根据初步设计内容与规范要求，监督指导勘察单位或部门完成项目的初勘与详勘工作，审查勘察单位或部门提交的地勘报告，并负责地勘报告的申报管理工作。

8.2.5 项目施工图设计阶段，项目管理机构需进行以下工作：

1 实施项目设计进度、设计质量管理工作，开展限额设计；

2 组织协调外部配套报建与设计接口及各独立设计承包人间的设计界面衔接和接口吻合，对设计成果进行初步设计审查；

3 组织委托施工图审查工作，并组织设计承包人或部门按照审查意见修改完善设计文件；

4 制定设计文件（图纸）收发管理制度和流程，确保设计图纸的及时性、有效性，宜将设计文件（图纸）的原件和电子版分别标识并保存，防止丢失或损毁。

8.2.6 项目施工阶段，项目管理机构需进行以下工作：

1 组织设计承包人或部门对施工单位或部门进行详细的设计交底工作，督促施工承包人、监理人或部门实施图纸自审与会审工作，并确保施工阶段项目相关方对于设计问题沟通的及时、顺畅；

2 按照合同约定进行项目设计变更管理与控制工作；

3 组织施工承包人或部门实施项目深化设计（施工详图设计）工作，编制深化设计实施计划与深化设计审批流程；

4 组织项目设计负责人及相关设计人员参加项目关键部位及分部工程验收工作。

8.3 技 术 管 理

8.3.1 项目技术管理措施主要是通过技术文件体现的，重要的技术文件需要由政府主管部门进行审批。各阶段需要报政府主要审批技术文件如表2所示：

表2 各阶段需报政府审批的主要技术文件

项目阶段	主要技术文件
方案设计阶段	1. 规划意见书 2. 规划、设计方案 3. 绿地规划方案 4. 人防规划设计 5. 交通设计
初步设计阶段	6. 建筑工程初步设计 7. 建设工程规划许可证
施工图设计阶段	8. 人防设计 9. 消防设计 10. 施工图设计

8.3.3 技术规格书一般是招标文件的附件（也可以与其他招标文件合并），是发包方提出的技术要求，在签订合同时候，也常直接作为合同的附件，其作用类似于技术协议，一般情况下，与招标文件或合同的其他条款具有同等法律效力。

8.3.4 技术管理规划属于投标文件，与施工组织设计一样，一般都是投标文件的附件。一些项目在合同签订后，承包人还需要提交细化的技术管理规划与施工组织设计（或是两者合并）供发包方批准，并作为合同实施的主要文件。

8.3.5 技术规格书、技术管理规划或施工组织设计、专项技术措施方案，系统地规范了项目成果在交付时点的状态，以及如何达到这个状态的必要保证措施，在项目管理的质量、成本、安全和进度管理等关键内容发挥着重要的作用。

8.3.6 实施方案是指专门用于技术应用活动的实施方法、风险防范、具体安排等，可包括具体的信息沟通计划、技术培训方案、技术保证措施或详细技术交底等内容，书面或口头形式均可。

9 进度管理

9.1 一般规定

9.1.1 进度管理制度包括进度管理内容、程序、进度管理的部门和岗位职责及工作具体要求。

9.1.2 项目进度计划分别由不同的项目管理组织，如建设单位、施工单位、勘察设计单位、监理单位等编制，其内部相关成员均需承担相应进度管理责任。

9.2 进度计划

9.2.2 控制性进度计划可包括以下种类：
  1 项目总进度计划；
  2 分阶段进度计划；
  3 子项目进度计划和单体进度计划；
  4 年（季）度计划。

作业性进度计划可包括下列种类：
  1 分部分项工程进度计划；
  2 月（周）进度计划。

9.2.5 选择编制进度计划的相关方法时，还需考虑：
  1 作业性进度计划应优先采用网络计划方法；
  2 宜借助项目管理软件编制进度计划，并跟踪控制。

9.3 进度控制

9.3.2 需要进行协调的进度工作界面包括设计与采购、采购与施工、施工与设计、施工与试运行、设计与试运行、采购与施工等接口。

9.3.3 跟踪协调是进度控制的重要内容。需跟踪协调的相关方活动过程如下：
  1 与建设单位有关的活动过程，包括：项目范围的变化，工程款支付，建设单位提供的材料、设备和服务；
  2 与设计单位有关的活动过程，包括：设计文件的交付，设计文件的可施工性，设计交底与图纸会审，设计变更；
  3 与分包商有关的活动过程，包括：合格分包商的选择与确定，分包工程进度控制；
  4 与供应商有关的采购活动过程，包括：材料认样和设备选型，材料与设备验收；
  5 以上各方内部活动过程之间的接口。

9.3.4 进度计划检查记录可选用下列方法：

1 文字记录；
2 在计划图（表）上记录；
3 用切割线记录；
4 用"S"形曲线或"香蕉曲线"记录；
5 用实际进度前锋线记录。

9.3.5 进度管理报告应包括下列内容：
1 进度执行情况的综合描述；
2 实际进度与计划进度对比；
3 进度计划执行中的问题及其原因分析；
4 进度计划执行情况对质量、安全、成本、环境的影响分析；
5 已经采取及拟采取的措施；
6 对未来计划进度的预测；
7 需协调解决的问题。

9.4 进度变更管理

9.4.2 进度计划变更可利用进度计划检查记录图（表）。

9.4.3 项目管理机构需预防进度计划变更的风险，并注意下列事项：
1 不应强迫计划实施者在不具备条件的情况下对进度计划进行变更；
2 当发现关键线路进度超前时，可视为有益，并使非关键线路的进度协调加速；
3 当发现关键线路的进度延误时，可依次缩短有压缩潜力且追加利用资源最少的关键工作；
4 关键工作被缩短的时间量需是与其平行的诸非关键工作的自由时差的最小值；
5 当被缩短的关键工作有平行的其他关键工作时，需同时缩短平行的各关键工作；
6 缩短关键线路的持续时间应以满足工期目标要求为止；如果自由时差被全部利用后仍然不能达到原计划目标要求，需变更计划目标或变更工作方案。

9.4.5 产生进度变更（如延误）后，受损方可按合同及有关索赔规定向责任方进行索赔。进度变更（如延误）索赔应由发起索赔方提交工期影响分析报告，以得到批准确认的进度计划为基准申请索赔。

10 质量管理

10.1 一般规定

10.1.1 项目管理机构的质量管理需与国家有关质量管理法律法规和标准要求相一致；建立项目质量管理制度，包括质量终身责任和竣工后永久性标牌制度，对项目负责人履行质量责任不到位的情况进行追究；制定项目质量管理评定考核制度，包括合理配备质量管理资源及明确各自的质量责任和义务，以监督落实项目负责人的质量终身责任。

10.1.2 质量管理需按照策划、实施、检查、处置的循环过程原理，持续改进，并需要从增值的角度考虑过程。

10.1.3 质量管理需满足明示的、通常隐含的或必须履行的需求或期望。包括达到发包人、相关方满意以及法律法规、技术标准和产品的质量要求。

相关方可能是建设单位（或工程用户）、勘察、设计单位、监理单位、供应商、分包等。

10.2 质量计划

10.2.1 项目质量计划是关于项目质量管理体系过程和资源的文件，质量计划需与施工组织设计、施工方案等文件相协调与匹配，体现项目从资源投入到完成工程最终检验试验的全过程质量管理与控制要求，质量计划对外是质量保证文件，对内是质量控制文件。质量计划可以作为项目实施规划的一部分或单独成文。质量计划由组织管理制度规定的责任人负责编制，并按照规定程序进行审批。

10.2.3 质量管理体系是为了实现质量管理目标而建立的组织结构、职责、过程、资源、方法的有机整体。质量管理体系是围绕工程产品质量管理需要建立的。

10.3 质量控制

10.3.1 质量控制是一个动态的过程，需根据实际情况的变化，采取适当的措施。质量控制需注意有关过程的接口，例如设计与施工的接口，施工总承包与分包的接口及施工与试运行的接口，单位工程、分部分项、检验批的接口等。

10.3.2 质量控制需要建立在真实可靠的数据基础上，包括采用适当的统计技术。数据信息也包括发包人及其他相关方对是否满足其要求的感受信息。为了及时获得信息，应当确定获得和利用数据信息的方法。

组织需比较和分析所获取的数据，比较、分析既包括对产品要求的比较分析，也包括对质量管理体系适宜性和有效性的证实。

分析的结果需提出有关发包人及其他相关方满意以及与产品要求是否符合的评价、项目实施过程的特性和趋势、采取预防措施的机会以及有关供方（分包、供货方等）的信息，并基于以上分析结果，提出对不合格的处置和有关的预防措施。

10.3.3 设计评审是指对设计能力和结果的充分性和适宜性进行评价的活动。

设计验证：为确保设计输出满足输入的要求，依据所策划的安排对工程设计进行的认可活动。

设计确认：为确保产品能够满足规定的使用要求或已知用途的要求，依据所策划的安排对工程设计进行的认可活动。

设计的评审、验证和确认需参照设计的相关规定和制度执行，也可采用审查、批准等方式进行。

设计变更：是指设计单位依据建设单位要求对原设计内容进行的修改、完善和优化。设计变更应以图纸或设计变更通知单的形式发出。

10.3.6 工程开工前需根据工程合同、工程特点、体量、规模及企业自身经营发展理念等确定项目创优的目标。项目质量创优的工程还应符合优质工程申报条件。

项目质量创优需注重事前策划、细部处理、深化设计和技术创新。施工质量策划确定项目施工质量目标、措施和主要技术管理程序，同时制定施工分项分部工程的质量控制标准，为施工质量提供控制依据。

项目质量创优不是组织必须实施的工作，是组织根据合同要求或组织的承诺实施的一种特殊质量管理行为，其工程质量结果一般应高于国家规定的合格标准。

10.4 质量检查与处置

10.4.1 检验和监测设备的控制包括下列内容：
1 确定设备的型号、数量；
2 明确相关工作过程；
3 制定质量保证措施。

10.4.3 组织需规定处置不合格品的有关职责和权限，处置不合格品应根据国家的有关规定进行，并保持记录，在得到纠正后还需再次进行验证，以证明符合要求。当在交付后发现不合格品，组织需采取消除影响的适当措施。

10.5 质量改进

10.5.1 项目管理机构是质量改进的主要实施者，项目管理机构按组织要求定期进行质量分析，提出持续改进的措施，将有助于管理层了解、促进项目管理机构的质量改进工作。组织可采取质量方针、目标、审核结果、数据分析、纠正预防措施以及管理评审等持续改进质量措施，确保管理的有效性。

11 成 本 管 理

11.1 一 般 规 定

11.1.3 项目合同价是项目成本管理的基准。根据有关法规规定，建设工程项目一般通过招投标方式确定项目合同价。

11.2 成 本 计 划

11.2.2 项目管理机构应根据项目成本控制要求编制、确定项目成本计划。其中项目施工成本计划一般由施工单位编制。施工单位应围绕施工组织设计或相关文件进行编制，以确保对施工项目成本控制的适宜性和有效性。具体可按成本组成（如直接费、间接费、其他费用等）、项目结构（如各单位工程或单项工程）和工程实施阶段（如基础、主体、安装、装修等或月、季、年等）进行编制，也可以将几种方法结合使用。

11.2.4 项目成本计划是建设工程项目十分重要的一项管理文件，其中施工成本计划内容需包括：
1 通过标价分离，测算项目成本；
2 确定项目施工总体成本目标；
3 编制施工项目总体成本计划；

4 根据项目管理机构与企业职能部门的责任成本范围，分别确定其具体成本目标，分解相关成本要求；
　　5 编制相应的专门成本计划，包括单位工程、分部分项成本计划等；
　　6 针对以上成本计划，制定相应的控制方法，包括确保落实成本计划的施工组织措施、施工方案等；
　　7 编制施工项目管理目标责任书和企业职能部门管理目标；
　　8 配备相应的施工管理与实施资源，明确成本管理责任与权限。
　　按照上述要求形成的项目施工成本计划应经过施工企业授权人批准后实施。

11.3 成本控制

11.3.2 成本控制中的"找出偏差，分析原因"和"制定对策，纠正偏差"过程宜运用价值工程和赢得值法。

11.5 成本分析

11.5.3 成本分析程序是实施成本管理的重要过程，组织只有按照规定程序实施成本分析，才能有效保证成本分析结果的准确性和完整性。
　　成本分析方法需满足项目成本分析的内在需求，包括：
　　1 基本方法：比较法、因素分析法、差额分析法和比率法；
　　2 综合成本分析方法：分部分项成本分析、年季月（或周、旬等）度成本分析、竣工成本分析；
　　3 其他方法。

11.6 成本考核

11.6.2 项目成本降低额和项目成本降低率作为成本考核主要指标，是一般施工单位常见的成本考核内容。其他项目相关方可以参照或采用其他成本考核指标。

12 安全生产管理

12.1 一般规定

12.1.1 项目安全生产管理包括项目职业健康与安全管理。
　　本质安全是指：通过在设计、采购、生产等过程采用可靠的安全生产技术和手段，使项目管理活动或生产系统本身具有安全性，即使在误操作或发生故障的情况下也不会造成事故的功能。
　　项目安全生产管理需要遵循"安全第一，预防为主，综合治理"的方针，加大安全生产投入，满足本质安全的要求。
　　工程建设安全生产管理是一项十分特殊的管理要求，国家的强制性规定是项目安全生产管理的核心要求，因此项目安全生产必须以此为重点实施管理。

12.1.3 配备合格的项目安全管理负责人和管理人员的关键是聘任具有合格资格的项目管理机构负责人。项目管理机构负责人是项目安全管理第一责任人，施工单位项目经理部负责人必须取得安全生产管理资格证书。

施工单位项目经理部需设置专门的安全生产管理机构，并配备专职安全管理人员。各分包单位需配备专职安全员。项目特殊工种作业人员按照国家规定需持证上岗。

项目管理机构需确定安全生产管理目标，并将目标分解落实到人。

12.2 安全生产管理计划

12.2.1 项目管理机构需收集包括各工种安全技术操作规程在内的安全生产法律法规、标准规范、制度办法等。

12.2.2 项目安全生产管理计划应与施工组织设计结合编制，施工组织设计需包含具有全面的安全生产管理内容的章节，或对安全生产管理进行专项策划。

12.2.5 项目安全生产管理计划的关键之一是设计与施工的一体化管理。通过项目安全生产管理计划，协调勘察、设计、采购与施工接口界面，在前期的设计过程实现施工过程的事故预防，消灭设计中的施工危险源，已经成为项目安全生产管理的基本需求。

12.3 安全生产管理实施与检查

12.3.1 项目实施前和实施过程中需开展施工危险源辨识，对危险性较大分部分项工程编制专项施工安全方案，并按规定进行审批。

项目管理机构需根据项目实际编制相应施工方案、技术交底或作业指导书，必须有相应的安全措施内容。

施工现场需在施工人员作业前进行施工方案、施工技术、安全技术交底工作，并保持交底人、被交底人签字记录。

12.3.2 2 各级管理人员和施工人员进行相应的安全教育是指，项目管理人员和施工人员进入施工现场需要进行安全教育和培训考核，教育内容需包括相应工种安全技术操作规程；并确保施工人员的班前教育活动。

3 各施工过程应配置齐全各项劳动防护设施和设备，确保施工场所安全是指，项目上使用的各种机械设备需要保证性能良好，运转正常。施工用电设计、配电、使用必须符合国家规范，确保人身安全和设备安全。

12.3.4 项目管理机构需要进行定期或不定期安全检查，及时消除事故隐患。

12.4 安全生产应急响应与事故处理

12.4.1 应急响应预案的编制需要纳入组织整体的项目管理范围。

与应急响应预案配套的工作是：项目需建立应急救援机制，比如消防应急救援制度，并经常进行消防安全教育及演练。

12.5 安全生产管理评价

12.5.1 相关规定包括国家和地方发布的项目安全生产管理评价的标准规范。

13 绿色建造与环境管理

13.1 一 般 规 定

13.1.1 绿色建造的内涵是指在建设工程项目寿命期内，对勘察、设计、采购、施工、试运行过程的环境因素、环境影响进行统筹管理和集成控制的过程。

13.2 绿 色 建 造

13.2.1 绿色建造计划的确定需由建设单位、施工单位、设计单位等共同协调实施。其中设计单位需负责绿色建筑项目设计工作，同时负责绿色施工的相关施工图设计。

13.2.2 绿色建造计划应集成设计、施工、采购、试运行等过程的一体化环境管理要求；环境管理计划是施工过程的环境管理要求。绿色建造计划可以按照项目全过程一体化编制，也可以按照设计、施工、采购、试运行过程分别进行专项编制，如：绿色建筑设计计划、绿色施工计划等，但应考虑设计、施工一体化的绿色建造要求。环境管理计划一般在施工阶段由施工单位编制。

13.2.4 在目前阶段，因施工图基本仍由设计单位负责，施工单位的绿色设计主要指绿色设计优化或深化。在施工图会审阶段，施工项目经理需组织有关人员对施工图从绿色设计的角度进行会审，提出改进建议，实现施工图设计绿色优化的目的。

对绿色施工过程及绿色施工取得的效果，施工项目管理机构需根据职责分工，指派有关人员采用图片、录像、台账等方式予以记录并归档。

13.2.5 绿色机具主要指能耗低、噪声小、施工效率高的机械、器具和设备。如低噪声高频振动器等。

13.2.6 相关绿色标准和要求可包括：
　　1 绿色施工的国家标准：《建筑工程绿色施工评价标准》GB/T 50640-2010；
　　2 绿色建筑的国家标准：《绿色建筑评价标准》GB/T 50378-2014。

13.3 环 境 管 理

13.3.2 在确定项目管理目标时，需同时确定项目环境管理目标；在组织编制工程施工组织设计或项目管理实施规划时，需同时编制项目环境管理计划；该部分内容可包含在施工组织设计或项目管理实施规划中。文明施工实际是项目施工环境管理的一部分。

环境管理计划侧重施工单位实施施工环境保护的项目环境管理要求，绿色施工计划侧重绿色建造的设计、施工一体化要求。在施工阶段，施工单位可以根据情况把环境管理计划与绿色施工计划合二为一。

14 资源管理

14.1 一般规定

14.1.1 项目资源包括人力资源,劳务,工程材料与设备,施工机具与设施,资金等。

14.1.2 项目资源计划的内容包括:建立资源管理制度,编制资源使用计划、供应计划和处置计划,规定控制程序和责任要求。资源管理计划应依据资源供应条件、现场条件和项目管理实施规划编制。

项目资源管理配置和控制的内容包括按资源管理计划进行资源的选择、资源的组织和进场后的管理。

项目资源管理考核和处置的内容包括通过对资源投入、使用、调整以及计划与实际的对比分析,找出管理中存在的问题,并对其进行评价的管理活动。通过考核和处置能及时反馈信息,提高资金使用价值,持续改进。

14.1.3 项目资源管理程序的具体内容需包括:
  1 按合同要求,编制资源配置计划,确定投入资源的数量与时间;
  2 根据资源配置计划,实施各种资源的供应工作;
  3 根据各种资源的特性,采取集成措施,进行有效组合,合理投入,动态调控;
  4 对资源投入和使用情况定期分析,找出问题,总结经验并持续改进。

14.3 劳务管理

14.3.4 劳务突发事件应急管理预案包括:劳务突发事件与紧急情况识别、应急措施、资源和人员准备等。

14.4 工程材料与设备管理

14.4.4 项目工程材料与设备管理考核需坚持计划管理、跟踪检查、总量控制、节超奖罚的原则。

14.5 施工机具与设施管理

14.5.1 本条中施工机具与设施是指施工活动需要的生产手段,其不在构成工程实体的范围内;工程合同范围规定的、工程本身需要的工程材料和设备属于第14.4节的范围。

14.6 资金管理

14.6.1 项目管理机构可编制年、季、月度(周)资金管理计划。项目管理机构需将资金管理计划进行分解,制定相应的季度或月度资金计划,作为资金收取和支付的依据。

15 信息与知识管理

15.1 一般规定

15.1.1 为了实现对项目信息和知识的有效收集、传输、存储和使用,项目管理机构需建立信息与知识管理体系,包含管理组织、管理岗位、管理人员、管理制度、信息与知识系统等。

项目信息与知识管理的对象需包括项目全过程项目管理机构内部产生的信息、知识和项目管理机构外部产生的相关信息、知识。具体包括项目全过程(包括设计、采购、施工、试运行等过程)项目管理机构内部及外部产生的信息、知识。比如施工单位的信息、知识的来源不仅包括项目经理部自己施工部分,还需包括:市场、政府、建设单位、勘察、设计、监理单位、分包单位、供应单位所产生的信息、知识。

信息管理应与知识管理相结合,可以获得更大的管理价值。

15.1.2 信息管理在满足项目管理要求的前提下,一般需保证信息收益大于或等于信息成本。

15.1.3 在实施项目信息管理时,首先应制定计划,按计划进行过程管理。同时,应进行信息的安全管理。另外,要按照相关法律、法规的规定进行项目文件和档案的管理。

15.1.4 为了项目信息管理的顺利开展和达到预期目标,需设立信息管理岗位,明确职责和权力。在人员的配置上,要由熟悉项目管理业务流程,并经过培训且考核合格的人员担任。

15.1.5 现在项目信息系统已比较成熟,因此提倡在项目信息管理中采用信息系统进行管理。同时结合知识管理,必将大大提高信息管理的可靠性。

15.2 信息管理计划

15.2.1 项目信息管理计划的制定需以项目管理策划中的内容为依据。

15.2.4 项目信息编码需首先考虑使用企业信息编码,保持一致。若无企业编码,应从信息的结构化程度以及方便使用角度编制项目信息编码。

15.2.6 信息管理需要各种资源支持及一定的经济投入,因此需要明确所需的人力、硬件、软件等资源,并进行费用估算,评估信息管理投入成本是否合适。

15.3 信息过程管理

15.3.1 项目信息过程管理需充分利用现代信息技术,如互联网、物联网、数据库、商业智能等,实现从信息的采集、传输、存储,到应用、评价的高效的过程管理。

15.3.2 项目信息需包括:项目自身的信息以及与项目有关的各种外部信息。

15.3.3 信息采集可以根据项目的管理要求、重要性、资金投入等因素,采用传统方式进行人工采集,也可以利用新技术,如物联网、智能设备等实现自动采集。

15.3.4 需高度重视信息的传输安全问题,在保证、可靠的原则下,尽量采用投入产出比高的传输方式。

15.3.5 在信息存储方式上,建议采用数据库进行的信息的结构化存储,以实现数据的统计分析。在选用数据库时应充分考虑数据的访问速度要求,存储空间容量以及可靠性要求。

15.3.6 需充分利用项目的大量信息,及时掌握项目实施各方面的实际情况,与计划进行对比,分析偏差情况,然后通过计划任务的调整安排,对偏差控制调整,促使计划与实际的一致性。

15.3.7 在信息管理过程中,需定期进行评价,持续提高信息管理的效益。

15.4 信息安全管理

15.4.1 组织及项目管理机构需分层建立配套安全组织,明确岗位职责和信息安全人员。定期或不定期地进行安全教育,进行信息安全检查,规范安全信息行为。在技术上,可采用先进技术,如防火墙、入侵检测、上网行为检测等,提高信息安全水平。

15.4.2 项目管理机构需坚持全过程管理的原则,严格执行已建立的安全责任制度和信息安全措施,实现动态安全管理,发现问题及时改进,持续提升安全管理水平。

项目信息安全管理工作需遵循国家的有关法律法规和地方主管部门的有关规定。

15.5 文件与档案管理

15.5.1 文件与档案宜分类、分级进行管理的重点环节是人员匹配。项目管理机构即使已配备了信息管理员,对文件或档案管理,也应另配备专职或兼职人员。

15.5.2 项目管理过程中产生的资料、文件和信息数据需全面进行收集、整理,不仅是项目施工部分,还包括分包部分。分包工程中的资料、文件和信息数据都应及时收集、整理,按项目的统一规定进行完整的存档。

15.5.3 项目文件与档案管理宜应用项目信息系统来进行。对于不宜使用项目信息系统管理的,需按有关标准规范执行。对采用信息系统管理的,其中重要项目文件和档案应有纸介质备份。

15.5.5 项目文件与档案根据相关法律法规和地方主管部门的要求,分类、分级进行管理,并制定信息安全和保密管理程序、规定和措施,确保文件、信息的安全,防止内部信息和领先技术的失密与流失,确保企业的竞争优势。

15.6 信息技术应用管理

15.6.1 项目信息系统需先规划再实施。规划阶段,需开展以下工作:明确项目的信息化管理目标;确定项目的信息化管理实施策略;建立项目的信息化管理总体规划;制定项目的信息化管理行动计划;制定项目的信息化管理配套措施。在实施时,应包含如下环节:需求分析,选型采购,系统实施,以及运行与维护。

15.6.2 信息系统的建设应与时俱进,多采用先进技术,如BIM、云计算、大数据、物联网、移动互联网,提高系统的易用性,降低人工对信息的采集、分析等工作量,提高数据分析的效率和价值。

15.6.3 项目信息系统功能需尽可能包含项目管理的全部工作内容,为项目管理相关人员提供各种信息,并可以通过协同工作,实现对项目的动态管理、过程控制。

项目信息系统需至少包括以下功能:信息处理功能,业务处理功能,数据集成功能,辅助决策功能，以及项目文件与档案管理功能。

  1 信息处理功能：在项目各个阶段所产生的电子、书面等各种形式的信息、数据等，都应收集、传送、加工、反馈、分发、查询等处理。

  2 业务处理功能：对项目的进度管理、成本管理、质量管理、安全管理、技术管理等都能实现协同处理。

  3 数据集成功能：系统应与进度计划、预算软件等工具软件，与人力资源、财务系统、办公系统等管理系统有数据交换接口，以实现数据共享和交换的功能，实现数据集成，消除信息孤岛。

  4 辅助决策功能：项目的信息化管理要具备数据分析预测功能，利用已有数据和预先设定的数据处理方法，为决策提供依据信息。

  5 项目文件与档案管理功能：项目的信息化管理要具备对项目各个阶段所产生的项目文件按规定的分类进行收集、存储和查询功能，同时具备向档案管理系统进行文件推送功能，在档案系统内对项目文件进行整理、归档、立卷、档案维护、检索。

15.6.4 通过使用项目管理系统，充分利用信息技术，在项目管理上会获得很好的效果，普遍的应用效果一般包括：可以实现项目文档管理一体化，方便检索使用和知识积累传递；可以获取项目的进度、成本、质量、安全、合同、资金、技术、环保、人力资源、保险等动态信息，实时掌握项目进展现状；支持项目管理做到"事前估计、事中控制、事后分析"；通过项目的原始数据可以自动产生相关报表和图表，为分析及决策提供参考依据。

15.6.5 项目信息系统需要具有以下安全技术措施：

  1 身份认证：信息系统必须具备密码认证或硬件认证功能。采用密码认证时，密码要求有一定的复杂性。

  2 防止恶意攻击：服务器应进行安全加固和防护，网络内应配置防火墙或入侵检测系统，防止恶意攻击。

  3 信息权限设置：信息系统应有按用户或岗位设置信息权限的功能，实现数据的增、删、改、查权限控制。对流程审批，要设置审批权限和二次身份确认。

  4 跟踪审计和信息过滤：信息系统要具备信息的跟踪审计和信息过滤功能。

  5 病毒防护：网络内要安装网络版病毒防护软件，个人电脑和服务器端安装病毒防护软件客户端，并可以进行病毒库自动升级。

  6 安全监测：网络内应安装安全检测系统，对网络通信、服务器进行安全检测，发现异常能报警。

  7 数据灾难备份：需具备数据备份设施，备份方式可以采用差异备份或全备份。通过备份，保证信息数据的安全，保证项目的正常运行。

15.6.6 项目信息系统投入使用后，维护工作可以外包给专业的厂商，也可以由项目的信息管理人员专人负责。日常维护的内容包括解决系统运行中出现的问题、使用指导、问题解答。定期做数据备份及备份检查，进行数据恢复演练。对系统进行流程调整，人员、岗位调整，优化系统运行效率和速度等。

15.7 知 识 管 理

15.7.1 知识管理的目的是保证获得合格的工程产品和服务。在项目实施全过程，知识管理与信息管理相结合,可以产生更大的管理价值。

15.7.2 获取知识的方法包括:编辑发布、邮件采集、网页监采和建立经验库、知识库、行业数据等。

15.7.3 项目知识的来源可以包括内部来源和外部来源。

16 沟 通 管 理

16.1 一 般 规 定

16.1.1 项目沟通与协调工作包括:组织之间和个人之间两个层面。通过沟通需形成人与人、事与事、人与事的和谐统一。

16.1.2 项目管理机构是项目各相关方沟通管理的基本主体,其沟通活动需贯穿项目日常管理的全过程。

16.1.3 项目各相关方均需构建适宜有效的沟通机制,包括采取制度建设、完善程序、固化模式等方法,以提高沟通运行的有效性,确保相互之间沟通的零距离。

16.2 相关方需求识别与评估

16.2.6 项目相关方需求矛盾和冲突的主要原因包括:认识偏差、理解分歧和实施时段的不吻合,具体表现为工艺方案、资源投入、施工作业、实施效果以及环境影响等方面。

16.4 沟通程序与方式

16.4.2 项目各方的管理机构需加强项目信息的交流,提高信息管理水平,有效运用计算机信息管理技术进行信息收集、归纳、处理、传输与应用工作,建立有效的信息交流和共享平台,提高执行效率,减少和避免分歧。

施工单位沟通包括项目经理部与项目各主体组织管理层、派驻现场人员之间的沟通、项目经理部内部各部门和相关成员之间的沟通、项目经理部与政府管理职能部门和相关社会团体之间的沟通等。

16.4.6 项目管理机构需依据项目沟通管理计划、合同文件、相关法规、类似惯例、道德标准、社会责任和项目具体情况进行沟通。

16.5 组 织 协 调

16.5.1 为便于工作沟通和协调的便捷、融洽,项目管理组织结构和职能需保持一致。

16.5.3 易发生冲突和不一致的事项主要体现在合同管理方面。项目管理机构需确保行为规范和履行合同,保证项目运行节点交替的顺畅。

16.6 冲 突 管 理

16.6.1 项目管理机构需针对预测冲突的类型和性质进行工作方案的调整和完善,确保冲突受控、防患于未然。

17 风险管理

17.1 一般规定

17.1.1 风险是管理目的与实施成果之间的不确定性。风险包括负面（不利）风险和正面（有利）风险。负面风险往往是威胁，正面风险往往是机遇。

17.1.2 项目风险管理程序涵盖项目实施全过程的风险管理内容，包括风险识别、风险评估、风险应对和风险监控。既是风险管理的内容，也是风险管理的基本步骤和过程。

17.3 风险识别

17.3.1 各种风险包括：影响项目目标实现的不利（有利）因素，可分为技术的、经济的、环境的及政治的、行政的、国际的和社会的等因素。

17.3.2 约定条件是指项目合同双方共同规定的要求，包括：合同条件、责权利分配、项目变更规定等。

17.4 风险评估

17.4.1 风险等级评估指通过风险因素形成风险概率的估计和对发生风险后可能造成的损失量或效益水平的估计。

风险损失量或效益水平的估计需包括下列内容：
1 工期损失（工期缩短）的估计；
2 费用损失（利润提升）的估计；
3 对工程的质量、功能、使用效果（质量、安全、环境）方面的影响；
4 其他影响。

上述风险损失量或效益水平的估计，主要通过分析已经得到的有关信息，结合管理人员的经验对损失量进行综合判断。通常采用专家预测、趋势外推法预测、敏感性分析和盈亏平衡分析、决策树等方法。

"其他影响"可包括：如间接影响，机会成本等。

17.5 风险应对

17.5.2 负面风险是对项目实施过程不利的风险因素，需要进行风险控制和预防。

17.5.3 正面风险是对项目实施过程有利的正面风险因素，需要进行鼓励和强化。

17.5.4 应对措施是应对策略的具体化，需具有可操作性，包括技术、管理、经济等方面的内容。

17.6 风险监控

17.6.1 风险信号是风险形成的重要特征。风险信号代表了风险的程度和水平。

17.6.2 对可能出现的风险因素进行监控可以有效掌握风险的变动趋势，以便及时采取相应的预防或引领措施。

18 收尾管理

18.1 一般规定

18.1.1 项目收尾阶段包括工程收尾、合同收尾、管理收尾等。
　　1 工程收尾需包括工程竣工验收准备、工程竣工验收、工程竣工结算、工程档案移交、工程竣工决算、工程责任期管理；
　　2 项目合同收尾包括合同综合评价与合同终止。

18.2 竣工验收

18.2.4 发包人应按照项目竣工验收的法律法规和部门规定，一次性或分阶段进行竣工验收。规模较小且比较简单的项目，可进行一次性工程竣工验收；规模较大且比较复杂的项目，宜分次进行工程交工验收。

18.3 竣工结算

18.3.1 工程竣工结算报告及完整的结算资料递交后，承发包人双方需在规定的期限内进行竣工结算核实，如果有修改意见，应及时协商沟通达成共识。对结算价款有异议的，应按照约定方式处理。

18.4 竣工决算

18.4.1 工程竣工决算需清楚和准确，客观反映建设工程项目实际造价和投资效果。

18.5 保修期管理

18.5.1 与工程保修期有关的是缺陷责任期。保修期与缺陷责任期的区别：
　　工程保修期是根据《建设工程项目质量管理条例》实施的一种质量保修制度，一般规定保修期在5年以上。
　　缺陷责任期是根据《建设工程施工合同示范文本（2013）》实施的另一种工程质量保修制度，其保修时间一般最多为2年，缺陷责任期结束，发包方应把工程保修金返还给承包商。
　　工程保修期涵盖了缺陷责任期。

18.6 项目管理总结

18.6.1 根据项目范围管理和组织实施方式不同，需分别采取不同的项目管理总结方式。

19 管理绩效评价

19.1 一般规定

19.1.1 项目管理绩效评价包括：项目实施过程及项目全部完成后的评价。评价实施者可以是项目管理的相关方，包括：发包方、监理、设计、施工、分包单位的职能机构以及第三方评价机构等。

项目相关方包括：相对于组织之外的建设、设计、监理、施工、分包、供应、监督等单位。

评价内容包括：项目管理全过程及项目立项、勘察、设计、采购、施工、试运行等相关阶段的项目管理绩效。

19.1.6 项目管理成熟度表达的是一个组织具有的按照预定目标和条件成功、可靠地实施项目的能力。项目管理成熟度指的是项目管理过程的成熟度。

项目管理成熟度的评价内容是基于项目管理成熟度模型，模型由以下三个基本部分组成：组织项目管理能力和相应的结果，提升能力的顺序，评估能力的方法等。具体评价内容包括：沟通交流能力、风险管理能力、创新改进能力等软指标。

19.2 管理绩效评价过程

19.2.1 绩效评价机构是组织负责实施项目管理评价的临时性实施小组或委员会，由组织内部专家或外部专家组成。评价机构一般在项目绩效评价前成立，完成评价后予以解体。

19.2.2 项目管理绩效评价专家需具备与之相适宜的资格，包括能力、意识和工作经验。相对独立性是指项目管理绩效评价专家应与被评价对象没有利益关系，如：项目管理团队的评价专家不能自己评价自己的工作。

组织制定的评价专家选择、使用、考核规定可包括：选择方法、管理程序、使用要求、考核标准、考核流程等。

19.3 管理绩效评价范围、内容和指标

19.3.3 项目综合效益包括：项目经济、环境和社会效益，是项目全部效益的综合体现。

19.4 管理绩效评价方法

19.4.2 以百分制形式对项目管理绩效进行打分是一种可选择的方法。项目管理绩效评价组织可根据具体需求灵活确定其他适宜的评价方法。

19.4.4 本条是指项目某一实施过程或项目全部完成后的相关管理改进，是针对项目管理绩效评价对象的改进行为。

19.4.5 本条是指项目管理绩效评价完成后实施的改进，是对项目管理绩效评价本身的改进行为。